북일외교의 교섭패턴과 역사

- 3개 교섭공간과 북일 국교정상화교섭 -

저자 | 김찬훈

서 문

"긴급사태입니다"

이는 1990년 9월 27일 일본 자민·사회 양당 대표단을 동행한 일본외무성 가와시마 유타카川島 裕 아시아국심의관이 3당공동선언의 일본대표단 가네마루 신金丸 信 전부총리와 다나베 마코토田辺 誠 사회당 부위원장에게 한 말이다. 북한 조선노동당 김용순 서기가 27일, 북일간에 조기 국교수립을 위한 교섭을 제안한 것에 대해 놀라움을 표현한 것이다. 북한이 그동안 절대 반대해온 자칫 두개의 조선으로 이어질지 모르는 북일 국교수립에 대해 교섭을 제안한 것 자체에 대해 일본은 전혀 준비가 돼 있지 않았던 것이다.

단일 지도체제 하의 북한 외교전략은 명료하다. "필요하면 한다!" 하지만 일본은 필요성은 있지만 고려할 것이 너무 많아 중도에 가던 길을 포기한다. 이것이 지난 10여 년간 북일관계를 연구하면서 내린 결론이다. 일본이 고려해야 하는 것 중에 가장 전략적인 것은 「미일기축」에 기초한 미일동맹이고, 국내적으로는 납치문제였다.

실제 일본이 평양선언, 6자회담 공동합의 등 북일교섭을 유리하게 타결시킬 수 있는 상황이 많았다는 것은 북일교섭의 역사를 보면 쉽게 알 수 있다. 따라서 그럼에도 불구하고 북일교섭이 타결되지 않은 원인은 무엇일까 라는 문제의식이 생기는 것은 당연하다. 즉, 북일교섭 과정에서 평양선언, 6자회담 공동합의 등 교섭을 결정적으로 촉진시키는 상황이 만들어져 북일 양 당사국에게 바람직한 가치배분이 존재했음에도 불구하고 왜 교섭타결에 실패했는가? 본 서는 이에 대한 답으로 결론에서 북일교섭에서 일본의 교섭패턴의 특징과 배경을 분석하고 향후 북일교섭에 대한 시사점을 밝히려고 한 것이다.

본 서의 목적은 북일 국교정상화교섭에 있어서 일본의 대북 교섭패턴을 분석하는 것이다. 일본의 대북 교섭패턴 분석은 북일교섭에 관해 지금까지 선행연구에서는 거의 취급하지 않았다. 선행연구는 전체적으로 통일적 · 중층적 · 종합적인 관점에서 북일교섭의 전모를 밝히지 못해왔다. 따라서 본 서는 북일 국교정상화교섭과 같이 다이슈 · 다국가간의 중층적 상호행위를 분석하는 새로운 분석으로서 「3개 교섭공간 어프로치」를 시도했다. 이 어프로치는 「교섭공간」과 「전략적 국면」이라는 개념을 이용해서 일본이 북일 국교정상화교섭의 몇 가지 전략적 국면에 있어서 각 교섭공간에 대해 어떻게 외교적 자원을 배분하는 대응을 했는지에 대해서 역사적 사실을 가지고 검증하려는 것이다.

교섭공간은 교섭자가 다양한 상대(당사자 및 관계자)와의 중층적 상호행위 속에서 대립 · 조정을 행하는 대치 공간이며, 대치하는 상대에 따라 교섭상대국공간 · 국내공간 · 국제공간의 3가지가 상정된다. 교섭에서 만들어지는 3개 교섭공간의 상태는 교섭을 촉진할지 혹은 교섭을 교착시킬지, 아니면 정체인 채로 유지할지 라는 3가지로 나타날 수 있다. 그에 따라 그 상태는 교섭촉진적, 교섭교착적, 혹은 교섭정체적으로 분류된다.

지금까지 북일교섭에 있어서 결정적 사건을 포함한 전략적 국면으로는 3당공동선언국면, 정당외교국면, 평양선언국면, 6자회담국면 등 4가지를 거론할 수 있다. 각각의 전략적 국면에 있어 조성되는 3개 교섭공간의 상태에 대해서 일본이 취한 대응패턴은 각각의 교섭공간에 대한 외교적 자원배분방식에 따라 「자원집중형」, 「자원분산형」, 「자원억제형」이라는 3가지 계열로 추상화된다.

이와 같은 개념을 이용해서 「3개 교섭공간 어프로치」에 의해 본 서는 북일교섭에 있어서 일본의 교섭패턴을 실증적으로 검증하는 동시에 그 전체상을 도식화해 표현한 것이다. 「3개 교섭공간 어프로치」는 국제정치와 국내정치의 상호작용을 2레벨 게임으로 메타포 한 로버트 퍼트남Robert D. Putnam의 이론을 참고로 하면서도 새로운 시도를 한 것이다.

「3개 교섭공간 어프로치」는 일반이론으로 정립된 것이 아니라 단지 북일교섭의 특징과 원동력을 밝히기 위해 그 교섭에 한정해 공식교섭에서 교섭패턴을 분석한 시도에 불과하다. 하지만, 본 서의 분석범위는 북일교섭뿐만 아니라 한반도 위기와 긴장을 끊임없이 유발하는 북미관계와 남북관계의 교섭에도 적용할 수 있는 가능성을 열었다고 생각한다. 북미관계와 남북관계도 북일관계와 같이 그 쟁점의 다양성은 물론 정치군사적 성격을 갖고 외교관계의 정상화문제를 포함한 외교사안의 중대성을 특징으로 하고 있기 때문이다.

또한, 교섭패턴 분석의 과정에서 1990년부터 2008년까지의 북일 국교정상화교섭 전개의 역사를 실증적으로 검증함으로써 북일교섭의 실증연구의 정합적 틀을 제공하게 됐다. 그동안 연구된 논문이나 서적을 다 통틀어도 1990년부터 2008년까지의 북일 국교정상화교섭의 역사를 체계적으로 정리한 것은 하나도 없다. 이런 점에서 본 서의 연구성과가 추후 전개될 북일 국교정상화교섭 연구는 물론이고 그 교섭 자체에도 시사점을 가지는 중요한 참고서가 될 것으로 생각한다.

본 서는 7개의 장으로 구성된다. 제1장에서는 선행연구의 검토를 하고, 제2장에서는 「3개 교섭공간 어프로치」의 기초개념의 정리를 한다. 제3장부터 제6장이 4가지 전략적 국면에 대응한 실증분석이다.

제3장은 1989년 냉전의 와해국면을 배경으로 실현된 3당공동선언 (1990.9)을 결정적 사건으로서 개시된 전략적 국면인 「3당공동선언국면」의 실증분석이다. 역사적인 북일 국교정상화교섭을 개시한 제1회 교섭(1991.1)에서 일본은 「상대국 · 국내 · 국제공간으로의 자원을 균등하게 배분하는 패턴」을 보였지만, 제2회(1991.3)부터 제5회(1991.11)까지 「국내 · 국제공간에만 자원을 균등하게 배분하는 패턴」으로 임했다. 또한, 제6회(1992.1)부터 7회(1992.5)까지에는 일본은 「국내공간에만 자원을 집중 배분하는 패턴」으로 임했다. 결국, 제8회 교섭(1992.11)에서는 일본의 교섭자가 교섭교착적인 「국내공간에만 자원을 집중 배분하는 패턴」으로 임한 결과, 교섭은 결렬됐다.

제4장은 1999년 12월 자민, 사민, 신당사키가케, 민주 등의 초당파의원단의 방북을 결정적 사건으로 제9회 교섭이 8년 만에 재개된 전략적 국면이다. 일본은 제9회 교섭(2000.4)에서 1997년부터 표면

화되어 온 납치문제를 중시해 「국내공간으로의 자원을 집중 배분하는 패턴」으로 임했다. 그러나 일본은 2000년 8, 10월의 제10, 11회 북일교섭 때에는 보상문제에 대해 「한일방식에 의한 경제협력으로서의 해결안」을 공식교섭에서는 처음으로 제안하고, 「국내공간에도 어느 정도 자원을 계속 배분하면서도 상대국공간으로의 자원을 집중 배분하는 패턴」으로 대응했다.

제5장은 2002년 9월 고이즈미 준이치로小泉純一郎 총리 방북과 평양선언을 결정적 사건으로 하는 전략적 국면인 「평양선언국면」의 실증분석이다. 평양선언 직후에 열린 제12회 북일교섭(2002.10)에서도 일본은 「국내 · 국제공간으로의 자원을 균등하게 배분하는 패턴」으로 임했고, 납치문제와 북한 핵문제를 주로 하는 국내 · 국제공간의 교섭교착적 상황을 변화시키지 못했다. 그 후 열린 제2차 북일 정상회담(2004.5)에서 고이즈미 총리는 평양선언의 준수와 경제제재의 불발동, 그리고 인도적 지원을 약속하는 등 「상대국과 국내공간으로의 자원을 균등하게 분산하는 패턴」으로 임했다. 그 결과, 납치피해자 가족 5명의 귀국과 안부불명자의 조사 약속을 이끌었다.

그러나 2004년 8월부터 세 차례에 걸쳐 열린 납치문제를 둘러싼 실무자협의에 의해 반북여론이 악화되고 더욱이, 북한이 BDA를 둘러싼 북미간 대립에 빠졌다. 그 와중에 제1회 포괄병행협의(제13회, 2006.2)가 열리긴 했지만, 일본은 「3개 모든 공간으로의 자원을 균등하게 배분하는 패턴」으로 임하는 데 그쳤다.

제6장은 BDA문제와 북한 핵실험 이후 악화된 북미 · 북일관계 중, 북한 핵위기를 일단 수습한 제5회 3단계 6자회담의 공동합의(2007.3)를 결정적 사건으로서 시작된 전략적 국면인 「6자회담국면」의 실증분석이다. 이 국면의 전반부에 해당하는 아베 정권의 제1회 북일 작업부회(2007.3)에서는 국내공간을 중심으로 자원을 집중 배분해 상대국공간의 교섭교착적 상태는 한층 더 강화되었다. 그러나 제2회 북일 작업부회(2007.9)부터는 제1회 때와는 달리 「과거청산」문제를 우선적으로 논의하고 납치문제를 후에 거론하는 등, 납치문제를 주로 하는 「국내공간과 함께 상대국공간에도 자원을 배분하는 패턴」으로

대응했다. 또한, 2007년 9월 후쿠다정권이 탄생한 이후, 이 국면의 후반부에 해당하는 제3회 북일 작업부회를 위한 제1, 2회 북일 실무자협의(2008.6, 8)에서도 「상대국과 국내공간으로의 자원을 균등하게 분산하는 패턴」으로 임해, 국내공간을 좌우하는 납치문제에 대해 재조사 등 양보를 이끌어냈다.

제7장은 결론으로 일본의 대북교섭 패턴의 총괄적 분석이다. 일본의 북일교섭 패턴은 총 17회의 공식교섭 중 10회의 교섭에서, 상대국공간에는 자원배분을 하지 않고 주로 납치 · 북한 핵문제 등 교섭교착적인 「국내 · 국제공간에 자원을 균등하게 배분하는 패턴」과 납치문제의 「국내공간으로의 자원을 집중 배분하는 패턴」을 반복했다. 이들 패턴은 결국, 교섭의 교착 또는 결렬로 이어졌다. 그 외 7회의 교섭에서는 일본은 상대국공간에 자원을 집중하거나 혹은 상대국공간과 국내공간에 자원을 거의 균등하게 배분하는 패턴으로 임했다. 이들 패턴에 의해 교착되어 있던 교섭은 재개 또는 계속되고, 여러번 일정한 성과를 거두었다.

이러한 패턴에서 추론하면, 상대국공간으로의 자원배분이 교섭의 촉진에는 매우 중요하다고 할 수 있다. 그러나 실제로는 「국내 · 국제공간에만 자원을 분산시켜 배분하는 패턴」과 「국내공간으로 자원을 집중 배분하는 패턴」이 많이 나타났다. 그렇다는 것은, 일본의 교섭자에게 있어서 일본의 교섭목표를 둘러싸고 「북일 국교정상화」라는 외교사안의 해결과정에서 우선순위 설정에 혼란이 일어난 것을 나타내고 있는 것이다. 혹은, 북일 국교정상화교섭에 있어서 국교정상화 그 자체가 아닌 납치를 둘러싼 국내정치와 미일 동맹관계의 강화, 즉 국내정치가 우선시 또는 당연시되고, 이들의 자세에 대한 전략적 재검토를 할 수 없었다고 할 수 있다.

이 책은 필자의 2013년 박사학위 논문을 가필 없이 그대로 번역, 정리해 출판한 것이다. 필자가 평소 여러 이유로 못 다한 공부를 계속하려고 모색하던 중, 한림대 양기웅 교수의 권유에 따라 박사과정 연구를 시작하게 되었다. 불혹을 넘긴 나이에 연구라는 것은 많은 곤란과 고통을 안겨주긴 했지만, 이렇게 무사히 마칠 수 있게 된 데 대해 양기웅 교수와 함께 자축하고 싶고 그에게 감사드린다.

긴 연구기간 동안 도쿄대학 다나카 아키히코田中明彦 교수는 바쁘신 와중에도 북일 국교정상화교섭사 전체를 정리 분석하면서 그 방대한 자료의 해석과 이론적 접근방법 등에 대해 친절히 조언해주고 지도해주었다. 이 자리를 빌려 선생님의 노고에 진심으로 감사드린다. 다나카 교수와 함께 항상 일본어에 대한 쓰임새 등을 알려주고 많은 의문점에 조언을 해 준 다나카 연구실의 이케타 교코池田恭子에게도 진심으로 감사드린다.

또한, 자칫 한 연구자의 논문 정도로 묵힐 뻔한 졸고의 출판을 흔쾌히 받아주신 한림대학교 출판부 강연욱 부장께 감사드리며, 편집과정에서 까다로운 요구를 마다않고 반영해주신 석현조님에게도 감사의 마음을 드린다. 마지막으로 일본으로 유학해 연구하는 과정에서 후지제록스의 고바야시 세쓰타로小林節太郎 기념기금의 후원에 힘입은 바 있어, 이 자리를 빌려 감사드린다.

2016

김 찬 훈

차 례

제1장 서 론

제 1절 연구목적

제 2절 선행연구

제 1 장
서 론

제1절 연구목적

본 서에서는 북일 국교정상화교섭과정에서 "일본의 대북 교섭패턴"을 분석한다. 구체적으로는 일본이 북한과의 국교정상화교섭과정의 「전략적 국면strategic phase」에서 교섭상대국 · 국내 · 국제의 세 가지 「교섭공간negotiation space」에 대해 어떤 전략과 수단으로 대응하여 왔는지를 분석하기 위한 것이다. 이를 통해 본 서의 목적인 "일본의 대북 교섭패턴"을 도출하는 것을 목표로 한다.

본 서에 있어서 북일 국교정성화 교섭이란, 1990년의 3당공동선언에서 2008년의 제2회 북일 실무자협의까지, 북한과 일본 사이에 국교정상화를 둘러싸고 진행되어온 교섭이며, 「국교정상화」라는 외교관계에 있어서 가장 중요한 이슈를 취급하고 있다. 북한과의 국교정상화는, 일본의 전후처리 외교의 측면에서뿐 아니라, 동북아시아의 새로운 질서의 형성이라는 측면에서도 일본외교사상 큰 의의를 가진다. 이 교섭이 성공적으로 타결되면 일본은 전후처리를 끝내 전쟁과 관련된 모든 국가와 관계를 정상화할 수 있고, 전쟁 책임문제와 다양한 보상 요구를 해결해 줄 뿐만 아니라 국내정치의 납치문제 해결과 핵 · 미사일 위협을 해소함으로써 국내 지지율을 높일 수 있다. 한편,

국제정치면에서도 미국·한국 등 동맹국과의 관계를 심화하면서 북한의 동맹국인 중국과의 관계에도 영향을 미침으로써 동북아에 있어서 정치적 영향력을 높일 수 있다.

1991년 1월 제1회 북일 국교정상화교섭이 본격화 된 시기는, 1989년 11월 베를린 장벽의 붕괴가 사회주의권의 와해로 이어지는「냉전의 종언」시기이기도 했다. 따라서 냉전의 종언 이후 열린 북일 국교정상화교섭은 냉전 종식 후 일본의「외교 패턴」을 잘 나타내는 사례라고 볼 수 있다. 또한 이 교섭은 19년에 걸쳐 단순한 2국간의 양자외교였을 뿐만 아니라[1] 다자간 많은 쟁점을 둘러싼 교섭이 거듭돼 교섭상대국·국내·국제의 여러 가지 상황이 반영된 교섭이기도 했다.

2002년 9월 평양선언에서 중요한 합의가 성립한 것도 잊을 수는 없다. 양국은 이 선언에서 국교정상화를 최종 목표로 내걸고 청구권 등 전후처리문제는 경제협력방식을 통해 해결하고 안전보장에 관한 문제를 협의 해결해 나감으로써 동북아시아의 안정과 평화를 확보하기로 합의했다. 이 평양선언을 통해 북일 양국이 북일 국교정상화교섭에 있어서 스스로의 교섭목표(가치)를 극적으로 실현하려고 했다는 것을 의미한다. 이와 같은 경위에도 불구하고 북일 국교정상화교섭은 아직 타결되지 않고 있다.

이러한 상황 속에서 북일교섭의 미타결 상태에 대해「미국의 영향이다」,「국내의 납치문제와 반북여론 때문이다」,「북한 핵문제의 영향이다」등의 다양한 논의가 국회와 정치권, 신문·잡지 등의 저널리즘뿐만 아니라 학계의 연구자, 그리고 사회단체 등에서 이루어져 왔다. 지금까지의 북일교섭에 관한 연구와 논의에서는 북일교섭에 영향을 미쳐온 요인으로 크게 3가지가 지적되어 왔다.

첫째, 교섭상대국요인opponent factor이다. 북한의 대일본 교섭전략은 북일교섭의 촉진 또는 교착에 영향을 미치는「교섭상대국 요인」으로 자리매김 된다. 구체적으로는 일본 정계의 3당공동선언을 이끌어 낸 것을 시작으로 제1회 국교정상화교섭에서 평양선언에 이르기까지 북한의 전략은 북일교섭의 추이 속에서 큰 영향을 미쳤다고 말할 수 있다. 2002년부터 2003년까지 부시행정부의 대북 강경책과 제2차 북한 핵위기, 2005년의 방코델타아시아(BDA) 계좌 동결문제 등 북미관계가 악화된 시기에 북한은 일본과의 국교정상화교섭에서 적극적 입장으로 많은 양보를 하려고 하는 자세를 보였다. 그러나 2000년 후반 북미고위급의 상호 방문과 정상회담 추진 등 북미관계가 급격히 개선되자 북한은 같은 해 8월과 10월의 제10, 11회 북일교섭에서 일본이 「경제협력을 통한 과거청산 방안」을 공식적으로 제시했음에도 불구하고, 대미 우선전략에 따라 북일교섭에서 공세적 자세로 임했다. 또한 2007년 2월의 제5회 3단계 6자회담의 공동합의에 따라 미국과의 직·간접적인 교섭의 전망이 좋아지자 북한은 일본의 납치문제 등에 대한 공세도 무시하는 등 북일 국교정상화교섭에 소극적으로 대응하게 되었다. 이 점도 북일교섭에 있어서 일본측의 교섭 추진에 영향을 미치는 요인으로 작용했다.

둘째, 국내요인domestic factor이 있다. 예를 들어, 정부 지도자a chief of government 또는 교섭대표a chief negotiator가 국교정상화를 미룰 수밖에 없었던 이유로서 납치문제를 들 수 있다. 납치문제는 1991년 제3회 북일교섭 이후 이은혜문제로 쟁점이 되었지만, 1997년 2월 요코타 메구미横田めぐみ의 납치의혹으로 처음 공식적으로 제기되어 2000년 4월 제9회 북일 국교정상화교섭에서 본격적으로 제기되었다. 또한 이것은 평양 정상회담에서 「5명 생존－8명 사망」이라는 결과가 알려진 후 일본 국내에 반북여론이 확산되고 북일교섭에서 양국 갈등의 쟁점으로서 가장 중요한 문제로 간주되었다. 납치문제는 국내 제세력간의 의견 대립을 일으키면서 정부와 정치인의 북일교섭 자세를 혼란에 빠뜨린 중요한 변수로 작용했다. 따라서 일본은 이 문제를 북일교섭에서 북일 국교정상화의 전제로 삼았다.

셋째, 국제요인foreign factor이 있다. 구체적으로는 일본이 미일동맹 속에서 북한 핵문제와 북일교섭을 어떻게 관련시키는가 하는 문제이다. 북일교섭에서 북한 핵사찰문제는 항상 쟁점이 되었고 제1회 북일교섭부터 거의 모든 교섭에 영향을 미쳐왔다. 또한, 2002년 10월 미국의 북한 핵개발계획에 대한 성명에 따라 촉발된 제2차 북한 핵위기 이후에도 2006년 2월 제13회 북일 국교정상화교섭에서 2007년 1, 2회 북일 국교정상화 작업부회까지 북일교섭에 중요한 변수로 영향을 미쳐왔다.

이상과 같이 교섭상대국 · 국내 · 국제 요인이 북일교섭 전 과정에서 해당 교섭국면과 쟁점에 영향을 미치면서 교섭을 결렬 또는 합의의 방향으로 이끌어 온 것은 부인할 수 없다. 이러한 요인은 북일교섭에서 이해 조정의 당사자나 관계자의 이해관계를 파악하는 것에는 의미가 있다. 그러나 이 세 가지 요소를 개별적으로 북일교섭에 영향을 미치는 변수로 자리 매기는 것은, 특정 요인을 너무 강조하여 북일교섭이 특정 요인에 의해 좌우된다는 일면적 분석 결과에 이를 우려가 있다. 이러한 인식은 북일교섭이 3가지 요인에 의해 일방적으로 영향을 받는 것으로 간주하는 오류에 빠지는 것이다. 이것은 북일교섭 자체의 내부 원동력(동인)을 간과하는 것이다. 따라서 어떤 특정 요인에 의한 영향력을 중심으로 이루어진 북일교섭에 대한 분석은 본 서가 목표로 하고 있는 북일교섭 패턴의 종합적 파악으로 연결되기 어렵다.

전후 일본은 현재에 이르기까지 전쟁 책임자로서, 전후처리의 종결을 진행하면서 국제질서 속에서 경제강국으로 부상해 온 지 오래다. 그리고 경제력을 기반으로 동북아시아에서 정치적 영향력을 확대하는 것을 도모해왔다. 따라서 일본으로서는 북한과의 국교정상화는 미결의 전후처리를 마치고, 동북아에서 일본의 경제적 · 정치적 지위를 높이기 위해 유리하게 작용할 것이다. 한편, 북한은 국제적 고립과 체제위협, 경제위기와 절대빈곤이라는 위기 속에 있으며, 이러한 위기를 극복하기 위해서는 미일과의 관계 개선이 매우 중요하다.

요컨대 북일 양국의 국교정상화교섭은 결과에 따라 북한과 일본 각각의 국제정치와 외교에서 긍정적 효과를 줄 수 있는 외교 사안이다. 따라서 북일 양국에 있어서 북일교섭 타결 자체가 실현해야 할 목표로 취급되고 있는 것은 틀림없다.

그러나 양국에 있어서 국교정상화가 목표임에도 불구하고 그것을 달성하기 위해 양국이 처해있는 교섭을 둘러싼 객관적 상황과 교섭 전략에는 큰 차이가 있었다. 본 서는 이 점에 주목하여 「평양선언」에까지 이르렀음에도 불구하고, 현재까지도 여전히 북일교섭이 교착돼 있는 원인을 밝히려 한다.

19여년간의 북일교섭 과정을 보면, 북한은 경제위기와 외교적 고립을 탈피하기 위해 자주 북일 국교정상화교섭을 촉구해 왔다. 북한은 1990년 한소 국교정상화 등 국제적 고립이 강화되는 가운데 일본의 정당 대표들을 초청하여 북일 국교정상화교섭을 제안했다. 2002년에는 김정일 총서기가 북일교섭의 최대 난관인 납치문제에 대해 사죄까지 하며 국교정상화의 포괄적 합의인 평양선언이 실현됐다. 이 선언에서 북한은 보상문제를 경제협력에 의해 타결한다는, 일본이 한일교섭에서 취한 방식에 합의하기까지 했다. 더욱이 2007년 6자회담의 북한 핵문제 공동합의에 따라 일본은 북일교섭에서 미국의 최대 압력이었던 북한 핵문제에서도 벗어날 수 있는 것처럼 보였다.

따라서 북일 국교정상화교섭 과정에서 평양선언, 6자회담의 공동합의 등 교섭을 결정적으로 촉진시키는 상황이 조성돼 북일 양 당사국에 있어서 바람직한 가치배분이 존재하고, 특히 일본은 북일교섭에서 상대적으로 자신들의 교섭목표에 유리하게 타결시킬 수 있는 많은 상황을 가져간 것처럼 보인다. 게다가 북한이 요구하는 국교정상화는 일본이 전후처리 외교에서 투입한, 자신에게 풍부한 경제적 자원에 의해 상당부분 타결시킬 수 있었던 외교적 사안이었다. 그러나 일본이 이와 같이 평양선언, 6자회담 공동합의 등 북일교섭을 유리하게 타결시킬 수 있는 상황이 많았음에도 불구하고 북일교섭이 아직 타결되지 않은 원인은 무엇일까?

본 서는 일본이 유리한 입장에서 진행할 수 있었던 북일교섭이 아직 미타결 상태인 배경과 원인을, 공식적 북일교섭에 있어서 일본의 교섭패턴을 검토함으로써 찾고자 한다. 교섭패턴의 검토에 있어서는 교섭행위의 배경이 되는 해당교섭의 객관적 상황과 교섭행위의 특징, 즉 교섭목표에 어떠한 교섭전략 및 운영스타일이 사용되었는가 하는 행위패턴 추출에 힘써, 교섭 속에서 특정 사건이나 쟁점을 중심으로 분석할 때 빠지기 쉬운 한계를 극복해 나가고 싶다.

본 서가 공식적 북일교섭에 주목하는 것은 교섭에 관련된 모든 노력과 사건은 결국 공식교섭의 형태로 수렴되고 모든 쟁점은 공식교섭의 자리에서 매듭지어지지 않으면 안 되기 때문이다. 물론 정치인 사이에 이루어진 접촉이나 회담도 북일교섭에 영향을 미치지만, 정부차원의 공식교섭이 아니면 궁극적 타결에는 이르지 않기 때문이다.

결국 본 서의 목적은 공식적 북일교섭에 있어서 일본의 대북 교섭패턴을 분석함으로써 북일교섭의 교착의 원인을 밝히는 것이다. 이 과정에서 지금까지 논의되어 온 교섭상대국, 국내, 국제 등의 3가지 요인에 의한 북일교섭 분석의 한계를 극복하고자 한다.

제2절 선행연구

북일 국교정상화교섭에 관한 선행연구는 신문이나 잡지 등 언론을 중심으로 북일 국교정상화 관련 중요사건, 특히 2002년 9월 북일 정상회담에 대한 평가와 토론을 중심으로 한 것이 많다. 따라서 북일교섭 자체에 대한 이론뿐만 아니라 역사 연구를 포함해도 학술적으로 이루어진 본격적 선행연구는 셀 수 있을 정도로 적다. 특히 북일간 공식교섭을 중심으로 행한 연구에서도 일본의 교섭패턴을 다루고 있는 연구는 거의 없는 실정이다. 또한 교섭당사국인 북한의 교섭전략과 패턴을 자세히 설명한 연구도 매우 적다. 본 서는 이러한 상황에 근거하여 선행연구를 다음과 같이 5개의 영역으로 나눈다.

첫째는 일본의 대북정책을 국제정세, 특히 미국의 대북정책과 미일동맹의 관점에서 분석한 것이다. 대표적인 연구로는 이즈미 하지메伊豆見元[2], 오코노기 마사오小此木政夫[3], 스기타 요네유키杉田米行[4], 이시마루 지로石丸次郎[5]가 있다.

이러한 연구 중 하나인 오코노기 마사오[6]에 의하면, 일본의 북한외교가 그 동안 미국의 북한정책에 구속되어 온 것은 부인할 수 없다라고 한다. 미국의 영향력이 너무 컸기 때문에 냉전기에는 물론, 냉전 종결 후에도 일본의 대북정책은 변화하지 않는다는 관점에서 북일교섭을 분석하고 있다. 그리고 북미교섭과 북일교섭을 맞물리게 하는 역동적인 대미 보완적 협력외교야말로 북한의 핵무기 개발을 저지하고 동북아의 평화를 보장하는 길이라고 주장하고 있다.

스기타 요네유키[7]는, 북일 정상회담 전후 미일, 미중, 북미관계를 폭넓게 설명하면서 특히 북일 정상회담을 둘러싼 미국의 견제를 상세하게 기술하고 있다. 또한, 미일동맹과의 관련성에서 9.11 테러 이후 미국의 대북 강경정책이 북일교섭에 미친 영향, 6자회담의 배경 및 진행과 북일교섭과의 관계 등을 구체적으로 분석하고 있다. 이 연구에서 스기타는 결국 북일관계는 북미관계의 종속변수라는 측면도 있어, 북미일 3자 사이의 복잡한 상호작용과 오산이 뜻밖의 위기를 촉발했다는 견해를 전개하고 있다. 또한, 대북 국교정상화외교에 대해서는 고이즈미 준이치로小泉純一郎 총리가 북일회담 개최를 계기로 북일 국교정상화를 실현함으로써 일본이 독자적 지도력을 갖고 동아시아 안정을 가져오려고 했지만, 동맹국인 미국이 아시아에 있어서의 일본의 독자적 행동을 싫어했던 것과 더불어 강력한 여론의 고양에 의해 납치문제가 일본외교의 최우선 과제가 되었기 때문에 지도력을 발휘할 수 없게 되었다고 평가하고 있다. 납치문제는 인도적 문제로 다루면서 정치외교적 협상과 분리해 어디까지나 인도적으로 해결하는 자세를 일관하는 것이 중요하다고 강조하고 있다.

한편, 미일동맹의 틀 안에서도 자주적 외교와 동아시아의 안전보장 및 공동체 구상 등의 관점에서 분석한 연구로는 신도 에이이치進藤栄一[8], 강상중姜尚中[9] 등이 대표적이다. 그 중 신도 에이이치[10]는 국교정상화에 따른 지역안정화 시나리오를 구축하는 것에는 북한의 핵·미사일 계획의 돌이킬 수 없는 포기와 에너지의 안정공급 프로그램의 재가동을 출발점으로, 한반도 비핵무기화에 이르는 군축프로그램의 청사진을 수반하는 것이라고 하고 있다. 또한, 동아시아 역내 안전보장을 협력형 안전보장 방식에 의해 도모해가야 할 길이라고 강조하고 있다.

또한, 강상중[11]은 이라크전쟁 이후 대량살상무기의 폐기를 강요하는 미국과 체제 보장을 요구하는 북한 양국은 슬로우모션처럼 정면충돌 코스를 향해 달려가고 있어, 우발적 사건을 계기로 최악의 사태에 돌입할 수 있다는 위험한 시나리오로 향해가고 있다고 파악했다. 그리고 나서, 북일관계를 2국가만의 문제가 아닌 기로에 선 동북아시아 전체의 평화질서라는 포괄적 문제로서 다루고 있다. 특히, 강상중은 평양선언의 제4항은 핵 및 미사일문제를 포함한 안전보장상의 제반 문제를 동북아시아 지역의 관계제국간의 대화를 통해 해결할 필요성을 강조하고 있는 것을 언급하면서 과거 미일안전보장조약, 한미방위조약 등의 2국간 관계를 극복하고, 「동북아 공동의 집」으로 미래에 지역의 완만한 통합을 목표로 할 것을 제언하고 있다.

요컨대, 이러한 연구는 미일관계가 지금까지 한일관계 또한 북일 국교정상화교섭에 어떻게 영향을 미치는지를 밝히고 있지만, 국교정상화교섭 자체의 원동력을 외인에서 찾는, 말하자면 「외압반응형」의 견해라 할 수 있다.

둘째는 주로 일본 국내요인에 주목하여 국내의 강경(혁신)·온건파(보수) 또는 정당정치인과 외무관료 사이의 역관계의 측면에서 연구한 것이 있다. 대표적인 것으로는, 김광욱[12], 한영구[13], 신정화[14] 등이 있다.

이러한 연구 중의 하나인 김광욱[15]은 북일교섭 과정에서 일본정부의 보수적인 외교정책에 대해 그 해결을 요구해온 일본 국내 진보파의 압력을 연구하고 있다. 이 연구는 1991년 제3회 북일 국교정상화교섭까지를 주요 대상으로 하고 있지만, 북일교섭을 포함한 폭 넓은 영역에서의 진보파뿐만 아니라 보수파의 논문이나 잡지, 심지어 성명이나 정치적 요구안 등을 체계적으로 분석[16]하고, 진보파의 입장이 북한측의 입장과는 다르다는 점까지 정리하고 있다. 그 결과 일본과 북한 사이에 정부간 공식 외교교섭이 시작되기 이전의 정당간 외교는 일본의 전통적 보수외교에 대해 수정적 입장을 취한 진보파의 압력이 작용했다(예를 들어 3당공동선언에서의 전후 45년 보상문제)고 결론을 내리고 있다.

또한, 신정화[17]는 일본의 대북정책에 대해 국내 정치세력의 역관계에 의한 틀을 제시하면서 전후 일본의 국내 정치세력, 즉 정부·자민당을 대표하는 보수세력과 사회당을 포함한 혁신세력의 북한정책을 둘러싼 행동패턴을 파악하는 관점에서 접근하고 있다.

이 연구는 그 패턴을 「보혁대립」, 「대립 속의 보완」, 「협조 속의 견제」라는 3개로 구분한다. 이러한 틀을 기초로 패전 직후의 재일조선인문제에서 한일 국교정상화와 대북정책, 데탕트시기의 한반도정책과 중일관계 정상화 이후의 대북정책 등을 역사적으로 검토한 후, 북일 국교정상화교섭의 전개과정을 그 배경과 함께 설명하고 있다. 이것은 제8회 북일교섭까지의 역사기술에 머물러 있다는 한계는 있지만, 전술한 김광욱에 의한 연구보다 포괄적 역관계로 일본의 대북정책을 밝히고 있다.

그러나 일본의 국내요인에 주목한 두 연구는 모두 냉전 종식 이후 본격화한 북일 관계정상화교섭에 적용하기 위해서 필요한, 기본 전제로서의 「보수와 혁신(진보)세력」이라는 국내정치 역학이 해소돼 버린 이상, 유효한 연구틀은 되지 않을 것이다.

한편, 이와 관련해 정치인의 외교패턴과 전략 등을 소재로 그 리더십을 분석한 연구도 있다. 거기에는 시노다 도모히토信田智人[18], 이이지마 이사오飯島勲[19], 요미우리신문 정치부読売新聞政治部[20] 등이 있다.

이 가운데 시노다 도모히토[21]는, (총리)관저외교란 총리와 관방장관이 내각 관방 스태프를 지도하고 외교와 안전보장 측면에서 리더십을 발휘하는 것을 의미한다고 한 후, 2002년 9월에 열린 고이즈미의 방북 및 북일 정상회담과 그 이후의 납치문제와 북한 핵문제에 대한 관저의 행동을 평가하고 있다.

이들은 국내정치의 역학과 관저의 리더십에 주목하여 외교정책 결정과정을 밝히고 있다. 그러나 이러한 연구는 국내정치가 대외교섭에 대해 미치는 영향력을 너무 강조한 것이며 역시 교섭의 다중적 면을 간과하고 있다.

셋째는 북일교섭 자체의 진행과정(역사)과 국교정상화문제, 납치문제, 안전보장문제 등의 주요쟁점을 「교섭정책」과 함께 정리한 연구이다. 기타가와 히로카즈北川広和[22], 마쓰모토 히데키松本英樹[23], 하시즈메 다이사부로橋爪大三郎[24], 다카사키 소우지高崎宗司[25], 양기웅[26] 등을 들 수 있다.

이러한 연구의 하나인 마쓰모토 히데키[27]는 북일교섭사(제1회~북일 정상회담) 전체 내용보다는 교섭의 쟁점과 교섭을 둘러싼 국내외 상황에 대해 분석하고 있다. 마쓰모토는 과거청산, 일본의 현안, 안전보장문제, 기타(관할권 등)로 나뉘는 4개의 교섭쟁점 중에서 주로 납치문제와 안전보장문제가 북일교섭에 끼친 영향 등을 자세히 연구하고 있다. 특히 북한의 핵문제를 둘러싼 북미의 대응이나 한중문제 해결을 위한 노력을 체계적으로 설명하고 있다.

또한, 다카사키 소우지[28]는 「북일교섭의 10여년의 역사」를 쓴다는 목표로 북일교섭의 역사적 배경 및 교섭 진행상황에 대해 서술하고 있다. 다카사키는 교섭진행과 관련하여 교섭을 시작케 한 3당공동선언 전후의 한국·미국의 정책 전환, (제1차) 북한 핵문제를 둘러싼 전쟁의 위기 및 그에 따르는 북일교섭의 정체, 쌀 지원에 의한 새로운 북일관계 모색, 더욱이 납치문제, 한국의 햇볕정책과 북일교섭 재개, 북일 정상회담과 6자회담까지, 북일교섭의 역사에 관한 사실과 배경을 구체적으로 기술하고 있다. 다카사키는 그 역사기술과 관련하여 식민지지배가 끝나고 60년 가까이 지나도록 그 청산이 방치된 상태이다. 전후의 새로운 적대관계(냉전)도 해소되지 않고 있다. 그럼에도 불구하고 일본정부는 밖으로는 미국정부의 강경파에 추수하고 안으로는 북한비난 여론에 휩쓸려 주체성을 발휘할 수 없게 됐다. 그러한 상태에 종지부를 찍기 위해서는 돌아가는 것 같아도 양국 정부와 국민이 신뢰를 조성하는 꾸준한 노력을 쌓아가는 수밖에 없다. 세계에서 단 하나 국교가 없는 나라와 국교를 수립함으로써 동북아시아의 평화와 안정을 가져오는 것이 중요하다며 북일교섭의 필요성을 강하게 주장하고 있다.

한편, 양기웅[29]은 북일 국교정상화교섭에 대하여 제1회부터 제13회까지 교섭을 제1기(1회~8회), 제2기(9회~11회), 제3기(1차 정상회담~12회), 제4기(2차 정상회담~13회)로 나누어, 각각 회담의 개최 배경과 전개 과정·쟁점을 체계적으로 분석하고 있다. 이것은 북일교섭사 전체에 대한 연구로서 의미를 가진다. 나아가 역사분석 과정 중, 제1기까지의 북일교섭 주요조건이 국제레벨의 문제, 즉 북한 핵문제였던 한편, 제2기~제4기의 주요조건은 납치문제를 둘러싼 일본 국내적 압력이며, 이것이 국내변수로 추가돼 주요변수가 됐다고 분석하고 있다. 이와 같이 국제적으로 북한 핵문제에 대응하면서 국내적으로 납치문제로부터 발생한 압력을 받아야만 하는 상황, 즉 2레벨적 게임인 상황은 일본정부에 기회와 위기를 함께 제공하고 있다고 주장하고 있다.

이 연구는 사실적 역사기술 자체를 포함하여 주요쟁점으로 국교정상화문제, 납치문제, 안전보장문제 등을 정리하고 일본의 북일 국교정상화교섭의 목표 및 정책을 분석하고 있다. 그러나 일본의 공식교섭의 대응패턴 분석보다는 각 쟁점 및 사건별 분석을 통한 일본의 의도와 정책(전략) 등에 대한 개괄적 결론에 그치는 것이 많다. 따라서 전체를 관통하는 동인 분석에 근거한 북일교섭의 「일반패턴」을 도출해내고 있지는 않다.

넷째는 한일관계의 관점에서 일본의 대북전략을 설명하는 연구를 들 수 있다. 주로 한국에서 실시된 연구로서 김봉진[30], 양기호[31], 서동만[32], 이원덕[33], 김태운[34], 주봉호[35] 등이 있다.

이러한 연구 중의 하나인 서동만[36]은 북일교섭은 북미 고위급회담에서 미사일교섭[37]이 진전되어 단계적으로 진행될 것으로 전망한 후, 북일교섭에 대한 한국정부를 포함한 한국의 대응과제에 대해 연구하고 있다. 이 연구는 북일관계는 한반도 전체의 관점과 동아시아 국제질서의 관점에서 보아야 한다고 강조한다. 게다가 북한은 국교정상화교섭에서 경제적 이익을 취하려고 하는 실리적 접근을 채택하고, 일본은 북일 국교정상화를 북미관계에 종속시키는 것이 아니라 자주적으로 해결하는 공간을 확보한다는 전략을 취하고 있다고 분석하고 있다. 특히, 이 연구는 북일 접근과 국교정상화가 한일관계를 저해한다는 한국내부의 우려를 불식하고 남북 경제공동체와 북일 경제협력을 상호보완관계로 자리 매김하고, 장기적으로 교섭을 순조롭게 진전시켜야 한다고 주장하고 있다.

또한, 이원덕[38]은 2002년 북일 정상회담과 평양선언은 납치사건에 대한 북한의 극적인 고백과 사죄를 도출해 안전보장문제에 관해서도 성과를 올리는 등 일본의 외교적 승리라고 평가했다. 그런 다음, 이후 전개되는 북일교섭의 의제에 대해 한국의 입장에서 검토하고 있다. 이 연구는 특히 일본의 청구권 자금이 북한에 제공될 때 그것이 남북 분단체제에 미치는 영향으로 북한의 급격한 체제 붕괴의 억제,

한국이 지불해야 하는 통일비용의 축소, 북한경제의 대외개방의 촉진 등을 언급하고 있다. 그리고 역사청산 문제와 관련하여 한국은 한일 기본조약 제2조에 대한 일본정부의 해석을 한일합방조약의 당초부터 불법이었다고 변경하도록 요청하는 것과 함께, 북일교섭에서도 일본이 한일합방조약의 원인무효를 수용하는 것이 바람직하다는 점을 밝혀둘 필요가 있다고 주장하고 있다.

그리고 김태운[39]은 북일교섭에 대해 북한의 대일본 정책의 변천 등의 관점에서 분석하고 있다. 이 연구는 북한의 대일본 정책을 1950년대~한일 국교정상화, 1970년대 데탕트~1980년대, 1990년대 북일 국교정상화교섭~제1, 2차 정상회담의 3시기로 나누어 분석하고 있다. 이 연구는 기존의 연구가 국제환경의 변화만을 변수로 설정하며 양국관계를 논의하려는 시도는 환원론적이었다고 비판하면서 북한의 대일정책을 군사안보면과 경제면에서 분석하고 있다. 이 연구는 교섭당사국인 북한의 정책을 중심으로 분석한 몇 안 되는 연구로서 의의가 있다. 그러나 이 연구도 북미관계가 북일관계에 영향을 미친다는 관점, 즉 북일관계를 북미관계의 종속변수로 파악함으로써 자신이 비판하는 환원론에 빠져 버렸다. 이러한 경향의 연구는 이밖에 양기호[40], 홍익표[41] 등도 있다.

한편, 주봉호[42]는 한국의 북일교섭에 대한 정책과 관점을 제언한 후 북한과 일본 각각의 외교정책을 검토했다. 특히, 이 연구는 전술한 신정화(2004)을 인용하면서 일본의 대북정책이 단순한 외부적 요인, 즉 미국의 동북아정책과 남북관계에 의해 좌우되기 보다는 이 요인을 배경으로 하면서도 국내정치의 역학구조 속에서 형성되어 왔다고 결론을 내렸다. 그럼에도 불구하고, 이 연구는 한반도문제가 제2차 북한 핵위기를 통해 국제화함으로써 일본이 독자적으로 국교정상화를 결정하는 것이 어렵게 됐다고 해, 미국 등 국제요인이 국내세력의 영향력보다 결정적 제약요인이 되었다고 주장하고 있다.

이들 연구는 한국측이 필요로 하는 일본의 의도와 전략을 파악하는 데는 도움이 되지만, 일본의 대북 외교교섭 패턴을 설명하고 있지 않다. 특히, 한국에서의 연구는 북일교섭에 대해 국제문제와 남북문제를 주요변수로 파악하면서 일본과 북한의 정책을 밝히고 있다. 그러나 대부분의 취지는 북일교섭은 동아시아의 안전과 남북관계의 호전에 도움이 되는 것으로 평가하는 한편, 한일조약 2, 3조[43]의 변경, 북일 경제협력에 대응해야 한다고 결론짓고 있는 것이다.

마지막 다섯 번째는 이론연구 분야이다. 지금까지 4가지에 걸친 북일 국교정상화교섭 연구는 주로 역사와 쟁점을 대상으로 한 저널리즘적 관심을 중심으로 이루어졌지만, 이론적 접근방법과 관점에서 이루어진 것은 아니다. 이러한 한계를 넘어선 것으로서 매우 소수이지만 북일 국교정상화교섭을 이론적 분석에서 연구한 것도 있다. 양기웅[44], 하리모토 히로시張本 浩[45] 등이 거기에 해당된다.

이러한 연구 중의 하나인 양기웅[46]은 북일교섭에 대해 국제차원과 국내차원의 양 게임의 상호작용이라는 2레벨 게임의 이론적 접근을 도입하고 있다. 이 연구는 북일교섭의 교착 원인을 찾는 데 있어서 양국의 교섭전략에 주목하고, 퍼트남의 2레벨 게임적인 접근방법을 통해 양국의 교섭전략을 도출해냈다.

이 연구는 일본의 대북 교섭전략의 결정요인을 분석함에 있어서 북한의 교섭전략 차원, 일본의 국내정치 차원(1; 온건파와 강경파, 2; 정부행위자와 비정부행위자), 한미일관계 차원 등 3차원을 설정했다. 그리고 일본정부가 교섭참여 확대전략, 다국적이슈 연계전략, 교섭지연전략 등을 성공적으로 구사했다고 평가하고 있다. 특히 다국적 이슈 연계전략은 국교수립이라는 양국간 이슈를 북한 핵이란 다국간 이슈와 연계시켜 교섭과정에서 한국과 미국이라는 제3국의 외압을 전략적으로 유도한다는 것이다. 따라서 일본은 미국과 한국의 압력을 빌미로 북한 핵 카드를 이용하여 북한에 대해 강경자세를 일관되게 취할 수 있었던 한편, 가네마루 신金丸 信과 사회당 등 대북 유화론자도 온건정책을 수정시키도록 했다고 분석하고 있다. 이 연구는 북일교섭에 대한 최초의 이론적 분석이라는 점에서 보면 시사하는 것이 많다. 그러나 북미일 사이의 복잡한 다중관계를 단순한 북일 양국의 2레벨 게임의 틀에서 단순화하고 있다. 이 문제에 대해서는 제2장에서 자세히 기술한다.

또한, 하리모토 히로시[47]는 북일교섭에 대해 일본과 북한이라는 두 플레이어 각각의 최대관심사인 「안전보장과 경제를 둘러싼 교섭」이라는 게임으로 분석하고 있다.

이 연구는 각 플레이어는 각각 강경노선과 협조노선이라는 두 가지 전략만을 취할 수 있다고 가정했다. 그런 뒤 다양한 전략을 결합함으로써 양국은 각자에 협조노선(강경노선)을 도입한 경우 최대이득(최소이득)을 얻을 수 있다는 것을 알 수 있는데, 이 상황은 실현되지 않은 것으로 판단하고 있다. 이 인식에 근거하여 참가 플레이어는 안전보장게임, 경제게임을 반복한 결과, 북일이 펼치는 게임에서 양국은 협조노선을 취하는(양보하는) 쪽이 더 불리한 결과를 입게 되는 딜레마에 직면할 것으로 예상할 수 있다. 따라서 만약 향후 단기간의 교섭에서 북일관계 정상화에 접근할 수 있다면, 그것은 한 국가가 안전보장면에서 협조노선을 취할(양보할) 수밖에 길이 없어졌을 경우라고 생각할 수 있다. 이 연구는 북일교섭이 수년에 걸쳐 교착상태에 빠져온 것에 대해 어느 정도의 시사를 해주고는 있지만, 플레이어를 일본과 북한으로 단순화했기 때문에 한국과 미국의 북일교섭의 제쟁점에 대한 다국간 관계를 해명하지 않고 있다.

따라서 북일교섭에 대한 이론적 접근에 관한 연구는 수가 적고, 또한 북일교섭의 구조와 패턴 등에 대한 이론적 의미를 가지고 있다고도 말할 수 없다.

기존연구의 보충으로서 이찬우[48]와 같이 북일 국교정상화교섭을 경제협력의 관점에서 연구한 드문 것도 있다. 이찬우의 연구[49]는 북일교섭을 경제분야에 집중하여 접근하는 특징으로 기존연구와 구별할 수 있다. 이 연구는 일본정부가 북한과의 경제협력을 북일 국교정상화 이후의 문제를 다루고 있는 것에 대해, 제1회부터 제11회까지 북일교섭을 분석하면서 경제협력을 군사·안보의 보완적 역할로서가 아니라 동북아시아에서의 협조적 지역안전보장을 달성하는 중심적 역할로 자리 매김하는 것이 일본의 평화적 리더십 발휘이지 않은가라고 생각된다고 주장하고 있다. 그러한 관점에서 북일 국교정상화 이전에도 니가타新潟 등 지방자치단체와 민간차원의 교류, 관세차별의 해소, 무역보험 재적용, 수출금융의 재적용과 해외투자금융의 적용 등의 방법을 제안하고 있다. 보다 구체적으로는 국교정상화 이후에도 최소한 50억 달러의 과거청산 자금을 긴급지원성 협력(식량지원, 전력생산 등)을 포함한 산업생산정상화 협력, 수출산업지원, 첨단산업지원, 인프라개발협력, 인재육성 · 지적협력, 생활기반시설 · 환경협력 등에 사용하는 것을 제안하고 있다. 이것은 북일교섭에 대해 일본이 전후 전개해 온 경제외교의 측면에서 유의미한 연구라고 생각된다. 그러나 이 연구는 북일교섭 자체에 대한 연구가 아니므로, 역사 사례를 기반으로 한 교섭의 역동성 및 패턴 분석은 찾을 수 없다.

전체적으로 북일 국교정상화교섭에 관한 기존연구는 북일간의 공식교섭을 다루어 그 교섭패턴을 분석하고 있지 않다. 선행연구는 전반적으로 평양선언을 포함하는 역사적 사건이나 쟁점 등을 분석 대상으로 한미일관계 또는 국내정치 등을 중심으로 북일교섭을 분석한 연구와, 북일교섭사 자체 및 주요쟁점 분석을 통해 양국의 목표와 의도나 정책을 고찰한 연구, 또한 북일교섭에 대한 이론적 접근을 이용한 연구 등 크게 3가지로 나뉜다.

그 중에서 한미일관계와 국내정치 상황 등 내외변수를 중심으로 한 연구는 그 영향을 독립변수로 과대하게 취급함으로써, 공식교섭의 추진배경과 역동성을 밝히는 것보다 사건들과 일부교섭을 둘러싼 국내외 상황을 너무 강조할 우려가 있다. 특히, 이 연구들은 교섭당사국이며 일본의 교섭상대국인 북한의 교섭전략에 대한 분석이 결여돼 있다. 다음으로 북일교섭사 자체를 분석한 연구는 교섭에서 나타난 개별사건의 배경과 교섭국의 정책 등에 대한 구체적 분석으로는 의미가 있지만, 공식교섭 자체의 모든 과정에서 각 사건을 발생시킨 「역동성」과 「교섭패턴」에 대한 분석의 측면에서 한계를 안고 있다. 그리고 마지막으로 북일교섭에 대한 이론적 연구는 소수라는 점과 함께 충분한 역사적 실증분석을 수행하지 않은 채 중층적 교섭을 단순화하고 있다는 문제를 안고 있다.

요컨대, 북일교섭에 대한 선행연구는 공식교섭을 중심으로 하여 그 교섭의 개시 또는 재개를 가능하게 한 배경과 역동성, 그리고 교섭결과에 큰 영향을 미쳤던 교섭자의 교섭패턴 분석에 이르지 않았다.

결국 지금까지의 기존연구는 외교교섭에서 「외교와 국내정치의 상호관계」라는 관점에서 보면, 하나의 요인을 지나치게 강조했기 때문에 양자의 관계에 대한 통일적 관점에 근거한 분석이 이루어지지 않고 있다. 그리고 북한, 일본국내정치, 미국 · 한국 등 교섭에 영향을 미치는 요인의 중층적 상호작용 메커니즘을 밝힐 수도 없었다. 또한, 기존연구는 공식적 북일교섭에서 일본의 「대북 교섭패턴」 그 자체는 다루지 않고 있기 때문에, 북일교섭에 대한 일본의 전략과 기본방침을 종합적으로 이해하는 데는 한계가 있다. 즉, 선행연구는 어느 것도 통일적 · 중층적 · 종합적인 관점에서 북일교섭의 전모를 밝히는 것은 아니라고 할 수 있다. 그러나 북일 국교정상화교섭에 대해서는 세 가지 주요쟁점(국교정상화문제/납치문제/안전보장문제)을 둘러싼 당사국에 의한 교섭상대국, 국내 관계제세력, 그리고 관계제국(한 · 미 · 중)과의 이해조정의 일부라는 관점을 갖지 않으면 교섭경위의 「전체」를 설명할 수 없다.

따라서 본 서는 기존연구의 성과에 입각하여 북일 국교정상화교섭을 통해 드러난 일본의 대북 교섭패턴을 밝히는 것을 목적으로 한다.

제2장 연구방법; 3개 교섭공간 어프로치

제 2 장

연구방법; 3개 교섭공간 어프로치

제1절 외교교섭과 국내정치

본 서에서 교섭a negotiation은 「국내외 당사자(an actor, 교섭주체) 사이에 외교사안에 대해 자신의 전략적 목표strategic target를 유리하게 달성하기 위해 행하는 상호행위an interaction의 연쇄」라고 정의한다. 외교사안은 교섭 당사국이 합의로 해결해야만 하는 외교상의 분쟁 사항이며, 이 외교사안의 해결이 교섭의 최종 목표이다. 전략적 목표는 교섭의 쟁점을 자신·자국에 유리하게 타결시키기 위한 교섭 타겟이다. 상호행위는 충돌하는 이해관계의 조정a bargaining에 있어서 당사자가 행하는 추상적 혹은 물리적인 「가치배분의 현상변경의 제안 및 반대제안, 양보의 관망 등을 포함하는 상호행위[1]」 일반을 가리킨다. 따라서 교섭은 「외교상의 해당쟁점을 둘러싸고 당사자간에 펼쳐지는 추상적 혹은 물리적 가치배분의 현상변경의 제안 및 반대제안, 양보의 관망 등을 포함하는 상호행위의 연쇄」라고 말할 수 있다.

교섭당사자는 교섭의 직접적 주체이며, 양국간 교섭의 경우는 두 개의 당사국을, 다국간 교섭의 경우는 그에 참가하는 복수국가를 가리킨다. 교섭당사자 또는 주체는 해당 국가 및 그것을 대표하는 주임교섭자 또는 정부지도자이다. 그러나 실제 교섭에서는 이에 한정하지 않고, 교섭과정 및 결과에 의해 영향을 주거나 교섭에서 영향을 받는 관련 외국과 한 국가 내에서 많은 이익단체, 언론, 비정부기구(NGO) 등 이해관계자a stakeholder도 중요한 역할을 한다. 이 관련 외국과 이해관계자를 「관계자the parties concerned」 또는 「교섭관계 주체the actor concerned」라고 말한다. 따라서 교섭에 관여하는 주체는 넓은 의미에서 교섭당사자뿐만 아니라 관련 외국과 각국 내의 각계층 및 당파와 이해관계자 집단으로 이루어진 관계자를 포함하게 된다.

단순한 교섭에서 쟁점은 일반적으로 하나인 경우가 많다. 그러나 그 쟁점이 종합적 문제인 경우, 그 아래 다양한 하위이슈를 포함할 수 있다. 어떤 경우에도 이 쟁점은 국가사회 전체의 이익 또는 특정 당파와 집단의 정치적 이해관계를 반영하고 있다. 그리고 매우 중대한 사안의 쟁점은 하나의 레벨에서 단일하게 나타날 수 있지만, 쟁점이 다양한 레벨에서 각각이 중요한 의미를 가지는 경우도 있다. 즉, 복잡한 교섭에서는 다양한 쟁점으로 이루어진 다양한 전략적 구조가 생긴다[2]라고 말할 수 있다.

예를 들어, GATT(General Agreement on Tariffs and Trade, 관세 및 무역에 관한 일반협정)의 우루과이 라운드Uruguay Round는 1986년부터 8년 동안 124개국이 교섭의 당사자 또는 주체로 참여한 다국간 무역교섭이며, 모든 쟁점이 중대 사안의 성격을 가지고 교섭당사자 모두의 이해관계에 직·간접적으로 영향을 미쳤다. 유럽 통합에 관한 암스테르담 조약Amsterdam Treaty의 경우에도 15개국이 당사자로서 1995년부터 4년 동안 참가해 행해져 7개의 이슈 영역에서 70개의 쟁점 모두가 교섭에 참여한 모든 국가들에게 중요했다.

더욱이 이 교섭은 각각 국내외의 다양한 정치 및 이익집단과 직·간접적으로 관련된 복잡한 구조를 가지고 있었다. 1987년 INF(Intermediate - range Nuclear Forces, 중거리핵전력전폐조약)과 1972년, 1979년의 SALT(Strategic Arms Limitation Treaty, 전략무기제한조약) 등 군축과 안전보장문제의 경우에는 당사자야말로 미국-소련의 두 국가이고 쟁점은 하나의 사안이었지만, 관련 동맹국이나 그 국가의 국내 이해집단 등 다양한 레벨의 관계자에게 영향을 미치는 복잡한 교섭이 전개된 것이다.

본 서의 사례인 북일 국교정상화교섭도 형식적으로는 일본과 북한이 당사자인 양 국가간 교섭이다. 그러나 북일교섭에서 일본의 교섭주체에서 보면, 상대 당사자인 북한뿐만 아니라 미국, 한국, 중국, 그리고 일본 내 언론과 납치가족회 등의 단체 또는 정당이나 의회 등 다양한 교섭관계자 또는 관계주체도 중요해진다. 이 관계자는 교섭에 영향을 주거나 교섭에서 영향을 받기도 하는 주체이기 때문이다. 이러한 당사자 및 관계자의 다양성은 관련 쟁점을 둘러싸고 중대한 이해관계를 반영하고 있다

또한, 북일 국교정상화교섭은 국교정상화라는 하나의 쟁점을 둘러싼 다양한 당사자 및 관계자간의 이해관계에 따라 국교정상화문제 외에도 핵문제 등 안전보장문제, 납치문제 등 제현안이라는 세 가지 이슈영역을 포함하게 된다.

따라서 교섭은 당사자 및 관계자 면에서도 쟁점 면에서도 국제정치와 국내정치의 많은 요인과 관련된 대립과 충돌을 내포하고 그 결과에 따라 국제정치뿐만 아니라 국내정치에도 결정적 영향을 미친다.

그러나 리얼리스트는 국제교섭에서 단일한 합리적 국가주체가 국내정치를 대변하고 교섭은 그 국가주체의 상호 게임으로써 가장 잘 이해된다는 취지로 「국가중심적 단일 교섭모델state - centric unitary model」을 주장하고 있다. 리얼리스트가 교섭에서 가장 중요시하는 것은 국내체제가 아닌 국가들이 스스로 속해 있는 국제체제의 본질이다. 이러한 관점은 교섭의 성공과 실패에 있어서 국내정치 구조와 과정의 본질을 언급하지 않는 점에서 문제를 안고 있다. 즉, 리얼리스트의 국가중심적 단일 교섭모델은 국가의 정책 자체가 통일적이고 명확한 교섭전략으로 표시된다는 일치성policy congruence을 전제로 하고 있기 때문에 복합적인 사회적 · 정치적 현실의 중요성에 안배가 되어있지 않는 것이다[3].

이러한 한계를 극복하기 위해 새로운 도전이 「국제정치와 국내정

치의 상호작용」의 2레벨 게임이라는 은유metaphor[4]로 이루어졌다. 이 메타포는 교섭결과를 경쟁하는 국내적·국제적 이해관계 사이의 수많은 정치투쟁의 산물로 정확하게 예측하는 분석 틀을 제공한다[5]. 또한, 이 어프로치는 교섭에 대해 리얼리즘이 아니라 리버럴리즘 속에서 태어난[6] 것이다.

「국제정치와 국내정치의 상호작용an interaction between the international and domestic politics」에서 교섭목표의 실현에 결정적 영향을 미치는 요인은 당사자 및 관계자들과 관련되어 있는 면도 있지만 쟁점 자체와 관련되어 있는 면도 있다. 전자는 교섭 당사국과 국내의 관계 제세력 및 국외의 관계제국 등의 관계자와 관련된 것이며, 후자는 쟁점의 중대성이 미치는 범위가 전세계적인지 혹은 한 국가 내에서도 사회 전체인지 일부 집단에 한정된 것인지 라는 점과 관련된 것이다.

이러한 배경에서 생각하면 교섭이론은 당사자뿐만 아니라 국내·국외 관계자와 여러 이슈를 통일적으로 파악한다고 하는 관점을 취해야 한다. 즉 교섭은 해당쟁점을 둘러싼 교섭당사국에 의한 교섭상대국, 국내의 관계제세력, 그리고 국외의 관계제국과의 이해조정의 일부라는 관점을 가져야 한다. 이러한 관점에서 보면, 일본의 북한과의 교섭을 분석하는 많은 선행연구는 제1장에서 언급한 바와 같이 매우 일면적 연구였다고 할 수 있다. 기존의 선행연구는 일본의 교섭자가 교섭상대국과의 상호행위의 과정에 영향을 미치는 수많은 당사자 및 관계자 중에서 특정 하나의 요인에만 주목하여 설명하는 경향이 있었다.

그러나 교섭에서 하나의 요인에 너무 주목하면 많은 이해관계와 복합적 이슈를 종합적으로 반영할 수 없다. 따라서 교섭의 원동력을 놓치고 부분적 쟁점을 둘러싼 일부당사자 및 관계자간의 상호행위의 특징만을 파악하는 데 그친다. 북일교섭은 교섭상대국을 포함한 여러 나라와 국내의 많은 이해관계자 등에 의한 다양한 쟁점을 둘러싼 중층적 상호행위의 연속과정이다. 즉 북일교섭은 교섭당사자 이외에도 국내 또는 국외의 교섭(이해)관계자간의 상호행위가 중층적으로 이루어진다. 따라서 북일교섭의 객관적 특징을 종합적으로 보기 위해, 이 교섭당사자 및 관계자에 의한 여러 요인간의 중층적 상호행위를 밝혀내야 한다.

따라서 본 서에서는 교섭에서 당사자 및 관계자와 해당쟁점을 연결하는 여러 요인을 「중층적 상호행위」로 파악하기 위한 새로운 어프로치를 시도하려 한다. 이 시도는 교섭에 관한 기존이론을 검토하는 것부터 시작된다. 국제교섭이 국가의 이해관계를 대변하는 대외적 단일행위unitary에 머무르지 않고, 「외교(국제정치)와 국내정치간의 상호작용」이라는 것을 잘 보여주는 대표적인 교섭이론은 퍼트남Robert D. Putnam의 2레벨 게임Two - level Games 어프로치이다. 본 서는 이 선행이론을 검토한 후, 새로운 교섭분석 틀의 가능성을 찾아낼 것이다.

제2절 2레벨 게임

1. 2레벨 게임의 개요

퍼트남의 「2레벨 게임」은 교섭자가 국내적 차원(level Ⅱ) 및 국제적 차원(level Ⅰ) 두 가지 레벨에서 교섭타결을 통해 다른 나라와 국내 비준자를 동시에 만족 시키려 하고 있다고 보는 어프로치이다. 이것은 국제교섭international negotiation의 국내(정치) 부문domestic division의 영향을 더 체계적[7]으로 규명하고 국내-국제정치간의 상호관계를 정형화하려는 시도이다.

퍼트남은 윈-세트win-set[8]라는 개념을 이용해 국내정치의 제약constraints 하에서 국제교섭이 비준ratification되는 조건을 해명하려고 했다. 그는 윈-세트가 크면 클수록 합의의 가능성이 높아지고 윈-세트가 작으면 작을수록 합의의 가능성이 낮아진다[9]고 논했다. 따라서 교섭자는 교섭상대의 윈-세트를 확대하려고 시도하고 그것이 교차하면 교섭은 합의에 이른다. 이 윈-세트 크기를 결정하는 요인은 국내정치(level Ⅱ) 비준자(유권자, the constituency)의 「파워의 배분 · 선호 · 가능한 연합」 「국내정치제도」 「교섭자의 전략」이라는 세 가지 요인이라고 했다. 그리고 교섭자는 상대의 윈-세트 정보가 불확실하기 때문에, 이 불확실성을 적절히 활용해야 한다고 한다[10].

퍼트남이 상대의 윈-세트 크기를 확대시켜 국제적 합의를 이끌어내기 위한 전략으로 제시한 것은 「상승작용적 연계synergistic linkage」와 「반향reverberation」 등이다.

상승작용적 연계란 주로 자국의 국내정치의 변화에 관여하고 있으며, 자국의 레벨 Ⅱ의 다수의 비준자가 반대한 정책을 다른 이슈의 국제합의와 연계하여 이전에는 국내적으로 추진 불가능했던 정책을 가능하게 하는 전략이다. 즉 자국의 레벨 Ⅱ에서 가능한 결과outcome로 변경시키는 레벨 Ⅰ의 이슈 연계가 시너지스텍 링케이지 전략인 것이다. 이 전략을 사용하면 경제적 상호의존economic interdependence

이 실현가능한 선택지의 집합을 확장하여 국내선호를 변경할 수 있는 기회를 증대한다는 전제로부터 상호의존관계가 높아질수록 합의에 달성하는 결과를 더 빈번하게more frequent 기대할 수 있다[11].

또한, 반향전략이란 주로 상대국의 국내정치의 변화에 관여하고 있다. 즉, 상대국의 레벨 Ⅱ의 행위자에게 설득적 압력이 국내정치적 반향을 일으킴으로써 상대국의 국내정치의 파워밸런스를 무너뜨려 국제교섭에 영향을 미치는 전략이다. 즉 교섭자가 설득적 외압을 통해 상대국의 국내정치를 자국에 유리하도록 개편하는 것으로, 교섭상대의 윈-세트를 확대시켜 합의 가능성을 높이는 전략인 것이다. 특히 설득적 반향suasive reverberation은 우호관계에 있는 국가간에 더 영향력이 높고 정치·군사적 교섭보다 경제적 교섭에서 더 빈번하게 사용된다[12].

한편, 2레벨 게임 자체는 단일이슈의 교섭에 대해 가장 자주 분석력을 발휘하는 것으로 보인다. 레벨 Ⅱ의 다양한 그룹은 여러 이슈의 교섭에 관여하고 있기 때문에 각각의 이슈에 대해 매우 다른 선호를 가지기 쉽다. 따라서 한 이슈에 대해 가장 큰 이해관계를 가진 그룹은 그 이슈에 대해 가장 극단적 입장을 취하기 쉽고, 이것이 영향력을 미치면 교섭결과는 비타협적인 것이 되어 비준할 수 없게 된다[13]. 따라서 퍼트남은 교섭이 단일이슈에만 관련된다는 전제assumption를 두고 있다.

이 점에서 하그와 쾨니그Simon Hug and Thomas König도 국제교섭에 대한 대부분의 2레벨 게임 분석은 그 대상이 2교섭자(국가)와 1이슈 차원에 한정되어 있다고 주장한다. 이에 대해 해먼드와 프린스Hammond and Prins(1999)는 2교섭자에 한정하는 것이 그 분석의 경험적 타당성을 줄일 수는 없다고 주장하고 있다. 그러나 이 주장과 같은 단순화는 복수이슈에서의 바게닝에 대해서는 불가능하다[14].

모라비치크Andrew Moravcsik는 이러한 2레벨 게임을, 어떻게 사회적 이익societal interests이 국가정책을 형성하는지를 강조하는 국내-국제정치의 상호작용에 대한 개념으로 발전시켰다[15]. 그는 또한 반향전략과 관련된 실증분석 결과, 가설로서 안전보장과 같은 공공재public goods를 둘러싼 교섭의 경우 반향전략을, 사용재private goods를 둘러싼 교섭에는 타겟팅targeting과 사이드 페이먼트side - payments 전략을 활용할 수 있다고, 발전시켰다[16].

또한, 쇼파Leonard J. Schoppa는 「국내정치와 국제정치의 상호작용」을 교섭상대국의 국내조건과 연결하는 연구를 통해 퍼트남 이론의 문제점을 지적하고 있다. 쇼파는 퍼트남의 2레벨 게임이 국제교섭의 (국내정치와의) 상호작용적 특징을 잘 파악하고 있다는 것을 인정했다. 그렇지만 퍼트남이 교섭전술로 제기한 「상승작용적 연계전략」에 대해서는 그 전략이 작동하는 조건을 고려하고 있지 않다는 한계를 꼽았다[17].

이와 같이 지적한 뒤, 쇼파는 주임교섭자가 추구하는 「상승작용적 연계전략」의 추가적 방법additional ways으로 「참가확대전략participation expansion strategy」과 「(정부)대안의 특정화전략alternative specification strategy」을 제시하는 것으로 퍼트남 이론을 발전시키고 있다. 참가확대전략은 보통 엘리트에 의해 정해진 많은 정책은 참가하는 수에 따라 영향을 받기 때문에 상대국에 외압을 통해 해당 이슈의 충격을 증대시켜 엘리트 레벨의 참가를 이전에 관계없던 관료, 정당지도자, 이해그룹 등의 참가로 확대하는 것이다. 또한, 정부대안의 특정화전략은 어떤 정책에 대한 외국의 요구(외압)는 이전에 무시된 국내적 이슈를 미디어의 집중을 받게 하여 그 이슈를 대중에게 인식시켜 그것 없이는 고려되지 않았던 정책대안을 집중 조명하는 것이다. 즉, 시너지스텍 링케이지 전략의 추가적 방법은 엘리트 레벨의 참여를 확대하고, 이전에는 국내이슈였던 것을 국제화하고 비조직 대중의 영향을 증대시키는 것으로 완성되는 것이다[18].

쇼파는 구체적 사례로 부시정권 하의 미일 구조협의와 클린턴정권 하의 미일 포괄경제협의의 미일교섭을 꼽았다. 그는 미일교섭에서 왜 어떤 분야에서는 미국의 압력이 일본의 양보를 이끌어 냈지만, 왜 다른 분야에서는 미국이 일본정부에 시장 개방을 추진시킬 수 없었는지를 설명했다. 쇼파는 여기서 퍼트남의 2레벨 게임에는 없었던 참가확대전략과 정부대안의 특정화전략을 새롭게 추가했다. 그것들에 의해 외압이 일본의 국내정치와 상승효과를 창출할 수 있는 경우에 미국은 일본에서 많은 양보를 획득할 수 있다는 점을 밝혔다[19].

오노 나오키小野直樹는 미일간의 협조적 관계의 구조를 「2분야-2레벨 어프로치」라는 관점에서 분석하고 일본은 정치, 경제 양면에서 현재 상황을 계속 유지하기 위하여, 대미 의존을 계속하는 것밖에 선택의 여지가 없었다고 결론지었다. 특히, 방법론적 측면과 관련하여 국제시스템의 구조적 변화가 일어나더라도 2국간 관계가 변화하는 것은 아니라는 점을 분명히 하고, 국가행동의 설명에는 국내레벨의 요인이 중요하다는 것을 강조했다[20].

이러한 연구와 주장은 퍼트남의 2레벨 게임 어프로치에 기초하여, 그 이론을 비판적으로 계승 발전시킨 것이라고 할 수 있다. 즉, 이러한 연구들은 퍼트남이 언급했듯이 교섭 관련국이 상호의존관계가 높은 동맹국 사이에 하나의 경제 이슈를 둘러싼 교섭을 국제정치와 국내 정치간의 상호작용의 2레벨 게임이라는 메타포로 설명할 수 있다고 밝혔다.

2. 2레벨 게임의 한계

퍼트남의 2레벨 게임이론을 실제 교섭 사례에 적용하는 분석이 활발하게 진행되고 있던 1993년 전후에는 그 이론의 한계를 지적했던 연구도 몇 가지 등장했다.

첫째는 안전보장에서 양 당사국 이외에도 각 당사국의 동맹국이 관계자로 관련된 교섭을 분석 대상으로 한 노프Jeffrey W.Knopf의 1993년 연구[21]이다.

노프는 퍼트남이 국내-국제적 상호작용에서 논리적으로 구별되는 초정부간transgovernmental · 초국가간transnational · 교차레벨간cross - level 등 세 가지 형태간의 차이에 주목하고 있지 않다고 지적했다. 다국가 블록의 지도자 사이의 안전보장교섭에서 동맹파트너의 존재는 2레벨의 상호작용에 의해 발생되는 맥락과는 다른 요소를 초래한다. 그럼에도 불구하고 퍼트남은 군사동맹 내에서 그룹간 제도적 관계에 적절한 주목을 하지 않았다고 주장하고 있다.

노프는 퍼트남이 말하는 윈-세트의 크기를 결정하는 「파워의 분배·선호·가능한 연합」 「국내정치제도」 「교섭자의 전략」 등 세 가지 요인과 관련전략에 대해서도 전혀 새로운 것이 없다고 비판했다[22]. 노프는 이렇게 2레벨 게임을 평가 한 후, INF를 둘러싼 1980년대 유럽에서의 교섭처럼 동맹관계(블록의 리더와 팔로워, 시니어와 주니어)를 전제로 하는 안전보장교섭을 분석했다. 따라서 그는 동맹 파트너를 「제3의 레벨a third level」로 통합하는 것으로 2레벨 게임이 아닌 「3-3 어프로치three - and - three approach」를 제안했다. 이것은 주체의 「3세트」 즉 블록 리더들의 COGs(chief of government), 동맹파트너의 COGs, 이들 주요 비준자 등 세 주체가 초정부간, 초국가간, 교차레벨간 등의 「3개 타입」으로 이루어지는 상호행위를 파악하는 어프로치이다[23].

노프는 2레벨 게임에서 다루는 교섭에는 동맹관계도 포함되어 있어 안전보장관계 등 군사적이고 정치적인 문제를 둘러싼 이슈에 대한 다국간(동맹국 시니어와 주니어) 교섭의 경우, 그 2레벨의 틀을 그대로 적용하기 어렵다는 점을 밝혔다.

둘째, 2레벨 게임이론에 대해 퍼트남이 제시한 윈-세트 및 정책선호에 대한 불확실성uncertainty 내지 불완전한 정보incomplete information[24]의 요소에 대한 비판을 들 수 있다.

퍼트남은 비준에 관련된 레벨 Ⅱ에 대한 잘못된 정보, 또는 윈-세트의 크기에 대한 불확실성은 교섭의 장치a bargaining device인 동시에 장해물a stumbling block이기도 하다는 것을 인정했다. 게다가 그는 교섭자는 상대방에게 자신의 윈-세트가 「빠듯한 것kinky win - sets」임을, 즉(해당교섭자에 의해) 제안된 협상내용the proposed deal은 반드시 비준되지만, 상대에게 좀 더 유리한 협상내용a deal slightly more favorable은 비준되지 않을지도 모른다는 점을 확신시켜야 한다고 주장했다. 이것은 상대 윈-세트에 관한 불확실성이 비자발적(합의) 불이행involuntary defection의 위험성에 대한 불안을 증가시킨다는 점을 활용하고자 하는 것이다[25].

이 정보의 불확실성 문제는 정책선호preferences에 대해서도 발생한다. 윈-세트는 교섭의 결과에 영향을 미치는 것이고, 교섭의 결과는 교섭주체의 선호를 반영하기 때문이다. 윈-세트, 교섭의 합의에 최선의 선택지, 비대칭적 상호의존의 패턴, 선행합의의 상대적 기회비용 등은 모두 교섭분석의 주요 용어이다. 그리고 이것들은 주체의 선호함수preference functions에 있어서 교섭결과와의 관계의 또 다른 측면을 나타내는[26] 것이다. 퍼트남도 주임교섭자가 정책선호를 가지는 경우와 가지지 않는 경우를 구별했다. 그는 주임교섭자에게 독립적 정책선호가 있다고 생각할 경우, (1) 레벨 I의 교섭의 결과, 자기의 정치자원을 증대시켜 생각할 수 있는 손실을 최소화함으로써 레벨 II에서의 자기의 지위를 강화한다, (2) 외생적 요인(레벨 I)에 의해 자신이 선호하는 국내정책을 실현하기 위해 레벨 II의 힘의 균형을 변화시키려고 한다, (3) 자신이 생각하는 자국의 국익을 추구한다고 주장했다[27].

그러나 교섭상대의 윈-세트 및 정책선호에 대한 정보의 불확실성을 퍼트남이 주장하는 대로 간단히 활용할 수 있는 것인가? 실제로는 간단하지 않을 뿐만 아니라 교섭의 실패에 이를 가능성도 높다.

이이다 게이스케飯田敬輔는 국제 합의의 윈-세트의 크기의 영향에 관한 퍼트남의 두 가지 가설을 분석하면서 정보의 불완전성이라는 문제를 지적했다. 이이다는 퍼트남이 가설1로 윈-세트가 작으면 작을수록 교섭이 결렬(실패)될 위험은 커지고, 가설2로 작은 윈-세트가 교섭의 장점이 된다고 한 것에 주목했다.

이이다는 여기서 가설1은 불확실성의 존재를 암묵적으로 전제로 하고 있으며, 가설2는 교섭자가 상호 윈-세트에 대한(완전하지는 않더라도) 명확한 인식을 가지도록 요구하는 등 각각 모순된 전제를 취하고 있다고 지적했다. 문제는 가설1이 많은 교섭결렬(실패)의 가능성을 포함한다는 것이다. 교섭결렬은 (1) 교섭 당사국들의 윈-세트가 교차intersect하지 않고, (2) 국내정치의 승인이 일어나지 않을 가능성이 있고, (3) 윈-세트가 교섭하는 사이에 국내정치 상황에 따라 변화하는 등 세 가지에 의해 일어난다. 이이다는 이러한 교섭 실패의 경우는 모두가 다른 종류의 불확실성에 의한 문제이다[28]라고 주장한다. 이이다는 퍼트남의 가설을 완전히 부정하지 않지만, 현실의 교섭은 퍼트남의 최초 논문에 함의된 것보다 더 복잡하다는 점[29]을 지적했다. 즉, 이이다는 국내정치에 관한 정보가 해당국의 교섭담당자에게 잘 전해지는 경우에는 작은 윈-세트가 교섭의 장점이 될 가능성도 높지만, 반대로 국내정치 정보를 해당국의 교섭담당자도 잘 파악하지 않고 있을 경우에는 교섭이 실패하는 효과가 더 우세해, 교섭을 유리하게 진행할 효과는 희박[30]하다고 주장했다.

셋째, 퍼트남이 2레벨 게임이 가장 잘 작동하는 조건으로 다룬 상호의존관계의 문제를 들 수 있다. 퍼트남이 경제적으로 상호의존성이 높을 때, 반향 등의 2레벨 게임전략이 잘 작동한다고 주장했다. 그러면 2레벨 게임은 비경제적 성격의 이슈의 경우와 상호의존관계가 높지 않은 국가들 사이의 교섭에는 적용할 수 있는지 없는지 하는 문제가 남는다. 이 의문에 실증적으로 대답하기 위해 퍼트남을 비롯한 많은 연구자가 1988년부터 1989년까지 연구[31]를 했다. 이 연구는 2레벨 게임이 비서양국가 사이, 예를 들면 동서관계, 남북관계에도 적용될 수 있는지 또는 경제적 이슈 외의 안전보장과 같은 다른 쟁점에 관한 교섭에도 적용될 수 있는지를, 11개의 교섭 케이스별로 규명하려고 했다.

그러나 이 실증연구에 대해 그 평가는 비판적이다. 와타나베 아키오渡邊昭夫에 따르면, 퍼트남의 2레벨 게임은 기본적으로 외압과 내압이 상승효과를 낳는 것과 같은 조건이 비교적 많이 성립할 수 있는 상호의존관계 - 게다가 협조적 관계 - 에 있는 국가간의 교섭에서 가장 잘 적용될 수 있다고 말한다. 그리고 반대로 적대적 국가간에는 두 나라의 국내지지의 게임과 외교교섭의 게임이 서로 영향을 끼쳐, 그렇지 않다면 일어나지 않을 변화를 낳을 가능성은 적기 때문에 동서 양 진영간 등의 고전적 안전보장문제에는 별로 적용되지 않는다[32]고 지적했다.

전체적으로 말하면, 2레벨 게임이론은 상호의존관계로 연결되지 않은 두 국가 이상의 많은 국가가 경제적 이슈 이외의 안전보장과 같이 정치, 군사적인 수많은 쟁점을 둘러싸고, 상대국에 대한 정보가 불완전한 상황에서 교섭을 할 경우에는 그 교섭을 설명할 수 없다는 한계를 안고 있다.

3. 북일 국교정상화교섭의 특징

이상, 2레벨 게임이론이 다이슈·다국가간 교섭에서 다양한 한계를 내포하고 있다는 것을 보여 주었지만, 이 이론은 본 서가 연구대상으로 하고 있는 북일 국교정상화교섭을 설명하는데 적절한 틀일까? 2레벨 게임이론이 북일교섭의 분석에 어울릴지 여부를 판단하기 위해서는, 먼저 북일 국교정상화교섭이 1이슈·2국가간의 교섭인지 여부와 윈-세트 및 정책선호 정보의 불확실성 및 합의 가능성, 높은 경제적 상호의존관계 등으로 특징 지을 수 있는지를 봐야한다.

첫째, 북일교섭이 1이슈·2국가간의 교섭인지 여부의 문제이다.

본 서가 분석하려는 북일 국교정상화교섭은 19년간 국교정상화라는 단일이슈가 아니라 세 가지 이슈 영역에 많은 서브이슈를 둘러싸고 진행하는 복합이슈 형식의 교섭이다. 기존연구를 정리해 보면 북일교섭의 당사자 및 관계자간의 중층적 상호관계에서, 북일 국교정상화교섭을 둘러싼 대립과 반발, 그리고 지지와 지원이 교차된 주요이슈는 기본문제, 국제문제, 현안문제 등 크게 3개 존재했다[33].

우선, 기본문제는 국교정상화를 위한 기본적 안건으로 교섭상대국에 관계된 것으로, 사죄 및 보상문제, 관할권문제, 종군위안부문제 등의 하위이슈를 포함한다. 이 문제는 원래 북일 양국간 국교정상화문제다. 그러나 동시에, 한일기본조약과의 정합성은 물론, 남북한 유엔 동시가입문제, 한일합방과 한국전쟁 등의 역사인식, 미국과 일본의 책임문제도 얽혀있는 사안이다. 또한, 사죄문제는 북한과의 관계개선에서 국내 여론에 영향을 주기도 했다. 즉, 이 기본문제는 교섭상대국간 문제일 뿐만 아니라 국제정치, 국내정치의 문제이기도 하다. 특히, 국교정상화문제는 보상에 관한 경제협력이슈를 포함하고 있으며, 이것은 한편으로 교섭상대국 사이의 문제로 보여진다. 하지만 다른 한편으로 이것은 북한의 경제위기 극복과 남북관계의 진전 및 남북한 통일비용의 감소문제, 그리고 북한 내의 한국-일본 기업간 경쟁에 영향을 미치는 이슈이기도 하다. 또한, 이것은 일본 경제계의 동아시아경제전략과 국내정치경제 상황, 중국, 러시아의 대북 개발에 관한 다국간 이슈이기도 하다. 따라서 이 문제는 교섭상대국뿐만 아니라 국내·국제정치에도 관여되어 있는 것이다.

그리고 국제문제는 기본적 안전보장문제로 북한 핵문제, 미사일문제 등의 하위이슈를 포함한다. 안전보장문제는 북한 핵문제를 둘러싼 국제관계의 갈등과 대립으로 표출되는 국제문제이다. 그러나 이 국제문제는 북한이 북일교섭에서 적극적으로 활용하여 교섭상대국에 유리하거나 또는 불리한 영향을 미치는 중요한 변수이기도 한 교섭상대국과도 관련 있는 이슈이다. 그리고 일본을 사정거리에 두고 있는 북한의 노동미사일 발사 및 배치계획은, 일본국민에게 큰 위협으로 인식되는 것으로 일본 국내정치의 중요한 이슈가 되기도 했다. 따라서 이 국제문제도 교섭상대국과 국내정치가 중층화된 이슈이다.

한편, 마지막 양국의 현안문제는 이은혜문제 및 납치문제, 일본인배우자 고향방문문제, 재일조선인의 법적지위문제 등을 하위이슈로 포함한다. 납치문제 등 현안문제는 그 자체가 정상적 외교관계 하에서 발생할 수 없는 이슈이며, 발생하더라도 외교적으로 처리할 수 있는 교섭상대국에 관련된 이슈이다. 따라서 이 문제를 국교정상화를 추진하는 교섭과정에서 제기하는 것은 다양한 논란을 불러왔다. 그러나 이것은 교섭대표와 정부지도자에게 북일교섭에 대한 국내적 압력으로 최대의 영향력을 발휘함으로써 교섭에서 국내정치의 제약조건으로 작용하는 국내정치에 관계돼 있는 이슈였다. 이것은 또한, 2005년 12월 유엔총회에서 북한의 인권상황을 비난하는 결의까지 채택된 적도 있어 북일 국교정상화문제가 6자회담 공동합의에 따라 국제적 틀에 편입되어도 그 해결이 어려운 국제정치에 관계된 이슈였다. 따라서 이 문제도 교섭상대국은 물론 국내정치와 국제정치에도 관계돼 있는 것이다.

이상과 같이, 북일 국교정상화교섭에서는 다양한 이슈가 하위이슈를 포함하면서 교섭상대국 · 국내 · 국제정치에 중층적으로 상호작용하고 이들이 또한 북일교섭 자체에 복합적 영향을 미쳐왔다고 할 수 있다. 따라서 북일교섭의 쟁점의 다양성과 중대성은 교섭당사국과 이해관계국 및 집단의 중층적 관계를 반영하고 있다. 즉 경제적 문제를 포함한 국교정상화문제는 교섭상대국인 북한, 안전보장문제는 미국 · 한국, 납치문제는 국내 정당 · 제세력과 미디어 등 다양한 교섭당사자 및 관계자 간의 관계를 나타내고 있다.

결국, 북일 국교정상화교섭은 세 가지 이슈가 다양한 하위이슈를 포함하고 있으며, 그들을 둘러싸고 당사자인 일본과 북한과의 두 국가간의 레벨뿐만 아니라, 관계자인 미국 · 한국 등에 관한 다국간 레벨에서 이루어진다. 따라서 2레벨 게임에 의한 북일교섭의 분석은 북일교섭이 3이슈 · 다국가간 교섭이라는 점을 생각하면 한계가 있다.

둘째는 북일교섭의 윈-세트 및 정책선호 정보의 불확실성과 합의가능성의 정도문제이다.

북한은 스스로의 독자적 사회주의를 내걸고 있는 폐쇄적 체제이기 때문에 정부지도자와 주임교섭자의 정책선호를 포함하여 교섭의 윈-세트에 대한 정보의 불확실성이 매우 높다. 따라서 퍼트남이 주장하는 「빠듯한 윈-세트」의 특별한 활용이라는 대응에 의해 북한측의 윈-세트를 변화시키는 것에는 한계가 있다.

윈-세트에 대한 불완전한 정보에서 기인하는 것보다 근본적 문제는 북일교섭에서 윈-세트의 교차에 의한 합의에 이르는 것이 매우 어렵다는 것이다. 퍼트남은 비준가능한 합의의 집합인 윈-세트를 결정하는 3요인 중의 하나로 국내정치제도를 들었다. 국내정치제도는 구체적으로 비준에 관한 제도나 사회적 룰·절차 등을 의미한다. 퍼트남의 이론에 있어서는 국내정치의 제약이 국제적 합의에 영향을 미치는 것이 전제가 되어 있기 때문에 이것은 매우 결정적 요소이다. 따라서 많은 연구자들이 이 비준문제를 놓고 사례연구를 진행해왔다[34].

그러나 북일교섭에서 북한의 교섭대표가 자국 내 비준절차에 따른 다양한 제약을 일본의 교섭대표를 상대로 활용(거부권, veto power)하는 것은 상상하기 어렵다. 북한에서는 선군정치 사상의 김정일 단일지도체제 아래 외교교섭의 결정이 우선해 외교교섭의 주체가 김정일로부터 거부권을 받는 것은 있을 수 없기 때문이다. 물론 반대로 일본의 교섭대표가 북한의 교섭대표를 상대로 일본 국내정치의 비준제도를 포함한 제약을, 거부권을 통해 적절히 활용하는 가능성은 존재한다. 이것도 일본의 교섭대표가 국회 등의 국내 비준자그룹에서 받은 거부권이 북한대표에게 영향을 미칠 때에만 의미가 있다. 그러나 그 거부권이 북한대표와 최고결정자에게 작용해, 교섭결과가 일본 국내 비준자그룹 자신의 정책선호에까지 영향을 미칠 가능성은 거의 없다고 할 수 있다. 따라서 상대국 윈-세트의 크기를 확대시켜 그것을 자국의 윈-세트와 교차시키는 것에 의한 교섭합의 가능성은 매우 낮다. 이 조건 하에서 교섭이 타결되기 위해서는 북한이 정치사회적으로 충분히 변화할 수밖에 없다.

세 번째는 북일교섭에서 높은 상호의존관계가 있는가 여부 문제이다.

2레벨 게임이론이 지적하는 외압을 통한 윈-세트 크기의 변화가 일어나는 것은 두 국가간의 상호의존관계의 긴밀함이 갖추어져 있을 필요가 있다. 그러나 북일교섭은 국교조차 정상화되지 않는 두 국가간의 것이므로 양국간 상호의존관계는 낮고, 오히려 미사일과 핵 등에 의한 위협을 느끼는 적대적 국가간 교섭이다. 또한, 퍼트남의 말처럼 상호의존관계로 연결돼 있는 이슈의 경제적 성격을 봐도 북일교섭은 경제문제만을 둘러싼 교섭이 아니다.

따라서 2레벨 게임이론처럼 북한 국내정치에 대한 반향 등 다양한 전략을 통해 교섭을 타결하기 위해 윈-세트 크기를 확대하는 것은 곤란하다.

이 때문에 북일 국교정상화교섭은 퍼트남의 「반향전략」 또는 쇼파의 「참가확대전략」이 적용되기 어려운 특수한 교섭이라고 할 수 있다. 물론 일본은 윈-세트 크기의 확대를 위한 외압을 일본의 시니어 동맹자인 미국을 통해 지속적으로 행사해 왔다고 이해할 수도 있다. 그러나 북미관계도 북일관계처럼 상호의존관계가 높지 않기 때문에 미국으로부터의 외압이 효과를 발휘하기 어렵다. 비록 미국의 외압이 부분적으로 기능한다고 하더라도 그것은 북한과의 교섭레벨 Ⅰ 이외에 하나 더의 레벨 Ⅰ(국제적 차원)을 추가(노프의 제3레벨)하는 것을 의미한다. 이러한 이해라고 하면, 2레벨 게임이론이 상정하는 2레벨의 두 국가간 교섭을 넘어 3레벨의 다국간의 것이 되어 버린다. 즉, 북일교섭은 「외교와 국내정치」에서 「양국간의 상호행위」가 아니라 3개 레벨에까지 이르는 여러 요인의 「다국간의 중층적 상호행위」인 것이다.

결국, 북일교섭은 3개의 영역 등 다양한 이슈를 둘러싸고 교섭상대국 뿐만 아니라 국내의 관계제세력과 국외의 관계제국가 등 3당사자 및 관계자와의 대립·투쟁이 이루어지는, 3개 레벨로 이루어진 게임이다. 게다가 교섭상대국과의 상호의존관계는 높지 않고, 상대국의 윈-세트 및 정책선호에 대한 정보가 불확실하며, 교섭상대가 국내비준제도의 제약을 활용할 수 없는 특수한 사회정치제도의 국가와의 교섭이다. 따라서 2레벨 게임이론은 그대로는 북일 국교정상화교섭에 적용하기 어려운 것이다.

4. 새로운 어프로치

퍼트남이 말하는 레벨 Ⅰ의 국제정치란 국제교섭 그 자체이다. 그 국제교섭 결과가 국내정치의 비준과 정치적 역관계의 변화와 어떻게 관계하는지를 분석하는 것은 말할 필요도 없이 중요하다. 그러나 국제정치와 국내정치와의 2레벨 게임의 상호작용이라는 너무 단순한 틀만으로는 북일 국교정상화교섭과 같은 현실의 모든 교섭의 특징을 설명하는 것은 곤란하다. 그 틀은 상호의존관계 아래의 두 국가가 단일이슈를 놓고 행하는 교섭에는 유효한 분석 틀이다. 그러나 단일이슈를 넘어서는 많은 이슈를 둘러싸고 양국간 관계를 넘어 다국간의, 상호의존관계가 높지 않은 국가간 교섭의 분석에 대해 2레벨 게임이론을 그대로 적용하는 데는 한계가 있다.

이러한 인식에 근거하여 세계화가 가장 정점에 이른 냉전 종식 후 21세기 국제관계에서 이슈의 복합성 및 각각의 중대성과 국내·국제 NGO도 등장해 활발하게 활동하는 등 교섭주체의 다양성을 고려하면, 1988년 2레벨 게임의 메타포를 초월한 새로운 분석 틀이 요구된다. 특히 북일교섭은 냉전 종식 후 3개 이슈영역에서 3개 차원의 당사자 및 관계자에 의한 중층적 교섭인 까닭에 북일교섭 분석에는 2레벨 게임이 아니라 새로운 분석 틀이 필요하다. 즉, 북일 국교정상화교섭의 분석을 통해 일본의 대북 교섭패턴을 도출하기 위해, 단일이슈·2국가 관계를 전제로 하는 단순한 분석 틀이 아니라 현실 교섭의 복합적 특징을 보다 일반적으로 설명할 수 있는 새로운 분석 틀이 필요하게 되는 것이다.

따라서 본 서는 새로운 어프로치의 구축을 시도한다. 하지만 이 어프로치도 2레벨 게임이론이 설명할 수 없는 다이슈·다국가간 교섭 모두를 완전하게 설명할 수 있는 이론은 아니다. 또한 2레벨 게임이 가지고 있는 모든 한계를 완전히 극복하는 것도 아니다. 단지 변화하는 현실사회에 다양하게 나타나는 다이슈·다국가간의 다양한 교섭의 특징을 규명하기 위한 새로운 어프로치의 출발점으로 삼고자 한다.

제3절 교섭공간 어프로치

제2절에서 다이슈·다국가간의 중층적인 북일 국교정상화교섭에 대해 2레벨 게임에 의해 분석하는 것이 곤란하다는 것, 따라서 2레벨 게임이 아니라 새로운 분석 틀이 필요하다는 것을 밝혔다. 그러면 일본의 북일 국교정상화교섭의 교섭패턴을 이끌어내기 위하여 필요한 분석 틀은 어떤 것인가?

본 서는 그러한 어프로치로서 「교섭공간」과 「전략적 국면」이라는 개념을 이용한 분석 틀을 시도해, 북일교섭의 패턴을 분석하려고 한다. 이 어프로치는 일본이 북일 국교정상화교섭의 몇 가지 전략적 국면에서 각 교섭공간에 대해 어떻게 대응했는지에 대해서 역사적 사실로 검증하는 것으로, 일본의 대북 교섭패턴을 기술적으로 도출하는 것을 목적으로 한다.

1. 교섭공간

본 서는 「교섭공간」을 「어느 국가 또는 교섭자가 어느 외교사안(해당쟁점)에 관하여 전략적 목표를 추구할 때 다양한 상대(당사자 및 관계자)와의 중층적 상호행위의 교섭과정에서 직면할 수밖에 없는 대립·조정이 이루어지는 대치의 장」으로 정의한다. 즉 교섭공간은 교섭에 관련된 모든 쟁점을 둘러싼 당사자 및 관계자간의 중층적 상호작용에 의해 만들어진다. 이 공간space은 반드시 지역적 장소와 군사적 조치 등의 물리적physical인 것에 한정되지 않고, 약속·위협·억제·선언 등의 추상적symbolic인 것도 포함하여 포괄적으로 파악하는 것이다. 또한 이 공간은 일직선상에서 단일이슈를 둘러싼 몇 가지 대립·조정이 이루어지는 일차원의 것이 아니라, 다양한 이슈가 다방면으로 연결되고 있는 다차원의 입체적 공간이다.

1) 외교교섭과 교섭공간

외교교섭에서는 교섭주체인 당사자가 달성하고자 하는 전략적 목표가 있고, 그 교섭목표를 달성하는 과정에는 이해관계의 대립과 충돌의 쟁점이 존재한다. 교섭에는 그 쟁점을 둘러싼 정치적 대립과 충돌이 조정 · 타협을 수반하면서 이루어짐으로써 교섭의 다양한 특징이 나타난다. 그 교섭을 교섭자측에서 보면, 교섭에서 자신의 교섭목표를 달성할 때 해당쟁점을 둘러싸고 대치하는 상대(당사자 및 관계자)와의 상호행위에 의해 대립과 조정의 공간이 다양하게 만들어지게 된다. 여기에서 대치하는 상대는 당사자인 교섭상대국이고, 교섭과정과 결과에 의해 영향을 주고, 내지는 받는 국내의 관계제세력과 국외의 관계제국이다. 따라서 교섭자는 상대국, 국내세력, 국외제국의 세 당사자 및 관계자간의 쟁점을 둘러싸고, 각각 만들어지는 교섭상대국 · 국내 · 국제의 3개의 교섭공간에 직면한다. 본 서는 교섭자가 직면하는 교섭상대국 · 국내 · 국제의 3개의 교섭공간을 교섭에서 교섭상대국공간 · 국내공간 · 국제공간으로 이해한다. 교섭자는 이 교섭공간에서 자신의 교섭목표에 따라 여러 이슈를 둘러싸고, 가치배분의 현상변경의 제안 및 반대제안, 양보의 관망 등을 포함하는 행위를 실시한다.

요컨대, 「교섭공간」이란 교섭자가 해당쟁점을 둘러싼 대치선을 중심으로 당사자 및 관계자 사이에서 행하는 상호행위를 통해 만들어지는 다차원의 장space 또는 무대board를 의미한다. 이 교섭공간이 당사자 및 관계자와의 상호행위의 대치선confront line을 포함하는 것은 교섭이 대립 · 충돌하는 이해관계의 조정 · 타협을 의미하기 때문이다.

북일 국교정상화교섭에서도 교섭자는 교섭상대국 · 국내 · 국제 등 3개 교섭공간에 직면한다. 일본에 있어서 북일 국교정상화 등 다양한 쟁점에 관하여 자신의 전략적 목표를 달성할 때, 교섭상대국으로서 북한과의 대치공간, 자국의 배후에서는 국내정당이나 미디어, 납치가족회 등 각종단체와의 대치공간, 국외 주변에서는 미국 · 한국 등과의 대치공간에 직면한다. 북한도 북일 국교정상화 등 다양한 쟁점에 관하여 자신의 전략적 목표를 달성할 때, 교섭상대국으로서 일본과의 대치공간, 자국의 배후에는 국내 단일지도체제의 지시나 요구와의 대치공간, 국외 주변에서는 미국 · 한국 · 중국 등과의 대치공간에 직면한다.

결국, 교섭자는 교섭에서 교섭에 관련된 모든 쟁점을 둘러싸고 당사자 및 관계자와의 중층적 상호행위의 대립 · 조정이 이루어지는 대치의 장으로서의 「교섭공간」에 직면하고, 전략적 목표를 추구하기 위해 각각에 대응하지 않을 수 없다. 교섭자가 직면하는 어떤 교섭공간도 완전히 대응을 회피할 수 없는 나름대로의 가치value를 가지고 있다. 본 서는 교섭에서 교섭상대국공간 · 국내공간 · 국제공간을 다음과 같이 정의하고 싶다.

첫째, 교섭상대국공간Opponent Space of Negotiation은 교섭자가 교섭쟁점을 놓고 교섭상대국의 적극적 협조(양보) 또는 반발 · 압력과 대치하는 공간이다. 북일교섭에서 교섭상대국공간에서의 주요쟁점은 경제협력을 포함한 국교정상화문제다.

둘째, 국내공간Domestic Space of Negotiation은 교섭자가 교섭쟁점을 놓고 국내 제세력의 지지 · 지원 또는 반발 · 압력과 대치하는 공간이다. 북일교섭에서 국내공간에서의 주요쟁점은 납치문제다.

셋째, 국제공간Foreign Space of Negotiation은 교섭자가 교섭쟁점을 놓고 동맹국을 포함한 제3국의 지지 · 지원 또는 반발 · 압력과 대치하는 공간이다. 북일교섭의 국제공간에서의 주요쟁점은 북한 핵문제와 안전보장문제다.

말할 것도 없이 일반적으로 정부지도자들은 한 나라를 통치할 때 국내 · 국제정치의 구조적인 여러 요인을 둘러싸고 당사자 및 관계자를 상대로 그들과의 사이에 대치하는 무수한 상호행위가 존재한다. 예를 들면, 일본 정부지도자에게 북한과의 사이에는 북일 국교정상화 교섭, 조총련문제, 경제무역문제, 납치문제, 북한 핵 · 미사일문제, 6

자회담 등 다양한 구조적 요인을 둘러싸고 대치하는 중층적 상호행위가 있다. 그리고 국내 제세력 사이에도 대야당 투쟁, 국회대책, 경제 및 복지정책, 외교국방정책, 고령화문제, 내각지지율 등 구조적 요인을 둘러싸고 대치하는 중층적 상호행위가 있다. 외국 및 국제기구 등과의 사이에도 미국·한국·유럽 등 동맹국간의 관계, 중국 등 국제정치에서 영향력 있는 국가와의 우호관계, 국가 안전보장, 국제여론, 영토문제, 다양한 외교교섭 등 구조적 요인을 둘러싸고 대치하는 중층적 상호행위가 이루어지고 있다.

그러나 이러한 정치·통치 레벨의 구조적인 여러 요인을 모두 교섭공간에 포함하려고 하면 제한이 없어져 버린다. 따라서 본 서에서 분석개념으로 사용하는 교섭공간은 「외교교섭」을 둘러싼 상호행위에 관계하여 형성되는 대립·충돌의 조정·타협에 의해 생기는 정치공간으로 한정한다.

이러한 3개 교섭공간은 하나의 교섭에서 주요쟁점을 놓고 대치하는 상대와의 상호행위로 만들어지는 상대적으로 독립적 장으로서 존재한다. 그러나 이 3개 교섭공간은 개별적·고립적으로 존재하는 것이 아니라 「교섭」이라는 구조의 구성 요인으로 통합된 것으로 간주해야 한다. 따라서 한 교섭공간은 각각의 고유한 쟁점을 가지고 있다는 점에서 보면 독립적이면서도 그 교섭공간의 당사자 및 관계자의 행위는 다른 교섭공간의 쟁점과 연동하여 해당 교섭공간의 변화에 영향을 준다.

예를 들어, 북일교섭에서 상대국공간의 국교정상화 쟁점 그 자체는 납치문제의 국내공간, 안전보장문제의 국제공간에 영향을 미치는 한편, 상대국공간의 당사자인 북한의 핵실험 행위는 국교정상화 쟁점과는 직접 관계가 없지만, 국내공간과 국제공간의 이슈와 연계하여 각 교섭공간의 변화에 영향을 미친다. 또한, 국내공간에서 납치문제도 상대국공간과 국제공간에 영향을 미치는 한편, 국내공간의 관계자인 정당 등의 대북 쌀 지원행위는 납치문제 쟁점과는 직접 관계가 없지만, 상대국공간과 국제공간의 이슈와 연동하여 그 교섭공간들의 변화에 영향을 미친다. 또한, 국제공간의 안전보장문제는 상대국공간이나 국내공간에 영향을 미치는 한편, 국제공간의 관계자인 미국하원의 종군위안부 결의는 안전보장문제와는 직접 관계가 없지만, 상대국공간이나 국내공간의 이슈와 연계하여 그 교섭공간들의 변화에 영향을 미친다.

결국, 어떤 교섭공간에서 쟁점과 당사자 및 관계자의 행위는 다른 교섭공간의 당사자 및 관계자의 쟁점을 둘러싼 행위에 영향을 미치고, 그 교섭공간의 변화로 연결된다. 다음의 **그림2-1**은 북일 국교정상화교섭에서 교섭공간-교섭쟁점-당사자 및 관계자의 행위와의 상관(링크)도로 정리한 것이다.

그림2-1 교섭공간—교섭쟁점—당사자 및 관계자 행위의 상관도

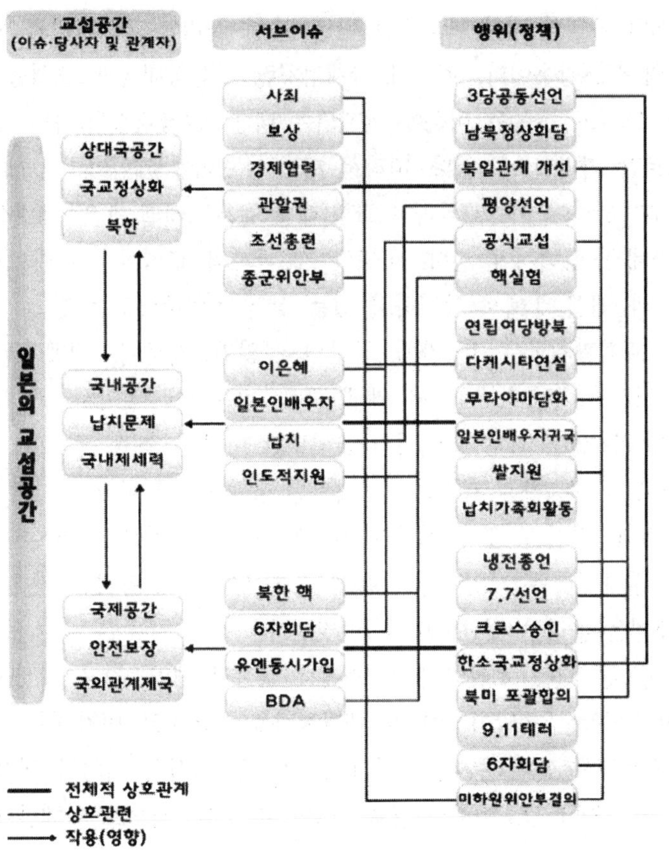

2) 2레벨 게임과 교섭공간

본 서가 사용하는 「교섭공간」이라는 개념에 의거한 외교교섭의 분석은 2레벨 게임에서 국제정치level Ⅰ와 국내정치level Ⅱ라는 2레벨을 각각 교섭상대국공간과 국내공간으로 비유하여 이해한다. 그러나 다이슈 · 다국가간 교섭에 이르면 2레벨 게임에서는 취급하지 않은 국제공간이 더 존재하기 때문에, 교섭자는 2레벨의 게임이 아니라 3레벨의 공간에서 게임을 한다. 그러면 3개의 교섭공간은 말 그대로 3레벨 게임으로도 이해할 수 있을지 모른다. 하지만 이 2레벨 게임이론의 연장선상의 3레벨 게임론으로 이해하는 것은 기계적 단순화의 가능성을 가져 바람직하지 않다.

2레벨 게임의 기본 메타포는 단일이슈를 둘러싼 국제정치와 국내정치와의 상호작용이다. 여기서 국제정치란 교섭상대국과 교섭을 의미한다. 그리고 교섭은 비준에 관계되는 레벨 Ⅱ(국내정치)와의 상호작용으로만 파악할 수 있다. 따라서 제3국이 2레벨 게임이론의 레벨 Ⅲ가 되기 위하여 이 제3국과의 교섭(레벨 Ⅲ)과 레벨 Ⅱ의 국내정치와의 관계가 정해져야 한다. 하지만 제3국과의 교섭이슈는 반드시 레벨 Ⅰ과 레벨 Ⅱ에서 상정하고 있는 것과 동일하다고는 할 수 없다. 또한 교섭관계국은 1국가에 국한되지 않기 때문에, 레벨 Ⅳ, Ⅴ, Ⅵ…으로 늘어난다. 따라서 레벨 Ⅱ의 비준자에 있어서 윈-세트는 단일할 수 없고 레벨 Ⅰ에서의 합의뿐만 아니라, 레벨 Ⅲ, Ⅳ, Ⅴ 등의 이슈에 대응하는 복수의 윈-세트를 상정해야만 한다.

요컨대, 당사자 및 관계자가 3레벨 이상의 공간으로 대치하는 교섭에 대해 2레벨 게임이론의 분석 틀을 단순히 적용하는 것은 끝없이 레벨을 늘리는 것만으로 되는 것이다.

결국, 본 서는 교섭의 분석 틀에서 교섭의 게임공간을 교섭상대국의 비준이라는 제약이 아니라 해당쟁점을 둘러싸고 대치하는 상대를 기준으로 구분한다. 특히, 교섭의 주체인 두 당사국 이외의 제3의 관계국 모두와의 상호행위의 장을 교섭에서 국제공간으로 이해한다. 즉,

3레벨 게임의 공간을 대치하는 상대와 이슈, 서브이슈에 의해 만들어지는 다중적 교섭공간인 「3개의 교섭공간」으로 이해한다.

이런 맥락에서 3개의 교섭공간 개념을 2레벨 게임의 것과 비교하면 다음의 **표2-1**과 같이 이해할 수 있다. 그러나 이 비교는 교섭공간에 대해 이해하기 쉽도록 한 「비유」이며, 2레벨 게임이론의 대안으로서의 교섭이론을 제시하는 것은 아니다. 북일교섭에 관한 보다 현실적인 하나의 어프로치에 불과하다.

표2-1 2레벨 게임과 3개 교섭공간

	레벨 Ⅰ	(레벨 Ⅲ)	레벨 Ⅱ	구분기준
2레벨 게임	국제	관계국(동맹 등)	국내	비준(제약)
3개 교섭공간	상대국	국제	국내	대치하는 상대

「교섭공간」 개념에 의한 교섭의 분석은 교섭에 영향을 미치는 요인이 국내정치와 국제정치, 또는 국내와 교섭상대국이라는 두 가지 요소에 한정되지 않는 다수의 요인으로 구성된 중층적 관계인 경우 가장 합리적으로 기술할 수 있는 어프로치이다.

또한 그 중층성을 고려할 때, 이것은 이슈 면에서도 경제, 문화, 환경 등 부분적인 단일 분야의 교섭이 아니라 외교관계, 안전보장 등 중층적 교섭에 효과적 분석력을 가진다. 특히, 이것은 상호의존관계가 높지 않은 국가간의 중요한 이슈를 둘러싼 교섭의 분석 틀로서 의미가 있다.

따라서 교섭공간을 이용한 분석방법은 다이슈 · 다국가간의 중층적 상호행위를 포함하고, 상호의존관계로 연결되어 있지 않으며, 또한 적대적 관계로도 볼 수 있는 북일간 국교정상화교섭의 체계적 기술에는 적절한 어프로치이다.

2. 전략적 국면

본 서는 일본의 대북 교섭패턴의 연구방법으로 「교섭공간」과 함께 「전략적 국면」이라는 개념을 사용한다. 전략적 국면이라는 개념은 「교섭공간의 상태」와 「사건」 및 「국면」과 관련된 것이다.

1) 교섭공간의 상태; 교섭촉진적 · 교섭교착적 · 교섭정체적

교섭공간의 상태란 교섭공간에서 외교사안 및 교섭을 둘러싸고 나타나는 지지 · 지원과 반발 · 압력 등의 객관적 상황을 의미한다. 교섭자는 교섭에서의 전략적 목표를 실현하는 과정에서 다양한 교섭공간에 직면하고 그 교섭공간 상태가 교섭타결에 영향을 미친다. 즉, 교섭의 타결은 교섭상대국 · 국내 · 국제공간에서 최대한 교섭을 지지하고 그 추진을 촉진하는 조건이 많아지는 상태에서 이루어진다. 반대로 교섭의 교착 · 결렬은 교섭상대국 · 국내 · 국제공간에서 교섭을 반대 · 반발하고 그 추진을 방해하는 조건이 많아지는 상태에서 일어난다.

교섭자는 특정 외교사안을 둘러싼 교섭에 임한 이상, 교섭의 타결을 목표로 한다. 교섭자가 교섭의 타결을 목표로 하는 것은 교섭이 결렬되기보다도 교섭당사자에게 바람직한 가치배분이 존재하기 때문이다. 또한, 교섭에서 자신의 교섭목표는 교섭의 타결을 통해 현실화된다. 그리고 대부분의 교섭자는 자신의 교섭목표의 달성에 유리한 형태로 교섭을 타결하려고 한다. 교섭의 성공이란 이와 같이 자신의 교섭목표의 달성에 유리한 형태로의 타결이라고 할 수 있다.

따라서 외교사안의 해결과정에서 지향하는 두 교섭자의 교섭목표는 강력한 대립을 일으켜, 교섭 자체의 교착과 결렬로 이어지는 것과 함께 타결을 불가능하게 하고, 자신의 교섭목표도 달성하지 못하게 되는 경우가 발생한다. 이 경우 교섭자는 교섭의 결렬과 실패보다는 타결을 위해 자신의 교섭목표를 양보하거나 아니면 교섭목표 달성까지 교섭을 교착시키거나, 혹은 정체 상태로 교섭을 유지할 것인지 판단한다. 교섭자가 자신의 교섭목표를 양보할 확률이 높은 경우, 교섭이 촉진되어 교섭타결의 가능성이 높아진다. 또한 교섭자가 자신의 교섭목표를 양보할 확률이 낮은 경우 교섭이 교착하여 교섭타결의 가능성은 낮아진다. 한편, 교섭자가 자신의 교섭목표 양보 여부와 관계없이 교섭이 정지하면 결과는 교섭의 타결도 교착도 아닌 교섭의 정체가 된다.

따라서 교섭의 성공을 추구하는 과정에서 직면하는 세 가지 교섭공간에는 교섭타결의 가능성이 높은 때의 교섭촉진적promotive 상태의 교섭공간도 있고, 교섭타결의 가능성이 낮을 때의 교섭교착적deadlock 상태의 교섭공간도 있으며, 교섭타결 가능성의 높낮이와 관계없이 교섭 정체적static 상태의 교섭공간도 있을 수 있다[35]. 즉, 교섭공간 상태가 교섭촉진적 경우는 교섭타결로 연결되고, 교섭교착적 경우는 교섭의 결렬로 연결되며, 교섭정체적 경우는 교섭의 현상대로 이어진다.

교섭공간의 교섭촉진적 · 교섭교착적 · 교섭정체적 상태는 구체적으로 다음과 같은 것을 의미한다.

첫째, 교섭공간 상태가 교섭촉진적 상태는 각 교섭공간에서 대치하는 상대와의 상호행위가 그 교섭을 촉진할 확률이 높고, 교섭에 반대 · 반발할 확률이 낮고, 자신이 많이 양보하지 않고도 교섭타결로 이어지는 조건이 많은 상황을 의미한다. 이 상태 하에서 먼저 상대국공간에서 상대국이 양보할 확률이 높아지는 한편 자신이 양보하는 코스트가 내려간다. 그리고 국내공간에서는 그 교섭에 대해 지지하는 세력이 늘어 외교사안의 해결을 둘러싼 내각의 지지율이 높아진다. 국제공간에서도 교섭에 대해 지지 · 지원하는 국가들과 세력이 늘어 교섭을 교착시키려는 상대국을 고립시킨다.

둘째, 교섭공간의 상태가 교섭교착적 상태는 각 교섭공간에서 대치하는 상대와의 상호행위가 그 교섭을 교착시키는 확률이 높고 교섭을 촉진할 확률이 낮아, 자신이 크게 양보하지 않으면 교섭결렬로 연결되는 상황을 의미한다. 이 상태 하에서 먼저 상대국공간에서 상대국이 양보할 확률이 줄어드는 한편, 자신이 양보하는 코스트가 올라간다. 그리고 국내공간에서는 그 교섭에 대해서 반발하는 세력이 증가하고 외교사안의 해결을 둘러싼 내각의 지지율이 내려간다. 국제공간에서도 교섭에 대해서 반대하는 국가들과 세력이 늘어나 교섭을 타결시키려는 자극이 고립된다.

셋째, 교섭공간의 상태가 교섭정체적 상태는 각 교섭공간에서 대치하는 상대와의 상호행위를 현상대로 계속해도 그것에 대해 반발 등이 제기되지 않고, 무타결 · 불합의의 코스트도 없는 상황을 의미한다.

요컨대, 교섭자는 교섭목표를 성공적으로 달성하는 과정에서 교섭을 촉진하는 상태와 교섭을 교착시키는 상태의 교섭공간에 직면해, 교섭공간의 상태는 교섭타결 · 촉진 · 정체 · 교착 · 결렬에 영향을 미친다. 이 때문에 교섭공간의 상태에 따라 교섭은 외교사안을 놓고 교섭타결의 가능성이 높거나 또는 낮은(즉 교섭결렬의 가능성이 낮거나 또는 높은) 경우가 존재한다. 교섭을 진행할 때 타결의 가능성이 높은 경우는 교섭을 촉진하지만, 반대로 낮은 경우 교섭을 교착시킨다.

그런데 「교섭타결 가능성이 높다거나 낮다」라는 것은 교섭자의 가치, 정책선호, 직관, 감정, 스타일 등 주관적 기준으로 판단할 수 있는 것은 아니다. 그 때문에 그것은 3개 교섭공간에서 모든(3개) 또는 다수(2개)의 교섭공간 상태가 「교섭촉진적」 또는 「교섭교착적」인 것이라고 양적으로 말할 수 있다. 왜냐하면 3개 및 2개의 교섭공간이 교섭촉진적이라면 교섭타결이 가능하고, 3개 및 2개의 교섭공간이 교섭교착적이라면 교섭은 결렬될 수 있기 때문이다. 그리고 교섭자에게 교섭타결을 위해 자신의 전략적 목표의 부분적 양보나 후퇴를 하게 되는 코스트가, 3개 및 2개의 교섭공간이 교섭촉진적 경우는 낮고 3개 및 2개의 교섭공간이 교섭교착적 경우는 높다. 즉 교섭타결의 가능성이 높거나 낮을 때, 교섭에 영향을 주고 교섭의 전략적 목표의 변화를 수반하는 경우도 있어, 교섭의 행방은 정해지지 않는다.

3개의 교섭공간에서 모든 또는 다수의 교섭공간이 「교섭촉진적」 또는 「교섭교착적」이 아닌 경우에는 하나의 교섭공간 이외는 교섭촉진적이지도 교섭교착적이지도 않은 단지 「교섭정체적」인 상태를 의미한다. 예를 들어 3개의 교섭공간 중, 하나가 교섭촉진적이며 하나는 교섭교착적이고 다른 하나는 교섭정체적 상태인 경우라든지, 혹은 하나는 교섭촉진적이고 다른 2개 모두는 교섭정체적 상태, 또는 하나는 교섭교착적이고 다른 2개 모두는 교섭정체적 상태의 경우도 있을 것이다. 그리고 모든 교섭공간이 교섭정체적 상태의 경우도 있다. 그러나 이러한 경우는 교섭에 영향을 주고 교섭의 전략적 목표의 변화도 수반할 정도로 의미있는 상태라고 말할 수 없다.

이상과 같이 교섭공간의 상태가 교섭타결의 가능성이 높거나 또는 낮아 교섭에 영향을 주고 교섭목표의 변화도 수반하는 경우는 다음과 같이 6가지로 정리할 수 있다. 단, 이 분류는 교섭상대국, 국내, 국제공간의 순서를 고려하지 않는 것이다.

Case Ⅰ. 3개의 모든 공간이 교섭촉진적 경우(P－P－P)
Case Ⅱ. 2개의 공간이 교섭촉진적이며, 1개의 공간이 교섭정체적 경우(P－P－S)
Case Ⅲ. 2개의 공간이 교섭촉진적이며, 1개의 공간이 교섭교착적 경우(P－P－D)
Case Ⅳ. 1개의 공간이 교섭촉진적이며, 2개의 공간이 교섭교착적 경우(P－D－D)
Case Ⅴ. 1개의 공간이 교섭정체적이며, 2개의 공간이 교섭교착적 경우(S－D－D)
Case Ⅵ. 3개의 모든 공간이 교섭교착적 경우(D－D－D)
→ P ; Promotive(교섭촉진적) /D ; Deadlock(교섭교착적) / S ; Static(교섭정체적)

교섭공간의 상태가 6개인 경우 중, Case Ⅰ, Ⅱ는 3개의 모든 공간이 교섭촉진적 경우 또는 두 공간이 교섭촉진적이며 1개의 공간이 교섭정체적 경우이다. 이것은 교섭타결이 가능한 「기회」라고 말할 수 있다. 이 때, 자신은 가치배분이나 이해조정의 우선순위 결정이 매우 명확하며, 교섭상대가 자신이 제시한 타협이나 양보안을 수용하고, 보복 및 교섭결렬, 혹은 보다 불리한 요구를 하지 않고 합의에 이를 수 있다. 또한 자신은 양보하는 코스트가 매우 떨어지고 있음에도 교섭에서 서로 합의할 수 있는 타결이 도래하는 상황이다.

Case Ⅲ, Ⅳ는 2개의 공간이 교섭촉진적이고 1개의 공간이 교섭교착적 경우, 혹은 1개의 공간이 교섭촉진적이고 2개의 공간이 교섭교착적 경우이다. 이것은 해당쟁점을 둘러싼 당사자 및 관계자간의 교섭공간 상태에서 1개 이상의 공간의 쟁점에서 교섭촉진적이라면 다른 공간의 쟁점에서는 교섭교착적으로 돼 양립불가능한 상황이다. 이것은 교섭공간 사이의 가치와 교섭목표에 혼란을 초래하는 「딜레마」라고 말할 수 있다. 따라서 자신은 가치배분이나 이해조정의 우선순위 결정이 어려워지고 1개의 공간으로 무리하게 공세를 집중하거나 또는 교섭목표를 수정하는 과도한 양보를 단행하는 것도 어려운 상황이다. 이것은 교섭상대가 자신이 제시한 타협과 양보안을 거부하고 다른 쟁점 등에 대해 교섭결렬을 위협하면서 더욱 불리한 요구를 강요하는 상황이다. 또한, 자신이 양보하는 코스트가 올라가 양보하지 않으면 교섭은 결렬된다.

CaseⅤ, Ⅵ는 1개의 공간이 교섭정체적이고 2개의 공간이 교섭교착적 경우 혹은 3개 모든 공간이 교섭교착적 경우이다. 이것은 교섭의 결렬로 이어지는 「위기」라고 할 수 있다. 이 때, 자신은 가치배분이나 이해조정의 우선순위 결정 자체를 생각하기 어렵다. 또한, 이때 교섭상대가 자신에게 교섭목표의 수정·후퇴를 요구하고, 교섭은 상대의 교섭목표의 실현에 절대적으로 유리한 형태로 타결된다. 따라서 자신은 결렬을 선택할 수밖에 없다. 그렇지 않으면 자신의 교섭목표의 실현에 매우 불리한 패배로 이어진다.

요컨대, 교섭공간의 상태는 교섭타결의 가능성이 높거나 또는 낮은 「기회, 딜레마, 위기」라는 3가지 특징으로 나뉘고, 그 중에서 「기회」인 CⅠ, CⅡ의 경우에만 자신의 교섭목표를 희생하지 않고 교섭이 타결될 가능성이 높다고 결론지을 수 있다. CⅢ, CⅣ의 「딜레마」의 경우 교섭을 타결하기 위해 자신의 교섭목표의 양보가 필요하며, CⅤ, CⅥ의 「위기」의 경우 교섭에서 비대칭적 파워에 의해 다른 선택사항을 강요당하거나 아니면 결렬을 선택할 수밖에 없다.

따라서 교섭공간의 특징이 「기회」인지, 혹은 「딜레마」나 「위기」인지 여부가 교섭자의 대응전략에 큰 영향을 미친다. 교섭자가 가장 바라는 것이 교섭상의 「기회」이며, 그리고 「딜레마」 「위기」의 순으로 피하려고 한다. 교섭자에게 기회가 크고 딜레마나 위기가 아닌 경우 그 교섭에 적극적으로 대응해 합의를 이끌 가능성이 높아진다. 한편, 기회가 적고 딜레마나 위기인 경우, 교섭의 타결 · 합의 가능성은 낮고, 자신이 양보하는 코스트는 상승해, 그 교섭에 참여를 자제하고 대응을 회피할 가능성이 높아진다. 그러나 기회임에도 불구하고 이를 놓치는 경우도 있고, 딜레마 또는 위기임에도 불구하고 그것을 극복하기 위해 교섭에 적극적으로 임하는 경우도 있다.

이와 같이 CⅠ∼CⅥ 교섭공간의 상태 자체가 교섭자의 대응전략의 큰 방향을 결정짓는 출발점이다.

2) 전략적 국면

교섭타결의 가능성에 영향을 미치는 CⅠ∼CⅥ 의 교섭공간의 상태 변화와 관련하여 교섭의 수많은 「사건event」과 「국면phase」이 정의된다. 교섭에서 중요한 사건은 대립 · 충돌하는 이해관계의 조정 · 타협 과정의 산물로서 많이 존재한다. 앞에서 언급했듯이 교섭은 여러 당사자 및 관계자의 다양한 쟁점에 관한 상호행위의 연쇄이므로 쟁점의 중대성에 영향을 미치는 당사자 및 관계자의 대응에 따라 다양한 사건이 생긴다.

그리고 교섭에서도 그 연속하는 과정에서 주요 사건과 사건 사이에 일정한 특징을 갖는 시기구분이 존재한다. 이것을 「국면」으로 정의할 수 있다. 그러면 국면의 종결과 새 국면으로의 이동은 사건을 통해 이루어지며, 사건과 사건간의 시기 구분인 국면에는 3개 교섭공간에 각각 어느 상태(교섭촉진적 · 교섭정체적 · 교섭교착적)로든 나타난다. 이 3개 교섭공간 상태의 조합에 의해 국면 전체가 「기회국면, 딜레마국면, 위기국면」의 어느 것으로든 특징지어진다.

교섭의 국면은 사건과 사건간의 시기구분으로 1개 교섭에서 발생하는 사건에 비례하여 존재한다. 즉, 사건은 국면을 구성하고 국면은 교섭을 구성해 교섭은 복수 국면의 연속과정이다. 교섭에 있어서 사건은 매일 매초마다 발생할 수 있다. 그러나 본 서에서 사건이란 국면에서 교섭공간의 상태 변화에 영향을 미쳐 국면의 변화를 가져오는 가치를 지니는 사건을 의미하고, 그 국면의 시점과 종점이 된다. 그 때문에 국면은 단순한 사건의 연속이 아니라, 교섭공간의 상태 변화 또는 유지를 수반하는 사건과 사건간의 시기구분을 의미한다.

앞에서 언급했듯이 교섭에서 교섭공간의 상태는 교섭의 타결 또는 결렬에 영향을 미치고 교섭의 향방을 좌우하기 때문에 해당국면에서의 교섭공간의 교섭촉진적 · 교섭정체적 · 교섭교착적 상태가 교섭에 중요한 의미를 갖는다.

그러나 교섭에 관계된 모든 국면이 공식교섭의 개시와 재개에 직접 연결된다고는 할 수 없다. 외교사안을 둘러싼 1개의 공식교섭에서 해당교섭이 개시되거나 진행 중인 교섭이 중단되는 경우, 혹은 중단된 교섭이 재개되는 경우 등이 반복된다. 교섭은 짧은 시간 안에 갑자기 개시되거나 중단된 교섭이 자연적으로 재개되는 것은 아니다. 해당교섭이 개시되거나 재개되기 위해서는 이에 관련된 수많은 사건과 국면의 변화과정을 거치게 된다.

그리고 여러 국면의 연속적인 변화과정에서 교섭을 직접적으로 개시 또는 재개시키는 「결정적 사건critical event」이 발생하게 된다. 즉, 교섭의 개시 또는 재개는 결정적 사건을 통해 이루어지고, 그 사건 이후 교섭 개시와 종결간의 시기구분으로서 「교섭국면negotiation phase」이 이어진다. 두 교섭자는 이 교섭국면에서 자신의 전략적 목표의 실현을 위해 상호행위를 하기 때문에, 교섭국면을 만들어내는 결정적 사건은 교섭전체에서 전략적 지렛대 · 계기가 된다.

그 때문에 본 서는 교섭에서 공식교섭(개시 및 재개)의 지렛대 · 계기가 될 결정적 사건을 중심으로 그 결정적 사건에 이어지는 여러 교섭국면을 포함하는 시기구분을 「전략적 국면strategic phase」이라고 정의하려고 한다. 바꿔 말하면, 전략적 국면은 해당교섭을 특징짓는 결정적 사건에서 여러 교섭국면까지로 이루어지는 2개의 사건간의 시기구분이다.

그리고 결정적 사건 이전의 일련의 국면은 결정적 사건과 직간접적 관련을 맺으면서 결정적 사건을 발생시키는 준비단계의 여러 국면들이다. 즉, 결정적 사건은 갑자기 발생하는 것이 아니라 여러 국면의 연속적 변화과정에서 여러 사건과 사건간의 일정한 특징을 갖는 시기구분의 변화를 통해 발생하는 것이다. 본 서에서는 이러한 결정적 사건 이전의 많은 국면(준비단계의 제국면) 중에 결정적 사건의 발생에 영향을 미치는 국면을 「주요국면main phase」이라고 칭한다.

요컨대, 전략적 국면은 교섭의 일련의 주요국면 변화과정에서 발생하는 결정적 사건과 여러 교섭국면으로 구성된 2개 사건 사이의 시기구분인 것이다. 전략적 국면에서 2개 사건의 시점은 결정적 사건이며, 그 종점은 여러 교섭국면의 마지막 교섭이다.

그리고 전략적 국면도 국면 일반과 마찬가지로 그 국면 내의 교섭공간의 상태를 교섭촉진적 · 교섭교착적 · 교섭정체적인 것으로 나타낸다. 전략적 국면의 상태는 결정적 사건 그 자체의 중대성에 따라 조성되면서 교섭의 개시 · 재개로 이어지는 것이다. 즉 전략적 국면에서 교섭공간의 상태는 결정적 사건이 발생하면서 조성되는 3개의 교섭공간의 상태이며 그 상태 하에서 교섭이 개시 · 재개된다. 그러나 그 교섭공간의 상태도 교섭국면이 시작되면 교섭에 영향을 미치는 주관적 · 객관적 요인에 따라 바뀌어 나간다. 따라서 전략적 국면의 상태는 결정적 사건이 발생하자마자의 상태인 것도 있고, 그 직후에 열리는 교섭국면에서 조성된 것도 있다.

이상과 같이 전략적 국면은 교섭공간의 상태에 따라 CⅠ~CⅦ의 경우가 되고 나아가 앞에서 국면을 「기회국면, 딜레마국면, 위기국면」이라고 특징지은 것처럼 전략적 국면도 「전략적 기회국면, 전략적 딜레마국면, 전략적 위기국면」중 어느 것으로서 특징지을 수 있다.

결국 전략적 국면은 해당교섭의 특징을 가지는 일련의 주요국면에 의해 발생하는 결정적 사건과 그로 인해 촉발되는 여러 교섭국면까지를 포괄하는 개념인 것이다. 즉 「전략적 국면=결정적 사건+교섭국면」이다. 따라서 이러한 전략적 국면에서 교섭공간의 상태에 대한 교섭자의 대응패턴의 분석은 「교섭패턴」을 분석함에 있어서 유용한 방법이 될 수 있다고 할 수 있다.

이상을 정리하면 **그림2-2**와 같다.

그림2-2 교섭공간과 전략적 국면의 관계

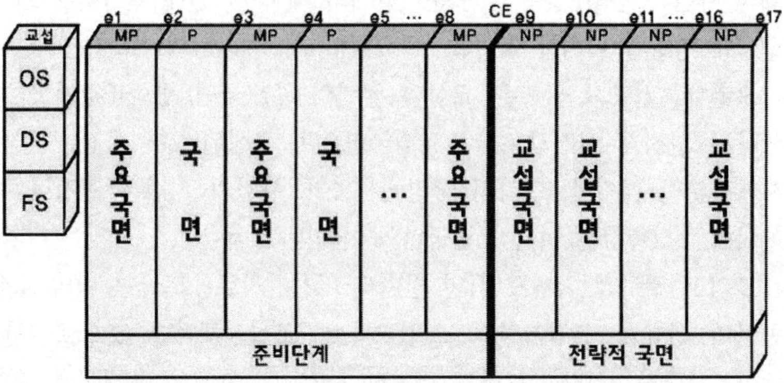

1. OS; Opponent Space(상대국공간), DS; Domestic Space(국내공간), FS; Foreign Space(국제공간)
2. MP; Main Phase(주요국면) NP; Negotiation Phase(교섭국면) CE; Critical Event(결정적 사건) e; event(사건) P; Phase(국면)

3) 교섭공간의 상태 변화

교섭자는 전략적 국면이 교섭공간을 통해 반드시 당사자 및 관계자의 이해관계와 관련쟁점의 특징을 명확하게 나타내기 때문에, 그 공간 상태의 유리·불리에 관계없이 모든 공간에 대응해야 한다. 또한, 교섭자는 교섭공간의 상태가 CⅠ∼CⅦ 중에서 전략적 기회 또는 전략적 딜레마, 전략적 위기, 어느 것인지에 따라 그에 상응하는 다양한 대응을 해야한다. 그 대응의 결과 전략적 국면은 교섭공간에 대한 주체의 대응에 의해 새로운 전략적 국면으로 전환점이 된다. 그로 인하여 새로운 전략적 국면의 교섭공간 상태도 새롭게 바뀐다. 이처럼 새로운 전략적 국면과 그 교섭공간 상태는 주체의 대응 없이 자연발생적으로 일어나지 않는다는 것이다.

따라서 1개의 교섭공간은 **그림2-3**의 왼쪽처럼 교섭촉진적 · 교섭교착적 · 교섭정체적 상태가 복잡하게 변화한다. 즉, 교섭주체의 대응에 따라 교섭공간의 교섭촉진적 상태가 교섭정체적 또는 교섭교착적인 것으로 되고, 교섭교착적 상태가 교섭정체적 또는 교섭촉진적인 것이 되며, 또한 교섭정체적 상태도 교섭촉진적 또는 교섭교착적인 것이 될 수 있다. 또한, 3개의 교섭공간은 상호작용을 하여 영향을 미치기 때문에 1개 교섭공간의 상태가 변화하면 다른 2개의 교섭공간의 상태도 변화한다. 이 때문에 전략적 국면의 교섭공간의 상태인 CⅠ∼CⅥ 사이에서도 변화가 가능해 **그림2-3**의 오른쪽과 같이 수많은 경우가 있을 수 있는 것이다.

그림2-3 교섭공간의 상태 변화

1개의 교섭공간의 상태 변화

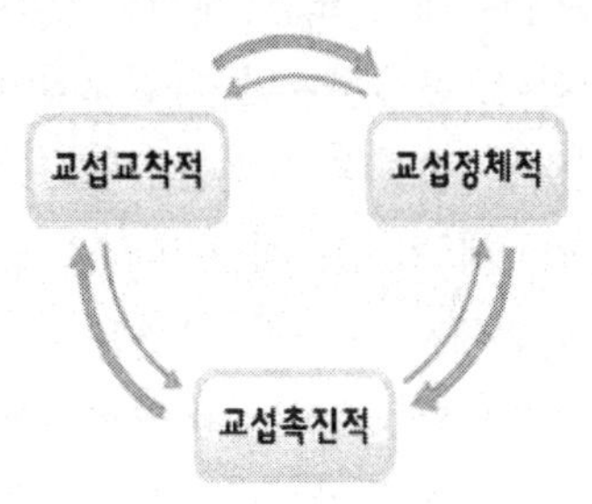

3개의 교섭공간의 상태 변화

① CⅠ⇄ CⅡ ⇄ CⅢ⇄ CⅣ⇄ CⅤ ⇄ CⅥ

② CⅠ ⇄CⅢ, CⅠ⇄ CⅣ, CⅠ ⇄ CⅤ, CⅠ⇄ CⅥ

③ CⅡ ⇄ CⅣ, CⅡ ⇄ CⅤ, CⅡ ⇄ CⅥ

④ CⅢ ⇄ CⅤ, CⅢ ⇄ CⅥ

⑤ CⅣ⇄ CⅥ

이상과 같이 전략적 국면의 교섭공간의 상태에서는 다양한 변화가 일어나고 있다. 구체적으로는 교섭촉진적 상태, 교섭교착적 상태, 교섭정체적 상태가 1개씩 변화하는, 점진적 진전에 의한 기회의 확대, 또는 그 후퇴로 인한 딜레마 또는 위기의 발생 · 심화 등의 경우가 있다. 그러나 위 그림의 ②, ③, ④, ⑤의 경우처럼, 더 획기적 변화도 있다. 또한, ② 중 CⅠ⇄CⅥ 같이 급격한 진전에 의한 기회의 확대,

아니면 악화로 인한 딜레마 또는 위기의 심화가 될 수도 있다.

따라서 전략적 국면의 교섭공간의 상태는 객관적인 것에 대한 주체의 대응에 따라 다양하게 변화하면서 교섭타결, 촉진, 정체, 교착, 결렬에 이르는 것을 알 수 있다.

북일 국교정상화교섭의 국면은 사건의 관점에서 냉전 종식국면, 3당공동선언국면, 이은혜사건국면, 대북 인도적 지원국면, 일본인배우자 귀국국면, 북한 미사일 발사국면, 평양선언국면, 납치문제국면, 괴선박국면, 남북 정상회담국면, 북한 핵국면, 6자회담국면 등을 들 수 있다. 또한, 공식교섭 진행의 관점으로 보는 국면은 제1회 교섭국면, 제2회, 3회, 4회… 제13회 교섭국면, 외무장관회담국면, 작업부회국면 등 수많은 교섭국면이 이어졌다. 북일 국교정상화교섭은 일반적 교섭과 마찬가지로 복수의 주요국면과 교섭국면이 지속하는 과정이다.

그러나 모든 주요국면 및 교섭국면이 일본의 대북교섭에서 교섭으로 연결되는 결정적 사건을 포함하는 전략적 국면이라는 것은 아니다. 이들의 국면에서 전략적 국면은 교섭의 개시 또는 재개로 연결되는 결정적 사건을 포함하는 경우에 한한다. 후술하지만 북일교섭에서 교섭 개시 또는 재개에 직접적으로 연결된 결정적 사건은 3당공동선언, 정당 · 정치지도자의 방북, 평양선언, 제5차 3단계 6자회담 공동합의 등 4개 경우이다. 따라서 여러 국면에서 전략적 국면은 4개의 결정적 사건을 포함한 4개의 경우로 제한된다. 그리고 이러한 4개의 전략적 국면에서의 교섭 대응전략이 교섭결과에 중대한 영향을 주게 된다.

요컨대, 교섭의 전략적 국면은 주요국면의 변화과정을 배경으로 교섭에 직접적으로 연결될 수 있는 결정적 사건을 포함하는 교섭국면까지 2개의 사건 간의 시기구분이며, 그 교섭공간의 상태는 CⅠ～CⅥ의 경우로 나타난다.

3. 교섭공간의 대응패턴

1) 교섭전략

교섭전략은 외교사안을 둘러싼 교섭을 성공적으로 합의 · 타결하기 위해 교섭자가 실시하는 교섭행위의 총칭이다. 교섭자가 직면한 교섭공간에서 교섭을 성공적으로 타결하기 위해서는 전략적 국면의 특징이 「기회」인 CⅠ, CⅡ로 되어야 한다. 그러면 교섭자는 전략적 국면을 CⅠ, CⅡ의 경우로 하기 위해 어떻게 행동해야 할까. 교섭에서 3개의 교섭공간은 각각 고유의 공간에서 상대적으로 독립적이므로 3개의 교섭공간 모두에 대응하여 각 공간 상태를 변경해야만 한다. 따라서 교섭자는 전략적 국면이 CⅠ, CⅡ의 경우가 되도록 하기 위해 모든 교섭공간에서 그 상태의 교섭촉진적 조건을 확대하고 교섭교착적 조건을 축소하는 행위 또는 전술을 구사한다. 교섭자가 교섭촉진적 조건을 확대하고 교섭교착적 조건을 축소하기 위해 3개의 교섭공간 대해서 구사하는 전술은 다음과 같은 것이다.

① 1개의 교섭공간 내에서 에너지 · 힘의 이동
② 1개의 교섭공간에서 다른 공간으로의 에너지 · 힘의 이동
③ 1개의 특정 교섭공간에 대한 모든 에너지 · 힘의 집중
④ 특정 교섭공간에서 에너지 · 힘의 철수와 회피(이탈)

이상의 전술은 전략적 국면에서 교섭공간의 교섭촉진적 조건을 확대하고 교섭교착적 조건을 축소하기 위해 교섭공간의 상태에 대해 교섭자(정부지도자)가 취할 수 있는 에너지 · 힘의 이동, 집중, 철수 등에 관한 행위를 보여준다. 교섭자는 교섭타결에 있어서 교섭상대국공간, 국내공간, 국제공간의 각각의 상태에 따라, 위의 4개 전술 중 1개 · 2개, 또는 전부를 사용하는 형태로 대응하게 된다. 따라서 교섭자의 교섭공간에 대한 전술 구사의 형태는 셀 수 없을 정도로 많다.

에너지 · 힘이란 국제교섭에서 동원하는 외교적 자원이고, 외교적 자원은 교섭자가 교섭 상대에게 교섭타결 또는 양보를 이끌어내기

위해 사용하는 정치적, 경제적, 군사적, 이데올로기적, 사회문화적 힘의 총칭이다. 그래서 교섭공간에 대한 대응전략은 교섭자가 외교교섭에 동원하는 추상적 · 물리적 「자원」(리소스, Resources)의 배분에 관련된 문제라고 할 수 있다.

이러한 교섭공간에서 「자원의 배분」은 교섭자의 해당공간의 쟁점에 대한 언급, 요구, 주장, 약속, 선언, 강요, 압력, 타협, 합의 등의 추상적인 것은 물론, 공식 · 비공식의 상대국 방문 및 접촉이나 군사공격 등 물리적인 것으로도 나타난다. 이것들은 모두, 교섭자가 교섭공간의 상태나 쟁점의 특징에 대해 적합하고 동원가능한 자원을 배분하는 수단이라고 할 수 있다. 이것은 교섭당사자들 사이에도, 또 교섭당사자와 관계자들 사이에도 직 · 간접적으로 나타나는 것이다.

그렇다면, 본 서에서 교섭공간에 「자원을 배분한다」는 것은 다양한 추상적 · 물리적 수단을 통해, 어떤 교섭공간에 새로운 절충과 양보안을 제시하든가 내지는 자신의 전략적 목표를 양보하지 않고 원안을 고수하는 것을 의미한다. 전자는 절충 및 양보안을 언급, 주장, 약속, 선언하든가 내지는 공동합의하는 형태를 취하는 것이며, 후자는 자신의 원안을 강요하든가 내지는 압력을 가하는 형태의 공세를 취하는 것이다. 따라서 어떤 교섭공간에서 절충 및 양보의 제시와 자신의 원안의 강요 및 압력이라는 다양한 양상이 나타나면, 그것은 교섭공간에 자원을 배분하는 행위를 의미한다.

이상과 같이 자원의 배분은 어떤 교섭공간에 대해 절충 및 양보안을 제시하든가 내지는 자신의 원래 목표를 강요하는 등의 다양한 자원배분의 행위가 드러나게 된다. 그러한 자원배분의 다양한 양상은 교섭자의 각 교섭공간에 대한 가치배분의 판단과 해당쟁점의 중대성에 대한 태도에 의해 결정된다. 이러한 요인에 의해 교섭자는 어떤 교섭공간으로 자원을 배분할 것인지 여부를 결정한다. 이것은 자원배분의 방향과 전략과 관계가 있다. 따라서 교섭자의 자원배분전략에 따라 어떤 교섭공간에 대해 자원을 배분할 것인가 하지 않을 것인가 또한 자원배분을 하는 경우에는 양보와 절충, 아니면 자신의 교섭목표의 고수와 강요를 해야 할지, 나아가 자원배분의 경우 다양한 수단 중에서 어떤 것을 선택할까 등이 결정된다.

이러한 자원배분의 행위는 교섭자가 어느 공간에 자원을 배분하는가 하는 자원배분의 방향에 관한 것이다. 따라서 이것만 볼 때, 그 행위는 현상적으로 교섭자가 어느 공간의 관계자와의 이해조정을 우선하느냐 라는 우선순위 이상을 의미하지 않게 된다. 그러나 교섭공간 상태의 변화는 자원배분의 방향과 이해조정의 우선순위만이 아니라 자원배분의 양에 따라 상당히 영향을 받는다. 교섭공간에 배분되는 자원의 양은 교섭자의 자원배분의 방향에 의한 자원배분의 행위가 교섭공간 상태의 변화에 영향을 미치는 정도 또는 강약이라고 말할 수 있다.

이 자원배분의 양은 정량적으로 명확하게 밝히기 어렵다. 양 교섭국이 보유하고 있는 자원의 절대량이 다를 뿐만 아니라 각 교섭자가 복수의 교섭목표를 달성하기 위해 동원하는 자원의 양에 대한 평가와 인식이 다르기 때문이다.

따라서 본 서에서는 자원배분의 양에 대해 한 나라의 교섭자가 3개의 공간에 배분할 수 있는 자원의 절대량을 1로 하고, 3개의 공간에 맞게 배분하는 상대적인 자원의 양을 3등분하여 $0 \leq R_x \leq 3$(x는 0,1, 2,3)으로 분배량을 표시하며, 정수 이외는 $R_{1+}(1 < R_{1+} < 2)$ 또는 $R_{1-}(0 < R_{1-} < 1)$(R은 자원)로 하고자 한다.

이러한 자원배분의 양은 교섭공간의 상태에 대한 본 서의 역사적 실증 분석을 통해 가능한 사실과 부합하여 표시한다. 그렇게 해야만 교섭자의 가치배분이나 이해조정의 우선순위뿐만 아니라 그 순위에 대한 에너지 집중의 정도나 강약을 파악할 수 있다. 물론 이 연구가 자원배분의 양을 표시하는 데 사용하는 방법은 절대적으로 옳다고 말할 수 없지만, 교섭공간의 상태변화에 미치는 자원배분의 양을 파악하여 교섭패턴을 도출하기에는 부족하지 않는다고 생각한다.

이상의 가정에 근거할 때 언급이나 주장 등을 통해 자원배분의 행위는 나타나지만 그것이 형식적인 입장 표명과 동일한 입장의 반복이라면, 자원배분의 양이 극히 적은 것, 예를 들어 「R_{1-}」미만이라 아니할 수 없다. 또한, 교섭상대의 절충 및 양보안의 제시 또는 원안 고수 등에 대해 무시하거나 회피 혹은 거부하는 여러 행위도 자원배분의 양이 극히 적은 행위이다. 본 서의 분석에서는 이러한 행위를 교섭공간 상태의 변화에 크게 영향을 끼칠 수 없기 때문에 자원의 불배분 또는 배분의 억제라고 해둔다. 또한, 해당공간의 상태나 쟁점에 대해 언급도 약속도 선언도 강요도 하지 않고 아무런 대응을 하지 않는 것도 자원을 배분하지 않는 것에 포함된다.

요컨대, 교섭공간에서 교섭자의 자원배분의 행위는 자원배분의 여러 수단과 배분하는 자원의 양으로 나타나지만, 이것은 3개 교섭공간의 상태와 각각의 가치배분에 대한 판단에 따른 자원배분의 방향과 전략을 내포하고 있다고 할 수 있다. 따라서 교섭공간에 대한 대응, 즉 교섭전략에서 기본적으로 동원가능한 외교적 자원량의 풍부함과 자원배분의 방향과 전략이 매우 중요한 변수가 된다. 즉, 교섭전략은 ① 동원가능한 외교적 자원의 유무 · 다소 ② 자원배분의 방향과 전략에 의해 결정된다.

따라서 교섭전략의 성공을 위해서는 무엇보다 동원가능한 외교적 자원이 정치 · 군사 측면뿐만 아니라 경제 · 문화 · 이데올로기 측면에서도 풍부할 필요가 있다. 1개의 교섭공간에서 다른 교섭공간으로 자원이 이동할 때뿐만 아니라, 1개의 교섭공간에 많은 자원을 집중할 때도, 자원이 풍부한 것이 필요조건이 된다.

그러나 자원이 풍부함에도 불구하고 교섭의 성공적 타결을 위해 올바른 자원배분의 방향 및 전략은 필수적이다. 자원배분전략이 잘못되면 주요쟁점을 가진 교섭공간의 특징에 맞지 않는 대응을 하는 것, 또는 자신의 자원의 유무 · 다소의 상황에 맞지 않는 대응도 이루어질 수 있다. 전자는 정치 · 군사적 자원을 배분해야 하는 교섭공간에 경제적 자원을 투입하고, 아니면 경제적 자원을 배분해야 하는 교섭공간에 정치 · 군사적 자원을 투입하는 것을 들 수 있다. 후자는 정치 · 군사적 자원이 부족한 경우에 정치 · 군사적 쟁점으로 만들어진 교섭공간에 자원을 무리하게 집중 배분하는 것, 아니면 경제적 자원이 부족한 경우에 경제적 쟁점으로 만들어진 교섭공간에 자원을 과도하게 집중 배분하는 것을 들 수 있다.

이와 같은 경우 교섭에서 큰 난관으로 연결될 수 있다. 따라서 자원이 풍부한 것만으로는 교섭의 성공을 보장할 수 없다. 자원 그 자체의 유무 · 다소에 의해 교섭의 모든 결과가 좌우되는 것은 아니다. 교섭의 결과는 보유하고 있는 자원을 배분할 때 자원배분전략에 의해서도 영향을 받는다.

이러한 자원배분전략의 실행에 있어서는 말할 필요도 없이 정부지도자 또는 주임교섭자의 리더십이 중요하다. 교섭에서의 리더십은 교섭목표를 달성하기 위해 외교적 자원을 활용하는 데 필요한 능력이며, 교섭진행에 있어서의 전략전술로 나타난다. 이것은 국내외의 각 이해관계자에 대한 통제력(규제력, regulation)과 정통성legitimacy에 의해 결정되지만, 교섭공간에 대한 전략적 인식, 여러 이슈에 대한 적극성과 유연성 등의 교섭스타일에 의해서도 좌우된다. 외교적 자원의 유무 · 다소는 교섭의 출발부터 고정적으로 주어지는 것인데 대해 리더십은 교섭과정에서 변화하는 것이 가능한 것이다.

물론, 교섭전략의 구사의 기본조건은 전에 언급했듯이 교섭국면에서 교섭공간 상태가 「기회」이거나 「딜레마」 또는 「위기」냐는 것이다. 교섭전략을 결정하는 데는 이 교섭공간 상태의 기본조건 위에, 외교적 자원의 상황(유무 · 다소)과 자원배분전략이 중요한 변수가 된다.

결국 교섭전략이란 교섭자가 국내정치에 대해 리더십을 발휘하는 외교교섭에 있어서 교섭촉진적 또는 교섭교착적 상태 중 어느 것인가의 교섭공간에 외교적 자원을 자신의 방향과 전략에 따라 배분하는 대응행위이다. 이것이 본 서가 분석하려는 「교섭패턴」을 의미한다.

2) 교섭패턴; 8개의 유형

「교섭패턴」은 전략적 국면에서 교섭자(정부지도자)가 교섭공간에 대해 외교적 자원을 배분하는 「교섭공간에의 대응패턴」이다. 교섭자의 자원배분 행위는 가치배분의 우선순위에 따른 자원배분의 방향에 따라 어떤 공간에 어떤 수단으로 어느 정도 양의 자원을 배분하느냐의 문제다.

따라서 본 서는 교섭상대국 · 국내 · 국제의 3개의 교섭공간의 상태에 대한 교섭패턴을 다음 **표2-2**와 같이 자원배분의 양에 따라 현실적으로 대응 가능한 17가지의 경우를 도출해 낸다.

표2-2 교섭공간에의 대응패턴

자원배분 양의 양상	패턴	계열
$R_3 - R_0 - R_0$, $R_2 - R_{1-} - R_{1-}$, $R_2 - R_1 - R_0$	CT-O	CT
$R_0 - R_3 - R_0$, $R_{1-} - R_2 - R_{1-}$, $R_1 - R_2 - R_0$	CT-D	
$R_0 - R_0 - R_3$, $R_{1-} - R_{1-} - R_2$, $R_0 - R_1 - R_2$	CT-F	
$R_1 - R_1 - R_1$	DT-ODF	DT
$R_{1+} - R_{1+} - R_{1-}$, $R_{1+} - R_{1+} - R_0$	DT-OD	
$R_{1-} - R_{1+} - R_{1+}$, $R_0 - R_{1+} - R_{1+}$	DT-DF	
$R_{1+} - R_{1-} - R_{1+}$, $R_{1+} - R_0 - R_{1+}$	DT-OF	
$R_0 - R_0 - R_0$	RT-ODF	RT

※ 자원배분(Rx–Rx–Rx)의 공간순서: 상대국(O)–국내(D)–국제공간(P)
※ CT; Concentration Type(자원집중형) DT; Dispersion Type(자원분산형)
RT; Restraint Type(자원억제형)
※ 자원배분의 양
교섭자가 교섭 때 모든 교섭공간에 배분할 수 있는 자원의 절대량(총량)을 1로 하고, 3개의 공간에 맞춰서 3등분해서 $0 \le Rx \le 3$으로, x는 0, 1, 2, 3으로 분배량을 표시하고, 정수 이외는 R_{1+}($1 < R_{1+} < 2$) 또는 R_{1-}($0 < R_{1-} < 1$)으로 표시한다.

이러한 자원배분의 행위는 CⅠ∼CⅦ와 같이 교섭공간의 상태를 생각하지 않고 어떤 공간에 자원배분의 중점을 두는가, 즉 교섭공간의 가치배분의 우선순위에 따라 교섭패턴은 다음과 같이 8가지로 정리할 수 있다.

① 3개의 교섭공간에서 상대국공간에 자원을 집중 배분한다(CT–O).
② 3개의 교섭공간 속에서 국내공간에 자원을 집중 배분한다(CT–D).

③ 3개의 교섭공간 속에서 국제공간에 자원을 집중 배분한다(CT-F).
④ 모든 교섭공간 자원을 균등하게 배분한다(DT-ODF).
⑤ 상대국·국내공간 지향으로 자원을 균등하게 배분한다(DT-OD).
⑥ 국내·국제공간 지향으로 자원을 균등하게 배분한다(DT-DF).
⑦ 상대국·국제공간 지향으로 자원을 균등하게 배분한다(DT-OF).
⑧ 모든 교섭공간에 자원을 배분하지 않는다(DT-ODF).

이상과 같이 8개의 교섭패턴 속에서 ①, ②, ③의 3개는 공통적으로 「3개의 교섭공간에서 특정 교섭공간에 자원을 집중배분하는 패턴」으로 「자원집중형Concentration Type」 계열의 패턴이고 ④, ⑤, ⑥, ⑦의 4개는 「교섭공간에 자원을 균등하게 배분하는 패턴」으로 「자원분산형Dispersion Type」 계열의 패턴이며 ⑧의 1개는 「교섭공간 자원을 배분하지 않는 패턴」으로 「자원억제형Restraint Type」 계열의 패턴이라고 할 수 있다.

이와 같이, 8개의 자원배분 패턴은 3개의 계열로 수렴한다. 또한, 앞에서 언급했듯이 자원배분의 양으로 나타나는 교섭자의 자원배분의 행위는 자원배분의 방향과 전략을 내포하고 있다. 따라서 자원의 양적 배분의 양상으로부터 도출한 전술한 3개 계열의 8개 교섭패턴에 대해 자원배분전략과 관련하여 보면 다음과 같은 특징으로 정리할 수 있다.

첫째, 자원집중형 계열은 각 교섭공간에 대한 전략적 가치를 평가하고 가치가 높은 공간 중심의 자원배분의 로드맵에 따라 교섭공간을 이끌어가는 유형이라고 할 수 있다. 이것은 각 교섭공간에 대한 전략적 가치에 따라 자원을 배분하는 것이다. 따라서 공간의 가치가 어떤 공간에 있는지에 따라 그것에 집중적으로 자원을 배분하는 것이다.

또한, 교섭공간의 상태와 관련해 교섭촉진적 공간에는 교섭의 조속한 타결을 위해 약속, 강요, 압력 등 자원을 집중 배분하면서도, 교섭교착적 공간에도 양보·절충 등 적극적으로 자원을 집중 배분하여 그 공간을 교섭촉진적으로 만들어 교섭타결을 이끄는 패턴이다. 반대로 관련 공간의 당사자 및 관계자의 교섭교착적 요구를 수동적으로 받아들여 그에 추수하는 형태로 자원을 집중 배분하는 경우도 있다.

자원집중형 계열은 일반적으로 동원가능한 외교적 자원이 풍부한지의 여부도 판단한 뒤, 교섭공간의 주요쟁점의 특징에 맞게 자원을 배분하는 패턴이다. 예를 들어, 공간의 쟁점이 경제적(군사적)인 것이면 경제적(군사적) 자원을 집중 배분해야 한다. 물론 이러한 공간의 성격과 동원가능한 자원에 대한 판단이 잘못된 경우 직면하는 리스크는 상당히 크다.

둘째, 자원분산형 계열은 각 공간에 대한 전략적 로드맵에 기초해서 공간에 대응하려고 하지만, 공간의 전략적 가치의 차이를 구별하지 못한 채 균등하게 배분하는 패턴이다. 즉, 교섭목표의 달성을 위해 가치가 우선하는 공간이 1개 이상 있고 가치배분이나 이해조정의 우선순위 결정이 어려울 경우 교섭공간에 분산적으로 자원을 배분하는 것이다. 또한 가치 있는 각각의 교섭공간의 당사자 및 관계자의 교섭교착적 요구나 외압이 강하고 그에 추수적으로 응하는 경우도, 자원배분이 분산적으로 이루어진다.

자원분산형 계열은 1개의 공간에 자원을 집중함으로써 발생하는 자원의 과도 혹은 낭비스러운 배분이나 결정적 패배 등의 리스크를 피할 수 있다.

또한, 2개의 공간으로 자원을 균등하게 분배할 때 교섭공간의 상태를 고려하면, 교섭촉진적 공간을 중심으로 자원을 균등하게 배분하는 것은, 교섭교착적 공간을 중심으로 자원을 균등하게 배분하는 것보다 교섭촉진적 상태를 안정적으로 유지할 수 있다. 그러나 이러한 안정적 자원운영전략은 교섭타결에 결정적으로 유리한 공간에 적절히 대응하지 않고 기회를 놓치는 문제가 있을 수 있다.

반대로 교섭교착적 공간을 중심으로 자원을 균등하게 배분하는 것은, 관련 공간의 어느 당사자 및 관계자의 압력과 요구를 무시할 수 없을 때 취하게 된다. 특히, 교섭관계자의 교섭을 교착시키는 요구가 강해도 그것에 대해 자원을 배분하지 않으면 교섭타결 보다 큰 리스크에 직면하는 경우가 있다. 그 경우 교섭자는 관계자 지향의 자원배분을 우선할 수밖에 없어 교섭교착적 공간 중심으로 자원을 균등하게 배분 한다.

셋째, 자원억제형 계열은 어느 공간에도 자원투입을 억제하는 소극적 대응이지만, 교섭공간의 전략적 가치를 고려해 행해지는 경우도 있다. 예를 들어, 교섭공간의 상태를 고려하여 교섭교착적 공간의 악화를 막고 교섭을 촉진하기 위해 그 공간의 상대국에 더 나쁜 요구를 억제하려는 전략적 판단에 따라 취하는 경우이다. 그러나 이 패턴에서는 교섭타결로 이어지는 결정적으로 교섭촉진적 공간에 대해서도 자원배분을 억제하고 대응을 회피하는 일도 일어난다. 이것은 해당교섭에 반대하거나 자신의 요구를 강요하는 이해집단의 요구를 추수적으로 수용함으로써 교섭을 교착시키는 대응으로 이어질 수도 있다. 또한, 자원억제형은 절대적으로 자원이 없는 경우나 해당공간의 쟁점의 성격에 맞는 자원이 없는 경우에는 어쩔 수 없이 자원배분을 억제할 수밖에 없는 경우도 있다.

결국, 전략적 국면에서 3개 계열의 8개의 교섭패턴은 교섭자의 어떤 교섭공간에 대한 자원배분의 행위로 판단할 수 있으며, 그 패턴은 교섭자의 해당국면에 대한 자원배분의 방향과 전략을 내포하고 있다고 할 수 있다. 따라서 본 서는 일본이 북일교섭에서 대응해 온 다양한 교섭패턴 분석을 통해 일본교섭자의 교섭전략을 이끌어 내고자 한다. 즉, 8개 내에서 나타나는 자원배분 패턴이 명확하게 되면, 그것을 통해 해당국면에서 교섭자의 외교적 자원의 상황(유무 · 다소) 및 자원배분전략을 파악할 수 있게 된다.

4. 연구방법

1) 3개 교섭공간 어프로치

본 서는 「교섭공간」과 「전략적 국면」이라는 개념 틀에 따라, 북일교섭에서 일본교섭자의 교섭패턴을 분석한다. 즉 북일교섭의 전략적 국면에서 3개의 교섭공간에 대한 대응패턴을 분석하는 것이다. 따라서 교섭공간에의 대응패턴을 유형화하는 「교섭공간」의 분석 틀이 필요하다. 이 틀은 북일교섭에서는 교섭상대국 · 국내 · 국제의 3개의 교섭공간에 대한 대응패턴 분석을 위한 것이다.

본 서의 분석대상인 전략적 국면은 북일교섭에서 여러 주요국면 및 교섭국면의 분석을 통해 파악할 수 있다. 이것은 여러 주요국면 · 교섭국면의 연속과정에서 공식교섭에 직접적으로 연결되는 결정적 사건을 포함하는 시기구분으로서 전략적 국면을 파악하는 것이다. 이러한 전략적 국면이 파악되면, 그 국면 내의 교섭공간의 객관적 상태에 대한 일본측 교섭자의 대응전략의 분석을 통해 교섭패턴의 도출이 가능하게 된다.

19년간의 북일교섭을 전적으로 사건만으로 잘 보면 정부의 교섭대사급 교섭이 15회, 정상회담이 2회, 외무장관회담이 2회, 적십자회담이 수차례, 공식 · 비공식의 국 · 과장급 실무자교섭이 수십 회, 정치인간 접촉이 수십 회, 게다가 양국간 국교정상화를 의미할 정도의 중요한 선언만으로도 3당공동선언, 평양선언이 두 번 발표되는 등 무한한 사건이 연속적으로 전개되어 왔다. 특히 이러한 사건 및 정치적 계기에 대한 역사적 연구와 사건별 분석을 통해 보면, 몇 가지 사건은 공식적 북일교섭의 개시 또는 재개에 결정적 영향을 미친 것으로 볼 수 있다. 북일교섭에서 공식교섭의 개시 또는 재개에 직접 연결된 결정적 사건은 제1회 북일교섭을 개시한 3당공동선언, 제9회 북일교섭의 재개를 이끌어 낸 정당 · 정치지도자의 방북, 제12회 북일교섭으로 이어진 평양선언, 제1회 북일 작업부회로 연결된 제5회 3단계 6자회담 공동합의 등 4개이다.

따라서 본 서는 북일교섭의 「전략적 국면」을 이 4개 결정적 사건의 특징에 따라 「3당공동선언국면」, 「정당외교국면」, 「평양선언국면」, 「6자회담국면」이라 한다.

나중에 자세히 기술하겠지만, 본 서의 분석대상이 되는 전략적 국면 중 3당공동선언국면은, 1989년 냉전의 와해 국면을 배경으로 열린 3당공동선언(1990.9)을 결정적 사건으로 하는 국면이다. 이것은 3당공동선언을 통해 사상 초유의 북일 국교정상화교섭을 시작하여 제1회(1991.1)에서 8회(1992.11)까지 교섭국면이 이어진 2년여에 걸친 시간의 연쇄이다.

다음의 정당외교국면은 1994년 북미 제네바 포괄합의 이후 교섭 촉진적 상태가 된 국제공간을 배경으로 하여 이루어진 동시기 1995년 3월부터 시작된 일련의 정당대표의 3번째 방북인 초당파의원단의 방북(1999.12)을 결정적 사건으로 하는 국면이다. 이것은 초당파의원단의 방북이 제9회 북일교섭(2000.4)을 가져오고 제11회 북일교섭(2000.10)까지 이어진 1년여에 걸친 기간이다.

그리고 평양선언국면은 부시행정부의 출범(2001.1)과 9.11 테러 사건 이후 북미관계가 악화되던 중 열린 평양선언(2002.9)을 결정적 사건으로 하는 국면이다. 이것은 평양선언을 계기로 그 동안 중단된 북일교섭이 제12회 교섭(2002.10)으로 재개되고 제2차 북일 정상회담(2004.5)을 거쳐 제1회 북일 포괄병행협의(제13회, 2006.2)에까지 이르는 4년여의 국면을 가리킨다.

또한, 6자회담국면은 북한 핵실험(2006.10) 이후 악화된 북미·북일 관계 속에서 북한 핵위기가 수습된 제5회 3단계 6자회담 공동합의(2007.2)를 결정적 사건으로 하는 국면이다. 이것은 6자 공동합의를 계기로 제1회 북일 작업부회(2007.3)가 개시되면서 제2회 북일 작업부회(2007.9)까지 이어진 1여년간의 시기구분이라고 할 수 있는데, 그 후 제3회 북일 작업부회를 준비하기 위해 열린 제1, 2회 북일 실무자협의(2008.6,8) 등이 이어진 2년여간의 시기도 포함한 국면이다.

19년에 걸쳐 진행된 북일교섭 전체는 주로 이들 4개의 전략적 국면으로 구성되어 현재에 이르기까지 진행 중인 교섭이다.

이상과 같이 4개의 전략적 국면의 여러 교섭국면에서 북일 교섭패턴의 분석을 위해서는 해당 전략적 국면의 교섭공간 상태를 분석해야 한다. 이것은 교섭공간에서 전략적 국면 내의 결정적 사건 이후 형성된 교섭공간의 상태에 대해 전술한 CⅠ~CⅥ의 경우를 파악하는 것이다. 즉 3개의 교섭공간 중 모두(3개) 또는 다수(2개)의 교섭공간의 상태가 교섭촉진적 또는 교섭교착적인 것 중 어느 상태인지를 특징지음으로써, 그것이 CⅠ~CⅥ의 어느 경우인지를 파악하는 것이다. 4개의 전략적 국면이 CⅠ~CⅥ 중 어느 쪽에 해당하는지 「교섭공간의 상태」(교섭촉진적 · 교섭교착적 · 교섭정체적)를 통해 파악해야 하기 때문에 각 국면의 교섭공간의 상태에 대한 실증적 분석이 전제되어야 한다.

따라서 「전략적 국면에서 3개의 교섭공간에의 대응패턴」은 그 전략적 국면의 교섭공간의 상태 분석에서 시작한다. 이 분석은 교섭공간의 상태에 대한 실제 내용을 체계적으로 정리하는 것이다. 본 서는 그를 위해 북일교섭사에 대한 역사적 실증을 「정성적 사례연구」방법으로 실시하기로 한다. 이 방법은 공개된 교섭관련 자료를 중심으로 기자발표문, 국회 회의록, 각종 저널 및 관련 국가 및 기관, 단체의 공식, 비공식발표와 의견 및 대응에 대한 국내외 반응, 교섭관련자 인터뷰 조사 등을 통해 교섭국면에서 교섭공간의 상태를 추정하는 방법이다.

북일교섭의 전략적 국면의 교섭공간의 상태에 대한 분석이 끝난 후, 4개의 전략적 국면에서 교섭공간 상태가 CⅠ~CⅥ 6개의 경우 중 각각 어느 경우에 해당하는지를 명확히 할 수 있다.

전략적 국면의 CⅠ~CⅥ의 파악이 완료된 후에는, 해당하는 전략적 국면에서 각 교섭국면의 교섭공간에 대한 대응패턴을 분석한다. 이 단계는 「전략적 국면」에서 일본의 「대북 교섭패턴」이 앞에서 언급한 8개의 「교섭패턴」 중에서 어떤 유형에 속하는지를 분석하는 것이다. 이 전략적 국면에의 대응전략에 대한 분석은 교섭공간에의 대응패턴에 기초해 각각의 공식교섭을 중심으로 그 교섭에서 나타난 정부지도자와 주임교섭자의 대응을 역사적 실증을 통해 도출하는 방법으로 이루어진다.

이렇게 진행하면 일본의 대북 교섭패턴의 유형에 따라 그 패턴이 내포하는 정치적 · 외교적 함의, 즉 교섭공간에 대한 가치배분이나 자원배분의 방향 등의 교섭전략이 도출될 수 있다.

본 서는 일본의 「대북 교섭패턴」을 북일교섭의 「전략적 국면」에 있어서 그 「교섭공간」에의 대응전략을 통해 분석하는 방법을 「3개 교섭공간 어프로치」라고 칭한다. 본 서의 「3개 교섭공간 어프로치」는 기본적으로 다이슈 · 다국가간 교섭인 북일 국교정상화교섭을 2레벨 게임의 어프로치가 아니라 3개의 교섭공간의 구조에서 검증한다. 그 때 앞에서 도출한 8개의 교섭패턴과 유형을 연구의 기초로 북일교섭에서 전략적 국면에 대한 실증연구, 그 전략적 국면에의 대응전략을 도출해내는 연구로 이어진다. 이를 정리하면 다음 **그림2-4**와 같다.

그림2-4 2레벨 게임과 3개 교섭공간 어프로치의 구조

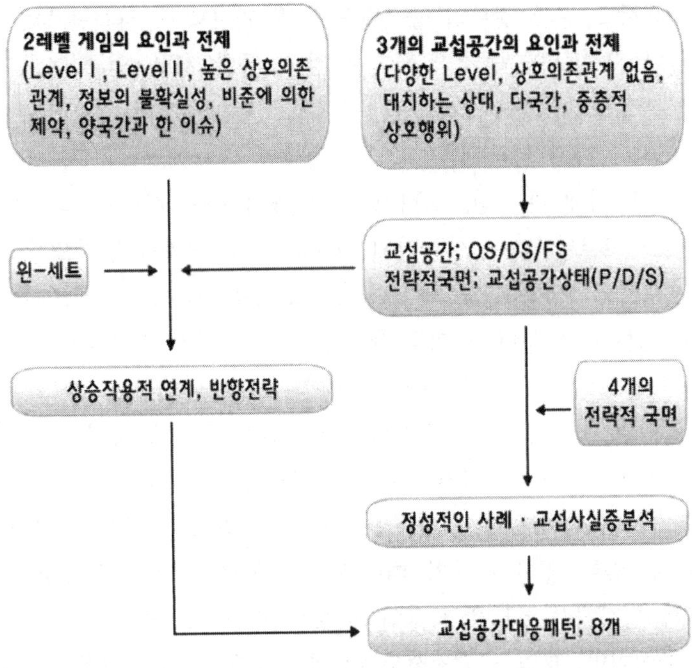

※ OS; Opponent Space DS; Domestic Space FS; Foreign Space
P ; Promotive(교섭촉진적) /D; Deadlock(교섭교착적) /
S ; Static(교섭정체적)

2) 자료에 대해

본 서에서 이용하는 교섭과 관련된 1차자료에 관해 언급하고 싶다. 본 서의 분석대상이 되는 북일 국교정상화교섭은 아직 종결된 것이 아니므로 교섭회의록 형태의 정부 공식기록 등 교섭의 1차자료는 충분히 공개되어 있지 않다. 그러나 일본의 「대북 교섭패턴」의 전개를 본 서가 제시한 교섭공간 어프로치에서 볼 때 일본측 자료뿐만 아니라 미국·한국·북한을 포함해 관련 자료를 상당 정도 확보할 수 있다. 본 서는 외교사 연구가 아닌 4개의 전략적 국면에서 교섭공간에의 대응패턴의 연구이기 때문에 연구에 이용하는 자료는 교섭공간에의 대응패턴을 이해하기 위한 체계적 분석수단 이상의 의미를 가지고 있지 않다. 특히, 국교정상화교섭의 배경뿐만 아니라 그 자체에 대해서도 양국 정부의 공식발표문 및 기자회견, 사회단체의 자료가 있어 그 발표를 둘러싼 국회나 정당, 종합 저널, 언론 보도의 논의나 논쟁을 이용하면, 본 서의 목적을 달성하는 데 필요한 자료는 부족하지 않다고 생각한다.

그리고 가네마루 신, 노나카 히로무野中広務, 다나카 히토시田中均, 벳쇼 고로別所浩郎, 야마자키 다쿠山崎 拓, 히라사와 가쓰에이平沢勝栄, 오자와 이치로小沢一郎, 다카노 고지로高野幸二郎, 스즈키 가쓰나리鈴木勝也. 야부나카 미토지藪中三十二, 사이키 아키타카斎木昭隆, 하라구치 고이치原口幸市, 미네 요시키美根慶樹, 이삼로, 정태화, 송일호, 김영일, 강석주 등 교섭관련인의 직간접 증언과 북일 양국의 외무성 문서를 이용하여 1차자료의 부족이라는 문제를 보완하면 본 서의 완성도가 높아질 수 있다고 생각한다. 그러나 이 작업은 단시간에 끝낼 수 있는 일이 아니기 때문에 본 서에서는 가능한 부분만으로 진행하고 전체적 부분은 향후의 과제로 남기려고 한다.

보족이지만, 북일 국교정상화교섭의 실증을 위해 자료를 「사실」로 인용할 때 주로 신문으로는 『아사히신문』을 이용했다. 일본국회의 논의와 외무성의 공식발표, 북한의 다양한 입장 표명도 이 신문을 중심으로 하지만, 만약 1차자료가 있어 병기하는 의미가 있는 경우는 동시에 인용했다. 다만, 『월간 조선자료』는 북한의 『노동신문』 『조선중앙통신』 『민주조선』 등을 정리하여 출판한 2차자료이지만, 『아사히신문』으로는 부족한 사실 인용의 경우, 혹은 북한의 입장을 밝힐 필요성이 있을 경우, 필요한 부분을 원래 자료의 직접인용 없이 그대로 인용해 병기했다.

또한 (1) 누구에게도 알려져 있는 사건 사실은 인용하지 않고 서술하고 있으며, 『아사히신문』의 경우 신문기사 제목은 쓰지 않았다, (2) 본 서를 알기 쉽게 하기 위해 인용자료의 내용에 "날짜"만 있는 경우 "월"을 추가하고 이름에 "씨"가 붙은 경우는 그것을 삭제했다, (3) 인용 자료의 내용이 상당히 많은 사실과 관계자의 언급을 병기하고 있는 경우 또는 한 사람이 복수의 언급을 계속하는 경우는 단락 도중의 인용은 " "의 큰 따옴표는 하지만 주석은 붙이지 않고 단락의 마지막에 1개의 주석만으로 처리했다, (4) 다른 시간에 일어난 2개 이상의 사건을 1개의 문장으로 정리하는 경우는 가능한 사실만을 자료의 인용 없이 정리했다, 등을 미리 밝혀둔다.

제3장 3당공동선언국면과 일본의 교섭패턴

제 3 장

3당공동선언국면과 일본의 교섭패턴

제1절 3당공동선언국면

3당공동선언국면은 1989년 냉전의 와해국면을 배경으로 열린 3당공동선언(1990.9)을 결정적 사건으로 하는 국면이다. 이것은 3당공동선언을 통해 최초의 북일교섭을 시작하여 제1회(1991.1)에서 8회(1992.11)까지 교섭국면이 이어진 2년여에 걸친 시간의 연쇄이다.

본 절에서는 이 3당공동선언국면에 대해 교섭상대국, 국내, 국제공간의 상태(CⅠ∼CⅦ)를 가능한 한 객관적으로 분석하고 이 국면의 성격을 분명히 하고자 한다.

1. 냉전의 종언 1; 국제공간의 교섭촉진적 상태

북일교섭의 역사적 시작을 알리는 계기가 된 3당공동선언은 기본적으로 양국관계를 둘러싼 국제공간의 급속한 변화의 영향을 받으며 역사에 등장했다. 1969년 7월 닉슨독트린, 1971년 7월 키신저의 베이징 파견, 1972년 2월 닉슨 대통령의 베이징 방문을 전후해 지금까지 국제정치의 냉전구조가 데탕트로 전환했다. 1970년대 초반의 데탕트에 의해 자리 매김된 국제공간은 남북관계 개선뿐만 아니라 북일

관계 개선에도 뭔가의 동인을 만들어 주는 영향을 미쳤다.

그러나 1970년대 초반의 데탕트 시에는 북일관계 개선을 강하게 촉진했던 국제공간은 1970년대 중반 이후에, 1973년의 김대중납치사건[1], 1974년의 문세광사건[2], 또한 1975년 이후 남북한 교차승인 등의 이슈에 따라 북일관계 개선을 저해하는 상태로 돌아섰다. 그리고 1980년대에는 1983년 10월 버마 랑군 폭탄테러사건[3]과 83년 11월에 제18후지산마루第18富士山丸사건[4]이 일어나 북일관계가 한층 악화됐다.

특히 남북한 교차승인문제는 남북한 유엔 동시가입문제와 함께 북일관계에 영향을 준 국제공간의 이슈가 되었다. 교차승인은 「한국과 국교가 있는 미일이 북한을, 반대로 중소가 한국을 각각 승인하는 구상으로, 한반도의 현재 상황을 일단 인정하고 긴장 완화와 안정화를 도모할 목적으로 1970년 전후 미일의 학계, 정치권에서 주장했다. 1975년 9월에 키신저 미 국무장관(당시)이 유엔총회 연설에서 언급해 확대됐다[5]」라고 할 수 있다. 이에 대해 북한은 「두개의 조선」을 고착화하는 것이라 하여 교차승인에 부정적 입장을 포기하지 않았다[6].

따라서 허담 조선노동당 중앙위원회 정치국원은 1985년 5월 22일 방북 중인 사회당 대표단(단장 다나베 마코토 서기장)과 회담하고, 북일관계 개선을 희망하는 한편, "일본과 (북한이) 접촉하는 대신 사회주의국가가 남(한국)과의 관계를 심화하는 것은 찬성할 수 없다. 크로스승인, 크로스접촉은 반대한다"며 미국, 북한, 중국, 한국의 접촉 등을 통해 당시 부상하고 있던 교차승인, 교류에 반대하는 자세를 재차 강조했다[7].

더욱이 일본이 남북한 유엔 동시가입에 대한 지지를 했기 때문에 북일관계는 긍정적인 관계 개선을 도모하기는커녕 이후의 사건으로 인해 오히려 악화하는 경향을 보였다. 1985년 9월 21일 열린 나카소네 야스히로中曽根康弘 총리[8]와 전두환 대통령과의 정상회담에서 나카소네 총리는 "남북한 유엔 동시가입, 크로스승인을 지지하는 일본의 입장은 도쿄 정상회담에서 확인했지만 그 입장에 변함이 없다[9]"고 말했다.

남북한 교차승인문제를 둘러싼 북일관계의 악화 속에서 1987년 11월 29일에는 대한항공KAL 폭파사건[10]도 발생했다. 일본정부는 KAL 폭파사건에 대해 1988년 1월 26일, 이 사건이 북한의 조직적 테러행위라고 단정해 북일간의 인적 교류를 엄격히 제한하는 등 4항목의 「조치」와 함께 서울올림픽의 안전대책에 대해 한국과 협력해 만전을 기할 것 등을 결정, 오부치 게이조小渕恵三 관방장관의 담화를 통해 발표했다. 구체적으로는 (1) 외교관끼리의 접촉 제한, (2) 국가공무원의 북한입국 원칙적 금지, (3) 북한에서의 공무원의 입국 원칙적 금지 및 민간인 입국심사 엄격화, (4) 북일을 항행하는 특별기의 운행금지를 「당분간」 시행할 것을 표명했다[11].

이로 인해 북일교섭 자체가 불가능하게 되었고 이와 같은 북일관계의 악화는 1980년대 말 냉전의 종언과 함께 이루어진 다케시타 노보루竹下 登 총리[12]의 「북한과의 관계 개선」 의사 표명 때까지 지속되었다.

따라서 일본의 북일국교 회복의 결정적 계기는 「냉전의 종언」이라는 국제공간 상태의 변화였다. 즉 1980년대 말 동유럽의 붕괴를 포함한 냉전의 종언 등 급속한 국제공간의 변화에 따라 북일관계는 개선의 길로 들어섰다.

냉전구조의 와해는 소련의 개혁(페레스트로이카)이 1985년부터 한창 진행되고 있고 동유럽 사회주의권이 갑자기 무너지기 시작한 상황에서 이루어졌다.

1985년 3월 소련공산당 서기장에 취임하며 등장한 미하일 고르바초프는 한편으로 페레스트로이카를 내걸고 심각한 경제위기에 빠진 국내체제의 개혁을 추진했으며, 다른 한편으로 「신사고」외교를 내걸어 대담한 군축을 실시, 미국 등 서방과의 관계 개선을 단행했다. 특히, 1987년 12월에 미국과 소련 사이에서 INF가 체결된 것은 냉전의 종언의 본격화를 알린 사건이었다. 이와 같이 미소간의 화해와 군축 진전에 따라 양 진영간의 긴장 완화로 1988년에는 양국의 대리전쟁화 된 에티오피아와 소말리아 사이의 오가덴전쟁과 앙골라내전이 종결되고, 리비아와 프랑스가 개입한 차드내전이 종결됐다. 캄보디아 내전도 베트남군이 1988년 6월부터 철수해 평화의 길로 접어들었다.

양 진영간의 평화구축과 함께 사회주의권 동유럽국가에서도 소련식의 개혁과 개방이 이루어졌다. 소련의 고르바초프는 자신이 동유럽에 개혁을 촉구하고, 1989년 6월 폴란드에서 폴란드통일노동자당이 몰락하고 정권이 교체됐으며, 헝가리와 체코 슬로바키아에서도 각각 8월과 11월에 소련식 사회주의가 연달아 무너지고, 같은 해 여름에는 동독 국민이 서독으로 대량 탈출하면서 11월 9일, 동독이 베를린장벽의 개방을 선언하고 냉전의 상징이라고도 할 만한 베를린장벽이 무너졌다. 루마니아도 12월 민주혁명이 발발해 니콜라에 차우셰스쿠 대통령부부가 사살되고 공산당정권이 무너졌다. 1990년 3월부터 6월에 걸쳐 동유럽 각국에서 일제히 선거가 실시되어 대부분의 국가에서 공산당이 몰락하고 새로운 민주정부가 출범했다. 독일은 베를린장벽의 붕괴 이후 통일을 향한 움직임이 가속화되고 1990년 3월 선거에서 조기 통일을 목표로 하는 제정당이 승리했다. 소련은 통일독일이 NATO에 속하는 것에 난색을 나타냈지만, 최종적으로 NATO 귀속을 인정하고 10월 동서독은 통일되었다. 이와 같이 잇달아 이루어진 동유럽의 공산당정권 붕괴를 가져온 혁명은 냉전의 한 축의 와해를 통해 냉전의 종언을 가속화시켰다.

이 와중에 1945년부터 계속된 냉전의 두 초강대국인 소련의 고르바초프와 미국의 부시(조지 허버트 워커 부시, George Herbert Walker Bush)는 1989년 12월 2일부터 3일에 걸쳐 지중해 몰타 섬에서 회담을 가지며 냉전구조가 사실상 붕괴됐다[13]. 또한 미소 양국은 1991년 7월에 제1차 전략무기감축협정(START)을 체결하고 이를 통해 명실상부하게 냉전은 종언을 알렸다.

한편, 소련에서는 발트 3국의 독립요구[14]가 계속되었다. 개혁 · 개방 노선이 혼란에 빠져있던 중인 1991년 3월, 발트 3국을 제외한 정상이 연방의 권한을 축소하는 새로운 연방 구상에 합의했다. 그러나 새로운 연방조약 체결이 예정된 8월 20일 전날인 19일, 고르바초프의 개혁에 반항하는 세력이 군사쿠데타를 일으켜 고르바초프를 체재지인 크리미아에서 연금상태로 묶어두었다. 이 쿠데타는 러시아의 보리스 옐친에 의해 진압되었지만, 그 때 발트 3국은 독립을 달성하고 각 구성공화국에서도 독립을 향한 움직임이 진행된다.

12월 8일에 러시아의 옐친, 우크라이나의 레오니드 쿠라후츄쿠 대통령, 벨라루시(백러시아)의 스타니슬라프 슈시케비치 최고회의의장이 벨라루시 공화국의 베로붸시 숲에서 만나 3공화국의 새로운 국가공동체의 형성을 결정한 「독립국가연합(CIS)」 협정을 체결, 1922년에 성립된 소련은 연방국가로서 소멸을 선언했다. 협정 체결 8일부터 3공화국 국내에서는 소련의 법률이 적용되지 않고 소련기관은 활동을 중지하는 것을 주창하기 시작했으며, 이를 통해 지금까지의 소련은 사실상 붕괴, 소멸했다[15].

이상과 같은 냉전의 종언은 1970년대의 데탕트와는 본질적으로 다른 냉전의 구조적 청산을 의미했다. 냉전의 종언에 의해 형성된 군축 및 국제간 협력과 남북한의 평화공존은 일본의 대북 국교정상화교섭의 추진을 촉진시키는 조건을 늘렸다. 소련의 고르바초프의 「신사고」외교는 북한에 개방의 압력으로 작용했을 뿐만 아니라, 소련은 한국과의 국교정상화를 추진했다.

더욱이 국제협력의 조류에 발맞추어 한국의 노태우 대통령의 「북방외교」가 진전된 것은 북일관계를 개선하는 큰 조건으로 작용했다. 특히 노태우 대통령의 1988년의 「7.7선언[16]」은 일본정부에게는 북한과의 관계 개선을 촉진하는 새로운 조건이 늘어나는 것을 의미했다. 사실, 이 선언 속에서 노태우 대통령은 「북한이 미국과 일본 등 우리나라의 우방국들과의 관계를 개선하는 데 협력할 용의가 있다」고 언명하고, 9월에 서울올림픽 개막식에 참석한 다케시타 총리에게 "북한을 국제사회에 공헌하도록 하는 데 일본이 해야할 역할은 크다"라고 밝힌 것이다[17].

요컨대, 냉전의 종언은 이전의 불안정한 국제협조 상태였던 데탕트와는 근본적으로 다른, 북일관계 개선을 둘러싼 국제공간의 상당히 유리한 상태를 가져온 것이다.

2. 냉전의 종언 2; 국내공간의 교섭촉진적 상태

한국은 냉전의 와해 전후에 북방외교를 내걸고 사회주의권과 적극적으로 관계를 정상화시켜 나갔다. 특히 한국정부가 남북 교차승인을 추진하자 이에 대해 미일이 찬성했으나 북한은 이에 강하게 반발하고 북일관계에도 소극적으로 대응했다. 그래서 냉전의 종언에도 불구하고 교차승인을 둘러싼 국제공간과 교섭상대국공간에서 북일관계 개선을 촉진하는 조건이 축소되었다.

일본의 정치지도자들은 이와 같은 상황에서도 북일관계 개선에 대해 적극적으로 대응했다. 이 시기 정부 · 자민당은 리쿠르트 비리의혹이 발각돼 직격탄을 맞아 내각지지율은 급락하고, 지방선거에서는 부진해지는 등 국내정국의 전망이 불투명했다. 또한, 국회에서 신년도 예산안 통과 전망도 불투명했기 때문에 사회당의 협조가 필요하게 되었다. 사회당이 북한과의 관계 개선에 지금까지 의욕을 보이고 있으며, 특히 사회당의 국회대책을 주도하는 다나베 마코토 전 사회당 서기장은 북일관계 개선에 강한 의지를 보였다. 따라서 정부 · 여당은 사회당의 협조를 얻기 위해서라도 북일관계 개선에 의욕을 나타냈다고 할 수 있다.

요컨대, 일본 지도자들은 냉전 와해의 상황 속에서 국내정치라는 공간의 상태에 대한 배려에서 북일관계 개선에 사회당과 함께 나서게 되었다.

또한, 냉전 종식이라는 새로운 정세도 일본정부의 움직임에 영향을 주었다. 앞서 언급한 노태우 대통령의 1988년 「7.7선언」과 관련하여 이날 다케시타정권은 「북일관계 개선을 적극적으로 추진하겠다」고 표명하고, 제18후지산마루 사건의 해결을 전제로 하여 「북일간의 모든 측면에 대해 북한측과 논의할 준비가 돼 있다」고 정부 견해를 발표했다[18]. 그리고 일본정부는 9월 13일 각의에서, 1987년 11월 KAL기 사건을 계기로 취한 북한에 대한 제재조치를 서울올림픽 개막 전날인 9월 16일에 해제하는 것을 결정하고, 이를 오부치 게이조 관방장관의 담화로 발표했다[19].

그리고 일본외무성수뇌는 10월 26일 밤, 사회당의 초청으로 북한 조선노동당대표단이 가까운 시일 내 방일할 가능성이 커진 것과 관련해 "만약 상대방이 희망하면 하나의 기회이며, 우노 소스케宇野宗佑 외상이 만나도 좋은 것이 아닌가"라고 말해, 대표단 중의 정부 관계자와 외상이 회견하는 것을 마다하지 않겠다는 방침을 밝혔다[20].

이어 사회당의 초청으로 1989년 1월 21일에 일본을 방문하는 북한의 조선노동당대표단(단장 김양건 당 국제사업부부부장)에 대해 오부치 게이조 관방장관은 13일 기자회견에서 "대표단과 접촉을 시도하고, 제18후지산마루문제 해결의 실마리를 찾을 수 있다면 고맙겠다[21]"고 밝혔다. 요컨대, 현안인 제18후지산마루문제에 대해 일본정부는 북한과의 직접 교섭을 도모했다.

이와 같이 일본정부는 「7.7선언」을 계기로 북한과의 관계 개선의 모색에 노력을 기울이기 시작했고 총리를 중심으로 다양한 관계 개선의 의사를 표명했다.

더욱이 1월 21일 방일한 김양건 조선노동당 방일단장은 일본에 체류하는 동안 비밀리에 방문한 자민당의 다케무라 마사요시武村正義 국회의원(아베파)과 30분 정도 환담했다. 김 단장은 전날 환영연회에서 이토 마사요시伊東正義 자민당 총무회장과 인사를 나눴는데, 정부 · 자민당 관계자와 둘만 만난 것은 이 회담뿐이었다. 다케무라는 시가滋賀현 지사 시절인 1985년 비와호마이니치琵琶湖每日 마라톤에 북한의 참여를 요구하기 위해 방북해 김일성 주석과도 회담한 적이 있다. 다케무라가 "북일관계를 개선시키려면 집권정당인 자민당과 교류를 넓히는 것이 필요하지 않을까. 정부 · 자민당은 개선에 강한 의욕을 갖고 있다"고 했는데, 김 단장은 "이번에는 할 수 없지만, 자민당과의 접촉 필요성은 충분히 알고 있다"라고 대답했다고 한다[22].

그러나 김 단장은 북일관계에 대해 "다양한 수준에서 교류가 이루어지고 있지만, 일본정부가 (북한에 대해) 적대시정책을 취하고 있기 때문에 정부간교섭은 시기상조라고 생각한다"고 말했다. 그런 다음 "우리 쪽이 일본정부보다 해결해야 할 문제는 적다. 일본정부는 관계 개선을 말하고 있는 것 같지만, 먼저 구체적이고 실천적 행동으로 보여줘야 한다"고 언급해, 일본정부의 북일관계 개선을 향한 구체적 행동을 요구했다[23].

또한, 김 단장은 1월 26일 기자회견에서 "일본정부가 크로스접촉, 크로스승인을 통해 「두개의 조선」을 고착화하는 책동에 손을 빌려줘서는 안 된다. 식민지통치의 죄악을 사죄해야 한다. 배상금을 지불할 의무가 있다. 적대시정책과 비우호적 행동을 중지하지 않고 관계를 개선하는 것은 무리다. 진정한 개선의 의향이 있다면 구체적 행동으로 보여줘야 한다. 현재 정부당국자와 접촉하여도 실질적으로 관계를 개선할 수 있는 상황이 아니다[24]"고 말했다.

이와 같이 북한의 태도는 매우 소극적이었다. 북한이 일본정부와의 교섭을 거부한 것은 1970년대 중반에 들어 1980년대를 거쳐 일본정부가 미국, 한국과 함께 남북 교차승인을 추진했기 때문이었다. 북한에게 일본의 교차승인의 진행이 「두개의 조선의 고착화」라는 적대시정책으로 이해되고 있었기 때문에 그 문제는 북일관계 개선을 저해하는 국제공간의 조건이 되었다.

그러나 다케시타 총리는 2월 10일 재개된 제114회 정기국회 중·참의원 양원 본회의에서 행한 시정방침 연설의 외교시책에서 "나는 한반도를 둘러싼 움직임을 주시하면서 북일관계 개선을 위해 노력하겠습니다[25]"라고 표명하며 북일관계 개선의 의사를 전했다.

그 후 북한은 당 기관지 등에서 「일본정부 관계자는 자꾸 『북일관계 개선』을 강조하고 있지만, 일『한』 조약의 재검토, 식민지시대의 청산 등을 하지 않으면 거짓이다」고 비판했다. 그것에 답변이라도 하듯이, 아베 신타로安倍晋太郎 자민당 간사장이 1989년 3월 9일 방북하는 다나베 마코토 전 사회당서기장과의 회담에서는 "일본이 과거에 폐를 끼친 것은 한국도 북한도 똑같다. 한국에 대한 의사표시를 넘어서 할 수 없지만, 북한에 대해서도 어떠한 의사 표시가 있어야 좋다"라고 말하고, 자민당의 정식대표단을 같은 해 9월에라도 북한에 파견하겠다는 생각까지 분명히 했다[26].

다케시타 총리도 방북하는 다나베 마코토의 움직임도 있고, 국회답변에서 제2차 세계대전을 포함한 과거의 양국관계에 대해 「유감이고 반성하고 있다」라는 인식을 공식적으로 표명했다. 당시 다케시타 총리는 1989년 3월 30일의 중의원 예산위원회에서 "한반도를 둘러싼 정세가 새로운 국면을 맞이하고 있습니다. 재차 이 지역의 모든 사람들에게 그러한 과거 관계에 대한 깊은 반성과 유감을 표명하고 싶다고 생각합니다. 북일관계에 대해 말씀드린다면, 그러한 과거의 불행한 시기 이후에도 오늘에 이르기까지 소원했던 것은 사실입니다. 정부는 한반도문제는 남북 쌍방의 협의에 의해 해결돼야 한다는 기본적 입장에 서서 새로운 결의를 가지고 대한반도 외교를 진행시켜 나가고자 생각하고 있는 바, 조선민주주의인민공화국과의 사이에서도 한반도를 둘러싼 새로운 정세에 배려하면서 앞서 말했던 인식에 입각하여 관계 개선을 진행시켜 나가고 싶다[27]"라고 발언했다.

다케시타 총리는 "정부는 그런 관점에서 작년 이래 북일간 현안의 모든 측면에 대한 전제조건 없이 대화를 하고 싶다는 희망을 표명하고 있는 바이지만, 상대방으로부터 긍정적 반응을 얻어 가능한 한 조기에 대화가 실현되고 쌍방이 성의를 가지고 대화를 할 수 있는 것을 기대하고 있는 바입니다[28]"라고 북일관계 개선을 추진할 적극적 의사를 분명히 했다.

이와 같은 총리의 발언은 북한의 정식국명을 사용함과 동시에 과거 북한과의 관계에 대해 「깊은 반성과 유감」을 표명한 대북외교에서 획기적 제안이 되었다. 특히, 이것은 북일관계 개선을 1988년과 같은 「제18후지산마루 사건의 해결」 등의 전제조건 없이 추진하겠다는 자세를 명확하게 한 점에서 적극적 진전이었다. 이러한 다케시타의 메시지가 평양을 방문하고 있던 도중의 다나베 전사회당서기장에 의해 3월 30일 오후 베이징주재 주창준 북한대사에 전해졌다. 다나베가 일본정부의 새로운 견해를 전한 것에 대해 주 대사는 "새로운 소식에 감사드립니다. (방북단이) 큰 성과를 거두는 것을 기대한다"고 대답했다. 또한, 다나베는 김일성 주석에게 보내는 가네마루 신 전부총리의 편지를 휴대하고, 그 친서에서 북한측의 대응에 따라서는 북일관계 개선을 위해 스스로 방북할 용의가 있음을 표명했다고 한다[29].

더욱이 다나베 등의 대표단은 3월 31일 오후 평양시내에서 조선노동당의 허담 비서와 회담을 갖고, 다나베는 30일 다케시타 총리가 밝힌 북한에 대한 견해를 설명하면서 제18후지산마루 사건의 해결과 자민당 방북단의 수용을 촉구했다. 허담은 총리견해에 대한 북한으로서의 공식견해를 발표할 방침을 밝히는 한편, "말의 표현이 아니라 (일본정부가) 어떻게 행동하는지가 문제이다"라고 말해, 향후 일본정부가 보이는 태도가 북일관계 개선의 관건이라는 견해를 강조했다. 또한, 제18후지산마루 사건이나 자민당 방북단은 "향후 정치회담 또는 개별회담에서 논의하겠다"고 대답했다[30].

이와 같이 북한에 전해진 다케시타 총리의 새로운 견해는 지금까지 일본정부가 전후 한반도정책의 발판을 유일하게 한국에 둬, 북한에 대한 「전쟁책임」을 명확히 할 수 없었다는 것에 대한 북한으로부터의 비판에 뒤늦게나마 대답하려고 한 것이었다. 다만, 이 견해 표명으로 북한의 대일자세가 즉시 누그러질 것을 기대하는 견해는 일본정부 내에서는 거의 없었다. 일본으로서는 과거 일본의 침략 반성을 총리답변 형태로 제대로 나타냄으로써 「어떻게든 관계 개선의 정지작업이 가능하다면」 (외무성간부)이라는 마음을 담은 것 같았다[31].

북일관계 개선을 적극적으로 추진한 다케시타 내각은, 1988년에 리쿠루트 사건이 발각돼 정치불신이 높아졌다. 다케시타 자신도 의혹을 추궁받고, 다케시타 금고지기라는 아오키 이헤이青木伊平 비서가 1989년 4월 26일에 자살하는 등 혼란에 빠졌다. 이와 같은 상황 속에서 여론의 반발로 지지율이 결국 3.9%로 떨어지고, 재계에서도 이시하라 슌(石原 俊, 경제동우회 대표간사) 등이 공공연하게 다케시타의 퇴진을 압박해, 1989년 6월 3일 내각총사퇴로 몰렸다. 이 상황에서 우노 소스케 총리의 2개월 단명 내각에 이어 출범한 것이 가이후 도시키海部俊樹[32] 내각이었다.

다케시타 뒤를 이은 가이후 총리는 1990년 6월 15일 중의원 외무위원회에서, 일본과 북한과의 관계 개선에 대해 부상하고 있던 가네마루 신 자민당의원의 방북 문제에 대해 "북일관계 개선을 위해 만일 방북이 실현된다면, 이것은 북일 양국의 국면타개에 큰 의미도 있기 때문에 정부로서도 가네마루 전부총리와 자주 연락을 취하면서 가능한 한 지원을 하고, 여러 노고를 부탁해 나갈 생각입니다. 북일관계를 위해 가네마루의 방북이 가능한 한 빠른 시기에 실현됐으면 좋겠다는 강한 바람을 가지고 있다"고 말하는 한편, 정부차원에서도 최대한의 지원과 협력을 해나가고 있다는 생각을 밝혔다. 또한, 총리는 한반도에 대한 식민지지배 등 과거사문제의 처리에 대해 "북일 정부간 대화할 단계가 되면 과거 한반도 사람에게 견딜 수 없는 고통을 준 것을 솔직히 사죄하는 마음을 전하고 싶다"고 말했다. 이것은 다카자와 도라오(高沢寅男, 사회당), 야마다 에이스케(山田英介, 공명당) 양 의원의 질문에 대답한 것이었다. 또한, 북한에 대한 인식에 대해 총리는 "북한을 불법정권이라고 생각하거나 말한 적이 없다. 다만 국가로 승인하고 있지 않는 것도 현실이다"고 말했다[33].

이 발언은 1965년 한일회담에서 유일한 합법정부로 인정받은 한국측의 반발을 초래했지만, 북한에게는 일본의 대북정책 전환을 의미하는 것이었다[34]. 그러나 가이후 총리의 "북한을 불법정권이라고 생각하거나 말한 적은 없다"라고 발언한 것에 대해, 6월 18일자 『조선일보』는 「한국의 입장을 충분히 생각한 것이라 여길 수 없고, 이해할 수 없다」라며 반발하는 사설을 실었다. 그리고 「일본이 동북아의 평화와 번영에 기여하고자 하는 이 지역의 중요한 국가라면, 그 가장 밀접한 우방 중 하나인 한국에 적대행위를 계속 취해온 북한과의 국교를 급히 추진할 이유를 이해할 수 없다」고 주장했다. 또한 『한국일보』도 「일본이 북한과의 관계 개선을 도모하고 한반도의 긴장완화에 기여하는 것을 바란다」라고 하면서, 「일본은 북한을 한국에 대한 외교카드로 사용한다는 생각을 버리고, 북한의 개방을 향해 한미와의 공동보조를 취할 것을 요구한다」라고 논했다[35].

결국, 국제공간이 냉전의 종언과 함께 북일관계 개선을 촉진하는 상태로 형성됐다. 다케시타 총리는 적극적으로 북일관계 개선과 접촉 의사를 표명했고 이어 총리가 된 가이후도 북한과의 관계 개선을 추진했다. 그러나 남북한 교차승인을 둘러싼 국제공간에서 북한과 한국·미국과의 대립과 교섭상대국의 소극적 대응 아래에서 양국관계의 개선은 결실을 거둘 수 없었다. 즉, 국제공간은 본질적으로 북일관계 개선에 좋은 상태이면서도 일시적으로 관계 개선을 촉구하는 조건은 갈수록 줄고, 교섭상대국공간에서도 관계를 개선하는 조건이 축소됐다.

3. 냉전의 종언 3; 교섭상대국공간의 전략적 변화

북일 국교정상화를 위한 본격적 행동은 「냉전의 종언」을 계기로 상대국인 북한공간이 관계 개선에 소극적 상태에서 적극적 상태로 변화하면서 이루어졌다. 즉, 냉전 종언의 영향이 확산함으로써 북한의 태도도 전략적 변화를 수반하게 되었다.

북한에게 1988년 9월 서울올림픽의 성공과 1989년 5월에 일어난 중국 천안문광장에서의 「민주화운동」은 냉전 종식 후 북한지도자에 위기감을 가져왔다. 또한, 동유럽 국가들이 잇달아 한국을 승인했으며, 한국이 이와 같은 유리한 상황을 이용하여 유엔 회원국을 적극적으로 움직인 것은 북한의 고립감을 높였다.

그리고 결정적으로 충격적 사건이 1990년 6월 4일 노태우·고르바초프간 정상회담(샌프란시스코)이었다. 이것은 9월 30일 한소 국교정상화로 이어졌고, 세바르나제 외무장관은 도쿄에서 일소 정기 외상협의에 참석하기 위해 방일하던 도중인 9월 2일부터 3일까지 북한의 평양에 들러, 북한의 김영남 부총리겸 외무장관과 한반도를 비롯한 아시아태평양 지역의 정세를 중심으로 논의했다. 이 회담은 사실상 한소 국교정상화를 알리기 위한 것이었다. 이 때 북한의 김영남 부총리겸 외무장관은 "한국과 소련이 국교를 수립한다면 (1) 독자적으로 핵개발을 추진한다, (2) 일소간의 북방영토 문제에서 일본의 요구를 지지한다, (3) 일본과 국교를 정상화한다"고 표명했다고 한다[36].

이와 같이 북한은 한소 정상회담 이후 외교적 고립에서 벗어나기 위해 새로운 전략을 마련할 필요가 있었다. 그것은 한편으로 일본과의 국교정상화를 추진하는 것이고 다른 한편으로 한국과 관계를 개선하는 것이었다.

북한은 새로운 전략의 일환으로 1990년 7월 21일, 김영남 부총리가 밝힌 대로 북일 국교정상화를 위해 자민 · 사회 양당의 가네마루 신 방북단의 입국 수락을 표명했다. 이에 따라 후술하겠지만, 9월 24일 이루어진 자민당 · 사회 양당의 방북에 이른다. 그리고 9월 4일 저녁 자민당 · 사회당 양당의 선발방문단(단장; 이시이 하지메石井一 자민당 외교조사회장대리, 구보 단久保 旦 사회당 부위원장)이 평양에 들어가 북한의 조선노동당과 회담했다[37]. 이것은 한소 국교정상화의 움직임 등 새로운 국제 환경 아래 외교적 고립을 탈피하려는 북한이 신외교전략으로 대응하려고 한 면이 엿보인다. 북일 3당은 한소 국교정상화를 발표한 9월 30일 이전인 28일, 북일 국교정상화를 위한 3당공동선언을 발표해 9월 2일 세바르나제 · 김영남 회담에서 김 부총리가 명언한 북일 국교정상화 의지도 보여 한소 국교정상화를 견제했다고 말할 수 있다.

또한, 북한은 1990년 9월 6일, 한국과 역사상 첫 총리회담[38]을 갖고 남북관계 개선에 적극적 자세로 전환하게 되었다. 이것은 일본에게 있어서 북일 국교정상화를 둘러싼 국제공간에서 관계 개선을 촉진하는 조건을 크게 했다.

한국의 강영훈 총리와 북한의 연형묵 총리는 9월 6일, 역사상 처음으로 남북한 총리회담을 열었다[39]. 이 회담은 지금까지 두 당국자간 최대쟁점이었던 유엔 가입을 둘러싼 논의를 시작으로 이산가족 상봉, 경제협력문제를 논의하게 되었다. 더욱이 총리회담에 참석한 북한의 연형묵 총리 등 대표단은 6일 오후 4시 청와대로 향해 노태우 대통령을 예방하고, 이 자리에서 노 대통령은 남북관계 개선과 통일문제를 논의하기 위해 김일성 주석에게 남북 정상회담의 조기개최를 기대한다는 김 주석 앞으로 메시지를 전했다. 한국대통령이 북한총리와 만난 것은 남북 분단 이후 처음이었다[40].

냉전의 종언 이후 북한이 직면한 과제는 외교적 고립으로부터의 탈출뿐만 아니었다. 냉전의 종언이 북한에게 초래한 보다 근본적 위기는 내정, 특히 경제위기였다. 1990년대에 들어 사회주의 경제권의 붕괴로 「우호무역」이 사라지고 대외적 고립을 느끼면서 북한은 기술과 자본을 구소련과 중국에 절대적으로 의존하고 있는 것으로부터 오는 한계를 해소하는 대안을 필요로 했다. 기존의 대외 차관 도입과 「합영법[41]」으로 이어지는 소극적 대외 경제정책으로는 이와 같은 대외적 위기를 극복할 수 없다는 사실을 자각한 것이다[42]. 물론 이 합영사업의 실시는 한계가 있었지만, 북한이 국제분업의 필요성을 인정하고 대외경제관계의 다각화 · 다양화를 모색했다는 점에서 1990년대 초에 추진되었던 새로운 무역정책의 바탕이 됐다. 그러나 해외자본 유치 등의 대외경제관계를 자립적 계획경제체제의 보완적 수단으로 편입시키려고 했기 때문에 한계를 안고 있었다[43].

따라서 북한은 새로운 형태의 외자유치정책, 즉 1980년대 합영사업의 한계를 극복하는 대외경제 개방정책의 필요성을 느낀 것이다. 북한은 그 대안으로 경제특구Special Economic Zone 정책을 추진했다. 북한에게는 경제특구 정책의 큰 성공으로 제2의 개혁 · 개방 단계에 돌입하려는 중국의 사례도 주목해야 했다. 따라서 북한은 1990년 10월 연형묵 총리가 중국의 경제특구인 선전深圳, 주하이珠海, 텐진天津, 광저우広州 등을 시찰했다. 그 후, 1991년 12월 정무원 결정 제74호로 함경북도 최북단인 나진 · 선봉 지역의 621㎢를 자유경제무역지대로 지정하여 경제특구 정책을 추진하기 시작했다[44].

그러나 북한의 대외개방을 통한 경제위기 극복은 어떠한 경우에도 막대한 자본과 기술을 요구하는 것이며, 이를 위해서는 일본과의 국교정상화가 매우 절실한 것이었다.

북한에게 일본과의 국교정상화는 국제적 고립의 위기에서 미국의 맹방인 일본과 국교를 회복함으로써 외교적 관계를 넓히는 한편, 그것을 지렛대로 대규모 경제협력을 이끌어 냄으로써 경제위기를 극복한다[45]라는 일석이조였다. 이것은 뒤집어 생각하면 북한과 일본의 국교회복의 필요성은 「7.7선언」 이후 북일관계 개선을 추진해온 일본에게 상대국공간을 관계 개선을 촉진시키는 상태로 만드는 것이었다.

자유민주당을 대표하는 가네마루 신과 일본사회당 대표 다나베 마코토 대표단의 평양방문이 실현된 것은 이와 같은 타이밍에서 이루어진 것이었다. 이렇게 하여 1990년 9월 24일부터 28일까지 당시 자유민주당 대표단(가네마루 신 단장), 일본사회당 대표단(다나베 마코토 단장)의 역사적 북한방문이 이루어졌다.

요컨대, 자민·사회 양당 대표단이 북한을 방문했을 때 교섭상대국공간은 북한의 외교·경제적 위기를 배경으로 북일관계 개선에 큰 기회가 되었다. 또한, 국제공간도 냉전의 종언 전후에 이루어진 「7.7선언」과 남북 총리회담과 한소 국교정상화 등의 움직임에 따라 북일관계 개선을 촉진하는 상태에 도달했다. 국내공간도 하락하고 있던 내각지지율이 북일관계 개선을 통해 상승할 전망이 밝은, 관계 개선을 추진할 수 있는 좋은 상태가 되었다.

4. 자민·사회·노동 3당공동선언; 결정적 사건

자민·사회당의 방북은 1990년 6월 한소 정상회담 이후 외교적 고립에 놓여 온 북한이 일본 양당의 방북 요청을 받아 성립되었다.

자민당과 사회당은 6월 4일의 한국과 소련의 정상회담 결과 양국이 가까운 장래에 국교수립을 원칙적으로 합의했기 때문에, 북한이 더 완고한 태도를 취할지도 모른다는 우려에서 제18후지산마루문제 등 북일간의 현안 해결을 위해 정부와 함께 「3자협의」를 진행했다. 그래서 정부, 자민당, 사회당은 6월 7일, 북한과의 관계 개선 방안을 논의하기 위해 참의원 의원회관에서 「3자회담」을 가졌다. 3자는 한소 국교수립의 원칙적 합의 등 한반도정세에 격변의 조짐을 보일 수 있다는 데 인식을 같이 하고 북한과의 관계 개선이 필요하다는 생각을 재확인했다[46].

그러한 움직임에서 사회당은 7월 3일 구보 단 부위원장을 단장으로 하는 대표단을 늦어도 16일 전후에는 북한에 파견하기로 결정하고 구체적 준비에 들어갔다. 가이후 총리가 2일 다나베, 구보 양 부위원장과의 회담에서 "조건 없이 북한과의 관계를 개선하고 싶다"고 표명했는데, 이는 사회당이 관계 개선의 「가교역할」을 맡을 수 있는 기본적 조건이 갖추어졌다는 판단에 의한 것이었다[47].

사회당의 다나베 마코토 부위원장은 7월 15일 기자단과의 간담회에서, 20일부터 동당 대표단에 참가해 북한을 방문하는 것에 대해 "북일관계 개선을 위한 일본과 북한의 정부간교섭의 가교가 되고 싶다"라고 말하는 한편, (1) 사회당 방북단에 의해 현안인 제18후지산마루문제 등에서 타개의 감촉이 생기면, 자민당의 가네마루 신(다케시타파 회장)을 단장으로 하는 자민당 대표단이 이번 여름에라도 방북할 계획이 있다, (2) 이 가네마루 방북단에 사회, 공명, 민사 각당의 대표도 가세해 초당적 방북단의 모양이 되도록 북한측과 각당에 타진하겠다는 생각을 표명했다[48].

구보 단 부위원장을 단장으로 다나베 마코토 부위원장도 참가한 사회당의 북한방문단이 7월 19일, 나리타를 출발해 베이징을 거쳐 20일 정오를 지나 평양공항에 도착, 북한에 들어갔다. 방북단은 21일 평양의 조선노동당 본부에서 김용순 국제부장 등과 1차 정치회담을 갖고, 23일 평양 만수대 의사당에서 이종옥 국가부주석(전 정무원총리 · 조선노동당 정치국원)과 약 40분간 회견해 북일관계 개선 문제 등에 대해 의견을 나눴다[49].

사회당 방북단은 7월 24일 귀국길에 들른 베이징 서우두首都공항에서 기자회견을 갖고 조선로동당이 동년 9월의 자민당 대표단(단장; 가네마루 신 전부총리)과 사회당 대표단(단장; 다나베 마코토 부위원장)의 북한 공식방문을 환영한다는 의사를 표명했다고 밝혔다[50].

이와 같은 북한의 자민 · 사회 양당의 방북 허용 이후 북한과의 관계 개선을 향한 환경을 정비하기 위해 자민, 사회 양당 실무자에 의한 「선발방북단」(단장; 이시이 하지메 자민당 외교조사회장대리, 구보 단 사회당 부위원장)이 9월 3일 오전 나리타를 출발해 베이징에서 1박한 후, 4일 평양에 들어갔다[51].

자민, 사회 양당의 선발방북단은 조선노동당비서인 김용순 국제부장 등과 자민, 사회, 조선노동당 3당공동회담, 개별회담, 대표회담, 실무자협의 등을 총 8회, 총 24시간에 걸쳐 실시했다. 그리고 선발방북단은 9월 8일 북한에서의 귀국길에 베이징 서우두공항에서 회견을 갖고 같은 달 24일부터 28일까지 자민당의 가네마루 신 전부총리와 사회당의 다나베 마코토 부위원장을 단장으로 하는 자·사 양당의 공식방문단이 방북해, 제18후지산마루문제 등 북일간의 현안을 해결하고 관계 개선을 목표로 할 것을 합의했다고 밝혔다. 공식방북단에는 외무성 등 정부 관계자도 동행하기로 합의했다[52].

이와 같은 경위를 거쳐 가네마루 전부총리, 다나베 사회당 부위원장을 단장으로 하는 자민, 사회 양당의 북한방문 대표단은 9월 24일 오후 하네다공항에서 첫 직항 전세기편으로 평양시내 순안공항에 도착, 이날 밤부터 조선노동당 중앙위원회 김용순 서기 주최의 환영회에 참석하고 다양한 수준의 회담을 가졌다. 그 결과 북일 국교정상화 교섭의 개시를 합의한 역사적 3당공동선언을 만들어 냈다.

그러나 3당공동선언국면과 관련해 대한 일본의 가이후 총리를 포함한 최고 지도자들은 북일교섭에 대한 준비를 제대로 갖추고 있지 않았다. 자민·사회 양당의 파견을 추진한 가이후내각은 다케시타내각이 리쿠르트 사건으로 여론의 반발을 받아 내각 총사퇴로 내몰린 후 출범했기 때문에 확고한 대응전략이 있었던 것은 아니었기 때문이다.

이와 같은 상황에서 북한측을 대표한 김용순 서기는 9월 27일, 가네마루·다나베 대표단에 대해 "일본과의 국교정상화를 위한 교섭을 11월 초순부터 시작하고 싶다"고 제안했다. 북한측이 「조기 국교수립」을 제안한 것은 일본측에서 누구도 예상하지 않고 있었다[53]. 북한측으로부터 갑자기라고도 할 수 있는 「국교정상화교섭」이 제안되어 가장 놀란 것은 가네마루 신과 다나베 마코토의 자민, 사회 양당 대표단장이었다. 양 단장은 북한방문에 앞서 「북일 국교정상화는 있을 수 없다」

라는 전제 아래 준비에 분주해 있었기 때문이다[54].

당시 공표는 되지 않았지만, 9월 3일, 가네마루의 방북 준비를 위해 북한을 방문한 자·사 양당의 선발방북단은, 사실 조선노동당과 사이의 양해각서(북측은 합의서 라고 부르고 있다)를 교환했다. 내용은 통신위성의 사용, 비행기의 직접 취항 등 다방면에 걸쳐 있지만, 주요한 것은 「사죄와 보상」「제18후지산마루」 등 두 가지였다. 전자에 대해 각서는 「이 문제는 선행되어야 한다. 명확하게 공식적으로 해야 한다. 조선인민이 충분히 납득할 수 있게 해야 한다」고, 후자는 「가네마루가 방북해 합의하면 인도적 차원에서 잘 해결될 것이라고 생각한다」라고 쓰여 있다. 즉 사죄와 보상이 충분히 이루어져 합의에 도달하는 것이 후지산마루의 베니코 이사무紅粉勇 선장 등의 석방의 전제조건이었다[55].

여기서 국교정상화문제는 언급하지 않았다. 또한, 김용순 서기는 9월 24일의 환영연회에서 "이 시기에 남한과의 관계정상화를 말하면서 「두개의 조선」의 존재를 합법화하고, 조선의 분단화를 고정하는 것은 허용되지 않는다"라고 말한 것과 같이, 지금까지의 비공식 접촉과정에서 북한측은 일관되게 「두개의 조선」에 반대한다는 원칙적 입장에서 그 입장을 바꾸지 않았다. 따라서 당시 일본의 이해는 북한이 일본과의 국교수립에 응할 리가 없다고 생각되었다[56].

이와 같은 북한의 입장에서 보면, 9월 27일의 「조기 국교수립」 제안은 매우 놀라운 것이었다. 김용순 서기는 그만큼 의외의 일이었던 북한측의 「조기 국교수립」을 제안한 이유로 (1) 북한을 둘러싼 정세에 급격한 변화가 일어나고 있는 점, (2) 일본정부 일부에 「국교수립 이전에 보상을 행할 수 없다」라는 의견이 있는 점, 두 가지를 들었다. 게다가 그는 교섭 중 「보상」은 처리하고 싶다고 했다[57]. 이것은 당시 북한이 국제적 고립과 경제위기가 우려되는 상황에서 3당회담에 매우 적극적으로 임했다는 것을 보여주었다.

「두개의 조선」으로 이어질 수 있는 북일 국교정상화에 대한 북한의 대응은 모순된 것처럼 보이지만[58], 이 새로운 제안은 「남북통일」의 기치를 내걸면서도 사실상 「두개의 조선」을 인정하고 유엔의 「남북 동시가입」도 시야에 넣은 것이었다. 요컨대 겉으로는 남북의 「교차승인」에 반대하지만, 6월의 노태우·고르바초프의 정상회담 이후 확실해진 한소 국교수립의 움직임, 북한이 의지하는 중국도 한국과의 경제적 관계를 강화하고, 북한에 대해 개방을 요구하고 있는 것으로 알려져 있는 점 등으로 보아, 김일성 주석 자신이 기존 정책의 전환을 결단해 일본과의 국교정상화교섭의 개시를 단행했을 공산이 컸다고 한다59. 북한은 이후 일본과의 국교 교섭을 진행하면서 모순돼 보이지 않는 것 같은 「교차승인」 방법을 찾으려 하고 있었던 것이다.

방문 기간 중인 26일, 양 대표단은 조선노동당 중앙위원회 김일성 국가주석과 조선노동당대표단(김용순 단장)과 회담을 가졌다. 그 결과 북한에 장기간 억류되어 있던 제18후지산마루 승무원 2명의 석방이 실현됐다.

더욱이 1990년 9월 28일, 같은 해 11월에 국교수립을 위한 외교교섭을 개시하는 것 등을 포함한 「북일관계에 대한 일본 자유민주당, 일본사회당, 조선노동당의 공동선언」(이하 「3당공동선언」이라고 한다)이 발표됐다.

28일 발표된 3당공동선언의 전문은 다음 **표 3-1**과 같다.

표 3-1 북일 3당공동선언(전문)

> **3당(조선노동당, 자유민주당, 일본사회당) 공동선언**
>
> 자유민주당 대표단과 일본사회당 대표단이 1990년 9월 24일부터 28일까지 북한을 방문했다. 조선노동당 중앙위원회 총서기 김일성 주석은 가네마루 신 중의원의원을 단장으로 하는 자유민주당 대표단과 다나베 마코토 중의원의원을 단장으로 하는 일본사회당 대표단과 회견했다. 회견 석상에서 가네마루 신 단장과 다나베 마코토 단장은 조선노동당 중앙위원회 총서기 김일성 주석에게 자유민주당의 가이후 도시키 총재의 친서와 일본사회당 도이 다카코土井たか子 중앙집행위원장의 친서를 전달했다.

방문기간 동안 자유민주당 대표단, 일본사회당 대표단과 조선노동당 사이에서 수차례에 걸친 3당 공동회담이 열렸다. 3당은 자주·평화·친선의 이념에 근거해 북일 양국간 관계를 정상화하고 발전시키는 것이 양국 국민의 이익에 부합하고 새로운 아시아와 세계의 평화와 번영에 기여할 것임을 인정하고 다음과 같이 선언한다.

1. 3당은 과거에 일본이 36년간 조선인민에게 가한 불행과 재난, 전후 45년간 조선인민이 받은 손실에 대해 조선민주주의인민공화국에 대해 공식적으로 사죄하고, 충분히 보상해야 한다는 것을 인정한다. 자유민주당 가이후 도시키 총재는 김일성 주석에게 전한 그 친서에서, 일찍이 일본이 조선에 가한 불행한 과거가 존재한 것에 대해 「그런 불행한 과거에 대해서는, 다케시타 전총리가 지난해 3월, 국회에서 깊은 반성과 유감을 표명하고 있습니다만, 나도 내각총리대신으로서 그것과 똑같은 생각입니다」라는 것을 명확히 하고, 북일 양국간 관계를 개선하겠다는 희망을 표명했다. 자유민주당 대표단 단장인 가네마루 신 중의원의원도 조선인민에 대한 일본의 과거 식민지지배에 대해 깊이 반성하는 사죄의 뜻을 표명했다. 3당은 일본정부가 국교관계를 수립함과 동시에, 일찍이 조선민주주의인민공화국 인민에게 준 손해에 대해 충분히 보상하는 것을 인정한다.
2. 3당은 북일 양국간에 존재하는 비정상적 상태를 해소하고 가능한 한 빨리 국교관계를 수립해야 한다고 인정한다.
3. 3당은 북일 양국간 관계를 개선하기 위해 정치·경제·문화 등 각 분야에서 교류를 발전시키고, 당면해서는 통신위성의 이용과 양국간 직항노선을 개설하는 것이 필요하다고 인정한다.
4. 3당은 재일조선인이 차별받지 않고 그 인권과 민족적 제권리와 법적지위가 존중되어야 하며, 일본정부는 이를 법적으로 보장해야 한다고 인정한다. 3당은 또한 일본당국이 북한과 관련하여 일본의 여권에 기재한 사항을 삭제할 필요가 있다고 본다.
5. 3당은 조선은 하나이며 남북이 대화를 통해 평화적으로 통일을 달성하는 것이 조선인민의 민족적 이익에 부합한다고 인정한다.
6. 3당은 평화롭고 자유로운 아시아를 건설하기 위해 공동으로 노력하며, 미래에 지구상의 모든 지역에서 핵위협을 없애는 것이 필요하다고 인정한다.

7. 3당은 북일 양국의 국교수립의 실현과 현안 문제들을 해결하기 위한 정부간교섭이 올해 11월에 개시되도록 정부에 강하게 제의하는 것에 대해 합의했다.
8. 3당은 양국 국민의 염원과 아시아와 세계평화의 이익에 맞게 자유민주당과 조선노동당, 일본사회당과 조선노동당 사이의 관계를 더욱 한층 강화하고 상호 협조를 더욱 발전시키자는 것에 합의했다.

1990년 9월 28일 평양에서
조선노동당 대표 김용순
자유민주당 대표 가네마루 신
일본사회당 대표 다나베 마코토

(출전)『아사히신문』1990년 9월 29일 조간

이상과 같이 3당공동선언은 8개 항목으로 이루어지며, 일본의 대북정책을 근본적으로 수정하는 획기적 내용을 담고 있다는 점에서 주목할 필요가 있다.

첫째, 이 선언의 전문에서 「3당은 자주, 평화, 친선의 이념에 기초하여 북일 양국간 관계를 정상화하고 발전시키는 것이 양국 인민의 이익에 부합하고」, 제2항에서는 「3당은 북일 양국간에 존재하는 비정상적 상태를 해소하고 가능한 한 빨리 국교관계를 수립해야 한다고 인정한다」고 서술하고 있다. 이와 같은 국교정상화의 필요성에 대한 공통인식에 따라 제7항에서 「3당은 북일 양국간의 국교수립의 실현과 현안 문제들을 해결하기 위한 정부간교섭이 올해 11월에 개시되도록 정부에 강하게 제의하는 것에 대해」 합의에 이르렀다.

둘째, 제1항에서 「3당은 과거에 일본이 36년간 조선인민에게 가한 불행과 재난, 전후 45년간 조선인민이 받은 손실에 대해 조선민주주의인민공화국에 대해 공식적으로 사죄하고, 충분히 보상해야 한다는 것을 인정한다」며 「사죄」와 「보상」을 공식적으로 표명했다. 지금까지 일본이 대아시아 국가에 대해 표명해온 「유감」 대신 「사죄」와 「보상」

등의 표명은 획기적이었다. 또한, 전전의 보상문제뿐만 아니라 전후 45년의 보상에 대해서도 명확하게 「3당은 충분히 보상해야 한다는 것을 인정한다」고 강조하고 있다.

이것은 자유민주당의 가이후 도시키 총재가 김일성 주석에게 전한 친서에서 「그런 불행한 과거에 대해서는, 다케시타 전총리가 지난해 3월, 국회에서 깊은 반성과 유감을 표명하고 있습니다만, 나도 내각총리대신으로서 그것과 똑같은 생각입니다」(제1항)라는 것을 밝혀, 북일 양국간 관계를 개선하는 희망을 표명했다는 것을 전제로 하여 이루어지고 있다. 그러나 과거의 전쟁피해에 대한 사죄와는 별도로 전후 45년의 보상을 명기한 것은, 이후 일본 국내뿐만 아니라 한국과도 큰 충돌을 낳고 북일교섭에 영향을 크게 미치게 된다[60]. 이것은 당시 일본 방북단의 북일 국교정상화에 대한 강한 정치적 의지가 잘 보여지고 있는 부분이라고 할 수 있다.

셋째, 이어 제5항에서 「3당은 조선은 하나이며 남북이 대화를 통해 평화적으로 통일을 달성하는 것이 조선인민의 민족적 이익에 부합한다고 인정한다」라는 합의는 북한의 「하나의 조선」이라는 통일정책에 일본 정치지도자들이 찬동하는 것으로 이후 한국의 거센 반발에 직면하는 중대한 정치성을 띠게 된다.

넷째, 3당공동선언 3항에서 「북일 양국간 관계를 개선하기 위해 정치 · 경제 · 문화 등 각 분야에서 교류를 발전시키고, 당면해서는 통신위성의 이용과 양국간 직항노선을 개설하는 것이 필요하다」고 인정하고 교류활성화에 합의했다. 이것은 선발방북단과 조선노동당간의 예비회담에서 제18후지산마루문제와 함께 다루어져 토론이 끝난 실무적 합의였다. 그리고 제4항에서 「재일조선인이 차별받지 않고 그 인권과 민족적 제권리와 법적지위가 존중되어야 하며, 일본정부는 이를 법적으로 보장해야 한다고 인정한다. 3당은 또한 일본당국이 북한과 관련하여 일본의 여권에 기재한 사항을 삭제할 필요가 있다고 본다」는 합의도 실무적으로 북한의 요구를 받아들인 것이었다.

마지막으로 6항에서 「3당은 평화롭고 자유로운 아시아를 건설하기 위해 공동으로 노력하며, 미래에 지구상의 모든 지역에서 핵 위협을 없애는 것이 필요하다」고 인정해 핵문제도 합의했다.

5. 소결

3당공동선언은 1980년대 후반 냉전의 종언을 계기로 국제공간에서 북일관계 개선을 촉구하는 조건이 많아진 상황에서 이루어졌다. 물론, 1990년 중반까지 다케시타 정부의 북한에 대한 사죄와 전제조건 없는 대화 표명, 뒤를 이은 가이후 총리의 "북한을 불법정권으로 보지 않는다"라는 태도 변화 등의 교섭공간에 대한 적극적 대응에도 북한은 응하지 않았다. 이것은 1970년대 중반부터 추진한 남북한 교차승인문제를 놓고 북한의 교섭상대국공간이 아직 관계 개선에 소극적 상태였기 때문이다. 북한은 교차승인이 남북분단을 고착시킨다는 이유로 반대했다.

그러나 1989년 베를린장벽의 붕괴로 본격화된 냉전의 종언 이후 북한의 이와 같은 태도는 전략적으로 변화했다. 북한은 한소 국교정상화 및 동유럽 사회주의국가의 한국 승인 등에 의한 외교적 고립, 그리고 사회주의권과의 우호무역이 사라져 위기에 빠진 경제상황 등에 직면했다. 따라서 북한은 남북한 관계 개선은 물론, 일본과의 국교정상화를 포함한 서방과의 외교관계를 넓히는 전략으로 전환했다.

3당공동선언국면은 이와 같이 일본과 국교정상화를 추진하려는 북한의 전략적 변화에 의한 교섭상대국공간의 북일관계 개선을 촉진하는 상태가 국제공간의 동일한 상태와 함께, 국내공간에 중층적으로 작용함으로써, 좋은 조건이 많아지는 가운데 교섭의 개시로 이어졌다.

역사적인 북일 국교정상화교섭은 3당합의에 따라 예비회담이 열려 본격적으로 시작되고, 3당공동선언에서 북일교섭 개시 합의는 북일관계의 터닝포인트가 되었다.

결국, 3당공동선언국면에서 교섭공간은 3당공동선언을 계기로 교섭상대국·국제공간이 교섭촉진적이며 국내공간도 교섭촉진적 상태였다.

따라서 3당공동선언국면은 1989년 냉전의 와해 국면을 배경으로 열린 3당공동선언(1990.9)을 결정적 사건으로 하는 전략적 국면으로 교섭공간의 상태가 CⅠ~CⅥ 중, 교섭상대국·국내·국제공간의 3개 모두가 교섭촉진적인 CⅠ(P-P-P)의 경우에서 시작되었다.

3당공동선언국면에서 선언 이전의 주요국면에서부터 선언 직후에 걸친 교섭공간의 상태 변화를 정리하면 다음 **그림3-1**과 같다.

그림 3-1 3당공동선언국면의 교섭공간의 상태 변화

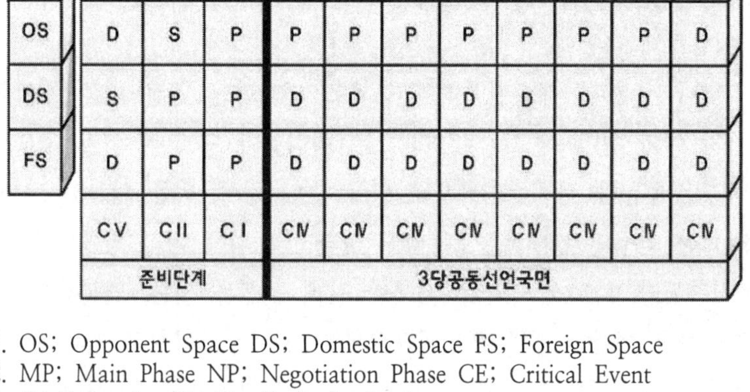

1. OS; Opponent Space DS; Domestic Space FS; Foreign Space
2. MP; Main Phase NP; Negotiation Phase CE; Critical Event
3. P; Promotive D; Deadlock S; Static
4. CⅠ~CⅥ; 교섭공간의 상태
5. e1; 크로스승인의 쟁점화(75~88년)/e2; 7.7선언(88.7)/e3; 냉전의 종언(89.12) 및 한소 국교정상화의 움직임(90.6)/CE; 3당공동선언(90.9, CⅠ;P-P-P)/e4~e12; 북일교섭(91.1~92.11)

제2절 3당공동선언국면의 교섭패턴

전술한 바와 같이 3당공동선언국면은 1989년 냉전의 와해국면을 배경으로 열린 3당공동선언(1990.9)을 결정적 사건으로 하는 전략적 국면이다. 그 국면은 교섭공간이 CⅠ~CⅦ 중, 교섭상대국·국내·국제공간의 세 개 모두가 교섭촉진적인 CⅠ(P-P-P) 상태에서 시작되었다.

CⅠ에서 시작된 3당공동선언국면에서 북일교섭은 역사적 제1회 북일교섭(1991.1)부터 계속된 제8회 북일교섭(1992.11)까지이다.

본 절에서는 이 3당공동선언국면에서 3개의 교섭상대국, 국내, 국제공간에 대한 일본의 교섭 대응패턴을 밝히고자 한다.

1. 제1회 북일교섭(1991.1.30~31, 평양)

1) 교섭공간

(1) 한국 · 미국의 반발

3당공동선언을 결정적 사건으로 하는 북일교섭의 전략적 국면은 교섭상대국·국제공간이 결정적으로 교섭촉진적이며, 국내공간도 그 영향으로 북일관계 개선을 촉구하는 상태였다. 그러나 이 국면의 교섭공간의 상태는 그대로 유지될 수 없었다. 무엇보다 북일간의 급속한 접근에 대해 한국과 미국의 반발이 생겨 국제공간이 급속하게 교섭교착적 상태가 되었기 때문이다.

우선 한국의 텔레비전은 1990년 9월 26일 저녁부터 2당 대표단의 방북과 가네마루 전부총리, 다나베 사회당 부위원장과 북한의 김일성 주석과의 첫 회담에 대해 톱 뉴스로써 속보로 다뤘다. 각신문도 9월 27일자 조간에서 일본과 북한이 「새로운 관계를 수립」 등 1면에 대서특필해 높은 관심을 보였다[61].

그리고 한국외무부는 9월 27일, 야나기 겐이치柳健一 주한일본대사를 불러 자민, 사회 양당의 북한방문에 의한 북일관계 개선의 움직임에 대해 설명을 요구했다. 유종하 외무차관은 지금까지 양국간에 북일관계 개선은 "남북대화의 진전에 맞게 보조를 맞춰 진행한다"라고 이야기 해 온 것과는 달리 빠르게 진행되고 있다고 지적하고, 이것이 한국의 국민감정에 나쁜 영향을 미칠 염려가 있다고 우려를 표명했다[62].

이어 한국정부는 9월 29일 북일 국교정상화를 목표로 자민, 사회 양당과 북한의 조선노동당이 내놓은 공동선언에 대해 선언문에 「조선은 하나」라는 말은 북한의 종래의 대남 적화전략을 상징하는 표현으로 「한일관계의 기초를 위태롭게 할 것이다」라고 문제시 해 일본정부에 공식해명을 요구하는 방침을 굳혔다[63].

한국의 최호중 외무장관은 이와 같은 입장을 정리하고, 10월 7일에 가진 『조선일보』와의 인터뷰에서 일본이 북한과 국교를 맺는 데 있어서 5개 전제조건이 있다는 한국정부의 입장을 밝혔다. 8일자 동 신문에 따르면, 전제조건은 (1) 북한에 「대남 적화노선」의 포기를 요구한다, (2) 남북대화에 지장을 초래하지 않도록 고려한다, (3) 북한에 핵시설에 대한 국제원자력기구(IAEA)의 사찰 수용을 요구한다, (4) 경제원조와 배상금을 군비 증강에 사용하지 않는다는 보장을 받는다, (5) 전후 45년간은 「보상」의 대상에 포함되지 않는다, 라는 5개 항목이다[64].

이 5개 항목은 1990년 10월 8일, 가네마루 신이 노태우 한국대통령을 방문했을 때 공식적으로 제기되어 11월 26일 「한일각료회담」에서 한국의 희망으로 요청되고, 이어 1991년 1월 9일 가이후 총리와의 정상회담에서도 확인된 「원칙」이 되었다.

가네마루 신은 1990년 10월 8일 서울을 방문해 청와대에서 노태우 대통령과 2시간 가까이에 걸친 회담을 통해 자민, 사회 양당과 조선노동당이 서명한 공동선언과 교섭경과에 대해 "오해를 초래한 것에 대해 한국정부와 국민에게 사죄한다"고 한 후, 자세한 내용을 설명했다. 이에 대해 노 대통령은 북일 국교정상화교섭은 「(남북화해를 목표로 한) 7.7 선언」에 따르고 있어 한국이 반대하는 것은 아니라고 하면서도 "한일정부간 충분히 사전 협의했으면 좋겠다"며 일본이 북한과 국교교섭을 추진함에 있어서의 요망을 5개 항목에 걸쳐 말했다[65].

이 회담은 3당공동선언에 「전후 45년간의 손실에 대한 보상」 등이 포함된 것에 한국측이 반발했기 때문에 갑자기 열린 회담이었다. 여기에서 가네마루는 "우방에게 폐를 끼칠 생각은 추호도 없다"고 한 뒤, (1) 경제협력은 일본정부의 권한이고, 「45년」은 정치적 고려를 한 표현이며, 직접배상의 의미가 아니다, (2) 11월부터 정부간교섭을 개시하는 것은 북한측의 제안으로 국교를 정상화하고 싶다는 취지이므로 동의했다, (3) 방북의 결론은 정당간 합의이며 일본정부를 구속하는 것은 아니다, 등을 설명했다[66].

한국정부의 견제는 정상 레벨에 까지 이르렀다. 1991년 1월 9일 서울시내 청와대에서 열린 가이후 총리와 노태우 대통령과의 정상회담에서 노 대통령은 일본과 북한의 국교정상화교섭에 대해 거듭 일본측의 신중한 대응을 요구했다. 북일 국교정상화교섭에 관해서는 대통령이 (1) 남북대화의 진전에 도움이 되도록 대화의 진전에 맞추어 진행하길 바란다, (2) 북한의 핵개발을 한국이 우려하고 있다는 것을 염두에 두기를 원한다, 라고 요구했다[67].

이에 대해 가이후 총리는 "북일 국교정상화는 전후처리 문제 중 하나로 언젠가 해결돼야할 것"이라고 단언한 후, "(교섭은) 어디까지나 한반도 전체를 시야에 넣어 한반도의 평화와 안정에 이바지하는 형태로 진행할 것이다"고 표명했다. 핵사찰문제에 대해 "교섭에서 꼭 다루어 갈 것이라는 강한 의지가 있다"라고 해 국교정상화교섭의 최중점 항목으로 위치짓겠다는 생각을 나타냈다. 또한, 대통령은 지난해 9월 자민, 사회 양당과 조선노동당의 공동선언에 담긴 「전후 45년 보상」문제도 거론하며 "(북한은) 그러한 합리적이라고 생각할 수 없는 것을 생각하는 나라이다" 라며 북한의 요구에 응하지 않도록 은근히 요구했다. 총리는 "일본은 주장할 것은 주장하고 지켜야 할 입장은 지킨다"고 대답해 전후는 「보상」의 대상으로 생각하지 않는다는 일본정부의 기본자세를 다시한번 보여주었다. 가네마루가 얼마 전 방한했을 때 노 대통령이 제시한 (북일교섭에서 한일간에 충분한 사전협의를 하는 등) 5항목을 염두에 두고 있었다. 북한의 핵사찰 수용문제는 본회담에서 꼭 취급될 것이라는 강한 의지였다[68].

이와 같이, 일본측은 한국의 5개 항목을 받아들이게 되었다.

한편, 미국정부는 북한정부의 대일 국교정상화교섭 개시 제안을 "북한의 외교 정책의 큰 전환점이 될 가능성"을 내포한 환영할 만한 움직임인 것으로 평가하면서 김일성정권이 전통적인 외교, 내정의 기본정책을 구체적으로 어디까지 변화시킬 수 있는 지에 대해 신중하게 지켜보려고 했다. 미국정부로서도 북미대화의 확대를 비롯해 새로운 대북정책을 모색하는 계기가 될 것으로 기대했을지도 모른다. 그러나 미국정부는 가네마루 대표단의 방북에 대해 일본의 「사죄」문제는 "모두 북일 양국의 문제"(국무부당국자)이며, 미국이 가장 중시해 온 남북 양 조선의 실질적인 관계 개선, 핵시설에 대한 IAEA 사찰 수용, 일체의 테러리즘 포기라는 측면에서 구체적 진전이 없는 한 북미 양국간에 즉시 관계 개선을 위한 행동을 취하기는 어렵다는 판단을 보여왔다. 이 시점에서 이와 같은 미국정부의 기본자세에 변함이 없었다[69]. 특히, 미 국무부 대변인이 9월 28일 "북일교섭은 어디까지나 노태우 대통령이 중심이 되어 추진하고 있는 남북간 직접대화를 간접적으로 지원하는 형태로 추진해야 한다[70]"라고 표명해, 미국은 남북간 대화를 중심으로 보고 있었다.

미국은 겉으로는 북일교섭의 진전을 환영했지만, 남북한 관계 개선, IAEA 사찰 수용, 테러리즘 포기 등을 거론치 않았던 방북단에 대해 사실상 불만을 표명한 것이다.

미국정부 당국자 중 한 사람은 "솔직히 우리(미국)는 현재의 사태 진전에 불안을 느낀다. 북일간의 문제가 양국의 테두리를 넘어 아시아 전체의 안전을 해치지 않도록 바란다"고 말했다. 10월 4일 밝혀진 바에 따르면, 미국정부는 불안요인이 있다며 일본정부가 북한과 국교정상화교섭을 할 즈음에 일본측에 「요청」을 전달하였다. 여러 미국정부 관계자에 따르면 미국측이 지적한 중요한 점은, (1) 북일 국교정상화교섭 과정에서 북한이 동국의 원자력시설에 대한 IAEA의 사찰을 받아들이도록 제의한다, (2) 북한이 받은 전후 45년 손실에 일본이 보상하는 것은, 한반도에 긴장을 초래한 북한의 전후외교를 인정하게 되어 용납할 수 없다, (3) 만일 일본이 전쟁 전, 전시 중의 36년간의 보상으로 경제협력을 할 경우에도 그 원조가 북한의 군사력 강화에 연결되지 않는다는 「보증」을 북한측에게 받아낸다, (4) 남북한의 대화가 후퇴하지 않도록 배려하는 등 4개 항목을 일본에 전했다고 한다[71].

요컨대, 한국·미국의 요구와 반발에 의해 3당공동선언까지 교섭촉진적이었던 국제공간은 급속하게 교섭교착적 조건이 생기고, 정부와 정치지도자가 그 반발을 받아들였기 때문에, 그것이 이후 3당합의에 따라 개시된 북일 국교정상화교섭에 영향을 미쳤다.

(2) 관료의 반발

3당공동선언 발표까지 국내공간은 북일교섭을 촉진해 내각지지율을 높이는 방향으로 교섭촉진적 상태였지만, 가이후내각의 정치적 기반이 취약함에 따라 그 상태는 그만큼 견고하지 않았다. 따라서 한국·미국의 반발에 이어 3당선언에 대한 국내의 반발도 컸다. 특히, 관료들의 반발이 이후의 교섭 전체에 근저로부터 작용해 선언의 내용과는 괴리된 교섭과정을 야기하게 된다. 북한정부의 대일 국교정상화교섭의 개시 제안 및 3당선언에 대한 일본의 외무관료들의 반응은 "놀람"에서 시작되었다.

9월 27일 오후 자민, 사회 양당 대표단을 동행해 온 외무성의 가와시마 유타카川島 裕 아시아국 심의관은 북한측이 보여준 「11월 초순부터의 국교정상화교섭」이라는 제안에 가네마루 신 전부총리와 다나베 마코토 사회당 부위원장에 "긴급 사태입니다[72]"라고 놀라움을 표시했다.

일본에 있던 외무성수뇌도 9월 27일 밤, "북한이 직전까지 공식석상에서 말해 온 것을 생각하면, 이번 제안은 전혀 예상할 수 있던 내용은 아니었다[73]"고 언급할 정도로 예상외의 것이라는 점을 감출 수 없었다.

실제로 외무성의 견해에 따르면, 「북한에게 『두개의 조선』의 저지는 북한의 『국시』라고도 할 수 있는 것으로 그 근간을 위협하는 남북한 유엔 동시가입과 함께 북일 국교정상화는 응할 수 없는 선택이었기 때문이다. 북한은 남북대화가 진행된 다나카 내각 시대의 1972년을 계기로 『한일기본조약의 파기가 북일 국교정상화의 전제』라는 방침을 연화시켜, 일본과의 국교정상화에 유연한 자세를 취한 적이 있었다. 그러나 그 후의 대일 개선이 예상대로 진행되지 않기도 하고, 1978년 사회당의 아스카타 이치오飛鳥田一雄 위원장의 방북에서는 국교정상화를 거부하고 현재에 이르고 있다[74]」라는 것 때문이다.

또한, 외무성수뇌는 북한의 제안에 대해 "국교정상화를 목표로 한 대화가 한반도 전체의 안정, 평화, 긴장 완화에 이바지 것이 아니면 안 된다. 한반도 전체를 시야에 넣고 한국, 미국 등의 관계국가와도 의견을 교환하면서 논의될 것이다[75]"라고 말했다. 뉴욕에 있었던 나카야마 다로中山太郎 외무장관도 북한의 제안에 대해 "제안의 더 자세한 이야기를 알 필요가 있지만, 한반도 전체를 충분히 눈여겨보면서 미국, 한국과 긴밀하게 연락을 주고받을 필요가 있다고 신중한 자세를 보이고 있다[76]"라고 한다.

이것은 한국, 미국 등의 외교적 반발이 당연히 예상되는 것에 대한 외무관료로서의 견해였다고 생각된다. 그리고 "한반도 전체의 안정, 평화, 긴장 완화에 이바지하는 것이 아니면 안 된다"라는 것은 미국이 압박해온 북한의 IAEA 핵사찰 수용을 의미하는 것으로 북일 교섭에서 가장 중요한 쟁점이 되었다.

이와 같은 외무관료의 관점은 기존의 미일동맹과 한일관계의 틀 속에서 북한의 요구에 대응해야 한다는 입장이었다.

한편 청구권을 비롯한 「보상」의 문제에서 「전후 45년 보상」에 대해 외무성수뇌도 "정부는 정부로서 정부간교섭이 시작된 단계에서 생각을 정리하고 싶다"며 3당간 합의인 공동선언에 정부가 구애받지 않는다는 생각을 시사했다[77]. 이 입장은 이후의 북일교섭에서 「정부간회담은 (3당공동선언이라는) 정당간 합의에 구속되지 않는다」는 정부대표의 공식적 입장에 반영되어 이후 북일교섭의 전 과정을 관통하는 것이 되었다.

북한이 국교정상화교섭을 제안한 배경에 대해 외무성은 「한소 국교회복을 앞두고 한국을 견제하려는 의미가 있다」며 전술적 변화라는 견해[78]도 있었다. 그러나 이것은 북한이 냉전의 종언 이후 직면한 내외적 위기를 극복하기 위해 취한 전략적 방침의 변환이라는 점을 놓친 판단이었다고 말할 수 있다.

3당공동선언 이후 상황이 이렇게 예상치 못했던 형태로 흐르자, 일본의 자민당은 북한을 고려하든지, 국내외의 반발을 받아들일 것인지를 놓고 심각한 동요를 나타낸다. 자민당 오자와 이치로 간사장은 1990년 10월 1일, 3당공동선언에 「전후 45년에 조선인민이 받은 손실」을 「보상」의 대상으로 한다는 것이 불러온 문제에 대해, 니시오카 다케오西岡武夫 총무회장과 대응을 협의했다. 그 결과, 「(1) 북한과의 국교정상화교섭은 남북한의 자주적 통일에 방해되지 않도록 신중히 진행한다, (2) 『보상』은 원칙적으로 한국에의 대응과 마찬가지로 과거 식민지지배를 대상으로 한다, (3) 한국에 비해 북한에 대한 대응이 늦은 것에 대해 정신적 의미의 배려를 한다, 는 것에 일치했다[79]」고 해, 한국을 배려하는 방침을 조심스럽게 발표했다. 그리고 곧 자민당은 10월 2일, 3당공동선언에 「전후 보상」이 명기되어 이에 한국이 강한 의문을 표시하는 문제에 대해 「전후는 구상권에 포함되지 않는다」라는 당 3역의 통일견해에 따라, 한국측에 일본의 입장을 설명하고 이해를 구해나갈 방침이다[80], 라고 해 3당선언의 내용을 명확하게 부인했다.

3당공동선언의 당사자인 가네마루 신도 전술한 바와 같이 1990년 10월 노태우 대통령과의 회담에서 "방북의 결론은 정당간 합의이며 일본정부를 구속하는 것은 아니다"와 같이, 다양한 압력을 수용해 혼란을 초래했다.

요컨대, 국내공간에서 3당선언의 일본주체와 정치지도자는 국내외의 반발에 직면해, 전후 45년의 보상문제를 포함한 3당선언 내용을 사실상 부인하게 되었다. 이 때문에 북일관계 개선을 통해 국내정치에서 유리한 위치를 차지하려 한 정부지도자의 전략은 실현될 수 없었다.

결국, 3당공동선언 발표 이후 이어서 한국, 미국이 북일교섭의 전제조건을 내걸고, 3당선언의 합의에 따라 개시되는 북일 국교정상화교섭에 반발하여 국제공간은 급격하게 교섭교착적 상태에 빠졌다. 또한 국내공간도 교섭을 담당하는 외무관료가 3당선언은 정당간 합의이기 때문에 정부간교섭에 구애받지 않는다고 반발하여, 교섭촉진적 조건이 점차 교섭교착적으로 변화했다. 따라서 3당공동선언의 경우 CⅠ(P-P-P)였던 교섭공간의 상태는 제1회 북일교섭이 시작되기 직전에는 상대국공간은 교섭촉진적이었지만, 국내 · 국제공간이 교섭교착적인 CⅣ(P-D-D) 상태로 바뀌었다.

(3) 예비회담

3당공동선언 이후 한국 · 미국의 견제와 관료의 반발 속에서도 3당합의에 따라 북일 국교정상화교섭은 시작되었다. 북일 양국은 공식적 북일 국교정상화교섭을 위한 예비회담을 통해 교섭개시를 준비하고 있었다.

제2차 세계대전 이후인 1948년에 조선민주주의인민공화국이 수립된 이래 국교가 없는 나라와 일본의 관계정상화를 향한 첫 정부간교섭의 예비회담이 열렸다[81].

제1회 예비회담 제1차 회의는 1990년 11월 3일 오후 4시경부터 약 3시간 동안 베이징 시내의 북한대사관에서 열렸다. 일본측은 다니노 사쿠타로谷野作太郎 외무성 아시아국장, 북한측은 주진국 외무성 제1국장 등, 통역을 포함해 모두 6명씩이 참석한 가운데, 본교섭의 절차에 대해 논의했다. 이 가운데 북한측은 국교정상화의 조기 실현에 강한 의욕을 보였지만, 본교섭 개시시기, 장소, 교섭책임자의 레벨, 「보상」 등의 의제에 대해 양국의 주장은 평행선을 달렸다. 이어 2일째 제1회 예비회담 제2차 회의가 4일 오전 11시부터 약 2시간 동안, 베이징 시내의 일본대사관에서 열려, 전날에 이어 본교섭 개시시기, 장소, 「보상」의 문제 등에 대해 논의되었지만, 본교섭의 절차를 매듭지을 수 없었다.

그리고 제2회 예비회담 제1차 회의가 1990년 11월 17일 오전 9시부터 약 2시간 동안 베이징 시내의 일본대사관에서 열려, 앞서의 제1회 회담에서 합의하지 못한 본교섭 개시시기, 장소, 의제 등 절차에 대해 협의했다. 일본측은 북한측이 주장하는 교섭의 12월 평양개최에 대해서는 자세를 연화시켰지만, 전후 45년 「보상」 등 본교섭의 의제 등에서 양측은 여전히 대립하고 일치점이 발견되지 않았다.

제3회 예비회담은 베이징의 북한대사관에서 1990년 12월 15일부터 17일의 제3차 회의까지 열려, 일본과 북한의 국교정상화 본교섭을 내년 1월 하순부터 시작하기로 합의했다. 최대 초점인 「전후 45년의 보상」과 「IAEA의 핵사찰 수용」문제의 존재를 쌍방이 인정하고 포괄적 의제로 본교섭에서 협의하기로 최종 합의했다. 본교섭의 장소는 제1회 평양, 제2회 도쿄, 제3회 이후 베이징에서 개최하고, 부부장(차관급)을 대표로 하기로 합의했다. 회담의 의제[82]는 (1) 북일 국교정상화에 관한 기본문제, (2) 북일 국교정상화에 따른 경제적 문제들, (3) 북일 국교정상화와 관련된 국제문제, (4) 기타 쌍방이 관심을 갖는 여러 문제(재일조선인의 법적지위, 일본인배우자문제 등)의 4가지로 합의되었다. 또한, 북일 쌍방의 대표는 합의문서 「북일 국교정상화를 위한 예비회담(토의의 기록)」에 서명했다. 이렇게 하여 1948년 북한 수립 이후 국교가 없었던 양국은 동서냉전의 종결을 배경으로 관계정상화를 향한 새로운 국면에 들어갔다.

한편, 3당공동선언 후 북한은 1991년 1월 1일에 발표된 「신년사」

를 통해 「공화국정부는 정치, 경제, 문화의 여러 분야에 걸쳐 『남남협조』를 발전시키기 위해 적극 노력하겠다[83]」며 일본과의 국교정상화를 포함한 아시아지향의 「남방외교」를 진행하겠다고 밝혔다. 김일성은 「신년사」에서 「오늘 아시아는 새로운 발전단계에 접어들었다…(중략)…공화국정부는 자주적이고 평화롭고 번영하는 새로운 아시아를 건설하기 위해 아시아 각국 인민들과 친선·협조관계를 적극적으로 발전시켜 나갈 것이다[84]」라고 말해, 비동맹외교의 활성화와 함께 아시아외교 강화방침을 천명했다.

북한은 이전에 언급한 바와 같이 1990년 9월 초 한소 수교의 움직임을 계기로 일본과 국교정상화 방침을 세웠지만, 「신년사」에서 아시아를 대상으로 한 「남방외교」에 더욱 박차를 가할 것을 결정했다. 이 「남방외교」의 상징이 북일 국교정상화교섭이지만, 이 뿐만 아니라 1월말부터 2월까지 연형묵 총리가 태국, 말레이시아, 인도네시아를 방문했다. 태국과는 (1) 무역대표부의 대사관으로 격상, (2) 연내에 태국 쌀 50만 톤, 2, 3년 안에 50만 톤 등 총 100만 톤을 수입하고, 북한은 그 대가로 철강제품, 시멘트 등을 수출한다, 라는 바터무역Barter Trade협정을 성립시켰다[85].

이와 같이 역사적 제1회 북일 국교정상화교섭은 3당공동선언에서 합의한 것에 따라 열린 예비회담을 3회에 걸쳐 개최한 후, 북한이 적극적으로 남방외교를 진행한 전략과 함께 열리게 되었다.

2) 교섭의 진행

제1회 북일 국교정상화를 위한 정부교섭은 일본측 수석대표인 나카히라 노보루中平 立 북일교섭담당대사, 북한정부대표단의 전인철 외무차관이 참석해 1991년 1월 30일 평양 만수대 의사당에서 시작되었다. 이날 오전과 오후 두 차례 회담에서 일본측 수석대표인 나카히라 노보루 대사에 이어 북한의 전인철 외무차관이 모두발언을 하고 토론에 들어갔다[86].

오전회담에서 나카히라 노보루 대사는 처음에 교섭에 임하는 기본 방침으로서 "일본과 한반도 사이에는 1000년 이상의 풍부한 교류의 역사가 있다. 그러나 과거 한때 불행한 관계가 있었던 것은 유감이다. 1989년 3월 다케시타 총리가 깊은 반성과 유감의 뜻을 말했고 가이후 총리도 국회 등에서 같은 취지를 말하고 있다[87]"고 말했다.

또한, 교섭의 구체적 방침에 대해, (1) 한반도의 평화와 안정에 기여, (2) 한일관계의 후퇴는 받아들여지지 않고 북일관계 정상화는 한일기본조약의 법적 구조와 정합성을 가지고 추진한다, (3) 일본은 북한과 전쟁 상태에 있지 않았던 까닭에 보상 의무는 없고 미해결인 것은 청구권문제로 인식하고, 1990년 9월 자민, 사회, 조선노동당의 「공동선언」에 구속되지 않는다, (4) IAEA의 핵사찰 수용 등 핵확산금지조약(NPT)의 의무 이행을 희망한다, (5) 교섭이 한반도의 남북회담을 저해하지 않도록 한다, 라는 생각을 나타냈다. 핵문제에 대해서는 "북한이 핵무기 개발을 한다면, 우리나라의 안전보장에 매우 중요하다. 동북아의 평화와 안정에 큰 영향을 미친다"며 우려하고 있음을 강조했다[88].

전인철 차관은 북일 양국 정부가 함께 자주성을 견지하고 진실과 성실, 호양의 정신을 발휘하여 3당공동선언에 입각하여 (1) 과거 조선인민에 대한 피해와 손실에 대해 「일본국 및 정부 최고책임자의 사죄」와 함께 일본의 사죄 내용을 공식서류에 명기한다, (2) 일본은 1910년 한일합병 조약이 불법, 무효였다고 선언한다, (3) 전후 45년의 피해와 손실에 대해 보상한다, (4) IAEA의 핵사찰은 한국에 배치된 미군의 핵무기와 동시에 실시한다, 등의 방침을 제시했다. 모두 일본의 주장과 정면으로 대립하는 견해로, 향후 교섭은 어려운 전개가 불가피하게 되었다[89].

특히, 사죄의 내용을 공식서류에 명기하는 것은 1965년 한일간의 국교정상화의 경우는 한일기본조약 등의 외교문서에 그런 언명은 없었던 것이었다. 그러나 이에 대한 북한의 대응은 실은 유연한 입장도 있었다. 전일철 차관은 일본의 최고 당국자가 사죄문제에 대해 언급하고, 김일성 주석에게 보냈던 가이후 총리의 친서에서 지적된 사죄가 외교관계 설정 문서에 강조되면 그것으로 충분하다고 말했다[90].

이어 2차의 오후회담에서 전 차관은 또다시 일본의 사죄의 내용을 공식문서에 명기할 것을 강력히 요구했다. 그리고 "한일합병조약을 비롯해 일본이 구조선(대한제국)과 체결한 모든 조약 및 협정이 불법이고 무효였다고 선언해야 한다[91]"고 했다. 이 점에 대해서는 일본측은 한일기본조약에서 「이미 무효」라고는 하고 있지만, 「불법」이라고는 하지 않았다. 북한측은 보상[92]에 대해서 예전의 일본과 구조선이 종주국과 식민지의 관계뿐만 아니라 항일빨치산 활동에서 「일본과 조선 인민이 교전관계」였다는 이유로 일본측이 주장하는 재산의 청구권뿐만 아니라 배상을 청구할 권리가 있다고 반박했다. 전후 45년의 보상도 요구하는 이유로서, (1) 일본은 한반도의 남북분열에 대한 책임이 있다는 것이며, 한국전쟁에 일본이 미제 침략군의 보급기지, 수리기지, 공격기지의 역할을 한 일정한 책임이 있다, (2) 한국전쟁 후 적대시정책을 계속 취해왔다, (3) 그동안 지불해야 하는 보상을 지불하지 않아 이자만으로도 대단한 금액에 이르는 것, 등을 들었다[93].

이 오후회담에서는 IAEA 핵보장조치(핵사찰)협정 체결문제가 집중적으로 협의되었다. 일본측이 북한에 요구하고 있는 IAEA와의 보장조치협정 체결문제, 즉 핵사찰 수용문제에 대해 전 차관은 "체결이 지연되고 있는 것은 미국이 한국에 핵무기를 배치하고 우리를 위협하고 있기 때문이다"고 반박하고, 핵사찰은 한국에 배치된 미국의 핵무기와 동시에 실시해야 한다고 주장했다[94].

이 외에도 북일교섭이 한국과의 관계에 미칠 영향과 관련해 일본측이 한일기본조약 등에 영향을 주지 않는 것이어야 한다는 생각을 나타낸 것에 대해, 북한측은 "우리는 우리들이 한반도의 유일한 정권이다"라는 기존의 주장을 되풀이했다[95].

31일 오전에 열린 3차회담에서는 핵사찰문제를 포함한 일본인배우자문제, 재일조선인의 법적지위문제, 대일부채 처리문제 등이 논의되었다.

나카히라 노보루 대사는 핵사찰문제에 대해 "일본은 세계에서 유일한 피폭국이며, 국민감정 면에서도 북한에게 핵개발 의혹이 있는 상태는 받아들일 수 없는 문제다. 북일 국교정상화는 동북아의 평화와 안정에 이바지하는 관점에서 생각해야 한다. 북한은 핵사찰에 관한 협정을 즉시 맺고 국제조약상의 의무를 이행해야 한다"고 주장했다[96].

전인철 차관은 이에 대해 "이 문제는 일본과의 대화로 해결할 수 없다. 남조선(한국)에 핵을 배치하고 있는 미국이 우리와의 대화에 응하지 않는 것이 문제이다. 일본은 미국에 대해 우리와의 협의를 권고해 달라"고 대답했다[97].

그리고 일본인배우자문제에 대해서는 나카히라 대사는 "재일조선인의 남편과 함께 북한으로 건너간 일본인배우자문제에 정부도 관심을 가지고 있다. 지금까지는 약간 명의 안부확인과 함께 편지가 도착한 것 이외, 소식조차 거의 없다. 육친과의 재회도 평양에서 약간 열렸을 뿐, 일본의 귀향은 실현되지 않고 있다. 인도적 입장에서 조기재회의 실현과 안부확인, 통신수단의 확보를 간절히 희망한다. 사할린에서 북한 출신자와 결혼해 북한에 이주한 사람들에 대해서도 마찬가지로 안부 등을 조사해달라"고 피력했다. 이에 대해, 전 차관은 "일본인배우자들은 자유로운 의지로 북한에 와서 국적을 취득했다. 일본과의 관계가 정상화되면 그녀들이 자신의 희망으로 귀국해 육친이나 친구를 방문하는 데에 편의를 도모할 준비가 돼 있다"고 대답했다. 이에 나카히라 대사가 "국교정상화 이전이라도 인도적 관점에서 우리의 희망이 실현되도록 부탁하고 싶다"고 했다. 이에 대해, 전 차관은 "일본인배우자는 1700명 정도 있다. 정상화 이전에 모든 희망을 실현하는 것은 곤란하지만, 인도주의와 상호협력의 입장에서 최대한 실현시키고 싶다"라고 응했다[98].

다음으로 재일조선인의 법적지위문제에 대해서는 전 차관이 앞서 "재일조선인 문제는 일본의 식민지지배 결과로 생긴 문제이다. 일본당국은 조총련과 조선사람에 대한 탄압과 차별정책을 취해왔다. 쌍방이 과거를 청산하고 선린관계를 구축하기로 결단을 한 이상, 재일조선인에 대해 과거와 다른 대우를 취해야한다, (1) 조총련을 적대시하는 정책을 중지하고 활동을 보장한다, (2) 재일조선인의 국적을 인정하고 한국국적, 일본국적에서 공화국국적으로의 변경을 인정한다, (3) 외국인등록법을 전면적으로 시정해 등록증의 상시휴대 의무, 지문날인, 형벌을 폐지, (4) 안정된 재류권 보장, 출입국규제의 간소화, (5) 체류자격 구분과 강제퇴거의 폐지, 공화국국적 취득자에 대한 차별 중지, (6) 재일조선인 자녀의 민족교육의 권리를 인정하고 편의와 보호를 제공, (7) 조선학교에 대한 공적 보조, 대학 입학자격 등의 부여, (8) 기업활동과 생활조건의 개선, (9) 조선인 강제 연행자, 피폭자의 실재 숫자를 밝히고 피해 보상"을 요구했다[99].

나카히라 대사가 이에 대해 "역사적 경위와 정주성을 갖는 재일조선인이 일본 사회질서 하에서 안정적 생활을 영위할 수 있도록 처우 개선에 노력하고 있다. 조총련에 대해 국내단체인 조총련을 국내법에 비추어 어떻게 인식하느냐의 문제이며, 적대시 비판은 맞지 않는다"라고 답했다[100].

마지막으로 대일부채 처리 문제는 나카히라 대사가 "북일 양국간에 민간 차원에서 지불지연 문제가 있다. 1983년말 이후 일체의 지불이 중지되어, 적어도 원금 500억 엔, 이자300억 엔 미만의 지연이 발생하고 있다. (이것의) 해결은 원활하게 북일무역 관계를 해나가는데 필수적이다. 민간 채권자협의에서 성실하게 타협되고 조속히 해결될 것으로 기대한다"고 말했다. 이에 대해, 전 차관이 "(북일이) 비정상적 관계이므로 해결되지 않고 남아있다. (민간 채권자와) 협의를 보면서 무엇을 할 수 있는지 검토하고 싶다"라고 응했다[101].

역사적 제1회 북일 국교정상화교섭은 이상과 같이 몇 가지 쟁점을 둘러싸고 양국의 입장을 포괄적으로 표명하는 것을 주요 내용으로 끝났다.

3) 교섭패턴

제1회 북일교섭은 비록 안팎의 반발이 있었다 해도 3당공동선언의 역사적 의의가 강조되는 가운데 양측이 원칙적 입장의 차이를 표명할 수 있었던 교섭의 초기단계였다고 할 수 있다. 따라서 제1회 교섭은 겉으로는 부드러운 분위기에서 열리고, 양국의 원칙적 입장에 따라 이후 계속되는 교섭의 큰 틀을 결정했다고 말할 수 있다. 이에 따라 4개 의제를 중심으로 다양한 서브이슈가 생겨, 양국의 대립은 깊어졌다.

제1회 북일교섭에서 양국의 대립은 이후의 교섭에도 계속 영향을 미쳤다. 1991년 1월부터 1992년 11월까지 8회 교섭이 열렸지만, 제1회 교섭에서의 기본입장은 크게 변하지 않은 채 대립을 반복한 것이다. 따라서 제1회 교섭에서 드러난 양국 교섭의 쟁점을 정리해 둘 필요가 있다.

제1회 북일교섭을 통해 나타난 양국의 대립점은 다음과 같다[102].

제1의제와 관련한 사죄 부분은 우선, 북한은 「조선인민에게 끼친 피해와 손실에 대해 일본정부 최고책임자의 사죄가 있어야한다. 공식사죄한 내용을 외교관계 설정을 위한 공식서류에 명기한다. 일본이 구조선과의 사이에서 체결한 모든 조약 및 협정이 불법이고 무효라고 선언해야 한다」라는 입장을 취한다. 한편, 일본측은 「과거 한때 불행한 관계가 있었던 것은 유감이다. 1989년 3월 다케시타 총리가 깊은 반성과 유감의 뜻을 말했고 가이후 총리도 국회 등에서 같은 취지를 말하고 있다」는 입장을 취했다.

제2의제인 경제문제의 핵심인 청구권문제는 북한측이 「교전국 사이의 배상청구권과 재산청구권을 제기한다. 일본측은 재산청구권을 제기할 수 없다. 북한은 전후 45년의 보상에 대해서도 일본이 한반도의 남북분단과 한국전쟁에 일정한 책임이 있고, 그 후에도 적대시정책을 취한 것 등을 이유로 청구한다. 요구할 금액의 산정은 준비중」이라는 입장을 취한다. 이에 대해 일본측은 「일본과 북한 사이에 전쟁상태는 없었다. 배상, 보상이라는 개념은 인정되지 않는다. 재산청구권의 관점에서 논의하고자 한다. 전후 45년의 보상에 대해 3당공동선언에 포함돼 있지만, 일본정부를 구속하지 않는다. 우리나라의 개발원조는 군사력 증강으로 이어지는 것은 행하지 않는다」고 주장했다.

제3의제인 핵사찰문제는 북한측은 「사찰 수용문제는 일본과의 대화로 해결할 성격의 것이 아니다. 수용이 지연되고 있는 것은 미국이 한국에 핵무기를 배치하고 우리를 위협하고 있기 때문이다. 미국이 핵 불사용을 약속하고 사찰은 한국에 배치된 핵무기와 동시에 실시해야 한다. 일본은 미국에 북한과의 협의를 권고하라」는 것이다. 이에 대해 일본측은 「핵무기개발 의혹을 일본과 국제사회에 일으키고 있다. 개발하면 일본의 안전보장과 동북아의 평화와 안정에 큰 영향을 미친다. 사찰에 관한 협정을 즉시 맺어 국제조약상의 의무를 이행해야 한다」는 입장이었다.

제4의제인 기타라는 재일조선인의 법적지위문제에 대해서는 북한측은 「조총련을 적대시하는 정책을 중지하고 활동을 보장한다. 재일조선인의 국적을 인정한다. 외국인등록증 상시휴대와 지문날인, 형벌을 폐지한다. 재일조선인 자녀의 민족교육의 권리를 인정하고 편의와 보호를 제공한다. 조선인 강제연행자, 피폭자의 실재 숫자를 밝히고 피해를 보상한다」는 것을 일본에 요구했다. 이에 대해 일본측은 「조총련에 대한 적대시정책에 대한 비판은 맞지 않다. 재일조선인이 일본 사회질서 하에서 안정적 생활을 영위할 수 있도록 처우개선에 노력하고 있다」고 응했다.

제1회 북일교섭 후 북한의 김영남 부총리겸 외무장관은 2월 1일 평양시내 만수대 의사당에서 기자회견을 갖고 제1회 북일 정부간교섭 등에서 보인 북일의 주장의 차이에 대해, "서로 협의를 진지하게 실시하면, 차이를 좁혀 합의할 수 있다"고 정상화를 위한 의지를 표명하면서도, 일본정부가 교섭에서 「3당공동선언」에 구속되지 않는다는 입장을 취하고 있는 문제에 대해 "일본정부가 3당공동선언을 무시할 수 없고, 자민당대표단의 방북이 일본정부와 관계없이 실현됐다고 볼 수는 없다"고 반박했다[103].

이와 같이 북한은 제1회 북일교섭에서 3당공동선언의 합의를 강조한 반면, 일본측은 전후 45년의 보상문제 등 3당공동선언의 핵심내용을 전면 부인했다. 일본의 이와 같은 교섭태도는 일본이 전후 45년의 보상 등을 수락하면 국내지지를 약화시키면서 한미의 반발을 더 강화시킨다는 정치적 판단에 근거하면서, 국제법적 논리에서 인정할 수 없다는 입장을 나타낸 것이다. 따라서 3당공동선언국면의 교섭상대국공간의 교섭촉진적 조건은 교섭교착적 상태를 낳는 조건을 지니게 되었다. 이것은 3당공동선언 직후 한미 등의 압력과 요구에 따라 교섭교착적으로 변해 갔던 국제공간과 함께 교섭공간에 중요한 걸림돌로 작용했다.

요컨대, 제1회 북일교섭은 3당공동선언의 역사적 의의가 강조되는 가운데, 원칙적 입장의 차이를 명확히 한 교섭의 초기단계라고 할 수 있다. 따라서 일본뿐만 아니라 북한도 교섭을 둘러싸고 목표(타겟)를 명확히 하면서 교섭공간에 대한 대응전략의 일단을 보여준 교섭이었다. 특히 북한이 3당공동선언의 합의를 강조하면서 주장했던 전후 45년의 보상을 둘러싼 대립점은 교섭을 교착시키는 조건을 안고 있는 것이었다.

제1회 북일교섭에서 일본은 사죄·보상문제, 북한 핵문제, 일본인 배우자문제를 쟁점으로 하고 있는 각각의 상대국, 국제, 국내공간에서 발생한 요구를 제기하는 것으로 대응했다. 즉 사죄·보상문제에 대해 「전후 45년의 보상」의 거부는 물론 보상은 청구권문제로 취급하고, 또한 북한 핵문제에 대한 IAEA 핵사찰 수용과 나아가 일본인 배우자문제에 대한 귀향 실현 등, 자신의 입장을 충분히 주장해 북한에게 응하도록 대응했다.

이와 같은 교섭패턴을 자원배분 측면에서 보면, CⅣ의 $P(R_1)-D(R_1)-D(R_1)$과 같이 모든 교섭공간에 자원을 균등하게 배분한 「상대국·국내·국제공간 지향의 자원분산형(DT-ODF)」이었다. 이와 같이 모든 교섭공간에 자원을 균등하게 배분한 것은 첫 번째 교섭이었기 때문에 3당공동선언의 취지가 유지된 것을 의미한다.

2. 제2회 북일교섭(1991.3.11~12, 도쿄)

1) 교섭공간

제1회 북일교섭에서 양국의 대립점을 분명히 하는 것은 출발점에 불과했다. 제1회 교섭 이후 3당공동선언의 정신에 따라 북일교섭을 활성화하기 위해 양국의 노력도 계속되고 있었다.

그 대표적 사건은 북한의 김용순 조선노동당 서기(국제담당)가 일본 자민, 사회 양당의 초청으로 1991년 2월 20일부터 27일까지 일본을 방문해, 나카야마 외무장관, 가이후 총리와 회담한 것이다. 자민당은 제1회 교섭이 끝난 닷새 후인 2월 5일, 북한의 조선노동당에 대해 20일부터 27일까지의 일정으로 동당대표단을 일본에 초대하는 문서를 전했다[104]. 이를 계기로 차기 북일교섭에 대해 이른 15일, 외무성 와타나베 외무대변인은 "일본과 북한의 국교정상화를 위한 제2회 정부간교섭이 3월 11일부터 도쿄에서 열린다[105]"라고 밝혔다.

김용순 서기는 20일 밤 자민당의 가네마루 신 전부총리와 회담하고, 가네마루는 3당공동선언과 관련해 "일본에 들어와 (전후보상문제에 대해) 이것저것 말이 많아 고생했다. 나도 수명이 길지 않으니까 몸을 움직여 열심히 노력하고 있다. 중요한 일이니 목숨을 걸고 한다"고 말했다. 김 서기는 고개를 끄덕였다고 한다. 가네마루는 북일정부간교섭에 대해 "너무 많은 시간이 걸리지 않도록"이라고 동석한 다니노 외무성 아시아국장에게 말을 하니, 다니노는 "열심히 하겠습니다"라고 대답했다. 일본측은 나카히라 북일교섭담당대사 등이, 북한측은 최문선 등이 동석했다[106].

또한, 김용순 서기는 21일 저녁 나카야마 외무장관과 일본의 각료로서 처음 만났다. 이 회담에서 「나카야마 외무장관은 김 서기에게 환영의 뜻을 표하는 동시에 북일 국교정상화를 위한 본교섭이 시작된 것을 높이 평가했다. 그런 다음 (1) IAEA의 핵사찰을 수용하는 보장조치협정의 체결, (2) 한미합동군사 연습 『팀스피리트 91』을 이유로 북한이 거부한[107] 남북 총리회담의 조기 재개, (3) 북한으로 건너간 일본인배우자의 국교정상화 이전 육친과의 재회, 귀향의 실현을 요구했다. 김 서기는 일본인배우자의 문제에 적극적으로 대응하겠다는 생각을 나타냈다[108]」라고 한다.

이어 김용순 서기는 22일 가이후 총리와 자민당총재로서 약 30분간 회담했다. 이 회담에서 「김 서기는 『자주성과 평등, 호혜의 원칙에서 일본과도 선린관계를 맺고 발전시키는 것은 우리의 일관된 입장』 등이 적힌 김일성 주석의 친서를 전달했다. 쌍방은 북일 정부간 국교정상화교섭이 시작된 것을 평가했다. 총리는 한반도에서 남북 총리회담이 중단된 것에 유감을 표하는 동시에 남북대화의 진전에 강한 기대를 표명했다[109]」라고 한다.

한편, 김용순 서기는 24일 오후 도내호텔에서 각 언론사와의 인터뷰에서 「북일 국교정상화를 위한 정부간교섭의 타결시기에 대해 "(연내 타결을) 기대하고 싶다"고 밝혔다. 또한 김일성 주석의 아들로 북한의 넘버투인 김정일 서기가 국교정상화가 되었을 경우에 방일할 가능성도 있을 수 있음을 시사했다[110]」라고 한다.

이와 같은 김용순 서기의 방일 결과 26일 조선노동당과 일본의 자유민주당 사이에 「교류와 협력을 발전시키기 위한 합의서」, 또한 조선노동당과 일본사회당 사이에 「당간 교류를 확대하기 위한 합의서」 등을 교환, 각각 서명했다[111]. 특히 하토야마 구니오鳩山邦夫 자민당 국제국장과 방일중인 조선노동당대표단 김양건 비서가 서명한 합의서는 「(1) (양당이) 수시로 왕래하면서 이해와 협력을 도모한다, (2) 각각의 활동과 주요 국제문제에 대한 정보를 교환한다, (3) 산업경제, 청소년여성, 문화예술, 스포츠 등 각 분야의 교류를 장려한다, 등 3항목에 대해 양당간 실무협의를 한다[112]」라는 내용이었다.

그러나 한국은 김용순 서기 등의 방일단의 북일교섭 진전을 위한 일본정부와 정치인들의 움직임에 대해 강한 견제자세를 보였다.

김용순 서기의 방일 중 조선노동당과 자민당 사이의 「합의서」를 작성하는 것에 대해 『한국일보』는 2월 25일자 사설에서 「일본의 이중 외교로 불편을 넘어 배신감조차 느낀다」고 일본을 강하게 비난하고, 『조선일보』 역시 23일자 사설에서 일본을 비난했다[113].

또한, 김용순 서기가 2월 27일 오전, 남북한의 유엔가입문제에 대해 기자회견을 갖고 "남북이 하나의 의석으로 가입해야 한다는 원칙적 입장을 재차 표명하고, 유엔 가입문제는 어디까지나 남북 당사자간이 협의해 간다[114]" 라는 생각을 밝힌 것에 대해 한국외교부는 27일, "북한이 남북 모두 하나의 의석으로 유엔에 공동가입해야 한다는 주장을 철회하지 않으면 올 가을 열리는 제46차 유엔총회에서 단독가입을 추진하지 않을 수 없다[115]"라는 성명을 발표했다.

한국의 노재봉 총리도 3월 4일 오후 서울 시내 총리집무실에서 한국을 방문중인 『아사히신문』 등 일본의 각 언론사 기자와의 인터뷰에서 북일 국교정상화교섭에 대해 "북한은 하나의 조선을 주장하면서 두개의 국가단체로 교섭에 임하고 있다. 일본이 이 큰 모순을 인정한다면 극동에 큰 파문을 일으킬 것이다"라며 일본의 북일교섭 진행에 신중한 태도를 요구했다[116].

한편, 제2회 북일교섭을 맞아 북한의 핵사찰문제도 미국, 일본에서 제기되었다.

IAEA 정례이사회(35개국)가 2월 26일 빈의 IAEA 본부에서 시작돼, 첫날 토의에서 일본과 북한의 국교정상화교섭의 걸림돌이 되고 있는 원자력시설에 대한 IAEA의 사찰 거부문제가 다루어져 일본을 비롯한 수십 개국이 북한을 지명하면서 비판했다[117].

미국의 마이클 아마코스트 주일 미국대사도 가네마루 신과의 개별회담에서 가네마루가 북한과의 관계 개선에 대한 생각을 질문하자, 아마코스트는 "북한의 핵사찰문제를 해결하지 않는 한 북미관계는 진전되지 않는다"고 말했다고 한다[118].

일본에 있어서 현안인 일본인배우자의 귀향문제도 부상했다.

나카야마 외무장관도 21일 김용순 서기와의 회담에서 언급했지만 외무성 다니노 아시아국장은 3월 7일 중의원 예산위원회에서 북한의 일본인배우자문제에 대한 민사당의 스가와라 기주로菅原喜重郎의 질문에 대한 답변에서 "인도적 견지에서 더 이상 방치할 수 없기 때문에 다음 주 도쿄에서 열리는 북일 국교정상화교섭에서 줄기차게 북한측에 선처를 요구할 것이다. 정상화교섭의 매우 큰 테마라고 생각한다"고 말해, 서신을 포함한 안부조사 및 귀향문제에 정부가 전력을 다하겠다는 생각을 나타냈다[119].

이와 같이 북일 양국 정치인들의 활발한 추진 노력의 결과로 열리는 제2회 북일 국교정상화교섭은 남북의 유엔가입, 북한 핵사찰, 일본인배우자의 귀향 등의 문제를 둘러싼 논란이 예상되었다.

2) 교섭의 진행

제2회 북일 국교정상화교섭은 이와 같이 북일 정치가에 의해 조성된 적극적 분위기 속에서 1991년 3월 11일, 제1회 교섭과 마찬가지로 일본측 대표단 수석대표 나카히라 노보루 대사, 북한측 대표단장인 전인철 외무차관 등이 참석하여 일본외무성에서 오전, 오후의 두 차례에 걸쳐 열렸다[120].

11일 오전회담에서 나카히라 노보루 대사는 모두발언에서 "최근 김용순 조선노동당 서기가 일본을 방문하는 등 인적 교류가 활발해지고 있는 것은 기쁜 일이다. 그러나 북일 쌍방의 이해가 충분하지 않아 서로 더 알 필요가 있다. 포인트는 4가지로, (1) 국교정상화교섭은 전후의 비정상을 바로잡는 두 나라 사이의 문제와 동아시아, 국제사회의 안정에 이바지한다는 국제문제라는 두 측면이 있다, (2) 쌍방의 역사관이 완전히 일치하는 것은 바라지도 않지만, 북한이 주장하는 국제법상의 견해[121]는 받아들일 수 없다, (3) 일본의 한반도정책의 기본은 한일관계 강화에 있다. 북일 국교정상화로 한일관계를 해치지 않게 하고 싶다. 남북 총리회담의 중단은 유감이다. 조기 재개를 희망한다, (4) (교섭의 계기가 된) 자민, 사회 양당과 조선노동당의 공동선언은 정부를 구속하는 것은 아니다[122]"라고 해, 국교정상화교섭의 본질과 그에 대한 일본측의 입장을 확인했다.

북한의 전인철 차관은 모두발언에서 "국교정상화를 위해 적극적으로 노력하자는 일본의 자세를 전적으로 평가한다. 이번에는 일본측의 입장을 자세히 듣고 싶다. 이전에 명확히 한 바와 같이, 제도, 이념은 다르지만, 공동노력으로 서로의 차이가 극복되고 차이를 좁혀 공통점을 발견하고 싶다[123]"고 전향적 자세를 드러냈다.

이어 2회째인 11일 오후에도 협의가 이루어졌다.

우선 국교정상화의 기본문제에 대해 나카히라 대사가 앞서 "북일 국교정상화는 한반도의 북쪽을 실효적으로 지배하는 북한과의 정상화로 남쪽의 관할권을 주장하는 것은 인정할 수 없다는 것을 확인할 필요가 있다. 또한, 한일합방 조약, 기타(식민지시대의) 조약, 협정은 합법적으로 체결, 실시되었다[124]"고 하였다.

이에 대해, 전 차관이 "당시의 조약은 일본의 무력침략에 의해 강제된 것이며, 무효, 불법이다. 일본총리가 사죄하고 있는데 이것과의 관계를 듣고 싶다. 그리고 관할권에 대해 국가간의 외교관계 설정이란 서로 상대방을 법률적으로 승인하는 것을 의미한다. 따라서 상대방의 관할권이 어디까지 미칠지를 확인하고 외교관계를 맺는 것은 있을 수 없다. 우리나라의 경우 관할권문제가 제기된다면 그것은 조선의 남북간 해결해야할 민족내부의 문제이며, 일본이 개입하여 「재판」 해주지 않아도 되는 문제다[125]"라고 대응했다.

또한, 보상문제에 대해서도 나카히라 대사가 "제1회 교섭에서 북한은 항일 빨치산 활동에서 교전관계에 있었던 것처럼 배상청구권을 주장했지만, 교전은 주권국가 상호간의 관계를 말한다. 당시 한반도에 주권국가는 존재하지 않았다. 빨치산은 독립부대로서가 아니라 중국공산당의 동북인민혁명군의 일부 부대로 주로 중국 동북지방에서 활동한 것이다. 전후의 비정상적 관계는 동서대립 하에서 엄중한 한반도 정세와 북한의 정책에 의한 것이다. 전후보상을 받아들일 수 없다[126]"고 주장했다.

그것에 대하여, 전 차관은 보상문제와 관련해 "일본이 조선에 대한 식민지지배 기간에 조선인민에게 끼친 막대한 인적, 물적 피해에 대해 당연히 물질적으로 보상하여야 한다는 것이다. 이에 대해 일본도 부정하지 않았으며, 향후 어떠한 형태로 보상할 것인지는 더 협의할 여지가 있는 문제이다. 그리고 전후 45년간의 보상에 대해서는 자민, 사회 양당과 조선노동당과의 공동선언에 담겨있어 정부도 「모른다」고 말할 수 없는 것이다. 또한, 한국전쟁에서 일본이 미국, 한국을 지원했기 때문에 전후에 대해서도 보상을 해야한다. 한국전쟁은 우리가 시작했다고 하는데, 본 사람이 있느냐? 빨치산 활동 내용은 (일본측의) 자료가 빈약해 공박할 가치도 없다. (일본) 총리가 사죄한 이상 그에 상응하는 물질적 보상이 필요하다[127]"고 대응했다.

그리고 국제문제인 핵사찰에 대해 먼저 나카히라 대표가 "원자력 활동을 하면서 사찰을 허용하지 않는 것은 북한뿐이다. 핵개발 의혹을 높이는 것이다[128]"라고 했다. 이에 대해, 전 차관이 "공화국은 핵무기를 개발할 의사도 능력도 없다고 거듭 밝힌 것에 대해 언급하고, 일본측 주장의 부당성을 논리정연하게 밝혔다. 원래 핵사찰문제는 북미 사이에 해결되어야 할 문제이며, 그것을 북일회담에 끌어들일 하등의 근거도 없다[129]"고 단언했다. 끝끝내 나카히라 대사도 "IAEA는 미국의 핵 불사용의 보증을 (핵사찰) 수용의 조건으로 하는 것을 인정하지 않고 있다[130]"고 주장했다.

또한, 나카히라 대표는 "팀스피리트(한미연합훈련) 91[131]을 이유로 남북회담을 중단한 것은 유감이다. 남북회담이 실질적으로 진전돼 북일교섭에 바람직한 영향을 미칠 것을 기대한다[132]"고 남북회담 문제를 제기했다. 이에 대해 전 차관은 원래 "북남대화의 진전은 우리의 일관된 입장"이라고 하면서도 "북일 정상화교섭을 북남대화에 복종시킬 근거는 없다. 일본측이 남조선당국에게 성실한 태도로 북남회담에 임하는 것을 권유해줄 것을 원한다[133]"라고 반박했다.

2일째인 12일 오전 3차 협의가 전날에 이어 외무성에서 열려, 제4의제로서 요도호문제와 일본인배우자문제, 그리고 재일조선인의 법적 지위문제가 협의됐다. 나카히라 노보루 대사는 이 교섭에서 1970년 3월에 일본 항공기 「요도호」를 납치해 북한으로 건너간 전적군파 그룹 7명의 문제를 언급하며, "매우 악질적이고 비인도적 사건이다, 납치범인의 조기 인도를 강력히 요구한다"고 촉구했다. 이에 대해 전인철 차관은 "국교정상화문제와 무관하다"며 조기 인도에 응하지 않았다. 그리고 일본측이 북한으로 건너간 일본인배우자의 안부확인, 귀향의 조기 실현을 「인도적 문제」로 강하게 요구한 것에 대해 북한측은 "이 교섭이 원활하게 진행되면, 국교정상화 이전에도 일부 특수한 사정이 있는 사람은 케이스 바이 케이스로 대응하겠다"고 말해, 정상화 이전에도 일부 귀향을 인정할 생각을 밝혔다[134].

더욱이 제2회 정부간교섭 전체회의 후인 12일, 두 대표가 외무성 이이쿠라飯倉 공관에서 약 2시간의 회담을 갖고, 베이징에서 예정되어 있는 제3회 정부간교섭 일정 외에도 분과회 설치 등 향후 협의방법에 대해 협의했다. 다음 일정에 대해 나카히라 대표가 5월 이후 개최를 주장한 반면, 전 차관은 4월을 요구해 대립했지만[135], 2일간의 일정을 연장해 13일 저녁에 다시 나카히라, 전 두 대사가 협의하게 되어 제3회 교섭을 5월 중에 개최하기로 합의했다[136].

3) 교섭패턴

제2회 북일교섭은 교섭당사자들의 언급[137], 특히 북한대표의 이야기[138]로 보면 제1회 회담 때보다 더 유연한 분위기에서 열렸다고 할 수 있다. 그러나 이 제2회 회담에서는 일본이 관할권문제와 요도호 문제를 처음 거론하면서 제4의제인 서브이슈를 본격적으로 제기했다. 이 요도호문제는 북한측에서 국교정상화교섭의 의제와는 무관하다고 반발을 일으키며, 이후 제3회 북일교섭에서 제기된 이은혜문제와 함께 일본이 북한에 압력을 가하는 이슈가 되었다.

그리고 핵사찰문제에 대해 일본측은 제1회 교섭 시에는 "핵확산금지조약의 의무 이행을 희망한다"라든가, "핵문제는 우리나라의 안보에 매우 중요하다"라는 요망 차원의 문제제기를 했다. 그러나 제2회 교섭에서는 그 요구 수준이 높아지고 강도도 강해졌다. 북한측 자료에 따르면 일본측은 사실상 이 제2회 교섭에서 핵문제를 국교정상화의 전제로 취급하게 되었다[139].

이와 같이 제2회 북일교섭은 일본이 상대적으로 유연하고 유화적 입장을 취한 북한에 대해 강경자세를 강화한 상태의 회담이었다. 이것은 핵문제를 국교정상화의 전제로 간주하여 국제공간에서 미국의 요구를 제기함과 동시에, 관할권문제에 대해 한일관계의 프레임을 고수하고 한국에 배려하는 것이었다. 또한, 정치인 레벨의 3당공동선언을 배척하는 관료의 입장에서, 요도호문제라고 하는 국내공간에서의 쟁점을 적극적으로 활용하여 자기의 교섭타겟에 유리한 형태로 연결하려고 했다고 할 수 있다.

따라서 제2회 북일교섭은 일본이 국제공간과 국내공간의 주요이슈를 대북 교섭과정에 영향을 미치는 압력카드로 활용하는, 향후의 모습을 보여 주었다고 할 수 있다. 그 모습은 국제공간에서 북한 핵사찰 수용이라는 교섭교착적 요구로 압력을 가하면서, 국내공간에서는 요도호범인 인도 요구라는 새로운 교섭교착적 조건을 만들어내는 것이다. 이를 통해 상대국공간에서 북한의 보상 등 국교정상화 요구를 거부한다는 것이었다.

요컨대, 제2회 북일교섭에서 일본의 정치지도자가 김용순 서기를 초청해 회담을 하고 교섭상대국공간의 교섭촉진적 상태를 유지하기 위해 노력을 했다. 그럼에도 불구하고 일본측 교섭자들은 정치지도자의 노력과는 달리 핵사찰 수용 · 관할권문제 · 재북 일본인배우자 · 요도호문제 등 국제 · 국내공간의 교섭교착적 요구를 주장하고, 교섭상대국공간에서는 그 요구를 배려하지 않는 대응으로 임했다.

제2회 북일교섭에 있어서의 일본의 교섭패턴은 자원배분의 측면에서 보면, CⅣ의 $P(R_0)-D(R_1+)-D(R_1+)$와 같은 「국내 · 국제공간 지향의 자원분산형(DT-DF)」이었다. 일본은 요도호문제와 핵사찰문제로 인해 교섭교착적인 국내 · 국제공간에는 주요 자원을 균등하게 배분하지만, 북한의 전후 보상을 포함한 과거청산의 요구가 강했던 상대국공간에는 자원을 배분하지 않았다.

3. 제3회 북일교섭(1991.5.20~22, 베이징)

1) 교섭공간

제2회 북일교섭에서 일본이 북한 핵사찰 수용을 주장했지만, 이 문제는 제2회 이후에도 미일을 중심으로 강하게 제기되었다.

자민당의 오자와 간사장은 3월 13일 저녁, 방일중인 미국의 리처드 솔로몬 국무차관보와 회담에서 북한의 핵사찰문제에 대해 "북한에 사찰 수용을 강력히 요구해 나갈 것"이라는 뜻을 나타내자, 솔로몬은 "제대로 (핵사찰문제를) 말해주고 있어 매우 고맙다"고 평가했다[140].

또한, 18일 워싱턴에서 열린 미일 원자력협의에서 일본측은 북한과의 국교정상화교섭에서 IAEA의 핵시설 전체 사찰수용을 정상화 조건으로 요구할 방침을 설명하고 미국측도 이것을 전면적으로 지지했다[141].

21일 워싱턴에서 열린 나카야마 외무장관과 제임스 베이커 국무장관과의 회담에서도 베이커 장관의 북일 국교정상화교섭에 관한 질문에 대해 나카야마 외무장관은 "미국, 한국과 잘 협의하여 진행한다고 북한에도 전달하고 있다[142]"라고 미국의 북한 핵사찰 요구를 전제로 하겠다는 생각을 나타냈다.

4월 4일 뉴포트 비치에서 열린 부시-가이후 미일 정상회담에서도, 부시 대통령의 북한의 핵개발에 대한 우려에 대해 가이후 총리는 "국제원자력기구의 보장조치협정 체결을 북한에 요구하는 것이 필요하다[143]"고 응답해 북일교섭에서 사찰문제의 쟁점화를 시사했다.

그 속에서 중국의 리펑 총리는 4월 6일 방중하는 나카야마 외무장관과 회담을 갖고 "일본이 더 적극적으로 행동해, 북한과의 국교정상화를 하길 바란다. 그러면 북한도 고립상태에서 벗어날 수 있다"고 말해, 북일 국교정상화의 움직임을 처음 공식적으로 평가했다[144].

북일교섭의 나카히라 노보루 대사는 4월 10일 서울에 들어가, 11일 이상옥 외무장관과의 회담에서 "북일 국교정상화가 한일관계의 틀에 악영향을 미쳐서는 안 된다, 북한이 요구하는 「전후 45년의 보상」은 논외, 북한의 IAEA의 핵사찰 수용문제에 타협의 여지가 없다"며 일본측의 3가지 기본입장을 이 외무장관에게 설명했다[145].

나아가 한국의 이종구 국방장관이 4월 12일, 북한이 IAEA의 핵사찰을 수락하지 않으면 "강한 징벌태세가 필요하다"며, 1976년에 이스라엘이 팔레스타인 게릴라가 납치한 비행기를 기습한 「엔테베 작전」과 같은 선제공격 가능성을 시사했다[146]. 이 국방장관의 발언에 대해 북한의 양형섭 최고인민회의의장은 17일 한국 국회의 입장을 밝히도록 요구했다. 북한측은 4월 29일부터 평양에서 열리는 국제의회연맹(IPU) 총회에 한국 국회대표단이 참가하기 전에, 해명할 것을 요구했다[147].

이와 같은 북한의 핵사찰문제를 둘러싼 대립에도 불구하고, 제85회 IPU총회가 평양에서 4월 29일부터 열려, 남북관계 개선과 북일교섭의 추진을 촉구하는 상황이 조성되었다.

북한의 김일성 주석은 4월 29일 IPU총회 개막식 연설에서, 남북한의 통일문제에 대해 "조선민족의 통일 의지는 이미 분단의 장벽을 뛰어 넘어 하나로 어우러져 있다"며 "우리는 높아진 통일의 기운에 화답하여 남북대화를 적극적으로 발전시켜 통일의 도상에 가로놓인 장애를 제거하기 위해 모든 노력을 다하겠다"며, 남북대화 재개의사를 보여주었다[148].

IPU총회에 참석한 한국대표단의 박정수 단장은 4월 29일 밤 김일성 주석이 주최한 금수산 의사당에서의 환영만찬에 각국 대표와 함께 참석, 김 주석에게 노태우 대통령과의 "남북 정상회담을 열도록" 제안했다. 이에 대해 김 주석은 "감사합니다"라고 대답했다[149]. 또한, 박정수 단장이 5월 1일 양형섭 최고인민회의 의장과의 회담에서 중단된 국회회담 등 남북대화 재개를 촉구한 것에 대해, 양 의장은 "재개의 준비는 갖추어져 있다"고 응답해, 곧 회담 재개를 제안할 준비를 진행하고 있음을 시사했다[150].

또한, 일본대표단(단장; 고미야마 주시로小宮山重四郎 중의원의원)도 5월 2일 오전 금수산 의사당에서 김일성 주석을 예방할 때 김 주석은 "북일관계 개선은 세계와 시대의 흐름이다. 장애는 있다고 생각하지만 그렇게 크지 않다"고 북일 국교정상화교섭에 대한 결의를 보였다. 그리고 일본의원단이 북일 직항항공편 개설을 제의한 것에 대해 김 주석은 "전적으로 찬성이다. 국교가 없어도 비행기는 날 수 있다"고 적극적 생각을 나타냈다[151].

그러나 IPU총회 개최 직후에도 미일간에 북한 핵문제를 둘러싼 우려가 제기 되었다.

이케다 유키히코池田行彦 방위청장관은 4월 30일 방미하여 딕 체니 국방장관과 회담했는데, 이 회담에서도 체니 장관이 북한의 핵개발에 대해 "큰 우려를 가지고 있어 단념하도록 미일이 협력해야 한다"고 요청했다. 이케다 장관도 북한에 대해 IAEA 사찰 수용을 계속 요구한다는 생각을 나타냈다[152].

그리고 중국의 주양朱良 중앙대외연락부장도 5월 2일 열린 다나베 사회당 부위원장과 회담에서 북한에 IAEA의 핵사찰문제는 "중국은 국제기구의 사찰을 받아들이고 있다[153]"며, 사실상 북한의 사찰 수용의 필요성을 인정했다.

한편, 제3회 교섭을 앞두고 제2회에서 제기된 남북 총리회담 재개 등 남북문제가 「남북 유엔가입」이라는 쟁점으로 떠올랐다.

4월 25일 열린 나카야마 외무장관과 한국 이상옥 외무장관의 제6회 한일 외무장관 정기협의에서, 이 외무장관은 한국의 유엔 가입문제에 대해 "남북 동시가입이 바람직하지만, 북한에게 그 용의가 없다면 올 가을 유엔총회에서 가입 신청을 단행한다"고 말해 한국의 단독가입에 일본의 지지를 요청했다. 이에 대해 나카야마 외무장관은 "남북 동시가입을 위해 북한에 직접, 간접으로 움직여 보겠다"라는 생각을 나타내고, 또한 "북한이 앞으로도 기존 입장을 고집한다면 한국이 앞서서 가입 신청을 하는 경우 이를 지지한다"고 공식자리에서 처음으로 한국의 단독가입 지지를 분명히 전했다[154].

이어 이상옥 외무장관은 5월 1일 방미 중, 부시 미국대통령과의 회담에서 "부시 대통령이 이번 가을 남북한 동시가입이 이루어지지 않는 경우에 한국이 예정하고 있는 유엔 단독가입 신청에 대해 "미국은 이 건에 관해 한국의 입장을 전적으로 지지한다"고 말했다[155]" 라며, "중국에 대해서도 설득공작을 한다[156]"는 자세를 밝혔다.

한국정부는 부시 미국대통령의 "전폭적 지지"를 받아 현안인 유엔가입 실현을 위해 아시아, 아프리카, 동유럽 등 총 36 개국에 대통령특사를 파견하는 등 활발한 외교에 나섰다. 그 결과 한국외무부에 따르면 「한국의 승인 국가가 148개국으로 북한의 105개국을 크게 웃돌았고, 남북 동시승인 국가는 90개국에 달하고 있다[157]」라는 상태가 되었다.

그러나 앞서 언급한 5월 2일 다나베 사회당 부위원장과 주양 중앙대외연락부장과의 회담에서 주양 부장은 한국이 유엔에 단독가입을 신청한 경우의 대응에 대해 "중국은 한반도의 긴장 완화, 대화가 성공해 통일에 진전하도록 희망하고 있다. 단독가입에는 찬성할 수 없다[158]"고 반대 입장을 보였다.

그리고 북한의 강석주 제1외무차관은 5월 4일 외국인 기자와의 회견 중에서 유엔 가입문제에 대해 한국측이 주장하는 "남북 동시가입" 이나 "단독가입"을 비판하는 한편, "타협안도 있고, 남북간 논의할 용의가 있다"며 북한측이 대안으로 내놓고 있던 "단일의석으로의 공동가입"을 고집하지 않고 더 유연한 대응을 생각하고 있다는 것을 밝혔다. 유엔 가입문제에 대해 강 차관은 "분열을 국제적으로 인정할 필요는 없다"고 한국측의 주장을 비판하고 "공동의석 가입뿐만 아니라 다른 타협안도 있다"고 말했다[159].

이러한 상황 하에서 일본정부는 5월 20, 21 양일간 베이징에서 열리는 북일 국교정상화를 위한 제3회 정부간교섭에서 「한국과 북한의 유엔가입문제에 대해 북한에 대해 지금까지의 『공동가입』의 방침에서 『동시가입』의 방침으로 전환해 올 가을 유엔총회에서 한국과 함께 가입절차를 취하도록 촉구하는 방침을 정했다[160]」라고 한다.

또한, 제2회 북일교섭에서 요도호범인 인도 요청으로 드러난 국내공간의 쟁점은 「이은혜문제」로 부상하고 있다. KAL기 폭파사건으로부터 3년 남짓 지난 시점에서 김현희 전사형수(당시 28)의 일본어 교육담당인 「이은혜」의 신원이 갑자기 부상했다.

사이타마埼玉현 경찰은 5월 15일 「이은혜」에 대해서, 동현 출신으로 1978년경 도쿄도 도시마豊島구에 살면서 캬바레 호스테스를 하고 있던 여성(35)일 가능성이 높다고 발표했다. 이날 수사관들이 한국에 있는 김 전사형수에게 여성의 사진을 보여주며 확인한 결과 "꼭 닮았습니다"라고 대답했다고 한다. 북한에 납치됐을 가능성도 있고, 동현 경찰 등 공안당국은 이 여성의 소재 확인을 서두름과 동시에 출국경위도 해명하고 싶다고 했다[161].

이 문제로 인해 진행되고 있던 북일교섭이 지연될 수 있다는 것이 예상되는 가운데, 외무성수뇌는 5월 15일 밤, 대한항공기 폭파사건의 김현희 전사형수에게 일본어 교육을 했다고 하는 「이은혜」의 가능성이 높은 여성의 신원을 판명한 것에 대해 "신원은 거의 특정됐다"고 말한 뒤, 20, 21일 양일간 베이징에서 열리는 북한과의 제3회 국교정상화교섭의 자리에서 북한측에 사실관계를 조회할 방침을 밝혔다[162].

사카모토 미소지坂本三十次 관방장관도 5월 16일 오전 기자회견에서 "조사 결과가 일단 나온 것이기 때문에, 확인하는 것이다. 베이징에서 북한과의 교섭이 이루어지기 때문에 (그 자리에서) 적절히 대처해 달라[163]"며 20, 21일 열리는 제3회 북일교섭에서 북한측에 조회할 생각을 나타냈다.

결국 제3회 북일교섭을 앞두고 있는 북일교섭의 공간은 북한의 상대국공간이 교섭촉진적 상태이면서도 핵사찰과 남북 유엔 가입문제의 국제공간과 납치로 의심되는 「이은혜문제」의 국내공간에서는 북일 대립을 안고 있던 교섭교착적 상태가 이어졌다.

2) 교섭의 진행

제3회 북일간 국교정상화교섭은 1991년 5월 20일 베이징의 일본대사관에서 전회 교섭과 같은 양국대표가 참가하여 개최되었다[164].

20일 오전 1차 협의에서 일본정부 대표인 나카히라 노보루 대사가 먼저 모두발언을 했다. 이 가운데 예비회담 이후 일관되게 북한에 요구하고 있는 IAEA의 핵사찰 수용에 대해 "본건의 해결 없이는 다른 논점에서 실질적 진전을 도모하는 것은 국내적으로 지지를 얻을 수 없다"고 기존에 없던 강한 기세로 압박하며, "핵사찰을 실현하지 않는 한 국교정상화는 어렵다"는 입장을 전했다. 또한, 남북의 유엔 가입문제 등에 대한 일본측의 견해를 표명했다. 이것은 처음 언급했지만, "(한국이 주장하고 있는) 한국과의 동시가입에 응하는 것을 환영하고 기대한다"며 「남북 단일의석에 의한 공동가입」 방식을 내걸고 있는 북한에 방침을 전환하도록 요구했다. 이에 대해 북한측은 일본측의 자세에 반발, 전인철 차관의 모두발언을 즉시 실시하지 않고, 협의의 진행방식을 논의하도록 요구하는 등 대립했다[165].

심지어, 나카히라 노보루 대사는 KAL기 폭파사건의 김현희 전사형수에게 일본어를 가르쳤다고 하는 일본인여성 「이은혜」에 대해서는, 직접 그녀의 이름을 언급하지는 않고 "귀국에 대한 정보 부족으로 발생하고 있는 일본국내의 불안감은 해소되고 있지 않다. 귀국이 더욱 투명도를 높여갈 것을 강하게 희망한다"는 표현으로 관계 정보를 일본측에 전하는 등, 성의 있는 대응을 하도록 북일교섭에서 처음 요청했다. 이름을 거론하는 것을 피한 것은 "이 문제에서는 북한을 지나치게 몰아가지 않겠다"(대표단 관계자)는 배려 때문이라고 한다[166].

이 외에도 나카히라 노보루 대사는 2월부터 중단된 남북 총리회담에 대해서도 "남북대화의 진전은 북일교섭을 진행시키는 데 있어서도 유리한 환경이 조성된다는 점에서 큰 플러스이다"며 조기 재개에 대한 희망을 전했다[167].

전인철 차관은 회담에 앞선 인사에서 나카히라 대사가 3월 도쿄교섭 종료 후 파티에서 북일교섭을 「오월동주」라고 표현했다고 지적하고 나서, "이번 회담을 앞둔 일본의 상황을 보면 방글라데시를 강타한 사이클론과 같은 험악한 풍파가 밀려오는 것이 아닌가 생각된다.

오월동주가 사이클론의 폭풍에 휩쓸려 암초에 부딪히지 않기를 바라고 있다"고 말했다. 「이은혜」문제를 일본측이 거론하려 하는 것을 견제한 것이었다[168].

한편, 전인철 차관은 "4개의 교섭의제 중 관할권과 역사인식에 관한 제1의제인 「기본문제」의 토의를 우선시해서 이 시점에서 합의가 이뤄지면 먼저 외교관계를 수립하고 「보상」이나 「핵사찰」 등의 문제는 미루자고 제안했다"며, 협의운영에 관한 「새로운 제안」을 했다. 북한은 일본측이 핵보장협정 체결문제, 유엔 가입문제, 남북대화문제를 다시 제기한 것에 대해 "북일회담과 관계없는 문제를 회담의 전제조건으로 제기한 것에 대해 물었다"고 한다. 이에 대해 일본측은 "이 세 가지 문제를 회담의 전제조건으로 제기한 것은 아니라고 하면서 북일 양국간 국교가 정상화되면 이와 같은 문제는 정규 외교루트를 통해 해결할 수 있지만 현재 외교관계가 없기 때문에 회담에서 제기하게 됐다"고 말했다. 북한측은 그러면 "외교관계를 먼저 설정하고 의제를 차례대로 논의하자는 북한측 제안이 정당하다는 것을 스스로 인정하는 것이 아닌가"라고 답했다[169].

나카히라 노보루 대사는 이를 거부하고, 북한이 IAEA의 핵사찰을 받아들일 것을 강하게 주장했다. "이 문제를 보류하고 다른 분야로 협의를 진행할 수 없다"고 말하며 국교정상화의 전제조건이라는 입장을 전했다[170]. 더 구체적으로 말하면, 일본측이 "국가간에 외교관계를 설정한다는 것은 정상적 교류를 시작한다는 것을 의미하지만, 조선민주주의인민공화국은 핵보장협정을 체결하는 것에 대해 국제의무를 이행하지 않고 게을리 하고 있으므로 아직 신뢰할 수 없어 외교관계는 설정할 수 없다"고 표명했다. 이에 대해 북한측은 "일본과의 외교관계를 맺을 자격이 없다는 것인가? 그렇다면 왜 국교교섭을 시작했는가"라며 강하게 반론, 핵사찰을 국교정상화와의 교환조건으로 하지 않는다는 입장을 강조했다[171].

이와 같이 제3회 북일교섭은 국교정상화와 핵사찰의 위치를 놓고 매우 심하게 대립하는 상황이 되었다.

20일 오전부터 회담은 오후 1시에 일단 중단하고, 두 번째 협의를 오후 4시경 재개했지만, 핵사찰문제로 격렬한 논쟁이 계속되었다. 북한측은 "국교정상화와 교환하는 형태로 이 문제를 해결할 생각은 없다", "함께 타고 나아가겠다고 말하던 배가 이로써는 가라 앉아 버린다"라고 말했다. 이 때문에 일본측은 "핵사찰문제를 보류는 할 수 없지만, 병행해서 논의하는 것으로 제1의제부터 시작하고 싶다"고 양보, 교섭일정의 2일째도 협의를 계속하는 것으로 북한을 이끌었다. 그러나 일본측은 "핵사찰문제 해결이 될 수 없다면 다른 문제에서의 진전은 없다"고 까지 단언했다[172].

또한, 일본측이 남북한 유엔 동시가입에 북한이 응하지 않을 경우 한국의 단독 선행가입을 지지하는 것을 공식적으로 전달했지만, 이에 대해 전 차관은 "일본이 국교정상화를 위한 교섭장소까지 와서 다른 사람의 내부문제에 간섭하고 유엔 단독가입을 추구하는 남조선당국자의 잘못된 행위를 지지한 것은 북일회담이 본격적 단계에 들어선 오늘에 이르러서도 일본이 남조선 일변도정책을 실시하고 있다는 노골적 표현이다"고 밝혔다[173].

한편, 「이은혜」문제에 대해 나카히라 대사가 직접 언급하지 않는 형태로 관계 정보를 일본측에 전달하도록 요구한 데 대해, 북한측은 이 회담에서는 이 문제를 언급하지 않았다.

이와 같은 심각한 대립 속에서 제1의제와 병행하여 논의를 계속하기로 합의하고, 21일 오전 10시부터 북한대사관에서 교섭을 계속하게 되었다.

세 번째 협의인 21일 오전부터의 회합에서 전 외무차관이 20일 회담에서 보여준 "제1의제(기본문제)에 대해서 집중토의를 먼저 진행해 이 시점에서 합의가 성립되면 외교관계를 수립하고, 제2의제(경제문제) 이후는 그때 처리한다"고 다시 제안하고, "이 제안이 받아들여지지 않는다면 더 이상 안건처리는 어렵다"며 일본측의 성의 있는 태도를 촉구하는 견해를 보였다. 이에 대해 일본측은 "쌍방의 견해를 좁히기 위해 포괄적으로 논의하고 싶다. 외교관계 수립 후 문제를 하나

하나 처리하는 것은 비현실적이다"라며 반박하고, 제1의제에 대한 견해를 표명했지만, 북한측은 논의에 응하지 않아 입씨름의 형태가 되어 이날 점심 전에 휴식에 들어갔다[174].

네 번째 협의는 21일 오후에도 이어져 북한측이 제1의제(북한의 주권이 미치는 범위 등 기본문제)에 대해 「새로운 제안」(전인철 외무차관)을 함에 따라, 동 의제의 내용에 대해 토의하고, 이 협의를 계속하기 위해 일정을 연장해 22일에도 교섭을 계속하기로 합의했다. 당시 내용은 공개되지 않았지만, 외무성 관계자는 21일 밤, 제안이 관할권(북한의 주권이 미치는 범위)에 관계된 것으로 지금까지 북한측의 주장보다 다소 양보한 것임을 인정했다[175].

다섯 번째 협의인 22일 교섭은, 일본대사관에서 약 5시간 토의하고, 오후 7시가 지나 종료됐다[176].

북한측이 21일에 제시한 주권이 미치는 범위(관할권)에 대한 새로운 제안에 대해, 일본측이 "기존보다 전진한 것이다. 국교정상화를 위해 더욱 지혜를 모으자"며 일정한 평가를 하고 있다는 것을 전했다. 북한측이 제기한 관할권에 대한 새로운 제안은 일본측 대표단 관계자에 따르면, "한반도의 반쪽에밖에 주권이 미치지 않고 있다"고 한 것이지만, 북일 양쪽 모두 공식적으로 밝히지 않았다. 그러나 회담 종료 후 기자회견을 한 나카히라 노보루 대사는 "깊은 논의를 했다", "향후 토의의 기초가 될 만한 것이다"라며 적극적으로 대응한 것을 시사했다. 일본측은 북한측이 스스로의 주권이 미치는 범위를 「한반도의 절반」이라고 한 점에 주목했다[177].

이어서, 보상문제 협의에 들어갔다. 이 문제에 대해 「일본측단장은 이 문제와 관련해서 1페이지밖에 안 되는 쪽지를 갖고 발언해, 조선측이 요구하는 보상은 국제법 규정에 맞지 않아 실시할 수 없고, 조일간에는 단지 재산청구권만 있다고 말해, 재산청구권 범위 내에서 요구하는 것이 있다면 증거문서를 보이라고 주장했다. 그리고 전후 45년간에 대한 보상문제는 일본에 책임이 없기 때문에 할 수 없다고 했다[178]」고 한다. 이에 대해 북한측은 「너무 놀라 이 발언이 전부냐고 묻자, 일본측은 그렇다고 말했다. 조선측은 제1회 회담에서 이 문제에 대해 조선측의 입장을 전면적으로 제시했는데, 구체적 답변이 있어야 하지 않느냐고 하자, 일본측은 아직 거기까지 준비가 되지 않았다고 답했다. 그래서 조선측이 이와 같은 상황에서 발언해도 의미가 없다고 지적했다[179]」고 한다.

그러한 논쟁 중에 「일본측이 조속히 제2의제에 대한 토의를 끝내고 제4의제에 대한 검토에 들어가겠다고 나섰다. 그러자, 조선측은 회담을 일단 중지하고 준비해서 재개하자고 제기했다.[180]」고 한다. 잠시 휴식을 취한 뒤 일본측은 「일본의 경찰당국이 김현희의 교육담당을 맡고 있었다는 여성이 거의 특정되었기 때문에, 그 소식에 대해 조사를 원한다」며 북한측을 밀어붙이는 형태로 발언했다[181].

이에 대해 전 차관은 발언을 즉시 중단시키고, "그것은 몇 번째 의제에 속한 것인지 질문했다. 이것은 의제에 반드시 들어가 있는 것은 아니다"라고 말했다. 일본측이 의제에도 없는 문제를 꺼내 회담 운영을 비도덕적으로 유린한 것 등에 대해, "발언을 철회하라"고 요구했다. 게다가 "이것은 공화국정부(북한)를 국제적으로 신용할 수 없는 나라라고 세계에 선전하려는 모략에서 나온 것이 명백하다. 우리는 일본정부가 의도적, 체계적으로 회담을 파괴하려 한 것"이라고 단정했다[182].

이와 같은 응수가 약 30분간 이어져, 전 차관이 북일교섭을 이후에도 계속하는 것에 이의는 없지만, 일본측이 이 발언을 철회하고 사죄할 때까지는 논의하기 싫다며, 제4회 북일교섭의 일정을 정하는 것을 거부하며[183] 심각한 분위기인 채로 끝이 났다.

3) 교섭패턴

제3회 북일교섭에서 일본측은 이은혜문제를 제기하고, 핵문제를 국교정상화의 공식적 전제조건으로 내세우고 한국의 유엔 단독가입을 지지하는 등 강경자세로 임했다. 반대로 북한측은 관할권과 역사인식을 해결해 외교관계 수립을 우선하고 보상이나 핵문제를 사후에 해야한다고 주장하면서 당시는 공식발표는 하지 않았지만, 관할권에 대해 「북쪽 절반으로 제한한다」고 양보했다. 이것은 북한이 지금까지의 제1의제를 제2의제인 경제문제, 즉 보상문제와 연계시켜 논의해 온 점을 감안하면 매우 획기적인 것이었다. 이것은 보상문제의 조속한 해결을 위해 외교관계 수립이 사전에 필요하다는 인식에 따른 교섭전략이라고 생각된다. 따라서 일본측이 국내·국제공간에서의 교섭교착적 조건을 증대시키는 행위를 취해도 상대국공간의 교섭촉진적 상태는 유지되었다.

그럼에도 불구하고 일본은 이것을 긍정적 진전이라고 평가하면서도 핵사찰의 무조건적 수용과 유엔 동시가입문제에 초점을 맞추어, 국제공간에서 초래된 교섭을 교착시키는 요구를 받아들이는 양상으로 대응했다. 무엇보다도 제2회에서 요도호문제 제기에 이어 이은혜문제를 본격적인 교섭의 쟁점으로 제기했다. 이것은 이후 북일교섭의 교섭상대국공간에서 북한을 압박하고 교섭을 교착시키는 강력한 수단이었다.

요컨대, 제3회 북일교섭에서 일본은 IAEA의 핵사찰 수용에 대해 전례 없이 강도 높게 압박하며, "핵사찰이 실현되지 않는 한 국교정상화는 어렵다"는 입장을 공식적으로 알리고, 국제공간의 교섭교착적 상태를 반영한 교섭태도로 대응했다. 또한 일본은 「이은혜」문제를 공식적으로 제기함으로써 교섭상대국공간의 교섭촉진적 조건을 축소시키는 한편, 국내공간의 교섭교착적 조건을 반영시키는 대응을 취했다. 그러나 일본은 북한이 「관할권은 절반」이라는 새로운 제안을 하면서, 외교관계를 맺고 나서 보상이나 핵문제 등을 해결하자는 제안에 대해서는 단호하게 거부했다.

제3회 북일교섭에서 일본의 교섭패턴은 자원배분 측면에서 보면 CⅣ의 $P(R_0)-D(R_1+)-D(R_1+)$와 같은 「국내·국제공간 지향의 자원분산형(DT-DF)」이었다. 일본은 이은혜·핵사찰문제가 쟁점이 되고 있던 교섭교착적 국내·국제공간은 그 문제의 해결을 강하게 강요하는 것으로 자원을 균등하게 배분했다. 그러나 사죄·국교정상화문제가 쟁점이 되고 있던 교섭촉진적인 상대국공간에는 북한의 관할권에서의 일정한 양보 속에서 제기한 선 국교수립 요구를 무시하는 것으로 자원을 배분하지 않았다.

4. 제 4 회 북일교섭(1991.8.30~9.2, 베이징)

1) 교섭공간

제3회 북일교섭이 일본측의 「이은혜」에 대한 정보제공 요청을 둘러싸고 중단된 후 제4회 북일교섭을 맞이하는 상황은, 우선 북한이 1991년 5월 27일, 한국과 유엔 동시가입 노선으로 전환한 것이었다. 5월 29일자 『노동신문』에 따르면, 북한외무성은 27일 유엔 가입문제에 대해, 「남조선당국자들이 마침내 유엔에 단독으로 가입하는 조건으로, 이것을 그대로 방임하면 유엔 무대에서 모든 조선민족의 이익과 관련한 중대한 문제가 편견적으로 논의될 수 있고, 또한 엄중한 후일의 화가 초래될 수 있다」고 한 뒤, 「우리는 이것을 수수방관할 수 없다. 조선민주주의인민공화국은 일시적 난국을 타개하기 위한 조치로서 현 단계에서 유엔에 가입하는 길을 선택하지 않을 수 없게 되었다[184]」며 「남북 단일의석에 의한 공동가입」이라는 기존 입장을 크게 전환한다는 성명을 발표했다. 또한, 북한이 7월 11일, 중단되어 있던 남북 총리회담의 8월 재개를 제안하고, 한국측은 이를 받아들여 8월 27일부터 평양에서 제4회 남북 총리회담을 개최하는 것이 예정되어 있었다[185].

특히 북한과 IAEA는 1991년 7월 15일 빈에서, NPT에 기초한 핵보장조치협정의 문안내용에 최종 합의했다. 문안에 합의가 성립된 것으로, 북한이 실제로 핵사찰을 받아들이도록 하기 위한 다음의 초점은 9월 11일부터 IAEA이사회가 문안을 승인한 뒤, 북한이 정식으로 서명 · 비준을 단행할지 여부로 넘어가게 되었다[186].

그 와중에 일본외무성은 비공식접촉을 계속한 결과, 7월 20일 일

본과 북한의 국교정상화를 위한 제4회 정부간교섭을 8월 30일 베이징에서 재개한다고 발표했다[187]

또한, 북일 양국의 국교정상화교섭의 원활한 추진을 위한 노력이 정치적 측면에서도 지속되었다. 전국북일우호촉진의원연맹 대표단(회장; 이시이 하지메)이 7월 21일부터 25일까지 북한을 방문해 북일우호친선협회(회장 김양건)와의 사이에서, 양국간 관계 개선을 촉진하기 위하여 교류를 활성화하는 등의 합의서에 서명했다. 이것은 교섭과는 별도로 정치지도자가 국제공간의 교섭교착적 상태에도 불구하고 교섭상대국공간의 교섭촉진적 상태를 유지하기 위한 개입이라고 생각할 수 있다.

계속해서 북한외무성은 7월 30일, 「조선반도의 비핵지대화」에 대해, 「(1) 조선의 북쪽과 남쪽은 조선반도 비핵화지대를 창설하기로 합의하고 이것을 공동선언한다. 늦어도 1992년 말까지 법적 효력을 갖는 공동선언을 채택해야 한다, (2) 미국과 조선반도 주변의 핵무기 소유 국가인 소련과 중국은 조선반도가 비핵지대로 합의, 선포되는 대로 그 지위를 법적으로 담보한다, (3) 아시아의 비핵국가는 조선반도 비핵화를 지지, 그 지위를 존중한다」는 성명을 발표했다[188].

이에 대해, 북한의 배용 중국 주재 대리대사는 30일, 베이징에서 기자회견을 갖고, 중국, 소련을 포함한 한반도의 비핵화에 대해 북한외무성의 새로운 제안을 제시했다[189].

북한은 이와 같이 제4회 북일교섭을 맞이해 유엔 동시가입으로의 전환, 남북 총리회담 재개, 북한 핵문제 해결 등의 조치를 취하고, 한반도를 둘러싼 국제환경을 호전시키려고 했다. 그 결과, 북일교섭에서 교섭공간의 상태를 교섭촉진적으로 만드는 영향을 주는 조건이 계속 발생했다.

그러나 제4회 북일교섭의 재개에 합의했음에도 불구하고, 일본정부는 8월 6일, 북한의 IAEA의 핵사찰 수용문제를 심의하는 9월 11일부터의 IAEA이사회에서 북한에 신속하게 사찰을 받아들이도록 촉구하는 결의안을 채택하도록 제안하기로 방침을 정했다. 그것은 "신속하고, 무조건적으로 사찰을 받아들이는 것이 NPT의 정신이다"(외무성 관계자)라며, 미국 외에 캐나다, 호주 등에도 공동제안을 하는 것이었다[190].

나아가, 일본측의 나카히라 노보루 대사는 『아사히신문』 기자와의 인터뷰에서 북한 내의 원자력관련 시설에 대한 IAEA의 사찰이 실시되는 것이 확실해지기 전까지는 이 교섭의 타결은 생각할 수 없다는 인식을 보였다[191].

결국, 일본은 북한이 유엔 동시가입과 남북관계 개선, 또한 보장조치협정에의 합의를 위한 움직임이 있었음에도 불구하고, 이와 관련하여 모든 것이 완전히 실현하기 전에는 국교정상화에 응하지 않는다는 입장으로 제4회 교섭에 임했다.

2) 교섭의 진행

제4회 북일 국교정상화교섭은 1991년 8월 30일 오전 10시반 베이징의 북한대사관을 일본측의 나카히라 노보루 대사 등이 방문해 회의장에 들어가면서 시작했다[192]. 그러나 본회담에 앞서 「이은혜」문제에 대한 비공식회담이 동대사관의 별실에서 열렸는데 종일 험악한 분위기 속에 심한 언쟁으로 난항을 겪어, 오전 중에는 본회담을 시작하지 못했다.

이은혜문제에 대한 비공식회담에는 일본측에서는 외무성의 다케나카 시게오竹中繁雄 아시아국심의관과 사이토 구니히코斉藤邦彦 동북아시아과장, 북한측에서는 이삼로 외무성연구원(부국장급) 등이 참석하여 이루어졌다. 이 비공식회담은 「일본측이 북일 국교정상화를 위한 양국 정부간의 본회담을 중단상태로 빠뜨린 것을 사죄하고, 회담과 관련없는 문제를 본회담에 제기하지 않는다고 하면서 제4회 본회담과는 별도로 양국 외무성의 부국장급의 협의를 열자고 요청해 열렸다[193]」고 한다.

일본측대표단 관계자의 설명에 따르면 비공식회담에 북한대표로 참석한 이삼로 외무성연구원은 「이은혜」에 대해서, “남쪽(한국)의 꾸며낸 드라마에 나오는 정체 불명의 여자는 존재하지 않는다”며, 5월에 열린 3회 교섭 때와 같은 주장을 전개하며 이것을 제기하는 것은 “(북일)교섭을 파괴하려고 하는 것”이라고 일본측을 비판했다고 한다[194].

30일 밤, 일본측대표단 관계자가 밝힌 바로는 이날 비공식회담에서 일본측이 이은혜의 신원이나 소식 등에 대한 조사를 거듭 제의하고, 이에 대해 북한측은 「조사해 보겠다」고 대답한 것으로 「양해[195]」가 성립돼 있었다. 「양해」가 있었다는 것에 대해서는 역시 같은 날 밤 기자회견을 한 북한측의 이 연구원도 인정했다. 그러나 일본측이 의뢰하는 취지는 이해한다는 의미에서 (북한측이) 「알았습니다」라고 대답한다는 것이 「양해」였다고 주장했다[196]. 북한측은 「확실하게 “조사해 보겠다”고 대답한 것이었지만, 그에 대해 일본측이 합의한 것처럼 말하고, 조선측이 일본의 제기에 응할 것을 계속 집요하게 요구했다[197]」고 분명히 반박했다.

이와 같이 30일, 양측의 심각한 대립 속에서 나카히라 대사 등은 북한의 전인철 차관과 기후에 대한 인사를 했을 뿐, 양쪽 모두 본의제로는 들어가지 않고 서로 마주보는 상태가 계속됐다[198].

교섭 이틀째인 31일 정오, 일본대사관에서 부단장급 비공식회담이 재개되어, 일본과 북한 양측은 전날과 같은 대표가 참석했다. 일본측대표단이 전날 「이은혜」문제를 둘러싼 대립을 풀기 위해 대화를 계속하고 싶다며 북한측에 촉구했다[199]. 그러나 「북한은 비공식회담은 어디까지나 본회담과는 관계없이 별개로 이루어지는 것이므로, 그 진행상황에 얽매이지 않고 본회담을 열어야 한다고 강하게 주장했다. 일본은 비공식협의에서 결말이 나올 때까지 본회담을 하는 것은 어렵다고 했다. 북한이 본회담이 열리지 않은 책임을 추궁함으로써, 이 일본측의 주장은 철회하게 되어, 비공식협의가 끝나고 제4회 교섭의 본회담이 열렸다[200]」고 한다.

제4회 정부간교섭은 31일 오후 4시부터 교섭 본래의 의제를 논의하는 본회담에 들어갔다[201]. 대립하고 있던 「이은혜」문제 처리는 쌍방

대표단의 부단장급에서 협의를 계속하는 것으로 일단 수습했다. 본회담에서 분리함으로써 사실상 보류되었다고 할 수 있다[202]. 본회담에 들어서는 이은혜문제에서 합의를 얻었으므로 북한의 핵사찰문제, 남북대화 등에 대해 양측 단장이 생각을 서로 얘기한 뒤, 관할권(주권이 미치는 범위)문제를 중심으로 제1의제 「기본문제」 토의에 들어갔다.

북한대사관에서 31일 시작된 본회담에서는 일본측 단장인 나카히라 노보루 대사가 먼저 발언해 "(1) 북한이 한국과의 유엔 동시가입을 단행한 것을 환영한다, (2) 북한이 IAEA와 보장조치(핵사찰)협정 문안에 합의(1991년 7월)한 것은 평가하지만, 이 협정의 체결, 이행을 신속하게 무조건 이행할 것을 기대한다, (3) 남북 총리회담을 10월로 연기한 것은 유감이며, 남북대화에 진지하고 적극적으로 임할 것을 요망한다[203]" 등 이번 교섭에 있어서 일본측의 입장을 설명했다.

이에 대해, 전인철 외무차관은 "(1) 남북대화에 대한 언급은 내정간섭이다, (2) IAEA와의 사이에서 해야 할 절차는 실시하고 있고, 일본의 간섭은 불필요하다 등으로 반론했다. 특히, 남북 고위급회담의 연기는 회담장을 (평양이 아닌) 판문점으로 변경하려 한 것인데 이는 남한에서 콜레라가 발생했기 때문이라며 조선측이 발표한 공문서를 한번이라도 읽은 후의 발언이냐고 반문했다[204]"고 한다.

관할권에 관한 토의 중에 일본측은 (1) 한일조약 등 과거의 조약, (2) 주권의 상호 존중 등 유엔헌장 상의 제원칙에 대한 일본정부의 생각을 설명했다. 일본측이 북일교섭에서 이와 같은 점에 대해 생각을 정리하여 제시한 것은 처음이지만, 내용은 공개되지 않았다[205].

「이은혜」문제를 둘러싼 대립에서 일정을 연장하고 3일째에 접어든 일본과 북한의 제4회 국교정상화교섭은 9월 1일 베이징에 있는 일본대사관에서 전날에 이어 본회담을 이어갔다. 제2의제 「경제적 제문제」를 중심으로 논의했지만, 논의는 거의 평행선을 달렸다. 이 가운데 일본측은 이번 청구권문제와 관련해서 「당시 적법하게 행해진 징병, 징용 등에 따른 사망 등 인적 피해는 보상대상이 되지 않는다」고 했다. 그리고 「청구권에 기초한 보상요구는 피해 사실관계를 뒷받침하는 객관적 자료가 필요하다」는 견해를 북한측에 전달했다[206].

일본측이 이날 보여준 「청구권에 기초한 보상요구는 객관적 자료가 필요하다」는 생각은 당시 우편저금을 하던 그대로 되어 있고, 징용되면서 임금이 체불되고 있는 경우라면, 그것을 증명하는 통장 등의 서류가 필요하다는 생각이었다. 그러나 북한측은 「50년 이상 지났고 어느 조선인이 그런 것을 가지고 있겠는가?」라고 강하게 반발했다[207]. 또한, 일본측이 「청구권」에 대한 생각을 설명하는 가운데, 당시 적법하게 행해진 징병, 징용 등에 따른 사망 등의 인적 피해는 보상대상이 되지 않는다고 한 점에 대해서도, 북한측은 「일본측의 주장은 결국 이것 때문에 아무것도 보상하지 않는다는 것과 같다」고 반박하면서 「전쟁배상이라고 하든지 손해배상이라고 표현하든지, 명칭이 어떻든 일본은 과거 조선인민에게 끼친 막대한 피해와 손실에 대한 보상책임에서 절대로 벗어날 수 없다」고 강조했다[208].

그리고 전 차관은 전후 45년간의 보상문제에 대해서도 일본측의 논거에 전면적으로 반박했다[209]. 전 차관은 "일본측이 지금까지 북일관계가 비정상적이었던 것은 동서대립과 조선정책에 기인하고 있다고 하지만, 이것은 사실과 부합하지 않는 것이다[210]"고 밝히면서 "조선측은 일본측이 조선에 대해 적대시정책을 실시하지 않았다고 하지만, 일본이 일본국민의 여권에 조선으로의 여행 금지사항을 기재한 유일한 국가였다는 하나의 사실만 봐도 일본 정부당국이 조선에 대해 얼마나 심한 적대시정책을 실시하여 왔는지를 충분히 알 수 있다[211]"고 주장했다. 그리고 "마지막으로 조선측은 일본이 3당공동선언에 명기된 것처럼 과거 조선인민에게 끼친 막대한 피해에 대해 전후 45년간 끼친 손실에 대해 충분히 보상해야만 북일관계를 가깝고 친근한 관계로 전환시키고자하는 북일 양국인민의 기대에 부응할 수 있으며 아시아와 세계인민의 신뢰도 가능할 것이다[212]"라고 발언했다.

9월 2일, 제4일째 본회담이 베이징의 북한대사관에서 오전 9시 30분부터 열려, 제3의제 「국제문제」와 제4의제 「기타」를 중심으로 논의되었다[213].

일본측은 북한측에 핵보장협정 체결문제와 관련해 조선측의 적극적 자세(IAEA와의 합의)를 평가한다고 하면서도 「북한이 IAEA와의 핵보장조치협정을 하루 빨리 매듭짓고, 무조건 사찰을 받아들이도록」 재차 강력히 요구했다. 나카히라 노보루 대사는 "(북한이) 핵개발을 하고 있는 것 아니냐는 의혹을 국제사회가 갖고 있고, 일본국민들도 큰 관심을 가지고 있다. 이 문제의 해결 없이는 다른 논점에서 실질적 진전을 도모하는 것은 곤란하다"고 발언해, 북한이 핵사찰을 인정할 때까지 국교정상화는 어렵다는 일본측의 생각을 명확하게 표명했다[214].

나카히라 대사는 또 북한과 한국의 「남북대화」에 대해서도 4번째 남북 총리회담이 8월 하순으로 일단 결정됐지만, 북한측의 제의로 10월로 연기된 것에 「유감의 뜻」을 밝힌 후에, "남북대화는 동북아시아의 긴장완화에 도움이 되고, 일본국민은 그런 의미에서 진전을 기대하고 있다"며 북한이 전향적 자세로 임하도록 거듭 요청했다[215].

나카히라 대사는, 「기타의제」에서는 일본측은 북한 남성과 결혼한 일본인여성이 전후 남편과 함께 북한으로 건너간 채 귀국하지 못하고 있는 「일본인배우자 귀향」문제를 주로 거론하고 지금까지 반복해서 귀향 실현을 요청하고 있음에도 불구하고 「전혀 진전되고 있지 않다」는 것에 불만을 표명했다[216].

이와 같은 일본측의 주장에 대해 북한의 입장은 전인철 외무차관이 2일 저녁, 베이징의 북한대사관에서 열린 『아사히신문』 기자와의 인터뷰에서 밝혔다. 이 인터뷰에서 전인철 외무차관은 IAEA의 핵사찰 수용문제에 대해 "우리에 대한 핵사찰을 실시함과 동시에, 남조선에 있는 미국의 핵기지에 대한 사찰이 실시되어야 한다"며, 이후 IAEA와의 사이에서 핵보장조치협정 체결 등의 절차를 진행함에 있어서는 "주한미군기지에 대한 핵사찰을 조건으로 한다"는 것을 명언했다. 일본측은 북한측에 "무조건적인 협정체결, 사찰이행"을 요구하고 있으며, 이 문제에서 대립이 풀리지 않고 있는 것을 분명히 했다[217].

전 차관은 또 북일교섭의 논점이 되고 있는 관할권에 관련해서,

“본래는 관할권을 명시하지 않아도 외교관계는 설정할 수 있다. 따라서 (일본과의) 교섭에서는 (당초, 관할권 명시는) 불필요하다는 입장을 표명했다”고 밝힌 뒤, “일본이 반복해서 요청했기 때문에 절충안을 제시했다. 지금은 (관할권에 대한 어떠한) 합의를 만들 방침이다”라고 말해, 이 점에서는 일본측과의 거리가 좁혀지고 있다는 것을 인정했다[218].

그리고 일본측이 같은 해 3월에 조사를 의뢰한 안부를 모르는 일본인배우자 12명에 대해 전 차관은 “인도적 견지에서, 안부조사는 이미 실시되었다”라고 언명하고, “이번 교섭에서는 일본측에서 문의가 없어, 대답하지 못했다”고 말했다[219]. 그러나 전 차관은 “조선측은 이 문제는 북일 국교정상화가 실현되면 자연스럽게 해결될 것이지만, 일본측이 급한 사정을 말하니 북일 국교정상화가 되기 이전에도 일본인배우자의 고향방문을 케이스 바이 케이스로 가능한 범위에서 실현시키기 위해 노력하겠다는 입장을 표명하고, 제3회 베이징회담 시에도 논의될 것으로 내다보고 있었다. 그러나 일본측은 제3회 회담에서 회담과 관계없는 정체불명의 일본인여성문제에 몰두해서인지, 이 문제를 제기조차 하지 않았다[220]”며, 일본인배우자의 고향방문 문제를 「이은혜」문제와 연계시켰다.

이상과 같이 본회담은 「이은혜」문제를 둘러싼 비공식회담을 위해, 당초 예정보다 하루하고 반나절 늦은 8월 31일 오후부터 시작되었지만, 이것으로 교섭의 4개 의제에 대해 대강 언급했기 때문에, 이번 교섭은 이날로 막을 내렸다. 다음 교섭은 11월초, 베이징에서 개최하는 것으로 합의했다.

당시 공개되지 않았지만, 제4회 교섭에서는 북한과의 국교정상화 교섭 중에 일본측이 「조약안」을 제시하고 그에 대해 북일 쌍방이 논의했다. 그러나, 일본측이 제4회 북일교섭에서 「기본관계조약안」을 제출했으나 북한은 차기교섭에서 대응하겠다는 것에 그쳤다고 한다[221].

3) 교섭패턴

제4회 북일 국교정상화교섭은 9월 2일에 끝났다. 이번에는 5월 교섭 때처럼 북한측의 새로운 제안이 돌출돼 나오지 않아, 일본측으로서는 매듭짓고 싶었던 「이은혜」문제도 계속 협의하기로 했다. 거의 진전이 없었던 것처럼 보이지만, 북일 쌍방의 설명으로는 북한의 관할권이나 「배상 · 청구권」문제도 구체적으로 파고들어 의견교환을 한 것이 엿보였다[222]. 그리고 조약안도 제출하여 북일 정부간 대화는 실무적으로 담아내는 단계에 진입해 어떻게든 경제협력문제가 다루어질 수 있는 방향으로 향하고 있었다.

제4회 북일교섭에서 북한은 제3회 북일교섭에 이어 추가 양보를 하는 모습을 보였다. 특히, 이 교섭에서 북한의 전인철 차관은 관할권에 대한 양보는 물론, 「전쟁배상 또는 명칭과 관계없이 보상하라」며 보상문제를 둘러싸고 매우 전향적 태도를 보였다. 36년간의 지배와 전후 보상문제에 대해, 보상 또는 배상 여부 등 형식과 명분을 버리고 실질적 내용 차원의 처리를 주장한 것이다. 물론, 당시 조선과 일본이 교전상태였다는 것은 철회하지 않았다. 전 차관은 9월 1일 기자회견에서, "조선측은 수많은 역사적 사실을 들어, 과거 조일관계가 침략전쟁을 일으킨 일본과 이에 반대하여 싸운 조선인민의 교전관계로 일관해 온 것을 다시 당당하게 주장했다[223]"고, 밝혔다.

요컨대, 이렇게 제4회 교섭에서도 교섭상대국공간의 교섭촉진적 상태는 계속됐다.

한편, 일본은 보상문제에 대해 「청구권에 기초한 보상」문제로 다루면서 「당시 적법하게 행해진 징병, 징용 등으로 인한 사망 등 인적 피해는 보상대상이 되지 않는다[224]」며, 북한의 전쟁배상 요구의 철회에 대해 배려하지 않는 주장을 했다. 이에 대해 전인철 차관은 강한 반발을 보였지만, 동시에 "일본측이 정상화에 의욕을 가지고 있는 것은 알았다. 시간을 들여 검토하고 싶다[225]"며, 보상문제를 매듭짓기 위해 취한 양보의 문맥으로 유연한 자세도 보였다.

이와 같이, 제3회 북일교섭부터 계속된 북한측의 양보에도 불구하고 일본측은 북한의 유연한 자세와는 반대로 제3회에 이어 제4회 교섭에서도 강경대응으로 임했다. 물론, 보상문제에 대한 일본의 전략은 「청구권에 대해 증명하는 것은 실무적으로 무리가 있기 때문에, 북일 쌍방이 포기하고, 일본이 북한에 대해 경제협력하는 것으로 매듭짓고 싶다[226]」라는 것이었다. 이것은 「일본측에서도 『과거 일본이 한반도에서 한 것에 대해 아무것도 할 필요가 없다고 생각하고 있는 사람은 없다』 (일본측대표단 관계자)는 것도 사실이기[227]」 때문에 사실상의 보상을 하지만 법률적으로는 공식적으로 처리하지 않는 입장이라고 생각된다.

그리고 일본측은 교섭에 앞서 개최된 비공식협의에서 이은혜문제를 제기하여, 교섭 직전의 부단장협의에서 북한이 이은혜의 행방에 대한 조사를 거부함으로써, 회담은 순조롭게 진행되지 않았다. 이것은 실무자급에서 협의를 계속하는 조건으로 본회담을 진행하는 형태로 매듭지었다. 본회담에서도 일본측은 북한측의 한국과의 유엔 동시가입에 찬동을 표명하는 한편, 다시 핵사찰 수용을 강력히 요구하고 남북 총리회담 재개도 촉구했다. 핵사찰과는 별개로 연기된 남북 총리회담 재개까지 촉구한 것은 본교섭과는 전혀 관계가 없는 것으로서 북한으로부터 「내정간섭」이라는 반발을 초래했다.

제4회 북일교섭에서 일본측은 보상문제를 포함해 본래의 의제에 대해 북일 쌍방의 포기를 목표로 하면서 국내공간에서 제기되고 있는 이은혜문제의 해결, 또한 국제공간에서 제기되고 있는 핵사찰 수용 등 미국과 한국의 교섭교착적 요구를 받아들였다. 따라서 제4회 교섭에서 일본의 태세는 교섭상대국에 대해 강경한 특징을 드러냈다.

그러나 제4회 회담에서 조약문 초안을 교환했다는 사실은 매우 의외의 일이었다. 왜냐하면, 제4회 교섭에서는 양국간 이은혜문제를 둘러싼 첫 번째 비공식협의가 열렸고, 그 자리에서 대립이 매우 치열한 상황이었기 때문이다. 또한, 일본측이 그 조약안을 먼저 제안한 것은 강경책으로 일관해 나타나는 현상유지 또는 교섭지연책의 이미지를 불식하기 위한 전술로 생각된다.

요컨대, 제4회 북일교섭 때, 보상문제에 대해 전쟁배상 또는 「명칭과 관계없이」라는 북한의 전향적 교섭태도의 전환에 대해서도 일본은 상대국과의 외교관계 수립 등 교섭타결에 대한 교섭공간에서의 구체적 전략이 없는 상태로, 「청구권에 의한 보상」 「당시 적법한 징병, 징용은 보상대상이 되지 않는다」는 강경책을 계속 고수했다. 또한, 일본은 북한측이 IAEA와 핵보장협정 체결을 합의했음에도 불구하고 다시 핵사찰 수용을 강력히 요구하고 남북 총리회담의 재개도 촉구함으로써, 국제공간의 교섭교착적 상태를 강화했다. 또한, 일본은 비공식협의에서 이은혜문제의 해결을 요구하고, 국내공간의 교섭교착적 조건을 확대했다.

제4회 북일교섭에 있어서 일본의 교섭패턴은 자원배분 측면에서 보면, 제3회 교섭과 마찬가지로, CⅣ의 $P(R_0)-D(R_{1+})-D(R1+)$와 같은 「국내 · 국제공간 지향의 자원분산형(DT-DF)」을 반복했다. 일본은 이은혜 · 핵사찰문제 등의 교섭교착적인 국내 · 국제공간에는 강한 자세로 자신의 요구를 주장하는 등 자원을 균등하게 배분했다. 그러나 일본은 상대국공간의 교섭촉진적 상황이 더 강해지고 있었지만, 사죄 · 보상을 요구한 북한의 요구를 거절하는 등 자원을 배분하지 않았다.

5. 제5회 북일교섭(1991.11.18~20, 베이징)

1) 교섭공간

제5회 북일교섭을 맞이한 주요 국제공간에서의 움직임은, 북한의 핵사찰협정의 체결 · 비준 문제와 제4회 북일교섭까지에서는 실현되지 않았던 남북한의 유엔 동시가입문제였다.

북한 핵사찰문제에 관해서는 일본, 캐나다, 호주 3국이 9월 10일 북한의 핵사찰 수용을 촉구하는 결의안을 IAEA에 제출했다. IAEA

정례이사회는 12일 NPT에 근거한 핵사찰협정을 북한이 신속하게 조인, 비준하고 사찰을 받아들이도록 요구하는 결의안을 찬성 27, 반대 1(쿠바), 기권 6으로 채택했다[228]. 이에 대해 북한의 오창림 무임소(순회)대사는 결의 후 기자회견에서 "미국이 한국에 배치하고 있는 핵무기가 철거되지 않는 현재 상황에서는 협정을 체결할 수 없다"며 서명 거부를 밝혔다[229].

일본외무성수뇌도 9월 11일, 북한의 유엔가입과 관련하여 부각된 북한의 국가 승인문제에 대해 "유엔에 가입함으로써 자동적으로 일본정부가 국가로 승인하는 것은 아니다"라며, 북한의 유엔가입과 동시에 승인할 생각은 없음을 밝혔다. 또한, 외무성수뇌는 "IAEA의 핵사찰문제 등을 판단재료로 다양한 요소를 검토하여 판정한다"며 이 문제는 핵사찰문제 등에서의 북한의 향후 향방 등을 보면서 판단할 방침이라고 강조했다[230].

이와 같이 북한의 핵사찰협정 체결문제가 해결되지 않은 속에, 미국정부는 한반도에서 지상, 해양, 공중배치의 전술핵을 모두 철거한다는 방침을 결정했다. 10월 19일자 『워싱턴포스트』 지는 미국 정부 당국자의 말을 인용해, 부시정권이 지상배치뿐만 아니라 항공기 탑재의 것들도 포함해, 모든 핵무기를 한국에서 철거하기로 결정했다고 보도했다[231]. 부시 대통령은 "지난달 말(9월 27일), 지상 및 해양배치 전술핵의 전폐 · 철거를 발표했지만, 항공기 탑재의 전술핵은 언급하지 않고, 한국의 미군기지에 배치되어 있는 F16 탑재의 전술핵에 대해서도 당분간은 유지하는 보도가 전해지고 있었다. 그러나 한미 양국 정부간협의 후, 지난주 미국측은 항공기 탑재 핵도 철거한다는 결정을 내렸다[232]"고 한다.

북한측의 전인철 북일교섭단장은 10월 21일 오후, 방북중인 일본인 기자단과의 회견에서, 이러한 미국정부의 방침에 대해 "지금까지 우리의 주장이 맞았다는 것을 나타내는 것"이라고 환영하면서, (1) 한국에서의 미군 핵무기의 전면적 철거, (2) 미국의 핵위협의 실질적 제거를 요구하고, 지금 단계에서는 북한이 IAEA의 핵사찰을 받아들일 의향이 없다는 것을 시사했다[233].

한편, 1991년 9월 17일 오후(일본시간 18일 아침) 유엔총회에서 한국과 북한의 유엔 동시가입이 정식으로 결정됐다. 이에 따라 양측은 「국가」로서 국제사회의 일원으로서 공존하는 새로운 관계가 시작되었다.

가이후 총리는 18일 오전, 한국과 북한의 유엔 동시가입에 대해 "유엔이 보편성을 가진 셈이다. 남북한의 대화를 더욱 촉진하는 좋은 경향이라고 생각한다"며, 환영하는 의향을 표명했다[234].

또한, 8월에 연기된 제4회 남북 총리회담은 10월 23일 오전 10시부터 평양 시의 인민문화궁전에서 제1차 회담이 열렸다. 국제적으로 관심이 집중되고 있는 한반도의 「핵문제」를 쌍방이 이 회담에서 처음으로 정면에서 다뤘고, 먼저 기조보고 한 북한의 연형묵 총리는 구체적으로 「조선반도의 비핵지대화에 관한 선언」을 제안[235]했다. 연 총리가 제안한 비핵화선언 초안은 북한외무성이 7월 30일에 발표한 「조선반도의 비핵지대화」에 관한 성명내용을 바탕으로 한 것이었다[236].

한국의 노태우 대통령도 11월 8일 TV와 라디오를 통해, "핵무기를 제조, 보유, 저장, 배치, 사용하지 않는다"는 등 「한반도의 비핵화와 평화구축을 위한 선언(비핵화선언)」을 발표, 북한에 대해 IAEA의 핵사찰 수용과 핵재처리 및 농축시설의 보유포기를 강력히 요구했다. 노 대통령의 선언은 주한미군의 전술핵 철수를 전제로 하고 있으며, 북한의 「한반도 비핵지대화에 관한 선언」에 대항해서 이 문제에서 주도권을 가지는 것을 겨냥한 것으로 받아들여졌다[237].

그러나 남북간 한반도 비핵화에 대한 진전이 있었음에도 불구하고 일본의 북한 핵에 대한 견제는 상당히 강했다. 일본은 이 즈음인 10월 27일, 자민당총재 선거에서 새로운 총재로 선출된 미야자와 기이치宮澤喜一[238]가 1991년 11월에 가이후 내각에 이어 새로운 내각수반이 되었다.

새로운 내각의 와타나베 미치오渡辺美智雄 부총리겸 외무장관은 11월

6일, 보도 각사와의 인터뷰에서 현재 북한과의 사이에서 이뤄지고 있는 국교정상화교섭에 대해, "북한이 IAEA와의 (핵)보장조치협정을 조기에 무조건 체결하고 이행하는 것이 필요하다. 이것은(국교를 정상화하기 위한) 절대조건이다"라고 말했다[239].

또한, 일본정부는 11월 16일, 18일부터 베이징에서 열리는 제5회 북일 국교정상화교섭에서 북한이 원폭제조로 이어질 핵연료 재처리 시설을 건설 중이라고 지적되고 있는 문제에 대해, "그러한 시설이 존재하면 심각한 문제이며, 우려를 표명한다"고 전하겠다는 방침을 정했다. 일본측은 북한의 핵개발문제에서는 지금까지의 교섭에서도 IAEA의 보장조치협정을 체결하도록 요구해 왔지만, 노태우 대통령이 「비핵화선언」에서 「재처리시설 보유포기」를 호소하고 있는 것 등을 근거로 「우려표명」의 형태로 다루기로 했다[240].

이와 같이, 제5회 북일교섭이 열리기 전의 교섭공간에서 북한의 핵보장조치협정 체결문제가 북한과의 사이에서 큰 이슈가 되고 있었다.

또한, 제5회 북일교섭을 앞두고 북한 핵문제 이외에 재일조선인의 법적지위문제를 둘러싸고 일본정부도 조치를 취했다. 일본정부는 9월 27일 각의에서 전쟁 전부터 일본에 살던 재일 한국·조선인, 대만 출신자와 그 자손에게 「특별영주자」의 자격을 주는 시기를 11월 1일부터로 하는 시행령을 결정했다[241]. 이것은 1월의 한일 합의를 바탕으로 그 후 4월 26일 정기국회에서 통과한 「일본국과의 평화조약에 따라 일본국적을 이탈한 자 등의 출입국관리특례법」에 근거해 취해진 시행조치였다.

그래서 그 출입국관리특례법이 11월부터 시행되어, 일본으로의 재입국이 인정되는 해외체재기간이 최대 2년에서 5년으로 연장되고, 강제퇴거처분을 받기 어려워졌다[242].

이 문제는 비록 한일 합의에서 시작했음에도 불구하고, 북일교섭에서 북한이 요구하고 있던 재일조선인의 법적지위문제에서 일본정부가 그 요구에 배려한 조치라고 생각된다.

2) 교섭의 진행

제5회 북일 국교정상화교섭은 1991년 11월 18일 오전 10시가 지나서, 베이징의 일본대사관에서 지난 교섭 때와 같은 양국대표가 참석하면서 시작되었다[243].

북한의 전인철 외무차관은 모두발언에서 "국교정상화를 위한 회담이 시작되고 1년 가까이 됐지만, 북일 양국인민의 기대에 부응하는 전부를 이루어 내고 있지 않다"는 것을 지적하고, "이번 회담에서는 회담과 관계없는 문제를 논의하는 것이 아니라 본질적 문제 토의에 들어가 회담을 진전시키자"라며 기대를 표명했다[244]. 이어서 나카히라 노보루 대사는 "제1의제인 「기본문제」만을 토의했을 뿐, 다른 문제들을 미룬 채 외교관계를 설정하는 것은 받아들일 수 없다"고 말했다[245]. 나카히라 대사의 이 발언은 북한측이 제3회 교섭 이후 반복 제안한 「선 외교관계 수립－후 핵문제 · 보상문제 해결」이라는 주장을 강하게 반박한 것이었다.

또한, 나카히라 대사는 국교정상화의 장애가 되고 있는 북한의 핵사찰 수용문제에 대해 "IAEA와의 핵보장조치협정의 조기 · 무조건적 체결과 그 것의 완전한 이행"을 요구했다. 그리고 미국과 한국이 사용후 핵연료 재처리시설을 폐기하도록 요구하고 있는 것을 근거로 "재처리시설의 존재 여하는 일본의 안전보장에 중요한 문제"라고 지적했다. 북한측은 이에 대해 종래와 같이 "일본은 불필요한 논란을 제기하고 불필요한 우려를 하고 있다"고 반박했다[246].

모두발언에 이어 제5회 교섭이 열린 18일 오후에는 관할권 등의 「기본문제」를 둘러싸고 논의를 이어갔다. 그러나 이날 열린 관할권과 역사인식, 국교정상화 시에 지침으로 삼아야할 원칙 등의 「기본문제」를 둘러싼 논의내용은 밝혀지지 않았다. 일본대표단 관계자는 「북한의 견해는 지금까지 큰 변화는 없지만, 논의는 이전보다 깊어졌다[247]」고 지적했다. 그리고 북한은 「북일 국교정상화는 일본이 과거의 죄상을 진심으로 깨끗하게 청산할지의 여부라는 문제로 귀착된다고 지적하고, 국교정상화를 실현하기 위해서는 일본측이 과거의 죄상에 대해 반성도 청산도 하지 않는다는 입장에서 출발해서는 안 된다며, 일본이 남조선 당국과의 (한일조약) 타결로 짊어진 짐을 버리고 못하고, 그 틀을 조선측에 맞추려고 하면 안 된다[248]」라는 원칙적 입장을 명백하게 했다.

한편, 「이은혜」문제에 대한 실무자협의는 18일 오후, 본회담을 일시 중단하고 일본측의 다케나카 외무성 아시아국심의관 등과 북한측의 이삼로 대사(이전교섭 당시 직함은 외무성연구원) 등이 참석한 가운데 열렸다. 실무자협의를 열고 일본측이 「이은혜」의 소식을 조사하도록 요구했지만, 북한측은 「사건은 남조선의 날조로 『이은혜』는 존재하지 않는 문제다」라고 일축했다[249]. 또한, 북한은 「일본인여성의 안부조사를 의뢰한다면, 도쿄 또는 반공화국 모략극을 연출한 남조선 『안기부』당국자를 방문해야 한다고 주장했다. 조선측은 일본측이 남조선을 무조건 비호하는 오래된 입장을 버리지 않고, 조일회담에 인위적 난관을 만들어 내려고 하는 남조선당국의 모략에 합류해 공화국의 이미지와 환담의 분위기를 나쁘게 하는 것에 진정한 의도가 있다[250]」고 밝혔다.

제5회 북일교섭은 2일째인 11월 19일, 오전 10시가 지나 회담 장소를 북한대사관으로 옮겨 식민지시대의 배상·청구권문제 등의 「경제적 문제들」에 대해 협의했다[251].

북한측은 일본측에 요구하고 있는 「보상」에 대해 제4회 교섭의 주장처럼 「가해자로서 보상해야 한다」고 설명했다. 전 차관은 "우리가 요구하는 보상은 일본이 조선을 무력으로 침략해, 주권과 영토를 강탈하여 식민지통치를 강요하여 조선인민에게 막대한 인적·물적 피해, 불행, 고통을 준 것에 대한 보상이다. 일본총리의 사죄가 있었던 이상 그에 상응하는 물질적 보상을 해야 한다. 소위 청구권에 관한 문제로 파악해서는 안 된다[252]"라고 말했다.

일본측은 지난 제4회 북일교섭에서 「북일은 교전상태가 아니었기 때문에, 『배상』이 아니라 식민지지배 국가와 지배된 국가 사이에서 발생하는 『청구권』으로 처리해야 한다」는 생각을 나타내고, 「(1) 적법하게 행해진 징병, 징용에 따른 사망 등은 보상대상이 되지 않는다, (2) 북한이 청구권에 따라 보상을 요구하는 경우 통장 등 『객관적 자료』가 필요하다」고 주장했다.

북한측은 이날, 이에 대해 전면적 반론을 전개했다.

우선, 「한일합방조약과 식민지조약 및 협정은 합법적으로 체결됐다」는 주장에 대해서는 「일본 군국주의의 죄상을 가리는 것」이라고 비판하면서 「조선인민을 집단적으로 강제 연행해서 전장과 강제노동 수용소에서 살해, 구타한 것은 『실정법』에 근거하는 정당한 행위라고는 할 수 없다」고 말했다. 또한, 구서독이 나치범죄에 보상의무를 인정한 것과 미국과 캐나다가 강제 수용한 일본계주민의 보상법을 제정한 것을 들어 「일본의 주장은 국제관행과 도덕, 윤리의 관점에서도 국제상식에서 벗어나 있다」고 비판했다[253].

이어 제5회 북일교섭 19일 오후회담에서 초점인 제3의제인 북한의 핵사찰문제를 다뤘다[254]. 일본측은 IAEA의 보장조치협정의 조기, 무조건적 체결 및 완전이행을 요구하는 동시에 평양의 북쪽 약 90킬로미터에 있는 영변에 건설 중이라는 핵연료 재처리시설 등을 구체적으로 언급해 「심각한 문제」라며 우려를 표명했다. 북한측은 「국제적 압력은 그만둬야 한다」고 반발하며 남북 동시사찰의 실시를 주장하는 등, 지금까지의 자세를 무너뜨리지 않고 논쟁은 평행선을 그었다[255].

핵문제에서 일본측은 「영변에 재처리시설을 포함한 각종 원자력시설이 건설 중인 것으로 알려져 있으며, 이것이 핵개발에 대한 국제적 의혹을 낳고 있다」고 표명했다. 또한, 9월 부시 미국대통령의 핵군축 제안과 11월 노태우 대통령의 한반도 비핵화선언을 언급하며 「귀국이 느끼는 위협과 우려는 불식되어, 사찰협정 체결을 늦추려는 논거는 없어졌다」고 지적했다[256].

『조선자료[257]』에 따르면, 북한측은 이에 대해 「일본측이 핵사찰 문제를 다시 제기한 것은 회담의 앞길에 인위적 난관을 만들어내 다른 목적을 추구하는 것이며, 이 문제는 조일회담에서 논의할 문제가 아니다」라는, 기존 주장을 되풀이 한 뒤, 「(1) 주한미군의 핵무기 전면 철수, (2) 북한에 대한 핵위협 제거, (3) 남북 동시사찰 수용의 3가지가 실현되면 사찰협정 체결의 길은 저절로 열린다」고 말했다.

또한 「조선측은 조선은 자주적 나라이며 누군가의 내정간섭과 강박에 의해 절대로 움직이지 않는다는 것을 다시 밝히고, 앞으로도 조선의 자주권을 침해하는 부당한 국제압력이 걸린 조건하에서는 어떠한 협정도 체결하지 않는다」고 말했다. 특히, 일본이 노태우 대통령의 한반도 비핵화선언을 언급한 것에 대해, 「공화국이 7월 30일 조선반도의 비핵화안을 발표했을 때는 입을 다물고, 그것에 한참 뒤떨어진 (남조선의) 『비핵화선언』이 발표되자 뭔가 큰일이라도 일어난 것처럼 떠드는 것은 전혀 이해할 수 없다. 조선과 우호적 관계를 맺고자 하는 일본이 항상 핵위협에 노출된 피해자의 처지에 있는 공화국을 동정하고 지지하지 못할망정 여전히 완고한 남조선 일변도정책에서 벗어나지 못하고 있음을 그대로 보여주는 것이다」고 말했다[258].

이 밖에 일본측은 북한이 오전회담에서 식민지지배에 대한 보상에 관한 견해를 표명했을 때, 나치범죄에 대한 구서독이나 일본계 주민 강제수용에 대한 미국, 캐나다의 보상을 예로 들면서 「국제관행」의 관점에서 보상을 요구한 것에 대해, 「그러한 관행이 확립되었다고는 생각하지 않는다」고 반론했다. 또한 「재산청구권의 범위 내라면 보상의 논의에 응할 용의가 있다」고 말한 뒤, 북한측에 대해 식민지 당시의 서류 등 「객관적 사실관계」를 먼저 제시하도록 다시 요구했다[259].

제5회 북일교섭 3일째인 20일 회담에서는, 일본측이 설명을 요청한 남북대화문제에 대해 「조선측은 1민족 1국가, 2제도 2정부에 기초한 연방제방식으로 국가의 통일을 달성하는 것을 주장하고 있으며, 이 연방제방안은 모두가 받아들일 수 있는 공명정대하고 현실적인 통일방안이라고 강조했다. 조선측은 계속해서 나라의 통일문제에서 현재 가장 중요한 것은 남북간 불가침선언을 채택하는 것이라고 지적했다. 남북 고위급회담의 전망과 관련해 현재 진행되고 있는 남북 고위급회담에서 진전을 이루면, 최고위급회담 문제도 일정에 올라오게 될 것이다[260]」라고 지적했다.

이어서 이 회담에서는 제4의제에 대한 논의도 이루어졌다.

우선, 『조선자료』에 따르면 북한측은 재조선 일본인배우자문제와 관련해 「일본인배우자의 고향방문문제가 해결되지 않는 원인은 일본이 조선에 대한 적대시정책을 실시함으로써 양국간에 국교가 정상화되지 않고 인적 교류조차 봉쇄됐기 때문이며, 조일회담이 열린 후에도 일본측이 이 문제를 제기하면서 정체불명의 일본인여성문제를 들고 나와 회담의 앞길에 인위적 난관을 만들었기 때문이다. 이 문제를 쉽게 해결할 수 있는 정상적 방법으로 조선측이 조일사이에 외교관계를 먼저 수립하자고 제안했으나 일본측이 받아들이지 않았던 것에 있다[261]」라고 지적했다.

또한, 『조선자료』는 「당초부터 조선측은 회담이 순조롭게 진전되면 국교정상화 이전이라도 인도주의적 견지에서 사정이 절박한 사람들의 고향방문을 케이스 바이 케이스로 검토해 최대한 실현하도록 고려하겠다고 했지만, 지금까지 그러한 명분이 서 있지 않다면서 이에 대해 일본측이 조선측을 비난하기 전에 자신의 행동을 신중하게 되돌아볼 필요가 있다고 강조했다. 재일조선인의 법적지위문제에 대해 조선측은 일본측이 국회에서 『출입국관리특례법』을 통과시킨 것을 알리고 조총련을 탄압하지 않는다는 것을 재차 밝힌 것에 대해, 이것은 긍정적 조치이며 좋은 것이라고 평가했다[262]」고 전했다.

한편, 지난 제4회 북일교섭에서 일본측이 제출한 「기본관계조약안」에 대응하는 형태로, 북한측은 제5회 북일교섭에서 「선린우호조약안」을 제안한[263] 것이 나중에 밝혀졌다. 하지만 양측이 제안한 협약안의 구체적 내용은 아직 공개되지 않았음에도 북한이 제 4, 5회에 이어 「교전국으로서 배상」이 아닌 「가해자로서의 보상」을 주장하면서 「선린우호조약안」을 제안한 것이라면, 일본측이 이 조약안에서 보상문제의 해결을 위한 한일조약 방식인 경제협력방식을 제기하고 있었던 것은 아닌가, 라는 추측이 가능하다.

회담에서 쌍방은 제6회 북일 국교정상화교섭을 1992년 1월 하순에 실시하기로 합의하고 교섭을 마쳤다.

3) 교섭패턴

제5회 북일교섭에서 북한은 제4회에 이어 식민지지배에 대한 「보상」에 대해 「교전국에 적용되는 배상」이란 생각을 「가해자로서의 보상」으로, 포괄적으로 제기했다. 물론 북한은 이번에도 양국이 교전국 상태였다는 역사적 사실자체를 부인하는 것은 아니었지만, 이것은 항일 빨치산활동에 정권의 정통성을 두고 있는 북한에게는 큰 양보임에 틀림없다.

북한은 이와 같은 양보와 함께 이 교섭의 실무자협의에서 이은혜문제에 대해 양보가 아닌 오히려 강경한 입장을 분명히 했다. 북한측에서 보면 일본측의 이은혜문제 제기는 북일회담에 인위적 난관을 만들어내려는 한국정부당국의 모략이며, 북한의 핵사찰협정의 체결·비준문제와 남북한 유엔 동시가입문제를 앞에 두고 국제적으로 반인륜적 범죄를 인정시켜 북한의 위신을 실추시키고 불리한 위치에 몰아넣는 것이다. 따라서 북한은 이은혜문제에 대해 양보할 수 없었다.

오히려 북한은 제5회 교섭 마지막 날 협의에서는 재북 일본인배우자문제에 대해서도 국교정상화 전이라도 케이스 바이 케이스로 검토한다는 이전까지의 입장을 철회하게 되었다. 일본측이 회담과 관계없는 문제, 즉 이은혜문제를 제기한 것을 거론하며, 이은혜문제를 재북 일본인배우자 고향방문과 연계시켜 일본을 압박하려고 한 것이다.

이것은 북한이 일본의 교섭상대국공간의 교섭촉진적 상태를 유지하면서도 북일 교섭공간의 교섭교착적 상태를 해소하기 위한 강경책이었다. 이와 같은 북한의 강온 양면의 교섭태도는 경제적 문제를 처리한다는 교섭목표를 확실히 하면서 그 장애가 되는 일본의 이은혜문제 제기에 쐐기를 박으려고 하는 것으로 생각된다. 전인철 외무차관은 11월 19일 기자회견에서 "식민지시대에 일본이 수탈한 자원 등에 관한 자료를 계산하고 있다. 일본이 자료를 내면 이쪽도 내서 깊이 파고드는 협의가 가능하다"고 말한 것, 나아가 북한대표단은 이번에 역사와 경제에서 2명의 전문가가 참여한 사실에서 보면 북한측이 보상문제 협의에 본격적으로 나서기 시작했다[264]고 생각할 수 있다.

그러나 일본의 대응은 북한의 강경책에 대한 구체적 대안이 없고, 북한 핵사찰문제와 남북 고위급회담문제 등에 대한 일반적 대응을 반복했다. 특히 일본인배우자의 고향방문문제도 국내공간에서 교섭촉진적 조건을 증대시키는 것이므로 국내 정치적 의미를 가지고 있었다. 그럼에도 불구하고, 제3회에서 제기한 이은혜문제가 일본인배우자 고향방문을 실현하는 교섭의 진전에 악영향을 미쳤다는 점이 명확해졌다. 따라서 이은혜문제가 전통적 의미의 소모전a classical war of attrition의 이슈가 된 셈이다.

일본의 이러한 태도가 국내·국제공간의 교섭교착적 상태에 과도하게 묶여서 교섭 상대국공간에서의 교섭타겟의 혼란으로 이어졌다. 일본은 국내·국제공간에서의 긴장과 제약 조건을 교섭교착에 이용하고 강경한 태도를 취했다. 그러나 교섭상대국인 북한은 한발 앞서 양보하면서도 그것에 이어 공격하는 교섭패턴으로 임했다. 이 때문에 일본의 강경한 태도는 북한의 강온 양면의 대응에 대해, 일반적이고 원칙적 주장만 반복하는 정도에 그쳤다.

일본의 이와 같은 패턴은 교섭합의가 실패하는 경우에도 국내공간에서 부담해야 하는 정치적 코스트가 매우 적어졌기 때문이라고도 할 수 있다. 이 시점에서 이미 3당공동선언을 주도한 정치지도자들이 국제적·국내적 반발을 받아들이면서 교섭대표의 입장에서는 정치적으로 잃을 것이 없는 상황이었다. 따라서 일본 교섭대표는 현상유지status quo를 목표로 교섭의 지연도 최선의 대응으로 생각했을지도 모른다. 일본교섭자는 북미간의 국교가 정상화되지 않은 상황에서 핵문제를 둘러싸고 미일간의 균열을 일으키면서까지 서둘러 북일 국교정상화를 할 필요가 없었다. 정부지도자에게는 있어서도 3당공동선언 때의 초기입장과는 달리, 국제공간의 교섭교착적 요구를 회피하면서까지 북일간의 국교정상화를 서두를 이유가 없었다.

요컨대, 북한은 제5회 북일교섭에서 다시 「교전국에 적용되는 배상」이란 생각을 「가해자로서의 보상」이라는 포괄적 제안을 한 반면, 이은혜문제를 재북 일본인배우자 고향방문과 연계시켜 일본을 압박하는 강온 양면의 교섭태도를 보였다. 그럼에도 불구하고, 일본은 국제공간에서 핵문제에 대해 핵보장조치협정의 조기, 무조건적 체결과 완전 이행을 요구한 반면, 국내공간에는 이은혜문제 해결을 반복하여 주장했다.

제5회 북일교섭에 있어 일본의 교섭패턴은 자원배분 측면에서 보면 제3회 북일교섭에서 계속된 패턴과 마찬가지로 CⅣ의 $P(R_{R0})-D(R_{1+})-D(R_{1+})$와 같은 「국내 · 국제공간 지향의 자원분산형(DT-DF)」을 반복했다. 일본은 이은혜 · 핵사찰문제 등이 이슈인 교섭교착적인 국내 · 국제공간은 여전히 이은혜관련 정보제공과 핵사찰을 압박하는 등 자원을 균등하게 배분했지만, 보상문제가 이슈인 교섭촉진적인 상대국공간에서는 청구권으로 처리해야 한다는 주장을 반복하는 등 자원을 배분하지 않았다.

6. 제6회 북일교섭(1992.1.30~2.1, 베이징)

1) 교섭공간

제6회 북일교섭은 제5회까지 격렬한 대립이 계속된 북한 핵문제를 둘러싸고 전환점을 맞이한 상황에서 열렸다.

우선, 한국과 북한은 1991년 12월 12일 서울에서 제5회 총리회담에서 대표접촉을 갖고 최종문서로 정리하기로 한 「남북간의 화해와 불가침 및 교류협력에 관한 합의서」(이하 「남북기본합의서」)에 포함시킬 내용에 합의했다. 13일 오전, 총리회담을 재개하고 합의서에 정식으로 서명했다. 이 합의서는 쌍방이 국내 절차를 수행하고, 이듬해 2월 18일부터 21일까지 평양에서 열릴 예정인 제6회 총리회담에서 확인 후 발효한다[265].

계속해서 제5회 총리회담은 12월 13일에 끝났지만 핵문제는 「남북기본합의서」와 무관한 형태가 되었고, 「합의서」에 따라 핵문제에 관해서는 연내에 판문점에서 실무대표접촉을 가지는 것으로 의견을 나눴다. 따라서 한반도의 핵문제를 논의하는 남북한 첫 대표접촉은 12월 26일 오전, 판문점의 북한측 지역에 있는 「통일각」에서 비공개로 열렸고 제2차 대표접촉도 28일 오전 10시부터 판문점에서 열렸다. 양측의 제3차 대표접촉은 12월 31일 판문점에서 열려, (1) 핵무기의 제조, 사용 등을 하지 않는다, (2) 핵연료 재처리시설과 우라늄농축시설을 보유하지 않는다, (3) 비핵화 검증을 위해 「남북 상호사찰」을 실시한다 등을 담은 「한반도 비핵화에 관한 공동선언」에 합의하고 가서명했다[266].

이것은 「남북합의서」와 함께 1992년 2월 19일 평양에서 열릴 제6회 남북 총리회담에서 발효시킬 것으로서 북한외무성이 1991년 7월에 발표한 「한반도의 비핵지대화」와 노태우 대통령이 1991년 11월에 발표한 「한반도 비핵화선언」에 이은 남북한 합의였다.

또한, 북한은 1992년 1월 30일, 빈의 IAEA본부에서 IAEA와 핵보장조치협정을 체결했다. NPT에 근거한 이 협정은 모든 핵물질, 시설을 사찰대상으로 하는 포괄적 사찰을 강조한 것으로, 현안인 북한의 핵사찰이 드디어 실현을 향해서 움직이기 시작했다. 이날 체결은 IAEA의 한스 브릭스 사무국장과 북한의 홍근표 원자력공업성 차관 사이에서 이루어졌다[267].

한편, 미야자와 기이치 총리는 1992년 1월 16일 방한했을 때 한국국회에서 "우리나라와 귀국과 관계에서 잊지 말아야 할 것은 수천년에 걸친 교류 속에서 역사상 한 시기에 한반도의 분들이 일본의 행위로 인하여 참기 힘든 고통과 슬픔을 경험한 것에 대해 여기에서 다시한번 진심으로 반성의 뜻과 사죄의 마음을 표명합니다. 최근 이른바 종군위안부문제가 거론되고 있지만, 나는 이와 같은 것은 실로 가슴 아프고 정말로 죄송하게 생각하고 있습니다[268]"라며 과거사에 대한 사죄 발언을 했다. 가토 고우이치加藤紘一 관방장관도 미야자와 기이치 총리가 한국을 방문하기 직전인 13일 「조선인 종군위안부문제」에 대해 구 일본군의 관여를 인정하고 사죄하는 담화를 발표했다.

이와 같이 제6회 북일교섭이 열리기 전의 교섭공간은, 국제공간에서는 북한 핵문제의 일정한 해결과 남북관계 개선으로 인해, 북일교섭을 둘러싼 공간이 교섭을 촉진하는 방향으로 조성되었다. 그리고 일련의 일본정부의 사죄 표명은 사죄·보상을 포함한 국교정상화문제의 상대국공간에도 교섭촉진적 영향을 주게 되었다.

2) 교섭의 진행

제6회 북일 국교정상화교섭은 1992년 1월 30일 베이징 북한대사관에서 전회 교섭과 같은 양국 대표가 참석해 열리고, 모두발언으로 시작되었다[269].

나카히라 노보루 대사는 30일 모두발언에서 이 교섭의 4개 의제 중 「관할권」과 역사인식에 관한 제1의제 「기본문제」와 식민지시대의 보상문제를 둘러싼 제2의제 「경제적 문제」에 대해서는 지난 1년의 교섭을 통해 양측의 입장이 밝혀졌다고 한 후에 "이번에는 더 자세한 논의로 진행하고 싶다"고 말해 교섭진전을 목표로 하는 일본측의 자세를 강조했다[270].

나카히라 대사는 전회까지 일본측이 가장 중점을 두고 있던 북한의 핵사찰 수용문제에 대해, 북한이 한국과의 사이에서 「한반도의 비핵화에 관한 공동선언」에 서명한 것, NPT에 근거해 IAEA와의 사이에서 핵보장조치협정을 체결하려고 하는 것을 「환영한다」고 평가하면서도 "중요한 것은 북한이 이와 같은 선언이나 조인에 따른 향후 조치를 일일이 실행으로 옮겨 핵무기 개발에 대한 국제사회의 의혹을 불식하는 것이다"고 말해 사찰수용 실현까지의 대응을 지켜보겠다는 자세를 강조했다[271].

이 밖에 나카히라 대사는 재일조선인의 남편과 함께 전후, 북한으로 건너간 일본인배우자의 귀향문제도 언급, 귀향을 조기에 실현하도록 재차 요청했다. 1991년 11월의 지난 교섭에서 북한측은 일본측이 명단을 발표한 귀향희망자 20명에 대해 현주소 리스트를 제시하고 근황을 전했지만, 귀향은 인정하지 않았다[272].

전인철 외무차관도 나카히라 노보루 대사의 모두발언을 받아 총괄적인 모두발언을 했다. 전 차관은 본교섭 개시 후 일본측의 자세를 "가해자로서 반성하는 입장이 아니라 과거를 덮어 역사적 책임에서 벗어나려고 하는 태도"라고 비판했다. 전 차관은 조선인 종군위안부 문제를 거론하면서 "이 극악무도한 만행을 『합법적』이고 『정당』한 행위라고 말하는 것인가"라며 비난했다. 전 차관은, 또한 "미성년자를 포함한 조선여성을 전장으로 내몰아 위안부로 만든 몸서리쳐질 행위는 당시 일본의 어느 법에 근거한 것인가" 등을 말하며, 사죄와 보상을 강력히 요구했다[273].

북한의 핵사찰문제에 대해 전 차관은 나카히라 대사가 모두발언에서 사찰 실현까지의 절차들의 조속한 실시를 요구한 점을 들어, 북한과 IAEA간의 핵보장조치협정 체결을 지적하면서 "IAEA와의 문제는 해결했다. (사태가) 여기까지 왔는데 핵문제로 일본이 『이렇다, 저렇다』라고 할 명분이 있느냐"며 강한 반발을 나타냈다[274].

나아가, 이와 관련해 『조선자료[275]』에 따르면, 「전 차관은 모두발언에서 "일본측이 북일 국교정상화의 전제조건으로 내세운 조선의 유엔 가입문제, 남북대화문제, 핵보장협정문제는 모두 해결되었다. 이와 같은 문제는 원래 국교정상화문제와 상관없는 것이지만, 이와 같은 문제가 모두 해결된 지금, 일본측은 이번에는 어떤 문제를 전제조치로 꺼내려고 하는 것인가? 조선측은 이제 일본측이 자신의 입장과 태도를 분명히 해야 할 때가 왔다고 생각한다"고 했다. 또한, "조선측은 미국도 조선과의 관계정상화에 나서고 있으며, 유럽연합 국가들도 외교관계 수립 의향을 표명하고 있다"는 사실을 언급, "일본 혼자만 조선과의 관계를 정상화하고 싶지 않으면 그렇게 하면 된다"고 경고했다」고 한다.

한편, 전인철 외무차관은 30일 저녁, 베이징의 북한대사관에서의 기자회견에서, 종군위안부문제에 대해 "남북이 화해, 협력, 통일의 길로 나아가는 것에 합의했다는 것을 염두에 두길 바란다[276]"며, 이 문제로 보상을 요구할 방침을 정한 한국정부와 보조를 맞출 것을 강하게 시사했다. 또한 "남쪽인민이 요구하는 대로 일본이 보상해야 하는 것은 당연하다[277]"고 말했다. 이것은 북한이 과거청산 등 이 문제에서는 한국과 발맞춰 일본정부에 경제적 보상을 압박하려는 전략을 보여준 것이었다.

전 차관은 또한 지금까지의 교섭을 「제자리걸음」이라고 표현하고, 더 자주 회담을 열 것을 제안했다[278].

양측의 모두발언 후 관할권 등에 관한 「기본문제」의 논의에 들어가 주로 1910년의 한일합방조약 등의 유효성을 둘러싸고 양측이 견해를 논의했지만, 협의는 끝을 보지 못하고 다음 날까지 이어졌다.

한편, 「이은혜」의 소식 조사문제는 본회담과는 별도로 30일 오후 열릴 부단장급 회담에서 다루게 되었다. 이은혜문제의 실무자협의는 완전히 평행선으로 끝나고, 북한측은 일본측의 이은혜에 관한 자료수신도 거부했다. 이 협의에 일본측에서는 다케나카 외무성 아시아국심의관 등이 출석했다. 북한측은 이 실무자협의에서 제5회와 마찬가지로 종군위안부문제도 거론하며, 이삼로 대사가 "이은혜는 존재하지 않지만, 종군위안부는 실제로 존재하는 문제이다. 진상을 밝히고 사죄·보상하도록 제기하고 싶다"고 표명했다. 또한 북한측은 이번교섭으로 이은혜에 대한 협의를 중단하고 싶다고 말했지만, 일본측은 제7회 교섭때도 실무자협의를 열어 다룰 것을 통보했다[279].

이어서 제6회 북일교섭 이틀째인 31일 오전에는, 회장을 전날 북한대사관에서 일본대사관으로 옮겨 이틀째 협의에 들어갔다[280]. 전날 협의에서 끝나지 않았던 관할권과 역사인식 등의 「기본문제」부터 논의를 시작했다.

양측은 1910년 한일합방조약 등 과거조약의 유효성, 북일 국교정상화와 한일관계의 정합성, 「지배권(패권)」 등에 대해, 세세한 부분까지 논의했다. 「기본문제」와 관련해 조선인 종군위안부문제도 논의하고 있어 나카히라 노보루 대사는 "현재, 진상규명 중이며, 성심성의껏 조사하고 있다"고 설명했다. 일본측에서는 미야자와 총리가 방한 시에 공식적으로 사죄를 표명하고 진상규명 등의 조치를 약속한 것을 북한에 대해서도 같은 생각임을 전하며 이해를 구했다[281].

「기본문제」의 논의는 주로 북한측이 일본측의 견해를 묻는 형태로 이루어졌다. 한일합방조약 등을 유효로 하는 근거로, 일본측은 「일반 국제법에 근거한다」라고 설명하고, 구체적으로 「(1) 당시 한일합방에 국제사회는 이의를 제기하지 않았다, (2) 국제법학회에서도 인정받은 것」 등을 들었다. 그리고 북한측이 「한일합방조약이 정당했다고 하는 근거는 무엇인가」라고 물은 데 대해, 일본측은 「국제법상 유효하다고 말했지만, 정당하다고는 말하지 않았다」라고 주장했다[282].

일본측은 12월에 한국과 북한사이에서 「남북의 화해와 불가침 및 교류협력에 관한 합의서」를 체결한 것을 사실상 두 나라가 존재하는 현실에 접근한 것이라는 인식을 보여주었다. 이에 대해 북한측은 「합의서」가 남북관계를 「통일을 지향하는 과정에서 잠정적으로 형성되는 특수관계」로 규정하고 있는 점을 들어 일본측이 「두개의 조선」 「두개의 국가」를 전제로 하는 자세를 취하지 않도록 요구했다[283].

제6회 북일교섭은 31일까지 기본문제 이외의 논의에는 구체적으로 다루지 않았기 때문에, 교섭은 당초 예정 일정을 연장했다. 3일째로 들어선 2월 1일, 베이징의 북한대사관에서 식민지시대의 보상문제를 중심으로 전날까지의 협의에 들어가지 않았던 모든 의제에 대해 논의했다[284].

북한측이 「보상문제」 중에서 조선인 종군위안부문제를 다시 거론한 데 대해, 일본측은 미야자와 총리가 지난 1992년 1월 16일에 방한했을 때 "진심으로 반성의 뜻과 사죄의 마음을 표명"한 것, 가토 고우이치 관방장관의 기자회견에서 사죄 발언을 공식적으로 소개하고, 이 사죄·반성이 북한을 포함한 한반도 출신 종군위안부 전체를 대상으로 하는 것임을 설명했다. 사실상 일본정부로서 북한에도 사죄 표명을 한 것이었다고 한다[285]. 이날 식민지시대의 보상문제는 양쪽 모두 거의 전회와 같은 주장을 해 진전은 없었다. 일본측이 「피해의 입증 책임은 청구측에 있다」고 반복한 것에 대해 북한측은 일본측의 태도를 비판했다[286].

북한의 핵사찰 수용문제에 대해 일본측은 북한이 IAEA와의 보장조치협정 체결에 이어 협정비준 등을 신속하게 실시해 조기 · 무조건으로 사찰을 실현시킬 것을 요구했다. 이에 대해 북한측은 「한반도의 비핵화는 진행되고 있다. 핵위협이 있다면, 그것은 일본으로부터 온다」라며, 핵폭탄의 재료가 되는 플루토늄의 축적 상황을 지적했다. 조선노동당 기관지 『노동신문』은 이즈음[287] 끊임없이 이 문제를 거론하며, 일본이야말로 핵무기 개발을 준비하고 있다는 지적을 반복했다. 북한측은 일본이 북한의 핵사찰문제에 강한 자세를 취하는 것은 「일본이 자신들의 핵무장화 구실을 마련하는 것에 그 목적이 있다는 설이 있다」고 말해 일본의 자세를 견제했다. 이에 대해 일본측은 모두 평화적 이용이며 IAEA의 사찰을 받고 있다는 것, 비핵 3원칙을 가지고 있는 것 등을 들어 반론했다[288].

한편, 일본측의 나카히라 노보루 대사가 이번에는 국교정상화를 위한 「기본문제」에 대해 「논의가 정리된」 조약안의 원안을 가지고 쌍방이 의견을 격렬하게 주고 받았다고 했다[289]. 앞에서 언급했듯이, 일본측이 제4회 북일교섭에서 「기본관계조약안」을 제출하고, 이에 대해 북한측은 제5회 북일교섭에서 「선린우호조약안」을 제안했는데 이번 교섭에서 이 조약안에 대한 의견교환이 있었다고 생각된다.

지금까지는 쌍방이 제안했던 조약안의 구체적 내용은 밝혀지지 않았다. 그러나 1992년 1월 30일 저녁, 제6회 북일교섭의 첫날 회담을 마치고, 베이징의 북한대사관에서 기자회견을 한 전인철 외무차관은 조약체결의 전제가 되는 「양국공동문서」의 작성에 있어서, 일본측이 "공동문서에까지 과거를 정당화하는 내용을 포함하려 하고 있다"고 비판했다. 전 차관은 북한측이 일본측에 요구하고 있는 내용과 관련해 (1) 과거의 행위에 대한 사죄를 분명히 한다, (2) 그에 따라 보상을 실시한다, (3) 지배권(패권)을 추구하지 않고 다시 침략하지 않는다, 라고 한 점을 명확하게 규정할 필요가 있다고 밝혔다[290].

하루 연장된 제6회 북일교섭은 이날 협의로 끝이 났고, 다음 교섭에 대해서는 2개월 후를 목표로 베이징에서 열기로 합의했다

3) 교섭패턴

제6회 북일교섭은 진행상황에서 보이듯이 북일 교섭공간의 상태가 지금까지와는 다른 상황에서 열렸다. 제6회 교섭은 지금까지 일본측이 교섭을 촉진시키기 위한 전제로서 내건 (1) 남북한 유엔 동시가입, (2) 남북대화의 진전, (3) 핵사찰협정의 수용이라는 세 가지 점도 거의 실현된 상황에서 개최했다. 특히, 1991년 12월 31일 남북한 사이에 성립한 「한반도 비핵화에 관한 공동선언」의 합의에 이어서, 교섭의 개최와 거의 동일한 1월 30일, 북한은 IAEA와 핵보장조치협정을 체결함으로써 북일교섭에서의 핵문제에 대한 논의에 종지부를 찍을 수 있는 상황이었다.

따라서 이 회담에서 북한의 자세는 매우 강경하게 변화했다. 우선, 북한은 핵문제에 대한 일본의 전제조건 주장에 대해 오히려 일본의 핵무장에 대한 강한 의혹을 제기했다. 이은혜문제 논의를 위한 실무자협의에서도 종군위안부문제를 본격적으로 제기하면서 경제적 보상문제와 연계시키기 시작했다. 이것은 제5회 교섭에서도 일본인배우자의 고향방문이 이루어지지 않았던 것이 일본의 이은혜문제 제기 때문이라는 공세의 연장선이었다. 북한측은 「배상청구」에서 「보상청구」로 바꾼 뒤, 일본의 식민지통치에 의해 조선인민이 받은 인적·물적 피해, 고통에 대해 포괄적·도덕적·윤리적으로 일본은 보상의무가 있다고 일관되게 주장했다. 그리고 보상으로 종군위안부문제를 부상시킨 것은 북한에게 있어서는 제4회, 5회에 걸친 대담한 양보 후에 취한 강경책이었다.

이러한 북한의 강경책에 의해 제6회 교섭을 기점으로 교섭상대국

공간의 교섭촉진적 조건이 축소됐다.

앞에서 말한 것처럼, 전 차관이 제6회 교섭에서 "일본이 북일 국교정상화의 전제조건으로 내세운 조선의 유엔 가입문제, 남북대화문제, 핵보장협정문제는 모두 해결됐다"라고 한 모두발언은, 북한의 강경한 입장을 상징적으로 나타낸다는 의미에서 주목할 만하다. 전 차관은 "일본 혼자만 조선과 관계를 정상화하고 싶지 않으면 그렇게 하면 된다"고 경고까지 한 것이다.

이것은 교섭에서 북한이 다른 선택도 할 수 있다는 것을 명확히 했다는 것이다. 일반적으로 교섭에 다른 선택지가 있을 수 있다는 것을 보이는 것은 교섭이 지연되는 경우, 교섭상대국에 합의불가능이라는 실패의 정치적 리스크를 부여하기 위한 것이라고 할 수 있다[291].

그러나 이와 같은 상황변화에 대한 일본의 대응은 너무 준비가 충분하지 않은 상태였다. 일본은 핵문제에 대해 핵보장조치협정 체결 이후 신속한 비준과 그 조치의 이행을 요구했을 뿐, 제5회 교섭 때까지와 같이 강경한 입장인 「국교정상화의 전제조건」이라는 강도 높은 대응은 할 수 없게 되었다. 그리고 종군위안부문제는 미야자와 총리의 사죄로 끝난 것으로 인정해 달라면서 그에 대한 보상에 대해서는 기존의 경제적 보상문제와 같은 범주로 취급했다. 이 경제적 보상문제의 범주도 「재산 · 청구권문제로 보상」 「피해 입증 책임은 청구측에 있다」는 것처럼 전혀 변화가 없었다.

일본측이 이번에 제기한 핵문제는 북한이 핵사찰협정을 수용한 상황에서 그 주장의 강도가 약화되고 있고, 피해자 입증에 의한 청구권 해결로 제기한 피해 보상문제도 제4회 교섭에서도 나타났지만 일본측 내부에서도 그 현실성에 대해 의문시 하는 대응이었다. 따라서 핵문제와 보상문제 어느 것도 북한에게 양보를 이끌어내지 못했다. 즉, 일본은 국제공간과 교섭상대국공간이 새롭게 변화한 상황을 명확히 이해한 뒤 새로운 교섭전략을 수립할 수 없었다. 일본은 제5회 교섭에서 국제공간의 핵문제와 국내공간의 이은혜문제라는 쟁점에서 기인하는 제약constraint을 활용해 퍼트남 이론에서와 같이 손을 묶어tying hands

북한을 압박해 왔다. 그러나 국제공간이 교섭상대국인 북한에 유리한 상황으로 변화하고, 교섭상대국공간에서 교섭상대가 일본을 패싱하고 다른 선택지를 취하는, 교섭교착적 조건이 생길 가능성이 높은 새로운 환경이 도래했다.

그럼에도 불구하고 일본은 그러한 교섭공간 상태에 적합한 대응방침은 없는 상태로 과거 교섭방침을 반복했을 뿐이었다. 따라서 전인철 외무차관은 제1회 교섭으로부터 정확히 1년 만인 제6회 국교정상화교섭에 대해, 이 1년이 「제자리걸음」 상태였었다고 말했다. 마지막 날인 2월 1일에는 일본측의 대응을 「사교댄스」에 비유해 "한걸음 앞으로 나아가고, 옆으로 움직이고, 뒤로 물러난다"고 꼬집었다[292].

요컨대, 제6회 북일교섭에서는 일본측이 전제로 내건 북한의 유엔가입, 남북대화의 촉진, 핵사찰협정의 수용 등이 실현되고 있는 상황 속에서 개최되었다. 따라서 북한은 일본의 핵무장에 대한 강한 의혹을 제기하고, 이은혜문제 논의를 위한 실무자협의에서 종군위안부문제를 본격적으로 제기하는 강경한 입장으로 대응했다. 이와 같은 교섭상대국·국제공간의 상황 변화에도 불구하고 일본의 교섭자는 교섭촉진적으로 변화하고 있는 국제공간에 이전부터의 교섭교착적 요구를 그대로 계속 받아들였고, 국내공간의 교섭교착적 조건을 해소하기 위한 전략 없이 제6회까지의 교섭공간 상태에 순응할 수밖에 없었다. 한편, 북한은 일본보다 미국이나 유럽과의 관계 개선을 우선하는 등 교섭상대국공간의 교섭촉진적 상태마저 약체화됐다.

제6회 북일교섭에서 일본의 교섭패턴은 자원배분 측면에서 보면 CⅣ의 $P(R_0)-D(R_3)-D(R_0)$와 같이 교섭교착적 국내공간에는 자원을 집중했지만, 교섭촉진적 조건이 약화되고 있는 상대국공간과 북한 핵사찰을 둘러싸고 정세가 변화한 국제공간에는 자원을 투입할 수 없었던 「국내공간 지향의 자원집중형(CT-D)」이었다. 일본은 북한이 일본을 압박하고 패싱하는 등 상대국공간에서 점점 교섭교착적 조건이 발생했음에도 불구하고, 그 교섭공간에서 보상문제를 둘러싼 양보안에 대해서 자원을 배분하지 않았다. 또한, 북한 핵사찰협정의 비준문제를 둘러싸고 아직 교섭교착적으로 되어 있었지만, 북한의 양보가 돋보였던 국제공간에도 그 비준요구만 반복하는 등 의미 있는 자원배분은 하지 않았다. 반대로, 이은혜 소식조사를 둘러싸고 북한의 강한 반대가 계속된 교섭교착적 국내공간에는 그 문제를 둘러싼 실무자협의에 자원을 집중적으로 배분했다.

7. 第7회 북일교섭 (1992.5.13~15, 베이징)

1) 교섭공간

북한이 1992년 1월 30일 IAEA와의 핵보장조치협정을 체결한 후, 남북한 사이에는 제6회 총리회담이 2월 19일 오전 평양시 인민문화궁전에서 열렸다. 한국의 정원식 총리와 북한의 연형묵 총리는 1991년 말에 합의한 「남북 사이의 화해와 불가침 및 교류협력에 관한 합의서」와 「한반도 비핵화 공동선언」의 두 문서를 교환하고 당일 발효시켰다[293]. 따라서 대결과 불신의 한반도는 「화해와 협력의 시대」에 들어서 냉전구조가 남은 동북아시아 정세도 긴장 완화의 정세를 조성했다.

이 남북 총리회담에서 북한은 제2차 세계대전 중 종군위안부문제에서 공동보조를 요구했지만, 한국은 「기본적으로 한일 외교문제이고, 남북이 공동대처하는 것은 문제 해결에 도움이 되지 않는다」고 거부했다. 또한 북한은 일본의 핵개발에 대해서도 공동대응을 요구했지만, 한국은 「일본은 IAEA의 사찰을 매우 엄격하게 받고 있다」며 북측 주장을 거부했다고 한다[294].

그러나 남북관계 진전에도 불구하고, 미국을 포함한 한국, 일본 등이 핵보장조치협정의 신속한 비준과 핵사찰을 계속 요구하면서, 3국은 한국과의 상호핵사찰도 함께 주장했다.

미국의 펄 대통령특별보좌관이 2월 24일, 방한해 한국의 김종휘 대통령외교안보수석비서관(남북 총리회담 한국측차석대표)과 한 회담에서, 양측은 (1) 북한의 핵문제 해결이 남북간의 경제교류 등 실질적 관계 개선의 전제가 된다, (2) 이 문제로 남북간 대화가 진행되지 않을 경우는 유엔 안보리 등으로 가지고 가 문제 해결을 도모해야 한다는 점에서 의견이 일치했다[295].

북한도 2월 25일, 오창림 무임소대사가 빈의 IAEA 본부에서 한 기자회견을 통해 북한이 최근 체결한 핵보장조치협정은 4월 최고인민회의에서 승인될 것은 확실하다 면서 "6월초에 사찰 절차를 시작할 수 있다"는 전망을 밝혔다[296].

북한의 김일성 주석도 3월 31일, 『아사히신문』 취재단(단장; 마쓰시타 무네유키松下宗之 도쿄본사편집국장)과 평양시 교외 영빈관에서 2시간여의 회견을 갖고 IAEA에 의한 북한 국내의 핵관련시설에 대한 사찰 수용문제에 대해, "정해진 절차에 따라 원활하게 해결될 것이다"고 사찰수용을 지연시킬 생각이 없음을 북한의 최고지도자로서 분명히 했다. 김 주석은 나아가 (1) 2월 19일 발효된 「남북 사이의 화해와 불가침 및 교류협력에 관한 합의서」가 이행되면 남북 정상회담의 전망은 밝아진다, (2) 북일 국교정상화교섭의 행방은 일본측의 결단에 달려 있다고 표명했다[297].

이와 같은 북한의 의사표시에도 불구하고 일본의 와다나베 미치오 부총리겸 외무장관은 4월 8일 외무성에서 사회당의 다나베 마코토 위원장과 회담하고, 북일 국교정상화교섭에 대해 "(교섭에 장애가 되고 있는 것은) 첫째도 둘째도 핵문제이다[298]"라고 말해, 북한의 핵사찰 실시가 교섭 진전의 전제라는 입장을 밝히면서 북한을 압박했다.

이어서 북한은 4월 10일 최고인민회의에서 IAEA와 체결한 (핵)보장조치협정의 비준안건을 승인했다. 『노동신문』이 전한 것에 따르면, 북한은 4월 9일 조선민주주의인민공화국 최고인민회의 제9기 제3차 회의를 열고, 보장조치협정의 비준건을 의제로 채택했다. 그리고 이 회의 이틀째인 10일에 비준안건을 승인했다[299].

따라서 이 협정은 북한이 비준사실을 IAEA에 통보하며 정식으로 발효돼, 국제적 관심을 모았던 북한의 핵사찰은 실현을 향해 움직이게 되었다[300]. 북한정부는 10일 빈 주재 대표부를 통해 IAEA에 NPT에 의거해 포괄적 보장조치협정을 비준한 것을 정식으로 통보했다[301].

북한이 4월 9일 보장조치협정 비준을 승인한 데 대해 일본정부는 이날 "한걸음 전진이라 할 수 있다"(외무성간부)고 평가했다[302]. 그러나 외무성수뇌는 4월 15일에는 북한이 보장조치협정을 비준한 것과 관련하여 향후 북일 국교정상화교섭의 대응에 대해 "사찰을 조기에 받도록 요구한다. 또한, 남북 상호사찰을 통해 핵무기 개발문제를 조기에 해결하는 것이 중요하다"며 IAEA사찰 이외에 (남북) 상호사찰 실현을 중시하는 자세로 임할 생각을 밝혔다[303].

한국정부는 북한의 IAEA와의 보장조치협정의 비준에 대해 「향후 IAEA의 핵사찰과 병행하여 판문점 남북 핵통제공동위원회를 통해 남북 상호핵사찰을 조기 실현하도록 북한측에 촉구할 계획이다[304]」라는 것을 밝혔다. 그러나 북한이 4월 10일 IAEA에 비준을 통보하고 그에 따라 이 협정이 정식으로 발효된 후인 11일, 한국외무부 대변인은 북한의 보장조치협정의 비준과 발효에 대해 "환영한다"고 표명했다. 그리고 대변인은 북한이 협정에 따라 "모든 핵물질과 시설의 내용을 IAEA에 성실히 보고하고 핵사찰을 조기에 수용할 것"을 촉구하며 "핵확산금지조약의 가입국으로서 의무를 완전히 이행할 것을 기대한다"고 말했다[305].

이와 같은 한국, 일본의 압력에도 북한은 4월 15일, 원자력시설의 영상을 일본의 TV에 뉴스영상으로 처음 흘려보냈다. 북한은 『조선중앙TV』가 14일 밤 방영한 것으로 15일 오전, 평양에 체류 중인 일본의 TV 취재단에게 미국 등의 북한 핵개발 의혹 대상인 영변에 있는 원자력시설의 영상을 제공했다. 약 15분 분량으로 원자로로 보이는 시설과 원자로를 제어하는 중앙제어실, 그곳에서 일하는 작업자로 보이는 사람들이 소개되고 있었다[306].

또한, 북일교섭에서 북한측대표단의 새로운 단장[307]이 된 이삼로는 4월 17일, 일본인 기자단과 회견하고 "일본측이 조일교섭의 전제로 내놓은 핵사찰문제를 해결하게 된 이상, 일본정부는 앞으로 다루지 못했던 식민지시대와 전후를 포함한 보상액을 제시하고 회담의 진전에 응해야 한다"며 북일교섭의 진전에 강한 기대를 표명했다. 또한 동 대표는 "핵사찰문제는 본래 북일교섭의 자리에서 다뤄야하는 과제가 아니다"라면서도, "IAEA의 핵사찰에 대한 상식이 있으면, 사찰이 언제 실현될 것인지와 같은 문제는 이미 해소된 것이다. 따라서 일본정부도 앞으로 이 문제를 교섭의 전제로서 다룰 수 없을 것이다"라고 강조했다[308].

그리고 베를린 발 『연합통신』에 따르면, IAEA의 한스 브릭스 사무국장이 북한의 초청을 받아 5월 중순 평양과 핵개발 의혹이 있는 영변핵시설을 시찰한다는 것을 밝혔다[309].

그 와중에 북일 국교정상화를 위한 제7회 북일교섭이 5월 13, 14 양일간 베이징에서 열린다는 것이 4월 28일 결정됐고, 같은 날 예정대로 열리게 되었다.

그러나 제7회 북일교섭을 앞두고 미야자와 총리는 4월 29일, 북한의 핵무기개발 의혹에 대해 "북한에 IAEA사찰이 들어가도 이라크의 예처럼, 그것만으로 안심할 수 없다"며, 북한이 같은 달 중순 밝힌 3기의 원자로에 대한 사찰 수용의 자세에 불신을 표명하는 동시에 "재처리를 그만두는 것이 북한에 대해 안심할 수 있는지 여부의 증거가 될 것"이라고 말했다[310].

그럼에도 북한정부는 5월 4일 빈 주재 대표부를 통해 포괄적 보장조치협정에 따라 핵물질의 보유상황을 알리는 모두보고와 16개의 원자력시설의 설계정보를 IAEA에 제출하고 신고했다. 핵의혹의 대상인 핵연료 재처리시설은 보고에 포함되지 않은 모양이지만, 첫 포괄 사찰인 특정사찰은 6월 초에라도 실시될 전망이다[311].

이와 관련해 김영남 외무장관 등 북한정부, 당의 주요인사가 "미국이 재처리시설로 간주하는 건물을 포함하여, IAEA에 신고하지 않은 모든 시설을 공개할 용의가 있다"고 표명하고 있던 것이, 5월 6일 북한을 방문한 미국의 카네기재단의 조사단 보고에서 밝혀졌다. 북한당국자가 IAEA의 사찰에 대해 "신고외의 시설도 공개한다"라는 방침을 분명히 한 것은 이번이 처음이었다[312].

그러나 나카히라 노보루 대사는 5월 11일, 제7회 북일교섭이 13일부터 베이징에서 열리는 것을 앞두고 『아사히신문』 기자와의 인터뷰에서 이 가운데 일본측이 북한측에 요구하고 있는 『핵무기개발 의혹불식』과 관련해 "IAEA의 『특정사찰』뿐만 아니라, 그 후 IAEA와 북한간에 체결되는 『보조약정』에 의한 일반사찰의 결과를 보고 판단하고 싶다고 생각하고 있다"고 대답했다[313].

이와 같이, 북한은 핵사찰에 대한 협정의 비준과 핵시설의 IAEA 신고, 또한 사찰단의 북한방문을 맞이하는 등 북한 핵문제의 순조로운 진전 속에서, 일본정부와 교섭자인 북한의 핵사찰에 대한 엄격한 태도 표명이 계속되었다.

또한, 「과거청산」과 관련해서는 와타나베 미치오 부총리겸 외무장관이 4월 18일 도치기栃木県현 오오타와라大田原시에서 강연한 내용 가운데, 북한과의 국교정상화교섭과 관련하여 "한국에는 배상은 지불하지 않았지만, 청구에 어느 정도 부응해서 경제협력으로 바꿨다. 완전히 다를 수 없다. 남쪽(한국)과 같은 형태로 빨리 타결하고 싶다"고 말했다[314]. 이 「한일방식에 의한 경제협력안」은 일본외교의 책임자로서 처음 언급한 생각으로, 제7회 북일교섭에서 일본측의 대응이 주목되었다.

한편, 5월 6일 오전 10시 서울 신라호텔에서 한국과 북한의 제7회 남북 총리회담이 열려 양측은 남북 이산가족문제에서 8월 15일을 기해 상호방문의 실현을 목표로 하는 것에 일정한 양보를 보였다. 화해를 위한 실천·실행기관인 남북 연락사무소 설치문제도 진전됐으나 최대현안인 상호 핵사찰문제에서는 진전을 보이지 못했다[315].

이 시기에 일본의 정치인과 관료사이에 북일교섭에 대한 인식의 차이도 커지고 있던 것도 주목할만한 것이었다.

예를 들어 자민당의 가네마루 신 부총재는 2월 3일 정부·자민당 수뇌회의에서 1월 하순 뉴욕에서 열린 미국과 북한의 첫 차관급회담에 북한대표로 참석한 김용순 조선노동당비서에게서 편지가 도착했음을 밝히고 "미국과의 교섭은 매우 잘 진행됐다고 한다"고 소개한 뒤 "(일본과 북한의) 북일관계는 원칙론을 고집해 잘 안되고 있다고 생각한다. 북미관계를 주시해 진행하길 바란다"고 발언하고 북일 국교정상화가 북미관계 개선에 뒤지지 않도록 정부측에 주문했다. 그러나 가네마루의 발언에 대해 외무성수뇌는 3일 저녁, "외무성으로서는 북일이 먼저냐, 북미가 먼저냐라는 사고방식으로는 접근하고 있지 않다. (북한과의 교섭에) 적극적으로 대응하겠지만, 북미가 정리될 것 같으니 그 전에 (북일을) 결정해 버리려고 한다거나, 북미가 먼저라도 상관없다는 대응을 할 생각은 없다"고 말했다[316].

또한, 사회당 방북단의 다나베 위원장은 4월 16일 오전, 평양 시내 인민문화궁전에서 실시한 조선노동당과의 정치회담에서 "북일 국교정상화를 방해하는 어떠한 이유도 있을 수 없다"고 모두인사를 통해 말했다[317]. 이것은 북일교섭에서 일본측이 국교정상화교섭의 전제인 북한의 유엔 동시가입, 남북대화의 진전, 핵보장조치협정의 수용 등 3가지가 극복되어 장애가 없다는 인식으로, 일본정부 관계자의 핵사찰의 조속한 실시를 요구하고 있는 입장과는 확실히 다른 것이었다.

요컨대, 제7회 북일교섭을 앞둔 시점은 북한이 IAEA와의 핵보장조치협정의 비준은 물론, IAEA의 사찰을 받아들인 시기였다. 그럼에도 불구하고 일본의 교섭대표는 더 엄격한 핵사찰을 요구하고 북한에 대한 불신을 표명함으로써 국제공간의 교섭교착적 상태를 벗어나지 못했다. 한편, 와타나베 외무장관이 한일방식에 의한 경제협력방안을 처음으로 공식 제기해, 과거청산을 둘러싼 상대국공간의 교섭진전이 기대되는 상황이었다.

2) 교섭의 진행

1992년 5월 13일 베이징에서 열린[318] 제7회 북일 국교정상화교섭은 오전 모두발언으로 시작됐다. 이번 교섭부터는 3월에 사망한 전인철 외무차관을 대신해 이삼로 외무성 평양주재대사가 북한대표단장을 맡았다. 일본정부대표는 나카히라 노보루로 이전과 동일했다.

나카히라 노보루 대사는 모두발언에서 2월에 한반도의 비핵화 공동선언, 4월 북한과 IAEA와의 핵사찰협정이 각각 발효한 것을 환영했다. 그런 다음, 핵사찰협정의 조기 완전 이행과 남북 상호핵사찰을 포함한 비핵화 공동선언 실행을 요구하고, 북한의 핵무기개발 의혹이 불식되지 않는 한 국교정상화는 곤란하다는 입장을 전달한 것으로 알려졌다[319]. 그리고 나카히라 대사는 "우선 외교관계를 개설한 후 나머지 의제를 논의한다"는 북한측의 제안은 받아들이지 않는다는 입장을 명확히 전했다. 또한, 일본인배우자의 귀향문제는 4월 방북한 사회당대표단에게 북한측이 "국교정상화 이전이라도 실현 가능하다"고 말한 것을 근거로 북한의 생각을 물었다[320].

이에 대해 북한측 이삼로 대사는 모두발언에서, "일본이 (정상화의) 전제라며 부당하게 거론해 온 핵사찰문제는 우리의 주도적 조치[321]에 따라 모두 해결될 수 있는 상황이다[322]"고 말해, 일본에게 이 문제 해결을 정상화의 전제로 하는 태도를 수정하도록 요구했다. 그리고 이 대사는 "북일 국교정상화는 일본측이 주장하는 것처럼 단순한 외교 실무적 문제가 아니라, 북일 양국간 반세기에 걸친 불행한 과거를 청산하고, 그에 따라 새로운 선린관계를 수립해야 하는 가해자와 피해자 사이의 과거청산 및 선린우호관계 수립문제다[323]"라고 지적했다.

또한, 핵문제에 대해 이삼로 대사는 "조선측은 또다시 일본측이 부당하게 전제로 내민 IAEA의 핵사찰문제가 완전히 해결되면, 이번에는 어떤 『전제조건』을 제시할지를 질문했다. 그러나 일본측은 이에 대해 명확한 답변을 회피했다. 따라서 일본측은 이 문제를 더 이상 『전제조건』으로 하지 않을 것이라고 이해한다고 언명하고 일본측은 향후의 사태발전을 지켜보면 되는 것이다[324]"라고 말했다고 전했다.

이어서 제1의제인 외교관계 설정문제에 대해, 이 대사는 "조선측은 외교관계 설정에 관한 원칙적 입장을 보였다. 첫째, 북일 양국간 외교관계를 올바른 기초 위에 수립하기 위해서는 일본이 과거의 역사에 대한 잘못된 관점과 태도를 수정해야 한다는 점을 강조했다. 둘째, 북일 양국간 외교관계를 올바른 기초 위에 수립하기 위해서는, 일본측이 북일회담에서 일본과 남조선의 관계와의 『정합성』을 주장해서는 안 된다325"며 선 외교관계 수립을 주장했다.

제7회 북일교섭은 13일 오전에 이어 오후에도 열려, 국교정상화에 필요한 「기본문제」에 대해 논의했다. 이 협의에 대해, 일본측이 먼저 과거에 구조선과 맺은 「조약」이 「합법적」으로 체결됐고 당시는 유효하게 실시되었다는 주장을 반복했다. 이에 대해, 조선측은 과거에 일본이 구조선과 맺은 「조약」이야말로 철두철미 강압적으로 체결된 불법적 「조약」이라고 못 박았다라고 한다326.

이어서 제6회 북일교섭에서 논의된 조약안을 둘러싼 대립점이기도 한 지배권에 대해, 북한측이 "정상화하는 데 있어서 서로 지배권(패권)을 추구하지 않을 것을 확인하는 것은 중요하다"고 한 것에 반해, 일본측은 "지배권을 추구할 의도도 없고, 그런 것은 유엔헌장에서 충분히 담보할 수 있다고 반대입장을 거듭 강조했다"고 한다327.

또한, 북한의 관할권에 대해서도 양측이 입장을 주장했다. 먼저 북한의 이삼로 대사는 "남북한은 통일을 향한 과정의 특수한 관계에 있다는 입장에서 현재 휴전선을 국경으로 할 수는 없다고 하면서도 현실에 유효한 관할권이 미치고 있는 범위는 한반도의 『북반부』이다328"라는 것을 인정했다. 관할권문제에 대해 이 대사는 회담 후 기자회견에서, "지금 공화국(북한)의 주권이 효과적으로 실시되고 있는 지역은 (한반도의) 북반부이지만, 이것은 조선은 하나이고 평화적으로 통일되어야 한다는 전제하에서 인 것이다. 북쪽과 남쪽 사이에 국가간의 경계선을 긋겠다는 것(을 주장하고 있는 것)은 아니다329"라고 설명했다. 그리고 "나카히라 노보루 대사 등 일본측은 「(한반도가) 현재 (남북으로) 분단되어 있는 것을 전제로 얘기하는 것이 필요하다」라는 입장을 강조한 데 반해, 북한측은 「남북은 통일을 지향하는 과정에 있다. 승복할 수 없다」고 주장했다330"고 한다.

한편, 이날 오후회담과는 별도로 베이징의 일본대사관에서 열린 양측 실무자의 「이은혜」문제에 관한 비공식협의에서 일본측은 「본건으로 인해 일본국민의 대북 이미지를 해치는 것은 교섭 전체의 진전에서 취할 좋은 안이 아니다」며, 동포보호의 관점에서 「이은혜」의 신원조사에 응하도록 요청했다. 그러나 북한측은 「KAL기 폭파사건은 한국의 자작극」이라며 조사에 응하는 것을 거부했다. 또한 「우리인민도 일본의 과거 침략, 죄업과 함께 일본의 대응에 격분하고 있다」고 반박하고 끝났다[331].

제7회 북일교섭 이틀째인 14일 오전회담에서는 제2의제인 보상문제에 대한 토의를 실시했다[332].

북한측은 「일본이 조선인민에게 저지른 죄과에 대해 진심으로 반성하고 사죄하고, 상응하는 물질적 보상을 하는 것은 타인을 위한 것보다 왜곡된 일본의 국제적 이미지를 개선하는 것에 직결되어 있기 때문에, 당연히 일본 자신을 위해 성실하게 해결해 가야할 문제인 것을 몇 가지 근거를 들어 제시했다. 『조선인 위안부』 문제가 일본이란 국가 이름 아래에서 자행된 유례없는 극악한 반인륜적 범죄행위인 것은 이미 반박할 여지가 없는 사실로 드러났다[333]. 일본 정부당국은 『조선인 위안부』 문제를 역사의 어둠에 묻으려고 하고, 제1회 회담 때부터 그것은 민간단체가 행했기 때문에 정부는 책임이 없다고 발뺌했다. 사태의 진상이 드러난 오늘에 이르러 어쩔 수 없이 군부의 관여를 인정하고 있지만, 이 문제에 대해 진심으로 반성하지 않고 보상문제도 회피하고 있다[334]」고 종군위안부에 대해 공세적 입장을 취했다.

이번에는 북한이 열두살 때 종군위안부로 징용된 북한여성의 체험담을 소개[335] 하면서 「이와 같은 종군위안부들의 원한은 재산 · 청구권으로 위로할 수 없다」며 보상의 틀에 의한 처리를 요구한 것에 대해, 일본측은 종군위안부의 보상문제에 대해서는 북한측이 사실관계 및 법률상의 근거를 가지고 요구를 제시하면, 재산 · 청구권의 범위내에서 논의에 응할 용의가 있다는 생각을 처음으로 밝혔다[336].

종군위안부의 보상문제는 지난 교섭에서 북한측이 제기하고 일본측은 지금까지 사죄와 반성의 뜻은 전했지만, 보상에 대해서는 이번에 처음으로 언급한 것은 하나의 진전이었다. 따라서 종군위안부 보상문제에 대해 「일부에서 일본측이 유연한 자세를 보인 것처럼 보는 시각이 있다」고 생각되었다. 그러나 일본측의 나카히라 대사는 "청구권의 범위 내라면, 검토, 논의에 응한다"고 말해 「청구권 범위 내에서만 대응할 수 있다」는 제한을 붙인 것은 북한의 요구에 대해 명확한 거부를 드러낸 것이었다[337].

이어서, 14일 오후회담에서는 보상문제와 제3의제가 논의되었다.

보상문제에 대해 「일본측은 또 세계 양심의 분노를 불러일으키고 있는 『종군위안부』 문제에 대해서는 한마디도 언급하지 않고, 조선측이 『종군위안부』에 대해서도 보상하지 않을 것인가라고 질문하니 그 문제도 『재산청구권』의 범위 내에서 처리하기 때문에 법률적 근거를 보이라는 태도를 취했다[338]」고 한다.

이에 대해 북한은 「일본측이 재산청구권론을 주장하는 것은 결국 과거에 일본이 조선인민에게 끼친 인적 및 물적 피해에 대한 보상책임에서 벗어나려고 하는 것 이상도 이하도 아니다. 『극동국제군사재판소』의 검사단이 논고장에서 일본이 조선과 만주를 비롯해 대륙 각지에서 자원을 약탈한 것은 침략전쟁을 목적으로 한 전쟁범죄 행위였다고 고발했는데, 이는 조선에서 일본의 자원약탈이 군국주의적 강권에 의해 강행된 위법행위였던 것을 국제법적으로 입증하는 것이다. 그러나 일본이 피해자료를 조선측에 요구하는 것은 결국 국제여론을 두려워해 형식적으로 사죄는 하지만 과거와의 결별은 마지막까지 피하려는 본심을 스스로 드러냈다고 해석할 수밖에 없다. 조선측은 회담을 생산적인 것으로 하기 위해 일본측이 과거 조선인민에게 끼친 피해 진상자료에 대해 성실하게 조사, 공개하고, 문제토의에 임할 것[339]」을 재차 강하게 촉구했다.

다음으로 제3의제인 핵문제에 대해 일본측은 새로운 문제로 남북한이 논의하고 있는 「남북 상호사찰」의 실현을 덧붙였다. 일본측은 「상호사찰」이 남북간의 문제로 IAEA사찰처럼 수용을 요구할 수 있는 입장이 아니기 때문에, IAEA와의 보장조치협정에 대해서는 「조기, 무조건, 완전이행」을 요청하는 방식으로 하고, 남북 상호사찰에 대해서는 「남북 상호사찰 및 재처리시설 등을 보유하지 않을 것을 포함한 남북 비핵화 공동선언의 착실한 실시」를 기대한다는 말을 했다. 그러나 일본측이 이 두 가지를 거의 동등하게 중시하고 있는 것은 이후 계속해서 「이를 통해 국제사회의 우려를 한시라도 빨리 불식하는 것이 중요하다」라고 하는 것을 보면 분명했다. 북한의 이삼로 대사도 회담 후 기자회견에서 "(일본측에서) 문언은 취하고 있지 않지만, IAEA사찰을 믿는 수 없기 때문에 남북 사찰도 하라는 것이다. 일본은 허들을 덧붙였다"며, 일본측이 전제조건 중에 남북 사찰을 추가하여 왔다는 인식을 나타내고 반발했다. 일본측이 이와 같은 대응을 취한 것은 IAEA사찰이 진행되면서 비밀리에 핵개발을 하고 있던 이라크 사례가 있었기 때문으로 보이지만, 어쨌든 「핵의혹 해소까지는 교섭을 진행할 수 없다」 (일본측대표단 관계자)라는 일본의 입장이 부각돼 온 모습이었다[340].

제7회 북일교섭은 예정된 2일 동안 4가지 의제 모두를 언급할 수 없었기 때문에, 15일에도 오전 10시부터 베이징 일본대사관에서 제4의제에 대해 협의를 이어갔다[341].

이 회담에서는 전후 북한국적의 남편과 함께 북한으로 건너간 여성, 즉 일본인배우자의 귀향문제를 중심으로 협의했다. 일본측은 이번에 새롭게 30여명의 안부조사를 북한측에 요청했다[342]. 이에 대해 북한측은 「조선에 있는 일본인배우자의 고향방문문제를 인도적 견지에서 시급히 해결하려는 입장에 변함없다는 점을 강조하고 일본측이 이 문제의 해결에 실질적 노력을 기울이지 않고 일방적으로 조선측의 『성의』만을 기대해서는 안 된다[343]」며 지적했다.

또한, 북한측은 「일본측이 인도주의적 문제인 종군위안부문제에 대한 조선측의 거듭된 요구에 등을 돌린 채 일본인배우자의 고향방문 조기 실현을 제기할 것이 아니라, 종군위안부문제를 하루 빨리 해결함으로써 고향방문 실현의 우호적 분위기를 마련해야 한다[344]」고 강조했다.

그리고 북한측이 재일조선인의 법적지위문제를 언급하며 조선총련 적대시정책과 간섭행위의 중지, 그리고 외국인등록증의 상시휴대의무 폐지와 조선학교 졸업생의 대학수험자격을 인정하는 것 등을 요구했다. 또한, 강제연행 되어온 재일조선인과 관련해 북한측은 일본정부뿐만 아니라 강제연행자를 고용한 기업도 「즉시 직접적」으로 보상해야 한다고 주장했다[345].

제7회 북일교섭은 7월말 이전에 베이징에서 제8회 북일교섭을 개최하기로 합의하고 종료했다.

3) 교섭패턴

제6회 북일교섭에서 변화하고 있는 교섭상대국 · 국제공간에 적극적으로 대응할 수 없게 된 일본은 제7회 북일교섭에서도 북한의 강온 양면전략에 직면했다. 먼저, 북한은 제3회 교섭에서 행한 관할권의 새로운 제안을 제7회 교섭에서 「북한의 관할권을 북반부로 제한한다」는 양보로 공식화시켰다. 그리고 이은혜문제에 대해 한국의 자작극이라는 입장에 근거를 제시하면서 일본이 이 문제를 회담의 소재로 이용하지 않도록 경고했다. 또한, 일본인배우자문제를 다시 종군위안부문제와 연계시켜 일본이 제기한 인도적 문제를 일본의 전쟁범죄에 대한 사죄와 보상문제로 부각시켰다. 게다가 북한은 IAEA와 핵보장조치협정을 체결하고 사찰까지 받은 상황에서 일본이 이번에는 핵문제를 「남북 상호사찰」이라는 또 하나의 허들을 부가한 것에 대해, 매우 강경한 자세를 취했다.

일본이 제6회 북일교섭에서 변화가 계속되는 교섭공간상태에서 맞이한 제7회 교섭에서, 일본의 새로운 대응은 핵문제와 관련해 「남북 상호사찰」의 실현을 덧붙인 것뿐이었다. 제6회 교섭 이후 완전히 새로운 환경의 국제공간이 교섭상대국공간과 국내공간에 미치는 영향을 이해하지 못한 채, 북일 국교정상화의 전제조건으로 핵문제에 계속 집착했다. 특히, 이은혜문제에 대한 일본의 대응은 객관적으로 본 회담을 지연시키는 문제제기이면서 핵문제를 해결하고 있는 북한의 국제적 위신을 실추시키려는 행위로 간주돼 북한에게 비난을 받는 데 이르렀다. 따라서, 일본은 명분면에서도 실리면에서도 교섭에서 교섭타겟 달성에 매우 불리한 상황에 빠졌다.

요컨대, 제7회 북일교섭은 북한이 「북한의 관할권을 북반부로 제한」하는 양보를 공식화하는 한편, 일본인배우자문제를 다시 종군위안부문제와 연계시켜 일본의 전쟁범죄의 사죄와 보상문제로 부각시키는 등, 구체적 공세가 강해졌다. 그럼에도 불구하고, 일본이 이 교섭에서도 제6회 교섭과 마찬가지로 구체적 방안 없이, 이은혜문제 해결의 집요한 요구 등 국내공간의 대응에 있어 교섭교착적 요구를 반복해서 주장했다. 다만 「청구권의 범위 내」라는 조건이 붙어 있지만 종군위안부 보상문제에 대해 처음으로 논의에 응할 용의가 있다고 표명한 것은, 한계는 있지만 상대국공간에서 교섭을 촉진시키는 하나의 진전이라 생각된다.

제7회 북일교섭에 있어서 일본의 교섭패턴은 자원배분 측면에서 보면 제6회 교섭에서 핵사찰문제를 놓고 다소 교섭촉진적 조건이 발생한 국제공간의 상태와 관계없이, 제6회 교섭의 「자원집중형」 패턴과 마찬가지로, CⅣ의 $P(R_0)-D(R_3)-D(R_0)$의 「국내공간 지향의 자원집중형(CT-D)」이었다. 요컨대, 일본은 교섭교착적 국내공간에 대해서는 이은혜의 신원조사 및 재북 일본인배우자의 안부조사 등을 강력히 요구하는 것으로 자원을 집중적으로 계속 배분했다. 그러나 보다 교섭교착적 조건이 많아지고 있던 상대국공간에서는 보상문제에 대해 「청구권의 범위 내에서 대응」이라는 입장을 반복했을 뿐 자원을 배분하지 않았다. 또한, 북한이 IAEA와의 보장조치협정을 체결하고, 남북 사이에는 「한반도 비핵화 공동선언」이 이뤄지고 있는 국제공간의 새로운 환경에도 핵보장조치의 완전한 이행과 남북 비핵화 공동선언의 착실한 실시를 요청하는 것 외에는 공간의 상태에 영향력을 발휘하는 자원배분은 할 수 없었다.

8. 제8회 북일교섭(1992.11.5~6, 베이징)

1) 교섭공간

제8회 북일교섭을 맞이하는 정세는 북한이 3회에 걸쳐 핵사찰을 받은 것을 포함해, 한중 국교수립뿐만 아니라 종군위안부에 대해 일본정부가 정부개입을 인정해 북한에서 강한 반감을 갖는 여론이 높아졌다.

북한이 핵보장조치(핵사찰)협정의 비준과 핵시설의 IAEA 신고에 이어 예고한 핵사찰은 5월 25일부터 시작되었다. 평양발 『신화사전 新華社電』에 따르면, 「북한과의 포괄적 보장조치협정에 따른 최초의 본격적 사찰인 특정사찰 실시를 위해 IAEA 사찰팀 7명이 5월 25일 베이징에서 평양으로 들어왔다. 팀은 브릭스 IAEA 사무국장의 시찰에 동행한 독일인 윌리 타이스 사찰관의 인솔로 북한에 2주간 머물면서 영변의 방사화학연구소에 있는 핵연료사이클 연구시설을 중심으로 사찰을 실시한다」고 한다[346].

북한은 한국과도 한반도 비핵화 공동선언에 기초한 남북 핵통제공동위원회의 제5회 회의를 5월 27일 판문점에서 열고 상호핵사찰 규정 작성을 둘러싸고 협의했다. 하지만 원칙적으로 합의하고 있던 규정 작성에 이르지 못해 6월에 실시하려고 했던 상호핵사찰은 어려운 상황이 되었다[347].

또한, 6월 2일 『연합통신』은 5월 27일 베이징에서 미국과 북한의 23번째 참사관급 접촉이 이루어져, 미국측은 「IAEA에 의한 북한 핵사찰과 함께, 남북 상호핵사찰이 반드시 수행되지 않는 한 북미접촉의 격상과 관계 개선은 없다」는 입장을 재차 통보했지만, 북한측은 강하게 반발하고 협의는 진전이 없었다고 보도했다[348].

브릭스 사무국장은 6월 10일, 핵물질 및 시설 확인을 위한 특정사찰이 이루어진 북한에 대해 같은 달이나 그다음 달초에라도 제2차 특정사찰을 실시한다는 뜻을 밝혔다[349].

이어서 6월 16일 빈에서 열리는 IAEA 정례이사회에서 브릭스 사무국장은 6월의 북한 공식방문과 이에 이어 북한의 핵시설에 대한 최초의 보고를 실시했다. 브릭스 사무국장은 “북한의 모두보고와 설명에 의하면, 이 나라의 핵개발계획이 상당히 밝혀졌다”고 평가하는 한편, “동국(북한)의 모두보고가 (핵계획의) 전부인지 여부를 판별하는 것은 어렵다”고 보고했다고 한다[350].

7월 1일, 백악관에서 열린 미야자와 총리와 부시 대통령의 회담에서 미야자와 총리는 “북한의 핵에 대해서는 나아가 남북의 사찰이 이루어지는 것이 중요하다. 북측이 협조적이지 않는 것에 우려를 하고 있다. 이 의혹이 해결되지 않는 한 북일 국교정상화는 있을 수 없다[351]”고 남북 상호사찰이 국교정상화의 전제라는 입장을 표명했다.

그리고 미 국방부의 윌리엄스 대변인이 7월 2일, 재외미군에 배치된 지상 · 해양 전술핵을 미 영토 내로 철거하는 것을 완료했다고 발표했을 때, 부시 대통령도 이날 “북한은 국제기준에 따라서 움직임을 보여야한다”고 말해, 남북 상호핵사찰의 실시를 위한 「개방성」을 북한에 촉구했다[352].

이와 같은 북한 핵사찰과 남북 상호사찰에 대해 북한을 향한 압력이 계속되고 있는 가운데, 북한은 IAEA에 신고한 시설에 대해 특정 핵사찰뿐만 아니라, 특별(불시)사찰에도 응하게 되었다.

솔로몬 미 국무차관보(동아시아태평양담당, 차기 주필리핀대사)는 7월 8일, 하원 외교위원회 아시아태평양소위원회 청문회에서 증언하고, 북한이 IAEA에 대해 미신고시설을 포함한 모든 핵시설의 「특별(불시)사찰」을 인정한다고 전했다는 것을 밝혔다[353]. 북한이 IAEA의 불시사찰 실시를 받아들이는 것은 처음이었다.

중국 첸치천錢其琛 외교부장관도 8월 23일, 북한의 핵의혹 해소에 대해 북한이 IAEA의 사찰을 받아들이도록 요구해 왔다고 한 뒤, 남북 상호사찰을 지지하고 “중국은 한반도의 한쪽이 핵을 보유하는 것을 바라지 않고, 이런 입장에 변화가 없다”고 말해[354], 북한 핵사찰의 필요성을 주장했다.

그리고 한국의 이상옥 외무장관과 중국의 첸치천 외교부장관은 8

월 24일, 베이징 댜오위다오釣魚台 영빈관에서 양국의 외교관계를 수립하는 공동성명을 체결하고 정식으로 국교를 수립했다. 성명에서는 한국이 중화인민공화국을 중국의 유일한 합법정부로 인정하고, 이 국교수립이 한반도의 긴장 완화와 안정, 아시아의 평화에 기여한다고 명시되어 있었다. 또한 양국 정부는 노태우 대통령이 머지않아 중국을 방문할 것이라고 발표했다[355].

또한, 한국의 『연합통신』은 8월 29일, IAEA가 31일부터 북한 핵시설에 대한 세 번째 특정사찰을 실시한다는 소식을 한국정부 관계자가 밝혔다고 전했다[356].

북한이 IAEA의 사찰을 적극적으로 받아들인 것에는, 한중 국교정상화라는 큰 정세 변화가 배경이라고 생각된다. 한중 국교정상화로 인해 북한이 받는 정치적, 외교적 타격이 크기 때문에 북한은 핵문제 등에서 양보를 강요당한 것으로 생각된다. 북한은 전회에 7월말 경까지 열기로 했던 북일교섭도 일정의 형편 등을 이유로 연기를 요구했지만, 이것도 한중 국교정상화의 충격의 일환으로 생각된다.

한중 국교수립의 상황을 토대로 일본외무성은 8월 24일부터 동아시아 정세에 미치는 영향에 대해 본격적 분석과 검토를 시작했다. 외무성간부에 따르면, 「일본이 북한과의 사이에서 추진하고 있는 국교정상화교섭에 미치는 영향에 대해 북한이 침묵을 지키고 있기 때문에 『결과를 확인하기에는 너무 빠르다』라고 하면서도 중장기적으로는 이번 변화를 받아들여, 북일교섭에 유연한 자세로 돌아오는 것이 아닐까라고 보고 있었다. 그 근거가 되고 있는 것이 최근 1, 2년간 북한의 대외 자세였다. 북한은 재작년(1990년) 가을, 일본과의 국교정상화교섭 개시를 단행, 작년(1991년) 5월에는 지금까지의 방침을 전환해 한국과 동시 유엔가입을 발표했다. 또한, 올해(1992년) 5월에는 IAEA의 핵사찰을 받아들이는 등 긴 안목으로 보면 상황의 변화에 반응하고 있다[357]」고 분석했다.

그리고 당시 북한이 경제적으로 어려운 상황에 놓여 있던 것도 북한이 IAEA의 핵사찰을 받아들여 미국과 관계 개선을 위한 교섭을 추진할 필요성을 높였다고 할 수 있다.

한국은행은 8월 12일 북한의 1991년 국민총생산(GNP)이 2년 연속 마이너스 성장이었다고 추정하는 「1991년 북한의 GNP 추정 결과」를 발표했다. 이에 따르면 북한의 91년의 GNP(추정)는 229억 달러로 전년 대비 5.2% 감소했으며, 이 GNP 규모는 같은 해 한국(2,808억 달러)의 대략 12분의 1이었다[358].

이와 같은 북한의 상황에서 실제 북한과 미국과의 접촉이 확인되었다. 한국의 『조선일보』 9월 16일자 조간 가판에서, 미국과 북한이 베이징에서 8일과 14일, 1주일 사이에 두 차례에 걸쳐 참사관급 외교관접촉을 갖고, 북미관계 개선에 관한 서한을 교환했다고 보도했다. 이 신문에 따르면, 이 서한은 북한의 김용순 노동당 비서와 캔터 미 국무차관의 명의로, 북한측은 「IAEA의 핵사찰을 통해 핵문제가 어느 정도 해결됐다」며 「양국 고위급 접촉에서 관계 개선을 위한 본격적 논의에 들어가자」는 것을 제안했다. 이에 대해 미국측은 「북한 핵문제가 해결되지 않으면, 관계 개선은 있을 수 없다」고 기본적 입장을 전달한 것으로 알려졌다[359].

더욱이 평양에서 9월 17일까지 열린 제8회 남북 총리회담은 현안인 상호 핵사찰문제로 대립한 채 끝났다. 그러나 미국도 「북한의 핵의혹 해소가 모든 전제」라는 자세를 바꾸지 않았다. 미 국무부 고위관계자는 9월 17일, 북한의 「핵의혹」에 대해 「IAEA 사찰수용으로 문제의 정도는 감소했지만, 해소된 것은 아니다」라며 불시사찰을 포함한 남북간 상호 핵사찰 태세의 확립이 가장 중요한 과제라는 미국의 방침을 재차 강조했다. 또한, 남북대화의 촉진뿐만 아니라 북일국교정상화교섭의 진전도 북미관계 개선의 조건이라고 지적했다. 나아가 이 관계자는 베이징에서 비정기적으로 열리고 있는 북미간 참사관급회담 이외의 장소에서 쌍방의 외교접촉을 확대할 예정도 없다는 것을 밝혔다[360].

요컨대, 한중 국교정상화를 전후로 북한은 핵사찰에 대한 IAEA의 사찰을 받아들이는 등, 한국이 러시아, 중국과 국교수립을 한 것에 대응해 현실이 되고 있는 「남북 크로스승인」에서 북미관계 개선을 목표로 했다. 그러나 미국은 미신고시설에 대한 특별사찰과 남북 상호사찰, 또한 남북대화와 북일교섭의 진전까지 요구함으로써 북한의 북미관계 개선 요구에 응하지 않는 입장을 보였다.

한편, 제8회 교섭을 맞이하고 있는 사이에 북일 양국에서 종군위안부문제를 둘러싼 대립이 심각하게 깊어지고 있고 국제적으로도 유엔 인권위원회의 차별방지 · 소수자보호 소위원회가 이 문제를 취급하게 되었다.

일본정부는 7월 6일, 종군위안부문제에 대해 진행하고 있던 조사결과를 공표하고, 이에 따라 위안소 설치 및 경영 · 감독, 위안소 관계자들의 신분증 발급 등의 점에서, 정부가 직접 관여하고 있었다는 것을 공식적으로 처음 인정했다. 가토 고우이치 관방장관은 이날 기자회견에서 강제연행을 뒷받침하는 자료는 없었다고 했지만, 한국을 비롯해 중국, 대만, 필리핀 출신 등 위안부에 대한 일본정부의 사죄의 뜻을 표명했다. 일본정부는 1월, 구일본군이 종군위안부의 모집을 감독하고 있었다는 것을 보여주는 자료가 방위청 내에서 발견된 것을 계기로 「구일본군의 관여」를 인정해 왔지만, 한층 더 폭넓은 자료를 바탕으로 「정부의 관여」를 인정한 것 이었다[361].

북한에서 8월 1일에 발족한 「종군위안부 및 태평양전쟁 피해자보상대책위원회」의 오문한 위원장은 12일 밤, 식민지지배 하의 한반도에서 강제연행이나 종군위안부문제를 고발하고 있는 「조선인강제연행조사일본인방북단」(단장; 구리하라 도오루栗原透)과 회담하고, "현재 파악되고 있는 국내의 전종군위안부는 123명"이라고 말했다[362].

그리고 8월 15일을 맞아 북한은 사죄와 보상을 요구하는 여론이 높아졌다.

북한에서는 8월 14일, 「일본의 식민지지배와 보상을 생각하는 북일 공동심포지엄」이 열렸다. 「조선인강제연행조사 일본인방문단」 14명과 북한 사회과학원, 김일성 종합대학 등 약 30명이 참가, 「일본은 한시라도 빠른 사죄와 보상을 해야 한다」고 호소했다[363].

북한의 수도 평양에서도 「해방기념일」인 8월 15일, 직장이나 지역 단위로 휴일의 관례인 「야유회」가 열렸고 거리에서 「일본은 식민지 지배의 사죄와 보상을 즉시 실시해라」라는 「사죄와 보상」이 슬로건 같았다. TV나 신문에서 그해 봄부터 종군위안부의 증언이 차례차례로 다루어지면서 "보고 눈물이 나왔다. 인간이 한 일입니까"(중년 여성)라며 특히 반감이 강해졌다[364].

또한, 이 시기에 종군위안부문제가 국제사회의 주목을 모았다. 브뤼셀 발 『연합통신』에 따르면 제네바에서 열리고 있는 유엔 인권위원회의 차별방지 · 소수자보호 소위원회는 8월 14일, 제2차 대전 중 구 일본군의 종군위안부에 대한 보상과 명예회복을 위해 그 피해 실태에 관한 자료를 모으기로 결의했다[365].

「조선인강제연행 진상조사단」은 18일, 제네바의 유엔 인권위원회의 소위원회(차별방지 · 소수자보호 소위원회)를 무대로 유엔이 문제 규명과 해결에 임하도록 호소하는 활동을 시작했다[366].

전시 중의 종군위안부문제를 추궁하고 있는 한국의 「정신대문제대책협의회」는 25일, 유엔 인권위원회의 차별방지 · 소수자보호 소위원회가 12월 위안부 동원 진상 규명과 보상문제를 조사하기 위해 특별조사관을 한국과 북한에 파견한다는 것을 밝혔다[367].

북한의 연형묵 총리는 이같은 국내외의 분위기 속에서 종군위안부문제에 대해, 9월 16일 평양에서 열린 제8회 남북 총리회담의 기조연설에서 종군위안부와 일본의 핵위협문제 등에서 「남북 대일대책공동위원회」 설립하는 방안을 제안했다[368]. 물론, 한국의 정원식 총리가 17일 "종군위안부문제에 대해서는 한일 양국에서 진상조사를 하는 등 해결 노력을 하고 있다[369]"며, 북한측 제안을 거부했다. 하지만 북한은 자국의 높아지고 있는 여론에 따라 일본에 대해 엄격한 자세로 「사죄와 보상」을 요구했다.

한편, 북일교섭과 관련해 주목할 것은 와타나베 미치오 부총리겸 외무장관이 8월 7일의 기자회견에서 일본과 북한간의 국교교섭에 대해 "한국과 일본의 국교정상화와 전혀 다른 차원의 정상화 방침은 생각하기 어렵다. 다른 길을 만들면 긴 기간이 소요되어 버린다[370]" 고 말했다는 것이었다. 이 발언은 앞에서 언급한 바와 같이 4월 18일 같은 의사 표명 이후에 이어 경제협력과 맞바꾸어 청구권문제를 해결한 한일간의 방식을 북일에도 목표로 할 생각을 다시한번 보여주었다.

이와 같이 북일교섭을 둘러싼 공간의 상태가 빨리 변화하고 있는 와중에 일본외무성은 10월 27일 일본과 북한의 국교정상화를 위한 제8회 교섭을 11월 5, 6 양일간, 베이징의 북일 양측 대사관에서 개최할 것이라고 발표[371]했다. 제7회에서 합의된 7월보다는 늦어졌지만, 11월 5일 양국의 제8회 교섭이 열렸다.

2) 교섭의 진행

제8회 북일 국교정상화교섭은 1992년 11월 5일 베이징 북한대사관에서 제7회 교섭과 같은 양국 대표가 참석한 가운데 시작되었다[372].

제8회 교섭은 모두발언에서 양측 단장이 이번 회담을 앞두고 각각의 생각을 총괄적으로 언급했다.

일본측의 나카히라 노보루 대사는 모두발언에서 "제7회 회담에서 제8회 회담까지 6개월이 걸린 것을 유감스럽게 생각하고, 조선의 핵문제는 북일회담 진전을 위해 필수적인 것이다. 핵무기 개발계획에 대한 의혹과 우려를 불식하고 남북 상호사찰을 이행하지 않고 북일 국교정상화는 수행하기 어려우며, 일본인배우자문제를 북일교섭의 진전에 관계없이 해결하는 것을 원한다[373]"고 말했다. 특히 일본측이 남북 상호사찰의 이행을 주장한 데 대해 북한측은 "남북 상호사찰을 북일회담의 전제조건으로 선고한 것과 같은 것이다[374]"라며 부당한 것으로 인식하고 "남북 상호사찰은 조선민족 내부문제이며, 조선측이 IAEA의 사찰을 받고 있는 조건에서 문제는 남조선에 있는 미국의 핵무기와 핵기지들에 대한 사찰을 실시하는 것이다[375]"라고 강조했다.

또한, 나카히라 노보루 대사는 "대립에서 화해로 향하는 국제적 조류 속에서 동북아시아에서도 소원했던 나라들 사이에 새로운 우호 관계가 수립되었다. 북일간의 국교정상화도 언젠가 실현될거라 확신한다[376]"고 했다. 또한 나카히라 노보루 대사는 핵의혹문제를 중심으로 생각을 전하며 IAEA 특정사찰 수용을 「일정한 전진」이라고 평가하면서도 "국제사회의 우려는 불식되지 않고 있다. 핵무기 개발문제 등 여러 문제를 미룬 채 외교관계만 선행해 개설하는 것은 받아들일 수 없다. 한시라도 빨리 우려를 불식할 것을 강력히 요구한다. 이 문제가 해결되지 않으면 국교정상화는 어렵다[377]"며 종래의 입장을 재차 강조했다.

북한의 이삼로 대사는 모두에서 "최근 일본의 무력에 의한 위협으로 「체결」된 것으로 알려져 있는 1905년 「을사오조약(한일보호조약[378])」, 1907년의 「정미칠조약」 등 옛 조약이 날조[379]돼 있었던 것이 폭로되었다. 「한일병합조약」이 「체결」된 1910년, 조선의 영토는 이미 일본제국주의에 의해 군사적으로 점령되어 외교권, 내정권을 일본제국주의에 빼앗긴 상태였다. 구조약이 「합법적으로 체결되어 유효하게 실시되었다」라는 일본측 주장의 법적 기초는 완전히 무너졌다. 지금까지 일본측은 우리나라가 일본에 합법적으로 「병합」되어 「분리독립」했다는 논법에서 과거청산은 재산청구권으로 처리되어야 한다고 주장해 왔지만, 침략자와 피침략자의 관계에 기초해 일본은 조선인민에게 응분의 보상을 해야한다[380]"며 일본의 과거청산과 보상의 주장을 반박했다.

또한, 이삼로 대사는 IAEA가 북한이 신고한 핵시설을 확인하기 위해 특정사찰을 5월 하순 이후 지금까지 3회 실시하고 있는 것을 언급하며 "일본은 북일회담과는 관계없는 핵문제를 제기해서 인위적 난관을 만들고 있다. 국제원자력기구의 특정사찰이 성공적으로 이루어지고 있는 현재 상황에서, 일본측이 최근 다시 「핵무기개발 계획」 등으로 비난하는 것에 우리는 혐오감을 금할 수 없다. 필요 이상의 플루토늄을 비축하면서 핵무장화에 박차를 가하고 있는 일본 자신의 행위부터 중단해야 한다[381]"며, 일본의 핵사찰 주장에 대해 오히려 일본의 핵무장화를 비판했다.

그리고 이삼로 대사는 “제8회 회담개최가 지연된 것은 제7회 회담에서 일본측이 핵문제를 구실로 제8회 회담을 7월말 이전에 열기로 한 약속을 일방적으로 파했기 때문이라고 했다”고 한다[382]. 그러나 베이징 일본대사관이 천황의 방중준비로 바빠 북일교섭에 대응할 수 있는 상태가 아니었고 그 이전에 북한이 「7, 8월은 북한측이 일정의 형편 등을 이유로 연기를 요구했다[383]」는 것도 있다. 북한이 7, 8월에는 한중 국교정상화에 대응하기 위해 북일교섭을 연기해야 했던 점은 확실하다고 생각된다.

한편, 제8회 북일교섭 본회담이 휴식 중이던 5일 오후 2시 25분부터 북한대사관에서 「이은혜」문제에 대한 부단장협의가, 일본측에서 다케나카 시게오 외무성 아시아국심의관 등과 북한측 천룡복 외무성 제14국부국장 등 각 4명이 참석하여 열렸다[384].

이 회담에서 「천 부국장은 “이번에는 내 쪽에서 먼저 말하고 싶다”며 발언을 요구한 뒤, 메모에 따라 (1) 이 문제(KAL기 폭파사건)는 공화국(북한)과 관계없다, (2) 일본은 종군위안부문제 등 자신의 만행에 사죄하지 않고, 있지도 않은 일본인여성의 문제를 제기하고 있지만, 이것은 공화국의 존엄성을 무시하는 것이다, (3) 일본측의 이야기를 더 이상 들을 필요 없다[385]」고, 선언하고 일방적으로 자리에서 일어나 그대로 퇴장했다. 다케나카 심의관이 협의에 응하도록 권유를 했지만 대답은 없었다. 일본측은 오후의 본회담에 응하지 않고 교섭은 중단됐다. 일본은 부단장협의 재개를, 북한은 이대로 본회담을 계속하기를 주장했으나 5일 밤에도 조정하지 못해 회담을 어떻게 할 것인가는 6일 아침 다시 이야기하게 되었다고 한다[386].

제8회 북일교섭이 「이은혜」문제를 둘러싸고 5일 중단된 상황에서 쌍방대표단은 6일 아침부터 교섭 재개를 위해 비공식교섭에 나섰다. 그러나 「이은혜」에 대한 부단장협의부터 재개해야 한다는 일본측과 이 문제로는 더이상 토론하고 싶지 않다는 북한측의 대립은 풀리지 않았고, 교착 상태가 이어졌다. 제8회 교섭은 중단될 가능성이 커졌다.

제8회 북일교섭은 「이은혜」문제에 대한 부단장협의가 중단된 채 6일 밤까지 교착상태가 계속됐고 예정된 2일간의 일정을 넘겨 중단되었다. 6일 심야, 양측대표단이 각각 기자회견에서 밝혔다[387].

북한측은 회견에서 일본을 비난하는 성명을 발표했는데, 이 가운데 「결렬」이라는 표현을 사용하고, 일본측이 "부당한 전제조건을 포기" 했을 때 다시 회담에서 마주할 것이라며 이은혜문제를 일본측이 언급하지 않겠다고 약속할 때까지 국교교섭은 재개하지 않겠다는 방침을 나타냈다[388]. 이삼로 대사는 7일 베이징 북한대사관에서 『아사히신문』 기자와의 인터뷰에서 제8회 북일 국교정상화교섭이 도중에 중단된 것과 관련하여 "일본이 부당한 전제를 제기하는 한 존엄과 원칙을 버리면서까지 (국교교섭의) 회담에 임할 수는 없다"고 말했다. 「부당한 전제」로 이번에 중단의 계기가 된 「이은혜」문제 뿐만 아니라 「핵무기개발 의혹」문제도 거론했다[389].

일본측도 「이은혜」문제의 안이한 타협은 생각에 없으며 다음 교섭 일정을 논의할 때도 이은혜에 관한 부단장협의를 일정에 넣도록 요구할 것이다. 일본측은 국교정상화교섭 자체는 앞으로도 계속할 것이지만, 대립의 골이 깊어 이번 교섭에서 사실상 결렬된 것이라고도 생각할 수 있다[390]」라고 한다. 나카히라 노보루 대사는 6일 심야회견에서 "이런 사태가 된 것은 유감"이라고 하면서 "이렇게 될 것이라고는 신이라도 예상치 못했던 것 아니냐"며 북한측의 대응에 강한 불쾌감을 표시했다. 또한, 북한대표단이 일본측에 이은혜문제를 제기했을 때에는 단호한 입장을 취한다고 사전에 경고했다[391]는 것에 대해 "경고를 받았다는 인식이 없다"고 말했다[392].

3) 교섭패턴

제7회 북일교섭 이후 한중 국교수립을 둘러싼 북한의 대응 등의 사정으로 합의 일정보다 약 반년 늦게 열린 제8회 북일교섭은 「이은혜」문제를 둘러싼 대립으로 실질적 토의에 들어가지 못한 채 모두발언만을 갖고 종료했다. 형식적으로는 일본측이 「이은혜」에 관한 부단장협의 재개를 시작으로 본회담에 들어갈 것을 요구했으나 북한측은 여기에 반발했다. 따라서 이은혜문제가 교섭결렬의 중요한 계기가 된 점은 사실이다.

그러나 그 문제는 북한에게 국제범죄를 용인하는 형태로 북한의 자존 문제를 위협하는 매우 심각한 것이었다. 게다가 한중 국교정상화의 와중에 북미간 핵사찰교섭이 진행되고 있는 가운데, 북한이 「이은혜」문제와 관련된 여성의 존재를 인정하는 것이 매우 어렵다고 생각할 수 있다. 북미간 핵사찰교섭에서 북한의 인권문제가 부상하면 그 문제로 인해 핵문제 해결을 통해 미국과의 관계를 정상화하려는 북한의 의도 실현이 늦어지기 때문이다. 따라서 이 문제는 일본의 목표대로 타결되는 것 자체가 매우 어려운 성격의 것이었다. 그럼에도 불구하고, 일본은 타결 가능성이 낮은 문제를 제3회 교섭에서부터 지속적으로 제기했다. 그리고 북한은 이 점을 활용하여 제8회 교섭에 이르러 회담을 사실상 중단시켰다.

제8회 북일교섭에서는 5월의 제7회 교섭 이후 중국과 한국의 국교수립이라는 국제환경의 변화가 발생하지만, 북한 국내에서도 8.15전후로 전후 보상문제에 대해 일본의 책임을 묻는 여론이 점점 높아졌다. 또한, 북한은 유엔에서의 종군위안부문제의 호소에서도 한국측과 보조를 맞춰 「과거청산」문제에서 북일교섭을 유리하게 이끌기 위해 「일본 포위망」을 만들어 가고 있었다.

앞에서 언급했듯이 한중 국교정상화 직후, 일본정부는 「중장기적으로는 이번 변화(한중 국교정상화)를 받아들이고, 북일교섭에서 유연한 자세로 돌아오지 않을까[393]」라고 보고 있었다. 또한, 제8회 교섭개최 직전에도 「한국이 1990년 소련과의 국교수립에 이어 1992년 중국과도 국교를 맺은 것으로 이른바 크로스승인이 한국에 대해서는 실현된 형태가 되었다. 이를 위해 북한도 더이상 고립정책을 계속하는 것은 어렵다고 판단하고 유연한 자세로 돌아서는 것은 아닌가 하는 일본내부의 기대가 있었다[394]」고 한다. 그러나 「동시에 이와 같은 변화가 즉시 나타나는 것도 없을 것이다[395]」라는 인식도 보여주고 있었다.

이와 같이 일본측의 불투명한 정세인식 하에서 북한은 제8회 교섭에서 강경한 입장을 선택했다. 이것은 제7회까지 유지된 교섭상대국 공간의 교섭촉진적 조건이 축소되는 것을 넘어 교섭교착적 상태로 전환한 것을 의미한다.

이것은 일본측의 국제공간의 요구를 어쩔 수 없이 받아들인 대응이나 국내공간의 교섭교착적 조건을 증대하는 행위 등의 교섭태도를 배경으로 하고 있었다. 북한의 입장에서 가장 중요한 것은 국교정상화 그 자체이며, 이후 경제적 보상문제와 핵사찰문제 등을 해결하는 것이다. 이것은 제3회 교섭부터 「새로운 제안」으로 제시되었다. 그러나 일본은 정반대로 핵사찰을 국교정상화의 전제로 했을 뿐 아니라, 이은혜문제를 본회담의 전제로서 지속적으로 제기했다. 또한, 남북 유엔 동시가입과 남북 총리회담까지 주장했다. 요컨대, 일본은 북한에게 있어서 교섭의 타겟인 국교정상화와는 거리가 먼 쟁점으로 교섭구조를 만들어 낸 것이다.

특히, 이와 같은 쟁점 중 핵문제는 국제공간이며, 결코 북일간에서 해결될 문제가 아니었다. 북한은 제7회 교섭 직후 5월부터 3차례에 걸쳐 신고시설에 대한 IAEA의 특정사찰을 받고 있으며, 또한 7월에는 미신고시설을 포함한 모든 핵시설에 대한 「특별(불시)사찰」을 수용하는 자세를 보였다. 그 상황에서, 일본은 국제사회의 의혹을 불식시키지 않았다는 논거에서 핵문제를 내세우며 국교정상화라는 쟁점을 회피하는 것으로 대응했다. 이것은 일본이 사실상 국교정상화를 자국의 교섭타겟으로서 진행할 것이라고는 생각할 수 없다는 점을 보여 주었다.

그리고 이은혜문제라는 북한의 자존심을 붕괴시키려는 사안도 지속적으로 제기하고, 그 문제의 해결을 본회담 재개의 전제로 내걸었다. 이것은, 교섭촉진적 교섭상대국공간을 회피하면서 국내공간의 「교섭교착적 조건을 증대하는 행위」, 또는 국내정치의 「교섭교착적 요구를 수동적으로 받아들인 대응」이었다. 그 패턴은 비자발적이고 비의도적이었어도 교섭결렬로 이어지는 행동을 취하는 것을 의미했다. 이은혜문제와 요도호문제 등은 국내공간 상에 의미는 있지만, 북한과 같이 국교가 정상화되지 않은 비우호적인 교섭당사국 사이에서는 사실상 해결이 어려운 쟁점이었다. 따라서 북한도 제3회 교섭부터 국교정상화라는 외교관계의 수립을 우선하여 보상과 핵사찰, 그리고 현안 등을 미룰 것을 주장해 왔다고 생각할 수 있다.

일본이 이은혜문제를 북한의 인도적 범죄에 대한 추궁과 국제적 위신 실추의 수단으로 삼으려는 성격이 강해지자, 북한은 당시 국제적 이슈가 된 종군위안부문제를 제6회 회담부터 본격적으로 제기하는 등의 공세를 취했다. 일본은 이번 8회 교섭에서도 이 공세에 대응할 수 있는 전략이 없었기 때문에, 그대로 이은혜문제를 제기만 할 뿐 변함없는 대응으로 교섭상대국공간을 회피하고 국내공간의 요구에 계속 집중했다. 특히, 이 종군위안부문제는 이은혜문제를 훨씬 넘는 일본의 전쟁범죄라는 측면에서 북한에 의해 국교정상화교섭의 목표에 상응하는 쟁점으로서 제기되었다. 북한은 이를 통해 전쟁범죄라고 하는 과거와의 단절을 의미하는 국교정상화의 교섭전략을 보상문제와 연계시키는 강한 자세를 보였다.

나아가 한중 국교수립, 미국대통령 선거에서 클린턴 당선과 한국의 대통령 선거결과를 기다리며, 상호핵사찰을 둘러싼 남북대화의 난항 등 국제공간의 상황도 북한의 강경한 자세에 영향을 주었다고 생각할 수 있다. 북한은 북일교섭의 타결의 전망이 보이지 않는 가운데, 새로운 국제공간의 상황에 대해 북일교섭전략을 새로 수립할 필요가 있었다. 따라서 「이은혜」문제를 이유로 북일교섭을 결렬시켰다고 할 수 있다. 북한은 이와 같이 이은혜문제를 내걸고 교섭결렬의 정치적 부담을 일본에 부과하면서, 자신은 새로운 전략을 모색했다고 할 수 있다. 북한은 이미 제6회 북일교섭 때부터 북미관계 우선이라는 다른 선택지를 말하면서 교섭결렬의 리스크를 일본에 부과하려 해왔다.

요컨대, 제8회 북일교섭은 북한이 한중 국교정상화 등에 의한 국제적 고립감이 보이는 상황 속에서 미국 등의 핵사찰 요구에 대해 유연한 태도를 취했기 때문에 일본측이 국교정상화의 전제로 제기한 핵문제의 국제공간에서 교섭촉진적 조건을 증대시킬 수 있는 기회였다. 그럼에도 불구하고, 일본교섭자는 새로운 교섭상대국·국제공간의 상황을 적극적으로 활용할 수 없었다. 오히려 일본교섭자는 이은혜문제를 최대 쟁점화함으로써 국내공간의 추수가 최고조에 달했다. 따라서 제8회 교섭을 계기로 교섭상대국, 국내, 국제의 모든 교섭공간이 교섭교착적 상태인 CⅧ(D-D-D)가 되고, 북일교섭도 장기간의 결렬에 이르렀다.

제8회 북일교섭에 있어서 일본의 교섭패턴은 자원배분 측면에서 보면 제6, 7회부터 교섭교착적 조건이 많아지고 있는 상대국공간에는 대응하지 않고, 본회담 개최 이전에 이은혜문제 해결을 집중적으로 압박하는 등 교섭교착적 국내공간에 자원을 집중 배분했다. 즉, 자원배분 측면에서 보면 CⅧ의 $D(R_0)-D(R_3)-D(R_0)$와 같은「국내공간 지향의 자원집중형(CT-D)」이었다. 제8회 교섭에서는 북한의「교섭결렬」이라는 강한 대응에 의해 국내공간의 문제가 교섭의 행방을 좌우할 만큼 중대해지면서 교섭상대국·제공간에는 자원배분의 전략도 여유도 없었다고 생각할 수 있다.

제3절 소결 3당공동선언국면과 일본의 교섭패턴

3당공동선언국면에서 북일간의 관계 개선을 촉진하는 국제공간의 상태는 1989년 11월 베를린장벽의 해체와 1991년 12월 소련의 붕괴 등 냉전의 구조적 종언을 통해 형성되었다. 그 전조가 한국 노태우정권의 1988년 「7.7선언」이다. 「7.7선언」은 한국정부의 소련, 중국, 동유럽 등 대사회주의권 북방외교의 자신감의 표현이며, 일본에는 북한과의 관계 개선을 촉진하는 조건으로 작용했다. 따라서 당시의 다케시타 총리는 북한과의 관계 개선 의사를 표명하게 되었다. 이렇게 국제 · 국내공간은 북일관계 개선을 촉구하는 상태가 되었다.

북한에 있어 냉전종언을 둘러싼 국제정세는 고립을 대폭 강화시켜 그 극복을 위한 북일관계 개선과 이를 위한 교섭의 필요성을 높였다. 따라서 북한은 1990년 7월, 가네마루 신 방북단의 수용을 표명하고, 교섭상대국공간은 교섭추진을 촉구하는 상태가 되었다. 그리고 북한은 1990년 9월, 북일관계 개선의 강한 의지에 따라 일본의 정치지도자를 북한에 초청하여, 3당공동선언이라는 북일교섭 역사상 가장 획기적 사건을 이끌어냈다.

1990년 9월의 3당공동선언은 상대국 · 국내 · 국제공간 모두가 교섭촉진적으로 된 CⅠ(P-P-P)의 상태에서 북한 김일성 주석이 자민당과 사회당 지도자를 초대한 결과이기는 하지만, 그 선언 내용은 일본측이 예측하기 어려운 것이었다. 이 3당회담에서 북한측은 남북한 크로스승인과 남북분단 고착화로 이어질 수 있는 북일 국교정상화교섭을 제안했다. 북일 양국간 관계 개선은 이를 계기로 1991년 1월부터 국교정상화교섭이라는 형태로 진행하게 되었다. 그러나 북일관계 정상화의 방향과 방법에 대해 한국, 미국 등의 견제와 압력은 매우 강했고, 국내관료들도 전후 45년 보상 등의 선언내용을 공식교섭에서 배제하려고 했다. 따라서 3당공동선언국면에서 교섭공간의 상태는 국제공간과 국내공간이 즉시 교섭교착적으로 바뀌어 CⅣ(P-D-D)를 형성했다. 그리고 제1회부터 8회에 걸친 양국간 국교정상화교섭은 큰 진전 없이 장기간 교착상태에 빠졌다.

제1회 북일교섭(1991.1)부터 4회(1991.8)까지 북한의 양보와 유연한 자세는 교섭상대국공간의 교섭촉진적 상태를 나타내고 있었다. 그러나 이에 대한 일본측의 대응은 핵문제와 이은혜문제를 내걸고 교섭의 타결보다는 교섭상대국을 압박하는 것이었기 때문에 교섭교착적으로 이어졌다. 제3회 교섭에서 일본은 북한 핵사찰을 요구하고 한국의 유엔 단독가입을 지지하며, 이은혜문제를 본격적으로 제기했다. 또한, 제4회 교섭에서 일본은 북한이 IAEA와 핵보장협정 체결을 합의했음에도 불구하고 핵사찰 수용을 주장하고 남북 총리회담 재개까지 요구했다.

제5회(1991.11)부터 6회(1992.1)에 걸쳐 북일교섭은 유엔가입, 남북회담진전, 핵보장(사찰)협정 체결 등 일본측의 주장을 거의 실현한 상태에서 개최되었다. 그럼에도 불구하고 일본은 여전히 핵사찰협정 체결의 조기이행, 남북 상호사찰, 이은혜문제를 반복하는 등, 교섭전략의 변화가 없는 채로 대응했다. 일본의 교섭패턴은 주로 이은혜문제 · 핵사찰이라는 국내 · 국제공간의 교섭교착적 요구의 강요를 중심으로 한 대응으로 교섭을 계속해서 교착시켰다.

북한은 제5회 북일교섭에서 보상문제의 인도적 관점에서 포괄적 처리와 한반도의 관할권을 둘러싼 논의에서 전회보다 유연한 입장을 취했다. 동시에 이은혜문제에 대해서는 일본인배우자 귀향문제와 연계시켜 공세를 강화했다. 특히 북한은 제6회 교섭에서는 종군위안부문제를 둘러싸고 강경한 자세를 강화하면서 핵사찰문제에 대해서도 일본의 핵개발을 들어 공세를 가했다. 북한은 이른바 강온 양면의 태도로 대응했다.

북한의 공세는 제7회 북일교섭(1992.5)에서도 이어져, 제8회(1992.11)에서는 장기간의 교섭결렬을 초래하게 되었다. 물론, 제8회 교섭이 결렬된 표면적 이유는 이은혜문제와 관련해 일본의 요구에 대한 북한의 거부였다. 그러나 북한은 의도적으로 교섭을 결렬시킬 수밖에 없었다고 생각할 수 있다. 당시 북한은 1992년 8월 한중 국교정상화가 이루어짐으로써 북일관계를 포함한 서방국가와의 외교관계에 관한 전략적 변화를 모색해야 했다. 따라서 북한은 미국에 대해 핵사찰에 유연한 자세를 보였고, 일본과도 북일교섭 타결을 위한 양보를 취하고 있었다.

그럼에도 불구하고 일본은 국내공간의 이은혜문제를 내걸고 교섭을 교착시키는 교섭태도를 유지했다. 북한은 이대로 계속되면 미국과의 핵교섭 타결에도 영향을 미칠 것이라고 생각했다. 즉, 북한은 한중 국교정상화와 북미 핵교섭이라는 국제공간의 환경에 대응하기 위해 북일교섭은 전혀 도움이 되지 않았다. 무엇보다도 8회까지 계속된 일본의 교섭태도로는 북일교섭의 타결 가능성도 매우 낮기 때문에 북일교섭 중단을 선택할 수밖에 없었다. 그리고 이은혜문제를 이유로 하여 교섭결렬의 정치적 책임을 일본에 전가시키려고 했다.

결국, 3당공동선언시에 교섭상대국·국제공간이 교섭촉진적이며 국내공간도 교섭촉진적인 CⅠ(P-P-P)의 상태가 형성되어 일본에 있어서 교섭타결의 전략적 기회가 도래했다. 그러나 북일교섭에 대한 한국·미국의 견제와 반발을 수용하고 국내관료의 정치적 입장을 강화시켜 CⅣ(P-D-D)로 바뀐 상태에서 교섭타결을 위해 한걸음 더 내딛지는 않았다. 오히려 일본은 교섭교착적 국제공간의 북한 핵문제 해결을 북일교섭의 전제로 하면서 국내공간의 이은혜문제에 대해서도 강경한 자세를 취했다. 그리고 교섭촉진적 상대국공간에는 북한이 요구한 외교관계 수립에 대해 적극적 제안을 통해 교섭을 타결하려 하는 자원배분은 하지 않았다. 반대로 북한에 대한 강경한 요구를 계속해 상대국공간에는 새로운 타협·양보안 등의 대응 없이 그 공간에서 이탈했다. 북한도 한중 국교정상화 등 새로운 환경에 대응하기 위해, 이은혜문제를 표면적 이유로 북일교섭을 중단시켜 상대국공간도 상당히 교섭교착적으로 되었다.

이렇게 하여 3당공동선언국면은 선언 시에 형성된 CⅠ(P-P-P)의 전략적 기회는 북일교섭 시작부터 CⅣ(P-D-D)의 전략적 딜레마로 바뀌고, 8회 교섭 이후는 CⅥ(D-D-D)의 전략적 위기로 끝나 교섭이 장기간 결렬됐다.

요컨대, CⅣ(P-D-D) 상태에서 역사적으로 처음 북일 국교정상화 교섭이 시작된 3당공동선언국면에서 일본의 교섭패턴은, 자원배분 측면에서 보면 제1회 교섭에서는 CⅣ의 $P(R_1)-D(R_1)-D(R_1)$와 같은 「상대국 · 국내 · 국제공간 지향의 자원분산형 (DT-ODF)」이었다. 그러나 제2회부터 제5회 교섭까지 대부분의 경우 일본은 CⅣ의 $P(R_0)-D(R_{1+})-D(R_{1+})$와 같이 이은혜 · 북한 핵문제의 교섭교착적인 국내 · 국제공간을 중심으로 자원을 균등배분하고, 교섭촉진적 상대국공간에는 자원을 배분하지 않는 「국내 · 국제공간 지향의 자원분산형(DT-DF)」으로 임했다. 또한 제6회에서 7회까지의 일본의 교섭패턴은 핵사찰 수용 등 북한 핵사찰을 둘러싸고 국제공간의 환경이 교섭촉진적으로 변화하고 있음에도 불구하고, CⅣ의 $P(R_0)-D(R_3)-D(R_0)$와 같이 교섭교착적 국내공간에만 자원을 집중 배분한 「국내공간 지향의 자원집중형(CT-D)」과 상대국공간이 교섭교착적으로 바뀐 제8회 교섭에서도 CⅥ의 $D(R_0)-D(R_3)-D(R_0)$와 같이 교섭교착적 국내공간에 자원을 집중 배분한 「국내공간 지향의 자원집중형(CT-D)」의 양상도 나타냈다.

이상의 대응패턴을 정리하면 다음 **그림3-2**와 같다.

그림3-2 3당공동선언국면에서 교섭공간에 대한 대응패턴

	MP			NP(대응패턴)							
	e1	e2	e3 CE	e4 제1회	e5 제2회	e6 제3회	e7 제4회	e8 제5회	e9 제6회	e10 제7회	e11 제8회 e12
OS	D	S	P	P(R_1)	P(R_0)	P(R_0)	P(R_0)	P(R_0)	P(R_0)	P(R_0)	D(R_0)
DS	S	P	P	D(R_1)	D(R_{1+})	D(R_{1+})	D(R_{1+})	D(R_{1+})	D(R_3)	D(R_3)	D(R_3)
FS	D	P	P	D(R_1)	D(R_{1+})	D(R_{1+})	D(R_{1+})	D(R_{1+})	D(R_0)	D(R_0)	D(R_0)
	CV	CII	CI	DT-ODF	DT-DF	DT-DF	DT-DF	DT-DF	CT-D	CT-D	CT-D
	준비단계			3당공동선언국면							

1. OS; Opponent Space DS; Domestic Space FS; Foreign Space
2. MP; Main Phase NP; Negotiation Phase CE; Critical Event
3. P ; Promotive D; Deadlock S ; Static
4. CⅠ ∼CⅦ ; 교섭공간의 상태
5. DT; 자원분산형(Dispersion Type), CT; 자원집중형(Concentration Type), RT; 자원억제형(Restraint Type)
6. e1; 크로스승인의 쟁점화(75∼88년)/e2; 7.7선언(88.7)/e3; 냉전 종언(89.12) 및 한소국교정상화의 움직임(90.6)/CE; 3당공동선언(90.9, CⅠ; P-P-P)/e4∼e12; 북일교섭(91.1∼92.11)

제4장 정당외교국면과 일본의 대응패턴

제 4 장

정당외교국면과 일본의 대응패턴

제1절 정당외교국면

정당외교국면은 1994년 북미 제네바 포괄합의 이후 교섭촉진적 상태가 된 국제공간을 배경으로 이루어진 동시기 95년 3월부터 시작된 일련의 정당대표의 3번째 방북인 초당파의원단의 방북(1999.12)을 결정적 사건으로 하는 전략적 국면이다. 이 국면에서는 제9회 북일교섭(2000.4)이 재개되어 남북 정상회담(2000.6)과 북일·북미 외교장관회담(2000.7)을 거쳐 제10회 북일교섭(2000.8)과 제11회 북일교섭(2000.10)까지 이어진 1년여에 걸친 기간이다.

이 절에서는 위와 같은 정당외교국면에 대해 교섭상대국, 국내, 국제공간의 상태(CⅠ~CⅦ)을 최대한 객관적으로 분석하고 이 국면의 성격을 밝히고자 한다.

1. 북미 포괄합의; 국제공간의 교섭촉진적 상태

1) 제1차 북한 핵위기와 제1, 2회 북미 고위급회담

1992년 11월 제8회 북일교섭을 마지막으로 장기간 중단된 북일관계는 1990년대 중반에 새로운 국면을 맞이했다. 북일교섭 국제공간의 주요 대립점이었던 북한 핵문제를 둘러싼 긴장은 1993년 3월 12일 북한의 NPT 탈퇴 성명에 따라 더 높아졌다. 북한은 이날 핵개발 의혹을 가지고 있던 평양 북방 영변의 2곳 시설에 대한 IAEA의 사찰 수용을 거부, IAEA 사찰의 근거가 되고 있던 NPT에서 탈퇴한다고 발표했다[1]. 이것은 북한에 대한 국제적 핵개발의혹을 한층 강화시켜 북일교섭의 국제공간의 교섭교착적 상황을 더 악화시켰다.

미국정부는 이날 북한이 NPT 탈퇴를 표명한 것에 강하게 반발하고 북한에 대해 즉시 탈퇴성명을 철회하고, IAEA 사찰 수용 등 국제적 의무를 이행하도록 요구하는 자세를 분명히 했다. 미국은 향후 대응을 유엔안전보장이사국을 포함한 관계국과의 협의에 맡긴다고 하면서도 크리스토퍼 국무장관은 이날 북한이 이와 같은 자세를 계속 취하면 유엔의 제재조치도 "생각하지 않을 수 없을 것이다"라고 경고했다[2].

IAEA 이사회도 4월 1일 북한의 핵의혹에 대해 유엔 안전보장이사회에 회부할 것을 결정했다[3]. IAEA 최초의 이 조치는 핵 확산방지를 확보하려고 하는 유럽과 미국 그리고 일본 등의 결의의 표현이었다.

한편, 북한의 NPT 탈퇴 성명 이후 최악의 사태를 피하기 위해 북미 양측은 대화의 자리도 마련했다. 첫째, 북미가 3월 17일 베이징에서 비공식적으로 접촉하고 미국측은 북한에 NPT 탈퇴 철회를 요구했다. 한국의 『KBS』는 17일 밤 뉴스에서 미국과 북한 양국의 베이징 주재 참사관이 이날 북한의 NPT 탈퇴 후 처음으로 베이징에서 접촉했다고 보도했다. 『KBS』에 따르면, 미국측은 이 접촉에서 「북한의 NPT 탈퇴가 한반도를 비롯한 동북아의 평화와 안정에 큰 위협이 되고 있다」고 경고하고 조기에 탈퇴를 철회하도록 강력히 요구했다고 한다[4].

그러나 이와 같은 접촉은 미국의 압력을 전달하는 것에 그쳐 본격적 교섭이라고 할 수 있는 접촉은 6월에 들어와서 시작되었다.

1993년 6월 2일부터 제1라운드, 북한의 핵의혹을 둘러싼 북미 고위급 회담이 뉴욕의 미국 유엔대표부에서 시작되었다. 이 회담에서 미국측은 갈루치 국무차관보(정치 · 군사문제담당), 북한측은 강석주 제1외무차관이 대표였다. 이 회담에서 미국은 북한의 NPT 탈퇴 통보에 대해 철회를 요구했다. NPT에서 탈퇴가 성립되는 것은 통보로부터 3개월 후가 되지만, 탈퇴 성명에서 3개월이 되는 12일을 앞두고 있던 이 회담에서 북한의 핵무기개발 의혹을 둘러싼 긴장은 큰 고비를 맞이했다[5].

이 회담은 6월 4일의 2회를 거쳐 10일부터는 3회가 열렸다. 결국 4회째인 11일 양국은 "핵문제의 평화적 해결을 위한 공동선언"을 발표했다. 북미가 발표한 공동성명의 요지는 **표4-1**과 같다[6].

표 4-1 제1라운드의 북미 고위급회담의 합의

> 북한과 미국은 한반도의 핵문제에 대한 기본적 해결책을 논의했다. 양국은 핵 비확산을 목표로 한 남북한의 한반도 비핵화선언에 대한 지지를 표명하고 다음 원칙에 합의했다.
>
> 1. 핵무기를 포함한 무력이나 위협을 가하지 않는다는 보증.
> 2. 포괄적 보장조치(핵사찰)를 공정한 방식으로 적용하고 상호의 주권 존중, 내정 불간섭을 포함한 비핵화된 한반도의 평화와 안전보장을 실현.
> 3. 평화적 수단에 의한 한반도 통일을 지지.

(출전) 『아사히신문』 1993년 06월 12일 석간

이상의 관점에서 양국은 앞으로도 협의를 계속하기로 합의했다. 이와 관련하여 북한은 NPT로부터 탈퇴가 발효되는 것을 필요하다고 생각할 수 있는 한 "일시정지"한다는 것을 일방적으로 결정했다[7]. 따라서 북한의 NPT 탈퇴 문제는 11일 북미회담에서 공식 탈퇴가 보류된 것으로 최악의 사태는 회피한 것이었다. 다만 미국이 강력히 요구해온 북한의 IAEA 특별사찰의 수용은 합의되지 않았다. 북한의 강석주 외무차관은 회담 후 특별사찰 수용은 「IAEA의 중립성」을 조건으로 한다는 방침을 나타냈다. 관계자에 따르면, 「중립성」이라는 표현에서 북한은 IAEA가 한국의 미군기지도 사찰할 것을 요구하고 있었던 것이었다[8].

성명에서 주목할 것은 미국이 핵무기에 의한 위협을 가하지 않는 것을 보증하면서, 주권 존중과 내정 불간섭을 약속한 것이다. 이것은 북한이 「(1) 한미합동군사훈련(팀스피리트)의 중단, (2) 주한 미군기지 사찰, (3) 미국의 핵 불사용 약속, 이라는 핵문제에 관한 요구 외에도 북미 국교정상화를 위한 관계 개선의 구체화까지 제안했다[9]」라고 하는데, 그 요구에 대해 미국의 「북한 사회주의체제의 존중」이라는 의사라고 생각할 수 있다.

이어 미국과 북한은 다음달 1993년 7월 14일부터 19일까지 제네바에서 제2라운드 북미 고위급회담[10]을 열고 19일 밤 핵무기개발 의혹 시설의 특별사찰문제 등으로 북한이 IAEA와의 협의에 들어가기로 합의하고 회담종료 후 성명을 발표했다. 북미가 19일 발표한 성명의 요지는 **표 4-2**과 같다.[11]

표 4-2 제2라운드의 북미 고위급회담 공동성명 요지

북한과 미국은 핵문제 해결을 위한 회담으로 올해 6월 11일 공동성명의 원칙을 재확인한다. 미국은 핵무기를 포함한 무력행사나 위협을 가하지 않는다는 보증에 대해 그 책임을 재확인한다.

1. 양국은 흑연감속로 및 관련 핵시설을 경수로로 대체하려는 북한의 의사가 바람직하다고 인정한다. 미국은 핵문제의 궁극적 해결의 일환으로 경수로 도입을 지지하고, 북한과 함께 그것을 얻을 방법을 모색할 용의가 있다.
2. 양국은 국제원자력기구(IAEA)의 보장조치(핵사찰)의 전면적이고 공정한 적용이 강력한 국제적인 핵 비확산체제에 불가결하다고 동의한다. 북한은 IAEA와 미해결의 보장조치 및 기타에 대해 가능한 한 빨리 교섭에 나설 용의가 있다.

3. 양국은 한반도의 비핵화에 관한 남북공동선언 이행의 중요성을 재확인한다. 북한은 핵문제를 포함한 양국간 문제에 대해 남북대화를 조기에 시작할 용의가 있음을 재확인한다.
4. 양국은 경수로 기술의 도입을 포함한 핵문제 해결에 대한 미해결 사항을 논의하고 양국관계 전반을 개선하는 기초를 마련하기 위해, 2개월 이내에 다시 회담을 개최하는 것에 동의한다.

(출처) 『아사히신문』 1993년 07월 20일 석간

이상의 성명에서 자국의 원자로를 핵무기의 재료인 플루토늄을 소량만 추출하는 경수로 방식으로 전환하고자 하는 북한측의 제안에, 미국이 지지와 장래의 협력을 표명했다. 북한의 NPT 탈퇴 선언은 여전히 「유보」상태지만, 북한이 17일까지 「편향적이다」라고 반발[12]하고 있던 IAEA와의 협의에 대해 19일에 동의한 것은 특별사찰 실시로 전진했다고 생각할 수 있다.

성명은 핵문제뿐만 아니라 양국의 「관계 전반을 개선하겠다」고 언급했다. 이것은 향후 북미관계 정상화가 의제가 될 수 있음을 나타내는 것이었다. 또한, 성명은 핵을 포함한 양국간 문제에서 북한이 가능한 한 빨리 남북대화를 시작하는 것을 재확인해 남북 상호사찰의 실시에도 진전이 기대되었다.

2) 북한 핵위기의 심화

제2라운드의 합의에 따라 8월 8일부터 3일간 IAEA가 북한에 사찰단을 파견해 특별사찰을 협의했지만, 이 가운데 북한측은 시종 IAEA의 「불공평성」을 지적해 협의는 진전이 없었다. 따라서 「2개월 내 재회담」에 합의한 제3라운드는 당초 예상보다 늦어지게 되었다. IAEA는 9월 27일 빈에서 총회를 열고 북한의 핵사찰 거부문제를 정식의제로 채택했다. 총회 직전에 열린 이사회에서 총회의 정식의제로 하도록 요구하는 결의가 채택되었기 때문이었다. IAEA 대변인은 27일,

북한의 최학근 원자력공업장관이 이사회의 결의채택에 강하게 반발하고 「북한이 이날까지 IAEA와의 핵사찰 협의를 중지한다고 전해왔다」고 밝혔다[13].

IAEA 총회는 10월 1일, 북한이 핵보장조치협정에 관한 핵사찰 의무를 이행하지 않고 최근 동 기관과의 협정에서 요구되는 특정·통상 사찰 등의 수용까지 거부함으로써 협정 위반의 범위가 넓어졌다고 지적하며 「깊은 우려grave concern」를 표명, 북한측을 비난하는 결의안을 채택했다[14].

북한은 『평양방송』을 통해 10월 12일, 북한이 IAEA와의 핵사찰문제에 대한 협의를 더 이상 하지 않을 것이라며 「북미회담을 통해서만 우리측(북한)의 핵문제는 해결될 수 있다」는 최학근 원자력공업장관의 성명을 발표했다[15].

한편, 미 국무부 실무자와 북한의 허종 유엔대표부 부대표가 뉴욕에서 10월 19일과 21일 비공식접촉을 가졌다. 여기서 북한측은 (1) 제3회 북미 고위급회담 일정의 제시와 쌍방 대표의 차관급 격상, (2) 경수로도입 지원 등을 조건으로 IAEA의 특정·통상사찰을 받아들일 용의가 있다고 제안했다. 미국은 이를 IAEA측에 전달했다고 한다[16].

또한 미국측은 IAEA가 신고 된 시설에 설치한 감시카메라의 가동중지가 10월말에도 우려되는 상황에서 우선 IAEA의 특정·통상사찰의 전면 수용과 한국과의 특사 교환을 조건으로 내년의 팀스피리트 중단과 제3회 북미 고위급회담 개최의 고려 등을 전달했다고 한다. 심지어 핵문제의 전면 해결이 보장된다면 북미관계 개선도 가능하다는 의향도 전달했다고 한다[17].

북한의 강석주 외무차관은 11월 11일, 미국은 북한에 대한 「핵위협」과 적대정책을 포기하고 북한은 핵문제 해결을 진전시키겠다는 「포괄적 해결방안」을 제안했다. 북미회담에서 핵문제의 해결뿐만 아니라 북미관계 정상화까지 함께 실현하겠다는 내용이었다[18]. 미 국무부의 맥커리 대변인은 12일, 북한이 제안한 핵문제의 「일괄타결방식」에 대해 "북미회담이 계속되는 한, (핵시설)안전보장조치의 지속을 완벽하게 보장할 용의가 있다고 한다[19]"는 점을 긍정적으로 평가했다.

이어 11월 23일 워싱턴에서 열린 김영삼 한국대통령과 클린턴 미국대통령의 정상회담은 「북한 핵문제에서 우리의 목표는 한반도의 비핵화와 강력한 국제적 핵 비확산체제로 명확하다. 이와 같은 목표를 향해, 우리는 북한과 핵문제를 해결하기 위해 『완전하고 광범위한 접근a thorough, broad approach』으로 논의할 용의가 있다」고 발표했다. 미국대통령은 새로운 접근방식에 대해 "우리가 합의한 것은 독자의 안전보장의 필요에 따라 한미 양국이, 북한이 IAEA의 사찰을 허용하고 한국과의 진지한 대화를 재개할 용의가 있으면 우리의 정책을 재고하겠다는 것이다. 우리의 안전보장에 관한 모든 결정이 그러한 맥락에 비추어 이루어져야 한다는 점을 분명히 할 필요가 있었다"고 인정했다[20].

또한 "우리는 가능한 한 명확하게 북한에게, 그들이 단지 IAEA의 사찰에 대한 약속에 따라 그것들을 존중하기만 하면, 최소한 한미 양국의 안전보장문제를 포함한 북미관계를 재평가하는 기회를 제안해 왔다"고 해, 한미 합동군사연습 「팀스피리트」의 중단을 포함한 안전보장문제와 북미관계 개선 등 광범위한 문제의 협의에 응할 것임을 밝혔다. 그러나 김 대통령은 "나는 팀스피리트 훈련을 중단하는 문제는 (핵문제와는 별도로) 독립적으로 취급되어야 한다고 생각한다"고 미국측과의 의견 차이를 나타냈지만, "물론, 한국과 미국은 북한의 핵개발로 인한 문제를 해결하는 방법에 대해서는 매우 밀접하게 협의한다. 그런 의미에서 우리는 서로 완전히 일치하고 있다"고 강조했다[21]. 한미 정상이 다소 이견은 있었지만 합의한 것은 강석주 외무차관이 제안한 「일괄타결방식」에 응하는 「새로운 접근」이라고 할 수 있다.

이와 같은 상황에서 IAEA는 1994년 2월 15일, 「북한대표는 오늘 IAEA가 요구하고 있던 신고된 핵시설 7개소의 사찰활동을 북한당국이 받아들일 것이라고 통보해 왔다」고 발표했다[22].

그러나 3월 3일부터 14일까지 이루어진 IAEA 사찰에서 핵 물질의 전용 여부를 입증할 수 없어, 특별이사회를 소집하기로 결정했다.

한국정부 관계자 등에 따르면, 「IAEA가 이번에 실시한 7개 핵시설 중 가장 중시하고 있던 것이 플루토늄 생산, 추출에 직접 관련되는 『5천kw급 실험용원자로』와 핵 재처리시설인 『방사화학연구소』의 2개였다. 북한에 들어간 IAEA 사찰단도 당초 이 2시설에서 사찰을 시작할 것을 주장했다. 그러나 북한측은 이를 거부하고 타협의 결과 재처리시설은 최후로 밀려났다. 결국 그 재처리시설에서 IAEA 측이 지난 1년간 핵물질 전용 규명에 빠뜨릴 수 없다고 하는 샘플 추출 조사를 거부하였다[23]」고 전했다.

심지어 3월 19일, 남북 특사교환을 위해 판문점에서 열린 실무자협의에서 북한의 박영수 대표는 "여기(판문점)에서 서울은 멀지 않다. 전쟁 나면 서울은 불바다가 될 것이다"라고 전쟁의 가능성을 시사하며 "그렇게 되면 송 선생(한국측대표)도 살기 어려울 것이다"라고까지 덧붙였다. 박 대표는 미리 준비한 메모를 보면서 발언한 것으로 알려졌고, 군사분계선 북한측의 선전방송은 "4월초에 공격을 시작한다"라고 반복했다고 한다. 이에 대해 한미 양국은 「팀스피리트의 재개」와 한국에의 패트리어트미사일의 배치를 결정했다. 한국 국방부는 3월 24일, 북한이 남침하면 즉시 반격해 평양을 점령하는 등 5단계의 「흡수통일 작전계획 5027」을 책정했다고 밝혔다[24].

또한 IAEA는 북한 핵사찰 후인 3월 21일, 북한이 핵사찰을 일부 거부한 문제로 특별이사회를 열고, 이 문제를 유엔 안전보장이사회에 다시 회부하는 결의안을 찬성 다수로 채택했다. 이사회는 북한이 IAEA의 지금까지의 결의를 실행하지 않는 것에 「깊은 우려」를 표명하고 북한의 대응을 비난했다. 북한의 협력이 없기 때문에 핵문제 해결을 위한 IAEA의 노력이 교착되어 있는 것을 우려하고, 요구된 모든 사찰 활동을 북한이 즉시 받아들이라고 요구하며, 안보리에의 재회부를 결정했다[25].

그 와중에 3월 23일, 베이징 북한대사관에서 열린 기자회견에서 주창준 대사는 한미합동군사훈련 「팀스피리트」의 재개와 패트리어트 미사일의 한국 배치에 대해 "중단하지 않으면 전쟁밖에 없다. 모든 책임은 (한미) 양국에 있다"고 말했다. 대사관 내에는 한국전쟁 당시의 사진이 전시되어 있었다[26].

북한의 이와 같은 일련의 태도에 대해 3월 24일, 일본을 방문한 한국의 김영삼 대통령도 호소카와 모리히로細川護熙 총리[27]와의 한일 정상회담에서, "인내에도 한계가 있다[28]"고 해 유사시 북한에 대한 군사조치도 준비하고 있다는 것을 암시했다.

그리고 3월 31일자 미국 『워싱턴포스트』에 따르면, 페리 미 국방장관은 이 신문과의 단독회견에서 북한에 대한 경제제재 실시의 경우에 대비해 모든 분쟁에 대응할 수 있는 다양한 군사작전을 준비하도록 명령했다고 밝혔다. 동 신문에 따르면, 페리 장관은 미국이 북한을 선제공격하는 것은 아니며 전쟁이 임박한 것은 아니라고 부인한 뒤, 만약 유엔이 경제제재를 실시하면 미군의 증강이 필요하게 될 수 있는 북한의 반응을 초래할 우려가 있다고 말했다[29].

또한, 돈 오버도파에 의하면, 5월 18일에 미군 수뇌는 주한미군사령관이 작성한 작전계획을 검토하는 회의를 개최했다. 그리고 그 결과는 다음날 클린턴 대통령에게 보고되었다. 만약 한반도에서 전쟁이 일어나면, 개전 후 90일간의 사상자는 미군 5만 2천명, 한국군 49만명에 이를 것이라는 내용이었다[30].

일본도 악화되고 있는 한반도 정세에 긴급하게 대응했다.

일본에서는 북한 핵에 의한 한반도의 위기에 대처하는 방안이 관료와 당시 방위청 자위관(무관)에 의해 검토되고 있었다. 호소카와정권이 돌연 퇴진하자 1994년 4월, 이시하라 노부오石原信雄 내각관방부장관은 관료 주도로 한반도 유사시에 대한 대응책을 본격적으로 검토하도록 지시했다. ① 대량 피난민 대책, ② 유사 입법 연구, ③ 미군 지원, ④ 한반도의 일본인 구출 등에 관해 내각 법제국·국방·외무·경찰·법무의 국장급(실무는 과장급)으로 구성된 「내각합동정보회의」가 정보 수집과 분석을 실시하게 되었다[31].

이와 같이 북한 핵위기가 고조되고 있는 가운데 북한은 5월 12일자 IAEA의 브릭스 사무국장에게 보내는 텔렉스에서, 이미 5천kw급

실험용 원자로의 연료봉 교체 작업에 들어갔다고 통보하고 있었던 것이 밝혀졌다[32]. 이 텔렉스는 한국의 『동아일보』와 『연합통신』이 14일 북한 유엔대표부에서 입수한 것으로, 박용남 북한 원자력총국장 명의로 발신됐다. 이 텔렉스에서는 먼저 「우리는 실험로의 운용 과정에서 노심 연료를 교체해야 할 절박한 상황에 놓여 있다」고 전제하고 「노심의 연료봉 교체에 따른 입회를 요청해 왔지만, IAEA측은 우리가 (NPT) 조약상 (탈퇴를 유보하고 있는) 특별한 지위에 있음에도 불구하고 부당한 조건을 붙여 사찰요원 파견을 연기했다. 따라서 우리는 부득이 연료봉 교체를 시작하지 않을 수 없게 됐다」고 주장했다[33].

이에 대해 IAEA의 핵 사찰단이 5월 17일 베이징에서 비행기로 평양에 도착하여 19일, 초점이 되고 북한의 영변 실험용 원자로의 연료봉 제거의 개시를 확인하고 이를 「심각한 보장조치협정의 위반」이라면서도 「앞으로의 사찰은 여전히 가능하다」고 판단했다[34].

따라서 IAEA 고위관계자 2명이 5월 24일 북한의 실험용 원자로의 연료봉 교체에 따른 사찰문제를 협의하기 위해 평양에 들어갔고, IAEA 당국자는 25일 이날 북한측 전문가와의 협의가 시작돼 27일까지 계속되었다고 말했다. 그러나 IAEA는 28일 북한의 실험용 원자로의 연료봉 교환시의 사찰문제에 대해 「합의는 얻지 못했다」고 성명을 발표하고 북한과의 협의가 결렬된 것을 공식 확인하고 협의 결과를 IAEA 이사회와 유엔 안전보장이사회에 보고했다고 밝혔다[35].

그러나 북한외무성 대변인은 5월 28일, IAEA와 논의된 실험용 원자로의 연료봉 교체문제에 대해 「우리는 핵확산금지조약 탈퇴 효력 발생을 임시중지한 특수한 지위에서 원자로 연료봉의 교체작업을 진행하고 있다」고 전제한 뒤 「(연료봉 교체 방법에 대한) IAEA의 일련의 의견을 수용하는 방향으로 원자로의 연료봉 교체작업을 계속하면서 IAEA측의 다음 교섭 제의에 언제든지 응한다는 것을 보증했다」고 밝혔다. 또한, 이 대변인은 「우리는 앞으로도 자신의 핵활동의 투명성을 보장하기 위해 적극적으로 노력하고 조미회담을 통한 핵문제의 최종해결을 위해 모든 것을 하겠다」고 하는 종래의 북한의 자세를 강조했다[36].

결국 IAEA의 브릭스 사무국장은 6월 7일, 빈 본부에서 개최중인 IAEA 정기 이사회에서 북한 핵문제에 대한 보고를 하고 북한의 실험용 원자로의 연료봉에 대한 사찰이 불가능하게 된 것과 이에 따라 미신고 핵폐기물 저장시설 2개소에 대한 특별사찰이 한층 중요하게 되었다는 것 등을 설명했다. 브릭스 사무국장은 IAEA가 특히 관심을 갖고 있는 사찰대상으로 (1) 방사화학연구소, (2) 실험용 원자로의 연료봉, (3) 핵폐기물 저장시설 2개소(모두 미신고) 등 3곳을 들어 "이 3곳은 퍼즐과 같은 것으로 어느 것 하나가 빠져도 전체 그림은 알 수 없게 된다"고 말했다[37].

이어 IAEA 정례이사회는 마지막 날인 10일, 북한의 핵문제를 집중 논의하고 의료 사업을 제외한 북한의 원자력 관련 기관(기술)의 협력Non - medical Agency Assistance을 중지함과 동시에 미신고 핵시설 2개소에 대한 특별사찰 수용요구 등을 담은 결의안을 찬성 다수로 채택했다. 중국은 기권했다. 원자력 관련 기관(기술)협력 중단 결정은 북한의 핵문제가 부상한 이후 국제기구로서는 처음으로 취해진 제재조치가 되었다. 결의는 북한이 연료봉의 제거를 강행함으로써 「핵물질의 (군사)전용의 유무가 검증되지 않게 되고, 보장조치협정 위반의 범위가 확대됐다」고 지적했다. 핵문제가 이와 같은 사태에 빠진 것에 대해 「우려」를 표명하는 동시에 「보장조치에 대한 모든 정보와 (사찰) 장소를 제공하도록 즉각적 협력을 요구한다」라는 표현으로, 영변근교의 핵폐기물 저장시설 2개소에 대한 특별사찰 수용을 요구했다[38].

그러나 IAEA가 요구하는 협력을 북한은 실시하지 않고, 오히려 북한은 「IAEA 탈퇴」라는 형태로 이에 대응했다. 북한은 6월 13일 외무성 대변인 성명을 통해 북한의 핵관련 시설의 사찰을 둘러싸고 대립이 심해지고 있던 IAEA에서 즉시 탈퇴를 표명했다. 미국 등을 중심으로 유엔 안보리에서 비공식적으로 검토되고 있는 제재조치에 대해 「선전포고로 간주한다」는 입장을 거듭 천명해 강경한 자세를 선명히 했다[39].

북한의 IAEA 탈퇴에 충격을 받은 유엔 안보리는 6월 13일 이 문제를 거론하고, 15일에는 미국정부가 단계적인 제재 결의안을 유엔 안보리에 제안했다. 이 제재안은 경제 · 금융 제재를 뒤로 미루고, 우선 유엔에 의한 기술 · 경제협력의 중지 등 비교적 온화한 것 이었다[40]. 갈루치 미 국무부차관보(북한핵문제담당대사)는 제재안이 유화적 내용으로 된 이유를 "(1) 북한이 향후 취할 수 있는 더 강경한 행동을 견제하기 위해, (2) 국제사회의 동의가 쉽다는 것"이라고 설명했다[41].

일본 하타 쓰토무羽田 孜 총리[42]는 6월 14일 열린 클린턴 미국대통령과의 전화 회담에서 "북한의 탈퇴는 매우 유감이다. 핵개발문제는 일본 자신의 문제로 인식하고 있다. 미국과 긴밀히 연락, 협의하면서 대처하고 싶다. 국제사회가 안보리를 통해 제재를 포함한 대응을 검토할 필요가 높아지고 있다. 제재를 발동한다 해도 북한의 양보를 이끌어내는 것이어야 한다. 결의가 채택되면 일본은 헌법이 허용하는 범위 내에서 대응해 나간다[43]"며 유엔 안보리의 북한 제재에 보조를 맞출 것을 확인했다. 또한 가키자와 고우지柿沢弘治 외무장관도 15일, 미국이 추진하는 결의안이 유엔 안보리에서 채택되면 "내용에는 이렇다 저렇다 말할 수 없다. 정해진 것에 따른다"며 어떤 제재내용에도 일본은 이를 받아들여 공동보조를 보인다는 자세를 재차 확인했다[44].

3) 제3회 북미 고위급회담과 북한 핵의 포괄합의

북한의 IAEA 탈퇴에 대해 유엔 안보리가 앞서 제재 결의를 논의하는 동안 미국의 카터 전 대통령은 6월 15일부터 북한을 방문해 김일성 주석과 회견하고, 그 중 2회 회담에서 미국이 유엔 안보리에서 북한에 대한 제재 협의를 중단했다고 전했다[45]. 또한, 그는 이날 북한 김 주석과의 회담 후 미 국무부 담당자에게 전화를 걸어 "북한이 (1) 영변에 머무는 IAEA 사찰관 2명에게 앞으로도 실험용 원자로에서 연료봉 교체작업의 모니터링을 계속하고, 카메라 등 감시장비도 작동시키겠다고 보장했다, (2) 현재의 흑연감속로에서 핵무기로의 전용이 쉽지 않은 경수로 전환에 협력을 요청했다[46]"고 전했다. 그리고 북한은 NPT와 IAEA의 완전 복귀와 북미교섭의 재개를 희망하는 의향도 나타냈다[47].

이어 클린턴 미국대통령은 6월 16일 북한이, 이날 카터 전 미국대통령을 통해 사찰 등에서 유연한 자세를 나타냈다는 것을 접하며, 긴급 기자회견을 갖고 북한 핵문제에서 북한이 핵개발계획을 당분간 그대로 「동결」할 의향이 확인되면 북미 고위회담 제3라운드를 개최할 것이라고 발표했다[48].

이와 같은 위기 등의 극적인 격변을 겪은 후 제3라운드 북미 고위급회담이 1994년 7월 8일 제네바에서 열렸다[49]. 클린턴 미국대통령은 6월 하순, 제3라운드 개최 발표에 즈음해 "문제 해결에 이르기 위한 새로운 기회"라고 평가해 핵문제 이외에 "안전보장, 정치, 경제 전반에 걸쳐 논의할 용의"를 표명했기 때문에 양측은 제3라운드에서 처음으로 핵문제를 축으로 「포괄적 해결책」을 본격적으로 모색하게 되었다[50].

그러나 회담 직후인 7월 8일에 김일성 주석이 사망함으로써 북한은 9일 아침, 협의를 연기한다고 발표했다[51].

따라서 제3라운드 북미 고위급회담은 처음부터 다시 시작되게 되어, 약 1개월 후인 8월 5일 제네바에서 재개되었다[52]. 이 북미 고위급회담에서는 북한이 5천kw급 실험용 원자로에서 꺼낸 연료봉의 취급은 제3라운드 북미회담의 최대쟁점 중 하나였지만, 당면의 조치로 건식보관으로 전환하는 방향의 타개책이 생겼다[53]. 그리고 양국은 11일 실무자수준의 전문가협의를 거쳐 13일 합의내용을 발표했다[54].

이 회담은 9월 23일에 재개를 합의했기 때문에 제3라운드 제1세션이며, 이 회담에서 북미가 13일 발표한 합의내용은 **표4-3**과 같다.[55]

표4-3 제3라운드 제1세션의 북미 고위급회담의 합의

북한과 미국은 8월 5일부터 12일까지 북미 고위급회담 제3라운드를 재개해 제네바에서 회담했다. 양국은 1993년 6월 11일의 공동성명의 원칙을 재확인하고 다음 사항이 핵문제의 최종합의에 포함되어야 한다고 합의했다.

1. 북한은 흑연감속로를 경수로로 전환할 용의가 있다. 미국은 가능한 한 빨리 200만kw 정도의 경수로 제공을 준비하고, 그 동안의 흑연감속로를 대신하는 대체에너지를 공급할 용의가 있다. 미국의 보증을 받아 북한은 5만kw와 20만kw의 원자로 건설을 동결하고 재처리를 삼가하며, 방사화학연구소를 폐쇄하고 국제원자력기구(IAEA)의 감시 하에 둔다.
2. 양국은 정치, 경제 관계정상화의 움직임으로 쌍방의 수도에 외교대표부를 설치하고 무역과 투자 장벽을 줄일 용의가 있다.
3. 미국은 북한에 대해 핵무기에 의한 위협 또는 핵무기 사용을 하지 않는다는 보장을 해 줄 용의가 있다. 북한은 남북 비핵화공동선언을 이행할 용의가 있다.
4. 북한은 핵확산금지조약(NPT)에 머물고, 협약에 따른 보장조치협정의 이행을 인정할 용의가 있다. 양국은 북한의 흑연감속로에서 경수로에의 전환, 사용 후 핵연료의 안전한 저장과 처리, 대체에너지 제공, 연락사무소의 설치를 진행하기 위하여 실무자수준의 협의가 필요하다는 것에 합의했다. 고위급회담은 휴회하고 9월 23일 제네바에서 재개하기로 합의했다. 그 사이, 미국은 경수로계획을 보장하기 위해 필요한 조치를 취하고 북한은 핵에 대한 활동을 동결하고 보장조치의 연속성을 유지한다.

(출전)『아사히신문』 1994년 08월 13일 석간

이상과 같은 북미간 합의문은 북한의 「핵문제의 최종합의에 포함되어야 한다」라는 제한이 붙어있지만, 양국관계의 정상화 조치로 외교대표부 상호 설치 및 무역과 투자 장벽 완화 등, 정치 · 경제 관계 개선의 구체적 항목을 처음으로 담고 있다. 지금까지 2라운드에 걸친 북미 고위급회담의 성명보다 훨씬 심도 깊은 「합의」였다. 하지만 그

를 위해서는 여전히 핵문제의 완전한 해결이 가로막고 있으며, 이 합의 문서에서도 당면 해결해야 할 과제는 실무자협의에 맡겨진 형태가 되었다[56].

이어 북미 고위급회담 제3라운드 제1세션에서 이루어진 북미간 합의대로 제2세션이 9월 23일 제네바에서 재개되었다. 이 회담에서 전회에 합의했던 경수로 전환 지원 및 연락사무소 교환 등 「포괄적 해결」의 틀을 구체화하려고 목표했지만, 작업부회에서 쌍방이 나타낸 견해를 재확인하는 데 그쳤다. 북한의 강석주 차관은 24일, 첫날 회담에 대해 경수로전환 지원을 보증하는 「담보」와 전환 중의 대체에너지 보상문제가 쟁점이 되고 있다고 밝혔다[57].

그리고 강석주 외무차관이 26일 "근본적 문제에서는 여전히 심각한 대립이 있다"고 말한 것에 대해, 관계자는 이날 흑연형감속로의 해체에 따른 금전적 보상이나 대체에너지 제공, 핵연료봉의 보관방법, 핵관련 시설의 특별사찰에 대한 양국의 주장은 「평행선을 달렸다」라고 말했다[58]. 나아가 북한이 핵 관련 시설에 대한 특별사찰 수용을 거부하고, 사용 후 폐연료봉의 조치에서도 「자국 내 보관」을 주장하고 있으며 현재의 흑연로 해체에 대한 20억 달러의 보상금 등 「합의에 의하지 않는 요구」(미정부 고위관리)를 내세우고 있기 때문에 핵문제를 둘러싼 북미 고위급회담이 난항을 겪었다[59].

이렇게 제자리걸음을 하는 중 북미는 9월 29일 고위급회담을 일단 중단하고 10월 5일에 재개하기로 합의했다[60].

그리고 10월 5일부터 제네바에서 재개된 회담도 6일부터 본격적 협의에 들어갔다가 교착을 반복했다.

한창 그러는 동안 미국의 양보와 최종안이 북한에 제안돼 북미교섭에 돌파구로 작용했다. 한국의 여당인 민정당의 이세기 정책위원장은 10월 13일 오전 같은 당 간부회의에서 제네바에서 진행 중인 북미 고위급회담 현안이 되고 있는 북한의 과거 핵의혹 규명문제에서 "미국은 당초 경수로착공 이전 특별사찰 실시요구에서 후퇴하고 착공 후 5년 이내에 이를 실시한다면 좋을 것이라는 타협안을 제안했다"고 밝혔다[61].

실제로 양국은 14일 오전 10시(일본시간 같은 날 오후 6시)를 지나서부터 제네바의 미국 유엔대표부에서 미국측이 보여준 최종안[62]을 축으로 실무자에 의한 합의안 만들기를 시작했다. 그 결과 10월 18일 미국과 북한은 교섭의 틀을 정하는 문서에 합의했다. 양국은 이것을 가지고 돌아가 검토해 결정을 받고, 21일에 제네바로 돌아와 북한 유엔대표부에서 북한의 핵의혹 해소와 북미관계 개선의 길을 제시하는 포괄적 합의문서에 조인하고 동시에 발효했다[63].

조인식은 미국측에서 로버트 갈루치 북한핵문제담당대사, 북한측에서 강석주 제1외무차관이 대표로 참석하여 진행됐고, 이 자리에서 경수로전환 지원을 보증하는 클린턴 미국대통령의 서한이 북한측에 전달됐다.

북미 양국이 10월 18일 합의하고 21일에 조인한 북한 핵문제 해결과 북미관계 개선의 일괄타결의 포괄합의 전문은 **표4-4**와 같다.[64]

표 4-4 북미 포괄합의 전문

북한정부와 미국정부의 대표는 9월 23일부터 10월 21일까지 한반도 핵문제의 전반적 해결을 교섭하기 위해 제네바에서 협의했다.

양측은 1994년 8월 12일 양국간 합의한 성명에 담긴 목표를 달성하고, 또한 핵 없는 한반도의 평화와 안전보장을 달성하기 위해 1993년 6월 11일 양국 공동성명의 원칙을 지지하는 것의 중요성을 재확인했다. 북한과 미국은 핵문제 해결을 위해 다음의 조치를 취할 것을 결정했다.

1. 양국은 북한의 흑연원자로 및 관련 시설을 경수로로 교체하기 위해 협력한다.
 1) 1994년 10월 20일자 미국대통령의 보증 서한에 따라 2003년을 목표연도로, 미국은 총 200만kw의 발전능력을 가진 경수로계획을 북한에 제공하기 위한 조정을 할 의무를 진다.
 - 미국은 그 주도하에 북한을 위한 경수로계획의 제공·자금 조달을 위한 국제공동사업체(컨소시엄)를 조직한다. 미국은 국제컨소시엄을 대표하여 경수로계획을 둘러싼 북한과의 주된 교섭 창구가 된다.

- 본 문서의 조인일로부터 6개월 이내의 기간에 경수로계획의 제공을 위한 공급계약이 북한과의 사이에 체결되는 것을 보장하기 위해 미국은 국제컨소시엄을 대표하여 최대한 노력을 한다. 계약교섭은 본 문서의 조인일로부터 가능한 한 빨리 시작된다.
- 필요한 경우 미국과 북한은 핵 에너지의 평화적 이용 분야에서 양국간 협정을 체결한다.

2) 잠정적 대체에너지에 대한 1994년 10월 20일자 미국의 보증 서한에 따라 미국은 컨소시엄을 대표하여 경수로 제1호기가 완성될 때까지 북한의 흑연원자로 동결에 의해 손실되는 에너지를 보충하기 위해 조정한다.

- 대체에너지는 난방과 발전을 목적으로 중유의 형태로 제공된다.
- 중유의 반송은 본 문서의 조인일로부터 3개월 이내에 시작되고 합의된 반송 일정에 따라 연간 50만 톤에 이르는 것으로 한다.

3) 경수로 제공과 잠정적 대체에너지의 조정에 관한 미국의 보증을 얻은 후 북한은 흑연원자로 및 관련시설을 동결하고 궁극적으로는 이 원자로 시설을 해체한다.

- 북한의 흑연원자로 및 관련시설의 동결은 본 문서의 조인일로부터 한 달 이내에 완전히 이행된다. 이 한 달 동안과 동결되는 기간 동안 국제원자력기구(IAEA)가 이 동결을 감시하는 것을 허용하고 북한은 그 목적을 위해 IAEA에 전면적 협력을 제공한다.
- 북한의 흑연원자로 및 관련시설의 해체는 경수로계획이 완료된 단계에서 완료된다.
- 경수로계획의 건설기간 동안 5,000kw의 실험용 원자로의 사용 후 핵연료를 안전하게 저장하고, 북한 국내의 재처리를 수반하지 않는 안전한 형태로 처분하는 방법을 찾기 위해 미국과 북한은 협력한다.

4) 본 문서의 조인일 후에는 가능한 빨리 미국과 북한의 전문가들은 2개의 실무자협의를 실시한다.

- 하나의 협의에서 양측 전문가들은 대체에너지 및 흑연로계획을 경수로계획으로 대체하는 문제에 대해 협의한다.
- 또 다른 협의에서는 사용 후 핵연료의 저장 및 최종 처리에 대해 협의한다.

2. 쌍방은 정치적 경제적 관계의 전면적 정상화를 지향한다.

1) 본 문서 조인일로부터 3개월 이내에 양측은 통신서비스 및 금융거래의 규제를 포함한 통상·투자 면에서의 장벽을 줄인다.

2) 실무자협의를 통해 영사관계 및 다른 기술적 문제를 해결한 후에 쌍방의 수도에 연락사무소를 설치한다.
3) 각각 관심 있는 문제의 진전에 따라 미국과 북한은 양국관계를 대사급으로 격상시킨다.

3. 핵 없는 한반도의 평화와 안전보장을 위해 양측은 협력한다.
1) 미국은 북한에 대해 미국에 의한 핵무기의 위협이나 사용은 하지 않겠다고 공식적 보증을 한다.
2) 북한은 한반도 비핵화에 대한 남북 공동선언을 이행하기 위해 항시적으로 수단을 취한다.
3) 북한은 남북대화에 임한다. 이번 합의의 틀은 이와 같은 대화를 촉진하기 위한 분위기 조성에 도움이 될 것이다.

4. 양측은 국제적 핵 비확산체제의 강화를 위해 협력한다.
1) 북한은 핵확산금지조약(NPT)에 머물고 동협약에 따른 보장조치협정의 실시를 인정한다.
2) 경수로계획의 규정에 의거 공급계약을 체결하고, 동결대상이 되지 않는 시설들에 대해 북한과 IAEA와의 보장조치협정에 따라 특정 · 일반사찰이 재개된다. 공급계약 체결에 이르기까지 동결대상이 되지 않는 여러 시설에 대해서는 보장조치의 연속성을 위해 IAEA가 필요로 하는 여러 사찰이 계속된다.
3) 경수로의 중요부분이 완료되고 주요 원자로관련 장비의 인도가 이루어지기 전의 단계에서 북한은 IAEA와의 보장조치협정을 전면적으로 준수한다. 그 중에는 북한의 모든 핵물질과 관련한 북한의 모두보고의 정확성과 완전성 검증에 대한 IAEA와의 협의결과, IAEA가 필요하다고 간주할지도 모르는 모든 조치가 포함된다.

(출전) 『아사히신문』 1994년 10월 22日 조간

이렇게 하여 1년 4개월 동안 계속되어 온 미국과 북한의 핵교섭이 합의서의 조인에 이르렀다. 이것은 북한의 핵문제를 둘러싸고 10년간의 긴 여정에서 「핵의혹 해소」와 「관계 개선」 방법을 세세하게 규정한 합의였다.

이 합의는 제2차 세계대전 이후 반세기 동안 분단과 대립을 계속해온 한반도의 냉전구조 청산을 위한 큰 전환점으로 보였다. 제네바 포괄합의가 그대로 실현되면 북미가 국교정상화를 향해 전진하고 한반도의 긴장이 완화되고 핵 비확산체제가 유지·강화된다. 이에 따라 냉전 후에도 긴장과 대립이 계속되어 온 동북아의 평화와 안정이 실현되는 계기가 될 수 있는 합의였다.

미국의 클린턴 대통령은 합의에 이르렀던 10월 18일 "합의는 한반도에서의 핵 확산 위협에 종지부를 찍는다는 미국의 오랜 시간에 걸친 매우 중요한 목표의 달성을 도울 것이다[65]"라고, 이 합의안의 승인을 발표하는 성명을 이렇게 시작했다.

한국정부는 제네바 북미합의를 접하고 22일 외교안보·경제장관 확대회의를 열어 북한에 대한 「경제 교류·협력의 재개」를 선언하고, 심지어 김정일 위원장의 당 총비서 취임을 앞두고 「부총리급회담」을 북한측에 제안할 방침도 결정하는 한편, 이병태 국방장관은 21일 방한 중인 페리 미 국방장관과의 서울회담에서 한미합동 군사훈련 「팀스피리트」의 동년도의 중단도 결정했다[66].

북미간 합의는 동아시아의 평화 가능성을 높이고 남북대화와 화해국면을 가져와, 북일 국교정상화교섭을 둘러싼 국제공간에서 양국관계의 정상화를 매우 촉진하는 교섭촉진적 조건을 확대시켰다.

이와 같은 새로운 국제공간의 상태에서 무라야마 도미이치村山富市 총리[67]는 10월 19일 낮, 북미가 핵문제의 포괄적 해결방안에 합의한 것에 대해 관저에서 기자단의 질문에 "여러 가지 장애가 없어져, 기대를 할 수 있는 상황이 되지 않았나"라고 말했다. 또한, 이가라시 고우조우五十嵐広三 관방장관은 이날 오전 기자회견에서 "핵문제가 진전되면 북일 국교정상화에서 무거운 느낌으로 존재하고 있던 상황이 하나 제거된다는 것이다. 앞으로의 북한의 태도에 충분히 관심을 갖고 싶다"고 기대를 표명했다[68]. 또한, 고노 요헤이河野洋平 부총리겸 외무장관은 20일 중의원 안전보장위원회에서 중단돼 있는 북일 국교정상화교섭에 대해 "북미 고위급회담이 (핵문제에서) 합의에 도달해, (북일이) 대화를 진행시키는 데 장애는 줄어들고 있다"고 지적하고,

"상대방이 의향이 있으면 우리는 언제든지 대화하겠다"고 말해, 교섭 재개에 대한 의지를 다시한번 드러냈다[69].

결국 북미 포괄합의는 1992년 11월 이후 중단돼 온 북일 국교정상화교섭의 최대 문제였던 북한 핵문제의 당면한 해결을 통해 국제공간의 교섭촉진적 상태를 조성하고 북일 국교정상화교섭 재개의 움직임을 촉진하게 되었다.

2. 연립여당(자민 · 사회 · 신당사키가케)의 방북; 상대국공간의 교섭촉진적 상태

1994년 10월 북미 핵 포괄합의에 따라 국제공간의 교섭촉진적 상태의 호전에 따라 일본 내에서도 북일교섭의 재개를 위한 움직임이 활발해졌다. 물론 북미합의 이전에도 호소카와내각의 하타 쓰토무 부총리겸 외무장관은 1993년 12월 28일, 일본기자클럽 강연에서 북한과의 관계 개선에 대해 "호소카와 총리는 전쟁에서 여러 나라와 그 나라 국민에게 폐를 끼친 것을 솔직히 사죄하고 이를 통해 정신적 화해가 각지에서 이루어졌다. 북한에도 여러가지 괴로움을 끼쳤다. 이를 원점으로 하면 솔직한 대화를 할 수 있다고 생각한다"며, 1992년 11월 이후 중단된 국교정상화교섭의 재개를 향한 일본측의 의지를 표명했다[70].

그런데 하타 쓰토무 자신이 총리가 된 시기에는 앞서 언급했듯이 1994년 6월 북한의 IAEA 탈퇴에 대해 열린 유엔 안보리의 제재결의안 논의를 받아들임으로써 교섭은 재개될 수 없었다. 그만큼 북한 핵문제는 북일교섭에 미친 영향이 컸다고 할 수 있다.

그럼에도 불구하고 1994년 10월의 북미 포괄합의 이후 새로운 정세에 따라 북일교섭 재개를 위한 노력이 구체화 되어 북일 국교정상화교섭에 관한 교섭 중단 후에도 다양한 방면에서 재개를 위한 움직임이 보였다.

이와 같은 움직임 속에서 먼저 사회당의 구보 단 서기장은 북미 포괄합의 직후인 10월 23일, 야마구치山口 시내 기자회견에서 북일 국교정상화교섭 재개를 위해 자민, 사회, 신당사키가케의 여당 3당에 의한 합동방문단의 파견을 검토하고 있다고 밝혔다. 구보 서기장은 "신속한 국교수립도 전망하면서 정부간교섭 재개를 서둘러야 한다. 자민당에서 비공식적 이야기가 있어 북한측에 타진하고 있는 중이다"라며 이 문제로 이미 북한측과도 접촉하고 있다는 것을 밝혔다[71].

이에 대해 무라야마 도미이치 총리는 10월 25일, 북일교섭 재개전망에 대해 "먼저 3당대표가 가서 잘 논의하고 정부간교섭을 할 수 있게 해 달라"고 기자들에게 말하고 여당대표단에 의한 정부간교섭 재개의 환경조성에 대한 기대를 표명했다. 또한, 자민당의 모리 요시로森 喜朗 간사장도 이날 기자회견에서 사회당의 구보 단 서기장이 여당방북단 파견에 대해 조선노동당과의 협의를 시작했다고 밝히면서, "어떤 방북단으로 할 것인지는 타진에 대한 답변을 받아 결정할 것이다"라고 말했다[72].

외무성은 여당방북단 구상에 "반대하는 것은 아니다. 여당과 충분히 협의하고 싶다"(사이토 구니히코 사무차관)라고 하고 있었다. 핵개발문제에서 합의를 통해 북미관계가 진전될 가능성이 보이면서 「미국에 크게 뒤지는 듯한 사태는 피하고 싶다」라고 생각하고 있었다. 따라서 다양한 통로로 실마리를 찾는 시도는 환영하지만, "교섭하는 것은 정부임을 분명히 해두어야 한다"(외무성수뇌)고 못을 박았다[73].

사회당의 구보 서기장은 11월 25일 기자회견에서 여당 3당에 의한 합동방북단 파견에 앞서 일정과 규모 등을 협의하기 위하여 12월 초 선발대를 파견할 것이라고 밝혔다[74]. 그러나 12월초에 파견한다고 북한측에 타진했던 여당선발대에 대해 조총련 중앙본부의 허종만 책임부의장으로부터 11월 29일 "수용하기 어렵다"는 회답이 있었기 때문에, 여당 3당의 합동방북단 파견은 당분간 보류되게 되었다. 사회당의 구보 서기장은 "선발대와 일체인 합동방문단도 연내 파견은 어려워졌다"고 말했다[75]. 구보 서기장에 따르면 허 부의장이 선발대를 현재 받아들이지 않는 이유에 대해, (1) 북한 유엔대표부에 대한 재미 일본외교관의 대응에 문제가 있었다, (2) 일본정부 관계자가 한국과의 사전조정의 필요성을 지적하고, 1990년 자민·사회 양당과 조선노동당의 3당공동선언의 재검토에 관한 발언이 행해지기도 했다, (3) 여당 선발대가 방북에 앞서 29일 한국을 방문한다, 라는 것을 거론했다[76].

한편, 핵개발 동결에 대한 대가로 북한에 경수로와 중유를 공급하기 위한 국제기구인 「한반도에너지개발기구(KEDO)」가 북미합의에 따라 1995년 3월 9일 오후(일본시간 10일 새벽), 뉴욕의 미국 유엔 대표부에서 한국, 미국, 일본 등 3국의 대표가 설립 협정에 조인함으로써 공식적으로 출범했다[77]. 따라서 1994년에 보류한 여당 3당 방북문제는, 북한에 대한 경수로제공의 창구가 되는 「KEDO」의 발족을 계기로 북한과 일본과의 국교정상화교섭의 조기 재개를 요구하는 목소리가 자민, 사회, 신당사키가케의 여당 3당에서 높아짐에 따라 다시 추진되었다[78].

일본외무성은 1995년 3월 9일 여당의 참의원 국회의원으로 구성된 북일문제 간담회가 열린 회의에서 싱가포르에서 북한측과 접촉하는 등 「물밑에서 이것저것 하고 있다」고 설명하며 북일교섭 재개에 의욕을 보였다. 이에 따라 야마자키 다쿠 자민당의원은 "KEDO에 대한 일본의 분담금문제도 있다. 북일교섭이 진행되지 않으면 KEDO에 대한 예산(심의)이 어렵다" 등, KEDO에 대한 일본의 협력을 원활히 진행한다는 의미에서도 조기 교섭재개가 필요하다고 지적하면서 여당대표단을 북한에 파견할 것을 제안했다[79].

이어 연립여당은 3월 10일, 북한과의 국교정상화교섭 재개 준비를 위해 방북단을 동월 내에라도 파견하는 방향으로 조정을 시작했다. 북한측이 자민당을 통해 여당 3당에 타진해 왔기 때문이었다[80].

3월 10일 아침, 고노 요헤이 자민당총재(부총리겸 외무장관)와 모리 요시로 간사장 등과 협의에서 방북단이 실현됐을 경우의 단장을 와타나베 미치오 전 외무장관으로 할 방침을 굳힌 것 이외에도, 모리 간사장이 사회당의 구보 서기장, 신당 사키가케의 하토야마 유키오 鳩山由紀夫 대표간사와 개별적으로 회담하고 여당 3당방북단 파견에 협조를 요청했다. 구보와 하토야마는 「3당공동선언」에 대한 대응이 여당 내에서 일치하는 것을 조건으로 파견에 찬성했다[81]. 이 조건이 붙은 것은 「전후 45년의 보상」을 담은 1990년의 3당공동선언의 취급에 대해서는 여당 내에 견해 차이가 있었기 때문이었다. 모리 간사장은 3월 10일 기자회견에서 여당방북단의 목적에 대해 "KEDO의 합의는 이루어졌지만, 앞으로 우리나라는 1,000억 엔이나 되는 비용을 분담하는데 북한과의 대화창구도 없다. 정부가 교섭할 수 있도록 분위기를 조성하는 것이 여당의 일이다"라며 KEDO에의 협력태세를 만들어 나가겠다는 생각을 강조했다[82].

외무성도 북한의 초청에 의해 이루어지고 있던 여당의 방북단 파견이 북일관계 개선에 연계될 것으로 기대했다. 외무성은 전년도부터 물밑에서 계속해왔던 접촉을 통해 북한이 여당 3당을 초청한 것에 대해, 북한측이 일본과의 「대화」에 전향적 자세를 강화해 왔다고 판단을 굳히고 "이제 북일교섭을 재개하고 싶다고 생각한 것은 아닐까"(간부)라고 분석했다. 1990년에 자민 사회 양당의 방북단을 통해 국교정상화교섭의 길을 연 수법을 이번에도 북한이 취하고 있다고 관측했다[83].

이어 3월 13일 오전 조총련의 허종만 책임부의장이 자민당본부를 방문, 모리 요시로 간사장, 가토 고우이치 정조회장에게 김용순 조선노동당비서 이름으로 된 초청장을 공식적으로 전달했다. 이에 따라 자민당은 자민, 사회, 신당사키가케의 여당 3당의 여당대표단을 16일부터 북한으로 파견하도록 여당 3당과의 협의 때 제안했다[84]. 그러나 사회당은 「전후 45년의 보상」을 담은 1990년 자민 사회 양당과 조선노동당과의 3당공동선언의 위상이 불명확하다고 하여, 16일부터의 파견에 난색을 표명했다[85].

따라서 북한에 대표단 파견을 둘러싸고 여당 3당은 3월 16일, 「전후 보상」을 담은 1990년 자민 · 사회 양당과 조선노동당과의 「3당공동선언」의 자리 매김 등을 결론내기 위해, 정책입안자에 의한 협의를 실시하는 것을 합의했다[86]. 그리고 자민, 사회, 신당사키가케의 정책입안자는 22일, 북일 국교정상화교섭 재개의 실마리를 찾기 위해 27일부터 3일간 북한에 여당대표단을 파견하는 것에 기본적으로 합의했다[87].

그러나 이 합의는 자민당의 모리 요시로 간사장과 사회당의 구보 서기장, 신당사키가케의 하토야마 유키오 대표간사가 23일 밤 중의원 의원회관에서 만나 각당의 선거유세 일정 등의 조정을 거친 결과, 28일부터 3일간의 일정으로 북한에 여당대표단을 파견하는 것으로 바뀌었다. 3당이 각각 동시에 대표단을 파견하는 형태를 취하고 전체를 정리하는 좌장에 자민당의 와타나베 미치오 전부총리겸 외무장관이 맡게 되었다[88].

결국 연립여당(자민 · 사회 · 신당사키가케)의 방북단은 1995년 3월 28일부터 방북[89], 방문단의 와타나베 미치오 단장(전부총리겸 외무장관) 등과 김용순 조선노동당비서와의 첫 회담에서 정부간교섭의 재개에 원칙적으로 동의했다[90].

방문단은 29일 국교정상화교섭 재개에 따른 조선노동당과의 합의문서의 작성을 진행했다. 문서 작성은 일본측이 자민당의 호리 고우스케保利耕輔 정조회장대리, 조선노동당측은 김양건 국제부부부장을 각각 중심으로 진행되었다. 일본측에 따르면, 북한측은 교섭 재개에 즈음해 핵개발문제 외에도 KAL기 사건의 김현희 전사형수의 일본어 교육을 했다는 「이은혜」문제 등을 회담 재개 후에는 테마로 하지 않는다는 것을 확인가능한 문서로 만들도록 비공식적으로 요청해왔다[91]. 이에 대해 일본측은 「정부간교섭이 시작되면, 여당은 교섭주제에 대해 정부를 구속할 수 없다」며 전제조건 없이 교섭을 시작하도록 주장하여 협의는 단속적으로 이루어져 30일 새벽까지도 이어졌다[92].

이렇게 하여 방문단은 30일 조선노동당과 「북일회담 재개를 위한 합의서」에 서명하고 1992년 11월 이후 중단돼 온 국교정상화교섭은 신속하게 재개하기로 합의했다. 사무레벨에서 정리된 문안은 전문과 4항목의 본문으로, (1) 양국간 불행한 과거를 청산하고 국교정상화의 조기 실현을 위해 노력한다, (2) 국교정상화를 위한 회담에는 어떠한 전제조건도 없다, (3) 자주적이며 독자적 입장에서 교섭한다, (4) 양측은 정부에 대해 교섭을 적극적으로 추진하도록 노력한다, 라고 한 뒤 정부간교섭의 재개시기에 대해서는 "신속하게 진행할 것"이라고 했다[93].

북일 양측의 대립점인 「전후 45년간 조선인민이 받은 손실에 대한 공식 사죄와 보상」을 명기한 1990년 자민, 사회, 조선노동당의 「3당 공동선언」은 전문에서 선언의 채택을 통해 정부간교섭이 시작됐다는 사실 경과로서 기록하는 것에만 그쳤다[94]. 또한 「전후 45년의 보상」의 부분이 조선노동당 김용순 서기의 양해 아래 삭제되고 「양국간에 존재했던 불행한 과거를 청산하고 국교정상화의 조기 실현을 위해 적극 노력한다」는 것이 확인되었다[95].

연립여당의 방북단과 조선노동당이 3월 30일에 서명한 「북일회담 재개를 위한 합의서」 전문은 다음 **표 4-5**과 같다[96].

표 4-5 연립여당의 방북단과 조선노동당의 북일회담 재개를 위한 합의서

자유민주당대표단 일본사회당대표단, 신당사키가케대표단으로 이루어진 일본의 연립 3여당대표단은 1995년 3월 28일부터 30일까지 북한의 수도 평양을 방문했다. 이 방문 기간 중, 북한정무원 강성산 총리가 일본 연립여당대표단과 회견했다. 이 기간 동안, 중의원의원 와타나베 미치오를 단장으로 하는 자민당대표단, 참의원의원 구보 단을 단장으로 하는 사회당대표단, 중의원의원 하토야마 유키오를 단장으로 하는 신당사키가케대표단으로 이루어진 일본의 연립 3여당의 대표단과 최고인민회의 대의원인 당중앙위원회 서기 김용순을 단장으로 하는 조선노동당대표단 사이의 회담이 열렸다.

1990년 9월 자민당대표단, 사회당대표단이 평양을 방문하여 조선노동당대표단과 역사적 3당공동선언을 채택했다. 이에 따라 1991년 1월부터 시작된 국교정상화를 위한 북일 양국 정부간회담이 제8회까지 진행됐다.

일본의 연립 3여당대표단과 조선노동당대표단은 북일 양국간 관계를 정상화하고 발전시키는 것이 양국 국민의 이익에 부합하고 자주적이며 번영하는 새로운 아시아의 건설에 기여함을 인정하고 중단 중인 북일 국교정상화를 위한 회담을 재개하기 위해 다음과 같이 합의한다.

1) 자민당대표단, 사회당대표단, 사키가케대표단과 조선노동당대표단 (이하 「4당」이라 함)은 양국간에 존재했던 불행한 과거를 청산하고 국교정상화의 조기 실현을 위해 적극적으로 노력한다.
2) 4당은 양국간 대화재개와 국교정상화를 위한 회담에는 어떠한 전제조건도 없고, 그리고 철저하게 관계 개선을 위한 것이어야 한다고 인정한다.
3) 4당은 양국간 회담이 철저하게 자주적이며, 또한 독자적 입장에서 이루어져야 한다는 것을 확인한다.
4) 4당은 집권당으로서 책임을 지고 각정부가 양국간 조기 국교정상화를 위한 회담을 적극적으로 추진하도록 노력한다.

이 합의서에 따라 4당은 북일 양국 정부가 국교정상화를 위해 또다시 제9회 회담을 신속하게 진행할 것을 권고하기로 했다.

(출전) 『아사히신문』 1995년 03월 31일 조간

연립여당 3당과 조선노동당과의 북일회담 재개 합의는 일본이 북미 제네바 포괄합의 이후 전개되고 있던 새로운 국제공간의 교섭촉진적 상태에 대해, 북일교섭 재개를 위해 적극적으로 대응한 첫 번째 노력이었다.

3. 한국 · 미국의 견제와 일본의 대응; 국제공간의 교섭교착적 조건

연립여당의 방북단과 조선노동당의 북일회담 재개를 위한 합의가 있었음에도 불구하고 북일교섭은 즉시 재개될 수는 없었다. 무엇보다도 한국이 북일교섭에 대하여 강하게 견제했기 때문이다.

한국은 여당 3당 방북 이전에도 강한 우려를 표시했다.

한국의 김영삼 대통령은 1995년 3월 11일, 코펜하겐 시내에서 무라야마 도미이치 총리와 약 30분간 회담하고 일본의 여당 3당 대표단을 북한에 파견하는 것에 대해 "뉴스에서 들었는데, 이것은 사실인가"라고 간접적 표현으로도 우려를 표명했다. 이에 대해 무라야마 총리는 "(한반도의) 남북관계의 정상화, 개선에 이바지하는 형태가 되도록 배려하고 싶다"고 이해를 구했다[97].

또한, 한국의 이시영 외무차관은 3월 25일 야마시타 신타로山下新太郎 주한 일본대사에게 "일본의 여당 3당 방북단이 북한과의 경수로계약 목표기한인 4월 21일로 임박한 미묘한 상황에서 파견되는 것을 강조하며, 방북단이 한국정부의 입장을 감안해 북한과의 대화에 임할 것을 촉구했다[98]"고 한다.

3월 27일에는 김태지 한국대사는 자민당의 와타나베 미치오 전부총리겸 외무장관, 사회당의 구보 단 서기장, 신당사키가케의 하토야마 유키오 대표간사와 도쿄 도내에서 각각 회담했다. 이에 대해 와타나베 전 외무장관 등은 "북일 국교정상화교섭을 재개하기 위한 환경만들기" 등이라고 방북의 목적을 설명했다. 김 대사는 "남북대화에 이바지하도록 해달라"고 요청했다. 김 대사는 KEDO에 의한 한국형 경수로 제공을 북한이 거부하고 있는 것에 대하여, 어디까지나 「한국형」을 주장했다. 하토야마는 "한일합의를 넘어서는 것은 하지 않는다"고 응했다[99].

한국은 「KEDO」의 향후 운영 등에 대해 북한이 한국형경수로 제공에 반발하고 있는 상황에서, 여당 3당의 방북에 대해 우려를 표명하고 일본에 북한과의 교섭 자제를 요구했다.

한국은 일본 여당 3당의 방북으로 빠르면 4월이라도 북일 국교교섭이 재개될 전망이라는 것에 대해 충격을 감출 수 없었다. 북한과 경수로교섭이 어려운 국면에 진입한 가운데 북일교섭 재개는 한미일 3개국의 협력태세에 틈을 내 북한을 이롭게 만든다, 라는 강한 우려를 가지고 있었기 때문이었다. 한국외무부의 일본담당 심윤조 동북아과장은 "예상된 결과"라고 냉정하게 받아들이려고 했다. 그러나 이것은 표면상의 발언에 불과했다. 외무부에서도 경수로교섭을 담당하고 있는 부서, 청와대, 여당민자당 등에서는 「한국이 경수로문제로 가장 어려울 때, 하필 왜」라는 반발이 강했다[100].

한국과 북한의 관계는 경수로를 둘러싼 협의가 합의에 이르지 못하고[101], 남북 총리회담이 1992년 9월에 중단된 이후 한 걸음도 전진의 기미가 보이지 않았다. 그 상황에서 북일교섭을 재개하는 것은, 한국에게 있어서 북한이 미국에 이어 일본에게 창구를 열어서 「한국배제」라는 인상을 받았다고 할 수 있다. 따라서 한국으로서는 북일교섭 재개는 「이번 방북은 시기가 적절하지 않은 것」이었다[102].

이와 같은 상황 속에서 오부치 게이조 자민당부총재 등 여당대표단이 4월 3일 오전 북한과의 국교정상화교섭에 대한 일본측의 생각을 설명하기 위해 한국을 방문하여, 한국의 이홍구 총리와 정부종합청사에서 회담했다. 이 회담에서 이 총리는 (1) 북미합의를 실현하는 가운데 중요한 것은 한미일이 협의하여 절차를 결정하는 것 (2) 경수로제공계약 체결 기한인 4월 21일 이후 5, 6월까지 북미교섭이 계속될 가능성도 있는 점 등을 지적했다. 그리고 나서 이 총리는 "남북문제, 핵문제는 당사자간의 대화로 해결되어야 할 것"이라고 언급해, 관계국의 협상이 계속되고 있는 가운데, 북일교섭이 「돌출」되지 않도록 요구했다. 또한 "북한에 양보하고, 유연성을 보이면 북한의 강경파를 도울 뿐이므로, 원칙의 일관성을 유지하는 것이 중요하다"라고 말했다[103].

일본은 한국의 견제에도 불구하고 북한에 인도적 측면에서 1995년 6월 30일 제1차로 30만 톤의 쌀을 지원하여 교섭재개를 둘러싼 교섭상대국공간의 교섭촉진적 조건을 형성했다. 또한 1995년 8월 15일에 이루어진 무라야마 총리의 과거사 사죄 발언[104]이 교섭상대국공간의 상태를 더욱 교섭촉진적으로 만들어냈다. 이렇게 하여 일본정부는 9월 14일, 중단됐던 북일 국교정상화교섭 재개를 위한 예비회담을 9월 중 베이징에서 개최하는 것으로 북한정부와 합의했다. 연립여당의 방북으로 국교정상화교섭의 재개를 합의한 이후 지금까지 눈에 띄는 진전은 없었지만, 북한측이 예비회담 개최를 제시해 일본측도 이를 받아들였다[105].

한편, 북한은 7월 말부터 8월 상순에 걸쳐 북부를 중심으로 집중호우로 인한 심각한 홍수 피해가 발생해 식량난이 심각해졌다. 『조선중앙통신』은 8월 18일자에서 「8월초 신의주, 의주군의 일부에서 홍수가 발생, 주민 2,000여명의 생명이 위험에 노출됐다」며 「김정일 위원장은 육해공군을 긴급 동원해 구조 전투를 직접 지휘했다」고 처음으로 보도를 했다. 이어 21일자에서 「일부 지역에 1, 2시간에 600㎜를 기록하는 등 전례 없는 폭우가 내려 7월 31일, 수풍호(압록강 중류)가 범람하고 8월 8일에는 압록강 수위가 1923년과 1935년 홍수 때인 6.8m를 넘어선 7m까지 높아졌다. 신의주의 일부는 침수했다」고 보도했다[106].

따라서 북한의 이종혁 아시아태평양평화위원회 부위원장은 8월 10일, 3월 여당방북단 자민당단장이었던 와타나베 미치오 등 앞으로 서한을 보내, 북일간에 6월에 합의된 제1차 공여분인 30만 톤이 순조롭게 도착한 것에 대해 일본정부와 여당에 감사드리며, 양이 아직 부족한 실정을 들어 제2차 공여를 위한 대화를 요청했다[107]. 또한 북한은 8월 23일자로 뉴욕의 유엔 인도주의구호국(DHA)에 대해 수해 피해에 대한 긴급지원을 요청, 유엔 전문가 3명이 파견되었다[108].

이어 북한에 쌀 추가지원에 대한 북일협의가 9월 30일부터 베이징 일본대사관에서 열렸다. 일본에서는 다메스에 시게루為季 繁 식량청 업무부장, 벳쇼 고로 외무성 동북아과장 등이, 북한에서는 국제무역촉진위원회 김정기 서기장, 계승해 과장 등이 참석했다. 여기서 일본측은 긴급 수입미의 재고 상황에 비추어 20만 톤의 틀 안에서 교섭에 임해, 북일 양국은 10월 3일에 쌀 추가지원에 합의했다. 그래서 일본정부는 6월에 30만 톤의 1차 지원에 이어 북한에 20만 톤의 쌀을 지원하기로 했다.

이 제2차 북일 쌀회담의 합의 후 자민당의 가토 고우이치 간사장은 10월 3일, 쌀 추가지원 합의에 대해 "대단한 의미를 가진다. 북일교섭의 실마리가 된다[109]"라고 평가한 바와 같이 일본의 제2차 쌀 지원은 북일관계 개선을 향해 움직이기 위해 이루어졌다고 생각된다. 따라서 앞서 말한 9월 14일에 합의했던 예비회담에 대해서도 「조만간 베이징에서 열릴 것이라는 전망도 나오고 있어 향후 북일 쌍방이 서로의 향방을 모색하면서 일정 결정 등을 둘러싼 협상이 본격화될 것 같다[110]」고 보였다.

그러나 이 예비회담은 한국의 반발과 북일간에 발생한 유엔 상임이사국 문제를 둘러싼 대립 등과도 관련돼 진전을 보이지 않아 열리지 않게 됐다.

우선, 쌀의 추가지원과 나포된 어선의 선원송환 등을 둘러싸고 9월 30일 베이징에서 열린 남북간 차관급회담이 합의에 이르지 못한 채 결렬됐다[111]. 따라서 한국의 김영삼 대통령은 남북 차관급회담이 결렬된 후 "당분간 화해, 대화를 위한 조치는 취하지 않는다[112]"고 강경 자세로 돌아섰다. 이런 상황에서 일본외무성은 남북관계와 한국에 대한 배려를 생각해 북일교섭을 재개할 수 없었다.

더욱이 북한이 10월 11일 유엔에서 「일본은 상임이사국이 될 자격이 없다[113]」고 연설해, 「콜롬비아에서 18일부터 열린 비동맹국가 정상회의에서도 북한만이 반대해 일본은 초청국 자격으로 참석을 할 수 없었다. 고노 요헤이 외무장관은 국회답변에서 불쾌감을 드러냈고, 여당측으로부터도 『쌀의 추가지원을 결정한 직후에 제멋대로 말을 해도 좋은가』라는 소리가 높아졌다[114]」고 한다. 이에 대해 북한은 「30일 『조선중앙통신』에서 『북일회담과는 별개의 문제이다』라며 교섭 재개를 위한 일본의 적극적 자세를 촉구했다[115]」고 한다. 하지만 외무성간부가 「현재의 남북관계에 따라 북일교섭을 추진하려고 하면 한일관계가 삐걱거린다. 쌀 지원에 대한 김영삼 발언이 좋은 교훈이 되었다[116]」고 했듯이, 남북한과 일본과의 관계가 잘 진행되기까지는 일본측으로서는 교섭을 재개할 여지가 없었다.

이 상황에서 해를 넘겨 북한을 방문하고 있던 후카다 하지메深田肇 사민당 조직국장은 1996년 2월 20일, 귀국길에 베이징공항에서 회견하며, "김용순 서기가 북일교섭 재개문제에 대해 「적극적으로 하려고 하는 마음에는 변함이 없다」고 재차 강조했다"고 말했다[117]. 북한은 1995년 7월말 집중호우 이후 식량난이 심화되어 일본과의 교섭을 통해 식량지원을 받는 것이 중요하게 되었다. 실제로 4월 3일 여당 관계자에 따르면, 「외무성의 벳쇼 동북아과장이 3월 18, 19 양일간 베이징에 머물면서 그동안 북한의 정부 관계자와 접촉했다. 이케다 유키히코 외무장관은 북일관계 개선에 대해 "물 밑에서 준비는 하고 있다"고 말하고 있고, 외무성간부도 기회를 찾고 있었다[118]」라고 한다.

그러나 하시모토 류타로橋本龍太郎 총리[119]는 4월 17일 클린턴 미국대통령과의 회담에서 난항을 겪고 있는 북일 국교정상화교섭의 재개와 관련하여 "비공식접촉 직후 북한측의 일련의 움직임이 있어, 본교섭을 만들어나갈 상황은 아니다"고 말해[120], 북일 공식교섭은 하지 않는다는 것을 나타냈다. 이 때 북한의 움직임은 4월 들어 북한 군인이 판문점 공동경비구역에 반복해서 침입한 사건이 일어난 것을 지적했던 것이다.

또한 북일 공식교섭을 가로막는 것은 또 하나의 한미의 견제였다.

한국과 미국이 1996년 4월 16일 제주도에서 열린 한미 정상회담에서 한국, 북한에 미국, 중국을 더한 4개국에 의한 평화회담을 제안했다. 한국은 미국과의 직접대화를 요구해온 북한의 태도에 반발하고 북일 국교정상화교섭에 대해서도 남북관계가 진전되지 않은 가운데 북일 접근에 우려를 표명해 왔지만, 4개국회담을 통해 북한과의 대화에 주도권을 잡으려 했다.

일본정부는 한미 정상회담 직후, 하시모토 총리가 담화를 발표하고 「한반도의 평화와 안정에 큰 의의가 있다[121]」고 제안을 지지함과 동시에, 「북한이 제안을 지체 없이 받아들이고 대화의 자리에 나설 것을 희망한다[122]」고 북한에 4자회담 수용을 촉구했다.

따라서 일본은 한국의 입장에 따라 4자회담이 실현되기까지는 북일의 움직임이 4자회담과 남북대화에 찬물을 끼얹는 인상을 주지 않도록 북일교섭을 물밑에서 진행한 것이다.

이와 같이, 일본측은 비공식접촉을 통해 북한과의 「예비교섭 - 본교섭」으로의 코스를 지켜보려 하고 있었다.

한편 북한은 조만간 공식교섭을 재개할 것을 촉구했다. 북한의 김영남 부총리겸 외무장관은 4월 27일, "북일 국교정상화교섭 재개를 위한 양측의 참사관급이 4월 하순 베이징에서 접촉한 것"을 밝히면서, "북일관계는 정부차원의 교섭에서 잘 진행될 것이다"라고 말했다[123]. 또한 북한의 강석주 외무차관도 5월 20일 평양 시내 외무성에서 일본인 기자와 회견하고 4자회담의 대응에 대해 "설명을 듣고, 입에 쓰면 일축하고 받아들일 수 있다면 응한다[124]"고 말해 받아들일 여지를 보여주었다. 그리고 북일 국교정상화교섭 재개에 대해서는 "초미의 급한 일[125]"이라며 적극적 자세를 보였다.

그러나 일본은 북한의 본회담 개최 촉구에도 공식회담이 아닌 비공식접촉을 계속했다. 6월 하순에는 외무성 외곽단체의 초청으로 일본을 방문한 북한의 「군축평화연구소」 대표단의 일원으로 북한외무성 일본과장 이철진이 일본측의 벳쇼 동북아과장과 비공식회담을 했다[126].

특히 일본정부는 북한과의 접촉을 지속하면서도 공식교섭 재개 전에 4자회담 수용을 촉구했다. 한미일 3국이 5월 14일, 한미의 4자회담의 취지를 북한에 설명하는 설명회를 제안한 후, 북한은 이에 대해 7월말까지 「검토 중」 「미국의 설명을 기다린다」고 하면서도 공식적 답변은 하지 않았다. 반대로 북한은 4자회담에 대해 「북미 잠정(평화)협정」을 강조하면서, 한국전쟁 시 미군유골 반환, 미사일 교섭 등은 4자회담의 틀을 벗어나서 북미간에 진행하고 있었다[127]. 한국은 이 같은 「한국배제」와 같은 북한의 태도를 받아들이지 않았다.

그래서 일본정부는 한미 모두와 보조를 맞출 필요가 있었다.

따라서 하시모토 류타로 총리는 8월 8일, 자민당의 야마자키 다쿠 정조회장을 관저로 불러 북한의 조선노동당대표단의 방일에 대해 "4자회담의 실현을 위해 관계국이 전력을 다하고 있는 중이므로 그 동향을 지켜보고 신중하게 대응해 달라"고 전하며 4자회담 개최 전에 대표단이 방일해도 자민당으로서 회담 등에 응하지 않도록 지시했다[128].

북일교섭에서도 일본의 벳쇼 동북아과장이 8월 28일 북한의 이철진 일본과장과 베이징에서 접촉했는데, 국교정상화교섭 재개문제와 한국과 미국이 제안하고 있는 북한, 중국과의 4자회담 등에 대해 의견을 교환했다고 한다[129].

이 가운데 1995년 7월말의 집중호우에 의해 식량난이 심각해지고 있던 북한에 1996년 7월에 다시 홍수가 발생했다[130]. 따라서 북한은 한국, 미국에서 쌀 지원을 포함한 경제협력을 받는 것이 긴급하니 4자회담을 받아들일 것이라고도 생각되었다. 한국은 이미 8월 15일 북한에 4자회담의 「대가」로 경제협력을 제안했고, 미국도 북한과 쌀 지원 문제를 4자회담과 연계했기 때문이다.

그러나 북한은 9월 2일 외무성 대변인 담화를 발표하고[131], 4자회담에 대해 사실상 「거부」를 시사하면서 주한미군의 「즉시철수」를 주장했다. 특히, 이 담화는 북한이 2월에 제안한 북미간 「잠정(평화)협정」을 다시 강조하고 북한의 「북미대화」에 대한 선호와 「한국배제」의 자세를 또다시 부각시켰다. 따라서, 「잠정(평화)협정」을 둘러싼 한미와 북한의 교섭은 당분간 해결의 전망이 보이지 않았다.

따라서 북한에 대한 대응을 둘러싸고 한미일 3개국 사이에 미묘한 차이도 있고, 일본정부는 북일교섭 재개를 위해 움직일 환경은 갖추어져 있지 않다고 판단한 것이다[132]. 이케다 외무장관은 9월 4일, 「한일포럼」 제4회 회의에서 북일 국교정상화교섭의 재개 시기에 대해 "4자회담과 이론적 관계는 없지만, 현실적으로 북한이 남북대화와 4자회담을 진행할 환경이 되지 않으면 일본과 북한의 진전도 좀처럼 보이기 어렵다"고 말했다[133].

나아가 1996년 9월 18일에는 북한의 소형잠수함이 좌초하여 승무원이 상륙한 사건이 일어나 남북관계가 악화되었다. 한국국방부는 18일 저녁, 이 사건으로 10명이 숨진 채 발견되고 1명을 체포했다고 발표했다. 체포된 1명이 "잠수함에 20명이 있었다"고 자백했기 때문에 나머지 9명의 행방을 쫓고 있었는데, 같은 날 밤이 되어 강릉 시내 2곳에서 각각 2인조가 한국군과 교전한 끝에 달아났다[134]. 이에 따라, 공로명 외무장관은 9월 24일 이케다 외무장관과의 회담에서 잠수함 승무원의 한국 침투사건 관련, "한반도정세에 대해 중장기적인 것을 생각해야 하지만, 국내여론이 고조되어 일정한 냉각기간이 필요하다"고 말해, 미국·중국을 포함한 4자회담 개최 등 북한과의 관계 개선은 제자리걸음할 수밖에 없다는 생각을 나타냈다[135].

따라서 이 사건의 해결이 북일교섭 재개의 전제가 되었다.

우선, 미국은 뉴욕에서 북한과 12월 9, 11, 16, 17일 실무자협의를 반복해서 열었다. 협의에는 북한의 이형철 외무성 미주국장과 미국무부의 한반도 전문가들이 참석했다. 관계자에 따르면, 「잠수함사건을 연내에 타결시키는 데 양쪽 모두 긍정적이고 한국정부가 받아들일 수 있는 『사죄』의 내용, 표현 등을 협의하고 북한은 잠수함사건 『사죄』가 매듭되는 경우 한미 양국이 올해 4월에 제안한 북한, 중국 양국을 포함한 한반도평화를 둘러싼 4자회담 설명회에 참석할 의향을 나타내고 있다[136]」라고 해 잠수함 침투사건의 사죄문제에 전향적 자세를 보였다.

북미협의에 이어 일본도 외무성의 벳쇼 고로 동북아시아과장과 일본과장이 베이징에 도착해 북한의 황철 당중앙위원회 지도원(아시아우호친선협회 상무위원)과 이철진 일본과장과 12월 13일부터 총 3회에 걸쳐 회담했다. 이 회담에서 일본은 먼저 이철진 일본과장과 북일국교정상화문제에 대해 의견을 교환했고, 후반의 회담에서는 일본의 식량원조를 담당하는 황철 지도원과 만났다. 황철 지도원은 직전까지 일본을 방문하고 돌아오는 길에 베이징에 들렀다. 외무성은 잠수함사건으로 남북관계가 악화돼 있는 것을 고려하여 황 지도원에게 「만날 생각은 없다」고 설명했다. 관계자는 회담에서 황철 지도원이 동년도의 식량 부족분을 250만 톤으로 설명하고 일본측에 새로운 도움을 요청했다고 한다[137].

이어 북한은 12월 29일 『조선중앙통신』과 『평양방송』에서 잠수함 승무원의 침입사건에 대해 공식적으로 「유감」을 표명[138]함으로써, 이 잠수함 침투사건을 둘러싼 대립은 일단 해결되었다. 북한이 처한 식량난과 경제위기를 고려하면 남북관계와 북일, 북미관계를 개선해야만 했기 때문에 유감을 표명한 것으로 생각된다. 그러나 북한의 유감 표명은 한국이 주장했던 4자회담 실현으로 확실하게 이어지는 것은 아니었기 때문에 한반도를 둘러싼 정세에 새로운 진전이 있었다고 말할 수 없다.

그럼에도 불구하고 일본외무성은 12월 29일, 하시모토 히로시橋本宏 대변인 이름으로 담화를 발표하고 유감 표명이 한반도의 「긴장완화로 이어질 것」이라고 환영하면서 한·미 대통령이 제안한 한반도 평화를 위한 4자회담에 북한이 응할 것을 촉구했다[139].

하시모토 류타로 총리도 1997년 2월 4일 중의원 예산위원회에서 북일교섭과 관련 "현재 (정부간 대화의) 끈이 연결되어 있는 상태"라며 교섭 재개를 위한 북한측과 비공식접촉을 계속하고 있다는 것을 표명했다. 단, 북일교섭 재개는 한국과 북한의 대화재개가 전제가 된다는 생각도 표명했다[140].

일본은 이렇게 남·북·미·중의 4자회담이 1997년 12월 제네바에서 열리기까지 한미의 교섭교착적 요구를 받아들이지 않을 수 없었다. 따라서 그 이전에는 공식적 북일교섭 재개는 불가능하게 되었다.

결국 일본은 여당 3당의 방북 직후 북한의 자연 재해와 경제적 곤란에 대해 인도적 지원을 실시하여 북일교섭의 실마리를 여는 데 적극적으로 상대국공간의 교섭촉진적 상태를 유지하려 했다. 그러나 한국이 북한과 KEDO간 경수로공급협정에 한국형경수로를 주장하면서 북일교섭 재개도 거기에 보조를 맞추도록 요구했다. 또한 한미가 일본을 배제하고 4자회담을 제안했음에도 불구하고, 일본은 북한이 이에 응하는 것을 북일교섭 재개의 전제로 하도록 견제했다. 이와 같은 북일교섭 재개에 대한 한미의 견제가 북일교섭의 국제공간의 교섭교착적 조건으로 작용했다. 일본은 그 조건을 받아들여 독자적인 북일교섭을 진행할 수 없었다. 따라서 1995년 3월의 연립 3당의 조선노동당과 북일교섭 재개 합의에도 불구하고 1997년 2월 당시까지도 공식교섭은 재개되지 않았다.

4. 납치문제의 표면화와 인도적 문제; 국내공간의 교섭교착적 조건

1995년 3월 여당 3당의 방북으로 개최 합의가 이루어진 북일교섭이 한국·미국의 견제 등 국제공간의 새로운 교섭교착적 조건에 의해 재개되지 않는 상황에서, 북일교섭의 촉진을 더욱 방해하는 사건이 일어났다. 이후의 북일 국교정상화교섭의 최대현안이 되는 납치문제가 처음 표면화된 것이다.

납치문제가 처음 공식적으로 제기된 계기는 니시무라 신고西村眞悟 중의원의원(신진)이 1997년 1월 23일 제출한 「북한 공작조직에 의한 일본인 납치에 관한 질문주의서」에서 1977년 11월 니가타 현에서 실종된 여중생 요코타 메구미(당시 13세)에 대해 북한에 의해 납치됐을 가능성이 지적된 것이었다. 니시무라 의원은 2월 3일 중의원 예산위원회에서 이에 대해 질문하고 이에 하시모토 류타로 총리는 "북한에 의한 납치로 의심되는 사건에 대해서는 수사당국에서 필요한 수사를 하고 있다고 생각한다"고 말했다[141].

그리고 일본정부는 2월 7일 북한에 의한 일본인 납치사건에 대해 「북한에 납치된 것으로 의심되는 일본인 수는 6건 9명. 납치 미수였다고 생각되는 것이 1건 2명으로 알고 있다」라는 답변서를 국회에 제출했다. 이로써 니시무라 의원의 질문주의서에 대답한 것이다. 구체적 이름, 주소에 대해서는 「본인의 안전과 프라이버시 보호」를 이유로 밝혀지지 않았다. 1977년 니가타 시내에서 요코타 메구미가 실종된 사건에 대해 「(북한공작원에게) 납치됐는지 여부는 확인되지 않았다」면서 관련자료 수집에 노력하고 있다고 했다[142].

한편, 황장엽 조선노동당비서가 1월 31일 일본을 방문, 2월 10일 사민당의 이토 시게루伊藤 茂 간사장과 KEDO와 국교정상화문제에 대해 회담했는데, 12일 베이징의 한국대사관에 망명을 요구한 사건이 발생했다. 미국은 이 사건에 대해 「매우 놀랐다. 중요한 사건이지만 아직 향후 영향을 논할 단계는 아니다」라며 한국과 공동제안한 한반도평화를 둘러싼 4자회담의 실현에 악영향을 주는 것을 우려하고 있으며 남북대화에도 악영향을 주게 되었다[143].

일본정부는 이러한 상황에서 유엔 세계식량계획(WFP)에 의한 총 4,160만 달러 지원 요청에 신중한 자세를 취했다. 이것은 미국이 1,000만 달러의 지원을 비공식적으로 표명하고, 황장엽의 망명문제로 북한과의 관계가 미묘하게 된 한국도 적극적 자세를 보이고 있는 것에 비해, 일본의 신중한 자세는 두드러졌다. 하시모토 류타로 총리는 2월 19일 "미국정부와 북한 사이에 납치사건이 있었는가?" "이은혜문제가 있었는가"라며 다른 납치의혹도 제기해 되물으면서 "단순히 비교할 것은 아니다"라고 잘라 말했다[144]. 이러한 자세는 일본정부가 납치의혹에 의해 높아지고 있던 북한에 대해 반발하는 여론을 배려한 것으로 생각된다. 이럴 정도로 납치문제는 북일교섭에 있어서 중요한 쟁점이었다.

일본정부는 인도적 지원을 이유로 1995년 9월 유엔이 약 1,500만 달러의 수해 지원을 요청했을 때 50만 달러, 1996년 6월 유엔이 약 4,300만 달러의 긴급지원을 호소한 때에는 총 600만 달러의 지원을 즉시 표명했다. 하지만 요코타 메구미의 납치의혹이 2월초에 부상한 것을 계기로, 외무성 내에서는 (1) WFP에 따르면 식량부족량은 130만 톤에 달해 임시변통의 원조는 효과가 적다, (2) 납치의혹으로 북한에 대한 불신이 강해지는 가운데 지금까지와 같은 인도적 이유만으로는 설득력이 약하다 등의 견해가 확산됐다[145].

3월 25일에는 일본인 커플이나 학생들이 실종되고 북한이 관여한 혐의를 받고 있는 문제로 가족들이 「북한에 의한 납치피해자 가족연락회」를 결성했으며, 26일 도쿄에서 기자회견을 하고 외무성과 경찰청을 돌며 「하루 빨리 아들과 딸이 돌아오는 것을 희망하고 있다[146]」 등 진상규명을 호소했다.

4월 15일에는 자민당, 신진, 민주, 태양 등 4당 중·참의원 양원의 초당파의원 64명이 참가한 「북한 납치의혹 일본인 구원 의원연맹」을 발족시켰다.

더욱이 북한공작원에 의한 일본인 납치의혹과 관련하여 경찰청의 첫 견해가 표명되었다. 경찰청 다테 오키하루伊達興治 경비국장은 5월 1일 참의원 결산위원회에서 1977년 니가타 시내에서 실종된 요코타 메구미도 "지금까지의 수사를 종합적으로 판단한 결과 납치의혹이 있다"고 견해를 밝혔다. 다테 국장은 요코타 사건을 포함해 "북한에 납치된 것으로 의심되는 일본인은 7건, 10명이 됐다"고 말했다[147].

심각한 식량부족에 빠져 있던 북한에 구호 쌀을 보내자며 전국 각지의 NGO가 펼쳐온 봉사활동에 대해서도 공작원에 의한 일본인 남녀 납치의혹이 제기되고 있기 때문에 여론도 지원에 소극적이었다. 「니가타 NGO 조선민주주의인민공화국 어린이 지원연락회」도 니가타 시내 거리에서 협력을 호소했지만, 「요코타 메구미 실종사건」의 여파도 있어 시민들의 반응은 싸늘했다[148].

이와 같이 납치의혹에 의해 반북여론이 확산되고 있는 가운데 북한이 「일본인배우자」 귀향에 응할 용의가 있다는 생각을 전해왔다는 것이 5월 16일 밝혀졌다.

1997년 4월 조총련의 허종만 책임부의장이 북한에 귀국해 김정일 총서기와 회담하고 연휴 다음날 돌아와, 야마자키 다쿠 자민당 정조회장과 이토 시게루 사민당 간사장에게 "일본인배우자문제를 타개하고 싶다. 여당방북단은 반드시 성공을 거둘 것입니다"라고 전해, 여당 3당에게 방북을 강력히 요청했다. 이에 따라 자민당이 북한과 접촉하여 사실관계를 파악하도록 외무성에 지시했고 벳쇼 동북아과장이 5월 10일부터 중국을 방문해 베이징에서 북한외무성 관련기관인 군축평화연구소의 김철호 고급연구원과 접촉했다[149].

자민당의 야마자키 다쿠 정조회장은 5월 12일, 그 접촉을 바탕으로 도쿄 도내의 강연에서 북한과의 국교정상화교섭과 관련해 "(북한 공작원에 의한 것으로 보이는) 납치사건을 포함한 북일 정부간교섭의 재개가 시급하다. 시기는 빠를수록 의미가 있다"며, 납치의혹을 해소하기 위해서도 정부간교섭을 가능한 빨리 재개할 필요가 있다는 생각을 밝혔다[150].

그래서 일본인배우자의 귀향문제를 둘러싼 북일 과장급회담이 5월

21일부터 22일까지 베이징에서 열렸다. 이 회담은 일본외무성의 벳쇼 동북아과장과 북한외무성 김철호 일본과장이 참석했지만 진전이 보이지 않은 채 협의를 마쳤다. 관계자에 따르면 「일본측은 약 1,800명의 일본인배우자의 희망자 전원의 일시귀국을 요구했다. 북한측의 반응은 분명하지는 않았지만, 북한은 극히 일부의 일본인배우자의 귀향을 용인하겠다는 자세를 일본측에 전달해 왔다. 한편, 그 대가로 일본으로부터의 식량지원을 요구하고 있어 이번 회담에서도 양측의 이견은 좁혀지지 않았다. 일본측은 일본인배우자문제 외에도 일본인 납치의혹과 북한선박에 의한 각성제 밀수사건에 대해서도 북한측에 물었다[151]」고 한다.

또한, 자민당의 야마자키 다쿠 정조회장은 5월 29일, 북한 식량지원문제에 얽힌 여당방북단 파견에 대해, (1) 외교 전면에서 북일교섭을 진행한다, (2) 4자회담을 실현한다, (3) 납치문제 등 인도적 문제들에 대해 성의 있는 방향을 보인다, 등 3조건이 충족되지 않으면 "정치 레벨의 논의는 진전시키지 않는다"고 여당측이 북한에 전달했다고 밝혔다[152].

한편, 하시모토 류타로 총리는 5월 29일, 북한 식량지원에 대해 한국정부의 요청이 있으면 지원을 검토할 용의가 있다는 것을 한국의 각 언론사 정치부장들에게 표명하고 식량지원 방향으로 미묘하게 선회하기 시작했다[153]. WFP를 중심으로 미국과 한국, 유럽연합(EU)이 북한에 대한 긴급 지원을 속속 진행하는 가운데, 지금까지 일본만 납치와 일본인배우자의 귀향문제를 이유로 지원조치를 취하지 않고 있었다. 하시모토 총리는 이와 같은 상황을 타개하기 위해 한국정부의 요청에 배려하는 형태로 지원의 명분을 찾기 시작했다고 생각된다.

이어 「자민, 사민, 사키가케 3당 정책책임자는 6월 11일, 북한 식량지원 문제에 대해 이번 주 중 여당 3당의 견해를 정리하기로 했다[154]」고 한다. 여당 내에서는 「일본만 납치문제가 있기 때문에 지원하지 않는다는 것은 안 된다. 유엔의 호소에 부응해야 한다[155]」(자민당 간부)라는 의견이 강해 유엔기구를 통한 지원이라면 가능하다는 방향으로 정리를 하려고 했다.

그러나 여당 3당 간사장과 정책책임자는 6월 16일 밤, 북한 식량 지원문제에 대해 협의하고 인도적 지원의 필요성에 유의하면서도 당분간은 북일 양국의 정부간 대화를 지켜봐야 한다는 인식에 일치했다[156]. 이것은 자민당 내에 일본인 납치와 일본인배우자의 귀향 등 인도적 문제 해결이 선결되어야 한다는 신중론이 뿌리 깊어, 유엔기구를 통한 식량지원에서 후퇴한 것이다.

하시모토 류타로 총리도 6월 23일 오전(일본시간 같은 날 심야), 한국의 김영삼 대통령과 뉴욕 시내 호텔에서 회담을 갖고 북한 식량지원에 대해 "북한에 대한 일본 국내의 상황은 계속 어렵다. 정부간 접촉의 흐름 속에서 여러 문제 해결의 타개를 앞으로도 도모하겠다"고 말해, 북한 공작원에 의한 일본인 납치의혹과 일본인배우자 귀국 문제 등에서 북한이 양보하지 않는 현재 상황을 근거로 식량지원에 응하는 것에 신중한 자세를 보였다[157].

미국의 워스 국무차관 등은 7월 1일 워싱턴 국무부에서 여당 3당 방미단(단장; 야마자키 다쿠 자민당 정조회장)과 회담했다. 이 가운데 찰스 카트먼 국무차관보 대리는 유엔 계획 틀 내의 식량지원은 인도적 입장에서 일본측이 전제조건으로 하는 4자회담의 실현 등과 관련 없이 실시할 것을 강력히 요구했다. 이에 따라 3당의 정책책임자는 귀국 후 식량지원문제에 대해 여당으로서의 태도를 협의하기로 결정했다[158].

5. 북일교섭 재개를 위한 예비회담; 상대국공간의 교섭촉진적 조건

일본정부가 한미의 강한 요청이 계속되고 있던 대북 식량지원에 대해 검토하고 있는 가운데, 북한은 7월 16일 조선아시아태평양평화위원회(김용순 위원장)의 대변인 담화를 통해 북한으로 건너간 채 귀국하지 못하고 있는 일본인배우자가 일본에 귀향할 수 있도록 필요한 조치를 취한다고 발표했다[159]. 북한측의 관계기관이 귀향을 인정하는 견해를 공식적으로 발표한 것은 처음이며, 북한을 방문중인 교토 농업기술자대표단에게 전달됨과 동시에 『조선중앙통신』을 통해 발표되었다고 한다[160].

북한은 이를 바탕으로 베이징에서 7월 19, 20 양일간 열린 북일 양국 외무성과장에 의한 비공식협의에서 처음으로 일본인배우자의 귀향에 응할 의향을 나타냄과 동시에 구체적 내용은 북한적십자회를 통해 검토하자는 방안을 제시했다. 이에 대해 일본측은 북일 비공식협의 참석자를 과장급에서 심의관급으로 격상하는 것 등을 제안했다. 북한측은 일본측이 제시한 심의관급협의에 대해 즉답을 피했다. 또한 북한측은 식량지원에 대한 협력도 요구했지만, 지금까지와 달리 귀향문제와 식량지원을 연계시키는 발언은 없었다고 한다[161].

하시모토 류타로 총리도 7월 24일 일본인배우자의 귀향문제 등을 둘러싼 북한당국과의 비공식협의에 대해 "지금까지 과장급 이하에서만 접촉 가능했던 북한정부와의 사이에 심의관급 수준에서 접촉이 가능하다"고 말해, 다음부터 일본은 교섭 담당자를 외무성 심의관급으로 격상하겠다는 생각을 나타냈다[162].

그러나 일본인배우자의 귀향을 둘러싼 심의관급회담은 일본이 「8월 중 가능한 빠른 시기에 개최하고 싶다[163]」고 의향을 전달했음에도 불구하고, 가토 고우이치 자민당 간사장의 발언 때문에 열릴 수 없었다. 가토 고우이치는 7월 16일, 쩡칭훙曽慶紅 중국공산당 중앙판공청주임과 탕자쉬안唐家璇 외무차관, 지코우텐遲浩田 국방장관과 잇따라 회담했는데, 가토는 이 가운데 「미일 방위협력을 위한 지침(가이드라인)」 재검토에 대해 "솔직히 북한의 행보가 걱정이다. (북한에서) 무슨 일이 있어 난민이 38선을 넘어 왔을 때, 일본인을 어떻게 구할지와 관계가 있다[164]"며 한반도 유사시를 염두에 두고 작업을 진행하고 있다고 설명했기 때문이다.

북한의 『조선중앙방송』이 가토의 발언을 놓고 8월 5일, 「『북한 유사시』란 구실 아래 미국의 반공화국 압살책동에 적극 나서고 있다는 것을 스스로 드러냈다[165]」고 강하게 비난했다. 가지야마 세이로쿠梶山静六

관방장관은 6일 오전 기자회견에서 일본인배우자의 귀향문제 등을 둘러싼 일본과 북한의 심의관급협의에 대해 "이번 주말에 예정되어 있는 북일협의에 아직 답장이 오지 않은 것은 사실이다. 이유에 대해서 기색도 없다[166]"고 해, 북한에서 답변이 없었기 때문에 개최 전망이 없다는 것을 인정했다. 북한의 북일우호친선협회 조광주 상무위원도 8월 7일 밤, 방북한 『교도통신』 기자들에게 일정조정에 난항을 겪어 개최가 불투명해진 일본과 북한의 심의관급교섭이 12일 이후로 늦어질 것이라는 전망을 밝혔다[167].

북일이 「미일 방위협력을 위한 지침」을 둘러싸고 대립을 계속하는 가운데 김용순 조선노동당비서가 8월 11일, 후쿠오카福岡현 의회의 방북단에 대해 「미일 방위협력을 위한 지침」 검토를 비판하면서도 귀향의 실현에는 전향적 의향을 나타냈다[168].

북한의 북일교섭 의향 표명의 결과 국교정상화교섭 재개를 위한 양국 정부대표의 예비회담이 8월 21일 베이징에서 열리는 것이 결정됐다. 이케다 유키히코 외무장관은 15일 기자회견에서 이를 명확히 했고, 북한의 『조선중앙방송』도 같은 내용의 발표를 했다. 관계자의 설명에 따르면 「이번 심의관급협의를 국교정상화교섭 재개를 위한 예비회담이라고 자리 매김한 것은 북한측이 요구했다[169]」고 한다. 일본도 높아지고 있는 납치의혹의 진상규명과 일본인배우자문제의 진전, 그리고 4자회담에 도움이 될 것이라며 한미가 촉구해왔던 북한 식량지원문제의 해결을 위해서도 북일교섭의 필요성이 높아져 심의관급 예비회담을 계속 요구했다.

이렇게 하여 북일 국교정상화교섭 재개를 위한 양국 외무성 심의관급 예비회담이 8월 21일 오전 10시 베이징의 북한대사관에서 일본 마키타 구니히코槇田邦彦 외무성 아시아국심의관, 북한에서 외무성 14국(일본담당) 부국장이었던 김연길 연구원이 각각 참석해 시작되었다[170].

이 예비회담에서는 1992년 11월부터 중단된 국교정상화교섭을 가능한 한 빨리 재개하는 것이 합의되었다. 북한이 심각한 식량부족과 경제위기를 타개하기 위해 일본과의 관계 개선을 강하게 요구한 것에 대해, 일본은 교섭을 촉진하는 상대국공간의 요구에 부응한 것이다. 북한으로 건너간 일본인배우자문제에 대해서는 1개월 후를 목표로 제1진을 귀향시키는 것에 합의하고, 이것에 대한 보답으로 일본은 유엔의 틀 내에서의 식량지원을 검토하고 있음을 표명했다[171].

예비회담에서 북일간 합의사항은 (1) 국교정상화교섭을 가능한 한 빨리 재개하고, 8회까지 이루어진 이전 교섭을 계속 이어가는 형태로 제9회 회담으로 자리 매긴다. 쌍방의 중국 주재 대사관끼리 일정 등을 조정한다, (2) 일본인배우자의 귀향은 인도적 견지에서 개인의 의사를 존중하고 1개월 후를 목표로 실현될 수 있도록 북일 적십자 연락협의회를 마련한다, (3) 북한 내의 일본인 안부조사 등에 대해 북일 적십자연락협의회를 통해 긴밀히 협력한다, 는 것이었다[172].

일본측은 예비회담에서 여중생 등 일본인 납치의혹, 각성제 밀수 의혹 등의 해명을 요구했다. 북한은 지금까지 이 같은 문제를 거론하는 것 자체에 반발해 왔지만, 국교정상화교섭 재개를 합의해 내기 위해 유연한 자세로 돌아섰다. 한편, 국교정상화교섭 재개에 대해서는 북한이 심의관급 예비회담에서 조기에 본교섭으로 옮겨가는 것을 강력히 요청했다. 일본은 그동안 북한에 대한 엄격한 국내여론을 고려하여 반드시 국교정상화교섭의 재개를 서두르지 않았다. 따라서 일본은 이후 예비회담을 몇 차례 거듭한 후 본교섭으로 이행하는 것이 좋다고 주장했지만, 본교섭 재개 자체에는 이의를 제기하지 않았다[173].

하시모토 류타로 총리는 8월 23일 총리관저에서 기자단의 질문에 대답하면서, 북한과의 외무성 심의관급 예비회담에서 국교정상화교섭 재개에 합의한 것에 대해 "예상했던 것보다 피치가 빨랐다는 느낌이 있지만, 그래도 우리가 느끼고 있던 문제점의 초점에 대해 논의했다는 느낌이 든다"고 말했다. 일본인배우자의 귀향문제에서 귀국의 실현에 합의한 데다 북한이 반발하고 있던 일본인 납치의혹이나 각성제 밀수 의혹 등의 문제가 논의되고 북한의 태도가 유연한 자세로 돌아선 것을 긍정적으로 평가한 것이었다[174].

요컨대, 연립여당의 방북을 전후로 한 시기는 아직 한미가 제안한

4자회담문제로 인한 국제공간의 교섭교착적 조건이 남아 있었고, 또한 처음으로 중요한 쟁점으로 떠오른 납치문제로 인해 국내공간은 교섭교착적 조건이 생기게 되었다. 따라서 일본은 식량난에 처한 북한에 대한 지원을 미루고, 북일교섭 재개를 위한 예비회담에서 납치의혹 규명을 요구했다.

그럼에도 불구하고 북한은 1995년과 1996년 집중호우로 인한 식량난 타개를 위해 북미, 남북관계 개선을 포함해 북일교섭을 재개하려고 했고, 일본도 납치의혹이 반북여론을 강화시키고 있는 가운데 북한에 대한 쌀 지원과 일본인배우자의 귀향문제의 해결을 위해 공식적 교섭을 유지할 필요성이 있었다. 이로 인해 북일간에 심의관급 예비회담이 열려 북일교섭 재개를 합의했다.

6. 연립여당(자민 · 사민 · 신당사키가케)의 방북; 상대국공간의 교섭촉진적 상태

북일 심의관급 예비회담의 합의에 따라 일본인배우자의 귀향 등을 실현하기 위해 북일 적십자연락협의회 제1회 회의가 1997년 9월 7일부터 8일까지 베이징에서 열리고 일본인배우자의 첫 귀향이 결정되었다.

이 회의에서 양측은 「북한적십자측은 일본인배우자가 본인의 희망과 의사에 따라 고향을 방문할 수 있도록 필요한 모든 조치를 취하고, 일본적십자측은 방문자의 신변안전이 확보되도록 또한 방문자가 고향방문을 원활하게 종료하고 북한으로 귀환하도록 모든 노력을 다한다는 일본정부의 입장을 전달한다[175]」고 합의했다. 또한, 부속서에는 「방문단의 일본 체재기간은 일주일 정도를 기준으로 한다. 제1회 고향방문은 합의서가 서명한 날로부터 가능한 한 달 이내에 실현한다. 제2회 이후 방문시기는 양측의 협의에 의해 결정한다[176]」고 합의했다. 이렇게 하여 북일 적십자는 빠르면 9월 하순에 제1진의 귀향을 예정하였다.

자민당은 9월 16일 일본인배우자문제를 둘러싼 북일 적십자연락협의회의 합의 이후 정부가 검토 중인 북한에 대한 유엔의 지원계획 틀 내의 식량지원을 승인할 방침을 정하고, 이날 야마자키 다쿠 정조회장이 오부치 게이조 외무장관에게 "정부가 긴급 인도적 지원 분야에 한정된 식량지원 검토에 들어가는 것을 양해한다[177]"고 제의했다. 오부치 게이조 외무장관은 10월 8일 자민당의 식량지원을 승인하는 방침을 받아 자민당본부에서 열린 같은 당 외교관계합동부회에서 북한에 대해 유엔과 국제적십자의 요청에 응하는 형태로 식량지원을 골자로 한 인도적 지원을 실시할 방침을 표명했다. 지원 총액은 약 34억 엔으로, 유엔기관이 이 자금을 가지고 일본 국내의 잉여미를 구입해 북한 국내에서 배포하는 형식이었다[178].

또한 자민, 사민, 사키가케의 여당 3당은 10월 3일, 북한방문단을 같은 달 중에라도 파견할 방침을 굳혔다. 9월 일본인배우자의 귀향협의가 결정되어, 여당 3당이 북한에 대한 식량지원 용인에서 보조를 맞춘 것 등으로부터, 북일 국교정상화교섭을 측면 지원하는 환경이 갖추어 졌다고 판단한 것 이었다[179].

이어 여당 3당은 10월 7일, 총리관저에서 간사장 회담을 갖고 북한의 여당 방문단을 파견하기로 정식 합의했다. 여당방북단을 둘러싸고 이날 자민당 임원연락회 및 총무회에서 「납치문제를 첫 번째 테마로 취급한다」 등의 주문이 잇따라 가토 고우이치 간사장은 "납치문제는 잘 알았다. 방북한다. 구체적 교섭은 정부간에 이루어진다"라고 대답했다[180].

이러한 일본의 결정을 통해 조총련의 허종만 책임부의장은 10월 20일 오전 사민당본부에서 이토 시게루 간사장을 만나 자민, 사민, 사키가케의 여당 3당에 의한 북한방문단을 받아들인다는 조선노동당 중앙위원회 이름의 초청장을 전달했다. 초청장은 「대표단이 우리나라를 방문하면 북일 양국간에 제기된 인도주의적 문제를 비롯한 현안문제에 대해 폭넓고 깊이 있게 당적 협의를 갖고 양국 인민의 이익에 따라 일련의 합의를 얻을 수 있을 것으로 확신한다」고 했다. 방문시기에 대해 허 책임부의장은 "추워지기 전에 가능한 빨리 와주세요"라고 요청했다[181].

한편, 북한정부는 10월 9일 일본인배우자의 귀향 제1진 십 수 명의 명단을 일본정부에 제시하였다. 일본정부는 국내 친족들에게 수용의사를 확인한 후, 31일 북한에서 일시귀국하는 일본인배우자 제1진 15명의 명단을 확정했다. 이에 따라 당초 9월 하순 예상된 일본인배우자의 귀향 제1진으로 여성 15명이 11월 8일 밤 일본에 도착했다. 1959년에 시작된 북일 적십자의 귀환사업으로 재일조선인의 아내로 건너간 사람이 대부분으로, 56∼32년(인용 그대로) 만에 일본땅을 밟는 것이었다[182].

일본정부는 일본인배우자의 귀향을 계기로 북한이 북일 국교정상화교섭 재개를 위한 외교 공세를 강화할 것으로 전망했다. 이에 대해 일본정부는 귀향을 어디까지나 인도적 문제로 간주하고 국교정상화교섭과는 별도로 대응할 방침이었다. 일본인 전원의 귀향과 일본인 납치의혹의 해결 전망은 서지 않고, 제1진의 귀향 실현이 북일관계 개선에 단번에 탄력을 받을 가능성은 낮은[183] 것으로 보였다.

이어 일본인배우자의 귀향을 둘러싼 북한의 양보와 일본의 식량지원 표명 속에서 진행된 제1진 귀국 과정을 거쳐 자민, 사민, 사키가케의 여당 3당의 방북이 실현되었다. 1997년 11월 11일에 여당 3당 방북단(총단장; 모리 요시로 자민당 총무회장)이 북한을 방문해 12일 평양 시내 백화원 초대소(영빈관)에서 김양건 국제부장 등 조선노동당대표단과 전체회의를 열고 1992년 이후 중단됐던 북일 양국의 국교정상화교섭을 조기에 재개하기로 합의했다[184]. 국교정상화교섭의 재개 자체는 이미 1997년 8월 예비회담에서 북일 양 정부간에 합의했기 때문에, 여당대표단으로는 이후의 정부간교섭을 속박하는 것을 피하기 위해 북한측과 공동선언 등의 합의문서는 작성치 않을 방침을 채택했다고 한다[185].

이 전체회의에서 일본측이 주장하는 일본인 납치의혹 해명에 대해 북한측이 강하게 반발하고 협의는 평행선을 달렸다. 한편에선 사민당의 이토 시게루 간사장과 조선노동당 김용순 서기(북일교섭담당)와의 비공식회담에서는 이토가 연락사무소의 상호설치 및 기자교류의 실시를 제안했다. 국교정상화교섭에 대해 일본측이 조기 재개를 요구한 반면, 북한측은 「일본인배우자의 귀향과 여당방북단을 통해 국교정상화교섭 재개를 위한 분위기가 매우 좋아지고 있다. 우리 세대에서 해결하고 싶다」고 하는 데 그쳤다. 일본인배우자의 귀향사업을 계속하는 것에 대해서도 합의했다. 납치의혹에 대해 북한측은 「아주 불쾌하고 묵인할 수 없다. 날조다」라고 부인했다. 일본측이 34년 전에 노토반도能登半島 앞바다에서 실종된 데라코시 다케시寺越武志와의 면회를 요구한 데 대해서는 북한측이 「현재는 검진을 위해 평양의 병원에 있다. 본인의 의사도 있지만, 면회는 가능할지도 모른다」고 설명했다186.

그러나 14일 회의에서는 납치문제에 대해 새로운 자세를 보였다. 3당의 여당 대표단은 14일 오전 평양 시내에서 조선노동당 김용순 서기와 회담했다. 김 서기는 대표단이 요구하고 있는 일본인 납치의혹의 해명에 대해 반복해서 북한의 관여를 부인하면서도 「일반 행방불명자로서 조사한다」며 북한내부의 신문 등에 정보제공 등을 요청하겠다는 생각을 나타냈다. 북한이 구체적 방법을 제시하며 조사를 약속한 것은 처음으로, 일본외무성간부는 「국교정상화교섭의 큰 장애 중 하나가 제거된 것은 틀림없다」고 평가했다. 모리 총단장은 회담 후 기자회견에서 이를 명확히 했다. 또한, 이 회담에서 여당대표단은 북한에의 식량지원문제에 대해, 앞서 유엔의 요청에 따른 지원에 더해 추가지원을 하도록 정부에 요구하겠다는 의향을 표명했다187.

이렇게 하여 3당의 여당대표단은 일본인 납치의혹에 대해 「일반 행방불명자로 조사한다」라는 말을 북한에서 얻어내 국교정상화교섭의 걸림돌로 작용해 온 과제를 극복할 수 있는 가능성이 생겼다. 또한, 모리 총단장은 11월 14일 평양에서 가진 기자회견에서 "국교정상화교섭을 위한 환경조성이 됐다"고 강조했다. 하시모토 총리도 납치의혹 해명에 대해 북한측이 처음으로 「행방불명자로 조사한다」는 방침을 표명한 것에 대해 "조사한다는 것만으로도 큰 진전"이라고 평가하고 대북외교를 적극적으로 진행시켜 나가겠다는 생각을 나타냈다[188]. 하지만 무라카미 마사쿠니村上正邦 참의원 자민당 간사장은 "(올해 8월 북일 외무성) 심의관급협의에서 이미 「행방불명자」라는 말을 사용하고 있어 이번 협의는 전진이 있었다고 생각하지 않는다"고 반박하고, 외무성에서도 「북한이 앞으로 어떤 행동을 취할 것인가를 지켜보지 않으면 뭐라고 말할 수 없다」라는 견해도 있었다[189].

한편, 이 여당 3당이 방북 때 일본이 비공식적으로 북한에 쌀 50만 톤 지원을 약속했던 사실도 있었다. 이 사실은 신사회당의 야타베 오사무矢田部理 위원장이 2000년 10월 30일, 1999년 7월에 오키나와沖縄 사회대중당과 합동으로 방북해 김용순 조선아시아태평양평화위원회 위원장과 회담할 당시, 북한이 「일본에서 잇달아 정치인이 와서 약속하지만, 이행하지 않는다. 1997년에 모리 등이 방북하여 50만 톤의 쌀 지원을 약속했지만, 그것도 이행하지 않고 있다[190]」고 말했다는 것에 의해 밝혀졌다. 귀국 후 야타베 오사무가 노나카 히로무 관방장관(당시)에게 "북한측이 「모리가 쌀 지원을 약속했다」고 말하고 있다"라고 보고했는데, "그것은 사실이지만, 북한측도 지키지 않은 약속이 있다"고 말했다고 한다[191].

이상과 같이 여당 3당 방북단과 조선노동당간에 북일교섭을 개최하기 위해 납치문제와 쌀 지원문제가 공식 또는 비공식적으로 논의되었다고 할 수 있다.

여당 3당의 방북에 이어 1997년 12월 1일에는 베이징에서 북일적십자연락협의회 제2회 회의가 열려 주로 북한으로 건너간 일본인 배우자의 귀향 제2진에 대해 「가능한 한 신속하게 실현한다」고 합의했다. 또한, 북한측이 귀향 명단을 제출함과 동시에 납치문제와 관련해서도 논의를 시작했다. 일본측은 7건 10명에 대한 구체적 목록을 처음 서류 형태로 북한측에 건네고 조속한 조사와 문제 해명을 강력히 요구했다. 이에 대해 북한측은 「납치의혹은 우리정부와 무관하다」는 입장을 표명했지만, 11월에 여당방북단에게 말한 것처럼 「일반 행방불명자로 조사한다. 결과가 나오면 전해주겠다」고 답했다. 일본측은 미 귀환자들의 안부조사에 대해서도 조사를 의뢰했지만, 북한측은 「케이스 바이 케이스로 고려하겠다」고 대답했다[192].

이 적십자연락협의회의 결과 이듬해 1998년 1월 27일 밤, 여성 12명의 일본인배우자의 귀향 2진이 나리타공항에 도착했다. 이 2진의 나이는 59세에서 70세로, 1960년대 전반에 건너간 사람이 많았다[193]. 제2진은 2월 2일, 일본에서의 6박 7일의 모든 일정을 마치고 나리타공항에서 베이징을 거쳐 3일 평양으로 돌아갔다[194].

또한, 1998년 5월에는 김철호 일본과장이 벳쇼 동북아과장과 납치문제를 둘러싸고 비공식회담을 가졌다[195]. 그러나 북한적십자회 중앙위원회 대변인은 1998년 6월 5일 「유감스럽게도 일본측이 찾고 있는 행방불명자 10명 중 1명도 찾아낼 수 없었다. 이번 조사결과 일본측이 보내온 문서에 언급된 인물은 현재 우리공화국령 내에는 존재하지 않고, 전혀 우리나라에 입국한 적도 일시 체류한 적도 없다는 것으로 최종 판명됐다」고 조사결과를 발표했다[196].

7월 30일부터 하시모토 총리를 이어 총리가 된 오부치 게이조[197]는 1998년 8월 7일의 소신표명 연설에서 "북한에 대해서는 제현안의 해결에 노력하면서 한반도의 평화와 안정에 이바지하는 형태로 북일간의 비정상적 관계를 바로 잡을 수 있도록 한국 등과도 제휴하면서 임해 가겠다[198]"고 북일관계 개선에 적극적 의지를 표명했다.

요컨대, 1997년 8월 예비회담에서 북일 국교정상화교섭 재개를 합의한 뒤, 같은 해 11월에 열린 두 번째 연립여당의 방북 시에도 북일 국교정상화교섭의 조기 재개에 다시 합의하고, 식량위기가 계속되고 있는 북한에서 납치문제에 대해 「일반 행방불명자로 조사한다」라는 양보를 이끌어 낼 수 있었다. 따라서 상대국공간은 교섭촉진적 상태이면서 납치문제에 대한 북한의 대응으로 국내공간의 교섭교착적 조건이 점차 감소하였다.

7. 대포동미사일과 페리 어프로치; 상대국공간의 교섭교착적 상태

연립여당의 방북 이후 열린 북일간 일련의 접촉이 계속되고 있던 중인 1998년 8월 17일, 미국의 정찰위성이 북한이 금창리에 거대 지하시설을 건설 중인 것을 발견하고 미국은 심각한 우려를 했다[199]. 따라서 1998년 8월 31일, 북한의 금창리 지하시설을 둘러싸고 협의하기 위해 뉴욕에서 북미 고위급협의가 예정되어 있었다. 그러나 북한은 이날 대포동미사일을 발사했다.

대포동 발사는 9월 9일 건국 50주년을 맞아 5일 소집되는 최고인민회의에서 김정일 총서기를 국가주석으로 추대하는 것을 앞두고, 북한이 미사일 개발기술의 진전된 모습과 군사력 과시를 통해 미국을 견제하는 한편, 「김정일체제」의 국내적인 강화 · 안정화를 과시하는 군사 · 정치적 행위였다[200]. 북한의 조선아시아태평양 평화위원회는 9월 2일 발표한 담화에서 「대포동 1호」의 발사실험과 관련, 「그것은 우리의 자주권에 속하는 문제」라고 말했다[201]. 뉴욕에서 개최된 북미 고위급회담 대표인 김계관 외무차관도 대포동1호 등 신형 미사일 개발은 "국방과 관계된 문제로 교섭대상 외"라고 언명했다[202].

북한의 『조선중앙통신』은 9월 4일 「북한이 8월 31일 온 나라 전체인민이 공화국창건 50돐을 사회주의 승리자의 대축전으로 뜻 깊게 맞이하고 있는 격동적인 시기에 우리의 과학자, 기술자들은 다단계 운반로켓으로 첫 인공지구위성을 궤도에 진입시키는 데 성공하였다」고 공식발표했다. 동 통신은 「운반로켓은 3단계로 되어있다」며 「우리나라에서의 첫 인공지구위성의 성과적인 발사는 위대한 영도자 김정일 동지의 현명한 영도밑에 사회주의 강성대국을 건설하기 위하여 한사람 같이 일떠선 우리인민을 크게 고무하고 있다」고 강성대국의 성과로서 주장했다[203].

또한, 북한외무성도 이날 담화를 발표하고 「일본 당국자들은 내막도 모르는 주제에 우리가 탄도미사일 발사실험을 했다는 남의 말만 듣고 이 문제를 유엔 안보리에 끌고 간다느니, 그 무슨 『대응조치』

를 취한다느니 하는 추태를 부리고 있다」고 일본을 비난한 뒤, 「우리가 위성보유국이 되는 것은 너무도 당당한 자주권의 행사이며 이 능력이 군사적 목적에 돌려지는가 않는가는 전적으로 적대세력의 태도 여하에 달려있다」고 말했다[204].

미국도 북한의 인공위성 발사 주장에 대해, 9월 14일 워싱턴에서 열린 한미일 3국 고위급협의에서 미국의 카트먼 한반도평화협의담당 특사가 "북한은 초소형의 인공위성을 궤도에 올리려고 했으나 실패했다고 결론을 내렸다[205]"고 설명함으로써 북한이 실제로 위성발사를 시도했다는 것을 미국정부도 확인했다.

그러나 이 미사일 발사는 북일교섭에 있어서 일본 내 반발을 불러일으켜 교섭을 교착시키는 방향으로 작용했다. 일본정부는 9월 1일, 미사일 발사에 대해 북한과의 국교정상화교섭 재개 동결이나 식량 등 인도적 원조의 보류 등을 내용으로 한 대처 방침을 밝혔다. 그리고 일본정부는 9월 2일, 계속적인 추가조치로 북일 직항항공편(전세기)의 중지, KEDO 지원 동결 등의 제재조치를 취했다. 또한 일본방위청은 9월 30일, 인공위성 발사라는 북한주장에 대해 「유의미한 기능을 가진 인공위성이 탑재되어 있을 가능성은 낮고, 탄도미사일 발사 가능성이 높아 보인다[206]」고 결론을 내렸다. 이렇게 북일교섭의 국내공간이 교섭교착적 상태가 되었다.

한국정부는 9월 1일, 김대중정부 출범 이후 최초의 통일문제 각료회의를 열고 북한의 미사일 발사에 대해 한국뿐 아니라 주변국에 대한 직접적 위협이 된다고 우려를 표명하고, 미일 등 관계국가 및 국제기구와 긴밀히 협력해 대응하겠다고 했다. 동시에 강력한 안전보장체제를 바탕으로 남북 교류협력을 추진한다는 김대중정부의 대북정책을 재확인하고, 정경분리의 원칙에서 민간교류의 활성화를 추진하기로 했다. 따라서 월말로 예정된 한국에서 북한으로의 금강산 관광 등은 예정대로 진행될 것[207]이라고 했다.

한편 미국정부는 북한의 핵개발을 동결했던 「북미 포괄합의」를 지키기 위해 10월 15일, 북한에 대한 정책을 재검토하게 되었다[208].

미국은 대포동 발사와 핵관련 시설이라고 의심을 받는 지하시설 발견으로 긴장이 고조되고 있다며, 지하시설에 대한 사찰이 받아들여지지 않으면 「북미 포괄합의는 붕괴 위기에 처한다」고 경계하고 있었다[209]. 따라서 미국정부는 사실상 장관급인 대북 「정책조정관」을 신설하여 11월 12일, 페리 전 국방장관을 북한에 대한 정책 재검토를 위한 정책조정관으로 임명했다[210].

그 후, 페리 조정관은 북한정책의 재검토를 위해 1998년 12월 6일과 10일 각각 한국과 일본을 방문하여 긴밀한 협조를 촉구했다. 또한 페리는 1999년 2월 26일, 클린턴 미국대통령에게 재검토작업 중간보고를 했다. 기자회견을 통해 버거 미국대통령 보좌관(국가안전보장담당)은 "정책은 계속 검토 중"이라고 하면서, "우리의 목표는 1994년의 북미 포괄합의를 유지하고 한반도의 비핵화를 보장하는 동시에 북한의 미사일 개발계획을 규제하는 것"이라고 강조했다[211]. 또한 페리는 3월 상순, 일본, 한국, 중국 3개국을 방문하여 각국의 의견을 들은 후에 보고를 계속해서 정리했다.

그리고 해를 넘겨 북미는 2월 27일 뉴욕에서, 북한의 김계관 외무차관, 미국의 카트먼 한반도평화협의담당특사가 참석해 북한 금창리 지하시설을 둘러싼 협의를 열고, 미국이 북한에게 여러번의 시설 출입을 인정하는 대가로 식량지원과 동시에 대적성국통상법에 근거한 경제제재도 일부 해제할 방침을 전했던 것으로 드러났다[212].

일본의 고무라 마사히코高村正彦 외무장관도 3월 9일 참의원 외교방위위원회에서 핵개발 의혹을 둘러싼 미국과 북한과의 협의의 진전에 대해 "국제사회의 우려를 불식하는 의미에서 (북한의) 건설적 대응"이라고 평가했다[213]. 그러나 북미협의가 합의를 봤을 때 일본이 북한에 식량지원을 재개할지 여부에 대해 "(합의)내용 이라든지, 대포동 발사에 대해 무슨 일이 있는지를 파악하는 것이 매우 큰 고려요소"라고 말했다. 미사일 재발사 및 개발이 저지되는 등 성과가 없다면, 재개는 어렵다는 생각을 나타냈다[214].

이 가운데 3월 23일 노토반도 앞바다에서 국적 불명의 수상한 선박 2척을 해상보안청·자위대의 함선과 항공기가 15시간 이상 추적하여 자위함이 경고 사격을 한 사건이 일어나[215], 북일간에 긴장이 높아졌다. 이에 대해 일본정부의 노로타 호세이野呂田芳成 방위청장관은 26일 중의원 가이드라인 특별위원회의 집중심의에서, 이 괴선박에 대해 "일반어선이 아니라 어떤 목적을 가지고 영해에 침입해온 일본 이외의 공작선일 가능성이 적지 않다는 전제에서 대처하고 있다[216]"며 괴선박을 공작선으로 봤다.

이 괴선박 사건에도 불구하고 북미간에는 미국의 대북정책 재검토에 의한 긴장이 아니라 오히려 화해와 대화가 모색되고 있었다.

1999년 5월 25일, 페리 미 대북정책조정관이 방북, 26일 김영남 최고인민회의 상임위원장과 만나 클린턴 미국대통령의 친서를 전달했다. 페리 조정관은 26일부터 28일 사이에 강석주 외무차관과 회담을 갖고 양국간 현안과 아시아태평양 안전보장문제에 대해 "심도 있게 논의했다"고 전해 양자가 실질적 당사자였음을 보여주었다. 페리 조정관은 북한측에 포괄적 관여정책의 세부사항을 설명하고 핵 개발과 미사일 실험·수출의 완전정지를 확약하는 등의 대가로 북한을 국가로 인정하고 한일 공동으로 경제지원을 한다는 내용을 제안했다고 생각된다. 페리 조정관은 29일, 서울에서 방북결과에 대한 기자회견을 갖고 "북한 고관과의 관계 만들기와 한미일의 관점과 우려를 전달한다는 목표는 달성할 수 있었다"고 해, 북한의 미사일과 핵개발에 대한 한미일의 우려를 전했다는 것을 밝힘과 동시에, 3개국에서 조정한 「포괄적 접근」에 대해 설명했다는 것을 시사했다[217].

그리고 오부치 게이조 총리는 5월 24일 밤, 방북하는 미국의 페리 정책조정관과 총리관저에서 약 20분간 회담하며 북한측에 전하는 일본정부의 메시지를 문서로 부탁했다. 메시지는 북한에 건설적 대응을 촉구함과 동시에 「우리나라는 대화와 교류를 통해 관계 개선을 도모하고자 한다」 등을 요청하고 있다. 또한, 오부치 총리는 메시지에서 페리가 방북했을 때 설명할 「포괄적 접근」에 대한 전폭적 지지를 표명했다. 이에 북한측이 적극적으로 응할 것에 기대를 표명한 후에,

일본과의 관계 개선을 위해 「북한측도 화해와 교류를 목표로 대화의 문을 열도록 진심으로 희망한다」고 요청했다[218].

한편, 미국이 페리 정책조정관의 제안에 대해 북한의 반응을 기다리던 6월 15일 오전 9시 25분쯤, 한국의 서해에 있는 한국측 「완충해역(연평도)」에 침입한 북한 경비정(어뢰정) 등이 남하를 저지하기 위해 대응한 한국해군 고속정에 발포해 한국측도 응사해 총격전이 약 10분간 계속된 사건이 일어났다[219].

한국정부는 6월 15일 서해에서 일어난 북한함정과 한국함정의 총격전으로 긴급 소집된 국가안전보장회의에서, 미국과의 강력한 안전보장체제를 기반으로 하면서 북한에 대한 포용적 「햇볕정책」에 대해 「일관되게 추진해 나갈 것」이라고 의지를 강조했다[220].

미국정부는 15일, 이에 대해 "침입한 북한측에 잘못이 있다"(해머 국가안전보장회의 대변인)는 견해를 제시하면서 사태를 예의 주시하고 있었다. 총격전 후의 상황은 진정되고 있다고 지적하고 "우리는 서로 오산이 일어나는 것을 원하지 않는다"며 북한에 대해 자제를 촉구했다[221].

오부치 게이조 총리는 16일 오전, 한반도 서쪽의 완충해역에서 일어난 북한과 한국의 함선 총격전에 대해 "사태의 추이를 지켜보고 싶다. 사태의 진정을 바라고 있다"고 말했다[222].

하지만 북미접촉은 이어졌고 미 국무부는 6월 18일, 카트먼 한반도평화협의담당특사와 북한의 김계관 외무차관이 23일 베이징에서 북한 금창리 핵의혹시설 조사 결과 등에 대해 협의를 실시한다고 발표했다[223]. 그리고 한국의 서해에서 한국과 북한 경비정이 총격전을 전개한 이후 첫 북미고위회담이 되는 제1회 북미 고위급회담이 1999년 6월 23일부터 24일까지 베이징에서 열렸다[224].

이어 제2회 북미 고위급회담이 1999년 9월 7일부터 12일까지의 일정으로 베를린에서 시작되었다. 미국과 북한은 제2회 회담을 마치고 12일, 「(1) 미국과 북한은 제재문제와 미사일문제를 포함한 현안사항에 대해 유익한 협의를 했다. 양측은 서로의 관심사에 대한 이해를 심화시키고 이와 같은 문제를 해결하는 조치를 계속 취할 필요성을 확인했다, (2) 쌍방은 이와 같은 노력을 계속하기로 합의하는 동시에 양국간 관계 개선과 동북아시아, 아시아태평양 지역의 평화와 안전보장을 위한 긍정적 분위기를 유지하도록 서로 당면 노력하기로 합의했다」고 공동으로 발표했다[225].

뉴질랜드를 방문 중인 새뮤얼 버거 미국대통령보좌관은 협의결과를 듣고 "회담에서 나타난 긍정적 분위기를 끊는 것은 당분간 일어나지 않을 것을 합의했다. 당분간 상황을 보지 않으면 안 되지만, 이같이 진전되어 기쁘다"고 환영 의사를 나타냈다[226].

한미일 각 정부가 경계감을 더해왔던 「대포동」 재발사에 관해서는 보도자료에 발사 중지나 연기는 명문화되지 않았다. 그러나 북미 양측이 미사일문제와 경제제재 완화를 포함한 현안 해결을 위한 적극적 자세를 계속해서 취할 것에는 합의했다. 북미 양측이 대화를 계속할 의사가 있다는 것을 확인함으로써, 대화 진행 중에는 미사일 발사도 회피할 수 있게 되었다[227].

북미는 이 회담을 계기로 탄도미사일 「대포동」 실험발사를 둘러싼 문제에 매듭을 짓고, 본격적으로 양국의 관계정상화를 위한 단계로의 합의를 목표로 했다고 생각할 수 있다.

베를린에서 북미 고위급회담 후 클린턴 미국대통령은 9월 17일 오전, 1950~1953년 한국전쟁 이후 계속되어 온 북한에 대한 경제제재를 완화하고 일부를 해제한다는 결정을 발표했다. 백악관은 「북미 양국이 정상적관계를 향해 달리고 있는 동안 북한은 어떠한 장거리 미사일 발사도 자제할 것이라고 이해하고 있다」는 성명을 발표했다. 이 제재 완화는 북한이 먼저 베를린의 북미 고위급회담에서 탄도미사일의 시험발사를 자제하기로 동의한 것을 받아 취한 상응조치라는 점을 분명히 했다[228].

일본정부는 미국과는 달리 9월 18일, 북한의 미사일 재발사가 당분간 멀어졌다는 것을 접하고, "일본과 북한의 국교정상화의 탄력을 받으면 기쁘겠다"(오부치 게이조 총리)고 하면서도, 1998년 8월말 「대포동 발사」에 대한 대항조치는 북한이 미사일 재발사를 동결한다는 확증을 얻은 것은 아니므로 해제는 어렵다는 점을 반복했다고 한다[229].

한국의 김대중 대통령은 9월 18일, 미국이 북한에 대한 경제제재를 완화한 것 등에 대해 "하나의 중요한 출발점이다. (미국의 새로운 북한정책을 담은) 페리 정책조정관의 보고서에 우리의 의견이 강하게 반영됐다" 등으로 평가하고, 일관되게 포용정책(햇볕정책)을 취해온 것의 성과를 강조했다[230].

북한은 외무성 대변인을 통해 9월 24일, 미국이 17일 북한에 대한 경제제재 완화조치를 발표한 것을 평가한 후, 「당분간 우리는 미국의 요청에 따라 북미간의 현안을 해결하기 위한 고위급회담을 갖고 바람직한 분위기를 마련하기 위해, 이 회담이 열리는 기간은 미사일을 발사하지 않을 것」이라고 미사일 발사 동결을 발표했다[231].

미 국무부의 제임스 루빈 대변인은 9월 24일, 북한이 미사일 발사의 당면동결을 명확하게 발표한 외무성담화에 대해 "환영한다. 베를린에서 합의한 관계 개선의 분위기 유지를 위한 단계 중 하나다"라고 평가했다[232].

한국 정부당국자도 24일, 북한의 미사일 발사의 당면동결 표명에 대해 「북한이 미국과의 고위급회담에 임하는 의사를 명확하게 보여준 것이며, 북미관계가 이것으로 좋은 분위기로 향하는 것은 아닌가」라고 말해, 일정한 평가를 했다[233].

일본정부의 노나카 히로무 관방장관은 24일, 페리 정책조정관과의 회담 후 기자회견에서 "여전히 납치문제 등 우리나라 자신과 관계된 문제가 있다"며 한미와의 입장차이를 지적했다[234]. 그러나 노나카 관방장관(재임; 1998년 7월 30일~1999년 10월 5일)은 27일 오전 기자회견을 통해 북한의 백남순 외무장관이 유엔총회 연설에서 「북미간 협의가 계속되는 동안은 미사일 발사를 연기한다」고 발표했다는 것에 대해, "유엔이라는 공식적 자리에서 한미일과 북한과의 관계를 좋은 방향으로 진행할만한 중요한 문제로서 발언이 있었다는 것을 환영한다"고 말하면서, 일본의 대북 제재조치에 대해 "이번 발표를 근거로 검토를 진행시켜 나가지 않으면 안 된다고 생각하고 있다"며 정부의 제재완화 검토를 이미 시작하고 있다는 것을 밝혔다[235].

그 결과 일본정부는 11월 2일, 북한의 「대포동 발사」를 계기로 계속해 온 제재조치 중 북일간 전세기 운항금지를 해제하는 방침을 정했다고 아오키 미키오青木幹雄 관방장관(재임; 1999년 10월 5일～2000년 7월 4일)이 기자회견에서 발표했다[236].

이와 같이 베를린에서의 북미 고위급회담을 포함해 일련의 북미 화해와 북일관계 개선을 가져온 토대가 된 것이 페리 보고서였다.

미국의 북한에 대한 정책의 재검토를 추진해왔던 페리 정책조정관의 보고서는 공표 자체는 되지 않았지만, 베를린회담 합의 발표일인 9월 12일 이전에 클린턴 미국대통령에게 제출돼 있었다. 페리 정책조정관의 보고서는 북한에 대해 핵 · 미사일 개발중단을 대가로 한미일 3국과의 관계 개선을 선택하거나, 아니면 3국의 공동행동에 대항하는 반대의 길을 선택할 것인가? 를 제시하는 내용이었다. 클린턴 대통령은 중국, 러시아의 관여도 지속시키는 것이 중요하다고 지적하면서, 전체적으로 페리 보고서는 「좋은 어프로치」라고 높이 평가했다[237]. 이후 미국의 대북정책은 북한이 미사일 · 핵 개발을 중지하면 관계정상화와 경제지원을 할 용의가 있다는, 말하자면 「포괄적 어프로치[238]」를 취하게 되었다.

페리 보고서는 페리 정책조정관이 10월 12일, 상원 외교위원회 동아시아태평양소위원회에서 증언하면서 처음으로 보고서의 일부가 공개되었다[239]. 그 주요 내용은 다음 **표4-6**과 같다.

표 4-6 페리 보고서의 주요내용

〈포괄적이고 통합적 어프로치〉

1. 한일 양국 정부와 긴밀히 협의하여 두 가지 길의 전략이 만들어졌다.
2. 첫번째 길은 미사일 실험, 생산 및 배포 중단과, 미사일기술규제체제(MTCR)에 기초해 수출의 전면 중단을 북한에 요구한다.
3. 북한이 핵과 장거리미사일의 위협을 제거하면 미국은 국교를 정상화한다. 한국과 일본도 협조해, 동시에 관계 개선의 용의가 있다고 시사하고 있다.
4. 두번째 길은 교섭으로 제거할 수 없었던 핵·미사일의 위협을 봉쇄하기 위한 행동이 필요하다. 한편, 한미일은 북한이 첫번째 길을 가도록 설득할 필요가 있다.
5. 일본의 납치의혹 및 한국의 이산가족문제 등에 대해서도 북미관계가 개선되는 가운데, 진지하게 대처할 것을 믿는다.

〈제 언〉

1. 포괄적이고 통합적 어프로치의 채용.
2. 북한정책을 총괄하고 대사급 고위관계자가 주재하는 위원회의 설치 등 미국정부의 메커니즘의 강화.
3. 한미일이 정기적으로 협의하는 등 협조 메커니즘의 유지.
4. 연방의회의 초당파에 의한 북한에 대한 장기 전망 수립.
5. 북한의 장거리미사일 발사 등의 사태에 대비한 행동계획의 승인.

(출전) 『아사히신문』 1999년 10월 13일 석간

이와 같은 북미간의 화해와 관계 개선이 계속되는 새로운 상황 속에서 한미일간에도 「한미일 정기적 협조 메커니즘의 유지」라는 페리의 제언과 같이 3국간 협력을 더욱 긴밀히 해 가는 가운데 논의가 진행되었다.

한국, 미국, 일본이 북한에 대한 정책을 논의한 「한미일 3국조정그룹」(Trilateral Coordination and Oversight Group, TCOG)의 제6회 회의가

11월 8, 9일 양일간 워싱턴에서 열리고, 종료 후 공동발표에서 3국 정부는 한국의 대북교류 확대와 일본의 제재완화를 환영하는 것과 함께 북한이 미사일 발사의 당면동결에 이은 「전향적 조치」를 취할 것이라는 기대를 표명했다[240].

요컨대, 북한의 대포동미사일 발사에 의해 국내공간이 교섭교착적 상태가 되어, 연립여당의 방북 시 조기 재개를 합의한 북일 국교정상화 교섭은 다시 그 추진이 중단됐다. 그러나 미국은 북미 포괄합의 이후 그것을 지키기 위해서, 금창리 지하 핵시설 의혹을 둘러싼 불신과 긴장이 고조되고 있던 북한 핵과 미사일문제에 대해, 페리 어프로치로 정책을 재검토했다. 그것에 따라 계속된 북미 고위급회담을 통해, 북일교섭의 국제공간에서는 여전히 북한 미사일문제에 대해 적극적으로 대화로 해결하는 등 교섭촉진적 상태를 계속 유지됐다.

8. 초당파의원단의 방북; 결정적 사건

1999년 9월의 북한 미사일관련 제2회 북미 고위급회담과 페리 보고서에 따라 미국의 새로운 대북정책의 순풍이 한반도를 둘러싼 정세의 전환점이 되었다. 페리 어프로치에 의한 미국의 신 대북정책이 국제공간의 교섭촉진적 상태를 만들어 냈기 때문이다. 이 때, 미국은 일본에 북한과의 대화를 촉구하는 한편, 북한에게는 「납치의혹을 해소하기 위한 양자협의」를 주문했다. 북일관계가 개선되지 않으면 동아시아의 안정이 손상된다는 인식이었다[241].

한국도 1995년과 1997년의 연립여당이 북한이 방문했을 당시 재임한 김영삼정권 시절과는 달리, 1998년 2월에 출범한 김대중정부는 북한에 대한 포용정책(햇볕정책)을 실시하고 있기 때문에, 일본에 의한 북한과의 교섭재개를 환영했다[242]. 또한, 김대중 대통령은 10월 5일, 서울 시내에서 연설하며 북한에 대해 자신이 진행한 햇볕정책에 응하도록 촉구하고, "반드시 임기동안 한반도의 냉전을 끝낼 것이다"고 하면서 "대북 포용정책(햇볕정책)은 북한을 붕괴시키는 것은 아니다.

남북 모두에 찬바람이 불고 있는 냉전을 중단하고 서로 따뜻한 햇볕을 받으려고 하는 것"이라고 재차 강조했다[243].

이와 같이 북일교섭에서 국제공간은 교섭촉진적 상태로 향해가고 있었다.

북일교섭의 국제공간이 교섭을 촉구하고 있는 가운데, 북한의 대포동미사일 발사를 계기로 교착상태가 된 북일교섭은 오부치 총리 등의 정치지도력에 의해 돌파구가 만들어졌다. 오부치 총리가 이와 같은 국제공간에 맞추어 정부간 공식교섭의 돌파구를 열기 위해 1999년 12월 1일부터 3일까지 무라야마 도미이치 전총리와 노나카 히로무 전 자민당 간사장을 북한에 파견했던 것이다. 이 방북단은 오부치 총리가 「대포동 발사」를 계기로 대북 식량지원 등의 동결이라는 제재조치를 취하면서도, 북일 국교정상화교섭 재개에 강한 의욕을 보여 4월부터 추진했던 것이다.

사민당의 무라야마 전총리는 1999년 4월 1일, 중의원 본회의장에서 노나카 히로무 관방장관과 만나 "어려운 상황이 거듭되고 있는 시기이기 때문에 가능한 방북하고 싶다"고 조기 방북단 실현에 강한 의욕을 보였다. 오부치 총리도 1일 열린 중의원 가이드라인 특별위원회에서 "최고책임자간의 대화가 가능하다면 새로운 전개가 있는 것이 아니냐"고 말했다. 방북에서 북한의 김정일 총서기와 무라야마의 회담이 실현돼, 1998년 8월 「대포동」 발사 이후 위축된 양국관계 개선으로 이어지는 것에 기대감을 나타낸 것 이었다[244].

민주당 하타 쓰토무 간사장은 5일, 후쿠오카 시내에서 기자회견을 해, 사민당의 무라야마 전총리를 단장으로 하는 방북 초당파방문단에 민주당이 참여하는 것에 대해 "참가요청이 오고 있는데, 기꺼이 받아들이겠다"며 전향적 자세를 보였다[245].

노나카 히로무 관방장관은 5일, 참의원 오키나와 · 북방(영토) 특별위원회에서 무라야마 전총리를 단장으로 하는 초당파국회의원이 북한 방문계획을 추진하고 있는 것에 대해, "이런 때 일수록 무라야마 전총리가 방북해 주시는 것은 중요한 의의가 있다"고 환영한 뒤, "적어도 총리를 경험한 무라야마 씨가 중대한 결심으로 방북을 결정하시면 북한의 정상과 기탄없는 대화가 있을 것으로 기대하고 있다"고 말했다[246].

그리고 무라야마 전총리를 단장으로 북한방문을 예정하고 있는 초당파 국회의원은 5월 27일, 국회에서 협의회를 열고 6월 중 방북하기로 방침을 정했다[247]. 이것은 페리 북한정책조정관이 북한에 「포괄적 접근」을 설명하기 위해 25일 방북한 직후의 일이었다.

그러나 초당파방문단은 6월 23일, 「방북을 당분간 연기한다」고 결정했다. 방북단은 당초 20일부터 23일 일정으로 방문을 북한측에 제의했다. 그러나 무라야마는 협의 후 기자회견에서, (1) 북한대표단의 중국 방문, 미국의 페리 북한 정책조정관의 방북, 베이징에서의 남북차관급회담, 남북한의 경비정에 의한 총격전 등 북한을 둘러싼 격렬한 움직임이 있다, (2) 방북 시 의제에 대해 북일간 조정이 들어가지 않은 것 등, 일정 조정이 진행되고 있지 않다고 설명했다. 관계자에 따르면, 의제 조정 등을 둘러싼 양국 정부간 비공식회담에서 식량지원을 요구하는 북한측과 미사일문제 등 현안에 대해 전향적 대응을 요구하는 일본측 사이에 절충이 이루어지지 않았다. 북한이 탄도미사일 발사실험을 준비하고 있다는 정보도 있어, 일본측에 북한정세의 추이를 지켜볼 필요가 있다는 견해가 확산되고 있었다[248].

이와 같이 방북 연기가 결정됐음에도 불구하고, 북한의 식량난을 비롯한 경제위기는 계속돼 북한은 일본으로부터 조만간 식량지원 등을 받아야만 했다.

따라서 북한은 8월 10일, 조국해방 54주년을 맞아 일본의 대조선정책 100년의 범죄 역사를 다시 명확하게 밝히기 위해 정부성명[249]을 냈다. 북한은 이 성명에서 「일본은 과거 죄행에 대해 반성하기는커녕 조일회담과는 아무런 관계도 없는 『핵의혹』, 『납치문제』를 전제조건으로 내세우며, 모처럼 마련된 회담을 인위적으로 파탄시켰다」고 한 뒤, 「조일회담이 결렬된 때부터 7년이 지난 오늘까지도 일본은 여전히 과거청산을 위한 회담을 외면하고 있다」고 비판했다. 그러나 「일본이 과거청산을 통해 선린관계 수립으로 나서면 흔쾌히 응하겠지만, 모험적 도발을 지속적으로 실시한다면 그 기회를 놓치지 않고 용서 없는 보복을 가해 한 세기 동안에 피의 대가를 받아 뼈에 사무친 민족적 원한을 반드시 풀 것이다」라고 강조하고, 일본정부의 과거청산에 대한 대응에 따라서는 북일교섭 재개 용의가 있음을 간접적으로 보여 주었다.

또한, 앞에서 언급한 바와 같이 북한은 미국과의 미사일교섭을 계속하면서 9월에는 베를린의 북미 고위급회담에서 탄도미사일의 실험발사를 당분간 동결하기로 동의하고 미국정부도 북한에 대한 경제제재를 일부 해제했다.

이렇게 하여 연기되어 있던 초당파방북단의 방북 움직임이 다시 생겨났다.

북한을 방문 중이던 시미즈 스미코清水澄子 사민당 부대표는 9월 24일, 참의원 의원회관에서 기자회견을 열고 조선노동당비서인 김용순 조선아시아태평양평화위원회 위원장이 무라야마 전총리를 단장으로 하는 초당파방북단을 환영할 의향을 나타냈다고 밝혔다. 김 위원장은 "언제나 따뜻하게 맞이할 준비가 되어 있다. 북일간에는 어느 때보다 최악의 관계이지만, 생산적 논의가 필요하다"고 말했다. 또한 "북일관계를 정상화하면 당면의 문제도 하나하나 해결할 수 있다"며 미사일문제와 일본인 납치의혹 등을 정상화교섭의 전제조건으로 해서는 안 된다는 생각을 나타냈다[250]고 한다.

그 후, 전에 언급했듯이 일본정부도 11월에 북일간 전세기 운항금지의 해제를 발표하고, 페리 어프로치에 따라 11월 한미일 TCOG에서 대북정책을 유연화시켰다.

마침내 11월 15일 북한에서 공식초청장이 도착해 무라야마 전총리를 단장으로 하는 초당파방북단이 가까운 시일 내 파견되는 방향으로 조정되었다. 초청장은 조선노동당 중앙위원회 김용순 서기의 이름으로 재일본조선인총연합회를 통해 무라야마에게 전달했다. 무라야마 등은 12월 1~3일 일정으로 방북 검토에 들어갔다. 자민당의 노나카 히로무 간사장대리(전 관방장관)도 적극적 자세를 보여 실질적으로 정부 · 여당이 뒷받침하고 있었다[251]고 한다.

이상과 같은 경위를 거쳐 무라야마 전총리를 단장으로 하는 초당파방북단은 11월 15일, 중의원의원회관에서 첫 회의를 열고 12월 1일부터 3일까지 평양 방문 일정을 정식으로 결정했다. 방북 목적을 「정당간 협의를 통해 정부간 북일 국교정상화교섭을 용이하게 하기 위한 환경정비에 노력한다」며 전제조건은 붙이지 않을 것을 확인했다. 일행은 처음 참가하는 공산당을 포함하여 주요 각당의 국회의원 총 16명이며, 오부치 게이조 총리는 방북단에 친서를 전달하고, 「준정부대표단[252]」 자격으로 북한측에 「대화」의 필요성을 호소하겠다는 생각이다. 이날 첫 회의에서는 방북단의 명칭을 「일본 정당대표방북단」으로 하고 간사장은 자민당의 노나카 히로무 간사장대리, 사무총장에는 무소속 소노다 히로유키園田博之 전 관방장관이 각각 맡기로 결정했다[253].

이렇게 하여 사민당의 무라야마 전총리를 단장으로 하는 초당파의원단이 북한을 방문하여, 북일교섭의 조기 재개가 합의되어 2000년 4월 북일교섭은 재개되게 되었다.

초당파의원단은 12월 1일, 11월에 운항금지를 해제한 전세기편으로 북한의 평양공항에 도착했다. 일행은 조선노동당의 대일담당인 김용순 서기 등과 만나, 양국은 "과거를 청산하고 정상화해야 한다는 여론을 외면해서는 안 된다"(김 서기)라며 관계 개선에 나설 것을 확인했다. 김 서기와의 회담에서 무라야마 단장은 "국민이 기대하는 좋은 관계를 만들기 위해 정당이 창구를 만들어 정부가 대화할 수 있는 환경을 만들고 싶다"고 표명했다. 김 서기도 "정말 좋은 신뢰관계가 맺어지는 것에 일본뿐만 아니라 우리나라 국민들도 기대하고 있다"고 응수했다. 이어 열린 조선노동당 주최의 환영회에서는 김 서기가 "선린우호관계를 발전시키는 것이 양 국민의 염원이다"라고 강조하고, 무라야마 단장도 "북일간의 분위기를 개선하고 본격적 대화를 시작하는 환경을 만들기 위해서라는 굳은 의지를 가지고 방문했다"고 결의를 보였다[254].

초당파의원단은 12월 2일, 김용순 조선노동당서기 등과 평양 시내에서 회담하고, (1) 1992년부터 중단된 국교정상화교섭을 전제조건 없이 연내에 재개, (2) 식량지원이나 납치의혹, 일본인배우자의 일시귀국 등 인도적문제는 북일 적십자연락협의회를 연내에 열도록 양국정부에 촉구한다, 등에 합의했다[255].

의원단의 간사장을 맡은 노나카 히로무 자민당 간사장대리는 "오부치 게이조 총리도 국교정상화교섭의 재개에는 동의하고, 일본정부는 가까운 시일 내에 식량지원 동결 등의 제재를 해제할 전망이다[256]"라고 설명했다.

회담에서는 계속해서 납치의혹 등 개별 과제를 놓고 의견교환이 있었다.

북일교섭의 걸림돌이 되고 있는 납치의혹에 대해 김용순 서기는 "행방불명자는 어느 나라에도 있다. 일본인 행방불명자들은 계속 조사를 진행할 것"이라고 밝혔다. 일본측도 이를 받아들였다. 「행방불명자 재조사」라고 북일이 서로 양보해, 북일교섭 재개를 실현하기 위해 근본적 해결책은 보류하는 형태가 되었다[257].

납치의혹과 함께 일본측이 요구하고 있던 일본인배우자의 일시귀국문제는, 김 서기가 과거 두 차례에 걸쳐 실현하면서도 1998년 2월 이후 끊어진 이유에 대해 "일본정부와 적십자사가 「일본국적을 이탈한 사람은 받아들이지 않는다」라고 했기 때문에 전원이 귀국을 거절했다. 귀국 후 기자회견에서도 싫다고 생각을 한 사람이 많다"며 일본측의 대응을 비난했다. 일본측은 수용방식 등의 재검토를 하는 것으로 했다[258].

탄도미사일문제는 북한측이 「인공위성 발사」라고 주장했기 때문에, 일본측도 「양국간이라기 보다는 국제문제」(방북단)로서 지나친 추급은 하지 않았다[259].

한편, 북한측이 요구하고 있던 식량지원 재개에 대해서는 무라야마 단장이 "북한이 곤란한 상황에 있기 때문에 마음이 아프고, 인도적 지원을 해야한다"고 밝혔다. 한신 대지진 때 북한에서 의연금을 보낸 것을 들어 일본측도 적극적으로 대응해야 한다는 인식을 나타냈다. 김용순 서기도 이에 따라 "조기에 식량지원을 해주시면 고맙겠다"고 요청했다. 일본측도 인도적 문제로서 논의하겠다고 약속했다. 지원 금액 및 방법 등 구체적 이야기는 북일 적십자 사이에서 하기로 했다[260].

북한측이 일관되게 요구해온 「과거에 대한 사죄와 반성」에 대해 김용순 서기는 "지금까지의 방북단은 좋은 문서로도 정리했다. 그대로 진행되면 북일관계가 지금과 같지는 않았을 것이다"라고 말했다. 이것은 「전후 45년간 손실」을 담은 1990년의 3당 공동선언을 보류하려는 일본의 자세를 은근히 비판한[261] 것이었다.

12월 3일, 초당파의원단과 조선노동당은 2일에 합의했던 북일 국교정상화교섭을 조속히 재개하도록 양국 정부에 촉구하는 것을 골자로 한 공동발표문에, 일본측대표인 무라야마 단장과 북한측대표인 김용순 서기가 서명했다. 이에 따라 1992년 11월부터 끊겼던 국교정상화교섭의 예비교섭을 연내에라도 시작하기로 했다. 또한, 조인식에서 김용순 서기는 자민당총재인 오부치 게이조 총리에게 보내는 친서를 무라야마 단장에게 전달하며, "내년 내가 방일할 때 김정일 총서기의 친서를 가지고 가겠다"고 말했다. 이에 대해 무라야마 단장은 "가깝고도 가까운 북일관계를 만들기 위해 정부간교섭이 성실하게 논의되고 확실하게 열매를 맺을 수 있도록 노력하고 싶다"고 말했다[262].

무라야마 전총리를 단장으로 하는 방북단과 조선노동당대표단이 3일 내놓은 공동발표 전문은 다음 **표4-7**과 같다[263].

표 4-7 초당파의원단과 조선노동당의 공동발표 전문

조선노동당의 초청으로 일본의 무라야마 전총리를 단장으로 하는 일본 정당대표방북단이 1999년 12월 1일부터 3일까지 평양을 방문했다. 조선민주주의인민공화국 최고인민회의 상임위원회 김영남위원장이 일본 정당대표방북단과 회견을 가졌다. 김용순 서기를 단장으로 하는 조선노동당대표단과 무라야마 전총리를

단장으로 하는 일본 정당대표방북단 사이의 회담이 열렸다. 회담에서 양국의 정당대표단은 양국의 관심사항에 대해 기탄없는 의견을 교환 한 후, 21세기를 맞이하는 오늘까지 북일 양국간 관계가 개선되지 않고 있음을 지적하고, 가능한 한 빨리 불행한 과거사를 청산하고 양국 국민의 이익에 맞게 북일관계를 개선 발전시켜 나가는 것이 필요하다고 인정하고 다음과 같이 합의했다.

1. 쌍방은 지금까지 진행돼 온 북일간의 정당과 정부간의 대화와 교류를 바탕으로 국교정상화를 위한 북일 정부간회담 재개의 중요성에 대해 합의하고 각각 자국정부에 회담의 조기 재개를 촉구하기로 했다.
2. 쌍방은 일본 정당대표방북단의 평양방문을 계기로 북일 양국이 관심을 가지고 인도적문제 해결의 중요성에 대해 합의하고, 각 정부의 협력하에 적십자에 대해 이를 위해 서로 협력해 나갈 것을 권고하기로 했다.
3. 쌍방은 양국 사이에 존재하는 불신을 해소하고 상호 이해와 우호를 발전시키기 위한 교류와 왕래를 강화하기로 했다.

(출전) 『아사히신문』 1999년 12월 03일 석간

이상의 공동발표문은 「21세기를 맞이하는 오늘까지 북일 양국간 관계가 개선되지 않고 있다」고 지적한 후, 「가능한 한 빨리 불행한 과거사를 청산하고 북일관계를 개선, 발전시켜 나가는 것이 필요하다」고 인정했다[264].

또한, 발표문은 방북단과 조선노동당은 (1) 각각 자국정부에 국교정상화를 위한 정부간회담의 조기 재개를 촉구한다, (2) 인도적문제 해결의 중요성에 합의하고 각정부의 협력 하에 서로 협력하도록 적십자에 권고한다, (3) 양국간에 존재하는 불신을 해소하고 상호 이해와 우호를 발전시키기 위한 교류와 왕래를 강화한다고 했다[265].

이와 같이 초당파의원단과 조선노동당과의 대화에서 국교정상화교섭의 조기 재개를 결정해, 닫혀있던 교섭의 문이 다시 열리게 되었다. 초당파의원방북단은 납치의혹과 대포동 발사 등으로 계속되고 있던 북일관계의 긴장과 불신을 제거하는 촉매 역할을 했다. 그 결과,

국내공간은 여전히 납치문제 의혹이 남아있는 교섭교착적 상태였지만, 대포동미사일 발사 이후 미사일 발사에 의한 대립과 긴장이 고조됐던 북일관계에서 교섭을 촉진하는 방향으로 변화하고, 일본인배우자의 귀국이 실현되는 등 교섭촉진적 조건이 늘어나고 있었다.

특히 북미 미사일관련 베를린 고위급회담과 페리 보고서에 기초한 새로운 대북정책과 김대중 대통령의 대북 포용정책에 따라 미국과 한국이 북일교섭을 촉구하는 등 국제공간이 북일교섭을 매우 촉진하는 상황으로 형성되었다.

9. 소결

정당외교국면에서 1999년 12월 초당파의원단의 방북과 북일교섭의 재개합의는 제9회 북일교섭으로 이어졌다. 이 시기는 북미간 제네바 포괄합의 이후 북한 핵문제를 둘러싼 국제공간이 교섭촉진적 상태를 형성한 상황이었다. 또한, 1995년 3월의 연립여당의 방북 때 북일교섭의 재개합의와 같은 해 8월 무라야마 담화 등을 배경으로 교섭상대국공간은 매우 교섭촉진적 상태로 바뀌었다.

그러나 연립여당의 방북 직후부터 한국형경수로와 4자회담 등을 둘러싸고 한국, 미국의 북일교섭에 대한 견제가 강해, 국제공간의 교섭교착적 조건이 증가했다. 따라서 공식적 북일교섭은 재개되지 않았지만, 1995년 6월 북한에 30만 톤의 쌀 지원을 결정하고, 8월에는 무라야마 총리의 담화를 통해 공식적으로 과거사를 사죄했다. 또한, 1995년 7월말의 집중호우로 식량난이 더욱 심각해진 북한에 대해, 일본정부는 10월에 20만 톤의 쌀 지원을 약속했다.

이런 북일교섭 재개를 위한 노력에도 불구하고 1997년 2월에 처음으로 중요한 쟁점으로 떠오른 납치문제로 인해 국내공간에는 교섭교착적 조건이 생기게 되었다. 따라서 일본은 1995년 7월과 1996년 7월의 집중호우로 인한 식량난에 처한 북한에 유엔의 요청에도 불구하고 지원을 보류하고, 북일교섭 재개를 위해 1997년 8월 개최된 예비회담에서 납치문제를 제기하여 북한의 반발을 초래했다.

그럼에도 불구하고 북한은 식량난 타개를 위해 북미, 남북관계 개선을 포함해 북일교섭을 재개하려고 했으며, 일본도 납치의혹으로 반북여론이 거세게 일고 있는 가운데 북한의 쌀 지원과 일본인배우자의 귀향문제를 해결하기 위해 공식적 교섭을 유지할 필요성이 있었다. 따라서 일본측은 상대국공간의 교섭촉진적 상태를 유지하려는 노력은 여전히 계속했다.

그 결과 1997년 11월 8일, 일본인배우자 귀향단 제1진이 귀국하고, 이어 11월 11일에는 두 번째 연립여당의 방북이 이뤄졌다. 이 방북에서 연립여당은 북한에서 납치문제에 대해 「행방불명자」조사 등의 양보를 이끌어내고 50만 톤의 쌀 지원을 약속했다. 그 후, 1998년 1월 27일, 일본인배우자 귀향단 제2진이 귀국해 북일관계의 진전이 이루어졌다. 그러나 북한은 1998년 8월 31일, 금창리 핵시설 의혹으로 북미간 긴장이 발생한 중에도, 김정일체제의 강성대국을 과시하기 위해 대포동미사일을 발사하여 북일 및 북미간의 대립도 악화되었다.

이 상황에서 미국은 「북미 포괄합의」를 유지하기 위해, 페리 전 국방장관을 대북 정책조정관으로 임명하여 북한에 대한 정책의 재검토를 진행했다. 그 일환으로, 페리는 1999년 5월 방북했고, 이를 바탕으로 보고서를 작성했다. 미국은 이를 통해 북한의 「붕괴」를 기다리는 것이 아니라 당면은 「공존」을 전제로 하는 어프로치를 취했다. 또한 1999년 9월 베를린에서 열린 북미 고위급회담 합의 이후, 북한의 미사일 발사의 당면동결과 미국의 제재일부의 해제가 시작돼, 북미관계 정상화를 목표로 한 여정이 정해졌다. 한국도 상황이 변화하고 있고, 1995년과 1997년 연립여당 3당이 북한을 방문했을 때의 김영삼정권과는 달리, 1998년 2월에 출범한 김대중정부는 햇볕정책에 따라 북일교섭 재개를 환영했다. 이와 같이 북일교섭에서 국제공간의 교섭촉진적 조건이 커진 것이다. 오부치 총리는 이와 같은 교섭촉진적 국제공간에 맞추어 정부간 공식교섭의 돌파구를 열기 위해,

1999년 12월 1일부터 3일까지 무라야마 전총리와 노나카 히로무 자민당 간사장대리를 북한에 파견했다. 3번째의 일본 정치지도자의 방북이었다.

이때 납치문제를 둘러싼 국내공간의 교섭교착적 상태가 계속된 것도 사실이지만, 1995년 3월부터 3회에 걸친 정치지도자의 방북단이 교섭공간을 주도하는 노력의 결과, 두 번에 걸친 대북 쌀 지원과 일본인 배우자 1, 2진의 귀향에 이어 3진 귀국을 앞두고 있는 등 국내공간의 교섭촉진적 조건이 늘었다. 특히, 1999년 12월 초당파의원단의 방북은 아직 도랑 자체는 매워지지는 않았지만, 북일교섭 재개를 결정해 새로운 교섭국면을 열었다. 무엇보다 이 시기 북한은 1995년 7월말 집중호우 이후 계속된 심각한 식량난과 국내정세 불안을 배경으로 하여, 납치문제와 일본인배우자 고향방문에 대해 1진, 2진의 귀국을 추진하는 등 양보하는 태도로 임한 것이다.

요컨대, 국제공간이 교섭촉진적 상태로 바뀌는 가운데, 교섭상대국공간도 일본에서 쌀 지원이 필요하게 돼 교섭촉진적 상태가 조성되어 있고, 국내공간도 교섭촉진적 조건이 증가하고 있었지만, 아직 납치문제를 둘러싼 반북여론의 교섭교착적 조건 하에서, 북일간의 제9회 국교정상화교섭이 가능하게 되었다.

결국, 정당외교국면은 1994년 북미 포괄합의 이후 교섭촉진적 상태가 된 국제공간을 배경으로 진행된, 같은 시기 95년 3월부터 시작된 일련의 정당대표 방북 3번째인 초당파의원단의 방북(1999.12)을 결정적 사건으로 하는 전략적 국면이다. 그 교섭공간의 상태는 CⅠ∼CⅥ 중, 교섭상대국, 국제공간이 교섭촉진적이며, 국내공간이 교섭교착적인 CⅢ(P-D-P)에 속한다.

정당외교국면에서 초당파의원단의 방북 이전의 주요국면으로부터 초당파의원단의 방북 직후에 걸친 교섭공간의 상태 변화를 정리하면 다음 **그림4-1**과 같다.

그림 4-1 정당외교국면의 교섭공간의 상태 변화

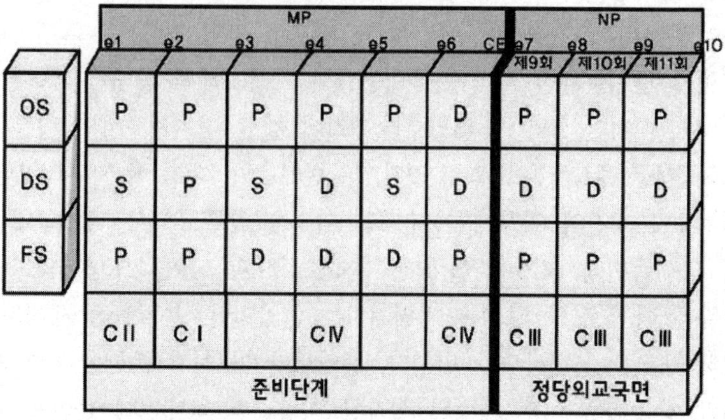

1. OS; Opponent Space DS; Domestic Space FS; Foreign Space
2. MP; Main Phase NP; Negotiation Phase CE; Critical Event
3. P; Promotive D; Deadlock S; Static
4. C I ~ C VI ; 교섭공간의 상태
5. e1; 북미 포괄합의(94.10)/e 2 ; 1차연립여당방북(95.3)/e3; 한 · 미의 견제(95.3~96)/e4; 납치문제의 표면화(97.2)/e5; 예비회담(97.8) 및 2차 연립여당방북(97.11)/e6; 대포동미사일과 페리 어프로치(98.8-9)/C E; 초당파의원단 방북(99.12, C Ⅲ; P-D-P)/e7~e10; 북일교섭(2004.4~10)

제2절 정당외교국면의 교섭패턴

앞에서 언급했듯이 정당외교국면은, 1994년 북미 포괄합의 이후 교섭촉진적 상태가 된 국제공간을 배경으로 진행된, 동시기 95년 3월부터 시작된 일련의 정당대표 방북 중 세 번째인 초당파의원단의 방북(1999.12)을 결정적 사건으로 하는 전략적 국면이다. 그 교섭공간의 상태는 C~CⅦ 중 교섭상대국 · 국제공간이 교섭촉진적이며, 국내공간이 교섭교착적인 CⅢ(P-D-P)에 속한다.

CⅢ에 속하는 정당외교국면에서 북일교섭은 제8회 북일교섭 이후 7년 만에 재개된 제9회 북일교섭(2000.4), 제10회 북일교섭(2000.8), 제11회 북일교섭(2000.10)이다.

본 절에서는 이 정당외교국면에 대해 교섭상대국, 국내, 국제공간에서 일본의 교섭 대응패턴을 밝히려 한다.

1. 제9회 북일교섭(2000.4.4~7, 평양)

1) 교섭공간

1999년 12월 초당파의원단의 방북 이후 납치문제로 인한 국내공간의 교섭교착적 상태가 계속되었음에도 불구하고, 일본의 초당파의원단과 북한의 조선노동당 사이의 합의에 따라 북일교섭의 조기 재개를 위한 예비회담이 북일 적십자회담과 함께 열렸다.

우선, 일본과 북한의 적십자회담이 1999년 12월 19일부터 베이징 시내의 북한대사관에서 시작해 21일 오후까지 열렸다. 일본측은 고노에 다다테루近衛忠輝 일본적십자사 부사장이, 북한측은 허해룡 조선적십자회 부위원장이 수석대표를 맡았다. 이 회담은 납치의혹과 일본인배우자의 일시귀국, 식량지원 등 「인도적문제」에 대해 논의했지만, 20일에는 비공식 실무자협의에서 납치의혹 처리 등을 둘러싸고 양측의 견해가 평행선을 달려, 이날은 수석대표를 포함한 본회담은 열리지 않았다[266].

적십자회담은 합의내용을 문서화하는 데 21일 아침까지 실무자협의를 일시적으로 열었지만 합의를 보지 못하고, 일본측대표단은 21일 베이징공항으로 향했다. 그러나 북한에서 답변이 있었기 때문에 급히 시내로 돌아와 본회담을 열 수 있었다[267].

그러나 양국은 21일 오후회담에서 납치의혹을 중심테마로 합의가 쉬운 일본인배우자의 일시귀국부터 논의하여 이듬해 봄에 일시귀국을 재개하기로 합의하고, 납치의혹에 대해서는 북한의 해당기관에 「안부조사」를 의뢰하기로 결정했다. 일본정부가 식량지원문제를 검토하고, 북한측이 요구한 전쟁 전 조선인 피해자의 안부문제의 해결에 대해서도 북일이 협력할 것을 확인하고 합의문서를 정리했다[268].

회담에서 쌍방 수석대표인 고노에 부사장과 허해룡 부위원장이 「공동발표」에 서명했다. 공동발표는 「인도적문제」에 대해 해결의 중요성과 긴급성을 인정해 「2000년 들어 서로 적극적 대응을 동시에 취한다」고 확인했다. 일본인배우자의 일시귀국은 1997, 98년에 실시했을 때와 마찬가지로 여비 및 체재비는 일본정부가 일본적십자사에 보조금 형태로 부담하고, 숫자와 인선 방법은 실무차원에서 좁혀가기로 했다[269].

북한공작원에 의한 것으로 보인다는 납치의혹은 일본측이 조사를 요구한 7건, 10명에 대해 북한측은 「제대로 된 조사를 위해 해당기관에 의뢰 한다」고 약속했다. 「해당기관」은 조선적십자회가 아니라 경찰과 군 기관을 가리키고 있다고 말했다. 식량지원은 일본적십자사가 일본정부에 대해 「가능한 빠른 시기에 인도주의적 견지에서 식량지원을 시작하도록 제기」하기로 했다. 단지, 유엔기구가 북한에 식량지원을 호소하고 있는 것을 고려해 오부치 게이조 총리와도 상담한 후 「정부가 식량지원문제에 대해 검토한다」고 했다[270].

한편, 12월 21일 저녁 베이징 일본대사관에서 열린 일본과 북한의 국교정상화교섭 재개를 위한 정부간 예비회담은 7년 만에 정상화교섭의 재개를 위한 절충에서 일본측은 아나미 고레시게阿南惟茂 외무성 아시아국장, 북한측은 오을록 외무성 제14국장(일본담당)이 대표를 맡았다[271]. 이 예비회담은 당초 20일부터 열릴 예정이었지만, 북일 적십자회담의 대립으로 인해 21일 이후로 늦어졌다.

이어 북일 양국은 22일 베이징 북한대사관에서 예비회담 제2차 회의를 재개하여 정상화교섭에서 다룰 과제 등에 대해 의견을 교환한 결과, 1992년부터 중단된 교섭을 조기에 재개시키는 것에 인식을 같이했다. 또한, 외교당국간에 계속해 대화를 거듭해 나가기로 했다. 교섭재개의 시기와 장소 등의 절차를 논의하기 위해 다음 예비회담을 이듬해 1월에라도 베이징에서 열기로 했다[272].

일본측의 관심이 높은 납치의혹에 대해서는 아나미 국장이 "국민의 생명, 신체의 안전을 위협하는 중요한 문제이며, 본인이나 남겨진 가족에게 매우 심각한 인도적 문제"라고 지적하면서 "북일관계를 개선하기 위해서라도 이 문제를 피해갈 수 없다"며 조기 해결에 성의 있는 대응을 취하도록 요청했다. 오 국장은 "「납치」라는 말은 적대적인 말이다. 북일 적십자회담의 공동발표에서와 같이 「행방불명자」라는 문제로 다루어야 한다"고 반박했다[273].

또한, 북한의 미사일문제에 대해 아나미 국장이 "동북아시아의 평화와 안정에 매우 염려되는 문제이다. 일본국민도 매우 큰 관심을 가지고 있다"고 주장하고 "북미회담에서도 논의하고 있지만, 그러한 기회에 전향적으로 대응해주길 바란다"고 요구했다. 오 국장은 "일본은 미국의 미사일에는 위협을 느끼지는 않지 않는가? 일본도 북한과 국교정상화를 하고 선린우호관계가 수립되면 북한의 미사일에 위협을 느끼지 않게 되지 않겠는가"라고 발언했다[274].

이 예비회담에서 다음 예비회담의 「내년 이른 시기에 개최」를 합의했지만, 본교섭 개최 조건이 절충되지 않았기 때문에 예비회담은 좀처럼 열리지 않았다. 물론, 제1회 예비회담 후 "양국 외교당국은 2월 중에 제2회 예비회담을 여는 방향으로 비공식접촉을 거듭했다. 지금까지의 협의에서, 제2회 회담에서는 본교섭의 재개 시기와 장소, 교섭담당자, 의제 등을 결정하기로 했다. 그러나 북미회담과 남북대화의 움직임도 영향을 주고 있어, 북일 양국의 물밑 접촉은 힘겨루기의 양상을 보이기 시작하고 있었기[275]" 때문에 다음의 예비회담은 열리지 않았다.

북한은 1999년 12월 북일 적십자회담에서 「일본정부가 식량지원 문제에 대해 검토하겠다」고 했기 때문에 북한은 식량지원을 본교섭 재개의 전제조건으로 받아들이고 있었다. 필요로 하는 쌀 수량도 일본측에 제시했다. 한편, 일본으로서는 납치의혹이 국내여론의 비판의 중심이 되어 있었기 때문에, 일본측은 납치의혹 해명을 전면에 내세우고 있었다. 따라서 일본측은 북한이 납치의혹문제에서 양보하면 식량지원의 양을 늘려 나간다는 입장이었다.

그러나 북한측은 일본의 초당파의원단이 해명을 요구한 일본인 납치의혹에 대해, 초당파방북단과 조선노동당의 합의 직후인 12월 5일 『노동신문』을 통해 납치의혹에 대해 강경한 태도를 보였다[276]. 또한 북일 적십자회담 직전인 12월 18일에도 『조선중앙방송』은 「일본이 『납치의혹』을 제기하는 경우, 북일관계가 개선되기는커녕 점점 악화된다[277]」고 경고했다. 해를 넘어 2000년 1월 31일자 『노동신문[278]』도 「일본당국이 우리와 관계를 개선할 의지가 있는 것이 진실이라면, 조일관계 개선에 찬물을 끼얹는 우익 반동들의 소동을 묵인해서는 안 될 것이다」라고 논평하고 「일본은 납치문제를 가지고 계속 떠들다가는 모처럼 마련된 대화선이 끊어질 수 있다는 것을 똑똑히 알아야한다」고 경고했다.

이와 같은 강경한 태도로 볼 때, 북한은 납치문제에 대해 양보할 의사를 보일 생각이 없었던 것으로 생각할 수 있다.

이러한 교착 상황에서 일본정부는 2000년 3월 3일, 북한과의 국교정상화교섭에서 동월 중에도 북일 적십자회담을 열어 식량지원과 납치의혹 등 인도적 문제에 대해 논의하고, 4월초에는 대사급 본회담을 개시할 방침을 굳혔다[279]. 또한 일본정부는 3월 7일, 인도적 입장에서 쌀 10만 톤을 무상으로 지원하는 정책을 자민당 등 여당과 외교관계합동회의에 붙여 논의하고 WFP를 통해 10만 톤의 쌀을 무상지원하기로 정식으로 결정했다[280].

이와 같이 일본정부가 쌀 지원을 결정한 것은 북일 본회담 개최의 계기가 되었다. 쌀 지원을 본교섭 재개의 전제조건으로 요구한 북한이 쌀 지원 결정 직후 북일간의 공식회담 개최를 받아들였다. 이렇게 하여 일본과 북한 양국 정부는 3월 7일, 1992년 11월부터 중단된 국교정상화교섭의 본회담(대사급)을 4월초에 평양에서 재개하기로 합의하고 양측이 각각 발표했다. 정부가 북한에 식량지원을 결정한 것에 대해, 일본인 납치의혹 해명과 관련해 눈에 보이는 진전이 없는 가운데, 여당 내 또는 납치의혹 피해자 가족 등에서 「일방적인 양보다」라는 불만도 터져나왔다[281].

따라서 일본정부의 쌀 지원 결정은 인도적 지원을 이유로 들고 있지만, 국교정상화교섭의 재개를 촉구하는 「매개」로서 납치의혹의 해명을 위해 지금까지 보다 전향적 대응을 이끌어내겠다는 의사를 표명한 것으로 생각된다.

이어 북일 본회담에 앞서 문제가 되고 있는 납치의혹 및 식량지원 등을 논의하기 위해 북일 적십자회담이 3월 13일 베이징 시내 호텔에서 열렸다. 일본측이 인도적 입장에서 세계식량계획을 통해 쌀 10만 톤의 무상지원을 결정했다고 전달하는 것에 대해, 북한측은 일본인 납치의혹에 대해 조사를 재개했다고 설명하고, 「행방불명자가 발견되면 적절한 조치를 취할 것이다」라고 표명했다. 또한 북일 양측은 일본인배우자의 일시귀국에 대해 4월에 재개하기로 합의, 북한측은 16명의 명단을 전달했다. 일단 양측이 현안에 대해 전향적 자세를 보임으로써, 4월초에 재개하기로 합의한 정부간의 본격적인 대화로 이어지는 형태가 갖추어 졌다[282].

북일 양측은 이날 합의를 4개항의 공동문서에 정리하여 발표했는데 공동발표의 요지는 다음 **표4-8**과 같았다.

표 4-8　북일 적십사회담의 공동발표의 요지

> 1. 양측은 제3회 일본인배우자의 고향방문을 4월 내지 5월에 실시한다. 그 후에도 일본에 거주하고 있는 친족의 희망도 실현하면서 방문을 계속해 나간다.
> 2. 북한측은 일본측이 이미 조사를 의뢰한 행방불명자에 대해 해당기관이 제대로 된 조사를 개시한다는 취지를 통보하고 조사 결과, 만일 발견되면 일본측에 통보하고 적절한 조치를 취할 것이라는 취지의 설명을 했다. 양측은 앞으로도 적십자회담에서 조사의 진척 상황을 다룬다.
> 3. 북한측은 1945년 이전에 실종된 조선인 피해자의 안부조사를 적십자의 통상적 방법에 따라 일본측에 의뢰하고, 일본측은 이를 받아 진지하게 조사하여 통보하기로 했다. 앞으로도 조사의 진척 상황을 다룬다.
> 4. 일본측은 3월 7일 일본정부가 유엔 세계식량계획(WFP)을 통해 조선측에 10만 톤의 식량지원을 실시하는 취지의 발표를 했다고 통보했다. 조선측은 감사의 뜻을 표명했다.

(출전) 『아사히신문』 2000년 03월 14일 조간

결국 1999년 12월 3일에 열린 초당파의원단과 조선노동당과의 국교정상화교섭에 관한 공동발표 이후, 양국 사이에 적십자회담과 예비회담이 개최되어 상당한 교착을 거쳐, 3월 7일 일본정부의 북한에 대한 쌀지원 결정을 계기로 4월의 공식적인 제9회 북일 국교정상화교섭이 열리게 되었다.

2) 교섭의 진행

제9회 북일 국교정상화교섭은 2000년 4월 4일 일본측대표 다카노 고지로 대사 등이 평양에 도착해 북한 주최 환영만찬에 참석하면서 시작되었다[283]. 일본 다카노 대사와 북한측대표 정태화 대사의 본회담은 5일부터 열렸다. 1992년 11월 제8회 북일교섭 중단 이후 공식적 대사급회담으로는 7년 5개월 만이었다.

4일 만찬의 모두인사에서 정 대사는 "교섭은 어려운 길이지만 스타트를 끊은 이상 정상화를 위해 노력해야 한다"고 말했다. 정 대사는 나아가 "우리나라에 대한 이미지가 왜곡되어 있는 것도 있으므로 직접 보고, 허심탄회하게 얘기하고 신뢰 관계를 구축하고 싶다. 일본측 발언에서 합리적인 것은 들을 것이다"라고 말했다[284].

또한, 정 대사는 "7년 전 양국의 교섭이 결렬된 원인에 대해 (1) 일본측에 자주적 입장과 자세가 없었다, (2) 회담이 본래의 목적과 성격, 가해자와 피해자와 지위에 따라 이루어지지 않았다, (3) 일본정부가 피해자가 받아들일 수 없는 일방적인 법적 논리를 주장했다, (4) 기본문제와 지엽적 문제를 섞어 논쟁하여, 토의를 심화시킬 수 없었다[285]"고 지적했다.

5일, 첫날 교섭이 열렸으나 양측은 서로 원칙적 입장만 보인 채 끝났다. 북한측 정태화 대사는 과거청산문제를 우선적으로 논의해야 한다고 하면서 「과거청산」은 (1) 사죄, (2) 인적 및 물질적 손해에 대한 보상, (3) 문화재 반환과 보상, (4) 재일조선인의 법적지위 개선 등 4가지를 포함해야 한다고 주장했다. 또한, 사죄는 일본정부의 최고책임자에 의한 것으로 관계정상화와 관련된 최종문헌에 명기되어야 한다고 주장했다[286].

일본측의 다카노 고지로 대사는 이에 대해 1995년 무라야마 도미이치 총리담화에서 침략과 식민지지배에 대한 「반성과 사죄」를 표명하고 있다고 반론하며, 과거 경제문제는 일방적 보상이 아니라 서로 남겨져 왔던 재산 등의 반환을 요구하는 청구권문제로 처리해야 한다고 주장했다[287].

이에 대해 북한측은 「과거청산이 원활하게 진행되면 다른 현안도 쉽게 해결된다」고 하는 한편, 「이 문제가 거부된다면 회담이 가지는 타당성이 없다」고 해 사죄·보상문제의 타결을 최우선으로 하겠다는 생각을 강조했다. 이와 관련하여 정 대사는 회담 후 기자회견에서 "무라야마 총리담화는 일반적인 아시아 국가를 대상으로 하고 있지만 우리나라는 아시아에서 가장 가혹한 약탈과 유린을 받은 나라다. 무라야마 담화만으로는 불충분하다"고 말했다[288].

한편, 북한은 이 교섭에서 처음으로 문화재문제에 대해 의제로 제기를 했는데, 『노동신문』은 「조선문화재문제는 이번 회담에서 우리가 처음으로 상정시킨 문제다. 문화재문제 해결에서 우리의 주장은 과거 일본의 조선문화재 파괴, 약탈 범행에 대해 공식사죄하고 파괴된 문화재에 대해서는 상응한 물적 보상을 하는 동시에 약탈해간 문화재는 철저히 반환하라는 것이다. 이것은 조선문화 말살행위가 구일본의 국가정책으로 강행되었던 것인 만큼, 지극히 정당하며 일본은 그에 대한 국가적 책임을 이행하여야 한다[289]」고 주장했다.

일본측은 납치의혹에 대해서는 「정상화에 있어서 피해 갈 수 없다」고 지적하면서 북한측이 조사재개를 표명했던 2000년 3월 적십자회담의 진전에 따라 「더욱 성실한 대응을 취해야 한다」고 요구했다. 북한측은 「납치」라는 표현 자체가 「적대시정책」의 표현이며 「납치는 있을 수 없다」며 반발하는 한편, 또다시 「일반적 행방불명자」 조사에 인도적 견지에서 협력하겠다는 생각을 나타냈다. 또한, 일본측은 북한의 미사일문제에 우려를 표명했지만, 북한측은 1998년 8월 대포동 발사에 대해 어디까지나 「인공위성 발사」라고 기존의 주장을 되풀이 했다[290].

이와 같이 양측 주장의 격차는 예상대로 매우 컸다. 특히 납치문제에서 진전은 없었지만, 북한측은 이를 「행방불명자」 문제로서 「적십자회담의 합의에 따라 협력해 나갈 것」이라고 거듭 강조했다.

양 대표단은 6일에는 대표단간의 우의를 다지기 위해 평양근교의 명승지인 묘향산에 함께 오르기도 하고 계곡에서 고기를 구워먹기도 했다.

2회째 본회담은 7일 오전에 열려 다음 교섭을 5월 하순에 도쿄에서 개최하기로 결정하고 종료했다.

이 마지막날 협의의 최대초점이 된 「과거청산」문제는 북한측이 최우선 협의사항으로 하겠다고 주장하며 인적, 물적 피해에 대한 보상을 요구했다. 일본측은 보상에 응하지 않은 채, 식민지지배로부터 생기는 청구권문제로 처리한다는 기존 입장을 설명해, 논의는 평행선을 달린 채 끝이 났다. 일본인 납치의혹문제에서도 일본측은 「교섭의 진전 전체에 중요한 의미를 갖는다」고 전향적 대응을 요구했지만, 북한측은 「사죄 · 보상이 이루어지면 다른 문제도 해결 된다」고 하는 데 그쳤다[291].

일본측은 그러한 교섭으로 움직이면 납치의혹의 해명이 사실상 보류될 것으로 보고 반발하며 (납치의혹문제를) 「국교정상화의 실현에 관한 제문제」로서 앞으로도 교섭테이블 위에 올려놓을 것을 분명히 했다[292].

한편, 나중에 밝혀졌지만 이번 회담에서 「북한측은 『(1997년) 여당방북단이 약속 한 쌀 50만 톤은 언제 보내주는가?』라며 나머지 40만 톤의 지원을 요구했다. 그러나 일본측은 『정부로서는 아는 바가 아니다』고 응하지 않았다」고 한다[293].

본회담 종료 후 북일 쌍방은 북일교섭 사상 처음으로 공동보도문을 발표하고, 거기서 「양측은 북일관계를 개선, 발전시켜 나가는 것이 필요하다는 인식 아래, 과거를 어떻게 청산할 것인가라는 문제를 비롯한 북일 국교정상화 실현에 관련된 여러 문제에 대해 진지한 토론을 벌였다[294]」라고만 언급했다.

발표된 공동보도문의 주요내용은 다음 **표 4-9**과 같다.

표 4 - 9 북일 국교정상황교섭 제9회 본회담의 공동보도문

> 북일 국교정상화교섭 제9회 본회담은 4월 4일부터 4월 7일까지 평양에서 열렸다.
>
> 회담에는 다카노 고지로 대사를 단장으로 하는 일본 정부대표단과 정태화 순회 대사를 단장으로 하는 조선민주주의인민공화국 정부대표단이 참석했다.
>
> 양측은 북일관계를 개선, 발전시켜 나가는 것이 필요하다는 인식 아래, 과거를 어떻게 청산할 것인가라는 문제를 비롯한 북일 국교정상화 실현에 관련된 여러 문제에 대해 진지한 토론을 벌였다.
>
> 양측은 향후 북일 국교정상화교섭 본회담을 계속해야 함을 재차 확인하며 제10회 본회담을 5월 하순에 도쿄에서 실시하는 것으로 의견이 일치했다.

(출처) 외무성, 「북일 국교정상화교섭 제9회 본회담의 공동보도문」, 2000년 4월 7일.

이와 같이 제9회 북일교섭에서는 다음 교섭 개최에 합의했지만, 양국의 교섭태도는 과거 자신들이 주장해 온 것을 쉽게 바꾸지는 않았다. 북한이 식민지지배 등 「과거청산」을 최우선으로 하는 입장을 예전과 다르게 선명하게 한 것에 대해 일본측은 「납치의혹」이 보류되는 것을 경계했다. 의제의 우선순위에서 양측의 입장이 팽팽히 맞서고 있었다[295]. 사죄의 표현이나 형식에서도 일본측은 7년 전 제8회 북일교섭 이후에 행해진 1995년의 무라야마 도미이치 총리담화에서 표명했다고 주장했지만, 북한측이 그것만으로는 「불충분하다」고 거절했다. 일본외무성에는 "북한에게 담화와 같은 취지의 문서를 발행하는 것은 가능하다"(간부)라는 생각이 있었지만, 북한측은 「법적 구속력이 있는 공식문서에 명기」라는 표현으로, 조약[296]에 포함시키는 것을 요구하고 있었던 것이다[297].

그러나 이와 같은 기본입장의 차이에도 불구하고, 제9회 북일교섭은 양국이 7년 5개월 만에 재개한 북일교섭을 중단하지 않고 다음 단계까지 논의의 토대를 재구축하여, 북일교섭사에서 역사적 성과를 거두었다고 할 수 있다.

3) 교섭패턴

제9회 북일교섭은 7년 5개월만의 북일 정부간 공식회담이었다. 따라서 북한측 정태화 대사가 회담모두에 "역사적 환경, 상호의 입장에서 보면 이번은 제9회 회담이라기보다는 제1회와 같다. 신발 끈을 단단히 조여 절차를 밟아가지 않으면 안 된다[298]"고 했으며, 공동보도문에서 「진지한 토론을 벌였다」고 한 것처럼 사실상 북일 국교정상화교섭의 개시 때와 같은 진지한 분위기에서 진행됐다. 일본측대표 다카노 고지로 대사도 "교섭도 등산과 마찬가지다. 가장 높은 정상에 도달할 수 있도록 노력하겠다[299]"고 응했다.

제9회 북일교섭이 열린 국제공간은, 미국의 페리 어프로치와 한국의 햇볕정책에 의해 한미가 북일교섭 촉진을 호소해온 상황이었다.

북한도 식량난과 경제위기 타개를 위해 북일교섭을 요청했다. 또한, 일본의 정치지도자들이 3차례에 걸쳐 방북하고 마지막 초당파의원단은 조선노동당과 북일교섭 재개라는 합의를 이끌었다. 제9회 북일교섭은 이와 같은 3개 공간에서 움직임의 결과 만들어진 역사적 성과였다.

그러나 양국은 교섭개시부터 진지하고 좋은 분위기로 출발했지만, 쟁점을 둘러싼 대립은 이전 교섭과 동일한 양상을 나타냈다. 북한은 초당파의원단의 방북 시 합의에 이어 예비회담과 적십자회담을 통해 쌀 지원과 본교섭 재개를 적극적으로 요구하고 있었지만, 제9회 교섭이 재개되자 본교섭 준비 과정에서 보여준 태도와는 달리 강경한 태도로 교섭에 임했다. 이것은 북한의 북일교섭을 둘러싼 정세에 대한 새로운 판단을 배경으로 했다고 생각된다.

제9회 북일교섭에서는 이전의 제8회까지와는 달리 북미 포괄합의도 있어, 북한 핵문제는 당면 해소됨으로써, 일본의 북한 핵문제를 둘러싼 공세가 불가능했다. 또한, 일본의 납치문제 제기에 대해서는 이미 양국 정당대표간 회담에서 「납치」가 아닌 「일반 행방불명자로 조사할 것」이라고 진전을 가져왔으므로 이를 지렛대로 한 일본의 대북공세가 어려워졌다. 이와 같은 상황들을 배경으로 북한은 제9회 북일교섭에서 과거청산을 최우선 과제로 제기하면서 사죄와 보상문제에 대해 강경한 공세를 취할 수 있었던 것이다.

더욱이 북한은 이 시기, 예비회담(1999.12)과 적십자회담(2000.3) 때와는 달리 이미 한국과의 정상회담을 추진하고 있었고, 이 정상회담 추진이 발표된 것은 제9회 북일교섭이 시작되고 5일 후인 4월 10일이었다. 따라서 북한은 제9회 교섭 재개 전에 남북 정상회담 준비에 외교적 자원이 집중된 상태였기 때문에 북일교섭에 대한 준비가 부족했다고도 할 수 있다. 즉, 북한은 자신이 처한 경제적 곤란과 위기를 극복하기 위한 탈출구로서 북일교섭보다는 남북 정상회담에 비중을 둔 것으로 생각된다.

요컨대, 북한은 식량난 극복 등 내부적 곤란을 타개하기 위해 일본과의 교섭에는 응했지만, 정상회담 추진 등 한국과의 급속한 관계 개선을 배경으로 일본과의 교섭공간에서 교섭촉진적 상태를 유지할 필요성이 매우 약해진 상태였다.

일본은 이와 같이 상대국공간의 교섭촉진적 상태가 약화되고 있었던 변화에 대해 일본의 최대 현안이었던 납치문제 해결을 위한 기존 주장을 되풀이 할 수밖에 없었다. 또한, 북한이 주장한 사죄 등 과거청산에 대해서도 무라야마 담화에 의한 해결과 재산청구권에 의한 처리로 대응함으로써 북한의 요구에 응하지 않았다. 더욱이 북한 핵위기가 일단 해소되고 있는 상황에서 진행된 남북 정상회담과 남북관계 개선의 움직임에도 대응책을 가지고서 북일교섭에 활용하는 것은 아니었다.

결국, 제9회 북일교섭은 초당파의원단의 방북에 의해 만들어진 교섭의 재개였지만, 북한은 상대적으로 북일교섭의 전략적 가치를 낮추고 여러 이슈에 대해 공격적으로 대응했다. 그러나 일본은 북한의 공세에 대해 새로운 대응방안 등의 방법으로 자원을 집중하여 대응하지 않고, 과거청산과 납치문제에 대해 기존의 주장을 반복함으로써 상대국공간에 대해 적극적으로 자원배분을 하지 않았다. 대신 국내공간의 납치문제에 대해 북한을 계속 압박하는 등 국내공간에 자원을 집중 배분하는 패턴으로 임했다.

제9회 북일교섭에서 일본의 대응패턴은 자원배분 측면에서 보면, CⅢ의 $P(R_0)-D(R_3)-P(R_0)$와 같이 납치문제 등으로 교섭교착적 상태인 국내공간에 자원을 집중 배분하면서도, 교섭촉진적 교섭상대국공간에 자원배분을 억제하고 국제공간에 자원을 배분하지 않은, 「국내공간 지향의 자원집중형(CT-D)」이었다

2. 제10회 북일교섭(2000.8.22~24, 도쿄)

1) 교섭공간

(1) 남북 정상회담

제9회 북일교섭이 북일 양국의 소극적 대응의 결과 교착에 빠진 후, 제9회 교섭에서 약속한 5월 하순에 개최 예정이었던 제10회 북일교섭은 북한의 연기 요청에 의해 열리지 않았다. 북한의 연기 요청은 제9회 교섭에서 일본이 북한의 쌀 50만 톤 지원에 응하지 않았기 때문이라고 할 수 있다. 또한, 북한은 앞서 언급한 바와 같이 제9회 교섭 직후 발표된 6월의 남북 정상회담 준비 때문에 북일교섭의 추진에 겨를이 없었다는 점이 작용한 것으로 생각된다. 일본정부도 5월 16일 「일본과 북한 사이에서 22일부터 예정되어 있던 국교정상화 교섭 제10회 본회담을 6월 25일로 예정되어 있던 중의원선거 이후로 연기하는 방침을 정했다[300]」고 한다.

이와 같은 상황하에서 남북한 정상회담이 이루어지고 국제공간은 더 급속하게 북일교섭을 촉진하는 방향으로 나아갔다.

한국의 김대중 대통령은 북한의 김정일 총서기와 2000년 6월 13일부터 15일까지 평양에서 회담을 하고, 회담의 결과 6.15 남북공동선언이 발표되었다. 남북공동선언은 냉전상태에서 전쟁을 거듭해온 두 남북 정상간의 첫 만남의 결과이기도 하며, 남북간 교류는 물론 통일의 형태와 성격에 대한 합의에 이르기까지, 이후 한반도를 둘러싼 국제정세에 영향을 미치는 합의가 되었다[301].

두 남북 정상은 1972년 7월 4일 발표된 남북공동성명, 1991년 12월 13일에 체결된 남북기본합의서와 더불어 자주, 평화, 민족대단결과 조국평화통일의 원칙을 재차 확인했다. 두 남북 정상은 남북공동선언의 제1항에서 「남과 북은 나라의 통일문제를 그 주인인 우리민족끼리 서로 힘을 합쳐 자주적으로 해결해 나가기로 했다[302]」고 밝혔다.

그리고 제2항에서 「남과 북은 나라의 통일을 위해 남쪽의 연합제안과 북측의 완만한 단계의 연방제 안이 서로 공통점이 있다고 인정하고, 앞으로 이 방향에서 통일을 지향해 나가기로 했다[303]」고 합의했다. 한편, 남북간의 큰 현안인 이산가족 상봉 실현, 경제협력 및 사회·문화 등 다양한 분야에서의 교류를 촉진하는 등의 내용에 대해서도 합의가 이루어져, 실제로 2000년 8월 이산가족 상봉이 실현되고 금강산관광과 개성공단사업 등 남북 경제협력사업은 우여곡절 속에서도 진행되었다.

또한, 제4항에서 「남과 북은 경제협력을 통하여 민족경제를 균형적으로 발전시키고 사회, 문화, 체육, 보험, 환경 등 제반 분야의 협력과 교류를 활성화시켜 서로의 신뢰를 높여나가기로 했다[304]」는 합의는, 지금까지 김대중정부의 햇볕정책의 연장선상에서 대북 경제교류협력을 공식화한 것이다.

남북 정상회담 이후 이산가족 상봉사업, 한국 주최 스포츠행사에 북한의 참여 등 민간차원의 교류사업이 본격화됐다. 2000년 추석에는 김정일이 한국에 3톤의 송이버섯을 보냈다. 또한, 통일을 대비한 남북교섭이 진전돼 분단된 경의선, 동해선 철도와 도로를 다시 연결하는 사업 등도 진행됐다. 김정일의 조기 서울방문도 계획되었지만 무기한 연기되었다.

한편, 공동선언 제3항에는 인도적문제 해결의 일환으로 이산가족문제와 함께 비전향 장기수문제의 해결에 대해서도 언급되었다. 그 결과 2000년 9월 2일에는 비전향 장기수의 한 사람으로서 일본인 납치에 관여했다고 여겨지는 신광수를 포함 비전향 장기수 62명을 북한으로 송환했다.

남북 정상회담과 이후의 일련의 화해와 평화조치로 북미관계도 급속히 호전됐다. 1999년 9월에 베를린에서 개최된 북미 고위급회담 합의 이후 진전된 북미대화는 2000년 6월 15일 남북 정상회담 이후 더욱 활발해졌다.

클린턴행정부는 남북 정상회담 이후 6월 19일, 10개월 만에 북한에 대한 경제제재조치를 일부 완화할 것을 발표했다. 이것은 클린턴 대통령이 1999년 9월 북한이 미사일 발사의 일시동결을 약속한 대가로 발표한 제재완화 방침이 실시된 것이다. 미국의 「대적성국통상법」 등에 따라 제재완화로 해제된 것은 「북한에서의 물품 및 원재료의 수입, 미국기업에 의한 민수품 수출 및 금융 서비스, 농업, 교통, 항만 등 사회기반 정비, 관광투자, 미국에서 북한으로의 송금, 상선에 의한 물자수송, 민간항공기 왕래[305]」 등이었다.

북한외무성 대변인은 6월 20일, 미국정부의 경제제재 완화에 따라 북한이 1999년 9월에 표명한 북미협의가 계속되고 있는 동안의 미사일 발사 동결조치에 대해 「(북한 고위관리가 방미하는) 워싱턴에서 회담개최 준비가 계속되고 있기 때문에 이 조치는 여전히 유효하다」 고 말해 미사일 발사 일시동결을 앞으로도 계속 이어갈 것임을 확인했다[306].

또한 이후에도 언급하겠지만, 7월 26일에는 매들린 올브라이트 국무장관이 방콕에서 개최 된 ARF에서 이제 막 가입한 북한의 백남순 외무장관과 처음 만났다.

일본측에서도 남북 정상회담 이후 조성된 한반도를 둘러싼 평화와 화해의 분위기 속에서 북일교섭을 재개하기 위한 노력이 다양한 형태로 이루어졌다.

첫째, 일본은 남북 정상회담을 통해서도 북일교섭 재개에 적극적으로 대응했다. 고노 요헤이 외무장관은 6월 26일 오후 기자회견에서 연기된 일본과 북한의 국교정상화교섭에 대해 "(남북 정상회담을 통해) 처음으로 김정일 총서기에게 일본의 메시지가 직접 전해진 것이 확인되었다. 최근 북한의 보도를 봐도 교섭의 문은 열려있다고 하고 있으므로 일본도 조기에 교섭에 임할 마음은 있다"고 말해, 북한에 조기 교섭재개를 촉구할 의향을 나타냈다[307].

또한, 고노 외무장관은 남북 정상회담 이후 7월 8일, 『아사히신문』과의 인터뷰에서 "북한이 이달 말 ARF에 참가할테니 접촉 가능성이 있다"고 해, 이번 외무장관회담에 의욕을 보였다[308]. 또한, 7월 14일에 김대중 대통령과 청와대에서 만나 김 대통령이 "남북 정상회담에서 북한이 미일과 관계 개선을 도모하고자 하는 뜻이 크다는 인상을 받았다"며 북일교섭의 조기 재개를 촉구한 데에 대해 고노 외무장관은 "한반도의 긍정적 흐름 속에서 북일교섭을 가능한 한 빨리 재개하고 싶다"고 대답해 북일교섭을 8월 중에 재개하는 것을 목표로 하겠다는 의욕을 나타냈다[309].

모리 요시로 총리[310]도 7월 14일 아침, 북일 외무장관회담 가능성에 대해 "북일교섭 재개는 일본이 요구하고 있는 것으로, 그러한 이야기 속에서 나온 것이다. 다양한 기회를 통해 대화를 할 수 있다는 것은 좋은 것으로, 그 일환이다"라고 기자들에게 말하고 실현에 강한 기대감을 나타냈다[311]. 또한, 고노 외무장관은 모리 총리가 북일 정상회담에 나설 의향을 가지고 있다는 것을 밝혔다[312]. 특히 일본정부는 WFP를 통해 북한에 10만 톤 이상의 식량을 제공할 방침을 굳혔다고 한다[313].

이와 같이 일본정부가 교섭상대국에 식량지원을 배려하면서 북일 외무장관회담을 적극적으로 추진했다고 말할 수 있다. 한편, 이와 같은 상대국교섭공간에 대한 자원배분에 비해, 국내공간에 대한 자원배분은 매우 억제했다. 고노 요헤이 외무장관은 7월 24일, 북한의 백남순 외무장관과의 회담에 대해 "좋은 분위기에서 국교정상화교섭의 시기 등에 대해 논의하는 것이 무엇보다 중요하다"고 말했다. 이는 국교정상화교섭의 재개를 선호하는 입장에서 외무장관회담에서 납치문제를 다루는 데 신중한 자세를 보인 발언이었다. 북한에 의해 어린이와 형제를 납치당한 의혹이 있는 피해자가족연락회(대표; 요코타 시게루橫田 滋) 등이 이날 납치문제 해결을 강하게 압박하라는 문서를 제출한 것에 대한 대답이었다[314].

이와 같이 남북 정상회담 후 조성된 교섭촉진적인 국제공간의 상태에서 북일 외무장관회담이 열리게 되었다.

(2) 북일 · 북미 외무장관회담

일본의 고노 요헤이 외무장관과 북한의 백남순 외무장관 사이의 사상 첫 북일 외무장관회담은 2000년 7월 26일 오후 6시 25분경부터 50분경까지 ARF가 열린 방콕에서 개최되었다. 이 회담에서 북일 국교정상화를 위한 깊은 논의에 진전이 있었다. 특히, 양국 외무장관은 북일관계를 개선하고 국교를 정상화해 진정한 선린우호관계를 수립하는 것이 동북아, 나아가 아시아태평양지역의 평화와 안정에도 기여한다는 점을 재차 확인했다[315].

양국의 첫 외교장관회담 개최 자체가 양국의 국교정상화교섭에 임하는 자세가 매우 적극적이었다는 것을 의미한다. 이 회담에서는 먼저 고노 외무장관은 모두발언에서 "처음 만나서 기쁘게 생각하며, 사상 첫 북일 외무장관회담이며 이 회담이 이후 북일간의 다양한 문제를 극복하고 정상화를 달성하고자 하는 목표 달성에 플러스가 됐으면 좋겠다고 생각한다"고 발언하자, 백남순 외무장관도 이에 대해 "동감이며 흉금을 열고 서로 이야기하고 싶다"고 발언했다[316].

이어 고노 외무장관이 "(가) 남북 두 정상의 결단에 의해 남북 정상회담이 성공적으로 이루어진 것에 용기를 얻었고, 이를 계기로 남북대화가 진행되어 한반도의 긴장완화에 진전을 기대한다는 취지로 발언하고, 또한 (나) 지난번 G8정상회담에서도 이 같은 남북관계의 전향적 움직임을 뒷받침하자는 데 의견이 일치하고 한반도에 관한 G8성명이 발표된 것"을 소개하는 등 남북관계의 호전이 북일관계 정상화에 좋은 조건이라는 점을 시사했다. 이러한 발언에 따라 북일관계에 대한 본격적 발언이 이어져, 고노 장관은 "(가) 우리나라 정부에는 모리 총리가 과거 방북한 경험이 있는 첫 총리이며, 자민당에는 북일관계에 오랫동안 종사하고 있는 노나카 히로무 간사장이 계시며, (나) 이와 같은 우리나라의 상황은 전술한 남북관계의 움직임과 더불어 북일관계 개선의 환경이 갖추어져 있다"는 취지를 언급했다[317].

이에 대해 백 외무장관은 "(가) 첫 북일 외무장관회담이 개최될 수 있어 기쁘다. 이 회담이 북일관계의 긍정적 발전에 기여할 것을 희망한다, (나) 현재 비정상적 북일관계를 가능한 한 빨리 정상화하고 싶다. 주권존중, 호혜평등, 내정불간섭의 원칙에 따라 선린우호관계를 수립하고 싶다. 만약 일본이 과거를 청산하는 용단을 내릴 경우, 여러가지 문제도 잘 정리되지 않겠는가? 북일관계 개선은 동북아, 나아가 아시아태평양의 평화와 안정에도 기여한다. 북한측으로서도 북일관계 개선을 위해 모든 진지한 노력을 계속할 것이다, (다) 관계 개선을 위해 각 분야에서 교류와 협력을 추진하기 위해 쌍방의 정부가 노력하는 것이 중요하다"고 말하며, "후세로 미루지 말고 고노 장관과 자신(백 외무장관) 사이에서 힘을 합쳐 정상화를 실현하고 싶다"는 취지로 말했다[318].

다음으로 고노 외무장관이 "(가) 오랫동안 북일관계는 비정상적이었기 때문에 서로 솔직하게 이야기하고 신뢰를 만들어나갈 필요가 있다. 그러기 위해서는 상대방의 우려와 국민감정을 이해하고 이에 진지하게 대응해 나가면서 상호신뢰를 증진하는 것이 중요하기 때문에 쌍방의 외교당국 간에도 의사소통을 도모하고자 한다, (나) 사무당국간 논의를 거듭해 왔고 우리측이 우려하는 문제는 잘 알고 있다고 생각하기 때문에 굳이 더이상 말하지 않지만, 북일간의 여러 문제를 해결하고 국교를 정상화해 진정한 선린우호관계를 수립하는 것이 우리 북일 외무장관의 일이라고 생각한다. 그런 관계를 수립하는 것은 이 지역의 평화와 안정에도 도움이 된다고 생각한다, (다) 북일 국교정상화교섭 본회담을 8월 21~25일에 개최하는 것을 확인함과 동시에, 북일 적십자회담과 일본인배우자의 고향방문의 조기 실현을 위한 일정을 조정하고 싶다"고 발언하여, 국교정상화에 대한 외무장관 레벨의 적극적 자세와 임무에 대해 공감을 얻었다[319].

양국이 26일 서명하고 발표한 공동발표문에도 「① 쌍방은 한반도의 최근 긍정적 정세를 감안하여 북일간의 과거를 청산하고 새로운 선린우호관계를 수립하겠다는 의사를 표명하고 그것을 조기에 실현하기 위해 서로 모든 노력을 기울이는 것에 의견의 일치를 보았다, ② 그런 노력의 일환으로 양측은 북일간의 여러 문제를 적절하게 해결하기 위해 성의를 가지고 노력해 가는 것에 의견의 일치를 보았다, ③ 쌍방은 북일관계를 개선한다는 공통의 염원에서 출발하여 상호이해와 우호를 발전시키기 위해 각 분야에 걸쳐 교류와 왕래를 강화한다, ④ 북일 국교정상화교섭 제10회 본회담을 8월 21일부터 25일까지 도쿄에서 개최하기로 결정했다[320]」라고 표명되어 있어, 여기에서 양국 외무장관의 향후의 북일교섭에서 적극적 자세가 잘 나타났다.

사상 첫 북일 외무장관회담은 양국의 상호노력을 통해 북일교섭의 적극적 추진을 대내외에 천명했다. 따라서 이 회담은 남북 정상회담 이후 높아지고 있는 한국, 미국의 국제적 지원 아래 북일교섭에서 교섭촉진적 조건을 늘렸다.

북한도 외무장관회담 후 7월 28일, 일본정부가 북한에 지적했던 납치의혹에 부응할 수 있도록 적극적으로 대응했다. 북한의 『조선중앙통신』은 7월 28일, 「조선적십자회는 소식조사 결과를 이미 여러 번 일본측에 통보하고, 최근 새로 발견 된 2명의 행방불명자 자료를 일본적십자사에 전달했다. 동 적십자회는 일본인 행방불명자 소식조사를 계속하고 있으며, 앞으로도 북일 적십자단체간의 합의사항을 신의와 성실로 이행할 것이다[321]」고 보도했다.

북한측은 1998년 6월, 「공화국에 일본인 행방불명자는 존재하지 않는다」고 조사 결과를 발표했으며, 또한 2000년 3월 베이징에서 열린 북일 적십자회담에서는 일본이 쌀 10만 톤의 무상지원을 결정한 것을 받아 행방불명자 조사재개를 표명하고, 「만일 발견되면 일본측에 통보하고 적절한 조치를 취할 것이다」라고 약속했다. 김용순 조선노동당비서도 6월의 남북 정상회담 때 "일본의 요구에 양보할 것은 양보한다"고 한국측에 발언한 것으로 밝혀졌다[322].

그러나 이와 같은 북한의 긍정적 태도에도 불구하고, 이번처럼 북한의 공식매체가 일본인 행방불명자의 존재를 언급한 것은 처음이었다. 단, 「앞으로도 북일 적십자단체의 합의사항을 신의와 성실로 이행한다」라는 것을 보면, 일본정부가 북한에 의한 납치의혹을 지적했던 7건, 10명 가운데 이 두 사람은 포함되지 않은 것 같았다.

한편, ARF에서 북한 백남순 외무장관은 28일, 올브라이트 미 국무장관과 한국전쟁 이후 처음으로 회담하고 양국 외무장관은 북미관계 정상화를 목표로 교섭을 계속하기로 합의했다. 올브라이트 장관은 회담 후 기자회견에서 "적대관계였던 과거는 뒤로 하고 미래를 지향한다"고 명언하고 이 회담의 의의에 대해 "과거의 불모와 적대관계에서 직접적이고 적극적 관계로 진행하는 상징적이고 역사적인 한 걸음"이라고 평가했다. 양국 정부에 따르면, 1시간 10분에 걸친 회담에서 올브라이트 장관과 백 외무장관은 관계 개선을 위한 협의를 계속할 것을 확인하고, 서로의 우려를 해결하기 위해 「공통의 기반」을 구축하는 것에 일치했다. 북한의 핵·미사일 개발, 수출문제와 미국이 부과하는 경제제재 등, 서로의 관심사에 대해 의견을 나눴다[323].

미 정부고관에 따르면 7월 방북한 블라디미르 푸틴 러시아대통령에게 김정일 총서기가 "국제사회가 인공위성 발사에 협력한다면, 탄도미사일 실험을 그만둘 용의가 있다"고 말한 문제에 대해, 백 외무장관은 어떤 제안이 있었다는 것은 인정했다. 다만 자세한 설명은 하지 않았다[324].

또한, 백 외무장관은 현안이 되고 있는 미국정부의 「테러지원국 리스트」에서 북한을 제외하는 조치를 조기에 실시하도록 요구했다. 이에 대해 올브라이트 장관은 테러 활동의 포기선언 등 북한이 그에 필요한 조치를 취할 것을 요구했다. 1999년 가을부터 준비를 진행하면서 실현되지 않는 북한 고위관계자의 방미문제는 다루지 않았다고 한다[325].

요컨대, 제9회 이후 교착상태였던 북일교섭은 남북 정상회담과 미국의 대북 경제제재조치의 일부완화 등의 교섭촉진적 국제공간 아래, 일본이 남북 정상회담 등의 채널을 통해 적극적으로 추진한 결과 열린 북일 외무장관회담에서 다음 본교섭을 결정함으로써 제10회 북일교섭이 개최되었다.

2) 교섭의 진행

제10회 북일교섭이 북일 양국의 외무장관 회담의 합의에 따라 2000년 8월 22일 오전 도쿄도 미나토港구의 외무성 이이쿠라 공관에서 시작되었다. 대사급이 참석한 본교섭은 2000년 4월 이후 4개월 만이며 북일 양국 모두 전 회담과 같이 일본의 다카노 고지로, 북한의 정태화 양국 담당대사가 각각 대표를 맡았다[326].

제10회 북일교섭 첫날인 22일 회담에서 다카노 대사는 모두에서 "남북대화, 교류 진전을 매우 환영한다. 북한이 국제사회와 접촉을 늘리고 있는 점을 높게 평가한다. 한반도의 긍정적 정세를 바탕으로 동북아의 평화와 안정을 위해 노력하고 싶다. 북일관계를 추진하는 것에도 좋은 기회이다. 정상화로 가깝고도 가까운 관계가 되는 것은 모리 총리를 비롯한 내각의 의사다. 합의가 가능하다면 조약이라는 형태로 국회의 승인을 얻을 것이다. 광범위한 여론의 지지가 없으면 국회의원은 찬성하지 않을 것이다. 국민이 납득할 수 있는 형태의 적절한 처리가 필수적이다. 서로 지혜를 모아, 진지한 대화로 극복하며 정상화를 달성하고 싶다[327]"고 말했다.

이와 같이, 일본측은 국제공간의 교섭촉진적 상태를 인정하면서도 납치문제라는 국내공간의 제약, 말하자면 비준문제를 들어 북한에 적극적 대응을 촉구했다.

이어 북한의 정태화 대사는 "한반도의 긍정적 정세를 축복한다는 말에 감사드린다. 제9회 본회담에서 북한측은 과거청산을 우선적으로 해결해야 한다는 입장을 표명했다. 올바른 방향으로 흘러가기를 기대한다. 평양에서 언급한 4가지 기본문제에 대해 원칙적 입장에는 조금의 변화도 없다. 과거를 청산할 의지가 있으면 진지하고 건설적으로 대응하기 바란다. 20세기의 응어리를 21세기에 가지고 들어오는 것으로는 역사적 책임을 완수할 수 없다. 이것을 공정하고 타당하게 해결하면 불신과 오해를 해소하고 화해와 협력, 공존공영의 시대를 맞이할 수 있을 것이다[328]"라고 말했다. 또한 정 대사는 전 회담과 같이 "국교정상화교섭에서 논의하는 문제는 (1) 과거에 대한 사죄, (2) 보상문제, (3) 문화재의 반환, (4) 재일조선인의 법적지위의 개선을 중심으로 한다는 생각을 다시한번 보여 주었다[329]"고 한다.

본회담에 앞서 정 대사와 회담한 고노 요헤이 외무장관은 납치문제를 언급하고 "잘 이야기 해 달라"고 요청했지만, 정 대사는 "납치는 존재하지 않는다"며 기존 입장을 반복했다. 「과거청산」을 둘러싸고도 정 대사는 지난번 회담에서 지적했던 사죄와 보상 등의 문제를 재차 제기해 "전례 등에 구애받지 않고 대국적 견지에서 해결해야 한다" "정부로서 과감한 일보를 내딛어 달라"고 다그쳤다[330].

이 교섭에서 북한의 정태화 대사는 8월 22일 무라야마 도미이치 전총리, 노나카 히로무 자민당 간사장, 나카야마 마사아키中山正暉 북일우호의원연맹 회장과 국회 내에서 약 40분간 회담했다. 정 대사는 3명에 대해 "오랫동안 수고해 주신 것을 잊지 않으며 감사하고 있다"고 말했다. 노나카는 "한시라도 빨리 양국 사이가 정상화될 수 있도록 노력해달라. 모리 요시로 총리는 외유중이지만 이번 회담이 꼭 다음으로 연결돼 큰 문이 열리도록 바라고 있다"며, 이후 교섭 진전에 기대감을 표명했다. 정 대사도 "서로가 노력하면 반드시 빨리 길이 열린다"고 응했다. 노나카는 회담에서 남북 정상회담 실현과 정 대사의 일본방문을 환영하며 "평양과는 달리 가두선전차도 많고, 납치가족 여러분이 아주 강하게 호소하는 모습은 목격했을 것이라고 생각한다. 이러한 일본의 상황을 감안해 대사끼리 잘 얘기 해달라"고 요구했다. 무라야마는 "양국간에는 당분간 어려운 과제도 있지만, 서로 지혜를 모아 좋은 방향으로 이야기가 진전되도록 노력하고 싶다"고 요청하자, 정 대사는 "아무리 높은 산이라도 서로 성의가 있다면 할 수 없는 것은 없다. 모든 것은 인간이 만든 것이므로 해결도 인간의 노력으로 가능하다"고 대답했다[331].

4월 평양에서 있었던 제9회 북일교섭처럼 묘향산 등산 등의 우호적 분위기와는 달리 「이번에는 삼엄한 경비의 제약도 있고, 일본측은 국회와 대법원 등의 시찰을 준비했다. 『일본 알리기』(외무성간부)를 할 작정이었다. 그러나 정 대사는 22일 국회 시찰에는 거의 관심을 보이지 않고 "건평은 어느 정도입니까"라고 물었을 뿐이었다[332]」라고 한다.

22일에는 본회담을 일단락지은 후 다카노 대사의 주최로 환영 만찬이 열렸다. 다카노 대사 등 참석자의 대부분은 셔츠 모습이었지만 정 대사는 겉옷을 벗으려고 하지 않았다. 연회가 끝나갈 무렵 정 대사는 담배를 연달아 7, 8개 피우면서 갑자기 봇물 터지듯 말문을 열었다. "가두선전차가 괘씸하다. 일본정부도 방치하고 있는 것 아닌가"라고 하자 어색한 분위기에 휩싸였다[333].

또한, 23일로 예정하고 있던 대법원과 NHK의 시찰을 갑자기 취소하고 대신에 재일본조선인총연합회를 방문했다. 그곳에서 300명의 재일조선인이 「만세」의 대합창으로 맞이하자 정 대사는 보도진 앞에서 처음으로 만면의 미소를 보였다[334].

23일 밤 다카노 고지로 대사는 북한의 정태화 대사를 중국요리집에 초대해 통역만 참석시켜 약 4시간 술잔을 주고받았다. 다카노 대사가 「과거청산」에 성실하게 임하겠다는 생각을 전달하자, 정 대사는 「과거청산」으로 시종일관했던 자세에 변화를 보였다[335].

제10회 북일교섭의 이틀째인 24일 오전, 양국 대표는 지바千葉현 기사라즈木更津 시내 호텔에서 회담에 들어갔다. 회담 모두에서 다카노 고지로 대사는 "오늘은 능률적이고 생산적 회담을 하고 싶다"라고 잘라 말하며, 먼저 「과거청산」을 둘러싼 협의에 들어갔다. 22일의 회담에서 쌍방이 기본적 입장을 표명한 것을 기초로, 이날은 북한측이 요구하는 「과거청산」 등 개별 문제를 둘러싼 견해를 제시했다. 간극은 여전히 남아 있던 것으로 보이지만, 북일 모두 계속해서 대화할 것을 확인한 후 10월 중순에 다음 교섭을 열도록 일정을 확정하자는 생각에는 일치했다[336].

본회담은 점심을 끼고 24일 오후에도 계속되었지만 내용은 공개되지 않았다. 단지, 『민주조선[337]』이 「회담은 좋은 분위기 속에서 진행되었다」고 아주 간단히 보도했다. 제10회 북일교섭의 내용은 회담 후 열린 정태화 대사의 기자회견을 통해 어느 정도 파악할 수 있다.

『민주조선[338]』에 따르면 정태화 대사는 과거청산 중 사죄에 대해서는 "일본측이 그것을 「무라야마 담화 선에서 처리한다」하고 있지만, 무라야마 담화는 어디까지나 일본이 과거에 침략하고 강점하였던 아시아 국가 전반을 대상으로 한 것이라고 말했다. 그러나 아시아 나라들 중에서도 우리나라는 가장 오랜 세월에 걸쳐 일제의 군사적 강점통치를 받았을 뿐만 아니라 가장 참혹하고 엄청난 고통과 피해를 강요당했던 만큼 그런 정도의 선에서 반성하는 것은 불충분하다"고 지적했다. 다음으로 정태화 대사는 보상문제에 대해 "일본측이 고집하고 있는 「재산청구권」 주장은 과거 조선에 대한 일제의 침략과 군사적 강점이 「적법」했다는 강도적 논리에 기초한 것이다"고 지적했다. 또한, 문화재문제에 대해서도 "일본측이 과거 조선에 대한 침략과 강점 기간에 실시한 조선민족말살정책에 따라 우리나라의 수많은 문화재 등을 닥치는 대로 파괴, 약탈한 것이 엄연한 역사적 사실인 만큼, 자기들의 잘못을 사죄하는 동시에 문화재 파괴에 대해 물질적으로 보상하고 약탈해간 모든 문화재들을 철저히 반환할 것"을 강력히 요구했다. 마지막으로 정태화 대사는 재일조선인들에 대한 보상과 특별지위 보장 문제에 대해 "이들에 대한 문제 토의를 종전의 「재일조선인 법적지위문제」가 아니라 「재일조선인들에 대한 보상과 특별지위 보장에 관한 문제」로 다룰 것"을 주장했다.

한편, 제10회 북일교섭 24일 협의에서 일본측은 과거청산을 둘러싸고 첫째, 북한이 식민지에서 분리·독립할 때 일본으로 건너간 재산 등에 대한 청구권문제로 처리해야 한다고 원칙적 입장을 보였다. 또한, 일본측은 「대립이 있는 가운데 합의에 도달한 예로 (경제협력으로 합의한) 한일방식에 대해 적절하게 연구하고 향후 양측의 접점을 탐구하는 작업을 진행하겠다」고 제안했다. 북한측은 인적, 물적 피해에 대한 보상을 요구하는 기본적 입장을 반복하면서, 대화를 계속해 나가겠다는 자세를 보였다[339].

다카노 고지로 대사는 한일방식의 제안에 대해 회담 후 기자회견에서 "청구권에 의한 처리는 (개별자료에 근거해) 쌓아 올리는 방식이 되면 현실적으로 어렵다. 무엇인가 현실적 방법을 유연하게 검토할 용의가 있다고 표명했다[340]"고 설명했다. 이 제안은 23일 중국요리집 회식에서 다카노 대사가 전했던 「성실하게 임하겠다는 생각」으로써 이루어져, 청구권의 범위에서 처리한다는 기존 입장에서 구체적 안을 제출한 것이었다. 따라서 일본외무성간부도 「다음 회담의 기초를 만든다[341]」라는 당초의 목적을 달성했다고 밝혔다.

이와 같이 당시 밝혀지지는 않았지만, 제10회 북일교섭에서 일본은 「과거청산」 방안으로 「한일방식에 의한 해결방안」을 처음으로 공식 제기한 것으로 생각할 수 있다.

양국은 입장을 양보하지 않은 채 8월 24일 공동보도문[342]을 발표하고 「조일정부간 본회담을 촉진시켜 나가기로 확인하고 제11회 본회담을 10월에 쌍방이 합의 결정해 제3국에서 진행한다」는 것에 의견이 일치했다. 원래 일본측은 4개월 만에 재개된 이번 회담에서 「지속적인 교섭의 필요성을 확인한다」(외무성간부)는 것에 중점을 두고 있었다. 따라서 교섭 자체에 실질적인 진전이 없어도 다음 일정 확정을 중심으로 하는 공동문서를 마련하기로 했다[343].

제10회 회담에서 발표된 공동발표문은 다음 **표 4-10**과 같다.

표 4-10 북일 정부간 제10회 본회담과 관련된 공동보도문

북일 정부간 제10회 본회담이 8월 21일부터 8월 24일까지 도쿄에서 진행되었다. 회담에서는 외무성 순회대사 정태화를 단장으로 하는 조선민주주의인민공화국 정부대표단과 외무성 북일 국교정상화교섭담당대사 다카노 고지로를 단장으로 하는 일본 정부대표단이 참석했다. 1. 쌍방은 북일관계를 개선해 가고자 하는 공통된 입장과 북일 사이의 상호 신뢰를 증진해 가려는 정신에 기초하여 선린우호관계의 조기 수립을 위한 진지한 토의를 진행했다.

2. 쌍방은 7월말에 방콕에서 진행된 최초의 북일 외무장관회담의 성과에 기초하여 과거청산을 포함한 북일 사이의 여러 문제에 대해 솔직한 의견을 교환했다. 또한, 북일 사이의 상호 이해를 촉진하려는 목적으로 정치, 경제, 문화 등 각 분야에서의 교류와 왕래를 구체화하기 위한 논의를 진행했다. 그 일환으로 쌍방 외교당국간의 교류를 추진시켜 나가는 것에 인식을 같이했다. 그리고 민간 경제인들의 교류가 바람직하다는 데 인식을 같이했다.
3. 쌍방은 앞으로도 북일 정부간 본회담을 촉진시켜 가는 것에 대해 확인하고, 제11회 본회담을 10월에 쌍방이 합의 결정해 제3국에서 진행한다는 것에 의견이 일치했다.

(출전) 『민주조선』 2000년 8월 25일

3) 교섭패턴

제10회 북일교섭은 북일 양측이 원칙론의 응수로 끝나고 외무장관회담의 정치인 레벨에서 상대국공간의 교섭촉진적 조건을 증대시키는 정치적 노력에 쌍방 모두 부응하지 못했다.

이번 회담은 북일 양측에게 다음 회담을 이어가기 위한 출발점에 그쳤다. 일본측이 「이번은 개회식 파트 2. 실전은 다음 제11회에서」(외무성간부)로 보고, 쌍방이 「조기 정상화」를 합의한 것으로 소기 목적의 반은 달성했으며, 북한측도 「상정한 문답 등의 준비를 일본 이상으로 꼼꼼하게 했다」(동 외무성 관계자)고 했다[344].

또한, 이번 회담에서 「정 대사는 다음 교섭을 9월 중에 개최하고 싶다고 비공식적으로 재촉했다[345]」라고 말해, 일본외무성은 「정상화를 서두르고 싶다는 북한측의 의향은 전해졌다」(간부)며 다음 전개를 겨냥한 조정을 본격화하겠다[346]고 했다.

북한은 일본의 납치문제 제기와 「과거청산」에 대한 청구권 주장에 반발했지만, 회담 후 이번 회담에 대해 「과거의 회담과 달리 관계 개선을 위해 전진적 방향에서 열린 실천적 회담이었다」(『민주조선[347]』)고 평가했다. 이것은 일본이 (한일 방식에 의한) 경제협력을 염두에 둔 가능성을 찾았기 때문이라고 생각된다. 회담에서는 이 문제를 둘러싸고 3시간 이상이나 연장하고 무엇이든 이끌어 낸 「접점」이었던 것이다[348].

북한이 비록 인적·물적 피해 보상의 주장을 되풀이했지만, 경제난 극복을 위해 일본과의 경제협력을 서두를 필요성에 압박받아 왔다. 따라서 이번 회담에서 일본측이 청구권범위에서 처리해야 한다고 원칙적 입장을 표명했지만, 경제협력방식을 공식적으로 제안한 것은 향후 교섭에서 중요한 진전이 되었다.

그럼에도 불구하고 이번 교섭도 교착되었다. 이번 회담의 대립에서도 확인했듯이 「과거청산」과 납치문제의 해결은 다년간의 교섭에도 같은 입장을 반복해 타협할 생각은 보이지 않았다. 제9회 북일교섭이 초당파방북단과 조선노동당간 합의에 의해 열린 것처럼, 이번 제10회 북일교섭도 6월의 남북 정상회담 후 열린 7월의 북일 외교장관회담에 따라 재개되었다.

정치레벨의 노력과 합의가 달성된 이후에 교섭자인 관료들이 마주앉은 북일교섭은, 냉전 와해를 계기로 1991년에 시작해 7년 반의 중단을 거치면서도 제9, 10회 본회담을 거듭해왔다. 그러나 이번 회담에서도 알 수 있듯이 교섭에서는 동일한 원칙을 반복하여 교섭타결이 어려웠다. 따라서 이번 회담 후 「과거청산」과 납치문제는 외무관료인 교섭자가 아니라 정치지도자밖에 해결할 수 없는 과제라는 것도 알 수 있었다.

8월 23일 밤, 북일 양 대사의 중국요리집 회동에서 정태화 대사가 「과거청산」에 자세를 바꾸는 것을 엿볼 수 있었지만, 하룻밤 지난 24일 본회담에서는 기존의 주장을 되풀이했다. 이에 대해 일본측은 「정 대사는 아무런 권한도 없다[349]」 (외무성 관계자)고 보지만, 일본측도 「거리는 줄어들지 않았지만, 서로의 주장에 대한 이해는 깊어졌다[350]」(교섭 관계자)고 말한 것과 같이, 다카노 대사가 타결보다는 교섭상대국 주장의 이해에 그침으로써, 결정 권한에는 한계가 있었다. 북한의 정 대사가 22일 무라야마 등 일본 정치인들과 회담한 것도 그런 한계를 느꼈기 때문이라고 생각된다.

그래서 대사급회담뿐만 아니라, 모리 요시로 총리와 고노 요헤이 외무장관 등 정치지도자들이 외교 수완을 발휘하는 것이 필수였다.

따라서 이번 교섭에서 총리를 비롯한 정치인의 활동이 이전보다 활발해졌다. 모리 요시로 총리와 고노 외무장관은 9월초 유엔 밀레니엄 정상회의가 열리는 뉴욕에서 북한의 넘버투인 김영남 최고인민회의 상임위원장 등과의 회담 가능성을 찾았다. 국교정상화의 실현을 위해 타이밍을 놓치지 말아야 한다는 것 이었다[351].

더욱이 모리 요시로 총리는 제10회 북일교섭 이후 8월 31일 『TV도쿄』 프로그램 녹화에서 북한이 일본과의 국교정상화교섭에서 최우선으로 추구하는 「과거청산」에 대해 "일본과 한국 사이에서 해결한 것과 같은 길을 취해야한다[352]"며 한일 국교정상화 때와 마찬가지로 경제협력방식에 의한 타결을 목표로 한다는 생각을 나타냈다. 이러한 총리의 발언은 정부책임자가 적극적으로 교섭공간을 주도하기 위한 제10회 교섭에서 일본교섭대표가 제안한 경제협력 타결을 목표로 한 생각을 명확하게 한 것이었다.

그러나 제10회 북일교섭은 정치지도자가 북한측과 회담을 하는 등 전방위외교를 전개했음에도 불구하고, 북일교섭공간의 교섭촉진적 조건의 확대도 교섭교착적 조건을 해소하지 못한 채 교착됐다. 즉, 정치적 리더십에 의한 교섭공간에 대한 적극적 대응에도 불구하고 타결되지 않았다. 하지만 남북·북미관계가 급속히 개선되고 있는 국제공간의 상황에서, 북한이 일본과의 교섭에서 벗어나지 않도록 북일교섭을 계속하고 「조기 정상화」 등을 합의한 것은 큰 성과였다고 할 수 있다. 일본은 북한이 남북·북미관계 개선을 적극적으로 추진하면서도 일본과의 조기 정상화를 도모하고 있다고 판단한 후, 「실전은 다음 제11회에서」라고 여유를 갖고 다음 교섭을 준비하면서, 「과거청산」 문제에 대해 「경제협력방식에 의한 해결」을 1992년 4월 와타나베 외무장관이 언급한 이후 공식교섭에서 처음 제시함으로써 북일교섭의 정치적 환경을 정비한 것이다.

결국, 제10회 북일교섭에서 일본은 국제공간이 남북 및 북미관계의 교섭촉진적 상황으로의 급속한 진전 속에서, 북한이 강하게 요구하고 있는 「과거청산」에 대해 재산청구권 범위에서 처리한다는 원칙적 표명을 하면서도 경제협력방식을 염두에 둔 제안으로 적극적 타개책을 제시했다. 또한 북한이 먼저 「일반적 행방불명자」로 조사한다는 자세를 보인 공세에 대해, 일본측은 「광범위한 여론의 지지」를 내걸고 납치의혹 등의 해결이 정상화의 전제가 된다는 수세적 태도를 보였다. 이와 같이 일본은 납치문제보다 「과거청산」문제에 적극적으로 대응한 결과, 변화하는 국제공간 속에서도 북일교섭을 진전시킬 수 있었다.

이런 점에서 제10회 북일교섭에서 일본의 대응 패턴은 자원배분 측면에서 보면, CⅢ의 $P(R_2)-D(R_1)-P(R_0)$와 같은 「상대국공간 지향의 자원집중형(CT-O)」이였다. 일본은 비록 강도는 약했지만, 교섭교착적 국내공간에 자원을 조금 배분하면서 교섭촉진적 교섭상대국공간에서 북한의 「과거청산」 공세에 대응하기 위해 한일방식의 경제협력을 통한 해결책을 제시하는 등 자원을 집중적으로 배분했다.

3. 제11회 북일교섭(2000.10.30~31, 베이징)

1) 교섭공간

(1) 모리 총리과 북일관계

제10회 북일교섭 교착에도 불구하고 북일교섭의 진전을 도모하려는 정치적 움직임은 중단 없이 계속되었다.

고노 요헤이 외무장관이 제10회 북일교섭의 교착 이후인 9월 19일, 북한에 대한 쌀 지원을 둘러싸고 유엔 세계식량계획의 요청을 웃도는 금액을 지원할 가능성을 시사했다. 이어 일본정부는 10월 6일에 쌀 50만 톤을 지원하겠다고 정식으로 결정했다. 이 결정은 미사일문제와 일본인 납치의혹이 진전되지 않았기 때문에 정부·여당 내에는 신중한 자세도 가라앉지 않는 가운데 이루어졌다.

이와 관련해 나중에 밝혀졌지만, 외무성 관계자에 따르면 「올해(2000년) 초부터 북한측은 비공식적 교섭에서 50만 톤의 쌀 지원을 요청했다. 정부는 올해 3월, 북일교섭을 7년 반 만에 재개하기 위해 10만 톤 지원을 결정했다. 그런데 4월에 재개된 (제9회) 북일 국교정상화교섭의 자리에서도 북한측은 『여당방북단이 약속한 쌀 50만 톤은 언제 보내주는가』라며 나머지 40만 톤 지원을 요청했다. 그러나 일본측은 『정부로서는 동의하지 않는다』며 응하지 않아 5월 교섭이 연기됐다」고 한다[353].

그 후, 일본정부는 쌀문제를 정상화교섭에서 분리하기 위해, 40만 톤 규모로 같은 해에 추가지원할 방침을 굳혔다. 그러나 WFP의 요청량이 19만 5천 톤으로 예상을 크게 밑돌았기 때문에, 외무성도 한때는 대규모 지원을 미루는 방향으로 기울었다. 그런데 총리측에서 「교섭을 추진하기 위해 50만 톤을 지원해 달라」고 강한 요청을 해와, 외무성도 50만 톤 지원을 결정했다고 한다[354].

이와 같은 경위를 보면 일본정부의 50만 톤 쌀 지원은 국교정상화교섭과 분리된 「인도적 지원」으로 자리매김해 온 기존정책의 전환을 모색한 것으로 생각된다. 유엔의 요청량을 대폭 상회해 지원을 확대하면, 쌀 지원은 북일교섭 진전을 위한 「정치적 결단」의 의미를 명확하게 하는 것이었다.

또한, 본교섭은 교착되는 상황이나 2000년 3월 북일 적십자회담의 합의에 따라 당초 예정했던 4, 5월보다 늦어지긴 했지만, 9월 12일 일본인배우자의 제3진이 일시귀국했다.

외무성과 일본적십자사가 9월 7일 북한에 거주하는 일본인배우자의 일시귀국 제3진으로 59세에서 76세까지 16명의 명단을 발표하고, 제3진은 12일 밤 나리타공항에 도착했다. 8월 하순 (제10회) 북일교섭 재개에 따라 1998년 1월(2진) 이후 약 2년 7개월 만에 일시귀국이 실현되었다[355].

한편, 북일교섭에서 큰 초점이 되고 있는 납치문제에 대해서도 납치가족들의 국교정상화교섭 전에 납치문제 해결을 요구하는 여론이 강했다.

이즈음 한국정부는 앞에서 언급했듯이, 9월 2일에 예전에 일본인 납치를 증언한 신광수를 포함한 비전향 장기수 62명을 북한으로 송환했다. 이 송환에 대해 신광수를 둘러싸고 일본정부가 송환 전의 사정청취를 요구했지만, 한국측은 본인이 희망하지 않는다는 것 등을 이유로 난색을 표했다. 따라서 한국정부가 8월 17일에 그 송환을 결정한 후 나카가와 히데나오中川秀直 관방장관(재임; 2000년 7월 4일~10월 27일)은 8월 28일의 기자회견에서 "일본의 수사당국이 필요성을 인식하고 있는 수사의 일부가 곤란하게 된 것은 매우 안타까운 일이다[356]"라고 우려를 나타냈다. 납치의혹이 있던 요코타 메구미의 부모들도 29일 한국대사관(도쿄도 미나토 구)를 찾아 송환중지를 요구하는 요청서를 전달했다.

그 후 북한에 납치된 것으로 의심되는 일본인 가족들이 9월 12일, 총리관저를 방문해 모리 요시로 총리에게 "납치문제를 뒤로 미루고 북일 국교정상화교섭을 타결하지 말라"고 제의했다. 모리 요시로 총리는 "정부로서는 이 문제를 무시하고 정상화하는 것은 있을 수 없다"고 답했다[357]. 또한 그 가족과 후원단체는 14일, 니가타 현청에 히라야마 유키오平山征夫 지사를 방문해 납치문제를 보류한 채 북일 국교정상화를 추진하지 않도록 중앙정부에 촉구할 것을 요구하는 요청서를 전달했다. 히라야마 지사는 "납치문제를 보류한 정치적 타결은 인도적으로 허용되지 않는다. 할 수 있는 일은 하고 싶다"고 대답했다고 한다[358].

일본 내의 납치문제 해결을 요구하는 움직임 속에서, 북한은 9월 24일자 『노동신문[359]』을 통해, 모리 요시로 총리가 납치의혹을 무시하고 북일 국교정상화는 있을 수 없다고 언급한 것에 대해, 「우리는 조일관계가 개선되어도 좋고 그렇지 않아도 무방하다. 우리는 자신의 자존심과 존엄을 꺾으면서까지 일본과 관계를 정상화할 생각이 없다」고 강하게 반발하고, 「일본이 굳이 있지도 않은 『납치의혹』문제를 조일관계 정상화의 전제조건으로 내세운다면 우리는 돌아앉고 말 것이다」라며 행방불명자 조사사업도 중단하겠다는 뜻도 드러냈다.

이와 같이 납치문제를 둘러싼 국내공간의 교섭교착적 조건 하에서, 이 문제의 해결에 대해 「제3국에서 발견」이란 타개책을 모리 총리가 영국 총리에게 전한 것도 밝혀져 총리와 정부의 설명을 둘러싼 혼란이 부각되었다.

모리 요시로 총리는 10월 20일, 아시아유럽정상회의(ASEM)에 참석하기 위해 중국을 방문해 블레어 영국총리와의 회담을 갖고 3년 전 북한을 방문한 여당대표단(모리 요시로 총단장)이 일본인 납치의혹에 대해 "행방불명자라고 하는 것이라도 좋으니까, 베이징이든 파리든 방콕이든 거기에 있었다고 하는 방법도 있다"고 제안했었다는 것을 밝혔다. 이 「제3국에서 발견」안은 납치된 사람들을 구출하기 위해 관계자들이 비밀리에 검토해 왔던 타개책의 하나였다. 총리는 회담에서 북한정세를 언급하면서 "국민감정에서 보면 이 (납치)문제의 해결이 가장 중요하다"고 강조하며, "북한이란 대단히 체면을 중시하는 나라이기 때문에 정면에서 대응하는 것이 안 된다"고 서두에서부터 발언했다. "(북한으로부터) 아직 명확한 답변을 받지 않았다"라고 말했다. 총리는 회담 후 "지금 나는 그런 제안을 생각하고 있는 것은 아니다. (3년 전) 북한측에 제시한 것은 부단장인 나카야마 마사아키(자민당 중의원의원)이다"라고 기자들에게 말했다[360].

이 타개책은 국교정상화의 열쇠를 쥐고 있는 납치문제를 「해결하고자 하는 총리의 열의의 표현이다[361]」라고 해도 지금까지의 정부 주장을 뒤집는 데다 타협을 모색한 「고육지책」을 보여준 것이었다. 그러나 제11회 국교정상화교섭의 재개가 고비에 접어든 가운데 총리 스스로 갑작스럽게 공표한 판단과 지난 교섭에서 정부가 「납치」라고 인정했는데 「행방불명자」라고 양보하고 진상을 흐지부지 한 채로 타결을 도모하려는 자세[362]에 대해 비판이 일었다.

10월 24일에는 각료간담회에서 "납치된 가족을 간과할 수 없다"(보수당 당수인 오오기 지카게扇 千景, 국토교통부장관) 등의 비판이 속출하고, 자민당 총회에서 "총리를 옹호하는 것만이 여당은 아니다. 의견을 제시하고 수정해 나가는 것도 잊어서는 안 된다"(야마나카 사다노리山中貞則 전 통상장관)는 의견이 나오는 등 총리에 대한 비판은 여당전체로 확대됐다. 모리 총리가, 발언은 3년 전 여당방북단의 일원이었던 나카야마 마사아키의 「개인적 생각」이었다고 설명한 것에 대해, 나카가와 히데나오 관방장관은 24일 기자회견에서 "정보가 정확하지 않았던 것으로 나카야마에게 폐를 끼쳐 미안하게 생각한다"고 사죄하고, 모리 총리도 나카야마를 만나 사죄했다. 민주당의 간 나오토菅 直人 간사장은 기자들에게 "모리 총리는 자신의 실수를 인정하고 있지 않다. 총리의 책임은 대단히 크다"고 비판했다[363].

더욱이 일본정부가 10월 6일에 결정한 쌀 지원을 둘러싸고도 제11회 북일교섭이 열린 첫날인 30일, 의혹과 혼란이 생겼다. 앞에서 언급했듯이 북한을 3년 전(1997년)에 방문한 여당방북단(총단장; 모리 요시로)이 쌀 50만 톤 지원을 약속했다는 사실이 밝혀졌기 때문이다.

앞에서 언급했듯이, 신사회당의 야타베 오사무 위원장이 10월 30일, 1999년 7월에 오키나와 사회대중당과 합동으로 방북했을 때, 김용순 아시아태평양평화위원회 위원장 등과 회담에서 이 사실이 있었다고 밝혔다.

이에 대해 후쿠다 야스오福田康夫 관방장관(재임; 2000년 10월 27일~2004년 5월 7일)은 10월 30일 오전 기자회견에서, 쌀 50만 톤 지원에 대해 3년 전에 여당대표단이 방북했을 때, 이미 논의됐다는 것을 밝혔다. 그러나 후쿠다 장관은 "일본측에서 (제안)한 것은 아니다. 비공식절충 중에 식량난을 겪고 있는 북한측에서 한 예로 나타낸 것이다"고 말했다. 다만 밀약설에 대해서는 "여러가지 숫자가 나와 있던 것으로 알고 있다. 이때 약속한 사실은 없다고 단언할 수 있다"고 말했다. 대표단의 총단장이었던 모리 요시로 총리는 이날 낮 기자의 질문에, "공식적 자리가 아니다"며 비공식적 자리에서 논의했다는 것을 시사했다[364].

이와 같이 모리 총리는 북일관계 정상화에 적극적으로 대응했지만, 납치문제 해결과 쌀 지원을 둘러싼 불상사에 의해 혼란에 빠졌다.

(2) 북미 고위급의 상호방문과 북미관계의 급진전

제11회 북일교섭을 맞이한 이 시기에 북미관계는 조명록 국방위원회 부위원장의 방미와 올브라이트 미 국무장관의 방북 등 양국관계 개선의 분위기가 절정에 달했다.

북한 조명록 부위원장이 10월 11일 김정일 총서기의 특사자격으로는 처음으로 미국을 방문해 매들린 올브라이트 미국무장관과 2차례 회담을 하고, 올브라이트 미 국무장관이 미국대통령 방문 준비 등을 위해 가까운 시일 내 방북해 김정일 총서기와 회담하는 것에 북미 양국이 합의했다. 12일에는 미국과 북한은 「정전협정을 공고한 평화보장 체계로 바꾸어 한국전쟁을 공식 종결시키는 데 4자회담 등의 다양한 방도가 있다는 견해가 일치하고」, 한국전쟁 이후 계속된 적대관계를 종식시키는 공동성명서를 발표하여 「쌍방이 적대적 의사를 가지지 않는다」는 것을 선언했다. 또한 쌍방의 자주권 존중과 내정불간섭을 강조하고「앞으로의 새로운 관계 수립에 최선을 다하겠다」는 것을 확인했다. 올브라이트 국무장관이 「미국대통령의 방북 준비를 위해 방북하는 것」도 포함되었다[365].

이 북미 공동코뮤니케는 남북 정상회담과 남북대화에 이은 북미관계의 큰 변화로, 북미 양국은 앞으로 클린턴 대통령 방북을 위한 협의를 진행하고, 국교정상화를 염두에 둔 협의를 시작해 세계에서 유일하게 남아있는 한반도의 냉전구조 해소를 도모하게 되었다.

나카가와 히데나오 관방장관은 10월 12일 오전 기자회견에서 올브라이트 미 국무장관이 가까운 시일 내 북한을 방문하는 것에 북미 양국이 합의한 것에 대해 "북미관계의 진전은 북한을 둘러싼 제문제 해결, 한반도 긴장완화의 촉진에 도움이 된다. 북일간 교섭에도 좋은 영향을 미칠 것이다. 환영하고 싶다"고 말했다[366].

미국과 북한의 협의가 일본측의 예상을 뛰어넘는 속도로 진행돼 클린턴 미국대통령의 방북 가능성도 나온 상황에서, 고노 요헤이 외무장관은 10월 17일 각의 후 기자회견을 통해 제11회 북일 국교정상화교섭이 30, 31 양일간 베이징에서 열린다고 공식적으로 발표했다. 고노 외무장관은 "이번에는 핵심에 가까운 논의를 하고 싶다"며 북한측이 최우선으로 요구하고 있는 「과거청산」과 일본 내에서 관심이 높은 일본인 납치의혹에 대해 본격적 논의에 들어가 정상화교섭을 가속화할 의욕을 나타냈다[367].

북미관계의 급속한 진전은 일본에 반대 영향을 미쳐 북일관계 개선의 지연을 부각시키고 일본의 교섭상대국공간에서 교섭교착적 조건을 발생시켰다. 올브라이트 미국국무장관의 방북에 이어 클린턴 미국대통령과 김정일 총서기의 회담이 성사되면 한국, 중국, 러시아, 미국의 정상이 김 총서기와 만나게 된다. 정상급은 물론, 장관급조차도 김 총서기와 접촉하지 않는 일본과의 낙차는 너무 크다. 따라서 북한을 둘러싼 「새로운 조류」(고노 요헤이 외무장관)의 도래를 맞이하여 모리 요시로 총리가 사람을 통해 김 위원장에게 친서[368]를 보낸 것처럼, 정상회담을 모색하는 움직임이 있었다[369]. 그러나 북한이 요구하는 「과거청산」과 일본이 중시하는 납치의혹 등의 해결에 전망이 서 있지 않은 만큼, 단번에 국교정상화로 진행될 상황은 아니었다[370].

또한, 일본외무성 내에서는 오히려 「정치는 몰라도, 관료는 버스에 늦게 탔다고 생각하지 않는다. 조건이 갖추어지지 않은 채 타면 국익을 해칠 뿐이다」(간부)라며 각국의 움직임에 뒤처진다는 조바심 때문에 정상화가 야금야금 진행되는 것을 우려하는 목소리도 강했다[371].

올브라이트 미 국무장관은 북미의 이전 합의에 따라 10월 23일, 북한을 방문해 최고지도자인 김정일 총서기와 2차례 회담하고 북미관계 개선을 기대하는 클린턴 대통령의 친서를 전달했다. 올브라이트 장관은 회담 후 김 총서기 주최 만찬에 참석했다. 총서기와의 회담에 앞서 올브라이트 장관은 23일 아침, 조명록 부위원장과 백남순 외무장관 등과 금수산 기념궁전을 방문해 김일성 주석의 시신에 경의를 표했다. 미 국무부의 바우처 대변인은 23일 밤, 이날 올브라이트 국무장관과 북한 고위관계자와의 협의사항 중 하나는 클린턴 대통령의 임기 내 방북문제였다는 것이라고 밝혔다. 대변인은 "양측은 미국의 (북한에 대한) 몇 가지 우려사항을 협의했다"고 말했다. 또한 "이와 같은 문제를 해결할 수 있는 것이 대통령 방북의 열쇠가 된다"고도 했다[372].

올브라이트 미 국무장관은 10월 24일 평양 만수대 의사당에서 백남순 외무장관과 김영남 최고인민회의 상임위원장과 잇따라 회담했다. 또한, 이날 오후 평양 백화원 영빈관에서 김정일 총서기와 전날에 이어 두 번째 회담을 했는데 회담 후 회견을 한 장관은 "김 총서기가 전날 밤의 집단체조에서 인공위성 발사장면이 상연됐을 때 「이것이 처음이자 마지막 위성발사가 될지도 모른다」며 미사일 발사의 항구적 정지도 취할 수 있다는 발언을 했다[373]"고 한다. 장관은 나아가 김 총서기가 회담에서 "위성발사를 대행해 준다는 것을 조건으로 미사일 개발 및 수출을 억제한다"고 제안한 것을 확인하고 동시에 협의했다고 밝혀, 미국의 가장 큰 현안이었던 북한의 미사일문제에서 큰 진전이 있었다는 것을 시사했다[374]. 또한, 장관은 회담에서 김 총서기에 대해 「행방불명자」문제 해결의 필요성을 제기하고 일본정부가 크게 우려하는 납치의혹도 제기했다고 밝혔다[375].

이와 같은 북미양국의 관계 개선 분위기는 북한에도 영향을 미쳐 북한도 예정되어 있는 제11회 북일교섭에 공을 들일 수 있는 환경이 아니었다. 북한은 일본보다 미국을 우선으로 하는 교섭전략을 취해 다음의 북일교섭에 대한 실질적 준비를 할 수 없었다. 그만큼 북한을 둘러싼 국제공간은 북한에게 북미관계 개선에 결정적으로 유리한 상황으로 전환했다. 특히 클린턴 대통령의 방북까지 이루어질 경우, 북미 평화협정뿐만 아니라 북미관계 정상화로도 연결될 수 있는 국면이었다. 북한에게 이 북미관계 정상화는 북일관계 정상화로 진전하는 것이라 인식하고 있었다고 생각된다.

따라서 북한이 북일교섭에서 「과거청산」문제에 더 강경한 자세를 나타낼 것이란 점은 북한매체를 통해서도 알 수 있었다.

『노동신문』은 10월 24일, 같은 달 말부터 열리는 제11회 북일 국교정상화교섭을 앞두고 「조일관계는 일반적 나라들 사이의 관계와는 근본적으로 다른 백년숙적의 특수한 관계이다. 조일관계는 지난날 군사강점으로 조선인민에게 온갖 불행과 고통을 들씌운 범죄자 일본과 그에 대해 막대한 인적, 물적 손실을 보상받아야 할 피해자와의 특수관계이다」라고 한 뒤, 「조일관계가 해결되려면 피해자와 가해자 사이의 역사적인 미해결문제부터 풀어야만 한다. 그것이 바로 과거청산이다」라고 강조했다. 『노동신문』은 또한 「일본이 과거청산을 외면하고 납치의혹이니 미사일 위협이니 뭐니하면서 불순한 정치적 목적만을 계속 추구한다면 조일관계는 언제까지나 해결될 수 없다…(중략)…일본이 진정으로 조선과 관계를 개선할 의지가 있다면 이제라도 마음을 다잡고 과거청산 용단부터 내려야한다」고 주장했다[376].

요컨대, 제11회 북일교섭을 맞이할 때 국제공간은 북미관계의 급속한 개선을 배경으로 하여 북일교섭을 촉구하는 상태였지만, 북한이 북미관계 정상화를 우선하여 북일교섭에 적극적으로 대응하는 것이 어려운 상태였다. 국내공간은 납치문제에 대한 해결책을 둘러싼 북일교섭을 적극적으로 진행해 온 모리 총리에 대한 비판여론이 높은 상태였다.

2) 교섭의 진행

제11회 북일 국교정상화교섭은 2000년 10월 30일 베이징 일본대사관에서 북일 2명의 대표인 정태화 대사와 다카노 고지로 대사가 마주 앉아 시작됐다[377]. 같은 해 봄 평양에서의 7년 반 만에 교섭 재개에 얼굴을 맞댄 이후, 여름의 도쿄회담을 거쳐 3번째 대면은 겨울을 앞둔 베이징이 되었다.

첫날 30일 오전 협의는 3시간에 이르러, 예정을 1시간 넘기면서 북일 모두 회담의 내용은 기자들에게 밝히지 않은 채 각각 점심식사를 하고 오후에도 협의를 계속했다.

다카노 고지로 대사가 "그리운 생각이 든다. 단장뿐만 아니라 대표단 사이에 개인적으로 매우 가까운 관계가 되어 있기 때문이라고 생각한다"고 말하고, 정태화 대사도 "만나서 기쁜 것은 동감이다. 2개월 만이지만, 매우 어지러운 환경 속에서 바쁜 나날을 보냈다"라고 화답했다[378].

당초에는 일본측이 주최한 만찬이 예정되어 있었지만, 이것도 「실무적 협의에 들어갈 것이기 때문에 사교행사는 하지 말자라는 것으로」 되었다. 가와시마 유타카 외무성 사무차관은 30일 기자회견에서 "전망은 하고 있지 않다. 교섭은 마무리가 되어야 의미가 있는 것이지 몇 번째라는 것은 의미가 없다"고 말했다[379].

30일의 본회담은 북한측이 최우선으로 요구하는 「과거청산」을 중심으로 약 4시간 협의했다. 납치문제에 대해서 다카노 대사는 "일본의 입장은 명쾌하게 전달했다"며 일본인 납치의혹에 대해서도 언급했다는 것을 시사했다[380]. 그러나 본격적 논의 여부와 구체적 내용은 밝히지 않았다.

쌍방은 이 협의에서는 남북한과 북미회담의 진전을 환영하며 「한반도를 둘러싼 긍정적 흐름 속에서 북일 국교정상화의 조기 실현에 노력하겠다」는 것에 합의했다. 다만 쌍방은 「본격적 국면에 들어 쌍방의 주장을 일일이 발표하는 것은 적당하지 않다」며 구체적 교섭내용은 일체 공표하지 않았다[381].

교섭내용에 대해 일본대표단은 기자들에게 "「과거청산」에 대해 진지하고 제대로 된 의견교환을 했다"라는 이상의 설명을 피했다. 기본적으로 북한측의 의향에 의한 것이었다. 일본인 납치문제에 대한 거론여부는 밝히지 않았다. 쌀 지원을 둘러싸고, 북한의 홍성남 총리가 모리 요시로 총리에게 보낸 감사의 전보를 통해 북한측의 사의가 전해졌다고 한다. 다만, 구체적으로 어떻게 접했는지에 대한 자세한 설명은 없었다. 일본측에서도 「일본은 약속을 이행했을 뿐이라고 생각하고 있다」(외무성 관계자)라는 견해가 있어 형식적 표현이었을 가능성이 높았다[382].

회담의 내용이 밝혀지고 있지 않지만, 「과거청산」에 대해 일본측은 식민지지배 사죄에 대해 「(아시아 국가의 사람들에게 반성과 사죄를 표명한 1995년) 무라야마 도미이치 총리담화로는 부족하다」라고 하는 북한측의 주장을 받아들여, 북한에 대해 직접 사죄하는 문서를 발표할 용의가 있음을 전하는 방향으로 조정했다[383]고 한다. 실제 회담에서는 북한이 최우선으로 요구하고 있는 「과거청산」의 협의에 들어가, 일본측은 식민지지배에 대한 사죄에 대해 북한에게 사죄문서를 직접 발표할 방침을 전함으로써 정상화에의 의욕을 나타냈다[384]고 한다.

보상에 대해 일본측은 신중한 자세를 바꾸지 않았다. 재산반환 등을 서로 요구하는 청구권문제로 처리해야 한다고 하는 종래의 주장을 철회하지 않을 방침이었다. 지난 교섭에서 처음 제시한 경제협력방식에 의한 타결에 대해서도 한일 국교정상화 때의 경제협력방식에 대한 실무적 설명에 그쳐, 금액의 제시까지는 나아가지 않았다[385]. 그러나 회담에서 다카노 고지로 대사는 경제협력방식에 대해 일본의 정부개발원조(ODA)시스템에 대한 자세한 설명을 하고, 일본인 납치문제 등 일본측의 우려에 진전이 있으면, 금액의 교섭에 임할 준비가 돼 있다는 것을 전한 것으로 보였다[386].

제11회 북일교섭 이틀째인 31일 「과거청산」을 둘러싼 양측의 주장이 평행선을 달린 채, 2일간의 일정을 마쳤다. 합의항목의 발표는 하지 않고, 일본측대표 다카노 고지로 대사는 회담 후 "드디어 본격교섭이 시작되었다. 진전을 위해 앞으로도 꾸준히 노력하고 싶다"고만 말했다. 다음 교섭 일정도 정해지지 않고, 일본측은 "내년이 될지도 모른다"고 했다. 일본은 교섭 가속화를 위해 고노 요헤이 외무장관이 「정치결단」을 강조하며 50만 톤의 쌀 지원을 결정하고 회담에 임했지만 성과는 얻지 못했다[387].

일본측은 이번부터 접점을 찾아 실질적 교섭에 나설려고 하고 있었지만, 종료 후에는 「발표할 구체적 성과는 없었다」고 설명했다. 일본측은 「공통점을 찾는 데 이해가 더 깊어졌다」고 하는 한편, 「긴 과정의 출발점에 서서 나아가기 시작한 것 같다」고 이후 교섭의 난항을 시사했다[388].

일본외무성은 구체적 회담내용에 대해 「과거청산」이 의제의 중심이었다고 설명한 것 이외에는, 북한측의 요구로 공개할 수 없다고 했다. 모리 요시로 총리가 「최대의 과제」로 자리매김한 납치문제에 대해서도 의제에 올랐는지 여부를 분명히 하지 않았다. 지난 제9, 10회 등 두 번의 회담에서 발표해 온 공동발표문도 만들지 않고, 다카노 대사와 정태화 대사의 기자회견도 없었다[389].

3) 교섭패턴

제11회 북일교섭은 북한에게 북미관계가 최고로 개선되고 있으며, 일본은 납치문제의 제3국에서 발견을 둘러싼 혼란이 엎치락뒤치락하고 있는 상황에서 열렸다. 제11회 북일교섭에서 일본은 「사죄의 문서화」나 「한일방식」에 의한 보상문제 타결 등 구체적 제안을 내놓고, 정치적 부담을 안으면서도 쌀을 지원하는 등의 대응을 단행하지만, 제11회 교섭도 역시 교착상태에 빠졌다. 이러한 교착 배경에 대해 일본내부에는 「모리 총리의 부적절한 행동 등 정치적 리더십의 혼란과 주체적 외교전략의 부족이 영향을 주었다[390]」는 지적도 있었다.

특히 「제3국에서 발견」이란 타개책과 관련해서는 북한측 정 대사도 "일본은 혼란을 겪고 있다[391]"라고 하는 사태까지 되었다. 정부내에는 교섭개시를 기다리지 않고 「이번 교섭은 실제로 아무것도 할 수 없을 것이다」(정부 관계자)라는 비관적 견해가 지배적이었다. 일찍부터 「다음 교섭은 내년 초」라고 하는 목소리도 있었다[392].

북한의 향방은 항상 그렇지만 예측이 어려워 「일본의 국내사정은 세세한 것까지 잘 알고 있다」(외무성간부)는 것만으로 발밑까지 들여다보인 것은 틀림없었다. 정부 관계자로부터는 「모리 총리의 방북 초청이 제일 무섭다」고 농담도 진담도 아닌 이야기마저 새어왔다[393].

그리고 계속되고 있는 북일교섭의 결렬에 대해 일본내부에서 외무관료들이 잘 쓰는 말에 「모멘텀(기세)」이 있는데, 그것을 잡아낼 준비를 게을리 해 온 일본외교를 모멘텀이 빠져 나가려고 하고 있다[394], 라는 비판의 목소리가 높아졌다.

따라서, 제11회 북일교섭에서 북한은 모리 총리가 일으킨 혼란 등에 대한 태도를 가졌음에도 불구하고, 일본은 혼란의 상태에 대한 구체적인 외교적 대응전략을 준비하지 않았다고 할 수 있다.

그러나 제11회 북일교섭 교착의 근본적 배경은 북한의 대미우선전략으로의 전환이었다. 북한은 북미관계 개선을 적극적으로 활용하여 북일관계에서 일본의 발 늦은 대응을 부각시켜 북일교섭의 성과를 극대화하려고 했다. 즉, 이 시기 북한은 북미 고위급 상호방문과 북미 정상회담 추진 등 미국과의 협조관계를 확대 강화하는 한편, 일본과의 대화에도 적극적으로 임했다. 그럼에도 불구하고 북한은 일본보다 미국을 중시하는 전략을 명확히 하고 있었기 때문에, 일본의 적극적인 교섭공간 대응이 효과를 거둘 수 없었다. 이와 같이, 교섭상대국공간은 북한이 북일교섭의 촉진을 바라면서도 대 미국관계를 우선시하는 불안정한 상태였다.

북한은 실무적으로도 제11회 북일교섭에 제대로 준비할 환경이 아니었다. 정 대사는 회담모두에서 지난 2개월에 대해 "어느새 지나갔다"고 말했다. 이때 북한 조명록 부위원장의 방미와 올브라이트 국무장관의 방북 등 북미관계는 예상보다 급진전을 보여왔다. 클린턴 대통령의 방북까지 조기에 추진될 가능성이 나오고 있는 가운데, 정 대사의 말은 무심코 흘러나온 속내로도 들렸다[395].

단지, 정 대사의 한마디는 반대로 말하면 북일교섭 준비에 전념할 수 있는 상황이 아니었음을 내비친 것이었다. 북한을 둘러싼 환경의 격변에 더해서 얼마 전에는 조선노동당 창건 55주년이라는 "큰 역사적 행사"(정 대사)도 있었다. 실제로 북한측은 이번 북일교섭을 앞두고 「준비가 충분하지 않다」는 것을 일본측에 전해왔다[396].

북한에게 있어서는 절정을 맞이하고 있는 미국과의 교섭을 우선하고 있는 것은 분명했다. 제11회 북일교섭이 끝난 직후인 11월 1일부터 클린턴 대통령의 방북 실현을 좌우하는 북미 미사일협의[397]도 시작했다. 정 대사는 10월 28일에 베이징에 도착했을 때, 서방 각국이 북한과의 관계 개선을 추진하고 있는 만큼, "일본은 늦은 것"이라고 말해 일본이 「사죄와 보상」을 인정해야 한다는 자세는 변하지 않았음을 강조했다[398].

제11회 북일 국교정상화교섭에서 일본은 「과거청산」을 중심으로 4시간에 걸친 협의를 통해 「사죄의 문서화」「경제협력방식」 등 새롭고 구체적으로 대응했다. 그러나 교섭상대국공간이 북한의 대미 우선전략에 의해 결정적으로 교섭촉진적 상태는 아니었기 때문에, 교섭타결에 구체적 성과는 없었다. 북한에게 있어서 일본이 「과거청산」에서 경제협력방식을 제안하면서도 금액을 제시하지 않고, 여전히 청구권방식으로 처리를 주장했기 때문이라고 생각할 수 있다. 그러나 정치지도자가 북일교섭을 촉진하기 위해 50만 톤의 쌀 지원이라는 정치적 결단을 하는 등, 상대국공간의 교섭촉진적 조건을 증대시키는 노력이 두드러진 교섭이었다. 이것은 북미간의 급속한 관계 개선이 진행되는 중에 북한의 과거청산에 대한 공세가 강해진 상황에서 북일교섭의 교섭촉진적 상황을 살려내기 위한 적극적 대응이었다.

따라서 제11회 북일교섭에서 일본의 대응패턴을 자원배분이란 측면에서 보면 CⅢ의 $P(R_2)-D(R_1)-P(R_0)$와 같은 「상대국공간 지향의 자원집중형(CT-O)」이었다. 일본은 납치문제 해결을 위한 정치적 노력을 기울이면서 상대국공간의 과거청산에 대해서도 「사죄의 문서화」「경제협력방식」 등으로 더욱 집중적으로 대응했다. 즉, 일본은 교섭교착적 국내공간에는 자원을 조금 배분했지만, 교섭촉진적 상대국공간에는 자원을 집중적으로 배분했다. 그러나 북미관계가 급진전되는 교섭촉진적 국제공간에는 새로운 전략에 기초한 자원배분이 이루어지지 않았다.

3절 소결 정당외교국면과 일본의 교섭패턴

1992년 11월 제8회 북일교섭 결렬 이후 교섭교착의 배경이 된 북한 핵문제는 1993년부터 1994년까지 일시적으로 군사적 위기로까지 심화됐다. 그러나 북한 핵위기가 반대로 1994년 10월 북미간의 포괄합의에 의해 당면 해결됨으로써, 북일교섭의 국제공간은 교섭촉진적 상태로 전환됐다.

일본 연립여당대표단이 국제공간을 적극적으로 활용하여 1995년 3월, 북한을 방문해 북일교섭 재개에 합의했다. 그러나 KEDO와의 경수로협정이나 4자회담을 이유로 한 한미의 북일교섭에 대한 견제가 상당히 강했다. 그럼에도 불구하고 일본정부는 4자회담에 대한 한국의 요구를 받아들이면서도 1995년 6월, 10월 두 차례에 걸쳐 각각 30만, 20만 톤의 인도적 목적의 쌀 지원을 실시해 북일교섭을 촉진하는 조건을 증대시켰다.

이와 같이 일본정부가 적극적으로 대응하고 있던 때, 1997년 2월에는 북한의 납치의혹이 정식으로 국회에서 논의되어 북한에 대한 여론이 악화되었다. 따라서 1997년 8월과 9월의 예비회담과 북일 적십자연락협의회가 열렸지만, 북일 양측은 납치의혹을 둘러싸고 대립했다. 이와 같은 상황에서 1995년 7~8월과 1996년 7월 대홍수 이후 심화되고 있던 북한의 식량난 등 경제위기가 1997년 후반에도 이어졌다. 따라서 북한이 일본의 지원을 포함한 북일교섭 재개를 바라고 일본측도 북일교섭의 진전을 위해 1997년 11월 연립여당방문단이 두 번째 방북하여 교섭재개의 조건을 증대시켰다.

그러나 북한이 1998년 8월 인공위성 「광명성 1호」라고 선전하면서 대포동미사일 발사를 단행해, 북일교섭의 중단은 물론 양국관계도 악화되었다. 또한, 1999년 6월 서해에서 남북 해군간의 총격전이 벌어져, 북미·북일 긴장은 더 높아졌다. 이 긴장은 미국이 5월 이후 페리 조정관을 중심으로 북한정책의 재검토를 추진했기 때문에 위기로는 발전되지 않았다. 미국은 6월 남북 총격전 직후 북한과 북미간 미사일에 대한 고위급회담을 갖고, 9월에 북미 베를린합의에 이르렀다. 결국, 북한의 미사일 발사문제는 10월에 공개된 페리 보고서에 따라 미국의 새로운 대북정책으로 일단락돼, 북일교섭 공간에서 교섭촉진적 조건이 커졌다.

오부치 총리는 이와 같은 국제공간의 교섭촉진적 상태에서, 또다시 1999년 12월 무라야마 도미이치 전총리가 이끄는 초당파의원단을 사실상 정부특사로 북한에 파견했다. 초당파의원단이 방북하여 조선노동당과 북일교섭을 조기 재개하기로 합의한 것이, 수년간 중단됐던 북일교섭을 재개하는 결정적 사건이 되어 새로운 교섭국면을 열었다. 정치지도자의 방북단이 교섭공간을 주도한 노력의 결과로 2000년 들어 국내공간은 납치문제를 둘러싸고 교섭교착적 상태였던 것도 사실이지만, 같은 해 3월의 세 번째의 쌀 지원 결정과 일본인배우자의 제1, 2진 귀향에 이은 제3진의 귀국을 맞이하고 있던 것 등, 국내공간의 교섭촉진적 조건도 늘었다.

요컨대, 초당파의원단의 북일교섭 재개를 위한 노력을 정점으로 북일교섭의 국제공간은 매우 교섭촉진적이며, 북한이 미국을 우선교섭상대로 하고는 있었지만 아직도 본격적인 북미관계 정상화교섭 단계에는 접어들지 않았기 때문에, 교섭상대국공간도 교섭교착적 상태라고는 말할 수 없었다. 그러나 국내공간은 일본인배우자 귀국 등에 따라 교섭촉진적 조건의 증가에도 불구하고, 납치문제 의혹을 둘러싸고 교섭교착적 상태가 형성되어 있었다.

이와 같은 상황에서 초당파의원단의 방북 직후인 1999년 12월 북일 적십자회담과 북일교섭 재개를 위한 예비회담, 그리고 2000년 3월 북일 적십자회담을 거쳐, 대사급의 공식적 제9회 북일 국교정상화교섭이 2000년 4월 제8회 교섭 이후 7년 5개월 만에 열렸다.

제9회 북일교섭은 북한의 「과거청산」을 내건 적극적 공세로 인해 구체적 성과를 거둔 것은 아니었다. 그러나 이것은 회담 직후 발표된 2000년 6월의 남북 정상회담 전후의 평화와 화해의 분위기를 배경으로 하고 있으며, 2000년 7월에 열린 사상 첫 북일 외무장관회담과 그 뒤에 이어지는 8월의 제10회 북일 정부간 국교정상화교섭의 돌파구로서 충분한 의미를 가지고 있었다.

제9, 10회 북일 정부간 공식회담은 국제공간의 교섭촉진적 조건을 적극적으로 활용하여 교섭을 타결시키기 위해, 오부치 총리와 모리 총리 등 일본 정치지도자의 교섭공간에 대한 지도가 이루어진 결과였다. 일본측은 초당파의원단의 방북과 제9회 북일교섭에서 납치문제에 대해 「일반적 행방불명자로 조사하자」는 북한측의 요구를 수용하고, 제10회 북일교섭에서는 「과거청산」문제에 대해서도 한일과 같은 경제협력방식에 의한 해결도 처음으로 공식 제안했다. 이와 같은 일본의 유연하고 적극적 교섭태도는 교섭교착적 국내공간의 요구를 실현하기 위해서도 상대국공간에 자원을 집중적으로 배분하려는 대응이었다.

그러나 두 회담은 북한이 남북관계와 북미관계를 우선하는 가운데, 과거청산을 주장하는 북한과 납치문제를 주장하는 일본과의 갈등이 쉽게 해소되지 않은 채 끝났고 교섭은 또다시 교착상태에 빠졌다. 특히, 제10회 북일교섭에서도 북한은 「과거청산」문제를 우선시하는 강경한 교섭태도로 임했다. 이와 같은 태도는 북한이 제9회 북일교섭 직후에 열린 남북 정상회담을 계기로 한국과의 교섭을 우선시하는 태도를 강화했기 때문이었다. 한편, 일본측은 일본인배우자 1, 2진의 귀향이라는 북한의 양보를 계기로, 국내공간에서 납치문제에 의해 형성돼 있던 교섭교착적 조건을 제거하고 교섭촉진적 상태를 강화시킬 기회가 있었지만, 이를 활용할 수 없었다.

더욱이 북일교섭의 교착에도 불구하고 북미관계는 2000년 10월 이후 조명록 국방위 부위원장의 방미와 올브라이트 국무장관의 방북, 심지어 클린턴 대통령의 방북까지 시야에 들어오는 등 급진전됐다. 북한이 미국 우선전략을 채택하면서 교섭상대국공간은 9월에 일본인배우자의 제3진이 귀국했음에도 불구하고, 교섭촉진적 상태가 불안정하게 되었다. 또한, 일본은 북미관계의 급속한 진전 등의 새로운 조류 속에서 2000년 8월 제10회 북일교섭 이후 새로운 형태의 적극적 대응을 시도할 필요가 생겼다. 그 일환으로 일본정부는 같은 해 10월 6일 50만 톤의 쌀 지원을 결정하고 모리 총리는 「경제협력방식」에 의한 청구권문제 해결이라는 분명한 입장을 취했으며, 납치문제는 「제3국에서 발견」라는 타개책으로 해결하려고 하는 적극적 교섭타결 의지를 보여주었다. 물론, 50만 톤의 쌀 지원은 1997년 연립여당방북단이 방북 때 합의했다고 의혹을 사 혼란이 생겼다. 또한 「제3국에서 발견」이란 타개책도 그 방북 때 제안했던 것이 밝혀져 여야로부터 날카로운 비판이 이어졌다.

이와 같은 국내외의 격변을 거친 결과 2000년 10월 30일, 제11회 북일교섭이 제10회 교섭 이후 2개월 만에 재개됐다. 이 교섭에서 북한은 대미교섭 우선전략에 따라 소극적 자세로 일관하였으며, 일본은 과거청산에 대해 「사죄의 문서화」의 뜻을 전달하고, 「경제협력방식에 의한 해결」을 다시 제시했지만, 금액 등 경제협력방식의 구체적 내용 없이 대응했기 때문에 성과는 없었다. 이 때 이미 일본측에 있어서는 북한을 북일교섭으로 끌어내는 타이밍을 놓치고 있었던 것이다. 그러나 일본 정부지도자의 교섭공간에 대한 적극적 개입이 이어졌던 교섭이었다고 말할 수 있다.

정당외교국면은 북일교섭에서 어느 때보다 정치인과 정당의 북일교섭 재개를 통한 관계정상화 의지가 강했던 국면이었다. 또한, 교섭공간의 상태도 CⅢ(P-D-P)로 CⅣ(D-D-P)보다는 상대적으로 교섭의 타결에 유리한 것이었다. 특히 정당외교국면에서는 북미 포괄합의와 북미관계 진전을 배경으로 북한 핵 등 안전보장문제는 쟁점이 될 수 없어서 북일교섭 타결에 유리한 기회였다.

그러나 북일교섭은 제11회 결렬 이후 다시 교착상태가 이어졌다. 제11회 교섭 후 북한은 북미 정상회담 추진 등 대미관계의 개선에 집중하고 북일교섭에 소극적으로 임했다. 더욱이 북한은 2001년 1월 부시행정부의 출범을 계기로 새로운 북미·북일 관계의 전망을 명확히 하지 못한 상황에서 북일관계에 적극적으로 임하지 않았다. 이 때문에 북일교섭의 상대국공간은 교섭교착적 상태로 변화한다. 또한,

새로 출범한 부시행정부는 북한에 대해 미사일·핵을 가지고 압력을 가하고, 9.11 테러 이후에는 북미관계가 보다 악화돼 클린턴행정부 때와는 달리 북일교섭의 국제공간도 교섭교착적 상태로 바뀌었다. 이와 같은 상황의 변화에 모리 총리는 여전히 북일 국교정상화를 「2001년의 최대의 과제」로 해 한국과 러시아 대통령의 권유에 따라 북일정상회담을 위한 비밀접촉에 나서고 있었다. 그러나 모리 총리가 2001년 4월 실각함으로써 북일교섭의 추진력이 상실되고 국내공간도 교섭교착적 상태가 해소되지 않았다.

이처럼 정당외교국면에서 북일교섭 타결의 기회는 사라져, 제11회 북일교섭 이후 세 교섭공간 모두가 교섭교착적 상태인 CⅧ(D-D-D)로 되어, 교섭의 교착이 계속되었다. 따라서 새로운 국면에서의 북일교섭 재개는 평양선언이라는 또 다른 정치적 역동성을 필요로 하게 되었다.

요컨대, CⅢ(P-D-P)의 상태에 해당되는 정당외교국면에서 7년 만에 재개된 교섭은 9번째 국교정상화교섭의 형태를 취했다. 이 국면에서 일본의 교섭공간 대응패턴은 제9회 교섭에서 CⅢ의 P(R_0)-D(R_3)-P(R_0)와 같이 국내공간에 자원을 집중 배분하면서 상대국공간에는 자원을 배분하지 않은(R_0) 「국내공간 지향의 자원집중형(CT-D)」 양상을 나타냈다. 그러나 제10회 북일교섭에서 일본의 교섭패턴은 CⅢ의 P(R_2)-D(R_1)-P(R_0)와 같이 교섭교착적 국내공간에 자원을 조금 배분하면서 교섭촉진적 교섭상대국에서는 「경제협력방식에 의한 보상문제 해결」을 제시하는 등 자원을 적극적으로 배분한 「상대국공간 지향의 자원집중형(CT-O)」이었다. 또한, 제11회 북일교섭에서도 일본은 CⅢ의 P(R_2)-D(R_1)-P(R_0)와 같이 교섭교착적 국내공간에는 자원을 조금 배분하면서 교섭촉진적 상대국공간에 「경제협력방식」과 「사죄의 문서화」도 제안해 자원을 집중 배분한 「상대국공간 지향의 자원집중형(CT-O)」으로 대응했다.

이상의 대응패턴을 정리하면 다음 **그림4-2**와 같다.

그림 4-2 정당외교국면에서 교섭공간에 대한 대응패턴

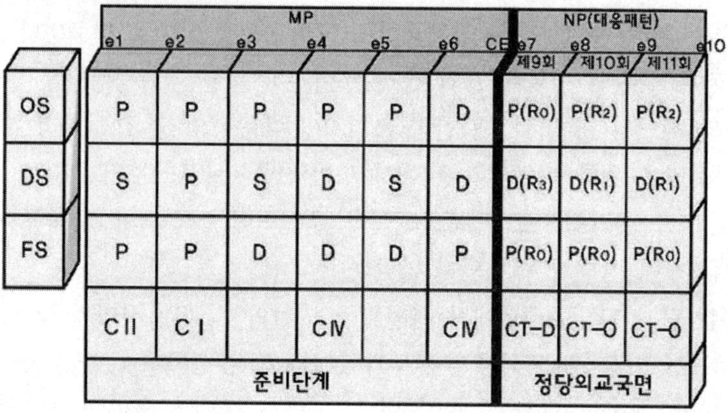

1. OS; Opponent Space DS; Domestic Space FS; Foreign Space
2. MP; Main Phase NP; Negotiation Phase CE; Critical Event
3. P; Promotive D; Deadlock S; Static
4. CⅠ∼CⅥ; 교섭공간의 상태
5. DT; 자원분산형(Dispersion Type), CT; 자원집중형(Concentration Type), RT; 자원억제형(Restraint Type)
6. e1; 북미 제네바 포괄합의(94.10)/e2; 1차연립여당방북(95.3)/e3; 한·미의 견제(95.3∼96)/e4; 납치문제의 표면화(97.2)/e5; 예비회담(97.8) 및 2차연립여당방북(97.11)/e6; 대포동미사일과 페리 어프로치(98.8∼9)/CE; 초당파의원단 방북(99.12, CⅢ; P-D-P)/e7∼e10; 북일교섭(2000.4∼10)

제5장 평양선언국면과 일본의 교섭패턴

제 5 장

평양선언국면과 일본의 교섭패턴

제1절 평양선언국면

평양선언국면은 부시정권의 발족(2001.1)과 9.11 테러 이후 북미관계가 악화된 가운데 열린, 평양선언(2002.9)이라는 결정적 사건을 계기로 조성되었다. 그리고 그 사이 중단된 북일교섭이 제12회 북일교섭(2002.10)으로 재개돼 제2차 북일 정상회담(2004.5)을 거쳐 제1회 북일 포괄병행협의(제13회, 2006.2)에까지 이르는 4년여의 국면이다.

본 절에서는 위와 같은 평양선언국면에 대해, 교섭상대국, 국내, 국제공간의 상태(CⅠ~CⅦ)를 상세히 분석하고 이 국면의 성격을 가능한 정확하게 밝히고자 한다.

1. 부시정권 발족과 9.11 테러; 국제공간의 교섭교착적 상태

1) 부시정권의 대북정책 재검토

남북 정상회담과 북미관계의 급진전 등을 배경으로 조성된 국제공간과 북일교섭을 원했던 북한의 상대국공간의 교섭촉진적 상태는 북일 외무장관회담과 제10회, 11회 북일교섭으로 이어졌다. 그러나 2000년 10월 제11회 북일교섭의 교착 이후, 클린턴 대통령의 방북까지 예상된 북미관계는 더 이상 앞으로 진행되지 않고, 북일교섭에도 진전이 없었다. 이 교착은 국제공간의 새로운 상태의 변화와 관계가 있다. 클린턴정권은 북한과 관계정상화까지 시야에 넣어 대화를 추진했지만, 부시정권이 발족되고 상황이 완전히 변했다.

2000년 12월 14일, 미국대통령선거에서 부시(조지 워커 부시, George Walker Bush)후보의 당선이 확정된 후, 미국의 클린턴 대통령은 12월 28일, 이듬해 1월 임기가 만료하기 전 목표로 검토하고 있던 대북 공식방문에 대해서 "적정하게 실행하기에는 시간이 부족하다"라며 단념했다고 발표했다.[1]

2001년 1월 발족한 부시정권은 2000년 말 클린턴정권의 대북 대화정책과는 전혀 다른 미국의 대북정책을 재검토하겠다는 태도를 보였다.

미국의 콜린 파월 차기국무장관은 1월 17일, 인준을 위한 상원 외교위원회 공청회에서, 부시 차기정권의 외교정책에 대해서 증언했다. 특히, 그는 대북정책에 관해서 포괄적으로 재검토할 방침을 제시한 뒤, 기본태도로서 (1) 미사일개발 수출, 한국에 위협이 되고 있는 전력배치 문제가 근본적으로 개선되지 않는 한, 인도적 식량지원 이외의 보상은 하지 않는다, (2) 클린턴정권의 관여정책을 계속하기에 문제는 없지만, 성급한 관계정상화로는 내달리지 않는다, (3) 일본이나 한국과의 협의를 중시하고, 현실적이고 매우 신중하게 대응하겠다고 말해[2], 북미관계가 조속히 개선되지 않을 것임을 보였다.

또한, 콘돌리자 라이스 국가안전보장담당 대통령보좌관은 1월 26일, 고노 요헤이 외상과 백악관에서 약 30분간 회담하고, 고노 외상이 부시정권이 진행하는 대북정책의 재검토에 관련하여 "일본에는 북한에 의한 납치문제가 있다. 꼭 미국에서도 이해하길 바란다"라고 요청한 것에 대해서, "미국도 인식하고 있고, 북한과의 양국간 협의로 적절하게 거론하고 싶다"라고 답해[3] 북미관계에 있어서 납치문제를 취급할 것임을 밝혔다.

파월 미 국무장관은 2월 7일, 방미중인 한국의 이정빈 외무장관과 회담하고, 양국 정부는 공동성명에서 대북정책에 대해 「양국의 포괄적 파트너십과 긴밀한 조정을 유지한다」는 것에 합의했다고 발표했다. 미국측은 부시정권으로서 북한에 대한 한국의 포용(햇볕)정책을 지지하는 입장을 명확히 했다. 파월 장관은 북미 미사일 합의는 "북미관계의 정상화를 추진하는 무대로의 티켓이다"라고 표현하고, 클린턴 전 정권부터 이어온 미사일교섭을 계속할 뜻도 명확히 했다[4].

북한은 미국의 신 정권의 발족을 맞아 「북한의 무역, 재정 양 부처 차관과 중앙은행 관계자로 구성된 경제시찰단이 이달(2월) 27일부터 5일간, 워싱턴과 뉴욕 등 미국 주요도시를 방문한다[5]」라는 것을 계획하는 등, 본격적 북미교섭의 개시 전에 경제개혁과 북미회담에 대한 의사를 밝혔다.

하지만, 북한은 계속 재검토 중인 미국의 대북정책에 대해 경고도 했다. 북한외무성은 2월 21일, 『조선중앙통신』의 보도로 부시 신 정권의 대북정책에 강한 우려를 나타나고 「지난 시기(미 전 정권 때에) 우리는 자체 방위를 위한 우리의 미사일이 미국에 위협으로 된다고 하기 때문에 미사일협상이 진행되는 기간 장거리미사일 발사를 중지하는 것과 같은 합리적 안들을 내놓았다」라며, 그러나 「우리는 미사일협상이 진행되는 기간 장거리미사일을 발사하지 않기로 하였지만, 발사 중지문제를 무한정 끌 수 없게 될 것이다」라고 담화를 발표했다[6]. 이것은 북미회담 중 미사일 발사의 동결을 결정한 1999년 9월의 「베를린합의」는 전 정권과의 사이에서 체결된 것임을 강조하면서 부시정권을 견제한 것이다.

그 후, 미 국무성의 허버드 차관보대행은 2월 26일, 북한에 납치된 의혹을 갖고 있는 요코타 메구미를 비롯한 행방불명자 가족과 만나 "앞으로도 북한에 대해 이 문제에 주의를 기울이도록 강하게 촉구한다"라는 미 정부의 방침을 말했다. 또한, 허버드는 문제가 되고 있는 경우는 "북한의 납치, 테러 행위인 것은 의심할 여지가 없다"라며, 해결을 위해 북한의 주의를 환기시키겠다는 자세를 나타냈다[7].

그리고 부시 미국대통령은 2월 27일 의회연설에서 미국이 직면하고 있는 위협으로 "대량살상무기 개발을 계획하는 불량국가rogue state"를 거론한 뒤, 그 미사일 공격에서 미국과 동맹국을 지키기 위해, 미사일방위망의 정비가 필요하다고 말했다[8]. 부시 미국대통령은 이름을 거론하는 것은 피했다. 하지만, 미 정부가 1990년대 중반부터 테러를 지원하거나 대량살상무기를 개발하고 있는 나라를, 국제질서를 위협하는 「불량국가」라고 규정하고, 북한과 이란, 이라크, 리비아, 수단 등을 그렇게 불러온 것을 고려하면, 북한과 이라크 등을 염두에 두고 있는 것이 분명했다.

더욱이, 부시 대통령은 3월 7일, 백악관에서 김대중 한국대통령과 처음으로 회담한 후, 북한의 김정일 총서기에 대한 「회의심」을 보이고, 북한에는 "투명성이 없다"라며, 교섭의 합의에는 "약속을 지키는 검증수단의 확립이 필요하다"라고 표명했다. 클린턴 전 정권이 합의 직전까지 진행한 미사일규제를 둘러싼 교섭을, 그대로 이어받지 않을 방침을 나타냈다[9].

파월 장관도 회담 후에 있었던 하원 외교위원회에서 북한에 대해 "한 사람에게 권력이 집중된 전제적이고 파산한 국가"라고 표명하며, 미국의 우려는 핵과 미사일 등의 대량살상무기에 머무르지 않고 "대규모 재래식병력, 국민압박, 인권침해" 등 광범위하게 미친다고 하고, 이와 같은 문제에 개선이 없는 한 미국의 양보나 접근은 없다고 증언했다[10].

이와 같이 부시 미 신 정권은 클린턴 전 정권이 취한 대화노선에서 선을 긋고 엄격한 자세를 명확히 했다. 또한, 공동 언론성명에서는 김대중 대통령의 포용(햇볕)정책의 지지 등을 표명했지만 북한에 대한 한미의 인식차가 부상하게 되었다.

북한은 이와 같은 미국 부시정권의 정책전환 방향에 대해 강경한 자세로 반응했다.

『라디오프레스』 등에 의하면 『평양방송』은 3월 14일, 미국을 비판하는 특별 프로그램을 방송하고 「미국은 함부로 경거망동하지 말라」 「(미국은) 테러를 일삼는 침략집단이다」 등 4편의 논평을 계속 전했다[11]. 『노동신문』도 14일자 논평에서 「그들(미국)은 우리의 있지도 않은 『위협』과 『인권문제』를 터무니없이 걸고드는가 하면, 일본의 『납치』 소동에 맞장구를 치고 우리를 『테러지원국』으로 몰아붙이면서 도발적이고 무분별한 반공화국 행위의 도수를 높이고 있다」며 부시정권을 강하게 비판했다. 더욱이, 논평은 「이것은 조미관계 개선을 바라지 않으며, 우리에 대한 적대시정책과 고립압살책동을 강화하는 데로 나가려는 미국의 입장을 보여주는 것이다」라고 강조하며, 「미국이 우리에 대하여 강경하게 나오는 이상, 우리도 그에 강경히 대응해 나갈 것이다」라고 경고했다[12].

그러면서도 북한은 3월 19일, 여러 미디어를 통해서 강경한 자세와 동시에 대화재개를 요구했다. 북한은 「미국의 부시행정부가 조선반도 정세를 긴장격화로 몰아가는 흉계를 내비치고 있다」라고 비난하면서도 「미국은 통일문제 해결에 긍정적 역할을 해야한다」라고 촉구했다[13]. 그리고 「미국은 우리가 저들의 말(핵사찰)을 듣지 않으면, 이라크처럼 짓뭉갤 것이라고 암시하면서 저들의 강도적인 핵사찰요구에 순순히 응할 것을 강요해 왔다[14]」고 하면서도 「사실 오늘날 지구상에 미국을 위협하는 나라는 없다. 우리로 말하면 미국을 선제공격할 의사를 가지고 있지 않다. 우리가 바라는 것은 조미사이의 대결이 해소되고 관계 개선이 이루어지는 것이다[15]」라며, 미국측에 대화재개의 의사를 나타냈다. 한국의 김대중 대통령도 같은 날, "남북과 북미는 불가분의 밀접한 관계다"라고 말하며 북한과 부시 신 정권에 의한 대화계속의 필요성을 강조했다[16].

또한, 3월 26일, 일본의 마키타 구니히코 외무성 아시아대양주국장, 미국의 허버드 국무차관보대행, 한국의 임성준 외교통상부차관보가 각각 대표로 참가해 북한에 어떻게 대응할지 협의하기 위한 「감독 · 조정 · 그룹 회합(TCOG)」가 서울 시내에서 열렸다. 미국 부시정권이 발족하고 처음으로 한국정부는 북한과의 대화가 정체되고 있는 미일에 조기 대화재개를 촉구했다. 회합 후에 나온 공동 기자 발표문에 의하면, 한미일 3국은 한국의 포용(햇볕)정책을 앞으로도 지지하는 것에 일치했지만, 부시 대통령 등 정부 수뇌가 북한에 회의심을 강조하고 있는 미국정부는 신중한 자세를 바꾸지 않았다. 대북정책 검토에 있어서는 「동맹국(한일)의 입장을 고려할 예정」이라고 했다[17].

이와 같이 부시정권 발족 이후의 정세는 북미 양국간에 강경책이 나타나고 있지만, 대화노선도 포기하지 않은 상황이었다. 이것은 부시정권의 대북정책이 2000년 6월 남북 정상회담이나 북미 양국 고위급 상호방문 등 북미관계의 급진전을 계기로 조성된 국제공간을 곧바로 교섭교착적 상태로 바꾸지 못했던 것을 나타내고 있다.

그 때문에 부시정권이 처음 취한 대북정책은 강경 일변도인 것은 아니었다. 부시정권이 2001년 6월 6일, 대북정책의 재검토를 마치고 그 내용을 성명으로 발표했다. 이에 따르면 부시정권은 북한에 핵·미사일 문제의 엄격한 검증 등 엄중한 3가지 조건을 붙이면서 대화재개의 의향을 표명했다. 그 3가지 조건은 「핵개발에 대해서는 북미 포괄합의 이행을 『개선』, IAEA의 전국 사찰을 즉시 개시, 미사일에 대해서는 장·중거리 미사일의 개발·배치의 규제, 수출의 금지, 개발 동결의 사찰·검증 체제의 확립, 재래식전력에 대해서는 군사경계선 부근에서 철수·축소[18]」 등으로 북한에게 상당히 엄중한 것이었다.

성명은 이 3가지 조건의 진전에 대해 취해야 할 「북한의 조치는 남북화해와 한반도의 평화를 실질적으로 진전시켜야 한다. 만약 북한이 확실히 호응하면, 우리는 북한 사람들을 도와 경제제재를 완화하고, 기타 정치적 조치에 관련된 우리의 노력을 펼칠 수 있는…(중략)…우리는 대북한관계의 성격 변화를 진지하게 고려하고 있다. 우리의 목표는 김정일이 관계 개선을 진지하게 원하고 있는지를 보여줄 기회를 주는 것이다[19]」라며, 북한의 조치가 진전되면 대화를 재개할 용의가 있다고 표명했다.

이와 같이 미국은 핵개발, 미사일, 재래식전력의 일괄교섭을 목표로 하고 있고, 핵·미사일, 테러 등 분야마다 한걸음씩 진전을 목표로 한 클린턴 전 정권과의 차이를 나타냈다. 조건을 들이대면서도 대화를 진행한다는 성명을 낸 배경에는 부시정권도 극단적인 일국중심주의로는 외교를 진행시킬 수 없는 현실이 있었다. 북한이 1994년 북미 포괄합의와는 달리 핵개발을 은밀히 계속하고 있다는 견해는 공화당 강경파에 강했다. 정권 내에서도 럼즈펠트 국방장관과 라이스 국가안보담당 대통령보좌관은 안이하게 대화에 응하는 것은 상책이 아니라고 주장하고 있다. 그러나 미국정부 고위관리는 6일(부시정권의 신 대북정책에 대해) 「파월 국방장관이 승리했다」라는 견해를 『로이터통신』에 말했다[20].

미국의 신 대북정책에 대해서 중국외교부의 쑨위시孫玉璽 부보도국장은 6월 7일, "북미양측이 대화과정을 견지하고, 한반도의 평화와 안정을 위해 적극적 작용을 발휘할 것을 기대한다[21]"며 환영의 자세를 보였다. 그러나 북한은 7일자 『노동신문』에서 미국 이지스함을 동해에 배치할 수도 있다는 미 국방부 고위관리의 발언에 대해서,「우리에 대한 노골적인 군사적 도발이며 위협공갈이다」라며 부시 대통령을 지명해 비난했다[22]. 더욱이 북한외무성은 6월 18일 미국의 대화재개라고 내건 「재검토 정책」에 대해, 미국이 제안한 대화의 「그 의제란 이른바 우리의 핵 및 미사일, 상용무력과 관련한 것이다」라고 지적하면서, 「미 행정부의 이번 『대화재개 제안』은 성격에 있어서 일방적이고 전제조건적이며 의도에 있어서 적대적이라고 평하지 않을 수 없다」며 비난하는 담화를 발표했다[23].

이와 같이 북한은 미국의 3가지 조건에 대해서 반발했지만, 북한의 리형철 유엔대사는 6월 13일, 뉴욕에서 미국의 잭 프리처드 한반도평화협의담당특사와 협의하는 등 7월 말까지 3회에 걸쳐 접촉했다. 한국 외교관계자에 의하면, 아시아 순방중인 파월 미 국무장관은 7월 27일, 한국의 한승주 외교통상부 장관과 회담에서 북한과의 협의 재개를 위해 지금까지 3회에 걸쳐 접촉했다고 밝혔다. 단 "우리는 북한의 긍정적 대답을 기다리고 있다"라고 말해 대화재개 여부는 어디까지나 북한이 쥐고 있는 인식을 나타냈다.[24]

2) 9.11 테러와 북미관계 악화

미국의 대화와 압력을 병행하는 어프로치에 북한이 반발하고 있는 상황에서 2001년 9월 11일 아침(미국 동부 시간), 뉴욕, 워싱턴 등에서 동시다발 테러가 발생하고, 미국이 「테러지원국가」라고 지정하고 있던 북한에 대해 미국의 정책은 새로운 국면을 맞았다.

북미관계자에 의하면, 북한은 9월 11일 아침 테러 발생 약 15시간 후에, 미국의 이익대표부가 있는 평양의 스웨덴대사관을 통해 문서를 보내고, 「깊은 애도의 뜻」을 나타냈다. 그 후, 북미접촉의 장소가 되고 있던 뉴욕에서 적극적 외교를 계속하고 있었다고 한다[25].

또한, 북한은 9월 12일 외무성담화에서 「국제사회에 커다란 경악을 자아내고 있는 비극적 사건은 테러의 심각성을 다시한번 상기시켜 주고 있다」며 「유엔 회원국으로서 모든 형태의 테러, 그리고 테러에 대한 어떠한 지원도 반대하는 우리공화국의 입장에는 변함이 없다」라고 반테러 자세를 표명했다[26].

부시정권은 9.11 후, 「테러와의 전쟁」을 선포하고 영국과 함께 10월 7일부터 9.11 테러의 주모자로 알려진 이슬람과격파 지도자 오사마 빈 라덴을 비호하고 있던 탈레반 정권의 아프가니스탄 공습을 시작해, 11월 13일 카불을 함락시키고 마침내 20일 아프가니스탄의 탈레반정권을 붕괴시켰다.

동시에 부시 미국대통령은 미·영국군의 아프가니스탄 공습 중인 10월 19일, 상하이에서 김대중 한국대통령과의 회담모두에서 기자단에게 북한문제에 대해 "북한이 우리(한미측)의 대화제안을 받아들이는 것은, 한반도의 평화적 관계를 주도할 수 있는 기회를 잡는 것이다"라고 강조하고 북한이 북미대화에 적극적으로 응할 것을 촉구했다[27]

그러나 북한은 10월 23일 외무성담화에서 미국과의 대화와 관련해 「조미대화가 이미 두 나라 정부사이에 합의된 기본합의문과 공동코뮤니케를 이행하기 위한 실천적 문제를 논의하는 대화라면 정상적이고 합리적인 공정이 될 것이다」라고 한 뒤, 「신의 있는 조미대화 재개는 부시행정부가 클린턴행정부의 마지막 시기에 취했던 입장 수준에 도달해야 논의될 수 있는 문제라고 본다」라고 말했다[28]. 북한은 북미대화에 임할 의사를 표명했지만, 2000년 10월 공동성명서 등 클린턴정권 때의 북미합의를 출발점으로 한다는 것을 강조했다.

이후 미 국무부는 10월 26일 세계 각국의 종교 자유를 평가한 연례보고서를 발표하고 「문제국가」로 2000년까지 미얀마(버마), 중국, 이란, 이라크, 수단에 더해 북한을 특히 우려한다고 새롭게 추가 지정하여[29], 북한을 정치적으로 몰아 넣었다.

미국이 이런 태도를 취하고 있었음에도 불구하고, 북한외무성은 11월 3일 북한이 「테러자금제공금지조약」 서명과 「인질반대국제협약」의 가입방침을 정했다고 발표했다. 이에 대한 미 국무부당국자는 7일 「반테러 국제노력에 협력하는 것을 환영한다」며 『로이터통신』를 통해 말했다[30].

그러나 도널드 럼스펠드 미 국방장관은 11월 15일 한국의 김동신 국방장관과의 회담 때 기자회견에서 북한이 테러조직 알카에다에 화학·생물무기 등의 기술을 전달한 듯한 "증거는 없다"라고 했지만, "북한의 미사일과 대량살상무기의 개발은 계속되고 있다"며 여전히 위협이라는 인식을 나타냈다[31]. 또한, 미국의 볼튼 국무차관은 19일, 생물무기금지조약의 이행 점검을 위해 제네바에서 열린 회의에서 이라크, 이란, 북한 등 6개국을 조약 위반과 위협을 주는 나라로 지명하고 비난했다[32].

나아가 부시 대통령은 11월 26일 백악관에서 가진 기자회견에서 북한과 함께 이라크에 핵무기 등의 개발을 둘러싼 유엔의 사찰을 받아들이도록 요구함으로써, 아프가니스탄의 탈레반정권 붕괴 후, 다음으로 공격할 표적으로 이라크를 검토하고 있음을 시사했다. 부시 대통령은 테러조직을 은닉하는 국가와 마찬가지로 "대량살상무기로 세계를 위협하는 국가의 책임을 추궁할 것"이라고 말했다. 이것은 부시 정권이 9.11이후 지금까지 테러조직을 지원하는 국가는 「적」이라는 원칙을 냈지만, 앞으로는 대량살상무기 개발 국가도 「적」으로 하겠다는 방침을 나타낸 것이다. 부시 대통령은 그런 맥락에서 북한에 대해 "북미관계를 개선하려면 대량살상무기를 개발하고 있는지 여부를 알 필요가 있다고 명언해 왔다"며, (북한이) 중동국가 등에 미사일기술을 판매하고 있다는 우려도 지적했다. 그리고 "대량살상무기를 사용할 수도 있는 국가가 그것을 입수하는 것을 방지하는 것도 테러와의 전쟁의 일환이다"라고 말했다[33].

이에 대해 북한외무성 대변인은 11월 28일 「미국은 우리가 테러와는 어떠한 관계도 없고 테러를 반대하여 할 바를 다 하고 있음에도 불구하고, 우리를 『테러지원국』 명단에 올려놓고 대조선 적대시정책을 더욱 노골화하고 있다. 우리에게 『테러』라는 모자를 씌운 미국이 우리와 반테러 협력을 운운하는 것이야 말로 어불성설」이라고 비난하면서, 「제반 사실은 이제는 (조미간) 대화를 통한 문제 해결의 전망이 사실상 요원해졌다는 것을 보여주고 있다」고 말했다[34]. 이와 같이 북한은 대화의 의사를 종종 표명해 온 기존 입장과는 다소 달리, 부시 미국대통령이 이라크와 함께 북한에 대해 핵무기 등 대량살상무기의 유엔 사찰을 강하게 요구했던 것에 반발했다.

이 와중 한국의 『연합뉴스』가 11월 29일 「북한은 이형철 유엔대사가 퇴임하기 직전인 11월 12일 테러자금공여금지조약과 인질반대국제협약에 서명했다」라고 전했다[35]. 이에 대해 바우처 미 국무부대변인은 29일 "북한이 참여의사를 밝혔다"라고 확인하면서 "테러와 싸우는 국제노력에 협력하는 것은 환영한다"고 말했다. 또한, 북한이 미국정부의 「테러지원국가」 리스트에서 제외하도록 요구한 데 대해, 미 고위관리는 "전 일본 적군파멤버를 계속 숨겨주고 있는 것이 바로잡아야 할 점이다"라고 말했다[36].

북한이 반테러 조약에 서명했음에도 불구하고 미국정부는 12월 3일 미사일방어(MD) 요격실험을 실시해, 대량살상무기 개발 의혹을 받고 있는 「테러지원국」에 경고했다. 특히, 이는 핵사찰 수용을 거부하고 있는 이라크와 북한 등을 염두에 둔 견제의 의미가 강했다[37].

또한, 부시 대통령은 12월 11일 사우스캐롤라이나주에서 국방 정책에 대해 연설하고 이라크, 북한 등 「불량국가」의 핵 및 생물·화학 무기 등의 확산 위협을 강조하면서 "만약 탈레반이 미국과 동맹국을 탄도탄미사일로 공격했다면 어떻게 됐을까?", "동시다발테러로부터 한정적이고 효과적인 대미사일 방어가 필요한 것이 더욱 분명하게 됐다"며 테러조직에 의한 미사일공격에 대비할 필요성을 강조했다[38].

이어 부시 대통령은 백악관에서 12월 13일 아침(일본시간 14일 새벽) "오늘 1972년의 탄도탄요격미사일 제한Anti Ballistic Missile, ABM[39] 조약에서 탈퇴하는 것을 이 조약에 따라 러시아에 공식 통보했다"고 성명을 발표했다. 또한, 부시 대통령은 성명에서 "ABM조약은 우리정부가 미래의 테러리스트와 불량국가의 미사일공격으로부터 우리국민을 지키기 위한 방법을 개발하는 능력을 방해하고 있다는 결론에 이르렀다"라고 한 후, "동시에 미국과 러시아는 새롭고 더 희망적이고 건설적인 관계를 발전시켜 왔다. 우리는 상호 파괴의 보증mutually assured destruction에서 상호 협력mutual cooperation의 관계로 넘어가고 있다"며 "푸틴 대통령과 나는 조약에서 탈퇴하는 나의 결정이 우리의 새로운 관계와 러시아의 안보를 해치지 않는다는 것을 합의했다"라고 말했다[40].

해를 넘긴 2002년 1월 1일, 북한 『노동신문』은 신년 공동사설에서 미국의 강경책에 대해 「『반테러』의 명목 밑에 감행되고 있는 미제와 남조선 호전분자들의 반공화국·반통일 책동으로 말미암아 지금 조선반도에서는 긴장상태가 격화되고 있다」라고 비난한 뒤, 「제국주의 호전계층들은 우리 민족의 드팀없는 통일의지를 똑바로 보고, 대조선 고립압살기도를 버려야하며 남조선에서 침략군을 당장 철수시켜야 한다」고 주장했다[41].

또한, 『노동신문』은 8일 미국의 대북정책에 대해 「언론들을 내세워 아프가니스탄 전쟁 다음의 『테러응징목표』가 『조선이 될 수 있다』는 여론들을 내돌리게 한 것은 조선반도를 다음 전쟁이 일어날 수 있는 지역으로 점찍고 아시아태평양 전략의 초점을 조선반도에 맞추고 있다는 것을 시사한 것이다[42]」라고 비난했다.

이어 10일에도 『노동신문』은 「『핵 및 미사일 위협』과 『상용무력 축감』을 떠드는 것은 강도적인 논리」, 「새로운 국가테러로 공화국압살을 위한 『테러지원국』 『불량배국가』 소동」 등 일련의 논평을 발표하고 부시정권이 국가 테러로 북한을 압살하려 하고 있다고 비난했다[43].

북한의 대미비판이 강해지는 가운데 부시 미국대통령은 2002년 1월 29일 연두교서 연설에서 "우리나라는 2개의 큰 목표 추구에 있어서 부동의 참을성을 갖고 영속적으로 계속할 것이다. 첫째, 우리는 테러리스트 캠프를 폐쇄해 테러리스트의 계획을 방지하고 테러리스트를 재판에 회부한다. 둘째, 우리는 화학, 생물, 핵무기를 구하는 테러리스트나 정부가 미국 및 세계를 위협하는 것을 허용해서는 안 된다[44]"라고 했다. 북한에 대해서는 "국민을 굶겨가면서 대량살상무기와 미사일로 무장하고 있는 정권이다[45]"라고 비난했다. 그런 뒤 핵무기 또는 생물·화학무기 개발 의혹을 받고 있는 북한, 이라크, 이란 3개국을 들어 "이들 국가들과 그 테러리스트 동맹국은 세계의 평화를 위협하는 「악의 축an axis of evil」을 구성하고 있다[46]"라고 하면서, 그 국가들도 테러와의 전쟁의 대상으로 염두에 두고 있다는 것을 나타났다.

북한외무성은 1월 31일 부시의 연두교서에 대해 「이는 미국대통령 부시가 우리공화국을 군사적으로 덮쳐보려는 무모한 기도를 드러냈다」라는 성명을 발표했다. 성명은 「이것(부시의 악의 축 연설)은 사실상 우리에 대한 선전포고나 다름이 없다」라고 반발한 뒤, 「우리는 『대화』와 『협상』의 가면마저 벗어던지고 정세를 전쟁접경에로 몰아가고 있는 미국의 심상치 않은 움직임에 대해 예리하게 주시하고 있다」라고 경고했다[47].

그러나 북한은 겉으로는 이상과 같이 연두교서에 대해 강하게 반발했지만, 미국과는 물밑 접촉은 계속했다. 북한은 1월 10일 신임 박길연 유엔대사와 잭 프리처드 한반도평화협의담당특사가 「대면」한

후, 부시 미국대통령의 1월 29일 연두교서 후에도 미국과 뉴욕에서 협의한 것이다[48].

파월 미국무장관도 「악의 축」 연설을 둘러싸고, 같은 뉴욕에서 2월 1일에 열린 한국과의 외무장관회담에서 "대북정책은 불변이다"라고 설명했다. 또한, 파월 장관은 2월 6일 하원 외교위원회에서 "대통령의 연설은 북미대화를 닫는 것을 의미한 것은 아니다. 언제 어디서든 대화를 재개할 방침에 변함이 없다"라고 말했다[49].

이와 같이 북한과 대화를 계속하면서 파월 미 국무장관은 2월 13일 미 하원 세출위원회에서의 증언을 통해 북한이 IAEA에 의한 사찰을 전면적으로 받아들이도록 요구했다. 실현하지 않으면 북한에서 한미일 등이 경수로형 원전을 건설하고 있는 사업에 대해 "전체 프로그램을 중단한다"고 표명해, 북한에 대한 경고를 보냈다[50].

북한도 2월 22일, 2월 17일부터 4일간 이루어진 부시 대통령의 아시아순방에 대해 「이 기간 미국대통령 부시는 우리의 자주권을 침해하고 내정에 노골적으로 간섭하며 우리를 힘으로 압살해 보려는 위험천만한 기도를 보다 선명히 드러내 놓았다. 이로써 부시가 우리를 『악의 축』이라고 망발한 것이 어떤 무기문제나 『테러와의 연관성』 문제가 아니라 국제여론도 평가하고 있는 바와 같이 본질상 우리 최고수뇌부와 우리제도에 대한 부시의 체질적 거부감에서 나온 것이라는 것이 명백해 졌다[51]」고 강한 자세로 부시정권을 비난했다.

한편, 이 때 부시 대통령은 연두교서 이후, 북한이 과감한 조치를 취하면 그에 대해 더 많은 것을 제공하는 방안을 준비했고, 이것은 「대담한 어프로치bold approach」라고 명명됐다. 이것은 다시 대북정책을 재검토a second review한 것으로 부시정부는 대통령특사를 보내 「대담한 어프로치」를 북한 최고위층에 전달하는 방안을 모색했다. 이에 프리처드 특사는 2002년 6월 하순, 7월 10일에 제임스 · A · 켈리 미 국무차관보(동아시아태평양담당)의 평양방문을 제안하기 위해 박길연 대사를 만났다[52].

그러나 2002년 6월 29일 한국 서해에서 북한 경비정이 해상 분계선을 넘어 한국 해군과 교전이 발생했다. 이에 따라 활발한 교류가 이루어지고 있던 남북관계뿐만 아니라, 미국정부특사를 보내려던 미국과 북한간의 관계도 긴장하게 됐다.

요컨대, 남북 정상회담과 북미 정상회담 추진에 의해 조성된 국제공간의 교섭촉진적인 상태는 부시정권 발족 직후 매우 약화되었다. 그럼에도 불구하고, 부시정권은 이전에 만들어진 북일교섭에서 교섭촉진적 국제공간의 상태를 갑자기 교섭교착적으로 바꾸지 못했다. 그래서 부시정권 발족 이후, 6월에 발표된 신대북정책은 핵, 미사일, 재래식전력에 대한 압박을 가하면서도 대화재개를 촉구하는 것 등을 병행했다. 그러나 미국은 2001년 9.11테러 이후, 핵개발 등 대량살상무기를 개발해 온 북한을 「악의 축」으로 비난하고, 북한의 핵·미사일에 대해 강하게 압박함으로써 북일교섭의 국제공간을 일거에 교섭교착적 상태로 변화시켰다.

2. 부시정권 발족과 북일관계; 상대국공간의 교섭촉진적 상태

1) 모리정권과 북일 정상회담의 모색

북한은 2000년 1월, 주요 7개국(G7) 중 처음으로 이탈리아와 국교를 수립한 이후, 남북 정상회담을 거쳐 북미관계 개선뿐만 아니라, 2001년 1월 15일 네덜란드, 23일에는 벨기에와 국교를 수립하고, 24일에는 독일도 국교수립 방침을 각의에서 결정하는 등, 「국교러쉬」를 이어갔다[53]. 북한 『노동신문』 등은 새해 공동사설에서 「우리의 자주권을 존중하는 나라들이라면 그 어떤 나라든지 대외관계를 개선해 나갈 것이다」라고 밝혔다[54]. 그리고 2001년 5월 3일, 김 총서기와의 회담을 마친 패튼 EU위원은 "김 총서기는 시원시원하게 말하고 회담은 개방적이였다"라며 기자회견을 했다. 패튼은 EU와 북한과의 관계수립에 대해 "EU 15개국 중 (프랑스 제외) 14개국은 동의하고 있고, 이번 방북을 바탕으로 몇 주에 걸쳐 긍정적으로 검토하겠다"라고 자신감을 보였다[55]. 그 결과 2001년 5월 시점에, 프랑스·아일랜드를 제외한 모든 EU가입국이 북한과 외교관계를 수립했다[56].

북한은 이와 같이 남북관계뿐만 아니라 북미관계 나아가 유럽 등 서방국가와의 관계 개선에 적극적으로 나섰다. 그러나 북한의 이와 같은 국교수립을 포함한 개방 외교는 부시정권 발족과 9.11 테러사건 이후 계속된 부시정권의 대북 강경책으로 심각한 곤란에 직면했다.

더욱이 제11회 북일교섭 결렬 이후 교착상태가 계속된 북일관계도 부시정권 발족 이후 진전의 조짐도 보이지 않았다. 그 때문에, 북한은 2000년말 부시의 당선이 확정되자 미국과의 관계 개선을 위해 경고도 했지만 대화도 요청한 반면, 일본과는 비밀리에 접촉해 모리 요시로 총리와의 정상회담도 타진해 왔다.

모리 요시로 총리는 부시정권 발족을 앞두고 신년 기자회견에서, 북한과의 국교정상화교섭에 대해서는 “올해(2001년) 최대 외교과제”로 위치 지으면서도 “결코 황급해 할 필요는 없다”고 신중한 태도를 보였다[57].

그러나 모리 총리는 2000년 6월 남북 정상회담 후, 김대중 대통령이 “그를 만난 것은 매우 좋았다. 의외라고 생각할 만큼 뛰어난 사람이다. 판단도 빠르다. 역시 만나서 이야기해 볼 일이다. 그렇지 않으면 일은 시작되지 않는다[58]”라고 말했다고 했다. 모리 총리도 “김 총서기에게 연락이 있다면, 일본도 바라던 일이니까 조언을 부탁하고 싶다[59]”라고 했더니, 김 대통령은 “알겠습니다”라고 약속해 주었다고 한다[60]. 러시아의 푸틴 대통령으로부터도 오키나와 정상회의 때(2000년 7월) 정상회담을 권유받았다고 한다[61].

모리 전총리에 따르면, 먼저 북한측에서 제안이 있었던 것은 2000년 말, 조선노동당 관계자가 「적십자회담을 몇 번을 한다해도 (납치문제는) 해결되지 않는다. 정상끼리 해주세요」라고 전해왔다. 측근들에 의한 사전절충을 제의해 왔기 때문에, 나카가와 히데나오 전 관방장관의 이름을 거론하자, 북한측은 94년 북미 포괄합의를 끌어내 김정일 총서기의 신뢰도 두텁다고 알려진 강석주 제1외무차관을 지명해 왔다고 한다[62].

그리고 나카가와와 강 양측은 2001년 1월 27일 싱가포르에서 비밀리에 접촉해 나카가와는 "일본은 납치문제의 해결 없이는 과거문제는 논할 수 없다. 납치문제를 해결해 줄 것인가"라고 하자, 강은 "정상끼리 해결해 주세요"라고 답해 정상회담을 제안했다고 한다. 모리는 이와 같은 이야기를 외무성간부에게 설명하고 "내가 가도 좋다"라고 전했다. 그러나 총리 재임 중 외무성으로부터 구체적 제안은 없었다고 한다[63].

나카가와와의 회담석상에서 강 차관은 지금까지의 북한측의 주장이었던 「배상 청구권」을 포기하고 한일 (국교)정상화 때 사용된 「경제협력방식」의 수용을 표명했다고 한다. 이리하여 북일 정상회담의 실현을 향해 큰 일보를 내디뎠다. 하지만 그 후 모리정권의 지지율은 저하의 길을 걷고, 4월 26일에 이르러 모리 내각은 붕괴했다[64].

2) 고이즈미정권과 북일 비밀교섭

모리정권 말기의 북일 정상회담을 둘러싼 움직임은 어쩔 수 없이 중단되었지만, 고이즈미 총리[65]가 등장한 후에 다시 움직임이 개시되었다.

그 때, 북일 양국은 적십자회담과 병행해, 일본의 아시아대양주국장인 마키타 구니히코와 북한의 조선노동당 통일전선부 산하 아시아태평양평화위원회(위원장; 김용순 조선노동당비서) 상무위원인 황철 사이에 물밑접촉을 계속한 것이다. 그러나 이 접촉도 8월 초순을 마지막으로 북한측대표가 경질되고, 9월 1, 2일 접촉에서는 「미스터 X」라고 불리는 김철이라는 국방위원회 소속의 인물이 교섭에 임했다. 그 후, 미국 국내에서 9.11 테러가 일어나고 미 · 영국 군은 10월 아프가니스탄을 공습해 11월 탈레반정권을 붕괴시켰다. 이와 같은 상황에서 북일간 비밀접촉은 11월 17일 재개했지만, 이번 접촉에서는 일본측도 마키타 구니히코가 경질되어 신임 아시아대양주국장인 다나카 히토시田中 均가 교섭대표를 맡았다. 양국의 비밀회담 장소로 중국의 대련이 자주 사용되었다[66].

그리고 다나카로부터 이 비밀교섭에 대해 보고를 받고 있던 것은 일본측 최고지도자로 고이즈미 총리, 후쿠다 야스오 관방장관, 후루카와 데이지로古川貞次郎 관방부장관(사무), 외무성에서는 노가미 요시지野上義二 사무차관뿐이었다. 다나카 마키코田中眞紀子 외무장관에는 전달되지 않은 것으로 보아 당시 고이즈미가 다나카 외무장관을 어떻게 보고 있었는지 알 수 있다(다나카 외상과 노가미 차관이 경질된 후에는 가와구치 요리코川口順子 외무장관과 다케우치 유키오竹內行夫 사무차관이 보고를 받게 되었다)[67].

일본정부는 9.11 테러사건 이후 2001년 11월 7일, 식량부족이 계속되는 북한에 쌀 지원을 당분간 보류하는 방침을 굳혔다. 국교정상화를 위한 북일교섭이 약 1년간 중단된 채, 일본인 납치의혹 해명도 진전되지 않는다는 점에서 현상태로는 국민의 이해를 얻을 수 없다고 판단했다[68].

북한적십자회도 2001년 12월 17일에는 최근 행방불명자 가족들에 의한 집회가 도쿄에서 열린 것에 대해 그것을 「납치소동」이라며 「인간의 자주성, 인권을 가장 귀중히 여기는 것을 본성으로 하고 있는 우리나라에서는 『납치』란 있을 수도 없고 있어 본적도 없다」고 주장했다. 또한, 적십자회는 「일본측이 모략적인 『납치』 소동으로 존엄 높은 우리공화국을 모해하고, 우리인민의 신경을 극도로 자극하여 『행불자』 소식조사사업에 커다란 난관이 조성되었으며, 우리는 소식조사 사업을 더 이상 진척시킬 수 없게 되었다」라고 비난하면서, 「이러한 상태에서 일본측이 요청한 『행불자』 소식조사사업을 전면 중지한다는 것을 천명하는 바이다」라며, 일본인 「행방불명자」 소식조사사업 중지를 발표했다[69].

고이즈미 총리는 이에 대해 12월 18일, 기자단에 "매우 무성의한 대응이다. 유감이다. 더 진지하게 대응하길 바란다"며 북한측 자세를 강하게 비판했다. 향후 정부의 대응에 대해서는 "(북한이) 제대로 더 진지하게 납치문제에 대응하도록, 여러가지 수단을 통해 해 나가고 싶다"라고 말했다[70].

또한, 도쿄지검은 12월 18일, 조긴朝銀도쿄신용조합의 대출을 둘러싼 사건으로 재일본조선인총연합회의 전재정국장 강영관 용의자(66)를 업무상 횡령죄로 기소했다. 강 전국장 외에, 조긴도쿄의 전이사장 정경생(64)과 전부이사장 신병중(54) 두 용의자를 업무상 횡령죄로 추가 기소했다[71].

북한은 이에 대해 「강제수색을 감행한 것은 전례가 없는 것으로서 총련조직을 파괴, 말살하기 위한 계획적 정치탄압이다[72]」라고 강하게 반발했고, 비밀교섭에서 북한은 「이 조사의 행방에 신경질적으로 되고[73]」있었다.

더욱이 2001년 12월 22일에 가고시마 현 아마미오오시마奄美大島 앞바다沖에서 북한공작선으로 보이는 괴선박과 해상보안청 순시선 간에 총격전이 벌어져 괴선박이 침몰한 사건이 발생해 북일관계가 악화되었다.

북한의 『조선중앙통신』은 12월 26일 괴선박사건에 대해 처음으로 보도하며, 「지난 22일 동중국해역(동지나해)에 정선해 있던 국적불명의 선박이 일본 순시선들의 무차별적인 기관포사격으로 침몰되는 사상 유례없는 사건이 발생하였다」고 소개하고, 「남의 나라 수역에까지 침범하여 감행한 일본의 범죄행위는 국제법도 모르는 일본의 사무라이 깡패들만이 자행할 수 있는 불법무도한 해적행위이고, 용납 못 할 현대판 테러행위라고 밖에 볼 수가 없다」라고 비판했다. 또한, 사건을 북한과 관련짓는 것은 「엄중한 모략극이고 도발이다」라고 일본을 비난했다[74].

이와 같은 북일간의 수면 상의 대립에도 불구하고, 물밑교섭에서는 해결하기 쉬운 것부터 합의했다. 비밀교섭의 일본측 다나카는 괴선박에 대한 사태 해명을 더 요구하는 것을 멈추고 그 이상의 지나친 추궁을 피했다. 대신 2001년 말부터 2002년 초에 걸쳐 북한의 김철에게 1999년 11월 북한에 들어가 5일 후 간첩혐의로 체포된 전 니혼케이자이신문日本経済新聞 기자 스기 도잠杉 嶋岑의 석방을 요구했다[75].

그 결과 북한은 2002년 2월 13일, 간첩혐의로 억류된 전 니혼케이자이신문 기자 스기 도잠을 약 2년 만에 석방했다. 이에 대해 후쿠다 야스오 관방장관은 13일 회견에서 "북한측에서 설명이 없기 때문에 사정은 모르지만, (석방 자체는) 아주 좋은 일이고, 나쁜 이야기는 아니다"라고 환영의 뜻을 나타냈다. 후쿠다 장관은 이 석방이 "북일교섭 재개로 이어지면 매우 좋겠다고 생각한다"며 좌초하는 북일 국교정상화교섭 재개의 실마리가 될 것에 기대감을 나타냈다[76]. 이것은 다나카-김철의 비밀교섭의 성과로 납치와 괴선박문제를 둘러싼 북일 간의 대립을 이완시킨 것이었다.

3) 납치문제의 부상과 북일간 대화 모색

북일 비밀교섭의 성과에 따라 교섭촉진적 조건이 만들어졌지만, 전니혼케이자이신문 기자의 석방 후 얼마 되지 않아 납치문제에 대해 새로운 사건이 발생했다.

요도호 납치사건 멤버의 전처(46)가 3월 11일, 1983년 런던 유학 중에 실종된 고베神戸시 출신의 아리모토 게이코(有本恵子, 당시 23)에 대해 경찰청의 조사에서 "아리모토의 납치는 요도호그룹이 계획·실행하고 자신도 연루됐다"라고 진술했다[77]. 그리고 경찰청은 13일, 아리모토 게이코에 대해, 북한에 납치된 의혹이 강해 「북한에 의한 납치용의 사안」으로 추가 인정했다[78]. 이것으로 납치됐다고 볼 수 있는 것은 8건, 11명이 되었다.

고이즈미 총리는 3월 12일 밤 "납치문제를 적당히 하고 북한과의 국교정상화교섭은 있을 수 없다. 제대로 다룰 것이다. 납치문제를 뒤로 미룬 채 정상화교섭은 있을 수 없다"라고 말했다. 경찰당국이 고베 시 출신의 아리모토 게이코를 새로운 납치피해자로 인정함에 따라 앞으로 북한에게 납치사건의 해명을 강하게 압박하겠다는 뜻을 강조했다[79].

또한, 일본정부는 3월 14일 북한의 납치문제에 관해 관계부처 연계를 강화하기 위해 아베 신조安倍晋三 관방부장관을 중심으로 외교, 법무, 국토교통, 재무, 경제산업 각성의 차관과 경찰청장 등 차관급의 프로젝트팀을 설치했다[80]. 그 납치문제에 관한 프로젝트팀은 19일 첫 회의를 갖고 납치된 의혹이 있다고 인정되는 8건 11명에 대해서도 재조사 방침을 정했다[81].

그리고 고이즈미 총리는 3월 19일 아리모토 게이코의 가족 등 14명과 면회하고 가족측이 대북제재를 포함해 강한 자세로 구출을 요청한다는 요청서를 총리에게 전했을 때 총리는 "이는 가족만의 문제가 아니다. 일본 전체의 문제로 받아들여야 한다. 소홀히 하지 않고 북한에 제대로 된 대응을 요구할 것"이라며 해결을 노력하겠다는 자세를 강조했다[82].

이에 따라, 고이즈미정권에 있어서 납치문제가 북일관계에 더욱 중요성을 띄게 되었다.

다나카는 이와 같이 일본 국내의 납치문제에 대한 관심과 압력 고조를 배경으로 북한측의 김철과의 비밀접촉에서 납치문제에 관한 정보 제공을 강력히 요구했다[83]. 그 결과 북한적십자회 대변인은 3월 22일 아리모토 게이코의 납치의혹에 대해 「우리는 그녀를 유혹하거나 납치한 적이 없다」라고 부인하면서 「그러나 우리나라는 행방불명자 조사사업을 계속하기로 했다」라는 담화를 발표해[84], 2001년 12월 중단을 선언한 조사를 재개할 뜻도 밝혀 국교정상화교섭 재개에 대한 의욕을 보였다.

그러나 북한은 3월 29일, 싱가포르에서 예정된 사카구치 지카라坂口力 후생노동장관과 북한 김수학 보건장관과의 북일 장관급회담의 연기를 갑자기 통보했다. 북한이 2월 13일, 억류했던 전 니혼케이자이신문 기자를 석방하고 3월 22일에는 「행방불명자 조사사업의 계속」이라고 발표했기 때문에 이 장관급회담의 중단은 갑작스러운 것이었다.

한국정부 관계자는 3월 29일, 장관급회담 연기 이유에 대해 「납치의혹 해결을 앞세우고 있는 일본에 강한 불쾌감을 드러냈다고 볼 수 밖에 없다」라고 말했다. 사카구치 지카라 후생노동장관은 당초 재외 피폭자라는 인도적문제에 국한된 회담을 하고 싶어 했다. 그러나 고이즈미 총리와 외무성이 아리모토 게이코의 납치의혹을 언급해, 예정된 북일 장관급회담에서 문제 해결을 촉구하도록 요청했다. 회담은 힘겨운 외교교섭의 전선으로 성격을 바꾼 셈이 됐다85.

북한은 아리모토 게이코의 납치의혹을 부정한 것처럼, 일본의 납치에 관한 정보 요구에 대해서 행방불명자로 조사에는 응하겠으나, 납치에의 관여는 인정하지 않았다. 아리모토 게이코의 납치의혹이 제기되었을 때 북한매체는 도요토미 히데요시豊臣秀吉의 조선침략(임진왜란)과 종군위안부문제 등을 열거해, 일본이야말로 「최대의 납치범죄국가」라고 비판했다. 납치사건에의 관여를 재차 부정하면서, 조사를 재개하는 것은 어디까지나 행방불명자문제라는 자세를 선명히 하고 있었다86.

이와 같이 납치문제를 둘러싼 대립이 강했음에도 불구하고 3월부터 4월까지 북일 비밀교섭은 계속되었다. 특히, 2002년 4월에는 일본측의 요구에 따라 북한의 김철은 강석주 외무차관을 데리고 회담에 참석했다. 여기에서 강석주는 전쟁 전 일본의 식민지배의 불의를 강하게 비난하고, 그 「과거청산」으로서의 보상을 강하게 요구했다87.

그리고 이때 쌍방은 정상화교섭을 위한 시나리오를 확정할 수 있게 됐다. 납치에 대해서는 겉으로는 적십자회담에서 다루고, 뒤로는 물밑 채널에서 해결책을 찾아 간다. 그것을 더 좁히면서 국장급회담, 외무장관회담으로 서서히 올려 잘되면 정상회담으로 가져가는 그런 시나리오였다. 가장 구체적 해결의 틀을 만드는 것은 간단하지 않았다. 다나카는 북한측이 납치문제를 인정하고, 정보를 공개해 생존자를 귀환시키고 김정일이 사죄한 뒤 범죄자를 처벌하는 것, 그것이 먼저다, 일본의 경제협력은 그 이후이다, 납치에 대한 정확한 설명 없이는 국회에서 예산은 통과되지 않는다. 가령 고이즈미 총리 방북에 대해서도 납치정보를 그 전에 받지 않고서는 실현 불가능하다고 주장했다. 북한측의 X(김철)는 납치문제를 해결하는 것은 보상금액을 명시해 주지 않으면 어렵다고 주장했고 그 입장을 바꾸지 않았다. 그러나 일본측은 그 점을 절대 받아들이지 않았다[88].

물밑접촉으로 납치문제를 둘러싼 대립 속에서, 수면 위에서는 북한의 최고위층으로부터 북일교섭을 촉구하는 메시지가 나와 북일교섭을 촉구하게 되었다.

2002년 4월 4일 한국의 임동원 대통령특보(외교안보통일담당)가 방북해 김정일 총서기와 회담했을 때, 임동원에 따르면 김 총서기는 미일과의 대화를 재개하고 미국의 잭 프리처드 한반도평화협의담당 특사와 그레그 전주한대사의 방북을 수용할 의사를 밝혔다. 그리고 임 특보가 김 총서기에게 일본인 행방불명자문제의 조기 해결과 북일관계 개선을 촉구하는 김대중 대통령의 기대를 전달한 데 대해, 김 총서기는 북일 적십자회담을 조기에 열겠다고 밝혀 일본과의 대화재개에도 관심을 보였다고 한다. 다만 납치의혹에는 김 총서기는 "납치한 적은 없고, 납북자는 존재하지 않는다"고 강하게 부인하며 "행방불명자는 논의대상이 될 수 있다"고 말했다고 임 특보는 말했다[89].

확실히 북한은 9.11 테러 이후 미국의 대북 강경책이 본격화되었을 때, 북미 대화의 재개에도 적극적 자세를 보인 한편, 남북 이산가족상봉과 일본과의 국교정상화교섭를 위한 자세에서도 전향적이 되었다. 특히 일본정부는 「행방불명자는 논의대상이 될 수 있다」는 김 총서기의 발언에 대해 북일 국교정상화교섭 재개를 위한 의욕을 최고권력자인 김 총서기가 스스로 입증한 발언이라며 주목했다[90].

4) 북일 적십자회담과 북일 정상회담 추진

북일 비밀교섭과 김 총서기의 발언으로 납치문제를 둘러싼 북일교섭 공간이 교섭촉진적으로 되어가는 가운데, 북일 관계자는 4월 17일, 북일 사이에서 인도적문제에 대해 논의할 북일 적십자회담이 29, 30 양일간 베이징에서 열리게 되었다고 밝혔다[91].

그리고 북일 적십자회담은 4월 29일, 약2년 만에 베이징 시내의 호텔에서 시작되었다. 일본에서는 히가시우라 히로시東浦 洋 일본적십자사 국제부장이 북한에서는 이호림 북한적십자회 부서기장이 참석했다.

회담에서는 작년 12월에 북한적십자회가 일방적으로 중단을 발표했던 「일본인 행방불명자」 소식조사가 이미 재개되고 있음을 일본측이 확인했다. 북한에 있는 일본인배우자의 일시귀국도 재개할 방향으로 됐다. 특히 행방불명자문제와 관련해 일본측은 83년에 유럽에서 소식이 끊긴 아리모토 게이코 등 북한에 납치된 것으로 보이는 11명과 재일조선인과 결혼해서 월북한 후에 연락이 안 되는 일본인을 합한 총 49명의 안부조사 방법과 진행상황에 대해 북측에 해명을 요구했다. 일본측에서는 식민지통치 아래 있던 45년 이전에 일본으로 건너가 실종된 조선인 259명의 안부 조사 보고를 했다. 또한, 2000년 9월 이후 중단된 일본인배우자의 일시귀국은 일본측에서 재개를 제의했다. 북한측은 북일관계 개선의 하나의 계기로 만들기 위해 응할 뜻을 밝혔다[92].

오전 중의 회담이 끝난 뒤 북한측 단장 이호림 조선적십자회부서기장은 "행방불명자의 소식조사나 일본인배우자의 고향방문 등 여러 인도적 문제에 대해 토론하고 있다"고 설명한 뒤 "일정한 진전이 있었다"라고 말했다[93].

일본적십자사의 히가시우라 히로시 국제부장은 30일, 북일 적십자회담에서 83년에 유럽에서 납치된 것으로 알려진 아리모토 게이코에 대해, 북한측에 수색에 필요한 정보를 제공하고 납치에 관여한 것으로 알려진 「요도호」그룹과 접촉해 조사하도록 요구했다고 밝혔다[94].

이어 북일 적십자회담은 4월 30일 오전, 전날에 이어 베이징 시내의 호텔에서 열렸다. 쌍방은 (1) 북한측은 일본인 행방불명자 조사를 적십자와 해당기관이 하고, 결과를 일본측에 통보하고 필요한 조치를 취한다, (2) 일본측은 조선인 실종자 조사를 적십자와 해당 정부기관에서 실시하고 결과를 북측에 통보한다, (3) 일본인배우자의 일시귀국을 같은 해 여름쯤 실시한다, (4) 차기 적십자회담을 6월경 실시한다 등 4항목을 합의내용으로 하는 공동발표를 했다[95].

이와 같이 북일 적십자회담을 통해, 북일 국교정상화교섭 재개를 위한 환경이 만들어지고 있을 때, 북일 양측의 비밀교섭도 6월 1, 2일에 재개됐다. 원래 이는 5월 11, 12일로 예정되어 있었지만, 5월 8일 중국 선양의 일본영사관에 북한탈북자 5명이 진입해 중국 공안에 붙잡힌 사건이 일어나 이 회담의 담당자인 다나카 국장의 요청에 따라 연기되었다. 이 접촉에서 김철은 지금까지보다도 강하게 총리의 방북을 요구했다. 그것이 확약 되지 않으면 더 이상 대화를 계속해도 낭비라고 말했다. 다나카는 납치정보를 모른 채 총리가 방북하는 것은 있을 수 없다고 입장을 바꾸지 않았다. 그리고 김철은 "교섭을 중단시킬 수밖에 없다"라고 선언했다[96].

다음날, 다나카는 고이즈미에게 개요를 보고했다. 고이즈미는 "납치의 정보가 충분히 오지 않아도 자신은 방북해도 괜찮다, 자신이 갔을 때 (납치정보가) 나온다면 그것도 어쩔 수 없다"며 방북에 대해 이미 큰 각오를 드러냈다[97].

이와 같이 북일간의 비밀교섭은 양측 주장의 차이에도 불구하고 정상회담을 향해 진행되고 있었다. 지난 6월 29일, 전술한 것처럼 서해에서 북한경비정과 한국해군과의 교전이 발생했지만 「북한측에서는 전회 접촉 이후 2주 후에 전화가 와 협의재개를 요청했다. 그리고 7월 6, 7일 대련에서 북일간 접촉이 성립되었다. 이 협의는 절정을 맞고 있어 고이즈미 총리의 방북을 전제로 이루어졌다[98]」라고 한다.

이 교섭에서 북한은 「일본은 과거 한반도지배에 대해 사죄하고 보상해야 한다. 그리고 전쟁 후의 공화국 적대시정책을 바꾸는 것을 행동으로 보여주기 바란다[99]」라고 요구했다. 이 요구는 「분명한 사죄를 하는 동시에 보상금액을 제시해 달라는 것이다. 그리고 적대시정책을 바꾸는 것을 행동으로 나타내기 위해서는 북일 국교정상화가 필요하다[100]」라는 것을 의미했다.

일본측은 「일본이 확립한 정책으로서 한반도지배를 식민지배라고 인정하고, 이에 사죄하는 것은 응할 수 있다고 생각했다. 단, 사죄할 상대는 어디까지나 북한 사람들이며, 현재의 정부가 아니다. 그러나 일본이 전쟁을 한 것이 아닌 북한에 『배상』을 할 수는 없고 북일 국교정상화 때의 청구권 상호포기와 경제협력의 패키지밖에 없다. 또한 국교정상화는 국회의 승인이 필요하다. 국교정상화 이후의 경제협력 액수에 대해 물밑교섭에서 합의를 하는 것은 아니다[101]」라는 입장이었다.

이와 같이 다나카가 북한에게 설득한 것은 고이즈미가 「절대 타협하지 마라」라고 여러 번 지시한 것으로, 「하나, 북한이 납치사실을 인정 사죄하고, 납치피해자의 정보를 공개한다. 하나, 『과거청산』은 북한이 전쟁 전 · 전쟁 중의 재산청구권을 포기하고 경제협력에 의한 『한일방식』으로 해결한다. 하나, 경제협력 금액은 공식적으로도 비공식적으로도 인정하지 않는다」라는 「3세트」였다[102].

일본측이 이를 북한에 납득시키는 것은 매우 어려워 논의는 평행선을 달려 교섭은 몇 번이나 좌절되면서 중단됐다. 교섭이 교착됐음에도 불구하고 「최종적으로는 원칙에 대해 타협 없이 합의를 만들 수 있었다. 합의의 모든 것은 평양선언에 담겨 있는 그대로이다. 경제협력 금액의 밀약이란 없다. 북일관계를 적대적 관계에서 우호적 관계로 바꾸는 것, 성의를 갖고 정상화교섭을 재개하는 것, 정상화 후 경제협력을 할 용의가 있는 것 등을 포함시키는 것으로 결론지었다[103]」고 했다.

드디어 2002년 7월 12일 고이즈미 총리는 X와의 교섭결과를 보고한 다나카에 대해 「이것으로 가자」라고 했다. 방북의 최종적 마음을 굳힌 것을 분명히 의사 표명한 것이다[104].

북한의 김정일 총서기도 경직된 남북관계와 북미관계 나아가 북일관계를 타개하기 위해 2002년 7월 25일, 서해 교전에 대해 「유감이었다」라는 이례적 발언을 했다. 그리고 북한은 일본에 대해 북일 외무장관회담 개최 결정을 발표했다[105]. 미국을 향해서는 7월 26일 북한외무성은 한국과의 포격전으로 보류된 미 정부특사의 방북문제에 대해 「앞으로 조건이 마련되어 미국측이 다시 특사를 보내겠다면 우리는 일관된 입장에서 대할 것이다[106]」라며 특사 수용의사를 나타낸 담화를 발표했다.

북한이 북일교섭 재개를 위해 속도를 높이는 것에 대해서, 다케우치 유키오 외무성 사무차관은 2002년 7월, 성 내의 이야기로 다음과 같이 말한 것은 북한의 입장을 적절히 나타냈다. 다케우치는 이 때 고이즈미 총리와 후쿠다 야스오 관방장관에의 보고에서 "(1) 북한 내 경제상태는 최악이다. 이 곤경을 타개하려면 일본과의 경제협력이 필요하다, (2) 러시아의 푸틴 대통령이 김정일 총서기의 대일관계 개선을 조언하고 있다, (3) 미국이 북한을 이라크, 이란과 함께 『악의 축』으로 규정하고, 핵과 미사일문제를 중심으로 강경노선을 취하고 있다[107]"는 3가지 이유로 분석한 뒤, "그래서 북한은 일본과의 관계 개선을 통해 미국으로의 접근을 시도할 것[108]"이라고 주장했다.

비밀교섭을 벌이던 다나카도 9.11 테러사건 이후 "(미국이) 테러와 대량살상무기 확산 방지를 위해 필요한 것은 레짐 체인지regime change이라는 논의를 바탕으로 한 강경한 태도는 「경우에 따라서는 북한이 다음 타겟이 될지도 모른다」와 같은 심각한 위기의식을 북한지도부에게 갖게 하는 결과로 된 것이다. 그리고 미국과 강력한 동맹 관계에 있는 일본과 관계 개선을 서두르는 것이 북한의 안전 담보에 필요하다는 전략 판단으로 이어진 것[109]"이라 생각했다.

특히, 요즘 북한이 북일교섭에 응한 배경을 엿볼 수 있는 북한의 경제상황이 잘 드러난 조치도 이루어졌다. 7월 11일에야 밝혔지만, 북한은 7월 1일부터 급여와 물가를 수십 배로 인상하는 「7.1 경제관리 개선조치」라는 경제개혁을 실시한 것이다.

『아사히신문』에 따르면 「급여인상은 군인이나 공무원들에게 일제히 실시됐다. 인상규모는 일률적이지 않고 14배에서 17배라고 한다. 한편 물가도 10배 이상으로 급등, 10전이였던 평양 시내 지하철요금은 10배인 1원으로 올랐다. 『전』 단위의 가격은 사라지고 『원』으로 일원화됐다고 한다. 북한의 통화는 외국통화와 교환할 수 있는 『태환지폐』와 교환할 수 없는 『인민원화지폐』 두 종류다. 이번 조치는 모두 『인민원화지폐』에서 인상되었다. 태환지폐에서는 1달러당 2.2원 안팎의 환율에 변화는 없다[110]」라고 한다. 기타 공장 및 기업소에 독립채산제를 강화하고 부족한 원부자재는 해당 공장 및 기업소가 스스로 해결하도록 해, 농업부문에서 생산의욕을 자극해서 생산량을 증대시키기 위해 개인 경작지를 확대하기로 했다[111].

이 개혁조치에 대해 김 총서기는 "환경은 변했고, 경제관리를 혁명적으로 개선하고 완성시키는 것이 시급하게 요구되고 있다"라고 말해, "주체적인 계획경제 관리의 원칙을 관철해, 국가의 중앙집권적·통일적 지도를 확고하게 보장하고, 하부 단위의 창의성을 높이 발휘시켜야 한다"라며 현장에서의 노력으로 더 이익을 올리라고 촉구했다[112]

이와 같이 북한이 외교적 고립과 경제적 위기가 심화하고 이를 극복할 필요성이 높아지고 있는 가운데, 북일간의 비밀접촉과 대미 유화제스처가 나타났던 상황에서 ARF에서 북미, 북일간 외무장관회담이 열리게 됐다. 이는 한편으로 「북한은 경제, 외교 양면에서 많이 몰려 있다[113]」(외무성간부)라는 배경도 있었지만, 북일간의 비밀교섭을 통해 납치문제와 경제협력에 대해 일정한 진전이 되어, 대화와 교섭 재개의 계기가 됐다. 북한은 9.11 테러 이후 미국이 체제를 위협하고 있다고 느껴, 미국과의 관계를 개선하기 위해 미국의 동맹국인 일본과의 관계 개선을 통해 체제안전의 보장과 경제위기 극복을 시도했다. 일본도 북일교섭 재개를 통해 납치문제에 관한 국내의 고조된 압력에 대해 그 해결 방안을 모색할 수 있게 되었다.

3. ARF 북미·북일 외무장관회담; 국제공간의 교섭촉진적 상태

북미 외무장관회담은 7월 31일 ARF 참석차 브루나이를 방문하고 있던 미국의 파월 국무장관과 북한의 백남순 외무장관과의 사이에 비공식적으로 열렸다. 커피 테이블을 사이에 두고 열린 회담에서 파월 장관이 「부시 대통령의 정책」을 설명했다. 북한이 내놓은 「(서해포격전) 유감」 성명에 유의하고 있다며 대량살상무기 비확산 문제와 94년 북미 포괄합의 등에 대해 협의해 가자는 자세를 표명했다고 한다[114]. 북미 양국 외무장관이 만나는 것은 2000년 10월 올브라이트 국무장관의 방북 이래 2년만이었다. 북한을 「악의 축」이라고 불러 온 부시정권으로서는 처음이었다.

북미 외무장관에 의한 불과 15분의 「대화」에서 접촉이 전격적으로 이뤄진 것은 이 각료회의 직전이며 준비한 것은 파월 장관 쪽이었다. 각료회의 직전에 백 외무장관의 모습을 발견한 파월 장관은 국무부의 한반도 정책담당자를 불러 백 외무장관에게 비공식접촉을 제의했다. 미국 담당자가 다가오자 백 외무장관측은 「OK」라고 즉답했다[115].

북미 외무장관접촉에서 북미 모두 대화의사를 강조하는 등 서로 양보하는 분위기를 풍겼다. 31일 오전 ARF각료회의에서 백 외무장관은 손에 든 종이에서 눈을 떼지 않고, "우리는 남북간의 대화를 재개한다. 미국과도 전제조건 없이 대화할 용의가 있다. 이에 미국이 화답하는 것이 국제사회의 기대이다"라고 읽었다. 한편 파월 장관은 백 외무장관의 요청에 호응하듯이 "(서해) 포격전은 슬퍼해야 할 사건이었다. 그러나 북한이 유감을 표명함으로써 사건은 끝난 것으로 (미국은) 생각하고 있다"라고 말했다[116].

북한의 백남순 외무장관은 북미 외무장관회담 후 8월 1일, 보도진에게 전날 파월 미국 국무장관과 비공식회담에서 북미대화를 재개하기로 합의하고, 제임스 · A · 켈리 미 국무부차관보(동아시아태평양담당)를 미국특사로 북한에서 맞이하게 되었다고 말했다. 그러나 파월 장관을 수행한 바우처 국무부대변인은 "지금 단계에서 발표할 수 있는 것은 아무것도 없다"라며 백 외무장관 발언의 확인을 피했다[117].

또한, 북한의 『조선중앙통신』은 8월 1일, 브루나이에서 백남순 북한 외무장관과 파월 미 국무장관이 7월 31일 회담한 것을 처음 보도해 「미 국무장관 파월은 전제조건 없이 호상 관심사인 문제들과 관련한 조미 사이의 대화를 재개할 입장을 표명하면서 당면하여 켈리

미 국무부차관보를 곧 평양에 보내려 한다는 의향을 다시금 표시하였다」라고 전했다. 「백남순 외무상은 미국무장관의 이번 제의를 환영한다고 하였다[118]」라고 한다.

북한의 백남순 외무장관은 이와 같이 대미 적극외교에서 또다시 방향을 바꿔 7월 31일 오후에는 ARF에서 일본의 가와구치 요리코 외무장관과도 회담했다[119].

가와구치 외무장관은 북일 외무장관회담에서 "과거 우리나라의 행위로 한반도가 많이 고통을 받은 것, 북한이 가지고 있는 마음은 충분히 이해하고 있다. 불행한 과거를 넘어 동북아시아의 평화와 안정을 만들어내고 싶다. 그를 위해서라도 국교정상화에 관한 문제들에 대해 귀국과 성실히 논의하고 싶다. 인도상의 문제, 안전보장상의 문제가 제대로 된 형태로 처리되는 것이 매우 중요하다. 납치문제는 국민의 생명이 걸린 중요한 문제이다. 요도호범인에 대해 인도를 요청하고 싶다. 미사일 등 안전보장상의 문제에 대해서도 적극적 대응을 기대한다[120]"라고, 납치문제와 미사일문제를 제기했다.

그러자 백 외무장관은 "비정상적 관계를 바로 잡는 것이 양국 국민에게 이익이다. 지역 안정을 위해 노력하고 싶다. 그쪽이 성의를 갖고 진행한다면 이쪽도 성의를 갖고 진행할 것임을 밝히고자 한다. 회담이 정치적 탄력을 받을 것을 기대하고 있다. 국교정상화에서는 과거청산이 중요하다. 성의있는 사죄와 납득할 만한 보상을 해라. 행방불명자 조사는 성의를 갖고 협력하고 있고, 이 문제가 해결되도록 적극적 관심을 기울이겠다. 대국적 견지에서 문제를 해결해 가고 싶다[121]"며 응했다.

그리고 가와구치 외무장관이 "국내외에서 축복하는 형태로 국교정상화를 해내기 위해 문제 해결에 성의 있는 대응을 기대한다"라고 하자, 백 외무장관 "양국이 가까운 나라가 되도록 장관과 힘을 모으고 싶다. 지역의 평화와 안정을 위해 노력하고 싶다"라고 응했다[122].

두 장관은 회담 후 공동발표를 했는데, 그 발표문의 전문은 **표5-1**과 같다.

표 5-1 북일 외무장관회담 공동발표 전문

1. 쌍방은 북일관계를 개선하고, 이 지역의 평화와 안정에 이바지하기 위해, 국교정상화를 가능한 조기 실현해야 하고, 과거청산문제를 비롯한 북일간 문제 해결을 위해 진지한 노력을 해나가는 것에 의견을 모았다. 이와 관련해서, 인도상의 현안문제에 대해, 성실히 대응하며 가능한 조기 해결을 지향하기로 했다. 2. 쌍방은 한반도와 그 주변 지역에서의 긴장완화를 위한 노력의 중요성을 확인하고, 이를 위해 관계제국과의 대화를 촉진할 필요가 있다는 점에서 의견이 일치했다. 3. 쌍방은 국교정상화에 관한 제문제 및 서로 관심을 가진 여러 현안을 논의하기 위해, 외무성 국장급협의를 8월 중에 개최하기로 했다. 4. 쌍방은 인도적 문제의 해결에 이바지하기 위해, 양국 적십자회담의 다음 회합을 8월 중 개최하도록 협력하기로 했다.

(출전) 『아사히신문』 2002년 08월 01일 조간, 『조선중앙통신』 2002년 07월 31일

이상과 같이, 양국 외상은 국교정상화교섭 재개를 위해 8월 내에 국장급협의와 적십자회담을 갖는 것에 일치했다. 국장급협의에서는 「국교정상화에 관한 제문제 및 서로 관심을 갖고 있는 제현안에 대해 논의한다」라는 것으로, 그동안 적십자회담에서 논의해 온 「납치문제」를 다루는 것에 합의했다. 이에 따라, 그동안 비밀교섭에서 추진해 온 북일교섭은 공식적 회담으로 전환했다. 특히, 납치문제에 대해 「인도상의 현안문제에 대해, 성실히 대응하며 가능한 조기 해결을 지향한다」라는 것은, 2000년 7월 북일 외무장관회담에서는 북한의 백 외무장관이 수용하지 않았고, 교섭을 담당했던 외무성간부가 「지난번 회담에서 납치의 『납』자도, 미사일의 『미』자도 나오지 않았다[123]」라고 말했다. 따라서 이번 외무장관회담에서 진전은 그동안 북일 비밀교섭이 진행된 결과, 북일 정상회담에서 해결 가능성을 나타냈다고 할 수 있다.

북한이 부시정권 발족 이후 미국의 압력에 의해 고립돼, 북한을

대일교섭 우선전략으로 몰아갔다. 그래서 북한은 북일교섭 재개를 위해 김정일 총서기가 메시지를 전하는 한편, 비밀외교를 통해서 과거청산과 납치문제를 해결해 갔다. 또한, 2002년 7월에는 ARF에서 북미·북일 외무장관회담을 통해 교섭촉진적 상태로 만들려고 했다. 그 결과 비밀교섭이 아닌 공식적인 국장급협의와 적십자회담이 열리게 되었다.

4. 북일교섭 재개와 고이즈미 방북; 상대국공간의 교섭촉진적 조건

2002년 7월 ARF에서의 북일 외무장관회담에서 합의함에 따라 1차례의 북일간 적십자회담과 2차례의 국장급협의가 열렸는데 이것들이 사실상 북일 양국 정상회담까지의 사전절충이라고 할 수 있다.

북일 적십자회담이 8월 18, 19 양일 평양에서 열렸다. 일본측에서는 히가시우라 히로시 일본적십자사 국제부장, 사토 시게카즈佐藤重和 외무성 아시아대양주국심의관 등이, 북한측에서는 이호림 북한적십자회 부서기장과 외무성 담당자가 출석했다.

일본적십자사와 외무성의 대표단은 19일 오전, 북한 인민보안부와 평양시 인민위원회 간부 홍영우 주민행정국장과 평양 시내에서 회담하고, 북한에 납치됐다는 의혹이 있는 11명을 포함 일본인 행방불명자 조사의 진행상황에 대해 설명을 들었다. 또한, 일본대표단은 1963년에 이시카와石川현 시가쵸志賀町 앞바다에서 2명의 삼촌과 실종되고 그 후 북한에 살아있는 것으로 판명된 데라코시 다케시(52)와 평양 시내에서 만났다. 데라코시는 대표단에게 일시귀국하고 싶다고 밝혔다. 일본대표단은 이 밖에 그 해 가을에라도 일시귀국하는 북한거주 일본인배우자 3명과도 면담했다[124].

북일 양측은 19일 회담을 마치고 공동발표를 통해 「북한측은 중앙 및 지방의 각 레벨의 적십자지부가 인민보안부, 인민위원회의 해당부서와 긴밀히 연락하면서 일본측에서 의뢰한 일본인 행방불명자에 대한 안부조사사업을 지금까지보다 훨씬 깊고 폭넓게 제대로 하고 있다고 설명했다. 북한측은 지난번 회담에서 일본측이 제시한 행방불명자 중 6명의 신원이 확인된 것에 대해 일본측에 통보했다. 북한측은 향후 조사를 가속화시켜 조사결과가 드러나는 대로 일본측에 신속히 통보하고 적절한 조치를 취할 것[125]」이라며, 북한측은 일본인 행방불명자의 안부조사사업 결과를 전달하고, 향후 조사를 계속한다는 유연한 자세를 표명했다.

또한, 공동발표문에서 「일본측은 지난번 북한측에서 의뢰한 45년 이전의 조선인 행방불명자에 대한 안부조사 결과로서, 3명의 신원과 그중 1명이 현재 일본에 생존해 있다는 확인 내용을 북한측에 보고했다. 양측은 생존자가 친인척과 대면할 수 있도록 편의를 보장하기 위한 조치를 조기에 취하기로 했다. 일본측은 앞으로도 계속 해당 정부기관과 협력해 보다 확실한 조사를 실시, 그 결과를 북한측에 신속히 통보하기로 했다[126]」며, 일본측도 북한의 조선인 행방불명자의 안부조사에 대해 답했다.

그리고 「쌍방은 이번 회담에서 제시된 방문자명단에 따라, 제4회 북한거주 일본인배우자의 고향방문을 10월 하순경에 실현할 것[127]」에도 합의했다.

마지막으로 「양측은 앞으로 긴밀히 연락을 취하면서 협력하고, 필요에 따라 실무협의를 행할 것[128]」이라며, 향후 협의를 계속하기로 했다.

북일 적십자회담에서 발표한 이후, 계속해서 정부간의 공식적 국장급협의도 열렸다. 일본외무성의 다나카 히토시 아시아대양주국장은 2002년 8월 24일, 평양에 도착해 만수대 의사당에서 홍성남 총리와 약 30분간 회담했다. 다나카 국장이, 고이즈미 총리로부터 김정일 총서기에게 「국교정상화에 관한 문제나 여러 현안에 진지하게 임할 것이다. 귀국도 성의를 갖고 진지하게 임하면 좋겠다」라는 메시지를 전달한 데 대해, 홍 총리는 「확실하게 총서기에게 전하겠다」라고 답하며, 「일본이 과거청산에 성의를 갖고 임하면 우리도 (외교관계를) 정상화할 용의가 있다」라고 말했다[129]. 총리가 25일 협의 개시에 앞서 외무장관을 뛰어넘어 직접 일행을 면담한 것은, 이번 협의에 대한 북한측의 높은 관심을 나타내고 있다.

8월 25일에는, 공식적 북일 국장급협의가 평양 인민문화궁전에서 일본의 다나카 히토시 아시아대양주국장 등과 북한의 마철수 아시아국장 등이 출석해 시작됐다.

다나카 국장은 일본이 중시하는 납치문제에 대해 "국민의 생명과 안전에 관계되는 중요한 문제로, 국교정상화에 있어 피할 수 없는 문제이다"라고 강조했다. 북한측은 "정부로서도 조선적십자회의 활동에 협력하면서 가능한 것은 해 나가고 싶다"는 대답에 그쳤다. 일본측이 요도호사건 용의자 그룹의 인도를 요구한 것에 대해서는 "그들의 의사로 귀국하는 것은 자유다. 자신들이 판단해야 하는 것이다"라고 종래의 견해를 되풀이했다. 북한측은 일본의 한반도에 대한 식민지지배에 얽힌 "과거청산문제를 중심으로 논의를 진행하고 싶다"라고 보상과 사죄를 요구하고, 또한 일본에 반출된 문화재의 반환과 재일조선인 법적지위의 개선을 요구했다[130].

북일 국장급협의는 8월 26일, 이후 1개월을 목표로 국교정상화교섭 재개 가능성을 쌍방이 찾고 있는 것을 확인하고, 여러 과제의 해결을 위해 「정치적 의사를 갖고 임하는 것이 중요하다」라고 한 공동발표문을 발표하고 폐막했다. 일본이 교섭 재개를 위해 「보류는 불가능하다」라고 하는 납치나 미사일문제와, 북한측이 요구하는 일본의 「과거청산」을 포괄적으로 협의하기로 양측이 절충했다[131].

26일 협의가 끝난 뒤 다나카를 비롯해 일본측 일행은 북한외무성에서 강석주 제1 외무차관을 접견했다. 강은 김정일이 이미 고이즈미의 메시지를 읽었고 「용기가 있는 메시지이고, 감사한다고 고이즈미 총리에게 전해줬으면 좋겠다」라는 지시를 받았다고 말했다. 그것이 끝나자 다나카를 어느 건물까지 차로 데려가 그곳에서 저녁을 겸한 협의를 하였다. 일본측은 다나카, 북한측은 강석주, X(김철)를 중심으로 한 소수였다. 강석주는 다시 보상금액을 명시하도록 끝까지 달라붙었지만 다나카는 거부했다. 강은 자신쪽에서 요구 금액을 말했다. 다나카는 반응을 거부했다. 북한측이 제시한 숫자는 「100억 달러 이상의 숫자였다」라고 하였다[132].

또한, 다나카 국장과 협의에서 강 차관은 "일본과의 사이에서 생긴 신뢰관계를 미국과도 만들고 싶다. (일본이) 미국과 대화할 기회가 있으면 우리의 입장을 설명하고 협력해 주길 원한다"라고 말했다. 「일본에 도와달라는 느낌이었다」(일본측 관계자)라고 했다[133].

요컨대, 북일 국장급협의에서 합의한 「정치적 의사를 갖고 임하는 것」으로 고이즈미 총리의 방북과 정상회담 개최가 최종적으로 결정되었다고 할 수 있다. 고이즈미 총리는 8월 26일 국장급협의에 대해 "회담이 열린 것은 좋지만, 들어보면 어려운 문제가 많이 있다. 나는 정상화교섭에 진지하게 임하고 있다는 것을 상대방에게 전하고 싶다고 (지시했다). 앞으로 진전되는 것을 기대하고 있다[134]"라고 말하고 회담결과에 대해 다나카 국장이 외무성 회견에서 "북한측도 톱(김정일 총서기)의 정치적 의사를 통해 문제 해결을 도모하는 것이 중요하다는 것으로 기본적 인식은 일치했다[135]"라고 발표한 것은, 북일 양측의 정상간 회담에 대한 합의가 있었음을 엿볼 수 있다.

이와 같이, 고이즈미 총리의 방북과 정상회담 개최가 최종적으로 정해져 고이즈미 총리는 8월 27일, 부시 미국대통령, 김대중 한국대통령에게는 직접 전화를 걸어, 방북한다는 것을 전했다. 그리고 총리는 방일 중이었던 아미티지 미 국무차관과 회담했을 때도 방북목적을 상세히 설명하고 이해를 구했다. 이에 대해 아미티지는 「찬성과 지지」를 나타냈다고 한다[136].

이어서, 고이즈미 총리는 8월 30일, 9월 17일에 북한을 방문하고 평양에서 김정일 총서기와 회담하는 것을 정식으로 표명했다. 총리는 "직접 정상 간의 대화를 통해 북일간 수많은 문제 해결의 실마리를 찾아내고 싶다"라고 기자단에게 말해, 식민지배에 대한 사죄와 보상, 일본인 납치, 핵·미사일 개발 등 현안을 포괄적으로 협의하고, 두 정상의 정치 결단으로 국교정상화로의 길을 모색하겠다고 밝혔다[137]. 고이즈미 총리의 방북 결단은 수많은 일본국민을 놀라게 했음에도 불구하고 북일교섭이 2000년 10월 이후 2년 가까이 중단돼 전망이 보이지 않는 상황이었으므로, 북일관계 진전의 기대를 높였다.

그 뒤에도 고이즈미 총리는 "북일관계는 단순히 북일관계의 문제에 그치지 않고 한반도 평화와 안정, 나아가 국제사회의 평화와 안정에도 이바지한다고 생각한다. 일부러 정상끼리 의견교환을 하지 않는 한, 현재 북일관계는 한 발짝도 나아가지 않는다는 느낌을 받았다. 1년 가까이 전부터 사무당국자끼리 물밑에서 몇 번이나 교섭을 벌여 그 보고를 받고 북한측도 성의 있는 대응을 하려 한다는 의욕을 느꼈다[138]"라고 말해, 상당한 시간을 들여 결단한 것을 강조했다.

고이즈미 총리의 방북 공식발표 후, 두번째 북일 국장급협의는 8월 31일 베이징에서 다나카 히토시 아시아대양주국장이 정상회담의 초점인 일본인 납치문제와 일본의 「과거청산」문제에 대해 거론 방법 등을 둘러싸고 의견을 교환했다. 또한, 다나카 히토시 국장은 중국의 탕자쉬안 외교부장관(국무위원, 부총리급) 등과 회담해 총리 방북에 대해 설명했다[139].

결국, 2001년 9.11 테러사건 이후 시작된 북일 비밀교섭의 성과로서 북일 정상회담이 진행되고, ARF에서의 북일 외무장관회담을 거쳐 마침내 북일 적십자회담과 국장급협의가 열리고, 고이즈미 총리의 방북과 북일 정상회담이 공식적으로 발표되었다.

5. 고이즈미 방북과 미국의 견제; 국제공간의 교섭교착적 조건

북일 국장급협의가 열려 고이즈미 방북에 대해 사전절충을 하는 과정에서는, 총리 방북에 대해 찬성을 표시하고 있던 미국은 그 방북의 공식발표 이후에는 여러가지 형태로 북한의 핵·미사일문제에 대해 우려를 표시함으로써, 그것을 견제했다.

아미티지 미 국무차관은 9월 5일 워싱턴의 세미나에서 강연 후 기자단에게 고이즈미 준이치로 총리의 북한방문에 대해 "미국의 우려는 일본의 우려이기도 하다"라고 말해 대량살상무기의 확산문제 등 총리가 김정일 총서기에게 개선을 촉구하는 것에 대해 강한 기대감을 표명했다. 또한 아미티지 차관은 “고이즈미 총리는 미국이 (북한의) 무엇을 우려하고 있는지 잘 알고 있다. 평양에서는 그러한 우려를 모두 (고이즈미 총리가 김정일 총서기에게) 명확하게 지적할 것이라 확신하고 있다”라고 말했다. 차관은 “총리가 돌아올 때까지 기다리겠다. 방문에 대해 보고를 받을 것이다. 그 후 미국은 대응을 정할 것이다”라고고 밝혔다. 6월에 서해에서 있었던 남북의 포격전 후에 연기된 켈리 국무차관보의 북한 파견은 총리 귀국 후 미일간 정보를 교환한 후 최종적으로 결단하겠다는 생각을 드러냈다[140].

9월 7일에는 서울 시내에서 열린 한미일 3국 외무성 국장급에 의한 「TCOG」회합에서, 17일 북일 정상회담에 대해 한미 양국이 「강력한 지지」를 표명하고, 북일대화와 병행한 한미일의 긴밀한 협의가 「매우 중요」하다고 확인했다[141]. 그럼에도 불구하고, (TCOG 회합에서) 켈리 국무차관보가 “북한의 핵 · 미사일은 미국만의 문제가 아니다. 알고 계시죠?”라고 하자, 다나카 히토시 외무성 아시아대양주 국장은 “일본에게 직접 닥친 문제다. 미국과 마찬가지로 심각한 것이다”라고 응수했다. 납치문제를 최우선시 하는 일본에 대해 미국이 확실하게 못을 박은 것이다[142]. 이어 (TCOG 회합에서) 켈리가 “총리를 방북시킨다는 일본의 결단은 지지한다. 그러면 경제협력 자금을 언제 줄 것인가”라고 압박하자, 일본측은 “국교정상화가 이루어진 때이다. 핵 · 미사일문제가 미해결 상태에서 돈을 낼 수는 없다”라고 약속했다. 미국측에서는 경제협력 자금이 북한의 군사비로 전용될 수 있다는 우려가 있었다. 미국정부 내에서는 “일본 공격에 쓰일지도 모른다”라는 우려조차 있었다[143].

미국은 이와 같이 교섭재개는 인정해도 북한 핵문제 등 안전보장 문제를 통해 북일 정상회담의 전과정을 북미관계의 프로세스에 맞추고 싶다는 생각을 나타냈다.

이어 9월 12일 열린 미일 정상회담에서도 고이즈미 총리는 방북에 대해 “위험은 있지만 톱(정상)끼리 이야기함으로써 북한이 국제사회에 대한 책임있는 대응을 취하는 것이 이익이 된다고 전하고 싶다"고 말했다. 총리의 설명에 의하면, 부시 대통령은 "미국으로서도 대화의 길은 닫혀 있지 않다고 전해주길 바란다"라며, 결과에 따라 북미회담을 재개할 자세를 나타냈다. 그러나 대통령은 지지할 뿐만 아니라 메모를 보면서 "대량살상무기, 미사일, 재래식무기 문제에 큰 관심을 갖고 있다. 이것은 일본, 미국, 한국이 우려하는 재료다"라고 지적하고, 관계 개선을 위해서는 대량살상무기 · 미사일 개발문제나 재래식전력의 축소문제의 진전이 불가피하다고 강조했다. 미사일이나 핵무기 등의 개발문제에서 북한에 어떠한 개선도 보여지지 않으면, 북일 국교정상화의 악셀을 밟지 말라는 주문이었다. 요즘 「북한이라는 나라는 돈을 주거나 대화를 하면 좋아지는 나라가 아니다」, 「켈리 차관보는 가까운 시일에 방북하겠지만 일절 양보는 없다」고 미국정부 고위관료의 발언이 워싱턴의 대사관을 통해 총리관저와 외무성에 전달되었다[144].

이와 같이 미일간에는 정책의 우선순위와 북한의 최근 외교공세를 어떻게 볼 것인가라는 인식을 둘러싸고 중점의 차이가 있었다. 일본의 시선이 납치문제와 과거청산으로 기울기 쉬운 반면, 미국측은 거듭 「미국의 우려는 일본의 우려이기도 하다」 등 안전보장문제에서 공동보조를 취하도록 못 박아 왔다. 미국은 2001년 대북정책 재검토 이후, 2002년 초부터 대담한 어프로치로 북미대화를 시도하고 있고, 7월 ARF에서 북미 외무장관회담에서 켈리 국무차관보를 북한에 파견하겠다는 뜻도 밝혔다. 그럼에도 불구하고 미국은 북한의 핵 · 미사일 문제를 내걸고 북일 정상회담에 대한 견제를 한 것은, 일본에게 북한 핵문제 해결과 관계정상화에 있어 미국의 대북 프로세스에 보조를 맞추게 하기 위한 움직임으로 생각할 수 있다.

6. 평양선언; 결정적 사건

고이즈미 일본총리는 2002년 9월 17일 평양을 방문해서 북한의 김정일 총서기와 역사적 북일 정상회담을 가졌다. 두 정상에 의해 합의된 「북일 평양선언」은 가와구치 외무장관이 국회에서, "이것은 양 정상이 합의한 중요한 정치문서이고, 그 정치문서 속에 우리나라로서 담고 싶은 것은 모두 포함되어 있어 바로 이 정신, 이 문서의 정신과 기본원칙에 따라 교섭해 왔고, 그래서 이것이 준수되지 않는 상황에서는 교섭은 타결하지 않을 것입니다[145]"라고 답변했고, 이후의 북일간의 「교섭의 기본적 생각을 담은 중요한 정치문서[146]」로서 자리매김되고 있다.

주목할 점은 평양선언이 1990년 9월 북일 3당공동선언의 기본원칙에 입각하고 있고, 3당공동선언의 핵심정신인 「사죄와 반성에 따라 과거청산, 국교정상화를 위한 교섭 재개」라는 합의는 일관되게 반영되고 있다는 것이다.

첫째, 평양선언에서는 전문을 통해 알 수 있듯이 양국의 양보가 두드러졌다.

전문은 「두 정상은 북일간 불행한 과거를 청산하고, 현안사항을 해결하며 결실 있는 정치, 경제, 문화적 관계를 수립하는 것이 양측의 기본이익에 합치됨과 동시에, 지역의 평화와 안정에 큰 기여를 할 것이란 공통의 인식을 확인[147]」했다. 이와 같은 합의는 일본측은 북한이 주장해 온 양국간의 과거청산문제를 명확히 하고, 북한측은 양국관계정상화가 동북아시아 지역의 평화와 안정을 위해 필요하다는 인식을 보였다는 것을 나타냈다. 이것은 지금까지 북일교섭의 안전보장문제는 북미간 문제라는 북한측의 주장에서 일보 나아간 것이다.

둘째, 평양선언은 2002년 10월중에 북일 국교정상화교섭을 재개할 것을 명확히 했다.

제1항에서 「쌍방은 이 선언에 나타난 정신 및 기본원칙에 따라, 국교정상화를 조기 실현시키기 위해 최선을 다하기로 하고, 이를 이해 2002년 10월 중에 북일 국교정상화교섭을 재개하기로 했다. 양측은 상호 신뢰관계에 따라 국교정상화 실현에 이르는 과정에 있어서도, 북일간에 존재하는 제문제에 성의를 갖고 임한다는 강한 결의를

표명했다[148]」라고 했다. 이것이 2002년 10월 29일의 제12회 북일교섭 재개로 이어졌다.

셋째, 과거청산과 국교정상화 후의 경제협력 및 재산·청구권의 상호포기 등의 「포괄적 합의」에 이르렀다.

제2항의 「일본측은 과거 식민지지배에 의해 조선인들에게 막대한 손해와 고통을 주었던 역사적 사실을 겸허히 받아들이고, 통절한 반성과 마음으로부터의 사죄를 표명했다[149]」에서 일본측의 과거청산의 큰 양보와 사죄가 구체화되었다. 물론, 고이즈미 총리의 사죄는 1995년 8월 15일 「무라야마 내각총리담화」를 답습한 것이지만, 고이즈미 총리 자신도 서명한 「북일 평양선언」 문서에 그 취지가 담겨있어 무게가 커졌다고 생각할 수 있다.

제2항에 이어 「쌍방은 일본측이 조선민주주의인민공화국측에 대해 국교정상화 후, 쌍방이 적절하다고 생각하는 기간에 걸쳐 무상자금협력, 저금리 장기차관공여 및 국제기관을 통한 인도주의적 지원 등 경제협력을 실시하며 또한, 민간 경제활동을 지원하는 견지에서 국제협력은행 등에 의한 대출, 신용공여 등이 실시되는 것이 이 선언의 정신에 합치된다는 기본인식 아래 국교정상화교섭에서 경제협력의 구체적 규모와 내용을 성실하게 협의할 것[150]」이라고 해 국교정상화 후에 「경제협력」을 본격화할 것을 명시했다. 이렇게 일본은 일본의 경제적 지원이 필요한 북한에 대해 국교정상화에 더 적극적으로 임할 수 있도록 보장을 주었다.

또한, 제2항에서 「쌍방은 국교정상화를 실현함에 있어서는 1945년 8월 15일 이전에 생긴 사유에 근거해 양국 및 그 국민의 모든 재산 및 청구권을 상호 포기한다는 기본원칙에 따라 국교정상화교섭에서 이를 구체적으로 협의할 것[151]」이라고 해, 북한의 보상문제와 일본의 청구권방식의 대립에 대해 경제협력이라는 한일방식으로 「포괄적 해결」이 이루어졌다.

나아가 제2항에서 「쌍방은 재일조선인의 지위에 관한 문제 및 문화재문제에 대해서는 국교정상화교섭에서 성실히 협의할 것[152]」이라고 해, 제9회 북일교섭에서 처음으로 제기된 북한의 현안도 해결의 전망을 보였다.

넷째, 북한 김 총서기로부터는 납치문제에 대한 잘못의 사죄와 재발 방지의 약속 등 양보를 이끌어 내었다.

제3항에서 「쌍방은 국제법을 준수하고, 상호안전을 위협하는 행동을 하지 않을 것을 확인했다. 또한, 일본국민의 생명과 안전에 대한 현안문제에 대해서는 조선민주주의인민공화국측은, 북일이 비정상적 관계일 때 발생한 이런 유감스런 문제가 이후 재발하지 않도록 적절한 조치를 취할 것을 확인했다[153]」라고 해, 일본인 납치문제에 대해 직접 언급하지는 않았지만, 사실상의 사죄[154]와 함께 재발방지의 약속을 받음에 따라 고이즈미 총리의 정치적 입지를 강화시켰다. 이것은 일본총리의 과거청산 및 국교정상화 이후의 경제협력 약속에 대한 김정일 총서기의 응답으로 이해할 수 있다.

다섯째, 평양선언은 북일간의 가장 민감한 안전보장문제에 대해서도, 큰 틀에서 중요한 양보와 합의를 이끌어 낼 수 있었다.

제4항에서 「쌍방은 한반도 핵문제의 포괄적 해결을 위해 관련되는 모든 국제적 합의를 준수할 것을 확인했다. 또한 쌍방은 핵문제 및 미사일문제를 포함한 안전보장상의 여러 문제에 관한 관계제국간의 대화를 촉진하고, 문제 해결을 도모할 필요성을 확인했다. 조선민주주의인민공화국측은 이 선언의 정신에 따라, 미사일 발사의 중지(모라토리엄)를 2003년 이후에도 더 연장해 나갈 의향을 표명했다. 쌍방은 안전보장에 관련되는 문제에 대해서 협의를 해 갈 것[155]」이라고 한 것처럼, 큰 틀에서의 중요한 양보와 합의를 이끌어 냈다. 이 문제는 북한이 그동안의 교섭에서 일관되게 「북미간의 협의내용」이라고 주장한 입장에서 물러서, 전문에서 언급한 동북아시아 평화를 위해 필요하면 북일간에도 협의하겠다고 양보한 것이다.

또한, 제4항에서 「쌍방은 동북아시아 지역의 평화와 안정을 유지, 강화하기 위해 서로 협력해 나갈 것을 확인했다. 쌍방은 이 지역의 관계 각국 사이에 상호신뢰를 바탕으로 협력관계가 구축되는 것의 중요성을 확인하는 동시에, 이 지역의 관계국간의 관계가 정상화됨에 따라 지역의 신뢰조성을 도모하기 위한 틀을 정비해 가는 것이 중요하다는 인식을 같이 했다[156]」라고 합의하고, 북한이 핵 · 미사일문제를 일본과 협의한다고 합의함에 따라, 일본도 기존의 미국과의 양국관계에서 다국간의 매듭을 향해 나갈 의향을 표명한 것으로 알려졌다[157].

이상의 북일 평양선언의 전문은 다음의 **표5-2**에 나타난다.

표5-2 북일 평양선언 전문

고이즈미 준이치로 일본총리와 김정일 조선민주주의인민공화국 총서기는 2002년 9월 17일 평양에서 만나 회담을 가졌다.

두 정상은, 북일간의 불행한 과거를 청산하고, 현안사항을 해결하며, 결실 있는 정치, 경제, 문화적 관계를 수립하는 것이 쌍방의 기본이익에 합치됨과 동시에, 지역의 평화와 안전에 크게 기여를 할 것이라는 공통의 인식을 확인했다.

1. 쌍방은 이 선언에 나타난 정신 및 기본원칙에 따라, 국교정상화를 조기 실현하기 위해 최선을 다하기로 하고, 이를 위해 2002년 10월중에 북일 국교정상화교섭을 재개하기로 했다.
   쌍방은 상호신뢰관계에 따라 국교정상화 실현에 이르는 과정에 대해서도, 북일간에 존재하는 제문제에 성의를 갖고 임하는 강한 결의를 표명했다.
2. 일본측은 과거 식민지지배에 의해 조선인들에게 막대한 손해와 고통을 주었다는 역사적 사실을 겸허히 받아들이고 통절한 반성과 마음으로부터의 사죄를 표명했다.
   쌍방은 일본측이 조선민주주의인민공화국측에 대한 국교정상화 후 쌍방이 적절하다고 생각하는 기간에 걸쳐, 무상자금협력, 저금리 장기차관공여 및 국제기관을 통한 인도주의적 지원 등 경제협력을 실시하며, 또한 민간 경제활동을 지원하는 견지에서 국제협력은행 등에 의한 대출, 신용공여 등이 실시되는 것이 이 선언의 정신에 합치된다는 기본인식 아래, 국교정상화교섭에서 경제협력의 구체적 규모와 내용을 성실하게 협의하기로 했다.

쌍방은 국교정상화를 실현함에 있어서는 1945년 8월 15일 이전에 생긴 사유에 근거해 양국 및 그 국민 모두의 재산 및 청구권을 상호 포기한다는 기본 원칙에 따라, 국교정상화교섭에서 이것을 구체적으로 협의하기로 했다.

쌍방은 재일조선인의 지위에 관한 문제 및 문화재문제에 대해서는, 국교정상화교섭에서 성실히 협의하기로 했다.

3. 쌍방은 국제법을 준수하고, 상호안전을 위협하는 행동을 하지 않을 것을 확인했다. 또한, 일본국민의 생명과 안전에 대한 현안문제에 대해서는 조선민주주의인민공화국측은, 북일이 비정상적 관계일 때 발생한 이런 유감스런 문제가 이후 재발하지 않도록 적절한 조치를 취할 것을 확인했다.
4. 쌍방은 동북아시아 지역의 평화와 안정을 유지, 강화하기 위해 서로 협력해 나갈 것을 확인했다.

쌍방은 이 지역의 관계 각국 사이에 상호신뢰를 바탕으로 협력관계가 구축되는 것의 중요성을 확인하는 동시에, 이 지역의 관계국간의 관계가 정상화됨에 따라 지역의 신뢰조성을 도모하기 위한 틀을 정비해가는 것이 중요하다는 인식을 같이 했다.

쌍방은 한반도 핵문제의 포괄적 해결을 위해, 관련된 모든 국제적 합의를 준수할 것을 확인했다. 또한, 쌍방은 핵문제 및 미사일문제를 포함한 안전보장상의 여러 문제에 관한 관계제국간의 대화를 촉진하고, 문제 해결을 도모할 필요성을 확인했다.

조선민주주의인민공화국측은 이 선언의 정신에 따라, 미사일 발사의 중지(모라토리엄)를 2003년 이후에도 더 연장해 나갈 의향을 표명했다.

쌍방은 안전보장에 관련되는 문제에 대해 협의를 해 나가기로 했다.

(출전) 『아사히신문』 2002년 09월 18일 조간

평양선언은 북일교섭의 국제공간이 2000년말과는 달리 부시정권의 대북정책에 의해 서서히 교섭교착적 상태로 바뀌고 있는 중에 이루어졌다. 또한, 선언은 제11회 북일교섭 이후, 김정일 총서기의 납치문제 논의 의사 표명에 따라 국내공간의 교섭촉진적 조건은 많아지고, 교섭상대국공간도 대일본 우선전략으로의 이동에 따라 교섭촉진적 상태[158]가 만들어진 상황에서 발표되었다.

국내공간은 평양선언의 영향이 계속돼 각종 여론조사에서 보면,

교섭촉진적 상태는 견고하게 유지되었다. 평양선언 후 행해진 북일 정상회담에 대해 「평가한다」라는 대답이 81%(평가한다 37%, 대체로 평가한다 44%)로 오르면서, 북한과 「국교를 맺는 것이 좋다」라고 답한 사람은 58%로, 지난 9월 긴급조사결과(8월 31일, 9월 1일 조사)와 거의 같았다. 내각지지율도 51%에서 61%로 상승했다[159]. 물론 이 조사에서도 「5명 생존-8명 사망」이라고 알려진 납치문제에 대해서는 76%가 「납득할 수 없다」라고 답했다.

다른 여론조사에서도 정상회담에 대해서는 「크게 평가한다」가 37.6%, 「다소 평가한다」가 37.6%로 합계 81.2%에 달했다[160].

그리고 내각부 발표의 「외교에 관한 여론조사[161]」에 의하면, 북한과의 국교정상화에 대해서는 「찬성」하는 사람의 비율이 66.1%(「찬성」 23.1% + 「어느 쪽인가 하면 찬성」 43.0%), 「반대」하는 사람의 비율이 25.9%(「반대」 8.0% + 「어느 쪽인가 하면 반대」 17.9%)라는 결과였다. 북한에의 관심사항(복수응답)에 대해서는 「일본인 납치문제」를 드는 사람의 비율이 83.4%로 가장 높고, 이하 「공작선문제」(59.5%), 「핵개발문제」(49.2%), 「미사일문제」(43.7%)라는 결과로, 납치문제에 높은 관심을 나타냈다.

북일 정상회담 직후 열린 좌담회를 포함 다양한 기회에서, 북일관계에 정통한 전문가 사이에서도 이 회담에 대해 대체로 호의적 평가를 나타냈다. 우선, 기타오카 신이치北岡伸一는 "양국간의 교섭만을 보면, 이것은 전쟁 후 일본 외교사에 남을 성공이다. 일본의 국익에도 큰 성과일 뿐만 아니라, 동아시아 전후 국제관계사에 새로운 한 페이지를 여는 것이다[162]"라고 말했다. 또한, 이종원과 같이 "북한은 리스크를 지고 납치라는 국가범죄를 인정해 일본이 요구한 것에 정면으로 응수한 인상이다. 북한이 전면 양보했다. 국제사회가 정말로 받아들일 수 있는 나라로 변화해 가는 것을 기대하고 싶다[163]"라는 생각도 있었다. 그리고 다나카 아키히코와 같이 "안전보장 면에서 아직도 채워야 할 문제는 있지만, 외교라는 관점에서는 고이즈미 총리는 일본으로서 할 수 있는 상당한 부분을 달성했다. 앞으로의 교섭

기반이 됐다[164]"라고 하는 견해가 제시되었다.

더욱이 "미국이 이라크 공격을 단행하는 것은 겨울인 내년 2월로 보인다. 북한과의 대화노선을 취하고 있는 한국 김대중정권의 임기도 마침 2월까지이다. 북한이 그때까지 끝을 보고 싶다고 생각하는 것은 당연하다[165]"라며, 빠른 시일 내에 북일 국교정상화를 전망하는 평가도 있다.

이와 같이, 평양선언을 결정적 사건으로 하는 이 전략적 국면은 부시정권 발족 이후, 북미간 대화 모색 중에도 국제공간의 교섭교착적 상태가 이전보다 강화되고, 교섭상대국공간의 교섭촉진적 상태는 이전보다 높아져 게다가 국내공간도 교섭촉진적 상태에서 시작됐다.

7. 소결

평양선언을 맞이한 국제공간은 부시정권 발족(2001.1)과 9.11 테러사건으로 인해 그 이전의 교섭촉진적 상태가 교섭교착적으로 변한 상태였다. 부시정권은 발족 이후, 북한과의 대화조건으로 핵개발에 대해 IAEA 사찰뿐만 아니라 미사일 규제와 재래식전력 축소를 엄격하게 요구했다. 게다가 9.11 테러 이후 2001년 11월, 북한과 같이 핵 등 대량살상무기를 개발하는 나라에 대해 「적」이라 하고, 2002년 1월에 북한을 「악의 축」이라고 비난함으로써, 이라크와 함께 북한을 압박했다. 북한은 아프가니스탄의 탈레반정권 붕괴 이후, 체제안전의 위협을 느끼면서 미국과의 대화를 시도해 왔다. 미국도 2002년에 들어 「대담한 어프로치」로 대통령특사를 북한에 파견할 방침을 정하는 등 북미대화를 모색했지만, 2002년 6월 서해에서 남북 해군간 포격전이 일어나 중단됐다.

이 상황에서 부시정권의 압력을 받은 북한의 교섭상대국공간은 북일교섭에서 교섭촉진적 상태로 급속하게 향하고 있었다. 물론, 북일교섭에서 장애물이 되어 온 납치문제와 북한 핵 · 미사일문제도 존재했다. 그럼에도 불구하고 북한에게는 한편으로 국내 경제위기를 극복하기 위해, 한편으로 미국의 대북강경책에 우회 접근하기 위해 북일관계의 정상화를 매우 필요로 했다. 그로부터 북한은 9.11테러 이후, 일본에 비밀교섭을 요구하고 1년여 동안 납치문제와 과거청산문제 해결을 중심으로 진행해 북일교섭 현안의 포괄적 타결을 시도했다. 그 상황에서 2002년 7월 ARF에서 북미·북일 외무장관회담이 열리고 이어서 8월에는 북일 적십자회담과 국장급협의가 열렸다.

고이즈미 총리는, 이런 조건에서 국내의 높은 인기를 배경으로 역사적 타이밍을 놓치지 않고 총리의 방북과 북일 정상회담을 목표로 했다. 그리고 이런 상황은 2002년 9월 북한방문과 평양선언으로 이어졌다. 북일 정상간 접촉 시도는 모리 총리 때, 2000년 남북 정상회담 이후 같은 해 말부터 2001년 초까지 북한의 요청에 의해 이미 추진되어 왔다. 그러나 모리 총리는 2001년 4월에 실각해, 북일 정상회담 시도는 고이즈미 총리에 이르러 실현되었다.

고이즈미 총리의 방북이 발표된 8월 30일 이후, 미국은 북한의 핵·미사일 개발문제를 제기하며 고이즈미 총리의 방북에 대한 우려를 나타내는 등 견제했다. 미국은 2002년 초부터 「대담한 어프로치」 모색하면서 북한 핵문제에서 미국의 대북 프로세스에 북일관계의 진전을 맞추기 위해 고이즈미 총리의 방북과 대응을 견제했다고 할 수 있다.

이와 같이, 평양선언은 북한의 적극적인 북일교섭 의사와 함께 북일 비밀교섭과 국장급협의를 통해 이뤄진 정상끼리의 정치적 결단에 따라 교섭상대국·국내공간이 교섭촉진적 상황에서 열렸다. 그러나 미국의 북한 압박과 북일 정상회담에 대한 강한 견제에 의해 국제공간은 교섭교착적 상태가 보다 강화되었다.

따라서 평양선언국면은 전체적으로는 부시정권 발족과 9.11 테러 사건 이후 북미관계가 악화된 가운데 이루어졌고, 평양선언(2002.9)을 결정적 사건으로 하는 전략적 국면으로서, 교섭공간의 상태가 CⅠ~CⅧ 중 교섭상대국·국내공간 두가지가 교섭촉진적이고 국제공간 하나가 교섭교착적인 CⅢ(P-P-D)에서 시작되었다.

평양선언국면에서 선언 이전의 주요국면으로부터 선언 직후에 걸쳐서 교섭공간의 상태 변화를 정리하면 다음 **그림5-1**과 같다.

그림5-1 평양선언국면의 교섭공간의 상태 변화

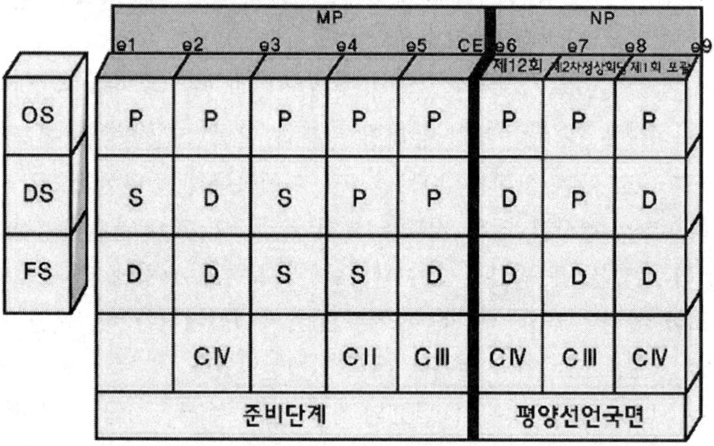

1. OS; Opponent Space DS; Domestic Space FS; Foreign Space
2. MP; Main Phase NP; Negotiation Phase CE; Critical Event
3. P; Promotive D; Deadlock S; Static
4. CⅠ∽CⅥ; 교섭공간의 상태
5. e1; 부시정권 발족과 9.11 테러(01.0~12)/e2; 북일 비밀교섭(02.1~7)/e3; ARF 북미·북일 외무장관회담(02.7)/e4; 국장급협의와 고이즈미의 방북발표(02.8)/e5; 미국의 견제(02.9)/CE; 평양선언(02.9, CⅢ; P-P-D)/e6~e9; 북일교섭(2002.10~2006.2)

2절 평양선언국면의 교섭패턴

전술한 것처럼, 평양선언국면은 부시정권 발족(2001.1)과 9.11 테러사건 이후 북미관계가 악화되던 중 이루어진, 평양선언(2002.9)을 결정적 사건으로 하는 전략적 국면이다. 그리고 그 교섭공간의 상태는 CⅠ~CⅥ 중, 교섭상대국·국내공간 두 가지가 교섭촉진적이고, 국제공간 하나가 교섭교착적인 CⅢ(P-P-D)에서 시작되었다.

CⅢ에서 시작된 평양선언국면에서 북일교섭은 제11회 북일교섭(2000.10) 이후 2년 만에 재개한 제12회 북일교섭(2002.10)과 그 후 제1, 2회 고위급협의(2004.2.5)와 제2차 북일 정상회담(2004.5)이 열리고 제1회 북일 포괄병행협의(제13회 2006.2)로 이어졌다.

본 절에서는 이 평양선언국면의 제교섭에 있어서 세 가지의 교섭상대국, 국내, 국제공간에 대한 교섭대응패턴을 규명한다.

1. 제12회 북일교섭(2002.10.29~30, 쿠알라룸푸르)

1) 교섭공간

(1) 켈리의 방북과 미 국무부의 북한 핵 성명

평양선언의 북일교섭 재개합의에도 불구하고 국제공간 상태는 북한 핵을 둘러싼 미국의 견제에 의해 그 양상이 보다 교섭교착적으로 되었다. 요컨대, 9.11 테러 이후 일거에 교섭교착적이 된 국제공간은 평양선언 직후 조성된 제2차 북한 핵위기를 계기로 교섭교착적 상태가 한층 강화했다.

평양선언 직후, 가와구치 요리코 외무장관은 9월 17일(일본시간 18일), 워싱턴에서 파월 국무장관과 회담하고, 북일 정상회담 내용에 대해 설명했다. 파월 장관은 총리의 방북에 대해 지지와 환영의 뜻을 표명하고, 8명의 사망이 확인된 북한에 의한 납치문제에 대해서는 "가족에게 아무쪼록 애도의 뜻을 전해주길 바란다"라고 말했다. 방미 중인

가와구치 외무장관에게 설명을 들은 라이스 보좌관은 "미국이 우려하고 있는 문제에 대해 확실히 전해준 것을 평가한다"라고 답했지만, 핵·미사일문제를 둘러싼 김 총서기의 말에는 일체 논평을 피했다[166].

미국은 북일 정상회담에서 미국이 우려하고 있는 핵·미사일문제를 일본측이 거론하며, 미사일 발사중지 연장 등이 평양선언에 포함되었지만, 미 정부는 "고이즈미 총리의 노력을 환영하고, 지지한다"(라이스 대통령보좌관)라며 총리의 실행력을 평가하는 한편, 북한이 나타낸 자세에 대해서는 "총리의 방북결과를 음미하고 싶다"(국무부 코멘트)며 신중한 자세를 무너뜨리지 않았다[167].

고이즈미 총리의 방북 결과를 지켜보던 미국은 이 회담을 어느 정도 평가하는 한편, 평양선언 직후 10월 3일부터 5일간의 일정으로 제임스·A·켈리 국무차관보(동아시아태평양 담당)를 대통령특사로서 평양에 파견했다. 미 고위관리의 방북은 2000년 10월 올브라이트 국무장관 이후 2년만으로, 부시정권에서는 처음이었다. 켈리 차관보는 대통령특사로서 김영남 최고인민회의 상임위원장과 면담하는 한편, 외교활동의 중심에 있는 강석주 제1외무차관과 김계관 외무차관 등과 집중적으로 협의했다[168].

켈리는 3일, 김계관 외무차관과 첫회담에서 미국의 우려를 알리면서도 대통령이 북한인민들에게 좋은 북미 양국관계의 전환에 대해 진지한 논의를 준비하고 있다는 기본 메시지를 전달했다. 그러나 켈리는, 북한이 농축우라늄을 통한 핵무기를 생산할 수 있는 비밀 프로그램에 착수했다는 확실한 증거를 갖고 있어, 계획한 대화가 불가능해 졌다고 말했다. 켈리는 김계관에게 증거를 제시하지 않았다. 켈리의 최초 발언에는 (1994년 제네바) 포괄합의문에 관한 우려를 담고 테러리즘, 재래식무기, 미사일, 그리고 인도주의와 인권문제 등이 이어졌다[169].

켈리는 4일, 김영남 최고인민회의 상임위원장과 면담한 후, 강석주 제1외무차관을 만났지만, 강은 당과 북한정부의 입장은 미국이 1994년의 포괄합의를 철저하게 파괴했다는 것이다. 미국은 북한을 「악의 축」이라고 지목하고, 선제공격의 대상으로 핵 공격의 잠재적 대상으로 북한을 포함시켰다고 규정했다[170].

또한, 켈리가 강석주에게 고농축우라늄(HEU)을 인정할 것을 재촉했을 때, 강석주는 "그럼 미국은? 미국도 핵무기를 제조하고 있다. 당신은 핵무기로 우리를 공격한다고 하는데 우리도 똑같이 해야 한다"라고 덧붙였다. 그는 북한의 입장에서 미국과의 대화에 참가하기 위해서는 수단, 즉 우라늄농축이나 핵무기가 필요하다고 말했다. 이 발언은 켈리에게 있어서 강석주가 북한의 우라늄 프로그램을 확실히 인정했다고 느끼게 했다[171].

10월 5일, 서울로 돌아온 켈리 차관보는 회견에서 "대량살상무기, 미사일 개발 · 수출, 재래식전력의 위협, 인권유린과 인도상의 문제"를 북한측에 지적했고, 또한 이에 대해 "깊은 우려를 표명했다"라고 말했다. 게다가 "대화를 통해 이와 같은 우려를 해결하고 싶다고 우리의 입장을 전했다"며 "북한이 우려 해결에 포괄적 노력을 하면, 북미관계는 개선될 수 있다"라고 북한에 촉구했다고 한다[172].

이에 대해 『라디오프레스』에 따르면, 북한의 국영 『평양방송』은 10월 6일 「미국이 적대정책을 포기할 준비가 되어 있다면 미국의 안보상 우려를 없애기 위한 대화에 응할 용의가 있다」라고 논평을 전했다[173]. 서울의 외교관계자 등에 의하면, 북한측은 미국측의 이와 같은 공세에 대해 체제보장과 「테러지원국가」의 낙인을 떼어 주기를 요구했으며, 1994년 북미 포괄합의 준수, 미국의 우려에 대한 「성의 있는 협의」의 자세를 나타내고, 고위급협의 재개와 관계 개선의 기대를 표명했다고 한다[174].

그러나 북한은 10월 7일에는 외무성을 통해 켈리 미 국무차관보의 교섭자세에 대해 「적대시정책을 추구하고 있다[175]」 등으로 비판하면서도, 일본에 대해서는 10월 9일, 후술하는 것처럼 일본인 납치피해자 5명의 일시귀국에 대해 유연한 자세를 보였다. 미 국무부의 바우처 대변인이 7일 기자회견에서 이에 대해 "국무차관보는 솔직한 사람이다. 미국을 위해 나가서 몇 가지 매우 심각한 문제에 대해 북한측이 심각하게 취급할 필요가 있다는 미국의 견해를 명확히 했다[176]"라고 반박했다.

한편, 『조선중앙통신』은 10월 12일, 미 부시정권의 첫 특사인 켈리 국무차관보의 북한방문에 대한 논평을 내고 「우리에게 강압적 요구를 내려먹여 굴복시키려는 목적이었다[177]」라고 강하게 비난했다.

요컨대, 켈리의 방북은 미국과의 대화를 모색해 온 북한에 있어서 매우 혹독했었다고 할 수 있다. 이런 상황은 미 국무성의 북한 핵개발 성명으로 이어졌다.

미 국무부의 바우처 대변인은 2002년 10월 16일, 10월 3~5일 켈리 차관보가 참석한 평양에서의 북미 고위급협의 첫날 "켈리 차관보와 그의 대표단은 우리는 최근 북한이 합의된 틀과 기타 약속을 위반하고 핵무기용 HEU를 갖고 있는 것을 나타내는 정보를 취득한 것을 북한에 조언했다[178]"고 했는데, 다음날 본격적 협의에서 김정일 총서기의 측근인 강석주 제1외무차관과의 회담에서 "북한당국은 그들이 그런 프로그램을 갖고 있음을 인정했다[179]"라는 성명을 발표했다. 또한, 이 자리에서 북한측은 기존의 핵개발 부정 발언을 바꿔, 1994년 이후 북미관계의 토대였던 북미 포괄합의에 대해 "북한은 미국을 비난하려고, 그들이 합의된 북미 포괄합의는 「무효」로 생각하고 있다고 말했다[180]"라고 밝혔다.

미국정부도 「북한의 비밀 핵무기 프로그램이 NPT, IAEA의 보장조치협정, 그리고 한반도 비핵화에 관한 남북공동 선언뿐 아니라 북미 포괄합의에 중대한 위반에 해당한다[181]」며, 이 합의는 무효가 되었다고 했다. 또한 「미국과 동맹국은 핵확산금지 조약에 의해 약속을 준수하고, 검증가능한 방법으로 핵무기 프로그램 중지를 북한에 요구한다[182]」고 강조했다.

이 성명을 계기로 IAEA의 마크 구오즈데키 대변인은 10월 17일, 북한이 핵무기개발 지속을 인정한 것에 대해 "깊이 우려하고 있다. 새로운 (핵개발) 계획이 있다면, 우리와의 약속을 어긴 것이다[183]"라고 말했다.

켈리 미 국무차관보는 10월 17일 한국에 들어와 최성홍 외교통상부 장관과 북한 핵개발문제에 대해 협의한 후 기자회견에서 "즉각적이고 눈에 보이는 형태로 핵개발계획을 포기하도록 북한에 요구한다"라는 성명을 발표했다. 이 밖에 한국정부 관계자에 따르면 켈리는 1994년 북미 포괄합의에 따라 경수로가 완공될 때까지 미국이 계속하게 되어있는 북한으로의 중유공급이 중단될 가능성이 있다고 전했다[184]고 한다.

북한의 『노동신문』은 미 국무부의 성명에 대해 10월 18일 논평에서 10월초 켈리 미 특사의 방문에 대해 「미국은 우리나라에 대통령 특사를 파견하여 저들의 불순한 정치적 목적을 달성해 보려고 획책하였다. 그러나 그러한 계획은 수포로 돌아가고 말았다. 미국 정책작성자들은 더욱 궁지에 빠지게 되었다[185]」라고 주장했다.

또한, 북한의 『노동신문』은 10월 22일 「켈리 미국대통령특사는 우리의 핵·미사일문제와 상용무력 축감문제에다가 인권문제까지 걸고 들면서 그 무슨 『우려사항』에 대한 미국의 요구를 받아들일 것을 강박하였다[186]」라고 비난했다. 한편, 『평양방송』은 이날 북한이 핵 동결을 하는 대신 경수로를 제공한다는 「제네바 포괄합의」의 이행을 전날에 이어 미국에 촉구하고, 북한으로서는 합의를 즉각 파기할 생각이 없다는 것을 강조했다[187]. 북한의 박길연 유엔대사도 10월 25일 오전, 유엔본부에서 기자회견을 하고 일반론 형태로 북한이 핵무기나 「그것보다 강력한 무기」를 가질 권리가 있다고 강조했다. 그러나 "우리는 항상 북미 포괄합의를 유지해야 한다고 생각하고 있다"라고 말해, 미국과는 여전히 뉴욕에서 접촉을 계속하고 있음을 확인했다[188].

북미간의 대립을 높인 미 국무부의 성명발표 이후, 고이즈미 총리는 10월 17일 낮, 아이치愛知현 나가쿠테쵸長久手町에서 기자단에게 "그래서 북일 평양선언에서 국제법을 준수해야 한다며 핵문제 의혹을 불식하기 위해 성의 있는 대응을 바란다"라고 말해, 정상화교섭에서 다루어 나갈 방침이라고 밝혔다[189]. 그리고 이날, 고이즈미 총리는 가와구치 외무장관을 총리관저로 불러, 북일 국교정상화교섭을 예정대로 10월 29일부터 시작하도록 지시했다. 외무성은 지시에 따라, 북한 핵개발 동결을 결정한 북미 포괄합의를 유지하기 위해 정상화교섭에서는 북한측의 핵개발 즉시 중지를 요구하는 등의 방침을 정했다[190].

이렇게 평양선언 발표로부터 불과 29일 후 미 국무부의 북한 핵개발 성명은, 북일교섭에서 평양선언국면의 국제공간에 교섭교착적 상태를 한층 강화했다. 이 국제공간의 교섭교착적 상태는 반대로 교섭상대국에게는 조속히 대일 관계 개선 및 교섭의 타결에 대한 의존도를 높여, 교섭상대국공간은 교섭촉진적 상태를 보다 강화했다.

요컨대, 미 국무부의 2002년 10월, 북한 핵개발 프로그램 발표 성명은, 부시정권의 대북 강경책으로 채택된 것으로서, 이른바 「제2차 북한 핵위기」가 본격적으로 되어, 평양선언 이후 북일교섭에서 국제공간의 교섭교착적 상태를 한층 강화했다.

(2) 납치문제에 따른 반북여론

역사적 북일 정상회담 후, 그 자체에 대해 평가하는 국내여론에도 불구하고 납치피해자의 생존자는 5명이고, 8명이 사망했다는 북한의 통지는 피해자 가족에게는 충격적이었다. 이는 첫 북일 정상회담에서 평양으로부터 온 충격적 안부정보였다. 북한의 김 총서기는 9월 17일, 납치행위를 인정하고 사죄했지만 20년이나 살아있다는 희망을 이어온 납치피해자 가족은 납득할 수 없었다. 사망한 유족도 생존자 가족도 분노와 슬픔으로 절망했다.

김 총서기는 고이즈미 총리와의 회담에서 스스로 「납치」라는 말을 사용했다. 김 총서기는 "특수기관의 일부가 망동주의, 영웅주의에 따라 납치했다"라고 말해, 국가적 범죄가 아닌 특수기관의 것임을 인정하고 책임자를 처벌했다고도 말했다[191].

그러나 「5명 생존-8명 사망」이라는 충격적 안부정보를 받은 북한에 납치된 일본인 가족과 그 지원단체는 9월 17일 밤, 북일 정상회담에 따른 국교정상화 재개 방침의 철회를 요구하는 성명서를 냈는데 이 성명에서 「(1) 생존이 확인된 4명의 한 달 이내의 귀국, (2) 사망한 6명의 죽음에 이른 상황과 납치된 일본인 전원의 안부확인과 조기귀국, (3) 북한과 납치문제를 방치해 온 일본정부의 사죄와 보상」의 3가지를 요구했다. 또한, 북일 양국의 공동성명 중에서 「납치」라는 글자가 없는 것을 지적하고 납치 사실이 판명되었는데 국교정상화교섭을 시작하는 것은 「국가라는 값을 못하는 행위」라고 강하게 비난했다[192].

고이즈미 총리가 기자회견에서 "국교정상화교섭을 재개한다"라고 말한 것을 TV에서 본 마스모토 데루아키(増元照明, 마스모토 루미코 増元るみ子의 동생)는 "왜 고이즈미는 공동선언에 사인하기 전에 우선 일본에 돌아와 국민의 소리를 듣지 않았었는지. 이걸로 「진전」이라고 생각했는지"라며 화를 냈다[193].

9월 20일 중위원 외무위원회에서 가와구치 외무장관은, 국교정상화교섭을 언제 시작하느냐는 질문에 「아직 초입단계다」라는 견해를 표명했다. 정부가 나설 최우선 과제로서, 피해자 가족의 현지방문과 생존자와의 재회를 꼽았다. 「북한측의 통지에 가족이 납득할 수 있는 상태가 아니면 교섭은 재개할 수 없다」(외무성간부)라고 한다[194].

이와 같이 납치문제에 대해 부상한 국민적 분노와 반북여론 때문에, 정상회담에서 합의한 10월 중 국교정상화교섭 재개의 조기 타결을 목표로 한 의도는 갑자기 흔들렸다고 할 수 있다.

고이즈미 총리는 9월 27일, 북한에 납치된 피해자 가족들과 총리관저에서 면담했다. 총리는 "납치문제는 매우 중요한 문제다. 관계각료회의를 만들어, 일본정부 전체로서 문제 해명에 온 힘을 다해 대처하겠다"라며 정부의 자세를 설명하고, "납치문제 해결 없이는 북일간 국교정상화는 있을 수 없다"라고 강조한 뒤, "납치문제 해명을 최우선으로 대처해 가고 싶다"라고 밝혔다. 다만, 납치사건의 철저한 규명을 요구하는 가족에게서는 「일반론뿐이고 구체적 회답이 없었던 것은 매우 유감」이라는 소리가 확산됐다[195].

이 자리에서, 요코타 메구미의 아버지인 시게루가 가족을 대표해서 (1) 피해자의 「사망」통지는 북한 발표에 불과해 일본정부는 미확인임을 표명한다, (2) 평양에 파견할 정부조사단에 경찰관계자를 참가시켜 DNA감정 등 과학적 근거로 조기에 본인 확인을 한다, (3) 납치사건을 규명하지 못했던 역대의 정권과 외무성담당자의 책임을 규명한다, (4) 정부가 납치사건이라고 인정한 8건 11명 외에도 조사한다 등을 요구했다. 다른 가족도 「김정일 총서기가 납치를 명령한 것이 아닌가」 「국가범죄의 책임을 추궁하지 않는가」 「생존자 4명이 돌아오지 않는 한 지원은 절대 하지 마라」 등도 요망했다[196].

한편, 북한에 의해 일본인 납치의 사실관계 조사와 피해자 가족의 방북 준비를 하는 일본정부의 조사단(단장; 사이키 아키타카 외무성 아시아대양주국참사관, 11명)이 9월 28일 오후, 고려항공기로 중국 베이징을 거쳐 평양에 도착, 일행은 30일까지 북한외무성 마철수 아시아국장 등과 함께 현지 조사를 실시했다. 일본정부는 이 납치사건 조사단의 조사결과를 10월 2일 발표했다.

이 발표에 대해 『아사히신문』은 「납치사건조사단은 생존하고 있는 것으로 보이는 5명과 만나 본인임을 판단했다. 사망했다는 8명이 납치된 경위와 가족관계, 사망했다는 상황에 대해 북한측에게 설명을 들었다. 하지만, 사망했다고 판단할 수 있는 확실한 증거는 나타나지 않았다. 무덤도 대부분 『홍수에 휩쓸렸다』라고 했다. 『사인』에 대해서도 설명이 있었지만, 그것을 증명할 자료는 없었다. 가족들은 『부자연스러운 내용이 많고 납득할 수 없다』『너무 잘 만들어져 있다. 위조를 느낀다』『생존을 믿고 구출에 노력할 것이다』등 이라고 말했다. 조사결과를 들은 가족이 받아들일 수 없다는 생각이었다. 북한의 설명은, 북일 정상회담 때의 내용과 비교하면 자세하게 되어 있다. 사망했다는 년월일뿐만 아니라『사망』상황에 대해서도 어느 정도 언급하고 있다. 그러나 많은 사람들이 가스중독이나 교통사고, 지병 등으로 사망했다는 설명은 역시 이해할 수 없다. 또한, 자살했다는 것이 만약 정말이라면, 참으로 아픈 이야기다[197]」라고 보도했다.

그리고 초당파의「북한에 납치된 일본인을 조기 구출하기 위해 행동하는 의원연맹」(납치의연)도 10월 4일 오전, 중의원 제1의원회관에서 총회를 열어「납치문제가 해결되지 않으면 국교정상화교섭에 들어가지 않는다」는 것을 요구하는 결의를 채택했다. 그 결의는 납치범죄의 조사, 납치피해자와 그 가족의 1개월 내의 귀국, 사망한 피해자에 대한 진상규명, 처벌과 보상의 요구 등 진전이 교섭 재개의 전제라고 했다[198].

「납치의연」의 요구대로 피해자 가족의 충격과 분노를 접하고 국민도 동정심과 분노를 느낀 결과, 납치문제에 대해 충분한 조사와 생존자 귀국 등의 요구가 나오게 되었다. 전술한 북일 정상회담에 관한 (여론)조사에서도 납치문제에 대해서는 76%가「납득할 수 없다」라고 대답한 것은 납치문제가 안고 있는 교섭교착적 성격이 잘 나타났다.

물론, 일본정부는 피해자 가족과 납치단체의 요구를 받아 생존자의 귀국을 북한에 촉구하고 있다. 하지만, 9월말 정부 조사단 파견 당시, 비디오 녹화 등을 통해 생존자가 자신의 가족에게 방북을 권한 것도 있어, 조기 실현은 어려울 것으로 보고 있다[199].

그러나 북한은 생존자 가족의 방북 방침을 바꿔 2002년 10월 9일,「생존자 일시귀국」을 일본측에 통보하고, 10월 15일 북한에 납치된 5명이 무사히 일시귀국 했다. 정부 관계자가「빨리 국교정상화를 이루려는 북한으로서는 납치 가족의 카드는 단단하고, 일본 국내 분위기도 심각하다고 보고 취한 것이다. 외무성은 가족이 북한에 들어가는 것이 당초 현실적이라고 평가하고 있었기에 그대로 진행하고 있었으면 이렇게 빨리 실현되지 않았다[200]」라고 했듯이, 이것은 북한의 전격적 조치였다. 북한은 5명의 귀국 조치를 통해, 일본 국내에서의 환영분위기를 조성하고, 높아지고 있는 납치문제를 둘러싼 반북여론의 목소리를 완화시키고, 가능하면 납치문제를 사실상 마무리 지으려고 했다고 생각할 수 있다.

이와 같이 김정일의 사죄와 납치피해자 5명의 일시귀국 등의 영향으로 납치문제 해결 가능성이 커졌지만, 평양선언 직후에 납치문제를 둘러싸고 조성된 국내공간의 교섭교착적 상태는 그다지 약해지지 않았다.

북한에 의한 납치사건 피해자 중 생존자 5명이 15일 귀국함에 따라 고이즈미 총리는, 이날 담화를 발표했다.

이 담화에서 고이즈미 총리는 "이번 일시귀국의 실현에 의해 납치문제 해결을 향해 첫발을 내디딜 수 있었습니다[201]"라고 환영한 뒤, "그러나 가족이 동행하는 귀국, 생존이 확인되지 않은 분들의 진상규명 등, 해결해야 할 문제는 여전히 많이 남아 있습니다[202]"라며, 납치피해자 가족의 귀국 등에 대해 의사를 밝혔다. 이어, 총리는 "이달 29일 북일 국교정상화교섭을 재개합니다. 정부는 이 중, 납치문제를 북일간의 현안에서 최우선 사항으로 다룹니다. 교섭을 통해 납치문제의 전면적 해결을 목표로 북한에게 줄기차게 압박해 가겠습니다[203]"라며 재개하는 제12회 북일교섭 때 납치문제를 최우선시 할 것도 밝혔다.

더욱이 북한에 의한 납치피해자의 귀국을 놓고 일본에 있는 피해자 가족과 관계자 사이에서 본인을 북한으로 돌려보내지 않고 반대로 가족을 불러들여야 한다는 의견이 강해져, 일본정부는 어려운 판단에 내몰리고 있었다. 비록 그것이 어렵다고 해도 「적어도 영주귀국 일정을 명확히 하지 않으면 북한으로 돌려보낼 수 없다」라는 소리도 나오기 시작했다. 일시귀국 중인 5명을 북한으로 돌려보낼 경우, 가족 모두 영주귀국 할 수 있다는 확실한 전망이 없기 때문이다. 가족 모두 영주귀국의 확약을 북한에서 어디까지 받을 수 있을지가 당면한 초점이 되어 왔다[204].

그래서 일본정부는 10월 22일 북한에 의한 납치피해자의 귀국문제로 주중에 관계부처가 구성한 납치문제전문간사회(의장; 아베 신조 관방부장관)를 열어, 일시귀국 중인 피해자 5명의 영주에 대한 교섭 진행 방법과 수용태세 등에 대해 협의할 방침을 굳혔다[205].

5명의 영주귀국에 대해, 박룡연 북한외무성 아시아국부국장(일본담당)은 23일 평양 시내 호텔에서 『아사히신문』, 『후지테레비』와 회견하고, 납치피해자의 배우자와 아이의 영주귀국에 대해 "보증할 용의가 있다. 아이들이 (일본에) 가지 않으면 가족이 떨어지게 된다"라고 말해, 본인이 원하면 실현시키겠다고 밝혔다. 현재 일본에 일시귀국 중인 피해자 5명의 체류기간 연장도 "5명이 돌아갈지 돌아가지 않을지는 본인들의 의사다. (북한에 돌아갈 시기를) 연기할지는 본인이 희망하면 우리는 관여하지 않겠다"라며, 북한으로선 기본적 이의를 제기하거나, 문제시 할 생각은 없다고 밝혔다[206].

박 부국장은 생존자나 가족의 귀국문제를 포함한 납치문제 전체 해결에 대해서도 29일부터 말레이시아에서 재개될 국교정상화교섭에서 "일본측의 제안을 모두 들어보고 상호 토의해 결정하고 싶다"라며, 추가적 조치를 취할 용의가 있음을 밝혔다[207].

그러나 박 부국장은 북일 정상회담 이후 일본 국내 여론동향에 대해 "평양선언의 의의에 대해 말하는 사람은 적고, 마치 납치문제가 전부인 것처럼 크게 소란피우고 있다"라며 강한 불만을 말했다. 게다가 "일본이 (식민지지배를 통해) 행한 잔혹 행위의 규모와 잔인함에 있어서, 우리의 납치문제는 비교도 되지 않는다. 전쟁 후에 보상은 물론 반성조차 하지 않는다"라며 일본의 지금까지의 대응을 비난했다. 또한 "관계를 정상화할 때의 기본은 과거청산이다"라고도 말해,

정상화교섭에서는 중심 과제로 가져가겠다는 뜻을 내비쳤다[208].

이와 같은 북한의 박룡연 부국장의 "가족 전원의 영주귀국을 보장할 용의가 있다"라는 발언은 그 의도를 둘러싸고 파문이 일었다[209]

먼저 「북한에 의한 납치피해자 가족연락회」대표인 요코타 시케루는 23일 밤 "북한은 그동안 여러가지 약속을 휴지화하고 있어, 불확실한 이야기다. 약속이 보증되고 진정한 의미에서 확약되지 않으면 귀국이 11월 중이 될지 혹은 몇 월 며칠이 될지는 밝히지 않아 평가할 수 없다"라고 말했다. 또한, 일본정부도 일시귀국 중인 납치피해자의 「체류연장」에 대해 23일 노력했지만, 아이들을 북한에 남긴 본인들은 「약속이 있다」「아이들과 상담한 후에」라며 망설였고, 가족들은 「절대 돌려보내지 않겠다」며 소리를 높이고 있었다[210].

이같이 제12회 북일교섭이 열리기 전에 납치피해자 5명의 영구귀국과 가족 8명의 귀국문제를 둘러싸고 반북여론은 더 높아졌다. 그 일이 총리를 비롯한 교섭대표 등 관료들에게도 전해져 납치문제는 북일교섭에 가장 큰 교섭교착적 조건으로 전환될 수밖에 없었다.

요컨대, 평양선언 이후 제12회 북일교섭을 맞아 북한측이 핵무기개발을 계속하고 있는 것을 인정했다는 미 국무부의 성명을 통해 국제공간의 교섭교착적 상태는 9.11 테러 이후 한층 더 강화됐다. 이 교섭교착적 국제공간은 대립이 격화되는 북미관계를 그대로 반영하고 이후 북일교섭에도 중대한 교섭교착적 조건으로 작용했다. 또한, 국내공간도 정상회담 후 밝혀진 「5명 생존-8명 사망」이라는 결과에 대한 반발 여론을 등지고 납치피해자 5명의 영구귀국과 가족 8명의 귀국문제로 인해 교섭교착적 상태가 되어 있었다. 그 결과 제12회 북일교섭이 열리기 직전 평양선언국면의 교섭공간 상태는 CⅢ(P-P-D)에서 CⅣ(P-D-D)로 변했다.

(3) 일본의 북일교섭에 관한 기본방침

일본은 미국의 북한 핵개발 성명 이후 고조된 북미간 대립과 납치문제를 둘러싼 반북여론을 반영해, 2002년 10월 9일 납치문제를 최우선시 하면서 북한 핵문제, 나아가 공작선 문제 등의 현안 해결에 이바지하도록 교섭에 임할 것을「북일교섭에 관한 기본방침[211]」(**표 5-3)**으로 결정했다.

표 5-3 북일교섭에 관한 기본방침

1. 북일 국교정상화교섭 본회담을 10월 29, 30일 이틀간 말레이시아 쿠알라룸푸르에서 개최한다.
2. 국교정상화교섭에서는 먼저, 납치문제를 북일간 현안 중 최우선사항으로 거론한다. 아울러, 공작선문제나 일본 및 국제사회의 중대한 우려인 핵문제 및 미사일문제를 포함 안전보장의 제문제의 해결에 이바지하기 위해 관계부처가 참여하는 북일 안전보장협의의 개시에 대해서도 합의하도록 노력한다.
3. 북일 국교정상화교섭에서는 9월 17일 북일 정상회담에서 서명한 북일 평양선언의 원칙과 정신에 따라 북한측의 성의를 보면서 신중하게 교섭을 진행하기로 한다.
4. 정부는, 일본의 안전과 동북아시아 지역의 평화와 안전에 기여하는 형태로 국교정상화가 실현되도록, 최대한의 노력을 한다. 이를 위해서 한미일의 긴밀한 연대 하에 국교정상화교섭을 진행하기로 한다.

(출전) 총리관저,「북일 국교정상화교섭에 관한 기본방침」

이 방침은 일본측이 평양선언 후 교섭상대국공간의 교섭촉진적 상태에도 불구하고 납치문제를 둘러싸고 고조된 납치피해자들과 가족의 귀국이라는 교섭교착적 요구를 바탕으로 「납치문제를 북일간 현안 중 최우선사항으로 거론한다」라는 방침을 나타내는 것이었다. 그리고 일본측은 제2차 북한 핵위기로 인한 미국 등의 안전보장이라는 국제공간의 교섭교착적 요구에 따라 「핵문제 및 미사일문제를 포함 안전보장의 제문제들의 해결에 이바지해야 한다」는 방침을 정리했다.

스즈키 가쓰나리 북일교섭 대사는 이 방침대로 10월 21일 "북한이 핵개발을 즉시 정지하는 것에 응하지 않으면, 정상화교섭은 계속할 수 없다"라고 내다봤다. 납치문제는 피해자 5명의 가족을 포함한 영주귀국과 새로운 진실규명, 배상을 요구할 방침을 나타냈고, 강한 자세로 임할 것임을 강조했다[212].

고이즈미 총리도 10월 23일, 북일교섭에서 납치문제의 위상에 대해 "국민의 생명에 대한 중대한 문제라는 인식 아래, 국교정상화교섭 등의 자리에서 북한측에 그 해결을 강하게 요구해 왔다. 이후 재개된 국교정상화교섭에서 최우선과제로서 다루어 나간다. 그 위에, 어떤 대응을 북한에게 요구할지는 정상화를 향하는 과정에서 종합적, 포괄적으로 검토하겠다"라는 취지를 말했다[213].

더욱이, 10월 26일 오전(일본시간 27일 새벽)에는 멕시코 로스카보스에서 개최된 한미일 정상회담과 아시아태평양경제협력회의(APEC) 정상회담을 통해, 고이즈미 총리와 부시 미국대통령, 김대중 대통령은 로스카보스에서 북한의 핵개발문제에 대해서 약 30분간 회담하고 공동성명[214]을 발표했다. 3국 정상은 「북한에 대해 신속하고 검증 가능한 방법으로 이 (핵무기용 우라늄농축) 프로그램을 해체하고, 북한의 최근 북일 평양선언에서의 합의에 준거하여 모든 국제적 협의를 완전히 준수하도록 요청한다」라는 것에 합의하고, 「3국이 긴밀하게 협조해서 이 문제를 평화적으로 해결한다」라는 길을 강조해, 북한에 핵개발 포기를 요구하는 국제적 압력이 높아졌다.

반면, 북일 정상회담의 여세를 몰아 북한의 『조선중앙통신』은 10월 25일 말레이시아 쿠알라룸푸르에서 29일부터 열리는 북일 국교정상화교섭에 관해 「조일 평양선언의 정신과 기본원칙의 존중과 성실한 이행은 조일회담의 성과와 국교정상화 실현의 중요한 담보로 된다」라고 강조했다. 또한 이 통신은 「과거 한세기의 조일관계는 불화와 대립으로 비상식적 상태였다」라며 「양국이 공존, 공영하는 것은 양국민의 염원과 이익, 아시아와 세계 평화를 위하여 미룰 수 없는 시대의 요구로 되고 있다」라며 국교정상화에의 의욕을 보였다[215].

이와 같이 평양선언에 따라 개최할 예정인 제12회 북일교섭을 비롯해 북일 양국은 그 기대와 방침이 다소 달랐다.

2) 교섭의 진행

북일 정상회담과 평양선언 후, 북일간 국교정상화를 위한 제12회 북일교섭이 2002년 10월 29일, 30일 이틀간 쿠알라룸푸르[216]에서 개최되었다. 이 교섭에서는 일본측에서 스즈키 가쓰나리 교섭담당대사, 야부나카 미토지 외무성 아시아대양주국심의관 등 13명, 북한측에서는 정태화 교섭담당대사, 박룡연 외무성 아시아국부국장 등 8명이 참가했다[217].

29일 오전 10시, 쿠알라룸푸르의 일본대사관에서 시작된 제12회 북일 국교정상화교섭에서 일본측은 일본인 납치사건의 해결과 북한의 핵개발 중단을 최우선과제로 제시했다. 회담은 점심을 끼고 오전 10시부터 오후 5시 20분까지 쿠알라룸푸르의 일본대사관에서 이뤄졌고, 납치사건과 핵개발을 중심으로 안전보장문제에 대해 집중적으로 논의했다[218].

교섭의 모두에서 스즈키 대사는 "납치와 핵문제를 포함한 안전보장문제를 최우선 과제로 임한다. 북일 쌍방의 국민, 동북아시아, 국제사회의 모든 나라들에게 환영받는 정상화에 노력하는 것은 당연하지만, 귀국의 최대한의 노력과 협력도 부탁하고 싶다"라고 말했다. 정 대사는 "국교정상화 같은 중대한 사업 때문에 이렇게 모였지만, 역시 거리가 있다, 가까운 나라임에도 불구하고 이렇게 멀리 오게 되었다. 우리 사이에는 각종 견해의 차이가 있다. 그러나 쌍방이 노력하면 해결하지 못할 문제는 없다"라고 말했다[219].

일본측은 납치사건에 대해 「납치피해자 5명의 아이들은 빨리 일본에 돌려보내야 하며, 일시(날짜)도 포함 확약해야 한다」라고 요구하면서, 「정부조사단에 대한 설명은 불충분하다. 추가 질문목록을 전달하므로 성의 있는 답변을 요구한다. 요코타 시게루 부부로부터 김혜

경과 아버지에게 보낸 편지와 사진을 받았다. 본인에게 전해 달라[220]」라고 했다.

이에 대해 북한측은 김정일 총서기가 납치를 인정 사죄하고 해결을 위한 조사에 성실하게 대응하고 있다고 밝히고, 「대략적으로 해결한 문제이고, (나머지는) 실무자 레벨에서 협의해야 한다」라고 제안했다. 이에 대해 일본측은 「대략적인 해결이라고는 인식하고 있지 않다」라고 반론했다. 일본측이 요구한 피해자 5명의 가족의 조기귀국과 귀국일시의 확정을 놓고, 북한측이 「일본은 5명을 일단 북한에 돌려보낸다는 약속을 어겼다」라고 일본의 대응을 비난하고, 5명을 일단 북한으로 돌려보내 가족과 논의해야 한다고 주장하고 「귀국은 피해자 본인과 가족의 의사에 따라」라는 입장도 보였다. 일본측은 「납치라는 범죄행위가 원점에 있다. 자유로운 의사결정이 가능한 환경을 만드는 것이 중요하다」라고 반론했다. 일본측은 또한, 사망한 8명의 재조사에 대해 새로운 질문사항을 열거한 목록을 북한측에 전달했다. 납치에 연루된 전 북한공작원 신광수 용의자와 요도호멤버의 신병 인도도 요구했다[221].

이와 같은 일련의 공박에 따라 양측 담당자는 29일 본회담 종료 후에도 일본대사관에서 사이키 아키타카 아시아대양주국 참사관과 북한측의 관계자가 참가하는 실무자협의를 계속했다. 그 결과 북한측은 8명에 대해 관계기관과 협의해서 가능한 빨리 회답할 수 있도록 노력하겠다고 표명했다[222]. 그러나 비공식협의에서 양측은 치열한 공박을 계속했다. 5명을 일단 북한으로 돌려보내지 않는 것은 "약속위반"이라고 주장하는 북한측에 대해, 사이키 참사관은 "이 문제가 교섭카드라고 생각한다면 큰 오산이다. 수석대표에 보고해 두세요"라고 큰소리쳤다[223].

한편, 29일 오후에는 이번 교섭에 있어 핵·미사일문제, 북일 안전보장협의 등 안전보장상의 문제가 논의되었다.

북한의 핵개발문제에서는 「일본측에서 (10월 26일 APEC) 한미일 정상회담의 성명을 언급하면서 우라늄농축 프로그램은 일본의 안전보장에 대해 중대한 우려를 초래한다고 말해 북일 평양선언에서 약속된 『한반도 핵문제의 포괄적 해결을 위해 관련된 모든 국제적 합의를 준수할 것』을 강하게 요구함과 동시에 (a) 우라늄농축 프로그램 내용을 밝힐 것, (b) 해결을 위해 구체적 조치, 즉 본 프로그램의 검증 가능한 형태에 의한 즉시 철폐, (c) 합의된 틀에 따라 시설 동결의 유지와 IAEA 보장조치협정의 완전한 이행을 위한 사찰의 조속한 수용(이를 위해 IAEA와의 협력 즉시 개시)을 강하게 요구했다[224]」라고 한다.

또한, 일본측은 미사일문제에 대해 「북한의 미사일은 일본의 안전에 직접 관계되는 중대한 문제이며 또한, 한반도 및 그 주변 지역, 나아가 국제사회 전체의 평화와 안정에도 영향을 미칠 국제적 관심사이기도 하며, 일본을 사정권에 두고 있는 노동미사일 중 이미 배치된 것의 폐기 등에 대해 북한측의 구체적이고 적극적 조치를 요구했다[225]」라고 한다.

이에 대해 북한측은 「핵문제, 미사일문제에 대해서는 미국의 적대시 정책이 문제의 본질이고, 일본이 우려하고 있는 것은 알고 있으며 일본과도 논의할 수 있지만 해결은 궁극적으로 미국과의 협의에 의해서만 가능하다. 안전보장상의 문제에 대해서는 북한에게도 북일 평양선언에서 언급된 대로 관계국이 대화로 해결하기를 원하며, 특히 미국과는 대화를 통해 해결할 의사가 있음을 얘기하며 어쨌든 북한이 북일 평양선언을 준수하는 것에는 변함이 없다고 강조했다[226]」라고 했다.

공작선에 대해 일본측이 「2001년 12월 큐슈 남서해역에서 침몰한 괴선박에 대해 북한공작선이라는 결론을 내렸다. 북일 정상회담에서 김정일 총서기가 언급한 조사, 재발 방지가 이행되는 것을 주목하고 싶다[227]」라고 했다.

북한측은 또한, 29일 교섭에서 일본측이 납치문제와 북한에 의한 핵개발문제를 집중적으로 거론한 것에 대해 초조함을 보여 평양선언의 문언을 인용해, 「정상화나 과거청산을 먼저 해야 한다. (납치, 핵문제를 우선하는 것은) 순서가 반대 아닌가」라고 주장했다[228].

계속해서 제12회 북일교섭의 둘째 날, 20일 오전 10시전부터 쿠알라룸푸르 시내의 호텔에서 본회담이 시작되었다[229]. 일본측은 일본인 납치문제에 대해 귀국한 피해자 5명의 가족의 귀국일 확정을 요구했지만, 북한측은 정상화를 서두르고 경제협력을 중시한다는 생각을 강조했다. 핵개발문제의 교섭도 진행되지 않았다.

회담모두에 북한측의 정태화 대사는 "국교정상화문제, 경제협력문제를 핵심적으로 논의하고, 다른 문제도 포괄적으로 해결해야 한다. 물론 일본측이 우려하고 있는 문제에 대해 협력할 의사는 갖고 있다. 그러나 순서가 있고 경중이 있다는 것을 명확히 해두고 싶다"라고 말해, 납치문제보다 「과거청산」에 따른 경제협력을 우선해야 한다는 생각을 선명히 했다[230].

이에 대해 일본측의 스즈키 가쓰나리 대사는 "우리는 사죄와 경제협력에 대해서는 평양선언 대로 성실하게 실행하는 것으로 교섭에 임하고 있다. 납치문제와 핵을 중심으로 하는 안전보장문제를 최우선으로 생각하고 있지만, 그것과 정 대사가 말한 것은 충분히 양립할 수 있다고 생각되므로 긴 안목으로 생각해 주셨으면 한다"라고 말했다[231].

일본측에 의하면 오전 중의 협의에서는 북일 평양선언에서 합의한 안전보장협의에 관해 일본측이 11월 중 개최, 수준은 국장급으로 하는 구체적 의제도 제안했다. 특히 의제를 놓고 「심하게 열띤 논의가 됐다」(출석자)라고 하지만, 조기 개최로 합의하는 방향으로 됐다. 북일 평양선언에 따른 협의이고 이 선언에서 언급한 핵문제, 미사일문제 등을 의제로 한다는 공통인식 하에 구체적으로는 이후 북일간에 채워 나가기로 했다[232]. 구체적 의제에 대해 북한측이 「의제를 지금(30일 협의에서) 정할 수 없다」라며 난색을 표시해, 양측은 일단 「북일 평양선언에 따른 의제설정」으로 하기로 합의했다[233]고 했다.

또한, 안전보장협의에 대해 「일본측이 협의의 11월 개최를 제안했다. 북한측도 그것에 동의한 것은 일단 환영한다. 그러나 핵문제에 대해 『해결은 미국과의 협의에 의해서만 가능하다』라는 북한의 주장은 도저히 납득할 수 없다. 핵개발은 일본에게 있어서도 큰 문제이기 때문이다[234]」라고 주장했다.

제12회 북일교섭에 관해 외무성은 「이번 본회담에서 납치문제, 핵문제를 비롯한 안전보장상의 문제를 최우선 과제로 임하고 협의에서는 이들 문제에 대해 특별히 시간을 들여 협의했다. 북한측은 국교정상화교섭에서는 정상화 그 자체 및 경제협력이 핵심적 문제라고 하면서도 북일 평양선언에 따라 현안문제에 대해 해결할 필요가 있다는 점에서는 이해를 보였다. 북일 쌍방이 북일 평양선언에 따라 현안해결에 노력하는 것에 대해서는 의견이 일치했고, 일본측도 이후 국교정상화에 끈질기게 나서 현안 해결을 지향하고 싶다[235]」라고 해 양측은 중시하고 있는 것의 차이를 인정하면서도 이후 문제 해결을 위해 노력할 것을 합의했다.

또한, 「5명의 피해자 가족에 대해 일본측에서 거듭 북한측에 적극적 대응을 강하게 요구했음에도 불구하고 북한측 입장에 변화가 없고, 가족의 구체적인 귀국 일정을 확정하지 못한 것은 유감이지만, 북한측은 납치문제에 대해 말끔히 해결하고 싶다, 피해자 가족의 안전에 대해 걱정할 필요 없다고 했으며, 일본측에서도 계속 의연한 태도로 여러가지 채널을 이용해 교섭에 나설 것이다[236]」라며, 납치문제의 진전이 없음을 보였다.

마지막으로, 제12회 북일교섭에서 「일본측은 핵문제를 비롯해 안전보장상의 문제에 대해서도 일본측 우려를 상세히 전했다. 이에 대해 북한측은 북일 평양선언을 준수하고 있다는 취지의 설명으로 일관했지만, 걸리는 문제에 대해서는 이후에도 국교정상화교섭 본회담에서 다룸과 동시에 북일 평양선언에 따라 11월 중에 발족하는 북일 안전보장협의의 장에서 한국, 미국과 긴밀하게 연계하면서 북한측에 요청할 생각이다[237]」라는 것을 밝혔다

이에 따르면, 북한측이 국교정상화교섭에 있어 정상화 그 자체 및 경제협력을 핵심적 문제로 하는 반면, 일본측은 납치문제와 5명의

피해자 가족문제, 그리고 핵문제 등 안전보장문제를 최우선 과제로 한 것을 알 수 있다.

3) 교섭패턴

제12회 북일교섭에서는 역사적 평양선언을 계기로 내외에 북일 국교정상화교섭에 관한 기대가 높았음에도 불구하고, 일본측이 교섭의 최우선으로 거론한 납치피해자 5명의 가족귀국문제는 답도 성과도 없이 끝났다. 평양 정상회담에서 이미 해결됐다는 북한측의 입장과 납치피해자 5명의 가족귀국과 전면조사를 요구하는 일본측 주장이 대립하면서 진전 없이 교착을 반복했다. 「북일 평양선언」을 합의한 9월 북일 정상회담에서 김정일 총서기가 납치를 인정, 사죄하고 일본의 식민지지배에 대한 「과거청산」에 대해서도 경제협력방식으로 합의하는 등, 예전의 대립점 몇 개는 이미 해소한 상황에서 열렸음에도 불구하고 제12회 북일교섭은 교착상태에 빠졌다.

고이즈미 총리는 10월 30일 밤, 교섭결과에 대해 "좀처럼 간단하게는 가지 않는다"라고 기자단에게 말했다. 피해자 5명과 그 가족이 당분간 일본과 북한으로 떨어지게 되는 책임을 물었는데 "그렇게 되지 않도록 노력하겠다"라고 대답했다[238].

제12회 북일교섭에서 북한측은 일본의 「약속위반」을 이유로 체류연장에 반발해 5명의 가족귀국에 불응함에 따라 이 문제는 불붙기 시작했다. 정부는 「조정했다」(가와구치 외무장관)는 표현으로 피하려고 하지만, 「1, 2주 정도의 일시귀국」으로 합의한 것은 틀림없어 앞뒤 맞추기에 고생했다. 결국 11월 1일 중의원 외무위원회에서 후지시마 마사유키(藤島正之, 자유당)와 이토 에이세(伊藤英成, 민주당)가 "북한은 일시귀국인 것으로 약속위반이라고 말하고 있다. 약속했는가"라며 물었다. 외무성의 다나카 히토시 아시아대양주국장은 "(체류기간을) 1, 2주간으로 조정한 것은 사실이지만, 그 후 가족이 일본에 와서 자유로운 환경은 만드는 것이 적절하다고 판단했다. 북한이 약속

운운 하는 것은 부당하다"라고 답변했다. 가와구치 외무장관도 "상대방과의 사이에서 1, 2주로 하는 것으로 정리했다. 그런 말이 있었는지 없었는지가 아니라 그런 조정을 했다는 것이다"라고 의미 불명한 답변으로 응했다[239].

그러나 정계의 반응은 차갑고, 10월 31일 자민당 에토江藤·가메이亀井파 총회에서는 「납치의연」의 나카가와 쇼이치中川昭一 회장이 "외무성이 아베 신조 관방부장관에게 말하지 않고 정했다. 관저에 상의 없이 관저는 아무도 몰랐었다는 것이 맞다"고 발언했다. "(외무성의) 책임문제 아닌가"라는 소리도 나왔다. 다만 5명의 체류기간은 총리관저도 승낙한 뒤 정해졌던 것은 틀림없었다. 10월 9일, 후쿠다 관방장관이 5명의 「일시귀국」을 발표하고 피해자 가족에게는 「1, 2주간의 체류」라고 설명했다. 북한측은 당초 「1주일」이라고 타진했는데 아베 부장관이 재조정을 외무성에 지시하고 「1, 2주일」로 낙착된 경위가 있었다[240].

따라서 5명의 체류기간에 대해서는 확실히 북한 주장대로 일본의 「약속위반」 문제가 있고, 이로 인해 제12회 북일교섭이 삼엄한 분위기에서 교착된 것에 영향을 끼쳤다.

총리는 기자단에 대해, 납치피해자 5명을 북한에 돌려보낸다는 약속을 일본이 어겼다고 판단하고 있는 것에 대해 "약속 이전의 문제이다. 납치 자체는 이미 비인도적이고, 용서받을 수 없는 것이기 때문에 일본의 소망은 당연하다"라고 말했다[241].

북한외무성 대변인은 2002년 11월 5일, 북일 국교정상화교섭에 대해 「조일 평양선언을 이행할 의사를 재확인한 것은 평가할 만하다[242]」라고 하면서도 「일본측이 핵·납치문제 우선을 주장함으로써, 문제토의에서는 진전을 보지 못하였다[243]」라고 해, 회담 이후에 대해서 「새로 조성되고 있는 사태를 엄밀히 검토하고 있는 중에 있다[244]」라고 말했다. 이 대변인은 「일본측은 국교정상화의 기본문제인 과거청산문제는 뒤로 미루고, 핵문제, 납치문제와 같은 현안문제들을 먼저 토의하자고 고집함으로써 대화 쌍방 사이의 신뢰를 저하시켰다[245]」, 「우리 해당부문에서는 조일 국교정상화회담이 이번처럼 공회전만 거듭하면서 장기화될 경우, 미사일 발사(중지의) 연장조치를 재고려해야 한다는 의견까지 제기되고 있다[246]」라며 북한군부의 강경론을 암시했다. 북한은 이렇게 북일교섭 후 한층 대일 자세를 경화시켜 납치문제를 미사일 등 안전보장문제와 연결시켜 나가겠다는 입장을 보였다.

제12회 북일교섭의 교착과 혼란은 역사적 북일 정상회담의 의미와 본질에 관한 양측의 정치적 해석의 차이에 기인한다. 북한에게 북일 평양선언은 일본이 북한과 국교를 정상화한 후에 대규모인 경제협력을 실시하는 것의 보증서였다. 즉, 「국교정상화교섭에서는 정상화 그 자체 및 경제협력이 핵심적 문제[247]」인 것이었다. 그러나 일본으로서는 그것을 현실화하기 위해서는 최우선문제인 납치문제와 안전보장문제를 해결해야 한다는 인식이었다. 물론, 일본에게 있어서도 평양선언은 북한과의 국교정상화를 최종목표로 하지만, 그 전제조건으로서 북한은 납치문제와 안전보장문제를 해결해야 한다고 생각했다.

요컨대, 북일 평양선언에 대해 북일 양국 모두 국교정상화를 목표로 하고 있지만, 북한은 국교정상화라는 목표 자체를 중시하고 일본은 그 목표의 실현에 있어 과정과 전제를 더 중시하고 있었다고 할 수 있다.

나아가 북일 국교정상화교섭은 미국의 대북 강경정책을 배경으로 한 국제공간의 교섭교착적 상태로의 전환에 의해 교섭테이블에서 핵문제 등 안전보장문제에 대한 입장 차이만을 확인한 채 진전할 수 없게 되었다.

결국, 평양선언 이후 제12회 북일교섭은 북한측이 체제존속의 위기의식으로 내몰린 교섭상대국공간의 교섭촉진적 상태가 절정에 달했고, 일본 국내공간에서의 순풍을 배경으로 단행된 고이즈미 총리에 의한 평양방문을 계기로 열렸다. 그러나 납치문제를 둘러싼 국내공간의 교섭교착적 상태로의 변화와 제2차 북한 핵위기로 대두된 국제공간의 높은 대북압력을 받지 않을 수 없어 교섭은 교착에 빠져 있었다.

제12회 북일교섭에서 「납치문제, 핵문제를 비롯한 안전보장상의 문제를 최우선 과제로 임한다」는 외무성 입장에서도 잘 나타났지만, 일본은 국내공간과 국제공간의 교섭교착적 요구를 어쩔 수 없이 받아들여야 했다. 특히, 일본측은 평양선언의 성과에 기초해 열린 제12회 북일교섭에서 북한측의 5명의 일시귀국이란 양보와는 전혀 반대로, 납치피해자와 가족의 귀국문제로 공세를 강화한 결과, 교섭상대국공간의 교섭교착적 조건이 생기게 되었다.

제12회 북일교섭에 있어 일본의 교섭공간 대응은 교섭촉진적 교섭상대국공간에서 이탈하는 것이었다. 그 이유는 교섭상대국공간이 최고로 교섭촉진적인 상태였지만, 국제공간은 미국의 북한 핵에 대한 견제가 돌출해 교섭교착적 상태가 강화되면서 국내공간도 납치문제에 따라 교섭교착적 상태로 변했기 때문이다.

제12회 북일교섭에 있어 일본의 교섭패턴은 자원배분 측면에서 보면 CⅣ의 $P(R_0)-DR_{(1+)}-D(R_{1+})$와 같은 「국내·국제공간 지향의 자원분산형(DT-DF)」이었다. 일본은 납치·북한 핵문제의 교섭교착적인 국내·국제공간 중심으로 자원을 균등하게 배분하고, 북일 정상회담 후 북일 국교정상화를 갈망해 교섭촉진적으로 돼 있던 상대국공간에는 자원을 배분하지 않았다.

2. 제2차 북일 정상회담(2004.5.22, 평양)

1) 교섭공간

(1) 제2차 북한 핵위기의 전개

제12회 북일교섭 이후에도 부시정권이 북한에 핵개발 노선을 포기시키기 위해 외교적, 경제적으로 고립시키는 노선을 모색했기 때문에[248] 북한의 핵개발을 둘러싼 대립은 계속됐다.

미국정부는 제12회 북일교섭 후 2002년 11월 3일, 백악관에서 관계장관들을 모아 북한문제를 협의하고 북한에 중유공급을 계속할지 여부를 놓고, 미국은 11월분까지는 공급하지만 그 이후는 정지할 방침을 정했다고 한다[249]. 미국정부 고위관계자는 「11월분 중유는 공급하지만, 이것이 마지막이라는 (KEDO 이사회의) 성명을 따를 것」 「이사회에서는 명쾌한 성명문 작성을 기대하고 있다」라고 말했다[250].

계속해서, KEDO는 11월 14일, 미국과 보조를 맞추어 북한에 대해 핵개발계획의 포기를 요구했으며 다음 달부터 중유공급을 동결하는 결정을 내렸다[251].

북한외무성 대변인은 11월 21일 『조선중앙방송』과 『평양방송』을 통해, 뉴욕에서 14일 열린 KEDO 이사회가 12월 이후 북한에 중유공급 동결을 결정한 것에 대해 「조미 기본합의문 제1항에 대한 여지없는 위반으로 된다」라고 비난하는 회담을 발표했다[252].

미국 『워싱턴포스트』는 12월 28일, 익명의 미국정부 고위관리의 말을 인용해서 「미 정부의 정보당국자 사이에서는 북한이 핵무기 제조에 본격적으로 착수했다는 관측이 커지고 있고 정부는 검토 결과 국제사회와 협조해서 북한 봉쇄에 나설 필요가 있다는 인식에 도달했다」라고 보도했다[253].

IAEA는 2003년 1월 6일 긴급이사회를 열어 북한에 핵시설 재동결과 핵무기 개발의 포기를 요구하는 결의를 만장일치로 채택했다. 이사회는 당분간 한미일중러의 외교노력을 통해 북한에 핵개발계획의 포기를 요구하는 노선에 동조하고, 유엔 안보리 회부는 보류했다. 그러나 IAEA 엘 바라다이 사무국장은 모두보고에서 "북한이 협력하지 않으면, IAEA 헌장이 정하는 「모든 중대한 결과」를 초래한다"며 장래에 안보리 회부 가능성을 강력히 내비쳤다[254].

그럼에도 불구하고 북한은 2003년 1월 10일, 동국이 NPT를 탈퇴하고 IAEA와의 핵보장조치(핵사찰)협정의 구속에서 완전히 벗어나겠다고 선언하는 내용의 성명을 발표했다. 성명은 「NPT 탈퇴는 우리 공화국에 대한 미국의 압살 책동과 그에 추종한 IAEA의 부당한 처사에 대한 응당한 자위적 조치이다」라고 강조했다. 또한, 「우리는 핵확산금지조약에서 탈퇴하지만, 핵무기를 만들 의사는 없으며 현 단계에서 우리의 핵 활동은 오직 전력생산을 비롯한 평화적 목적에 국한될 것이다」라고 하고 있다. 성명은 나아가 「북한정부는 IAEA의 1월 6일자 『결의』가 우리나라의 자주권과 민족의 존엄에 대해 엄중한 침해로 된다고 인정하면서 이를 단호히 단죄, 배격한다」라고 하면서도 「미국이 적대시 압살정책을 그만두고 핵위협을 걷어치운다면, 우리는 핵무기를 만들지 않는다는 것을 조미 사이에 별도의 검증을 통해 증명해 보일 수도 있다」라고 해 미국과의 대화의 창구는 닫혀 있지 않다고 밝혔다[255].

이와 같이 북한이 NPT를 탈퇴하면서도 미국과의 대화의 창구를 닫지 않은 것은 미 정부의 자세가 강경 일변도가 아니라는 판단에 따랐다고 할 수 있다.

백악관의 맥클레란 부대변인은 2002년 9월 17일, 애틀랜타에 가는 도중 동행 기자단에 "부시 미국대통령은 북한이 핵개발을 인정한 문제에 대해 「북미 포괄합의와 핵확산금지조약에 대한 중대한 위반이다. 불쾌하고 심각한 이야기다」라고 불쾌감을 표명했다. 그런 위에 외교적 해결을 원하고 있다고 말했다[256]"라고 전했다.

또한, 10월 미 국무성의 성명에서도 「우리는 이 상황의 평화적 해결을 원하고 있다. 지역의 누구도 이 문제에 이해관계를 갖고 있고, 평화적 국가는 핵 무장한 북한을 보는 것을 원하지 않는다. 이것은 이 도전에 효과적으로 대처하기 위해 지역 평화를 사랑하는 국가에게 있어 기회이다[257]」라며 외교적 해결을 강조했다.

2003년에 들어서 부시 대통령은 이미 1월 6일, 북한문제를 평화적으로, 외교적으로 해결한다는 관점에서 "우리는 대화하게 될 것"이라고 말해, 대화재개를 시사했다. 미 국무부 바우처 대변인은 위 성명에 대해 "(작년의) 대통령 발언을 보다 공식적 의미에서 말한 것"이라고 설명했다[258].

또한, 백악관 플라이셔 대변인도 1월 6일, "대통령은 미국이 북한을 침략 또는 공격할 계획을 갖고 있지 않다는 것을 거듭 분명히 했다. 대통령은 북한이 그것을 알고 있고, 그것을 이해하고 있다고 믿고 있다. 그러나 우리는 북한이 일방적 행동으로 만들어낸 문제에 공통의 접근에서 우리의 동맹국과 협력을 지속한다[259]"며, 대화의 노력에 대해 브리핑했다.

그리고 1월 6일 열린 한미일 3국 정부 고위관리가 북한문제를 협의하는 TCOG는, 다음 날인 7일 「미국은 북한이 국제사회에 대한 의무를 어떻게 충족시키느냐에 대해, 북한과 대화를 할 용의가 있다고 설명했다」라며 공동성명[260]을 발표했다. 공동성명은 북한에 핵설비의 재동결과 핵개발의 포기를 요구하고, IAEA와의 즉각 완전한 협력을 요구한 동기관의 1월 6일 이사회 결의를 강력히 지지했다. 또한, 「3국대표단은 북한이 핵무기를 보유하면 북한에 대한 안전을 보장할 근거가 없다는 것을 강조한」 후에, 「미국대표단은 미국은 북한에 위협을 주는 것도 침략할 의도도 없다는 부시 대통령의 성명을 반복하고」, 한일이 이것을 강하게 환영하는 것을 재차 확인했다.

이와 같이 부시정권은 2002년 10월 북한이 우라늄농축 계획의 존재를 인정했지만, 처음부터 핵개발계획의 폐기에 한정해 대화채널 등의 외교적 해결을 바라고 있었다고 생각할 수 있다. 특히 미국은 이라크에 대한 무력 공격의 환경을 한창 갖추고 있는 때였으므로 새로이 떠오른 북한의 핵문제에 강경 일변도정책을 추진하기 어려웠다. 또한, 유럽과 미국을 중심으로 이라크문제를 우선해 대이라크 군사행동의 준비를 진행하는 미국에게 있어 이라크 사찰문제가 고비를 맞고 있는 당시, 북한문제가 안보리에 가면 사태는 보다 복잡하게 될 우려도 있었다. 게다가 한국과 중국·러시아가 미국의 강경자세에 일정한 거리를 두고 대화를 통한 긴장 완화를 진행하고 있던 것도 부시정권에게 외교적 해결을 압박했다고 할 수 있다.

그 인식대로 부시 미국대통령은 2003년 1월 14일, 북한에 대해 에너지지원 등의 「대가」를 내세우며 핵개발 포기를 재차 요구했다. 북한의 핵개발계획에 대해 "평화적으로 해결될 것을 확신하고 있다. 만약 핵무기개발을 하지 않는 선택을 한다면, 대담한 이니셔티브bold initiative[261]를 시작할지 여부에 대해 재고하겠다[262]"라는 취지를 말하고 있다.

그러나 이번에는 1월 10일 NPT를 탈퇴한 북한이 1월 14일 『노동신문』에서 「잘 살지 못해도 군사를 최우선으로 하고, 국방력 강화에 최대한 힘을 집중시킨다」라며, 미국과의 대결자세를 선명히 하고 있었다[263].

그럼에도 불구하고 아미티지 미 국무차관은 1월 17일 『아사히신문』 등 일본 미디어와 회견하고 북한이 핵개발계획을 포기하는 것을 전제로 북한에 불가침을 「서한과 공식성명」 등의 형태로 문서화할 용의가 있다고 밝혔다. 현행의 북미 포괄합의 대신 안전보장, 경제, 인도 면을 포함하는 포괄적 협정을 체결해 "북미관계를 근본적으로 변혁한다"라는 의향도 밝혔다[264]. 또한, 한반도 에너지개발기구는 당분간 존속시키는 동시에 경수로 건설을 대체할 화력발전을 공여하는 방향을 나타내는 등, 이 문제의 평화적 해결방법을 찾겠다고 밝혔다.

이들 발언의 배경에는 중국, 러시아뿐만 아니라 주요한 동맹국인 한국, 일본이 북한을 고립시키는 정책에 적극적이지 않고 오히려 미국에 대화노선을 촉구한 것이 관계되어 있다[265].

이에 대해, 북한외무성 대변인은 2003년 1월 25일 「조선반도의 핵문제를 평화적으로 가장 공정하게 해결할 수 있는 유일한 방도는 조미가 평등한 자세에서 직접 회담을 하는 것 외에 다른 길이란 있을 수 없다[266]」라는 성명을 발표했다.

그러나 미국이 북한에 대화를 촉구하는 중에도 부시 대통령은 2003년 1월 28일 상하양원 합동의회 국정연설에서 「이라크, 북한, 이란 3개국을 대량살상무기를 개발·보유하는 "무법자의 정권"이라 부르며, 북한을 "억압적 정권"이라고 비난했다[267]」라고 한다. 또한, 부시 대통령은 이와 같이 한 위에 북한의 핵문제에 대해 "북한에서는 국민이 공포와 기아로 고생하고 있다. 미국은 한국, 일본, 중국, 러시아와 협조해 평화적 해결을 찾고 있다. 북한에 핵무기는 고립과 경제파탄과 곤란의 계속을 초래할 뿐이라고 본다. 핵의 야망을 단념만 한다면 세계에서 존경을 얻고, 국민의 부흥을 달성할 수 있다[268]"라며 핵개발 중지를 요구했다.

IAEA 긴급이사회는 2월 12일, 북한의 핵확산금지조약 탈퇴 선언으로부터 1개월이 지나 유엔 안전보장이사회에 회부를 결정했다[269]. 북한측도 2003년 2월 17일 「미국이 제제를 가해 온다면 정전협정의 의무이행을 포기한다[270]」라고 선언하는 등, 미국을 계속 견제하고 있었다. 상기의 IAEA협의는 북한의 NPT에서의 탈퇴 선언이 4월 10일에 90일간의 「탈퇴통고기간」이 마감된다는 것에 따른 것이었다.

(2) 3자회담 개최

IAEA 긴급이사회 결정 이후, 유엔 안보리는 북한 핵개발에 관한 안보리 비난 성명을 둘러싼 논의과정에 들어갔는데, 그 안보리를 둘러싼 각국의 대립과 조정과정 중에 북한 핵문제를 둘러싼 대화도 모색되고 있었다.

파월 미 국무장관은 2003년 2월, 한국의 노무현 대통령 취임식에 참가하기 위해 베이징에 들러, 중국이 미국, 중국, 일본과 남북한을 포함한 다자(5자) 협의를 조직하고 초대해 줄 것을 제안했다. 중국은 장관에게 직접적 답변은 하지 않았다. 다만, 중국은 3월 8일, 전 외교부장관이며 부총리였던 첸치천이 평양에 갔을 때 이 제안을 추진했다. 북한이 중국의 5자회담 제안을 거절했을 때 그는 즉시 자신의 제안을 수정해 오직 미국, 중국, 북한만이 참가하는 3자회담을 제안했다. 그러나 평양은 계속해서 북미양국의 뉴욕 채널을 통한 직접 대화를 요구했다[271].

그리고 2003년 3월 31일 미국의 프리처드 한반도평화협의담당특사와 북한의 한성렬 유엔대표부 차석대사 등 고위관리들은 뉴욕에서 접촉을 가졌다. 2002년 10월 켈리 미 국무차관보가 평양을 방문하고, 북한의 HEU 계획이 발각된 이후 처음이었다. 미국은 이 접촉에서 사용 후 핵연료의 재처리와 탄도미사일의 발사실험 등에 대해 자제를 촉구한 뒤 핵문제의 해결을 위한 다국간 협의에 응하라고 요구했다. 북한은 접촉 지속에 의욕을 보였다. 이날 접촉은 국무부의 프리처드 특사와 스트로브 북한부장이 워싱턴에서 뉴욕으로 가서 약2시간의 중단을 포함해 점심과 저녁 두 차례에 걸쳐 회담하는 형태를 취했다[272].

이와 같은 대화 노력이 진행되는 가운데, 4월 9일 열린 유엔 안보리에서는 북한의 핵문제로 비공식협의가 열려, 안보리 의장에 의한 비난성명을 내도록 요구한 미국에 대해 중국이 강하게 반대하면서 구체적 대응책은 정리되지 않았다[273].

그 와중에 4월 둘째 주 경 뉴욕 채널과 베이징-평양 채널 2곳에서 타협을 거듭한 뒤 마침내 같은 달 말, 베이징에서 3자회담을 개최하는 것으로 합의했다[274].

그 결과 북한은 4월 12일 외무성 대변인 성명을 통해 「미국이 핵문제 해결을 위해 대조선정책을 대담하게 전환할 용의가 있다면 우리는 대화의 형식에 크게 구애되지 않을 것이다. 문제 해결의 열쇠는 미국의 본심이 무엇인가 하는 데 달려있다[275]」라고 표명하고, 중국측에는 외무성 미주국부국장인 이근이 베이징 3자회담에 보낼 대표단을 이끌 것이라고 알렸다[276]. 미국, 중국, 북한 3개국에 의한 북한의 핵문제를 둘러싼 3자회담은, 2003년 4월 23일부터 25일까지 베이징에서 개최되었다. 북한에서는 이근 외무성 미주국부국장, 중국은 푸잉傅瑩 아시아국참사관, 미국에서는 제임스 · A · 켈리 동아시아태평양담당 국무부차관보가 출석했다.

일본의 외무당국의 설명에 의하면, 북중미 3자회담은 「베이징에서 3자회담이라는 것은 각국이 각자 기본적 입장을 밝혔다는 것이 가장 큰 중심이였다고 생각합니다. 미국측에서 듣기로는 미국은 북한측에 대해 모든 핵무기 개발계획의 완전 · 검증가능 · 불가역적인 철폐(CVID; Complete, Verifiable, Irreversible Dismantlement)가 필요하다는 것을 기존의 기본적 입장으로서 표명했다는 것입니다[277]」라는 것이었다.

또한, 이근은 북한이 핵 프로그램을 폐기하고 국제시찰단의 핵시설 진입을 허용하며 미사일 판매를 중단할 준비가 되어 있다고 말했다. 이 댓가로 이근은 미국측에 주요양보 즉, 관계정상화, 경제원조, 안전보장, 그리고 불가침조약 등을 요구했다. 이근은 워싱턴이 먼저 조치를 취하기를 원했다[278].

이것은 3자회담 후 4월 25일, 북한외무성이 「이번 회담에서 우리는 조선반도 핵문제의 당사자들인 조미 쌍방의 우려를 동시에 해소할 수 있는 새롭고 대범한 해결방도를 내놓았다[279]」라고 발표한 것에 따라 「새로운 관대한 해결방도」라고 명명되었다. 「새로운 관대한 해결방도」에 대해 『통일일보[280]』에 의하면 「여러 억측이 있지만, 미국의 북한에 대한 불가침조약, 경제지원 및 미국과의 관계정상화에 대한 대가로 (1) 핵개발을 포기한다, (2) 핵시설의 시찰을 받아들인다, (3) 탄도미사일의 발사실험을 동결한다, (4) 미사일 수출을 중단한다는 등의 포괄적 제안이었다」라고 한다.

그리고 이근은 자신의 프리젠테이션에서 북한이 영변의 사용 후 핵연료봉 재처리를 시작한 사실을 언급하며 미국측은 3월말에는 이와 같은 상황 변화에 대해 통고를 받지 않았냐고 언급했다[281].

한편, 3자회담의 첫날인 23일 저녁식사에서 북한대표인 이근이 미국측 상대(켈리)를 구석으로 데려가 "당신들은 우리들이 핵무기를 갖고 있다고 항상 생각해 왔다. 좋다. 지금 나는 우리가 갖고 있다고 당신에게 말한다. 그리고 그것을 갖고 무엇을 할지는 당신들 하기 나름이다"라고 말했다. 그 이야기는 평양이 핵무기를 제3자에 확산시킬 수 있다는 것을 의미했다[282].

미국정부 고위관리도 회담 기간 중인 4월 24일, 이근이 "(핵의 보유를) 물리적으로 입증하거나 그것들(핵무기와 핵기술)을 국외로 내보낼지는 미국에 달렸다"라고 말해, 애매한 표현으로 핵실험의 실시와 외국으로의 수출을 시사했다고 한다[283].

그리고 파월 미 국무장관은 3자회담 후 4월 25일에 가와구치 외무장관과 전화통화 하고 "우리는 북한의 핵보유를 허용해서는 안 된다. 우리는 북한의 위협에 결코 굴하지 않는다[284]"라고 북한을 비난했다. 가와구치 외무장관은 이에 대해 "우리나라로서는 북한의 핵무기 보유를 결코 인정할 수 없다. 이후 대응은 이번 회담 내용을 충분히 음미한 뒤에 검토하겠다[285]"라고 답했다.

또한, 북한은 3자회담에 대해 『조선중앙통신』의 논평을 통해 「조선반도 핵문제를 평화적 방법으로 해결할 것을 바라는 우리는 미국의 부당한 행위로 하여 이번 회담이 결실 없이 끝났지만, 그것이 완전히 결렬되었다고 보지 않는다. 앞으로 조미대화가 다시 재개가 되는가 안 되는가 하는 것은 전적으로 미국이 금후 대조선 적대시정책을 포기하는가 하지 않는가하는 데 달려 있다[286]」라고 표명하고 미국의 동향을 주시하는 자세를 나타냈다. 북한은 북중미 3자회담 이후에도 북미 양자대화를 고집해 왔고, 미국은 다국간 협의를 통한 북한 핵해결을 주장했다.

3자회담은 북한의 핵보유 발언 때문에 예정된 3일간 3세션은 열리지 않고 3일째에 중국의 안내로 불과 몇 분간의 3자회담을 갖고 끝났다[287].

(3) 6자회담으로의 진전

3자회담에서 북한이 핵무기 보유를 표명한 문제에서 북한 핵문제를 둘러싼 긴장은 한층 높아졌다. 특히 미국정부는 제재를 포함한 국제적 대응과 북한의 핵개발을 비난하는 유엔 안전보장이사회의 의장성명의 채택 등을 목표로 방침을 세웠다. 프라이셔 미국대통령 대변인은 4월 25일 "이번 문제가 구체적 제재로 연결될지에 대해 미국은 입장을 표명하고 있지 않지만, 이 문제는 지역의 동맹국뿐만 아니라 전세계적으로 협의해야 할 문제다"라고 말해, 제재 여부를 포함한 논의를 국제사회가 검토해야 한다는 생각을 나타냈다[288].

이와 같은 비난여론은 중국 등의 반대로 수습됐지만, 오히려 북한 핵문제의 외교적 해결의 필요성을 더욱 높였다. 이 핵무기 보유를 표명한 문제는 북한 핵문제를 둘러싸고 국제사회에 더 긴밀한 움직임을 가져왔다.

이 움직임의 중심에 있던 중개자는 중국이었다. 2003년 3월 15일 중국 국가주석에 선출된 후진타오胡錦涛는 다국간 회담에 초점을 맞추도록 조정작업을 활발히 진행시켰다. 7월에 들어서면서 중국은 1일에는 아시아담당인 왕이王毅 외교차관을 미국으로, 다이빙궈戴秉国 필두외교차관(중국공산당 중앙외사판공실주임)을 러시아에 파견하고, 6일에는 워싱턴에서 한미일 국장급협의를 막 끝낸 야부나가 미토지 외무성 아시아대양주국장을 베이징에서 전격 맞았다.

7월 1일부터 미국을 방문하고 있던 중국의 왕이 외교차관이 아미티지 미 국무차관과 회담 중에 먼저 북한측의 의향으로는 4월에 베이징에서 열린 북중미 3자회담의 재개를 제안하고, "제3자회담이 재개되면, 북한은 한일을 포함 5자회담에 응할 의향이다"라고 설명했다. 그러나 미국측은 (1) 3자회담은 현실적으로는 북미회담이 된다, (2) 3자회담에서 5자회담으로의 코스가 명확하지 않다, (3) 3자회담의 재개는 시간벌기에 이용된다 등의 이유로 거부했다. 그러자 왕 차관은 북한측의 타협안으로서 한국을 포함한 4자회담을 제안했다. 이에 대해서도 미국측은 한일을 포함 5자회담이 아니면 응하지 않겠다는 방침을 전해 논의는 합의되지 않았다고 한다[289].

이와 같은 움직임 속에 그때까지 미국과의 양국간협의를 강하게 요구하고 있던 북한도 7월 12일 자 『민주조선』을 통해 「우리공화국은 다자회담 그 자체를 반대하지 않는다. 그러나 그에 앞서 조미회담을 진행할 것을 주장하는 우리공화국의 입장은 문제의 본질과 성격에 대한 깊은 연구와 분석에 기초한 것으로 지극히 정당하다[290]」라고 주장하고, 다국간 협의를 처음부터 부정하지 않았다고 한다.

더욱이, 후진타오 국가주석은 7월 12일 「다국간 회담」을 중재하기 위해 다이빙궈 외교차관을 북한에 파견했다. 다이빙궈 외교차관은 12일부터 방북해 김영남 최고 인민회의 상임위원장과 백남순 외무장관, 강석주 제1외무차관 등과도 개별면담하고 14일에는 김정일 총서기와 면담했다. 다이 차관은 방문 첫날인 12일, 북한의 강석주와 핵문제 등에 대해 깊은 논의를 했다[291]. 그 내용에 대해서 『조선중앙통신』은 15일 「쌍방은 조미사이의 핵문제와 상호 관심사로 되는 국제문제들에 대하여 깊이 있는 의견을 교환하였다[292]」라고 보도했다.

김정일 총서기는 7월 14일, 중국의 다이빙궈 외교차관과 회담에서 조건부로 일본이 참가하는 다국간 회담을 허용하겠다고 밝혔다. 김 총서기는 그 조건에 대해 북미간의 「진지한 대화」를 요구했다. 덧붙여 북한에 대한 미일 양국 등의 「적대시정책」을 중단하라고 주장했다. 중국정부가 한미일 3개국에게 회담내용을 설명한 것으로서 복수의 관계자가 밝힌 내용에 의하면, 북중회담에서는 중국은 3개국과 사전협의를 거쳐 다국간 협의 개최를 북한에 타진하자, 김 총서기는 "우선 북미간 정말 진지하게 대화 할 수 있는지 여부가 중요하다. 그것이 가능하면 나중에는 3자든 5자든 우리는 대화의 형식에는 구애받지 않는다"라고 말해, 「미국과의 진지한 대화」가 담보된다면 일본의 참가를 허용하겠다는 자세를 보였다고 한다[293].

한편, 한국정부 고위관리는 7월21일, 북한의 핵문제를 둘러싼 다국간 회담에 대해 미국과 북한 양측이 「우선 북중미 3자로, 다음에 한일을 더한 5자로 회담한다」라는 내용에 합의한 것을 밝혔다. 7월 18일 방미한 중국의 다이빙궈 외교차관이 파월 국무장관 등에게 북한의 의사를 전달해, 미국으로부터도 확약을 얻었다는 것도 덧붙였다. 이들 내용은 한국정부가 미중 쌍방으로부터 연락을 받은 것이었다[294].

이와 같은 움직임 속에서 러시아는 자국을 더한 6개국에 의한 다국간 회담 개최를 주장했다. 러시아외무부는 7월 31일 「북한지도부는 러시아를 포함 6개국으로 한반도의 어려운 상황을 협의하는 것을 지지하고, 그 실현을 위해 적극적 노력을 하고 있다」라고 성명을 발표했다. 러시아는 「북한의 건설적 결정을 환영」했다. 로슈코프 외무차관은 북한이 미중과의 3자회담에 계속되는 형태로 한일러 3개국을 더한 2단계 방식의 다국간 회담에 기본적으로 동의했다고 밝혔다[295].

북한이 6자회담을 받아들였다는 러시아외무부의 성명을 통신사 등이 내보내기 시작한 7월 31일 오전(일본시간 같은 날 심야), 미국정부고위관리는 워싱턴 집무실에서 "러시아를 더해도 문제는 없다. 5자도 6자도 8자도 10자도 좋다"라고 말했다. 중국정부의 쿵취안孔泉 외교부 보도국장은 8월 1일 밤 "회담 방식은 중요하지 않다. 열쇠는 실질적 대화를 진행하는 것이다"라고 입장을 재차 표명했다[296].

러시아의 참가 및 미국의 동의가 결정되자 북한외무성 대변인은 8월 4일 담화를 발표, 북한의 핵문제를 둘러싼 6자회담이 「베이징에서 곧 열린다」고 밝혔다[297]. 실제로 프리처드 특사와 스트로브 국무부북한부장이 8월 7일 뉴욕의 북한 유엔대표부를 방문해, 박길연 대사, 한성렬 차석대사 등과 회담했을 때, 6자회담을 26, 27 양일 베이징에서 개최하도록 요구한 한미일의 제안에 대해 북한측이 원칙적으로 승낙할 의향을 표명했다[298].

이렇게 해서 6자회담은 3자회담에서 북한이 핵무기 보유를 표명한 4월 23일 이후 약4개월 만에 기존 3자회담국(북, 중, 미)에 한 · 일 · 러가 더해진 6자회담으로 북미 양자회담을 가미한 형태로 중국 베이징에서 개최되게 되었다.

요컨대, 미 국무부의 북한 핵관련 성명에서 시작된 제2차 북한 핵위기는 북일 국교정상화교섭을 둘러싼 국제공간에서 교섭교착적 상태를 한층 강화하면서 진정한 위기에 다가갔다. 하지만 그 후, 이라크전쟁을 하고 있던 미국을 포함한 관계국, 특히 중국의 대화 중개노력에 의해 3자회담을 거쳐 6자회담이라는 국면에 접어들면서 교섭촉진적 조건이 생겼다.

북한의 핵개발문제를 둘러싼 제1회 6자회담은 2003년 8월 27일 중국 베이징의 댜오위다오 영빈관에서 개막해 29일까지 이어졌다. 6자회담의 수석대표는 차관급으로 정해져 있어 각국의 차관급대표가 참가했다. 즉, 한국의 이수혁 외교통상부차관보, 북한의 김영일 외무차관, 미국의 제임스 · A · 켈리 국무부 동아시아태평양담당차관보, 중국의 왕이 외교부차관, 일본의 야부나카 미토지 외무성 아시아대양주국장, 러시아의 알렉산드로 · 로슈코프 외무부차관 등이 각국의 수석대표로서 참가한 것이다.

제1회 회담에서 미국대표는 북한이 먼저 핵개발계획을 포기해야 한다고 주장하고, 북한이 원하는 불가침조약에 대해서는 조약형식은 거부하며, "이후 여러 방법에 대해서 협의가 가능하다"라고 말했다[299]. 북한의 김영일 외무차관은 모두발언에서 문제 해결을 위해 북미의 불가침조약체결, 핵사찰 수용 등을 묶는 「일괄타협의 방식」과 미국이 중유를 제공하면 북한이 핵계획 포기 의사를 선포하고, 북미·북일 국교가 이루어지면 북한은 미사일문제를 해결한다는 식의 4단계로 이루어진 「동시 행동의 순서」를 제시했다[300]. 이것은 2003년 4월 베이징에서 북중미 3자회담에서 「새로운 관대한 제안」으로서 냈던 것을 6자회담에서 다시한번 명확하게 제시한 것이었다.

이 회담에서는 참가국들이 대화를 계속하는 것을 기본으로 핵문제의 평화적 해결과 북한의 안전문제의 해결 등을 담은 6항목의 「공통인식」을 마련하는 것으로 폐회했다. 핵문제의 평화적 해결을 목표로 하는 것 등에서 6개국이 일치했지만, 구체적 해결의 길은 그려지지 않고, 주최국인 중국이 지향한 공동성명 등의 문서화는 보류되었다[301]. 대신 중국측의 왕이 대표가 의장성명a Chairman's Statement을 발표했다. 또한, 미국과 북한측대표단이 직접 접촉한 것도 본 회의장 일각에서 약 3분간 만났을 뿐이었다[302].

그 의장성명은 정식 외교합의가 아닌 의장국이 논의의 일치점을 열거한 것으로서, 「(1) 핵문제의 평화적 해결, (2) 한반도 비핵화와 북한 안전문제의 해결, (3) 단계를 밟는 동시적이고 병행적으로 해결방안 마련, (4) 정세를 악화시키는 행동의 자제, (5) 공통인식의 확대, (6) 6자회담 지속과 다음 일정의 신속한 확정[303]」이라는 6항목이었다.

제1회 6자회담이 성과 없이 끝난 뒤, 중국의 왕이 외교부차관은 다음 6자회담 개최를 추진하고 북한에 다자회담 과정의 지속을 확신시키기 위해 우방궈吳邦国 부총리를 평양에 파견하려고 생각했다. 하지만 북한은 중국에 그의 방문을 10월 20일 이후로 연기해 달라고 두 번 요청했다. 한편, 부시 대통령은 10월 19일 "자신이 북한을 침공하지 않겠다고 해온 말을 문서화할 수 있다. 즉, 다자의 틀에서 서면 안전보장을 검토할 의향이 있다"라고 밝혔다. 북한은 이에 대해 10월 21일 『조선중앙통신』을 통해서 「우리가 핵무기 프로그램을 포기하는 대신 미국이 다자의 틀에서 우리에게 어떤 안전보장을 제공한다는 것은 볼 가치도 없는 이상한 것이다」라고 비공식 반응을 냈다. 그러나 곧 북한외무성은 입장을 바꿔 10월 25일 「우리는 서면 불가침담보에 관해 부시 대통령의 발언이 우리와 공존하려는 의도에서 나온 것으로 동시원칙에 기초한 일괄타결의 제안을 실현하는 데 긍정적 역할을 한다면 그것을 고려할 용의가 있다」라며 공식발표했다[304].

그 후 4개월이 지난 2004년 2월 3일, 북한은 2월 25일부터 28일 열리는 (제2회) 6자회담 참가를 공식 발표했다. 이와 같이 제1회 6자회담이 개최됐지만, 북한 핵문제를 둘러싼 국제공간의 교섭교착적 조건은 완전하게 소거되지는 못했다.

(4) 납치문제를 둘러싼 북일간 대화 모색

제12회 북일교섭이 일시 귀국한 납치피해자 5명의 취급을 둘러싸고 결렬한 후에도 양국의 납치문제를 둘러싼 대립은 계속됐다. 게다가 부시 대통령은 2003년 5월 23일 열린 미국 크로퍼드에서의 미일 정상회담 때 납치문제에 대해서 일본인 납치사건을 강하게 비난하고 "납치된 일본국민의 행방을 한사람도 빠짐없이 알 수 있을 때까지 미국은 일본을 완전하게 지지한다"라고 강조했다[305].

또한 8월 27일 제1회 6자회담 모두연설에서 일본정부는 「핵 및 미사일문제, 심지어 납치문제는 북일 국교정상화 전에 해결해야 한다. 국교정상화가 실현되어야 비로써 일본은 북한에 대한 경제협력을 실시하게 된다. 납치문제에 대해서는 북일간에 구체적으로 논의할 필요가 있고, 일본으로서는 이와 같은 논의를 통해 납치문제를 해결해 나갈 생각이지만, 문제의 포괄적 해결을 도모하는 데 납치문제의 해결이 필수적이다[306]」라고 주장했다.

그러나 6자회담에서 8월 28일 실현된 일본과 북한간 양국회담은 김영일 외무차관이 "(피해자 5명을 북한에) 돌려보내지 않는 것은 약속 위반이다"라는 강경한 입장을 강조하는 등, 「일시 귀국한 피해자 5명의 귀환」을 둘러싼 원칙론의 공방으로 일관해 평행선을 달렸다. 대화 창구는 열려있지만 문제 해결로의 길은 어떻게 이어갈지, 이후 교섭 지속으로 어떻게 이어질지 앞길은 보이지 않았다[307].

이와 같이 6자회담에서도 계속된 북일간 납치문제를 둘러싼 대립은 제1회 이후 다음 6자회담 개최가 불투명한 시기에 핵문제를 해결하려는 미국을 포함한 북한, 그리고 일본에도 바람직하지 않았다. 그래서 북일 양국은 6자회담에서 납치문제가 돌출의 형태로 대두되지 않도록 다양한 레벨에서 접촉했다.

2003년 8월 제1회 6자회담 이후, 일본정부는 북한에 정부간교섭을 요청해 왔지만, 북한은 이에 응하지 않았다. 2003년 12월 20일 열린 「납치의연」 사무국장인 히라사와 가쓰에이 중의원의원 등과 북한의 정태화 대사의 베이징에서의 회담 등, 정치적 채널만이 움직이고 있다. 이 회담에서 북한은 「피해자 5명을 평양으로 데리러 오면 가족을 돌려보내줘도 좋다」라고 절충안을 제안했다. 그러나 이 「마중안」에는 피해자가족회 등이 강하게 반발했다[308].

그리고 2004년이 되어 1월 13일 외무성 동북아시아과의 수석사무관들이 평양에 들어가고 같은 무렵 내각관방에서 납치문제를 담당하는 사무관도 평양을 방문해 해결을 모색했다. 그 와중에 북한이 2월 3일 『조선중앙통신』을 통해 오랜 기간을 지나 「(제2회) 6자회담을 25일부터 개최」한다고 발표하는 한편, 일본에서는 2월 9일 단독으로 북한에 대해 경제제재를 가능하게 하는 개정 외환법(외환 및 외국무역법)이 자민, 공명, 민주 각당 등의 찬성으로 통과했다. 6자회담에서 납치문제에 성과가 없다면 정부로서 북일관계를 결정적으로 악화시킬 수 있는 이 법의 발동도 검토할 수밖에 없는 정세였다[309].

그런데, 2004년 2월에 들어서 일본정부에 의하면 북한에서 베이징 일본대사관으로 다나카 히토시 외무심의관을 지명해서 「평양으로 와달라」라는 요청이 있었고, 북한측은 「납치문제, 핵문제를 포함한 정부간협의를 시작하고 싶다」라고 제안했다고 한다[310].

이 제안은 북한이 2월 3일, 25일부터 다음 6자회담에 참가를 정한 후 이루어졌다. 북한은 제2회 6자회담에서는 납치문제를 분리하면서 핵문제 해결에서 미국과의 교섭을 유리하게 추진하려 한 것이 아닌가 추측된다. 그래서 납치문제 해결을 둘러싼 북일간 교섭이 필요하게 된 셈이다. 일본에 있어서도 피해자 가족들의 귀국이 실현되지 않는 가운데, 6자회담에서도 납치문제에 진전이 없다면 비판의 화살은 고이즈미 정권으로 향하기 때문에, 6자회담 개최 전에 북일간 교섭은 필요했다.

이와 같이 북일 쌍방에 이익이 된다는 생각에 일치했기 때문에 납치문제를 둘러싼 일본과 북한의 정부간의 하이레벨교섭이 움직이기 시작했다.

그래서 일본정부는 북한의 정부간회담 제안에 대해 2004년 2월 11일 납치피해자 가족의 다나카 히토시 외무심의관에 대한 불신[311]을 고려해, 양국 조정의 결과, 외무부의 다나카 히토시 외무심의관과 야부나카 미토지 아시아대양주국장을 평양에 파견했다.

이 파견으로 평양선언 이후 고조됐던 납치문제에 대한 논의에 대응하기 위해 공식적 제1회 북일 정부간 하이레벨교섭이 열렸다. 이것은 납치와 핵문제에 의해 더 이상의 진전 없이 결렬된 제12회 북일교섭 후 1년 4개월만의 접촉이고, 양국이 북일교섭에서 핵문제와 납치문제, 특히 납치문제는 결정적 장해물이라는 인식에서 일치해서 열렸다.

(5) 제1회 북일 하이레벨협의

제1회 북일 정부간 하이레벨협의는 외무부의 다나카 히토시 외무심의관, 야부나카 미토지 아시아대양주국장과 외무성 직원 3명이 2

월 11일 오후 5시경 평양에 도착해 시작되었다. 다나카 히토시 등 일행은 2월 11일 밤, 북한의 김영일 외무차관 주최의 만찬에 출석해 원칙적 입장을 논의했다[312].

12일부터 평양에서 일본측은 외무성 다나카 히토시 외무심의관, 야부나카 미토지 국장이 출석하고, 북한측은 12일 오전 중 김영일 외무차관이, 오후는 외무성 관계자가 교섭에 나섰다. 외무성에 의하면 이날은 납치문제와 핵문제에 대해 서로 입장을 자세히 논의했다고 한다. 외무성간부는 "납치문제에 구체적 제안은 없었다"라고 했다[313].

12일 진전 없는 교섭에 이어, 북일 정부간교섭은 3일째인 13일에 열려, 북한의 강석주 제1외무차관이 출석하고, 일본의 다나카 히토시 외무심의관, 야부나카 미토지 국장과 협의했다. 일본외무성에 의하면 일본측은 13일 오전10시부터 약 2시간 강 차관과 협의하고, 같은 날 저녁에는 12일 교섭상대였던 김영일 외무차관과 「최종적 협의를 겸한 회합을 열었다」라고 한다. 복수의 일본정부 관계자에 의하면, 강 차관과의 교섭에서 일본측은 (1) 가족 8명의 귀국 실현 후에 국교정상화교섭을 재개한다, (2) 북한이「사망」 또는 「입국사실이 없다」라고 한 10명의 안부확인을 요구하는 등의 고이즈미 총리 메시지를 전달하면서 「8명을 귀국시키면 국교정상화교섭을 위한 환경이 갖추어진다」라고 주장했다[314].

강 차관은 "총서기에게 전하겠다"라고 답했다. 그리고 강 차관은 이에 대해 피해자 5명을 북한에 돌려보내지 않은 것에 대해 "배신한 것은 일본이다"라고 비난했다. 그리고 강 차관이 2003년 12월, 납치의연 사무국장인 히라사와 가쓰에이 중의원에게 타진한 「마중안」에 대해 "1년 이상 전부터 제시하고 있는데 일본측은 받아들이지 않았다"라고 주장했다. 이번에도 언급한 「평양 마중안」을 북한으로서는 「양보」로 보고 있지만 일본측은 정부 · 여당 내에서 의견[315]이 나눠져 있었다. 게다가 북한으로의 경제제재를 목적으로 한 외환법 개정에 강하게 반발했다[316].

요컨대, 이번 북일 하이레벨협의에서 북한의 「마중안」과 일본의 「가족 8명의 무조건 귀국 실현」 사이에서 양측의 의견은 평행선을 달리며 실질적 성과는 얻을 수 없었다.

이날 참석한 강 차관은 고이즈미 총리가 13일 밤 "(강 차관은 김 총서기의) 정말 측근이라고 생각한다[317]"라고 말한 것처럼 김정일 총서기와 의견교환이 가능한 소수의 고위관리 중 한사람이었다. 그가 북일교섭에서 모습을 보인 것은 2002년 9월 고이즈미의 총리 방북 이후 처음이었다. 북일 관계자에 의하면 「강 차관은 총리로부터 메시지가 전달되는 것을 조건으로 다나카 등과의 교섭에 응했다[318]」라고 알려졌다.

또한, 핵문제에 대해서도 의견교환을 통해, 일본측에서 핵폐기의 중요성을 강조한데 대해 북한측은 한반도 비핵화에는 대응하고 있다며, 미국을 비롯해 각국이 북한측의 이른바 「핵활동 동결」제안[319]에 어떻게 대응하는지가 중요하다는 입장을 강조했다[320].

이상과 같이 제1회 북일 고위급회담도 북일 쌍방이 서로의 입장을 상세히 논의하는 것에 그쳐 구체적 성과를 보이지 못했다. 그러나 쌍방 모두 「북일 평양선언에 기초한 현안들을 해결할 필요」를 확인하고, 정부간교섭을 지속하는 것에 일치했다. 교섭을 계속하는 것에 확실히 합의한 것을 성과라고 한다면 성과라고 말할 수 있어 1년 4개월 만에 재개된 교섭의 불씨는 남겼다. 다만 북한은 6자회담 때의 북일 양국간협의에는 응하는 자세는 보이지 않아, 다음 회담 일정은 정해지지 않았다. 또한, 북한은 「6자회담은 핵문제 중심이기 때문에 그 이외를 거론해서는 안 된다」[321]라고 해, 6자회담에서 납치문제를 거론하지 않도록 일본측을 견제했다.

어쨌든 이 협의에서 「교섭의 계속」을 합의한 것은 일본으로서도 중요한 의미가 됐다. 이 점은 "협의가 계속될 수 있게 된다면 그것으로 충분하지 않은가[322]" (나카야마 교코中山恭子 내각관방참여, 2월 13일)라는 발언, 그리고 "납치문제에 관한 정부간교섭의 지속을 북한측에 확약시키는 것을 중시해야 한다는 소리가 확산되고 있다. 이번 교섭에서 납치문제의 전면 해결에 이르지 않을 것이라는 전망을 나타낸 뒤 문제 해결을 목표로 협의를 계속하는 자리를 만들어야 한다[323]"라는 발언(후쿠다 관방장관의 2월 13일 저녁 기자회견)으로 잘 알 수 있다.

그러나 제1회 정부간교섭이 구체적 성과 없이 끝남에 따라 정부·여당 내에서는 「북한에 더 압력을 높여야 한다는 의견이 확산될 것[324]」(외무성간부)이라는 견해가 강해졌다.

또한, 가와구치 요리코 외무장관도 북일 하이레벨협의의 보고를 받고 기자회견에서 "이번 보고를 들었습니다. 북한 김영일 차관과 강석주 차관이 매우 어려운 이야기를 했다고 합니다. 매우 어려운 이야기였지만 이쪽은 할 말은 제대로 주장했습니다"라고 했다. 그리고 「북한측은 이달 말 6자회담에서 납치문제를 꺼낼 경우에는 일본측의 출석을 거부한다고 말하고 있다」라는 것에 관해서도 외무장관은 "일본의 입장은 지금까지와 전혀 바뀌지 않았으므로, 납치문제를 해결해 나갈 필요성, 이에 대해 제대로 이야기를 계속해 나가겠다는 것으로, 가족들의 귀국과 사실의 진상 해명, 이 두 가지를 이후에도 이야기해 갈 것"이라고 단언했다[325].

(6) 제2회 6자회담

제1회 북일 하이레벨협의가 주로 납치문제 해결을 향해 있었기 때문에 6자회담 개최를 계기로 북한의 대미우선 자세가 명확해지고 있는 상황에서 납치문제를 둘러싼 북일교섭은 교착상태가 되어 있었다.

그리고 제2회 6자회담이 예정대로 2004년 2월 25일부터 28일에 걸쳐 중국 베이징의 댜오위다오 팡페이위엔芳非苑에서 열렸다. 제2회 6자회담에서 북한측 수석대표는 지난번 김영일 외무차관 대신 김계관 외무차관이 참가했다. 다른 나라에서는 제1회 회담 때와 같은 인물이 수석대표로서 참가했다.

제2회 6자회담 때, 2월 25일 전체회합에 이어 열린 북미 양자회담에서 HEU 생산계획의 문제를 중심으로 켈리 미 국무차관보와 북한의 김계관 외무차관이 각각의 입장을 주장했다. 여기서 미국측은 북한측에 대해 핵의 「완전하고 검증가능하며 되돌릴 수 없는 형태로의 포기CVID」를 요구했다[326]. 그러나 북한은 「핵 동결 및 포기의 대상에 민수와 평화적 이용은 들어있지 않다. 우리는 원자력을 의료와 농업, 전기 등 각 분야에서 사용하기 때문에 포기는 할 수 없다」라고 「핵폐기」의 대상에 대해 「핵무기계획」이라고 제한해서 명언했다. 따라서 평화적 이용도 포함한 완전한 포기를 요구하는 한미일과의 이견을 좁히지 못했다. 또한, 미일이 존재 확인을 압박한 HEU 생산계획에 대해서도 북한은 존재를 부정하는 자세를 굽히지 않았다[327].

제2회 6자회담은 2월 28일, 베이징의 댜오위다오 영빈관에서 실무차원에서 문제 검토를 계속하는 작업부회 설치를 결정하고, 차기 회담을 6월말까지 열기로 합의하고 폐회했다. 중국이 지향한 공동문서의 작성은 보류되고, 대신 「의장성명[328]」을 서면으로 발표했다. 초점인 핵문제를 둘러싸고는 「핵무기 없는 한반도 실현」이라는 표현으로 타결돼, 핵의 평화적 이용의 권리를 주장하는 북한을 배려하는 형태가 됐지만, 핵 포기에 이르는 구체적 방안은 담아내지 못했다[329].

이와 같이 제2회 6자회담은 실질적 진전 없이 끝났지만 더 사태가 악화될지도 모른다는 조짐도 있었다. 그 후 『워싱턴포스트』는 3월 4일 기사에서 「부시 대통령이 미국대표단에게 미국이 계속해서 6자회담의 과정을 지지할지 여부는, 북한이 핵개발 프로그램을 완전하고 검증가능하며 되돌릴 수 없는 수준으로 포기한다는 공약에 달려있다라고 말할 것을 지시했다」라고 보도했다. 이것은 북한이 HEU 프로그램을 인정하지 않고 핵개발 프로그램을 포기한다는 공약을 이행하지 않으면, 미국은 군사행동도 할 수 있다는 의미였다[330].

이와 같은 상황에서는 제3회 6자회담의 개최는 어려워졌다.

일본은 제2회 6자회담에서도 납치문제에 대해 본격적 문제제기 등 북일교섭의 최대쟁점 등을 이슈화시키는 데 매우 적극적이었다. 북일간 협의에서도 납치문제가 초점이 되었다.

일본외무성에 따르면[331], 「일본측은 이번(제2회) 6자회담 때 납치 문제라는 북일간 최대과제에 대해 먼저 모두기조연설에서 해결의 중요성을 강력히 요구했다. 또한, 미국에서도 납치문제 해결의 중요성 및 필요성에 대해 발언이 있었다」라고 한다. 또한, 일본측은 「김계관 차관과 연일 상당히 차분하고 솔직한 대화를 했다(25일에는 1시간 이상 회의). 납치문제의 조속한 해결, 구체적으로는 8명의 가족이 하루라도 빨리 무조건 귀국, 10명의 안부불명인 사람에 관한 철저한 조사」를 강하게 요구했다. 그리고 「이번에는 적극적 반응을 얻지는 못했지만 정부간협의의 지속은 합의했다」라며, 「문제 해결을 위해 북한과의 관계를 포함해 계속 노력해 나갈 것이다」라고 강조했다.

이에 대해, 북한은 2월 25일 열린 협의에서는 「일본측의 주장은 본국에 전한다. 일본이 (귀국한 납치피해자 5명을 북한에 돌려보낸다는) 약속을 어겼다. 피해자 5명을 (북한에) 돌려보내야 한다[332]」라고 주장했다. 게다가, 북한의 김계관 외무차관은 28일, 베이징의 북한대사관에서 기자회견을 하고 일본인 납치문제에 대해 "6자회담과 관련 없는 문제다. 납치문제는 기본적으로 모두 해결했다고 보고 있다"라고 말했다. 또한 "남아있는 문제는 북일 평양선언을 이행하는 과정에서 해결될 것이다"라고 말했다. 일본은 협의 종료 후, 다시 북한측과 접촉해 북일회담 조기개최를 요청했지만 북한은 「본국에 전하며, (대답은) 적절한 경로로 제대로 전하겠다」라고 대답하는 데 그쳤다[333].

요컨대, 제2회 6자회담에서 북한 핵문제를 둘러싼 북미 대립과 함께 납치문제를 둘러싼 북일 대립도 강했다. 그래서 야부나카 국장은 가족회와의 기자회견에서 6자회담에서도 "진전이 없어 죄송하다"라며 사죄했다[334].

또한, 교섭의 교착상태를 한층 강화시킨 사건이 제1회 북일간 하이레벨협의 직전 외환법 개정(2월 9일)에 이어 다시 발생했다.

민주당은 3월 31일, 만경봉万景峰호 등 북한선박을 염두에 두고 「특정선박 등 입항금지특별법안」을 중의원에 제출한 것이다. 자민, 공명 양당도 동 취지의 「특정선박 등 입항금지법안」을 4월 6일에 제출하기로 정했다. 납치문제를 둘러싸고 일본측은 3월중 실무협의 개최를 북한에 요구했지만 대답이 없는 상태에서 정부와 여·야당에서는 납치문제 진전을 위해 「압력」을 높일 필요가 있다는 소리가 확산되고 있고, 개정 외환법에 이은 경제제재 법안으로서 국회 회기 중의 통과를 향한 움직임이 가속됐다[335].

이와 같이 일본의 대북압박이 계속되고 북한은 미국과의 교섭을 우선시하여 교섭상대국공간도 교섭교착적 조건이 많아지는 상황에서, 교섭재개의 계기는 북일교섭에 대해 강한 의사를 지닌 정치인에 의해 마련됐다. 그것은 자민당의 야마자키 다쿠 전 자민당부총재와 「납치의연」 사무국장인 히라사와 가쓰에이 중의원이 중국 대련을 방문해, 북한외무성의 정태화 북일교섭담당대사, 송일호 제4국 일본담당 부국장 등과 납치문제에 대해 협의한 것이다.

2004년 4월 2일 저녁, 나리타공항으로 돌아온 히라사와 의원은 귀국 후 "4월 중 정부간 실무자협의가 재개될 것이다"라는 전망을 자민당의 아베 신조 간사장에게 전했다. 다만, 북한측은 다시 납치피해자 5명을 북한에 돌려보내도록 요구하며, 「일본정부는 신용할 수 없다」라고 주장[336]했다고 한다. 야마자키 전 부총재는 귀국 후, 『아사히신문』의 취재에 대해 "실무자협의가 곧 재개될 것이다. 더 이상 말씀드릴 수 없다"라고 말했다[337].

그리고 북한의 김정일 총서기가 4월 18일 밤, 특별 열차편으로 북중 국경을 비공식으로 통과해 19일 오전 베이징에 도착해 후진타오 국가주석 등 중국 지도부와 회담했다. 중국공산당의 21일 공식발표에 따르면 두 정상은 핵문제에 대해 「대화를 통한 평화해결」에 합의하고, 「한반도의 비핵화」를 지향하는 자세를 표명했다. 심지어 김 총서기는 "북한측은 적극적으로 6자회담 프로세스에 참가하고 회담이 진전되도록 공헌하겠다"라고 말했다. 이 회담에 대해 김 총서기의 직접 발언이 공개된 것은 처음으로 북한은 한미일러를 포함한 틀에서 핵문제 해결의 길을 찾을 것을 중국측에 약속했다[338].

북중 두 정상의 회담결과, 6자회담은 우선 5월 12일에 차석대표급으로 「핵문제에 대한 6자회담 작업부회」를 개최하게 되었다[339]. 그리고 이 정상회담에서 중국측은 북일간의 납치문제를 조기 해결하고 북일 국교정상화를 위해 정지작업을 하도록 설득했다고 한다[340].

한편, 4월 22일에는 북한에서는 용천역 열차 폭발사고가 일어나 북한은 정치적, 경제적 위기감이 더 강해졌다.

한국의 『연합뉴스』는 북한 평안북도 용천군 용천역에서 22일 오후 1시경 대규모폭발이 일어났다고 보도했다. 중국 관계자를 인용해 전한 것에 의하면, 석유와 LP가스를 실은 화물열차끼리 충돌해 다수의 사상자가 나오고 있다고 한다. 한국의 『YTN』은 목격자에게 전해들은 관계자의 이야기로, 사상자는 3천명에 달할 우려가 있다고 보도했다. 사고는 중국방문에서 돌아온 김정일 총서기의 열차가 통과한 후 약 8~9시간 후에 일어났다. 이 TV는 한국정부 관계자의 말을 인용해 「테러 가능성은 희박하다」라고 전했다[341].

후쿠다 관방장관은 4월 23일, 북한 용천역 대규모 폭발사고에 대해 "자세히 확인되지 않았지만 상당수의 사망자가 나왔다고 한다. 매우 고통스러운 것으로 피해자에게는 진심으로 위로의 마음을 표명하고 싶다[342]"라고 말했다. 또한, 일본정부는 25일 용천역에서 열차 폭발사고에 대해 10만 달러 상당의 지원 실시를 결정한 바, 후쿠다 관방장관은 이에 대해 "피해가 대규모로 긴급대응이 필요하다. 유엔 기관에서 지원요청이 이루어지고 있는 것 등의 이유에 따라 인도상의 예외적 조치로서 지원을 결정했다"라고 말했다[343].

북한은 일본의 10만 달러 상당의 원조에 대해 감사의 뜻을 베이징의 대사관 경로로 전해왔다고 한다[344].

(7) 제2회 북일 하이레벨협의와 고이즈미 재방북의 구상

차기 6자회담을 위해 북중간 조정에 들어간 상황에서 북일 양국은 북한에 의한 납치문제 등을 둘러싼 정부간교섭을 빠른 시일 내에 재개하는 방향으로 최종조정에 들어갔다. 5월 12일부터 베이징에서 개최되는「핵문제에 대한 6자회담 작업부회」전에 교섭을 실시할 것을 검토하고 있고, 일정과 장소를 조율하고 있었다[345]. 그래서 북한에 의한 납치문제 등을 둘러싼 북일 정부간교섭이 5월 4일부터 베이징에서 열리는 것이 결정되었다[346].

북일 정부간교섭의 재개 결정 배경에는 북한에게는 핵문제에 대한 6자회담의 작업부회 전에 국교정상화를 위한 일본정부의 의사를 거듭 확인하면서 6자회담의 작업부회에서 납치문제를 분리하는 한편, 북한선박을 상정한 특정선박 입항금지법안 등 일본의 대북압박 강화의 움직임에 대해 견제할 필요성이 있었다.

북한이 이 시기에 교섭재개에 응한 이유에 대해「(1) 핵문제가 중심인 작업부회와 납치문제를 분리하고 싶다, (2) 특정선박 등 입항금지법안의 심의를 늦추고 싶다, (3) 미국이 4월 29일 국제테러보고서에서 북한을『테러지원국가』에 올려 그 설명에 납치문제를 명기한 것에 위기감이 강해졌다[347]」라고 일본정부 내의 분석에서도 북한의 의도가 엿보였다. 고이즈미 총리도 이 교섭이 결정된 5월 3일 밤, 도쿄 도내에서 기자단에 북일 정부간교섭의 재개에 대해 "북일 평양선언의 정신에 따라 북일 국교정상화에 되도록 빠른 길을 모색하고 싶습니다[348]"라고 말해, 정치적인 의욕을 나타냈다.

이와 같이 제2회 북일 정부간 하이레벨교섭은 제1회가 2월 중순에 평양에서 열린 후, 약2개월 반 만에 5월 4일 오후3시(일본시간 같은 날 4시)쯤 베이징 시내의 베이징황쟈호텔北京皇家大飯店에서 시작됐다. 교섭은 식사를 하면서 같은 날 11시 넘어서까지 약 8시간에 이르렀다[349]. 일본측은 다나카 히토시 외무심의관, 야부나카 미토지 아시아대양주국장이 출석하고, 북한에서는 정태화 일본교섭담당대사와 송일호 부국장 등이 출석했다. 일본측은 2월 이전 출석했던 김정일 총서기의 측근인 강석주 제1외무차관과의 교섭을 원했지만, 교섭상대는 정태화 대사 등이 되었다[350].

4일 교섭에 대해 북일 쌍방 모두 상세히 교섭내용은 밝히지 않았지만「일본측은 최우선과제로서 납치피해자 8명의 조기귀국을 재차 요구, 이것이 실현되면 국교정상화를 재개할 방침을 전했다[351]」라고 한다. 일본측의 야부나카 미토지 국장은 4일 교섭을 끝내고 일본시간 5일 새벽, 기자단에게 "솔직하고 진지한 문제 해결을 위해 논의를 했다. 서로의 입장도 있고 얘기 도중이므로 (교섭내용은) 말씀드릴 수 없다[352]"라고 말해 진지한 분위기를 전했다[353].

협의가 진행되던 4일 밤, 베이징 시내의 베이징황쟈호텔에서 북한의 정태화 대사는, 외무성의 다나카 히토시 외무심의관, 야부나카 미토지 국장과 마주보고 "외무대신과 관방장관이 와도 책임을 질 수 없겠죠. 바뀌면 끝이잖아요"라며 논의의 핵심으로 다가왔다. 납치피해자 가족의 귀국문제를 매듭짓고 북일 국교정상화교섭의 재개로 연결하는 것이 쌍방의 목표였다. 정태화 대사는 "우리는 고이즈미 총리와 북일 평양선언 전체의 이야기를 하고 싶다"라고 말했다. 북일 정상회담의 실현이야말로 문제 해결의 길이라는 제안이었다. 다만, 비행기를 못 타는 김정일 총서기와의 회담은 고이즈미 준이치로 총리가 다시 평양을 방문하는 것을 의미한다. 정상의 상호 방문이라는 외교상 관습에서 벗어나지만, 다나카 심의관은 카드를 쓸 수 있도록 허가받았다. "가족의 귀국이 실현되고 평양선언의 착실한 이행으로 이어지면 고이즈미 총리도 다시 방북할 용의가 있습니다"라고 응했다[354].

다나카의 이 대답으로 고이즈미 총리의 재방북은 이 시점에서 사실상 굳어졌다고 생각한다. 왜냐하면 고이즈미 총리는 이번 베이징회담을 앞두고 4월 28일 오후 6시가 넘어서, 다나카를 총리관저 집무실로 불러 "나는 흔쾌히 가겠다. 절차를 진행하고 싶다[355]"라며, 스스로 재방북의 구상을 하고 있었기 때문이다. 회담 중 다나카의 대응은 총리의 의중에 따랐다고 할 수 있다. 다나카는 후에 "외무성이 재방북을 권유한 것은 아니다[356]"라고 주변에 말해, 재방북 계획은 총리 주도로 이뤄졌음을 내비쳤다.

이어 재개된 5일 교섭에서는 북한측은 납치피해자 가족 8명을 일본에 돌려보낼 의사를 밝혔고, 귀국 방법과 조건에 대해 구체적으로 의견을 교환했다. 북일 쌍방 모두 이번 교섭에 대해 「진전이 있었다」고 전향적으로 받아들이고 있으며, 일본정부는 12일부터 「핵문제에 대한 6자회담 작업부회」를 두고, 가급적 조기에 정부간교섭을 재개하고 싶은 생각이었다. 교섭에서 일본측은 가족의 귀국이 실현되고 국교정상화교섭이 재개되면 경제협력과 재일조선인의 대우개선, 핵·미사일문제, 2002년 9월에 고이즈미 총리와 김정일 총서기가 교환한 북일 평양선언에 담긴 북일간 여러 과제의 「포괄적 해결」로 이어진다는 것을 지적했다. 교섭에서는 이와 같은 점을 둘러싸고 양측이 폭넓게 의견을 나눴다[357].

제2회 북일 하이레벨협의는 베이징 시내의 호텔에서 4, 5 양일 총 10시간여에 걸쳐 이뤄졌다. 이 교섭 전에 북한은 피해자 가족을 돌려보내도 일본여론은 바뀌지 않고, 국교정상화교섭도 진전되지 않는 것 아니냐는 강한 불신감을 나타냈다. 북한측이 2002년 고이즈미 총리의 방북 시 김 총서기가 납치문제에 대해 사죄하고 5명을 귀국시켰음에도 불구하고, 특정선박 등 입항금지법안의 국회제출 등 일본의 북한에 대한 여론과 정책이 악화됐기 때문이다[358]. 그래서 북한은 이번 교섭에서 보다 확실한 방안으로서 고이즈미 총리가 재방북해서 북일 정상회담이 실현되면 「피해자 가족을 돌려보낸다」라는 의사를 표명했다.

이에 대해, 일본측은 이번 평양선언에 담긴 핵·미사일, 경제협력 문제 등을 포함한 포괄적 해결을 강조하면서 「납치」를 돌출시키는 인상을 피하는 동시에, 국교정상화교섭에 본격적으로 임하는 자세를 전달하는 것을 중시했다. 이 자세는 북한측이 사사건건 「국교정상화교섭에서 경제협력의 구체적 규모와 내용을 성실하게 협의한다」라고 적혀있는 「평양선언의 이행」을 호소해왔기 때문에, 북한에게 있어서 일본의 긍정적 자세로 받아들여졌다. 또한 일본측이 평양선언의 여러 과제의 「포괄적 해결」을 위해 북한측이 적극적으로 대응하면 고이즈미 총리의 방북을 다시 검토하겠다는 생각을 전하고, 북한측의 「진전이 있었다」라는 평가로 이어졌다.

결국, 이번 협의의 「포괄적 문제 해결」은 납치피해자 가족 8명의 귀국에서 시작해 그를 위한 고이즈미 총리의 재방북 문제에 관해서도 본격적으로 추진이 이루어졌다.

요컨대, 제2회 북일 하이레벨협의는 「납치피해자 가족 8명의 귀국 - 국교정상화교섭 재개」로 합의하게 되었다. 또한, 평양선언에 담긴 이른바 「포괄적 문제 해결」 및 고이즈미의 재방북 요구까지 이뤄진 교섭이었다. 이로 인해 상대국공간의 자원배분을 통해 국내공간의 교섭교착적 조건이 해소된 교섭을 촉진하는 상태로 바뀌었다. 그 때문에, 제2회 북일 정상회담은 CⅣ(P-D-D)가 CⅢ(P-P-D)로 바뀐 상태에서 열리게 되었다. 또한 6자회담에서 납치문제가 북한 핵문제 해결에 장애가 되는 상황에서 이 합의는 6자회담을 통해 이뤄졌던 국제공간의 교섭교착적 상태의 해소에도 도움이 되었다.

2) 교섭의 진행

제2회 북일간 하이레벨협의는 8명의 귀국 등 납치문제에 관해 합의한 상황에서 이에 기초한 보다 전격적인 움직임으로 연결되었다. 이것이 고이즈미 총리의 재방북과 제2차 정상회담이었다. 고이즈미 총리의 재방북은 북한이 일시 제안한 피해자 5명에 대한 평양으로의 「마중안」이 피해자 가족의 반발 등으로 사라진데 대한 「대체방안」 측면에서 제기되었다. 「납치의연」의 히라누마 다케오平沼赳夫 회장은 5월 6일 "경우에 따라서는 고이즈미 총리가 방북해서 마무리 지을 필요가 있을지도 모른다"고 『아사히신문』 기자에게 말했다[359]. 고이즈미 총리가 북한을 재방문하고 사태 타개를 목표로 해야 한다는 목소리도 정부 · 여당에서 부상했다. 평양선언의 당사자인 고이즈미 총리가 재방북하면 「5명을 일단 북한에 돌려보낸다는 약속을 파기당한 김 총서기의 체면도 선다」고 말했다. 7월 참의원선거를 의식해서 「서프라이즈가 될 수 있다」라는 소리도 있었다. 한편, 단순히 가족 8명을 맞이하기 위한 재방북에 대해서는 「외교상의 상식에 어긋난다」(외무성간부)라는 우려가 정부 내에 있는 것도 사실이었다고 한다[360].

따라서 고이즈미 총리는 5월 10일 낮, 납치문제 해결을 위해 다시 북한을 방문할 가능성에 대해 "그런 소리는 전부터 듣고 있지만, 북일 평양선언 전체를 생각해 국교정상화를 위해 무엇이 필요하느냐는 점에서 생각해야 한다"라고 말했다[361]. 이에 따라, 총리가 처음으로 재방북을 표명했지만, 이와 같은 형태의 방북을 실현시키려면 (1) 8명의 귀국 외에 북한이 「사망했다」라고 한 10명의 진상해명 등, 관계자의 납득을 얻을 수 있는 납치문제의 타결이 미리 담보될 것, (2) 다나카 외무심의관 등이 북한에 밝힌 핵 · 미사일문제 등을 포함한 「여러 문제의 포괄적 해결」에 길이 열릴 것, 이라는 두 가지의 높은 장벽이 있었다[362].

그럼에도 불구하고 고이즈미 총리는 5월 14일 같은 달 중순에 다시 북한 평양을 방문하고, 북한에 남겨진 납치피해자 5명의 가족을 귀국 · 방일시킬 방침을 굳혔다. 총리는 같은 날 오후, 공명당의 간자키 다케노리神崎武法 대표와 회담하고 또한 정부 · 여당 연락회의를 열어 이와 같은 의향을 전하고 이해를 구했다. 총리로서는 납치문제에서의 전진을 도모하는 동시에 북일 평양선언의 전진을 구가하는 공동 문서를 북한 김정일 총서기와 교환하고 이에 따라 북일 국교정상화교섭의 재개에 나설 생각[363]이었다.

이 결단은 앞의 두 가지 장벽이라는 국내공간과 국제공간에서의 교섭교착적 요인이 있었음에도 불구하고 이루어졌다. 특히 한중미러가 모여 6자회담에서 핵개발문제 해결을 목표로 하고 있는 가운데 고이즈미 총리가 8명을 맞이하기 위해서만 북한을 방문하는 것은 미국 등으로부터 「일본은 납치문제의 해결만을 우선시키고 있다」라는 비판을 초래할 수 있다는 우려도 강한 상황이었다. 더욱이 원래 미국이 「테러지원국가」로 규정한 북한에 총리가 두 번 연속으로 방문하는 것은 「외교상으로도 이례」(외무성간부)라는 이론이 정부 내에서는 뿌리 깊었다[364].

따라서 고이즈미 총리의 재방북은 북일 국교정상화교섭에 있어 평양선언과 마찬가지로 교섭교착적 교섭공간의 해소를 위한 전략이었다고 생각할 수 있다. 북일 국교정상화를 자신의 임기 내에 반드시 실현시키겠다고 몇 번이나 공언한 고이즈미 총리는 미국의 견제 속에서 평양선언에 합의했지만 그 후, 제2차 북한 핵위기와 납치문제 등의 교섭교착적 요인을 해소하지 못한 채, 북일교섭을 매듭짓지 못했다. 그래서 북일간 납치문제 등의 현안을 다시 정상회담에서 해결할 수밖에 없다는 여론이 생겨, 고이즈미 총리는 북일관계 회복을 가장 막고 있고 납치문제 해결을 위해 큰 결단을 한 것이다.

결국, 고이즈미 총리는 5월 22일, 북한 김정일 총서기와 평양의 대동강 영빈관에서 열린 정상회담에서 납치피해자인 하스이케 가오루蓮池 薫와 지무라 야스시地村保志의 가족 총 5명의 귀국에 합의했다[365]. 5명은 같은 날 밤, 일본에 귀국해 1년 7개월 만에 부모와 재회를 했다. 소가 히토미曽我ひとみ와 가족 3명은 가까운 시일 내 베이징 등 제3국에서 재회하게 되었다.

김 총서기는 "평양선언에도 불구하고, 2002년 9월 이후 사태가 복잡해진 것은 매우 실망했다. 그러나 고이즈미 총리의 방북을 환영하고, 이번 회담을 중시하고 하고 있다[366]"고 말하고, 고이즈미 총리는 "서로 현재의 비정상적 관계를 정상화시켜야 한다. 양국 적대관계를 우호관계로 바꾼다. 대립관계를 협력관계로 바꿔 나가는 것이 양국에게 가장 이익이 된다. 이와 같은 대국적 이야기를 하고 싶어 굳이 재방북했다. 일본은 평양선언이 준수되는 한, 이른바 경제제재를 발동할 생각은 없다[367]"고 응했다.

그리고 고이즈미 총리는 납치 가족의 귀국문제에 대해 "납치피해자 가족 8명의 귀국을 즉시 실시해 달라. 8명 전원이 이번에 함께 돌아갈 수 있도록 도모 해달라[368]"고 하자 김 총서기가 "가족이 흩어지는 것은 바람직하지 않다. (일본에) 가고 싶은 사람은 간다. 단, 젠킨스Charles Robert Jenkins는 일본에 가는 것을 불안하게 생각하고 있다. 총리가 직접 젠킨스와 만나 이야기 하면 어떠한가. (결론은) 본인의 의사에 맡긴다. 잘 안되면 제3국에서 예들 들면 베이징에서 가족과 재회하는 것도 하나의 방법이 아닌가[369]"라며 가족의 귀국 의사를 밝혔다.

다음으로 고이즈미 총리가 10명의 안부불명자 조사문제에 "안부불명인 분들에 대해 일본의 가족은 「살아있다」라고 믿고 있다. 제대로 된 진상규명이 필요하다. 새로운 납치피해자로 인정된 경우도 진상규명이 필요하다. 요도호범인의 인도를 요구한다[370]"고 하자, 김 총서기는 "(살아있다고 생각하고 싶은) 가족의 기분은 안다. 지금까지 관계기관에 조사를 명령했지만, 이번 회담을 맞이해 또다시 조기에 본격적이고 철저한 조사를 하고 싶다. 결과에 대해서는 일본측에도 조기에 전달하겠다[371]"라며 조사를 약속했다.

그리고 고이즈미 총리가 핵문제에 대해 "북한의 핵개발은 일본의 안전보장상의 위협이고 절대 인정할 수 없다. 핵의 안전한 폐기, 국제적 검증에 의거한 폐기가 필요하다. 이것은 북한에 이익이 된다. 부시 미국대통령은 북한을 침략할 의도가 없다는 것을 명언하고 6자회담을 통한 평화적 해결을 원하고 있다. 핵을 완전히 포기해서 얻어지는 것과 핵을 가짐으로써 얻어지는 것과는 하늘과 땅 차이이다. 북한이 핵폐기를 하면 국제사회는 기꺼이 북한을 국제사회에 받아들이려고 하고 있다. 이 기회를 놓쳐서는 안 된다. 6자회담에서 큰 걸음을 내딛길 바란다[372]"고 말했다. 이에 대해 김 총서기는 "우리는 핵을 갖고 싶다고 생각하는 것은 아니다. 한반도의 비핵화가 최종목표다. 그러나 미국이 적대시정책을 취하고 있기 때문에 핵억제력을 갖지 않을 수 없는 상황에 놓여있다. 6자회담에서는 북한도 양보하고, 동시행동 원칙에 따라 일괄해결을 제창하고, 그 첫걸음으로서 「동결대 보상」을 제안해, 비핵화에 한걸음 내딛었다. 동결하면 검증도 당연히 실시한다[373]"고 답했다.

미사일문제도 고이즈미 총리는 "일본에게 큰 문제다. 평양선언의 미사일 발사 보류에 대해 확인을 요청한다[374]"고 하자, 김 총서기가 "평양선언은 준수하므로 전혀 걱정할 필요 없다[375]"고 답했다.

마지막으로, 고이즈미 총리가 인도적 지원에 관해 "인도적 관점에서 국제기관을 통해 식량 25만 톤 및 1,000만 달러 상당의 의약품의 인도적 지원을 조기에 실시한다[376]"고 하자, 김 총서기가 "감사한다[377]"고 인사했다.

이와 같이 두 정상의 합의에 따라 고이즈미 총리는 하스이케, 지무라의 가족 5명을 데리고 귀국했다. 젠킨스 문제에 대해 김 총서기가 "젠킨스의 판단에 맡긴다"고 했기 때문에 총리는 회담종료 후 약 1시간 동안 젠킨스 등과 이야기했지만, 「젠킨스는 "현시점에서 일본에 갈 수 없다"고 말했다. 김 총서기가 회담에서 "일본에 가는 것이 싫으면 베이징에서 만나면 어떤가"라고 했기 때문에, 나는 "베이징에서 가족 4명이서 상담하면"이라고 했더니 "그것은 좋다"는 것이었다. 일본에 있는 소가에게 외무성을 통해 확인한 결과 "좋다"는 것이었다」고 한다[378].

3) 교섭패턴

고이즈미 총리는 5월 22일 오후, 북일 정상회담 후 평양 시내의 고려호텔에서 기자회견을 갖고 먼저 "두번째 방북의 최대 이유는 양국에게 북일 평양선언의 성실한 이행이 대단히 중요하다는 것을 재확인하기 위해서다. 현재의 비정상적 관계를 정상화시켜야 한다. 적대관계를 우호관계로, 대립관계를 협력관계로 해나가는 것이 양국에게 최대이익이 된다는 대국적 이야기를 하기 위해 굳이 재방문했다. 북일 평양선언이 북일관계의 기초임을 재확인했다"며 재방북의 이유를 언급했다. 또한, 총리는 "북일 국교정상화 실현의 전기가 되기를 기대한다. 두번째 방북은 의미 있는 것이었다"며 국교정상화교섭 재개의 의욕을 밝혔다[379].

북한의 『조선중앙통신』과 『조선중앙방송』 등 각 미디어는 22일 오후 4시 이후 북일 정상회담에 대해 보도했다[380]. 이 통신은 두 정상이 북일 평양선언을 재확인하고, 「전반적 국제문제와 쌍무관계 개선에서 제기된 일련의 문제에 대해 의견을 교환했다」고 전했다. 한편, 국교정상화에 대해서는 「우리 정치가에게 주어진 역사적 사명」이라는 김정일 총서기의 발언을 인용해 강한 의욕을 나타냈다. 동시에 고이즈미 총리가 「양국간 신뢰관계 회복을 위해 인도적 지원을 즉시 재개하고 쌀 25만 톤과 1,000만 달러 상당의 의약품을 제공한다고 명언했다」고 보도했다[381].

김정일 총서기는 "양국이 전쟁 후 반세기 이상 비정상적 상태인 것은 백해무익[382]"이라고 지적하고 양국관계의 정상화를 강조했다고 한다. 나아가 김 총서기는 "양국관계의 진전은 일본의 동맹국이 어떠한 태도와 입장을 취할지에 많이 달려 있다[383]"고 말했다. 북한에 대한 「적대시정책」을 미국이 버리는 것이 북일관계에도 영향을 미친다는 뜻을 밝혀 미국을 견제했다. 또한, 이 통신은 「고이즈미 총리는 지금까지 공화국과의 관계에서 불미스러운 일이 있었음에 유감을 표명했다[384]」고 전했고 고이즈미 총리가 「이후 일본은 대공화국 『제재법』의 발동을 중지하고, 재일조선인을 차별하지 않고 우호적으로 대할 것 등을 언급했다[385]」고 한다.

이 통신의 보도는 고이즈미 준이치로 총리와 김정일 총서기가 양국관계를 정상화해 갈 의사를 표명했다는 것에 중점을 둔 것으로 납치피해자 가족 5명이 귀국하는 것과 안부불명인 10명에 대한 재조사에 대한 언급은 없었다. 핵 · 미사일문제에 대한 언급도 없었다[386].

『아사히신문』은 고이즈미 총리의 재방북 직후인 5월 23일, 긴급 전국 여론조사(전화)를 실시했다. 김정일 총서기와의 이번 정상회담을 전체적으로 평가하는 사람은 67%에 달하고, 내각 지지율은 54%로 지난 조사(5월 15, 16일)의 45%보다 상승했다. 납치문제에 대해서는 56%가 「성과가 있었다」라고 했지만, 「성과가 없었다」도 43%를 차지했다. 식량과 의약품을 지원하는 것에는 61%가 반대였다[387].

특히, 지식인들 사이에서 고이즈미의 재방북은 「일본외교의 자주성을 빈곤 또는 대미 종속외교라는 비판적 언설에 입각해서 말하면, 좋든 싫든 관계없이 고이즈미 외교의 성과는 그 빈곤을 극복하고, 전후외교의 종결의 시작을 분명히 한 것이다[388]」라는 평가를 받았다.

이와 같은 국내 평가는 고이즈미 총리가 국제공간의 교섭교착적 상태의 악화 속에서 임기 내 북일 국교정상화를 위해서는 국내공간의 교섭교착적 상태를 해소해야 한다는 판단에 대한 높은 지지를 반영했다고 할 수 있다. 즉, 국내공간의 교섭촉진적 상태로의 전환을 위해 좋은 계기가 된 것이다. 물론, 7월 참의원선거 등을 앞두고 납치문제 등을 해결함으로써, 미해결 상태인 채 이어진 「연금정국」을 리셋해 버리자는 국내용 퍼포먼스에 지나지 않는다는 비판[389]도 있었다.

요컨대, 고이즈미 총리의 재방북에 대해서는 10명의 진상규명 등에는 큰 진전이 없었다는 등의 불만도 나왔다. 그러나 전체적으로는 북일 국교정상화교섭에 도움이 된다는 것뿐만 아니라, 최대 쟁점이였던 가족의 귀국문제에서 일정 성과가 있었다는 평가가 이루어졌다.

한편, 6자회담 참가국은 2002년 9월 정상회담과는 달리 이번 고이즈미 총리의 재방북에 대해 평가했다. 가와구치 요리코 외무장관은 5월 22일 북일 정상회담 이후, 북한 핵문제를 둘러싸고 6자회담에 참가하는 한국의 반기문 외교통상부장관, 중국의 리자오싱李肇星 외교부장관, 미국의 파월 국무장관, 러시아의 라브로프 외무장관과 잇따라 전화로 협의했다. 가와구치 외무장관은 4국에 북일 정상회담에서 고이즈미 준이치로 총리가 김정일 총서기에게 핵의 완전 포기를 요청했다는 것 등을 설명했고, 4국에서는 크게 평가한다는 생각을 나타냈다. 각국은 "성과를 올린 것을 평가한다"(반 외교통상부 장관), "의미 있는 방문"(파월 국무장관), "북일간 관계정상화 과정을 지지하고 있다"(라브로프 외무장관)라고 평가했다. 리 외무장관은 "북일간 대화를 평가한다, 납치문제에 대해 중국은 북일관계 개선을 위해 건설적인 역할을 할 용의가 있다"라며, 납치문제 해결에 협력할 자세를 나타냈다[390].

결국, 고이즈미 총리의 재방북은 차기 6자회담이 진행되고, 납치문제 해결을 위한 총리의 재방북에 의한 사태 타개의 요구도 나오고 있는 가운데 열려 고이즈미 총리는 납치피해자 가족 5명과 귀국하고 김정일 총서기에게 10명의 안부불명자 조사 약속을 이끌어내는 등 큰 성과를 거두었다. 이러한 고이즈미 총리의 재방북은 국내외에서 지지를 받음으로써 국제 및 국내공간에서 교섭을 촉구하는 조건으로서 작용했다. 더욱이, 김정일 총서기가 안부불명의 납치피해자 10명에 대한 재조사를 약속함으로써 후술하는 납치문제 해결을 위한 북일 실무자협의 개최로 이어졌다.

요컨대, 제1, 2회 북일간 하이레벨협의를 거쳐 실현된 제2차 북일 정상회담에서 일본은 CⅢ의 $P(R_{1+})-P(R_{1+})-D(R_0)$와 같은 「상대국·국내공간 지향의 자원분산형(DT-OD)」 패턴으로 임했다. 교섭촉진적으로 된 국내공간에도 자원을 배분하면서, 상대국공간에도 자원을 균등하게 배분한 패턴이었다.

3. 제1회 북일 포괄병행협의(제13회, 2006.2.4~8, 베이징)

1) 교섭공간

(1) 제3회 6자회담

앞에서 말했듯이 김정일 총서기는 2004년 4월 4일 중국을 방문해, 후진타오 국가주석과의 회담에서, 6자회담의 프로세스에 적극적으로 참가한다고 표명했다. 그리고 김 총서기는 5월 고이즈미 총리와의 정상회담에서도 한반도 비핵화를 최종 목적으로 핵을 동결하면 검증도 당연히 수용하겠다는 자세를 보였다.

이렇게 해서 제3회 6자회담에 대해 중국정부를 중심으로 한 관계국은 6월 23일부터 베이징에서 개최하는 방향으로 최종 조정하고, 중국외교부의 장치웨章啓月 부대변인은 15일 기자회견에서 북한 핵문제를 둘러싼 3회 6자회담을 6월 23일부터 개최한다고 발표했다[391].

결국, 제3회 6자회담은 고이즈미 총리의 재방북 후 얼마 되지 않은 6월 23일, 중국 베이징의 댜오위다오 영빈관에서 개막해 26일까지 계속됐다. 출석자는 의장국 중국 왕이 외교차관을 비롯해 제2회 회담과 동일했다.

제3회 6자회담은 6월 25일, 한반도 비핵화란 목표를 향해 제1단계로서 검증을 수반하는 핵 동결과 그 대가로 구성된 보상조치가 필요하다는 인식에서 각국이 합의하고 실질적 협의는 종료했다. 26일 중국 왕이 외교차관이 이러한 내용을 담은 「의장성명」을 발표하고 폐막했다. 중국대표단 멤버인 장치웨 외교부 부대변인은 전날 25일 저녁 기자회견에서 이번 협의에 대해 "각국이 조기에 핵동결과 관련 (보상) 조치를 실시, 비핵화에 첫발을 내디뎌야 한다는 데 합의했다"라고 평가하고 "이번 합의를 문서형태로 정리하고 싶다"라고 밝혔지만[392], 공동성명으로 하는 것에 미국이 반대해 이것은 보류되었다.

26일 채택한 8항목의 의장성명은 6개국이 이 협의에서 건설적이고 실질적 토의를 갖고 한반도 비핵화 목표에 대한 의지를 재확인하고, 그 목표를 향해 최대한 빨리 영변 원자로의 가동정지와 IAEA 사찰관의 복귀수용 등 초기단계(제1단계)의 조치를 취할 것을 강조했다[393].

이 회담에서 주목해야 할 것은 북한의 태도였다. 북한외무성 대변인은 6월 28일 『조선중앙통신』을 통해, 제3회 6자회담에 대해 「미국이 이번에 CVID 표현 자체를 들고 나오지 못하고 우리의 요구대로 『말대 말』 『행동대 행동』 원칙을 받아들인 것은 다행스러운 일이다」라고 평가했다. 한편, 「우리는 자위력을 다지기 위한 사업을 계획대로 추진하면서 미국의 금후 태도를 지켜볼 것이다」라며 미국에 양보를 요구했다[394].

미국은 제3회 6자회담에서 처음으로 북한 핵문제 해결을 위한 구체적 제안을 냈다. 부시 대통령이 미국의 태도에 대한 국제사회의 계속되는 비판을 우려하고 있으며, 북한문제가 (2004년 11월 미국대통령) 선거이슈가 될 가능성이 생기고, 결정적으로는 고이즈미 총리가 그 해 6월초, 조지아주 시아일랜드에서 열린 G8회담에서 부시 대통령을 설득했기 때문이다[395].

한편, 일본은 2일째 전체회의가 열린 6월 24일, 북한의 모든 핵계획 동결 등을 조건으로 동국(북한)으로의 에너지지원에 가담하겠다고 정식으로 표명했다[396]. 일본정부는 5월 고이즈미 총리의 재방북 및 북일 정상회담에서 납치문제에 일정한 진전이 보인 것을 받아들였기 때문이다. 일본정부는 그동안 한국 등에 의한 북한에의 에너지지원을 지지하면서도, 자신들은 반북여론이 강한 가운데 납치문제를 이유로 참가하지 않는다는 입장을 취해왔다. 하지만 일본은 고이즈미 재방북 이후, 기존 방침을 전환해서 핵동결의 대가로서의 에너지지원 실시를 표명한 것이다. 이것은 일본이 이미 북한에의 에너지지원에 납치문제가 전제되지 않음으로써 「핵은 6자, 납치는 북일」이라는 분리전략을 나타냈다고 할 수 있다.

이와 같이 제3회 6자회담에서 북한은 초기(제1)단계의 조치를 취할 요구를 받아들여 북미간 교섭도 원활하게 이루어지고 일본도 에너지지원 실시를 표명했다. 이에 따라 북일교섭에서 북한 핵문제를 둘러싼 국제공간에서는 교섭촉진적 조건이 늘었다.

(2) 납치문제를 둘러싼 북일 실무자협의

납치문제를 둘러싼 북일 실무자협의는 제3회 6자회담이 제1단계조치에 합의한 상황에서 제2회 북일 정상회담에서의 김정일 총서기의 약속에 따라 3차례에 걸쳐 열렸다.

북한에 의한 일본인 납치문제 등을 위한 제1회 북일 실무자협의는 2004년 8월 11일부터 2일간 베이징에서 열렸다. 일본측에서 외무성의 사이키 아키타카 아시아대양주국심의관 등이 북한측에서 송일호 외무성 부국장 등이 출석했다.

초점인 안부불명자 10명의 재조사에 대해 북한측은 중간경과 설명에 그쳐 일본측은 9월 회담 재개를 제안했다. 북한은 일본으로부터 인도적지원에 대한 일본 국내여론의 향방을 파악하기 위해서는 우선 실무자협의로 「이어놓을」 수밖에 없었지만, 외무성 관계자는 "북한측은 조사위원회의 구성과 북한외무성과의 관계 등 설명에 시간을 소비해 안부불명자에 관한 개별정보는 없었다"라고 밝혔다. 이번에 구체적 안부정보를 가져오지 못함으로써 북한에의 비판이 일본 국내에서 강해졌다. 여야당에서는 곧바로 「구체적 보고가 없는 것은 매우 유감」(공명당의 간자키 대표), 「사실상의 제로 응답」(민주당의 마에하라 세이지前原誠司)이라는 목소리가 잇달았다[397].

이어, 납치문제를 둘러싼 제2회 북일 실무자협의는 9월 25일에서 26일까지 베이징에서 전회와 같은 양국대표가 참가해 열렸지만, 요코타 메구미 등 10명의 안부에 관한 충분한 정보가 나오지 않은 채, 2일간의 협의를 끝냈다. 북한의 설명에 대해 일본정부 내에서는 「제로 회답에 가깝다」(관계자)라는 반응이 강해, 자민당 등에서 경제제재를 요구하는 소리가 향후 높아졌다. 자민당의 아베 신조 간사장은 26일, 야마구치 현 시모노세키下関시의 강연에서 "유감스럽지만 북일 회담에서도 큰 진전이 없다. 북한이 이대로 성의를 보이지 않는다면 경제제재를 검토하는 것은 당연하다"라며, 안부불명인 10명에 대해 충분한 재조사 결과를 보이지 않았다면서 북한을 강하게 비판했다[398].

하지만, 6월의 제3회 6자회담 합의에도 불구하고 그 회담의 재개 전망이 불투명진 가운데, 일본측에 있어서 실무자협의는 북일간 유일한 파이프이고, 경제지원을 원하는 북한도 교섭테이블을 떠날 생각은 없었다[399]. 그래서 이 실무자협의는 당분간 계속되는 한편, 이번 협의에서 일본은 다음 협의를 11월 중순까지 열도록 제안했을 때, 개최지를 평양으로 하자고 요구했다. 북한에서 재조사를 맡고 있다는 「조사위원회」 멤버와 직접 접촉하려는 의도였다. 북한측은 「본국으로 돌아가 검토하겠다」라고 답했지만[400], 북일 양 정부는 11월 2일, 북한에 의한 일본인 납치문제를 논의할 제3회 북일 실무자협의를 9일부터 12일까지 평양에서 열기로 합의했다[401].

제3회 북일 실무자협의는 11월 9일부터 15일까지 평양에서 6일에 걸쳐 열렸다. 이번에는 일본측은 수석대표를 심의관급에서 국장급으로 높이고 외무부의 야부나카 미토지 아시아대양주국장과 사이키 아키타카 동국 심의관이 출석하고, 북한측은 정태화 북일교섭담당대사,

요코타 메구미 등 안부불명자 10명의 재조사를 맡고 있던 「조사위원회」 멤버인 마철수 외무성 아시아국장 등도 출석했다[402].

협의 첫날인 9일, 일본측대표단이 일본을 출발해 평양에 들어가고, 북한외무성의 송일호 부국장이 마중한 후 협의순서에 대해 정태화 대사, 마철수 아시아국장과 협의했다. 2일째 10일 오전, 마 국장과의 사이에서 5월 북일 정상회담의 북일관계에 대해 정리하고, 오후에는 「조사위원회」 책임자인 진일보 인민보안부 조사담당국장에게 안부불명자의 재조사결과에 대해 9시간 가까이 청취했다. 이날, 일본측은 북한이 협의 직전에 제출한 비디오영상에 비춰진 요코타 메구미의 병원 진료기록을 제시하도록 요구하는 한편, 진료기록을 쓴 의사와의 면담을 요구했다. 또한, 요코타의 남편인 회사원 김철준과의 면담도 요구했다. 3일째인 11일 오전, 야부나카 아시아대양주국장이 김계관 차관과 핵문제를 중심으로 회담하고, 일본측은 6자회담의 연내 개최를 요청했다. 또한, 진 국장 등과 안부불명자 재조사문제에 대해 약 1시간 반에 걸쳐 협의했다. 오후에도 조사결과의 의문점 등의 설명을 요구했다. 4일째 12일 오전 요코타 메구미가 입원했었다고 북한측이 설명한 평양시 외곽의 평양 49호 예방원을 방문해 당시 담당의사 등에게 사정을 청취했다. 오후에는 요코타의 배우자인 김철준과 면담해 청취하고, 이어 저녁에는 안부불명자가 입원했었다는 같은 시내 병원의 당시 의사로부터 사정을 청취했다. 5일째 13일 오전, 진 국장 등과 오찬을 포함해 약 4시간 협의하고, 오후에는 안부불명자가 체류했다는 평양시 외곽과 지방의 초대소 관계자로부터 사정을 청취했다. 6일째인 14일 오전, 병원 등의 관계자에게 당시 사정을 약 3시간에 걸쳐 청취하고, 오후에는 조사위원회와 협의했다[403].

이와 같은 제3회 북일 실무자협의를 마치고 15일 오전 일본측대표단이 평양에서 전세기로 귀국했다. 귀국한 대표단이 가져온 것은 요코타 메구미의 것으로 보이는 유골 등의 「물증」과 안부불명자 10명에 대해 「8명 사망, 2명 미입국」이라는 지금까지 대로의 「결론」이었다. 북한이 50시간에 걸친 협의에 응한 것을 일본대표단은 「나름대로의 노력」이라고 인정했지만, 가족회가 지적해 온 의문의 대부분은 여전히 해소되지 않은 채였다[404].

북한에 의한 일본인 납치문제를 둘러싼 제3회 북일 실무자협의에 따라 일본정부는 11월 15일, 북한측에서 제공한 자료 등을 정밀조사한 뒤 평가하려는 자세를 보이면서도, "북한측의 노력의 흔적이 엿보인다"(고이즈미 총리)며 경제제재 등의 강경한 조치는 취하지 않고, 실무자협의를 계속할 방침이었다. 이번에 핵문제를 둘러싼 6자회담에 대해 북한측 책임자와 대화가 실현된 것도 평가했다. 그러나 안부불명자 10명에 관한 정보에서는 아직 밝혀지지 않은 점이 많아 국교정상화교섭은 미루어, 북일 국교정상화교섭은 재개되지 않았다[405].

일본정부는 12월 8일, 납치문제를 둘러싼 제3회 북일 실무자협의에서 북한측이 「요코타 메구미의 것」이라고 설명하고 건넨 유골에 대해 DNA감정을 한 결과, 다른 사람의 것이었다고 발표했다. 정부는 같은 날 북한에 감정결과를 전해 엄중히 항의했다. 고이즈미 총리는 여당 등에서 고조되고 있던 경제제재조치에 대해 "대화와 압력이므로 양면을 생각해 교섭을 계속해야 한다"라고 말해, 당장은 제재를 단행하지 않겠다는 뜻을 내비쳤다. 하지만, 이번 감정결과는 북한측 설명의 신빙성을 근본부터 무너뜨린 것으로, 총리가 목표로 하는 납치문제 해결과 국교정상화는 한층 어려운 정세가 되었다[406]. 다만, 일본정부는 8일, 5월 북일 정상회담에서 합의한 식량지원을 당분간 동결할 방침을 정했다. 경제제재를 향후 발동할지 여부는 북한측의 대응을 지켜보면서 판단한다는 것도 내놓았다. 그러나 제재를 발동하면 북일회담이 끊길 수 있어 정부는 강경한 자세를 보이면서도 대화를 계속할 방침을 유지해 다음 협의를 연초에라도 열 것을 요구할 방침이었다[407].

고이즈미 총리는 8일 밤 "교섭은 계속해야 한다. 납치 가족분들을 위해서도 여기서 중단해서는 안 된다"라고 기자단에 말해, 당장 경제제재는 하지 않고 안부불명인 10명에 관한 북일 실무자협의를 계속해 진상을 규명하겠다고 밝혔다[408].

외무성수뇌도 "실무자협의를 중단하는 것은 단순한 대답이지만. 그래서는 아무것도 나오지 않는다. 적어도 한번은 실무자협의를 한다"고 말했다. 정부 내에서는 「경제제재를 하면 북일회담은 중단돼 재개에 몇 년은 필요하다」(총리 주변)라는 견해가 나오고 있었다. 북한의 핵문제를 둘러싼 6자회담에의 영향을 우려하는 소리도 있었다[409].

마지막으로 일본정부는 12월 24일 오후, 11월의 북일 실무자협의에서 북한에서 제공한 안부불명인 납치피해자 10명에 관한 물증과 증언을 정밀 조사한 결과를 피해자 가족에게 보고했다. 정부는 물증에는 부자연스런 점이 많고, 북한이 주장해 온 「8명 사망, 2명 미입국」을 뒷받침하는 것은 아니라고 판단했다. 재조사와 의문점에 대한 대답을 가능한 조기에 하도록 요구할 방침이었다[410].

요컨대, 고이즈미의 재방북 이후 3차례에 걸쳐 납치문제를 둘러싸고 실무자협의가 열렸지만, 1, 2회에서 「제로 회답에 가깝다」라는 결과에 그쳐 국내공간의 교섭교착적 조건이 점점 늘었다. 또한 제3회에서 북한이 일본에 건넨 요코타 메구미의 것으로 보이는 유골 등의 「물증」은 DNA감정한 결과 다른 사람의 것으로 밝혀져, 안부불명인 10명에 대해 「8명 사망, 2명 미입국」이라는 「결론」은 「북한측의 설명을 뒷받침하는 것은 전혀 없다」라고 결론지었다[411]. 그래서 고이즈미의 재방북에 따라 고조되고 있던 국내공간의 교섭촉진적 상태는 3차례에 걸친 북일 실무자협의를 거쳐 교섭교착적으로 바뀌어 교섭공간의 상태는 다시 CⅣ(P-D-D)로 되었다.

이와 같은 상황에도 불구하고, 일본측은 정상회담에서 합의한 식량지원을 동결하는 방침을 결정했지만, 경제제재는 발동하지 않고 이후에도 북한과 회담을 계속할 방침을 굳혔다. 이것은 교섭촉진적 상대국공간을 유지해 임기 내에 북일관계를 정상화하려는 고이즈미 총리의 의지를 명확하게 나타낸 대응이었다.

(3) 제2기 부시정권 하의 북미 대립과 6자회담의 중단

2004년 5월 고이즈미 총리의 재방북에 의한 납치피해자 가족의 귀국과 뒤이어 곧 열린 6월의 제3회 6자회담에서 북한의 초기단계조치의 수용 등의 성과에도 불구하고, 새로운 상황의 변화에 따라 북한의 자세는 급변했다. 2004년 미국대통령 선거를 지켜본 북한은 11월 선거에서 부시 대통령의 재선이 결정된 후, 2005년 1월 20일 부시 대통령의 취임을 맞았다. 부시는 취임연설에서 북한에는 직접 언급하지 않았지만 "압정에 종지부를 찍을 위대한 목적은 몇 세대에 걸쳐 집중적으로 대처하는 일이며 그 임무의 곤란이 그것을 피하려는 이유가 돼서는 안 된다. 미국의 영향력은 무한하지는 않지만, 다행히도 억압된 사람들에게는 상당히 큰 것이고, 우리는 자유의 신념으로 자신을 갖고 그 영향력을 구사할 것이다"라고 했다[412].

더욱이, 직전인 1월 18일 국회 인준을 심의하는 상원 외교위원회의 청문회에 임한 라이스는 모두성명에서, 이란과 함께 북한을 지명해 「핵무기에의 야망」을 포기시키기 위해 국제사회가 단결할 필요가 있다고 강조하고 「압정의 거점outpost of tyranny」으로서도 북한을 거론해 외교압력을 강화하겠다는 의향을 밝혔다[413].

또한, 부시 대통령은 2월 2일 연두교서에서는 "압제와 테러의 대두를 멈추고 미움을 희망으로 바꿀 수 있는 충분하고 유일의 강력한 힘은 인간의 자유의 힘이다"라며 "미국은 이 세계 속의 압제를 끝내겠다는 궁극의 목표를 갖고, 중동과 기타 지역에서의 민주화운동을 지원하기 위해 자유의 동맹을 지지한다"라고 강조함으로써 북한의 압제에 대해 경고했다. 그러나 "우리는 위험물질의 운수를 검지하고 중단하기 위해 확산에 대한 안전보장(확산방지)구상(Proliferation Security Initiative; PSI[414])에 60개국과 협력하고 있다. 우리는 아시아 각국의 정부와 긴밀히 협력하고 북한이 핵의 야심을 포기하도록 설득하고 있다"라며, 6자회담을 통해 외교적 해결을 생각하고 있음을 다시한번 밝혔다[415].

이와 같은 미국의 압력과 함께 이루어진 외교적 노력을 접하고 북한은 2005년 2월 10일, 외무성성명에서 「우리는 6자회담을 원했지만 회담 참가명분이 마련되고 회담결과를 기대할 수 있는 충분한 조건과 분위기가 조성되었다고 인정될 때까지 불가피하게 6자회담 참가를 무기한 중단할 것이다」라고 밝혔다. 나아가 「우리는 이미 부시행정부의 증대되는 대조선 고립압살정책에 맞서 핵무기전파방지조약에서 단호히 탈퇴하였고 자위를 위해 핵무기를 만들었다. 우리의 핵무기는 어디까지나 자위적 핵억제력으로 남아 있을 것이다」라며 핵무기 제조를 처음 공식적으로 선언했다[416].

북한은 그동안 「핵억제력」 등의 표현에서 핵보유를 시사해 비공식석상에서 핵무기 제조, 보유를 시사해왔지만, 공식적으로 언명하지는 않았다. 북한이 핵무기 보유를 선언함으로써 6자회담 재개는 어려운 상황이 됐다. 이런 상황에서 중국은 6자회담 재개를 위해 노력했다. 왕자루이王家瑞 중국공산당 대외연락부장이 북한을 방문해 2월 21일 김정일 총서기와 회담했다. 이 자리에서 김정일 총서기는 "우리는 6자회담에 반대한 적도 없고, 회담의 성공을 위해 최선을 다했다", "이후 관계국들의 공동노력에 따라 6자회담의 조건이 성숙한다면, 언제라도 회담테이블에 나갈 것이다", "미국이 신뢰할 만한 성의를 보이고 행동할 것을 기대한다"고 말했다고 한다. 3월에는 북한의 박봉주 총리가 중국을 방문했다. 후진타오 국가주석과 원자바오 총리 등과 회담했으나 박 총리의 방문 목적은 중국과의 경제관계 강화가 중심으로 6자회담의 재개에 직접적으로 이어지는 움직임은 보이지 않았다. 또한, 4월초 중국을 방문한 북한의 강석주 제1외무차관은 중국의 우다웨이 외무차관, 닝푸쿠이寧賦魁 한반도핵문제담당대사와 6자회담 재개에 대해 논의했지만 북한의 6자회담 재개에 대한 소극적 자세에는 여전히 변화가 보이지 않았다[417].

찰스 프리처드에 의하면 "그 후 4월 26일, 미국의 힐 대사는 중국에 북한의 6자회담 복귀 압력의 일환으로 대북 송유관을 폐쇄할 것을 제의했다. 중국의 한 고위관리는 그 제안에 분명히 반대했다. 중국은 한반도 비핵화가 자국의 국가이익이지만 그것이 최우선은 아니다. 북한에 원유와 식량지원을 중단하는 것은 중국이 원하지 않는 위험과 불안정한 상황을 초래할 우려가 있다. 그래서 2005년 1월부터 6월까지 6개월간, 미국은 중국을 맹렬이 비난하고 북한에 대한 압력을 높이도록 요구했지만, 중국은 실제로는 북한에 대한 수출을 원유 45%, 식량 96%까지 늘렸다[418]"라고 한다.

결국, 중국 중심의 외교적 노력은 성과를 거두지 못하고, 6자회담 재개를 위한 실질적 움직임은 남북관계에서 이루어지게 되었다. 그 움직임은 6월 17일 김정일 총서기-정동영 통일부장관간의 회담이 열리고서야 비로소 이루어졌다.

북한 김정일 총서기는 6월 17일, 한국의 정동영 통일부장관과 평양에서 회담하고, 핵개발문제에 대해 "미국이 우리나라를 상대로 인정하고 존중하면 7월중에도 6자회담에 복귀할 용의가 있다"라고 말해, "체제안전의 보증이 관철되면 핵무기를 가질 이유는 없다"라며 "핵문제가 해결되면 NPT에 복귀하고, IAEA 등의 국제사찰을 수용, 철저한 검증을 받을 용의가 있다. 모든 것을 공개해도 좋다"라고도 말해, 미국의 대응에 따라 6자회담 재개에 응하겠다는 생각을 나타냈다. 또한, 김 총서기는 "남북 비핵화공동선언(1992년 발효)은 여전히 유효하다. 비핵화는 고 김일성 주석의 유훈이다"라고 말해, 비핵화를 버린 것은 아니라고 강조했다[419].

이와 같이 북한은 「체제안전의 보증」이라는 조건을 붙였지만 강경자세에서 돌아섰다.

정 통일부장관은 핵문제의 조기 해결과 남북관계의 지속적 발전을 주요한 내용으로 한 노무현 대통령의 구두메시지를 전달하고, 김 총서기에게 6자회담에 조기 복귀를 촉구했다. 게다가 6자회담이 재개될 경우, 한국정부가 핵문제의 실질적 해결을 촉구하기 위해 「중대한 제안[420]」을 할 용의가 있다고 설명했다. 김 총서기는 "신중하게 연구해 회답하겠다"라고 말했다[421].

또한, 6월 21일부터 서울에서 열리는 남북 장관급회담에서 한국수석대표인 정 통일부장관이 핵문제를 둘러싼 6자회담으로의 복귀를 요청하고, 장성급 군사회담의 재개와 정례화, 국방장관회담과 수산분야에서의 협력을 위한 당국자회담 개최도 제안했다. 북한단장인 권호웅 내각책임참사는 북한의 어려운 식량사정을 설명하고, 식량지원의 계속도 요구한 뒤, 장성급 군사회담 재개에 대해서는 언급하지 않았지만, 핵문제에 대해서는 "미국이 우리나라에 우호적으로 대처한다면 핵무기를 하나도 갖지 않는다"라고 명언했다. 「미국이 대북 적대시정책을 버리지 않았다」라며 회담 복귀를 거부해온 북한이 「7월에라도 복귀할 용의가 있다」 「핵을 가질 이유는 없다」며 갑자기 발신을 강화하고 있었다[422].

이와 같이, 북한은 남북 장관급회담에서 6자회담 재개에 의욕적 모습을 보였고, 이미 6자회담에의 복귀를 결정했음을 보였다. 그 후, 탕자쉬안 국무위원(부총리급, 외교담당)은 7월 중순에 후진타오 국가주석의 특사로서 북한을 방문해 6자회담 재개를 위해 북한측과 최종 조정했다. 그 결과 제4회 6자회담이 재개되게 된다.

6자회담 재개 과정에서 "북한이 6자회담 복귀를 선택하도록 한 근본적 이유는 중국의 계속되는 압력과 대중국 외교관계를 강화할 필요성이었다. 중국과의 관계유지는 북한의 국가복리the national well-being의 기본이며, 그것 없이는 김정일 정권의 생존이 문제가 될지도 모르기[423]" 때문이다.

(4) 제4회 6자회담과 9.19 공동성명

제4회 6자회담은 중국 베이징의 댜오위다오 영빈관에서 2005년 7월 26일부터 8월 7일(1단계, 국면 phase)까지 그리고 9월 13일부터 19일(2단계)까지 개최되었다. 이 회담에서는 전회 의장을 담당한 왕이 차관 대신 우다웨이 중국 외교차관, 김계관 북한 외무차관, 사사에 겐이치로佐々江賢一郎 일본 아시아대양주국장, 송민순 한국 외교통상부차관보, 알렉세이에프 러시아 외무차관, 그리고 크리스토퍼 힐 미 국무부 동아시아태평양차관보가 각 대표단 수석대표로 참가했다.

제4회 1단계 6자회담은 7월 26일부터 시작돼 같은 날 북미 양국간 회담[424], 27일 6자회담 전체회의에서 주된 기조연설 등을 거쳐 28일, 북미 양국이 다시 개별회의를 하는 등, 합의문서를 구축하려는 움직임이 본격화했다. 거기에, 의장국 중국이 30일 합의문서 초안을 보이면서 협의를 거듭해 8월 2일에는 제4차 초안에 이르렀다. 이 초안은 북한에 「모든 핵무기와 핵계획 포기」를 요구하고 있고 미일 양국은 평화적 이용을 포함한 모든 핵계획이 포기대상으로 볼 수 있다고 평가하고, 이 방안에서의 타결을 요구하는 자세였다. 중국은 8월 3일 오후, 수석대표 회의를 열어 제4차 초안에 대해 논의하고 각국에 「최종적 의견」을 내도록 요구해 평화적 이용 권리를 주장하는 북한의 반응이 최대 초점이 되었다[425].

그러나 김계관 외무차관이 8월 4일 "우리는 평화적 핵활동을 할 권리는 보유하려고 한다. 모든 나라들이 평화적 핵활동을 할 권리를 갖고 있다. 우리는 죄를 저지르지도 않았는데 왜 못 하는가"라며 강하게 표명해, 핵포기 범위를 둘러싼 북미대립의 구도가 부각됐다. 김 차관은 착지점을 찾기 위해 계속 노력하겠다는 생각을 나타냈지만, 견해의 차이가 쉽게 메워질 모양은 아니었다. 김 차관은 4일 밤, 기자단에게 "여러분이 알고 있는 1개국만이 이것에 반대하고 있다"라고 말해, 미국을 은근히 비판했다[426].

6자회담은 북한의 평화적 핵이용 권리에 대해 미일 등 5개국과 북한과의 골이 메워지지 않았고, 8월 7일 베이징의 댜오위다오 영빈관에서 열린 전체회의에서 각국 대표단은 본국에서 타개책을 검토한 후 다시 협의를 하기 위해 일단 휴회해 29일부터 시작되는 주에 재개하기로 결정했다[427]. 그러나 6자회담의 재개시기를 명시해 「대화계속」을 유지했으나, 북한이 순조롭게 재개에 응할지 불투명한 상황이 이어졌다.

결국, 제4회 2단계 6자회담은 약 5주 만인 9월 13일, 베이징의 댜오위다오 영빈관에서 재개되고, 수석대표회의에서 합의문서 작성을 목표로 하는 방침을 재확인했다. 휴회 전 협의에서 의장국인 중국이 제시한 제4차 초안을 축으로, 최소한의 수정을 거쳐 합의를 목표로 하기로 거의 일치했다. 다만, 실제로는 「핵의 평화적 이용」권리를 놓고 북미간 격차는 더욱 커져[428] 협의는 난항했다.

다양한 수준의 협의를 거쳐 의장국인 중국은 9월 16일, 북한과 장시간 협의하는 등 각국과 개별로 협의하고, 이에 따라 오후에 수석대표회합에서 제5차 초안[429]이 나와 17일까지 수용 여부에 대한 대답을 요구했다. 이 초안은 경수로형 원전을 요구하는 북한을 배려해 모든 핵을 포기하고 NPT에 복귀하는 조건으로 「장래 경수로 건설 가능성」을 처음 담은 것이다.

제5차 초안은 북한의 평화적 핵이용 권리와 장래 경수로건설의 가능성을 언급하는 등 북한을 배려한 「가장 현실적으로 각국에 이익이 되는 뛰어난 공동작품」이었지만, 북한측은 17일 시점에서 5차 초안에 대해 찬반을 명확히 하지 않았다. 또한, 미국대표인 힐 국무차관보도 "어려운 점이 있다"라며 태도를 보류해 합의는 어려운 국면에 빠졌다.[430].

그 후, 각국의 수석대표만이 출석한 9월 18일 협의에서 중국이 제6차 초안을 제시해, 북한의 완전한 핵포기와 경수로건설에 대한 논의를 단계적으로 진행할 방향을 제시했다. 즉, 북한이 모든 핵무기와 핵 프로그램을 포기하는 대신, 미국의 불가침과 경수로 제공에 대해서는 이후에 논의하겠다는 것이었다.

이에 따라 5주간의 휴회를 포함해 이례적인 「마라톤 교섭」이였던 제4회 6자회담은 9월 19일 공동성명을 채택했다. 「이번에도 실패하면 틀 자체가 붕괴될 수 있다」라고 각국 공통의 위기감이 성명으로 이끌었다. 우다웨이 차관은 연일 각국의 설득에 분주했다. 전통행사인 중추절 전야인 17일에는 달맞이를 명목으로 만찬을 열고 월병을 대접하면서 3시간 가까이 각국을 설득했다[431]. 그 결과 9월 19일, 6자는 합의에 이르러 공동성명을 채택할 수 있었다.

다음 **표5-4**는 제4회 2단계 6자회담에서 채택한 공동성명의 요지이다.

표 5-4 제4회 2단계 6자회담에서 채택한 공동성명의 요지

1. 6자는 협의의 목표가 평화적 방법에 의한 한반도의 검증 가능한 비핵화라는 것에서 일치해 재확인했다. 북한은 모든 핵무기 및 기존의 핵계획을 포기할 것, 핵확산금지조약(NPT) 및 국제원자력기구(IAEA)의 보장조치에 조기 복귀할 것을 약속했다. 미국은 한반도에서 핵무기를 갖지 않을 것, 북한에 대해 핵무기 또는 재래식무기에 의한 공격 혹은 침략할 의도를 갖지 않을 것을 확인했다.
   한국은 그 영역 내에서 핵무기가 존재하지 않음을 확인하면서 92년 한반도 비핵화 공동선언에 따라 핵무기를 수령하지 않고 배치하지 않겠다는 약속을 재확인했다. 동 선언은 준수돼 실시해야 한다. 북한은 원자력의 평화적 이용 권리를 가진다는 취지로 발언했다. 다른 참가자는 이 발언을 존중한다고 하면서 적당한 시기에 북한에의 경수로 제공문제에 대해 논의하기로 합의했다.
2. 6자는 그 관계에서 유엔 헌장의 목적 및 원칙, 국제관계에 대해 인정된 규범을 준수할 것을 약속했다. 북한 및 미국은 서로 주권을 존중할 것, 평화롭게 공존할 것, 양국간 관계에 관해 각각의 정책에 따라 관계정상화를 위해 조치를 취하기로 약속했다. 북한 및 일본은 평양선언에 따라 불행한 과거를 청산하고 현안 사항을 해결하는 것을 기초로 국교정상화를 위해 조치를 취하기로 약속했다.
3. 6자는 에너지, 무역, 투자분야에서 경제협력을 양국간 또는 다국간에 추진할 것을 약속했다. 중국, 일본, 한국, 러시아, 미국은 북한에 대한 에너지지원 의사를 밝혔다. 한국은 북한에 대해 200만kw의 전력공급에 관해 2005년 7월 12일 제안을 재확인했다.
4. 6자는 동북아시아의 영속적인 평화와 안정을 위해 공동노력을 약속했다. 직접당사자는 적당한 대화의 장에서 한반도에서의 항구적 평화체제에 대해 협의한다. 6자는 동북아시아 안전보장협력을 촉진하기 위한 방안에 대해 탐구해 나가기로 합의했다.
5. 6자는 「약속대 약속, 행동대 행동」의 원칙에 따라, 앞서의 의견이 일치한 사항에 대해 이들을 단계적으로 실시해 가기 위해 조정된 조치를 취하기로 합의했다.
6. 6자는 제5회 회담을 베이징에서 11월 초 향후 협의를 통해 결정되는 날에 개최하기로 합의했다.

(출전) 『아사히신문』 2005년 09월 20일 조간

이상과 같이, 6자회담에서 처음으로 채택된 공동성명은 북한의 핵무기 및 핵계획 포기 약속을 명기한 반면, 평화적 핵이용 권리와 경수로형 원전의 제공을 언급한 것 이외에, 김정일체제가 지향하는 부시 미 정권과의 평화공존도 담았다. 미국이 문제 삼고 있는 우라늄농축 계획과 인권, 미사일문제 해결은 직접적 표현에서는 담고 있지 않아 북한에 대한 미국의 양보도 짙게 배어있었다.

특히, 북미, 북일 간 국교정상화에 대해서도 제2항에서 「6자는 그 관계에서 유엔 헌장의 목표 및 원칙, 국제관계에서 인정된 규범을 준수하기로 약속했다. 북한 및 미국은 서로의 주권을 존중할 것, 평화롭게 공존할 것, 양국관계에 관한 각각의 정책에 따라 관계정상화를 위한 조치를 취하기로 약속했다. 북한 및 일본은 평양선언에 따라 불행한 과거를 청산하고 현안 사항을 해결하는 것을 기초로 국교정상화를 위해 조치를 취할 것」을 약속했다. 이와 같이 북일, 북미 간의 국교정상화가 6자회담의 목표에 포함되어 있는 것을 밝힘으로써, 6자회담이 북일교섭에서 매우 중요한 위치를 차지하는 것을 웅변해 주고 있다.

6자회담의 공동성명은 이와 같이 북일 국교정상화를 위한 조치를 약속한 것과 함께 이 회담에서 북일간 협의도 전회보다 활발히 이루어졌다. 일본측대표인 사사에 겐이치로와 북한측대표인 김계관은 2단계 협의 둘째 날인 9월 14일 오전, 베이징 댜오위다오 영빈관에서 약 1시간 20분에 걸쳐 양국간협의를 열었다.

일본측은 전회 협의에서는 8월 7일 약 20분에 걸쳐 회담했다. 사사에 국장이 납치문제 해결을 강하게 요구했지만, 김차관은 "본국에 전하겠다"라고 말하는데 그쳤다[432]. 그러나 9월 14일 열린 북일 양국간협의에서 일본측이 납치문제 해결 등을 재차 요구한 것에 대해 북한측은 "본국에서 적절한 검토가 이루어지고 있다"라고 회답했다. 또한, 8월의 전회 협의에서 일본이 요구한 대일 책임자를 포함한 협의 개최에 대해 김 차관은 "최선을 다하겠다"라고 말했다[433].

물론, 북한대표단에는 대일 담당자는 포함되어 있지 않아 납치문제가 당장 진전될지 예측할 수 없었지만, 1시간 이상에 걸친 북일 양국간협의가 실현된 것은 핵문제 진전에 맞춰 미사일 · 납치문제를 포괄적으로 논의하자는 일본정부의 의도에 따른 형태라고 할 수 있다. 일본과의 직접대화에 소극적이었던 북한이 자세를 바꾼 형태였다[434].

요컨대, 제4회 2단계 6자회담을 계기로 제2차 북한 핵위기와 관련된 일련의 위기가 일단 해소되면서, 북일교섭에서 국제공간의 교섭교착적 상태가 교섭촉진적 상태로 바뀌고 있었다. 또한, 교섭상대국공간은 북미대화의 진전과 6자회담 공동성명에도 불구하고 북한이 고이즈미 재방북 이후 적극적으로 북일교섭에 임했기 때문에 교섭촉진적 상태가 유지되었다. 그러나 국내공간은 고이즈미 총리의 재방북 이후 2004년 8월부터 열린 납치문제를 둘러싼 실무자협의의 교착에 따라 교섭을 촉진하기는커녕 한층 교섭교착적 상태가 되어 있었다.

(5) BDA문제에 의한 6자회담의 중단

제4회 2단계 6자회담에서 북한 핵문제에 대한 합의에 따라 교섭촉진적 상태로 바뀐 국제공간은 방코델타아시아(BDA)문제가 돌출해 교섭교착적 조건이 생겼다.

미 재무부는 제4회 2단계 6자회담에서 공동성명을 발표(2005년 9월 19일)하기 직전인 9월 15일, 마카오의 BDA를 자금세탁 관여가 농후한 금융기관으로 지정, 「북한정부기관과 관련기업에 대해 20년 이상의 금융서비스를 제공하고 비합법적 활동을 도왔다」라고 지적했다. 위조지폐의 예치를 받아들여 유통시킨 혐의도 있다고 했다. 이 은행은 북한과의 관계를 「순수한 상업관계」라고 강조하고, 미국측의 지적은 「사실이 아니다」라고 반론했지만, 뱅크런이 발생한 9월말 은행의 관리를 잠정적으로 마카오정부에 옮기겠다고 발표했다[435].

미 국무부의 애럴리 부대변인은 9월 12일 자금세탁 용의자인 가란드의 체포에 대한 기자회견에서 "6자회담과의 관련은 모른다. 회담의 제도 아니다"라고 설명하고, 나아가 북미관계 정상화를 진행하는데 비합법적 활동, 인권, 미사일 등의 무기와 같은 3가지 문제를 해결할 필요가 있다고 지적했다. 사건이 관계정상화교섭에 영향을 미칠 가능성이 있음을 사사했다. 마카오은행에의 제재에 대해서도 “미국정부 내 강경파가 사건을 이유로 북한에의 압력을 강화할 가능성도 있다”(관계자)라는 견해도 나왔다[436].

이와 같이 미국은 북한이 BDA를 통해 위폐를 제조해 유통시켜 자금세탁을 해 온 것으로 BDA를 「자금세탁 우려대상」으로 지정하고 북한 계좌를 동결해 각국에는 거래 중단을 촉구했다.

그리고 결국 미 재무부는 9월 21일 대량살상무기 확산과 관련된 북한의 무역회사 등 8사를 제재한다고 발표했다. 미 국민과 거래를 할 수 없게 되며 미 정부 관할 하에 있는 자산은 동결되었다. 미 정부는 북한이 위폐를 제조하는 등의 위법행위 적발을 강화했다[437].

이렇게 미국은 BDA문제를 통해 대북 금융제재를 사실상 시작했다. 미국의 대북 금융제재는 제4회 2단계 6자회담에서 9.19 공동성명에 6자가 합의한 직후였다.

미국의 대북 금융제재가 시작됐지만, 제5회 6자회담은 전회 합의에 따라 2005년 11월 9일, 베이징의 댜오위다오 영빈관에서 열렸다. 의장인 우다웨이 외교차관은 개회식에서, 전회인 제4회 회담에서 처음으로 채택한 공동성명의 실현을 위해 “최대한 빨리 각국이 받아들일 플랜을 정할 것을 원한다”라고 표명하고, 북한의 핵폐기로의 방향을 제시하는 「로드맵」 마련에 의욕을 보였다[438].

그러나 이 협의는 지난 제4회 회담에서 채택한 공동성명의 실현을 위한 길을 보였지만, 그 공동성명 자체가 급하게 채택된 절충안이기 때문에 그 실현에는 큰 차이가 있었다. 무엇보다도 그 해석과 요구에 관한 북미간의 골이 깊었던 것이다.

2005년 9월 19일 공동성명 발표 후 북미 양국은 「『적당한 시기』에 북한에의 경수로 제공문제에 대해 논의한다」라는 것에 대한 해석을 놓고 극한 대치가 이어졌다.

북한외무성은 9월 20일 제4회 6자회담에 대해 「경수로 제공 없이는 우리가 보유하고 있는 핵억제력을 포기하는 문제에 대해 꿈도 꾸지 말라[439]」라고 첫 논평을 발표했다. 즉, 북한은 9.19 합의 실현은 경수로문제의 진전에 달려 있다는 생각을 나타냈다. 그러나 미국의 힐 차관보는 2005년 9월 19일 마지막의 전체회합에서 "우리는 평화적 에너지 문제, 특히 경수로 제공문제를 논의하겠지만, 「적당한 시기」에 할 것"이라고 말하면서 "적당한 시기라는 것은 북한이 NPT로의 복귀와 IAEA의 안전조치를 이행했을 때"라고 말했다[440].

이와 같이 북미 양측은 제4회 2단계 6자회담에서 채택한 공동성명에 합의했지만, 북한은 「선 경수로 제공, 후 핵포기」, 미국은 「선 핵포기, 후 경수로 제공 논의」라는 서로 다른 주장을 했다.

이어, 북한대표인 김계관 외무차관은 제5회 6자회담에서 11월 9일 단계적으로 핵을 포기하고 그 후, NPT 등에 복귀할 준비를 할 수 있다고 표명했다. 북한은 (1) 핵무기 동결, (2) 이후 핵무기 제조 중지, (3) NPT 복귀, (4) IAEA 사찰수용을 단계적으로 하는 대신 주한미군의 사찰 등 한국 내에도 핵무기가 없음을 확인하도록 요구해, 미국의 「핵우산」을 한국에서 제거하는 것도 요구했다. 또한, 회담 관계자에 따르면 북한은 전체회합과 미국과의 양국간 회담에서 핵폐기 대가로 다시 경수로형 원전 제공을 미국측에 요구했다[441].

그러나 힐 차관보는 11월 9일 아침, 북한이 핵폐기에 앞서 경수로 원전 제공을 요구하는 것에 관련해 "미국은 핵포기와 한반도의 비핵화가 선결되어야한다 라고 명확히 주장해 왔다"라고 기자단에 말했다. 북한의 HEU 생산계획에 대해서도 "모든 당사자가 만족하는 형태로 해결해야 한다"라고 말해 이후 논의 속에서 거론해 나갈 생각을 나타냈다[442].

특히 제5회 6자회담에서는 9월부터 시작된 미국의 「금융제재」 조치에 대한 북한의 반발이 보다 강해졌다. 북한은 부시 대통령이 김정일 총서기를 「폭군」이라고 부른 것과 미국의 금융제재를 거론해 철회를 요구했다. 11월 10일에는 미국대표인 힐 국무차관보가 "공동성명과는 관계없는 이야기다"라고 반론해 한때 험악한 분위기로 될 뻔

했다. 다만, 북한은 이번 회담이 결렬될 정도의 「난제」는 꺼내지 않았다[443].

그 결과 제5회 6자회담은 11월 11일, 의장국 중국의 우다웨이 외교차관이 지난 회담에서 채택된 공동성명의 이행을 재확인하는 「의장성명」을 내고, 3일간의 일정을 끝으로 휴회했다. 이후 BDA문제는 10개월 가까이 6자회담이 열리지 않는 결정적 이유가 되었다.

한편, 미국은 북한과 거래하는 마카오의 은행을 제재한 것에 대해 「북미회담을 열어 해결하기로 했다」라고 밝혔다[444]. 그리고 북미간에서는 이 금융제재를 둘러싼 협의가 모색되었다. 우선, 미국정부가 북한의 위폐제조와 자금세탁 등 불법활동에 대한 대응에 대해 설명하기 위해 북한당국자의 방미와 북미접촉을 타진했지만 북한은 이를 거부했다. 미 국무부의 매코맥 대변인은 12월 1일 기자회견에서 "북한은 설명을 하려고 하는 (미국측의) 제안을 받아들일 생각은 없는 것 같다"라고 말했다. 관계자에 따르면 11월 30일 북미가 전화로 접촉했을 때, 북한은 제재해제를 위해 정식교섭으로의 격상을 요구하며 「접촉」을 거부했다고 한다[445].

북한은 그 후에도 이 금융제재 해결을 위해 북미교섭을 요구했다. 북한외무성 대변인은 12월 2일, 위폐제조 등을 이유로 한 미국에 의한 북한에의 금융제재문제를 협의할 북미교섭을 「미국이 회피하고 있다」라고 비난하고, 다시 양국간교섭을 열도록 미국에 요구했다. 또한, 북한외무성 대변인은 「미국이 제재와 압박을 계속한다면, 우리도 모든 자위적 조치를 취할 수밖에 없다」라고 강조했다[446].

요컨대, 2005년 9월 제4회 2단계 6자회담에서 공동성명을 채택한 시기는, 국제공간은 BDA문제로 교섭교착적 조건이 발생한 결과, 같은 해 11월 제5회 6자회담 이후 6자회담도 열리지 못하는 교섭교착적 상태가 되었다.

(6) 제1회 북일 정부간협의

BDA문제가 돌출한 이후 제5회 6자회담이 결렬되기 직전, 북일간에는 제1회 북일 정부간협의가 2005년 11월 3일부터 4일까지 베이징에서 열렸다. 이것은 제4회 2단계 6자회담의 공동성명에서 북일 국교정상화 노력을 약속한 것을 바탕으로 일본측은 사이키 아키타카 외무성 아시아대양주국심의관, 북한측은 송일호 외무성 부국장이 출석했다. 이 협의에서는 납치문제를 비롯한 핵, 미사일 등 현안사항과, 일본측이 언급을 회피해 온 과거청산 등 쌍방의 관심사항에 대해 솔직하고 충분한 의견을 교환했다[447].

납치문제는 일본측에게 이 협의의 최우선 사항이었지만 「다시, (가) 생존해 있는 납치피해자의 조기귀국, (나) 진상규명, (다) 용의자 인도를 강하게 요구했다. 2004년 12월 25일 북한에 전한 일본의 견해[448]를 언급하면서, 일본측이 납득할 수 있는 설명과 물증을 제시하도록 북한측에 거듭 요구했다[449]」라고 한다.

이에 대해 북한측에서 납치문제는 해결이 끝났다는 입장을 유지하고, 납치피해자에 관한 새로운 정보제공은 없었지만, 일본측이 계속 납치문제를 현안사항으로 제기하는 것은 이해하고 있다고 말했다. 이어, 북일관계 전반의 진전을 도모하기 위해서는 현안사항(납치, 핵, 미사일)과 양측의 관심사항(과거청산 등)을 해결하는 것이 필요하다는 공통의 이해를 얻었다. 일본측은 납치문제에 진전이 없다면 정부로서 엄격한 대응을 결단하게 된다는 뜻을 거듭 전했다. 특정실종자 문제에 대해서도 재차 정보제공을 요구했다. 요코타 메구미의 것으로 여겨지는 「유골」에 관해서는 일본측에서, 그 경위를 둘러싸고 수상한 점에 대해 다시 설명을 요구하며 일본측의 감정결과에 대해서 설명했다. 북한측으로부터는 DNA 감정에 관한 상대방의 견해가 제시되었다. 마쓰키 가오루松木 薫의 것으로 여겨지는 「유골」에 대해서도 다시 쌍방이 견해를 나눴다[450].

국교정상화와 관련한 기본문제인 「과거청산」과 안전보장문제 등에 대해서도 교섭이 이뤄졌다. 먼저, 북한측에서 일본의 식민지시대의 피해자문제 등 「과거청산」문제에 일본측이 진지하게 대처해야 한다는 취지의 견해를 재차 표명했다. 이에 대해 일본측에서 「과거청산」 문제에 대해서는 「북일 평양선언」에 따라, 이후 성실하게 의논해 대응해 갈 용의가 있다는 뜻을 설명했다. 또한, 안전보장문제에 대해 일본측은 북한의 핵·미사일 위협 제거에 대해 북일 간에 논의할 필요성이 있다고 주장했다[451].

이와 같이 제1회 북일 정부간협의는 양측의 견해를 보다 이해하는 것에는 성과가 있었지만 여전히 구체적 결론에는 도달할지 못했다. 대신, 일본은 자신의 입장인 납치문제와 핵문제 등 안전보장문제의 해결 없이는 국교정상화가 불가능하다는 점을 향후 논의의 틀 속에서 명확하게 삼았다는 성과를 거뒀다.

한편 이때, 북일관계 전반을 진전시킬 방법에 대한 의견교환이 이루어졌다. 그때 일본측에서 (1) 현안사항에 관한 협의(납치문제 등), (2) 안전보장에 관한 협의(핵, 미사일문제 등), (3) 국교정상화교섭(과거청산을 포함한 재산·청구권·경제협력 등)이라는 3가지 협의를 병행해서 나가겠지만, (1) 및 (2)의 해결 없이는 (3)의 종결은 없다는 생각을 제시해, 서로 검토를 거듭해 가기로 했다[452].

이 회담에 대해 쌍방 모두 이번 정부간협의는 유익했다는 인식으로 빠른 시일 내에 재차 협의를 가질 방향으로 조정하기로 했다. 그러나 다음 협의가 될 제2회 북일 정부간협의는 12월 20일까지 "검토중이라고 밖에 대답할 수 없다"라며, 아소 다로麻生太郎 외무성 장관이 기자회견에서 답했을 정도로[453] 개최가 불투명한 상태로 이루어졌다.

이 협의에서 일본정부가 납치문제와 안전보장뿐만 아니라 「과거청산」도 병행해서 협의하자고 제안한 것은 북한측과의 대화가 중단되지 않도록 하려는 것이었다. 3가지 테마별 협의에 대해서는 이번 교섭에서 결론은 나오지 않았지만, 일본대표단 관계자는 "북한도 검토하겠다는 심증을 갖고 있다"라고 말했다. 북한대표단의 송일호 부국장도 기자단에 "일본측도 관계를 되도록 좋게 하려고 하고 있다"라고 전향적 자세를 나타냈다[454].

요컨대, 일본은 고이즈미 총리 재방북을 통해 형성된 국내공간의 교섭촉진적 조건을 적극적으로 활용하고 또한, 제4회 2단계 6자회담의 공동성명을 계기로 형성된 국제공간의 교섭촉진적 상태를 기회로 제1회 북일 정부간협의에서 일본은 한편으로 납치피해자의 조기귀국 등 납치문제 해결을 강하게 요구하면서도, 다른 한편으로 북한측이 요구한 과거청산문제에 대해서도 병행협의해 가려는 자세로 임했다.

(7) 제2회 북일 정부간협의

앞에서 말했듯이 제1회 정부간협의 이후 BDA를 둘러싼 북미간 대립 속에서 열린 11월 9일의 제5회 6자회담은 경수로 제공시기를 놓고 심한 대립으로 인해 교착되어 성과는 얻지 못했다. 그러나 제5회 6자회담에서도 북일 정부간협의는 이어져, 적극적인 양측교섭을 이끌어 냈다는 점에서 중요한 전기가 되었다. 사사에 겐이치로 외무성 아시아대양주국장은 6자회담 중에 열린 북한과 양국간협의를 "(6자회담과 북일교섭을) 차의 두 바퀴처럼 관련시켜 진행하는 것이 중요하다며 북한측과 의견이 일치했다[455]"라고 설명했다. 또한, 사이키 아키타카 심의관이 12월 7, 8 양일, 중국 요령성의 선양을 방문해 북한의 송일호 부국장과 접촉하고 연내 북일교섭 재개를 촉구했다. 북일 관계자에 따르면, 사이키 심의관은 납치문제 등 3가지 테마로 논의를 진행하기로 한 11월 초 지난 협의에서의 제안에 대해 북한측의 회답을 요구했다[456].

이와 같은 경과를 거쳐 북일 양국은 지난 협의에서의 재개 합의에 따라 제2회 북일 정부간협의를 제1회 협의 후 한 달반이 지난 2005년 12월 24일 베이징에서 개최했다. 이 협의에는 전회와 마찬가지로 일본측은 외무성 사이키 아키타카 아시아대양주국심의관 등이, 북한측은 송일호 외무성 부국장 등이 임했다[457].

북일 양국의 정부간교섭의 첫날인 24일, 제1회 협의에서 일본이 제안한 (1) 납치문제, (2) 핵 · 미사일 등 안전보장문제, (3) 「과거청산」을 포함 국교정상화문제의 3가지 테마의 병행협의에 대해 논의했다[458].

일본정부 관계자에 따르면 북한대표 송일호 부국장은 협의에서 납치문제에 대해 "일본의 입장은 이해하고 있지만, 이미 해결되었다"라는 생각을 또다시 보였다. 다만, 3가지 테마별 병행협의에는 반대하지 않았다고 한다[459]. 또한, 송 부국장은 일본이 「과거청산」도 포함해 협의에 응한 자세를 나타내는 한편, 12월 16일 유엔총회에서 채택된 북한 인권상황을 비난하는 결의를 지지한 것을 지적했다. 송 부국장은 "도대체 우리와의 관계를 어떻게 하려고 하는 것인가. 어떤 태도가 일본정부의 속내인가"라고 불만을 표시하기도 했다고 한다[460].

일본대표인 사이키 아키타카 심의관은 협의 후, 기자단에게 "상당히 심도 있게 주고받았다. 그들도 3가지 협의의 중요성, 필요성에 대해 생각을 말했다"라고 말했다[461].

북일 양 정부는 12월 25일, 베이징의 양국 대사관에서 2일째 정부간교섭을 벌이고 2002년 10월 이후 단절된 북일 국교정상화교섭을 이듬해 1월말 재개하기로 합의했다. 납치문제와 핵 · 미사일 등 안전보장문제의 두 분야도 정상화교섭과 병행협의를 하는 것에 일치했다[462].

제2회 북일 정부간협의의 양국 합의 중에는 「제4회 2단계 6자회담의 공동성명을 염두에 두고, 북일 평양선언에 나타난 정신 및 기본원칙에 따라 국교정상화를 조기에 실현하기 위해 불행한 과거를 청산하고 현안사항을 해결하기 위한 조치를 취한다[463]」라는 항목이 있지만, 이것은 이 협의가 6자회담의 공동성명에 따라 진행된 것을 양국이 똑같이 인식하고 있음을 보여준다.

그리고 이 협의의 합의 가운데 「일본의 제안을 받아들여 3가지 협의의 포괄적 틀을 설정한 후 병행해 신속히 실시한다[464]」라고 되어 있는데, 이것은 지난 교섭에서도 제안한 3가지 협의 즉, (1) 납치문제 등의 현안사항에 관한 협의(심의관 · 부국장급), (2) 핵문제, 미사일문제 등의 안전보장에 관한 협의(국장 또는 심의관 · 부국장급), (3) 국교정상화교섭 (대사급) 등 병행진행에 관한 합의였다. 이것은 주로 이전의 제1회 북일 정부간교섭에서 일본측이 제안한 제2회 북일 정부간협의의 전제조건[465]이자, 이후 교섭의 진행방향과 방식에 관한 합의였다.

아소 외무장관은 국교정상화문제의 3가지 테마에 대해 "3가지 부회를 만들어, 담당자를 정하는 것이 하나의 전진[466]"이라고 파악하고 평가했다.

새로운 교섭방식의 합의에 따라 1990년 12월 예비교섭에서 합의한 북일교섭의 4개 의제의 논의방식이 대폭 바뀌었다. 이 논의 방식은 북일이 납치, 안전보장, 국교정상화문제의 3가지 테마를 병행협의하는 것으로, 만일 납치문제를 놓고 대립해도 그것을 이유로 모든 대화의 창구가 닫혀서는 안 된다는 맥락이다. 또한, 양측은 「3가지 협의를 가능한 2006년 1월말까지 실시하는 것으로 필요한 준비를 진행한다[467]」라며 공식적 북일 국교정상화교섭의 재재에 합의했다.

한편, 일본측은 납치문제에 대해 (가) 생존해 있는 모든 납치피해자의 조기귀국, (나) 진상규명, (다) 용의자(신광수, 김세호, 우오모토 기미히로魚本公博)의 인도를 강하게 요구함과 동시에, 요코타 메구미의 「유골」건을 포함해 일본이 납득할 수 있는 설명과 자료를 제시하도록 북한측에 재차 요구하고 「특정실종자」문제와 「요도호」범인의 인도도 재차 제기했다[468].

이에 대해 북한측은 납치문제는 해결이 끝났다는 입장을 반복하며, 이번 회합은 납치문제 협의가 아니라며 새로운 정보의 제공 등은 하지 않고 단지, 최종적으로는 납치문제를 명시하면서 「현안문제 해결을 위해 성의를 갖고 노력하고 구체적 조치를 강구한다」라는 것을 확인했다[469].

송일호 부국장은 협의 후, 기자단에 "양측이 평양선언에 나타난 정신과 기본원칙에 따라, 국교정상화의 조기 실현을 위해 불행한 과거를 청산하고, 현안 해결을 위한 조치를 강구하기로 했다"라고 말하는 등 정상화교섭에 기대를 나타냈다. 협의 후 사이키 아키타카 심의관도 납치문제에 대해 "그들(북한측) 은 「해결종료」라고 이번 협의 자리에서 말했지만, 납치문제도 포함해 미해결 문제에 성의를 갖고 노력하고 구체적 조치를 강구할 것을 그들도 약속했다」라고 말했다[470].

이 「구체적 조치」의 내용에 대해 아베 관방장관은 "납치피해자를 일본에 돌려보내는 것이다"라고 설명했다. 또한 진상규명과 납치용의자의 인도라는 이전부터 일본이 요구하고 있던 3점을 들었다[471]. 또한 송일호는 기자단에 대해 북일이 대립하고 있는 요코타 메구미의 「유골」로 여겨진 DNA 감정문제를 전문가의 협의에 맡기는 자세를 보였다[472].

이와 같이 이번 교섭에서는 북한에서 납치문제에 관해 새로운 정보는 접수되지 않았지만, 북한측이 납치문제의 쟁점을 해결하기 위한 구체적 조치를 취하게 하려 한 것은 교섭의 결실이었다고 평가할 수 있다.

가족회의 멤버가 이 협의에서 구성하기로 한 3개의 협의 팀 중에, (납치문제는 심의관급이 하는 반면) 「국교정상화교섭」 협의는 대사급이 한다는 것은 교섭의 후퇴가 아니냐는 반응을 보인 것에 대해 아소 외무장관이 "정상화가 최종(목)적으로 교섭은 해도, 그것을 성립시키기 위해서는 두가지 문제, 이른바 납치와 핵·미사일 이야기가 마무리되지 않는 한 정상화는 할 수 없는 것이니까"라고 대답함으로써[473], 국교정상화를 최종적 목적으로 위치 지으면서 다른 문제와는 그 레벨이 다르다는 점을 보였다.

한편, 일본측은 당시 미국의 북한 마카오은행 거래정지조치와 관련해 북미간의 긴장이 고조되어 중단됐던 6자회담에 대해 북한의 복귀를 요청했다. 여기서 일본측은 「북한에 대해 6자회담의 조기 재개에 응할 필요가 있고, 북미간의 상호불신에 의한 6자회담의 정체는 북한의 이익이 되지 않으며, 미국의 『자금세탁』에 관한 조치는 6자회담과는 관계없다. 북한은 6자회담과 북일·북미관계를 전체로서 앞으로 추진해가는 노력을 해야한다」라는 점을 제의했다. 이에 대해 북한측은 본국에 전하겠다고 말했다.

아소 외상은 BDA와 6자회담에 대해 "(미국측의 금융제재) 적어도 마카오의 이야기를 토대로 그것을 소재로 해 6자회담에 관련시키는 것은, 6자회담과는 전혀 다른 이야기를 바탕으로 6자회담 개회를 연장 혹은 저지한다는 것은 전혀 수단으로서 어떠한 것일까라고 생각합니다"라고 말해[474], 양자를 별개로서 인식했다. 또한, 아소 외무장관은 북일교섭과 6자회담에 관해서도 "그것이 갑자기 북일교섭과 관계있다고 해도 그것은 좀처럼 상식으로 통하는 세계는 아니라고 생각합니다. 북일이라는 것은, 6자회담이라는 것은 차의 두바퀴 같은 것이기 때문에 그러한 것이 두개 돌아가면 가장 좋다고 생각합니다[475]"라는 인식을 나타내고, 6자회담과 북일교섭을 통일적인 것으로 이해했다.

그러나 송일호 부국장은 귀국 전 27일 오전, 베이징 국제공항에서 기자단에게 "(북일 국교정상화교섭을) 1월 중에 재개하는 것에 대해 긍정적으로 느끼고 있다"라고 말해, 북한의 핵문제를 둘러싼 6자회담 개최와는 관계없이 북일 정부간협의를 열겠다는 생각을 밝혔다.

한편, 이 협의가 열리기 직전 북한의 납치문제가 국제적 주목을 받은 적도 있어서 북한은 2회째 정부간교섭에서 불리한 상황에 빠졌다. 앞에서 말한 것처럼 유엔총회는 2005년 12월 16일 북한의 인권상황을 비난하는 유엔총회 결의를 채택했다. 이 결의는 11월에 제3위원회에서 채택된 결의[476]와 같이 북한의 인권침해를 「조직적이며 심각하고 광범위하다」라고 지적하고, 나아가 일본인 납치문제에 관해서도 「강제적 실종이라는 형태의 외국인 납치문제」라고 언급했다. 북한의 인권관련 결의가 유엔총회에서 채택된 것은 처음으로 총회 채택은 찬성 88, 반대21, 기권 60. 위원회, 총회 모두 반대한 것은 중국과 러시아, 베트남, 인도네시아, 이란 등. 한국은 기권했다[477].

이에 대해 총회에서 북한대표는 결의를 받아들일 수 없다고 표명하며, 일본에 대해 "제2차 세계대전의 전쟁범죄국가로 20세기의 반인륜 범죄를 청산하지 않고 있다"라고 말한 반면, "일본이 거론한 『납치문제』는 고이즈미 총리가 평양을 방문했을 때 해결되었다. 일본이 한반도를 지배한 40년간의 납치는 전혀 해결되지 않았다" 등이라고 발언했다[478].

이와 관련해 아소 외무장관은 기자회견에서 "일본만으로 납치 이야기만을 한다는 것은 좀처럼 이해받기 어려운 것도 있기 때문에"라고, 지금까지의 납치문제로 인해 고립감을 피력한 후 "이곳 유엔에서 납치라는 말이 정식으로 총회에서 사용되고, 본회의장에서 사용된다는 것은 첫 경우이기에 지금까지 계속해 온 성과가 지금 나오고 있는 것이라고 생각합니다"라고 말하면서 다양한 형태의 압력이 높아져 가는 것은 중요한 부분이라고 강조했다[479].

이와 같이 유엔총회에서 납치문제가 비난받은 것을 계기로 북일교섭의 선결조건의 하나인 납치문제가 단순히 양국간의 문제를 넘어 국제적 틀에 들어가게 된 것이다.

제1회에 이어 2회 북일 정부간협의는 전회와는 다르게 BDA문제를 둘러싼 북미간 대립이 격화되어 국제공간이 분명히 교섭교착적 상태가 된 상황에서 열렸다. 그래서 일본도 이번 협의에서는 북한에 대해 6자회담 복귀를 압박했다. 그러나 일본에게 BDA문제보다 납치문제란 현안의 해결이 우선이었기에 이듬해 1월말 공식적 제13회 북일교섭을 재개하는 것을 합의했다.

또한, 공식적 대사급교섭으로서 2002년 10월 이후 새로 재개된 북일교섭은 이번 협의에서 합의한 3개의 테마의 포괄적 틀의 병행협의방식으로 추진하게 되었다. 이는 단순히 교섭추진 절차의 변화문제가 아니라 양측 국교정상화교섭의 지속적 재개에 대해 적극적 자세를 나타낸 합의였다. 이 합의는 지금까지처럼 북일교섭이 납치문제의 교착에 따라 다른 테마조차 논의하지 못한 문제점을 구조적으로 방지할 수 있기 때문이다.

특히 2회 북일 정부간협의에서 북한이 납치문제에 대해 「해결종료」라는 입장을 반복하면서도 「구체적 조치를 강구한다」라고 약속했다.

이는 국제사회의 분위기 탓도 있었지만, 미국의 금융제재에 대한 우회대응으로 북일교섭에 적극적으로 임하려는 북한의 의도를 나타냈다고 생각된다. 무엇보다 이는 일본이 이 상황을 살려 북한에게 납치문제를 협의대상으로 인정하게 한 결과라고 할 수 있다.

일본이 이번 정부간협의를 통해 북한을 국교정상화교섭 테이블로 이끌어 낼 수 있었던 것은 고이즈미 총리를 비롯한 일본정부의 적극적 의지의 반영이었다. 고이즈미 총리는 2006년 9월 임기종료 전에 지금까지 긍정적이었던 북일 관계정상화의 성과를 거두고 싶었던 것이다.

2) 교섭의 진행

제13회 북일교섭은 2006년 2월 4일부터 8일까지 베이징에서 제2회 북일 정부간협의의 합의에 따라 「포괄협의」의 형태로 새로운 제1회 북일 포괄병행협의로 열렸다. 여기에는 일본에서 제1, 2회 북일 정부간협의의 일본대표인 사이키 아키타카[480] 대신에 하라구치 고이치 북일국교정상화 교섭담당대사를 대표로 하고, 동성 아시아대양주국과 종합외교정책국 등 약 20명이, 북한에서는 외무성 북일담당대사가 된 송일호를 비롯한 납치문제를 담당하는 김철호 외무성 아시아국부국장, 안전보장문제를 담당하는 정태양 미주국부국장도 출석했다. 이는 공식적으로는 2002년 10월 30일을 마지막으로 한 제12회 북일 국교정상화 교섭으로부터 3년 3개월 만에 개최된 제13회 북일 국교정상화교섭이었다[481].

제1회 포괄병행협의는 첫날인 4일, 베이징 시내의 호텔에서 시작되어 전체회합에서 하라구치 고이치 대사는 "납치문제는 매우 중요하다. 그것이 해결되지 않으면 국교정상화는 어렵다"라고 표명했다. 이에 대해 송일호 대사는 "우리는 스스로 중시하고 있는 문제가 있다"라며 「과거청산」을 포함한 국교정상화문제를 중시하겠다는 생각을 나타냈다. 납치문제에 대해서는 "여러가지 말하고 싶은 것이 있다"라고 말했지만, 구체적 언급은 없었다. 전체회합은 1시간 정도 열렸고, 5일에 납치, 6일에 국교정상화, 7일에 안전보장의 각 문제를 협의하는 것으로 합의했다. 송 대사가 "복수의 협의를 병행하는 것은 희망하지 않는다"며 일본측도 하루에 한 가지 의제를 협의하는 것을 받아들였다. 전체회합 후, 양국은 비공식적으로 만찬을 열었다. 일본측의 설명으로는 전체회합에서 송 대사는 "일본이 납치문제를 중시하고 있는 것은 이해하고 있다. (우리는) 과거청산을 중시하고 있다"라고 말했다. 하라구치 대사는 북한에 핵문제를 둘러싼 6자회담에 조기 무조건 복귀도 요구했다[482].

전체회합 종료 후, 하라구치 대사는 기자단에게 협의내용에 대해 "앞으로 어떤 정신과 자세로 회합을 진행해야 하는지 서로의 입장을 이야기했다. 북일 평양선언을 염두에 두고, 각 분과회에서 의미 있는 성과를 낼 수 있도록 서로 노력하자는 것이었다"라고 말했다. 북한 송대사는 회합 종료 후, 기자단에게 "양측은 관계를 개선해야 한다는 생각과 자세로 회담하자는 방향으로 협의했다"라고 말했다[483].

북일 포괄병행협의는 2일째인 5일, 베이징 시내의 호텔에서 일본측에서 우메다 구니오梅田邦夫 외무성 아시아대양주국참사관 등이, 북한측에서 김철호 부국장 등이 참석해, 오전 9시 반(일본시간 같은 날 10시 반) 납치문제와 관련해 부국장급협의를 개시했다. 납치문제를 조금이라도 진전시키기고 싶은 일본과 「해결종료」라는 자세를 취하는 북한은 5일 협의에서 「격렬하고 어려운 응수」(일본대표단 관계자)를 하고 「원칙론」이 서로 부딪쳤다[484].

일본측은 (1) 생존해 있는 납치피해자 전원의 귀국, (2) 진상규명, (3) 북한의 전 공작원 신광수 용의자 등의 인도 등 세 가지를 요구했다. 북한측은 요코타 메구미의 것으로서 제출한 유골이 「다른 사람」의 것으로 판명난 일본의 DNA 감정에 반론을 제기해 협의는 평행선을 달렸다. 협의는 평행선인 채 점심시간을 끼고 총 약 9시간에 이르러 이번 협의기간 중에 다시 납치문제 협의회를 여는 방향으로 조정하기로 했다.[485].

납치문제와 관련된 협의에서 우메다 참사관은 김 부국장에게 "납치문제 해결은 국교정상화에서 매우 중요하다"라고 말해, 이 문제가 해결되지 않는 한 국교정상화 실현은 없다는 일본측의 자세를 재차 강조했다. 김 부국장은 협의 후 "납치해결의 견해와 입장에는 아직 큰 차이가 있다"라고 말했다. 또한 "우리는 요코타 메구미의 유골감정 결과에 대해 우리의 입장을 말했다"라고 해, 일본측에 반론했다는 것을 밝혔다[486].

일본측은 협의에서 납치피해자인 요코타 메구미와 아리모토 게이코 등 11명의 조기귀국과 납치경위 등의 진상규명을 요구했다. 납치 실행범인 신광수용의자 외 김세호와 요도호 납치범이기도 한 우오모토 기미히로 두 용의자의 신병 인도도 요구했다. 또한, 일본측은 요도호 납치범인 고니시 다카히로小西隆裕, 와카바야시 모리아키若林盛亮, 아카기 시로赤木志郎 세 용의자의 신병도 인도하라고 요구했다. 이러한 요구에 대해 북한의 김 부국장은 협의 후 "우리도 일본에서 인도받을 범죄자가 있다"라고 말했지만, 구체적 이름은 밝히지 않았다. 일본측은 정부가 인정한 이외에도 납치의혹이 특히 짙은 「특정실종자」 약 40명의 안부정보 제공을 요구했다[487].

북일 포괄병행협의는 3일째인 6일 오전, 두번째 주제인 국교정상화 교섭을 개시했다. 교섭은 오전 9시 반(일본시간 같은날 10시 반)에 시작돼 정오경 일단 휴식했다. 이번 교섭에서는 일본의 식민지지배 등 「과거청산」 방식에 대해 양측의 입장을 말했다[488].

오전협의 후 송일호 대사는 기자단에 대해 "일본측에서 경제협력의 방식과 타국으로의 적용 등 이야기가 있었다. 경제협력방식은 이후에도 계속해서 협의해야 한다"라고 말했다. 교섭에 앞서 송 대사는 "과거청산은 역사적, 도덕적으로 반드시 해결해야 하는 문제다. 오늘 일본측이 이와 같은 역사적 잔재를 청산할 의사가 있는지 없는지 확인하려고 한다. 일본의 경제협력문제, 재일조선인 지위문제, 문화재 반환문제가 논의될 것으로 믿고 있다"라고 말했다. 한편 하라구치 고이치 대사는 기자단에 "경제협력방식에 양측의 공통인식을 확립하는 것을 지향하고 싶다. 과거청산은 상대방이 강하게 기대하고 있지만, 그것은 국교정상화의 틀 내에서만 가능하고, 국교정상화는 납치문제 등의 해결이 없으면 어렵다"라고 말했다[489].

이와 같이 하라구치 고이치 대사가 "과거청산은 경제협력방식으로 실시하고 싶다"라고 하자, 송일호 대사는 "우리는 그 방법만으로는 안 된다"라고 해 두 대표간 인식의 차이를 보였다. 그러나 송대사는 "좀 더 협의해 보겠다"라고 말해, 경제협력방식을 전제로 한 협의를 거부하지 않았다. 다만, 동시에 경제협력방식만으로는 불충분하다고 밝혔다. 재일조선인의 지위개선과 문화재 반환 등도 강조했다[490].

같은 맥락에서 『조선신보』에 따르면, 6일 열린 교섭에서 송일호 대사가 "일본측이 경제협력문제와 관련해서 일본의 정부개발원조(ODA) 제도와 운영방식, 과거실적에 대해 설명하고, 과거청산을 이와 같은 「일괄타결, 경제협력방식」에 의해 추진하겠다는 의향을 밝혔다. 이에 대해 북한측은 식민지시대의 강제연행과 「종군위안부」문제 등은 재산 및 청구권과는 별개로 취급되어야 할 문제라고 주장했다. 따라서 일본측이 주장하는 「일괄타결, 경제협력방식」은 그것만으로는 불충분한 방시이라는 견해를 보였다. 또한, 재일조선인의 지위문제를 과거청산문제의 중요한 기둥의 하나로 들어 이와 관련해서 일본측이 해결해야 할 문제들에 대해 언급했다[491]"라고 한다.

북일 포괄병행협의는 4일째인 7일 오전 3번째 의제인 핵·미사일 등 안전보장을 둘러싸고 국장급 또는 부국장급 레벨의 협의를 시작했다. 일본측은 북한에 6자회담 조기·무조건 복귀와 미사일 폐기를 촉구했다. 북한측은 돈세탁(자금세탁)문제를 둘러싼 미국의 금융제재 조치에 반발해, 해제하지 않는 한 응하지 않겠다는 자세를 다시한번 나타냈다. 협의는 일본측에서 야마모토 다다미치山本忠通 외무성 북한핵문제담당특명전권공사 등이 북한측에서 정태양 외무성 미주국부국장이 출석했다. 협의에 앞서, 야마모토 공사는 "국교정상화를 위해서는 납치와 함께 핵·미사일문제 해결이 불가결하다는 일본측의 입장을 확실히 전하겠다"라고 말했다[492].

이와 같이 오전의 핵·미사일 등 안전보장협의에서는 북한측은 6자회담의 중요성을 인정하지만, 복귀는 미국에 의한 금융제재 해제가 조건이라는 기존 주장을 반복했다[493]. 또한, 북한측은 「미사일 발사는 우리의 자주권에 속하는 문제」라고 강조하는 한편, 일본의 헌법개정 논의와 스파이위성 발사를 통한 우주의 군사화를 비판하고, 「지역평화와 안정으로 심각한 우려를 초래하는 행동을 취하지 않도록 지적했다」라고 표명했다[494].

북일 포괄병행협의는 7일 오후 3시(일본시간 같은날 4시)부터 약 1시간 반에 걸쳐, 북한에 의한 납치를 둘러싸고 두 번째 협의가 열렸다. 일본측은 북한에 대해 경제제재를 요구하는 소리가 높아지고 있음을 감안해 "이대로 가면 엄격한 조치를 강구할 가능성이 점점 높아진다"라고 전했지만, 구체적 진전은 없었다. 협의 후, 일본측의 우메다 구니오 참사관은 기자단에 "납득가는 대답은 없었다. 매우 유감이다"라고 말했다[495].

북한의 김철호 부국장은 7일 협의에서 "북한 속담에 「의심은 병이다」라는 것이 있다. 의심을 가지면 아무것도 믿지 않는다"라며 요코타 메구미의 「유골」문제에서 일본측을 비판하고, 반대로 유골의 반환을 요구했다. 또한, 그는 협의 후 「북일간 납치문제에 관련해서 견해의 차이가 심한 것을 확인할 수 있었다」라고 말했다. 요코타 메구미의 유골로 여겨진 것에서 다른 사람의 DNA를 검출했다는 일본의 감정결과를 둘러싸고는, 문제 해결을 요구하고 "위조라고 주장하는 것이라면 유족에게 반환해야 한다"라고 주장했다고 밝혔다. 이에 대해 우메다는 협의 속에서 (1) 유골을 갖고 온 요코타의 전남편이라는 사람의 신원이 수상하다, (2) 복수의 DNA가 검출된 것에 대해 북한측의 증명이 필요하다고 지적했다[496].

또한, 북한측은 탈북자지원 등으로 북한의 민주화를 지원하는 시민단체 「구하라! 북한민중/긴급행동 네트워크」(RENK)의 이영화 대표와 북한난민구조기금의 가토 히로시加藤 博 사무국장 등 7명에 대해 북한주민을 「납치·유괴했다」라고 주장하고, 동국의 형법을 위반했다며 일본측에 인도를 요구했다. 이에 대해 일본측은 탈북자 지원 활동을 「납치와 마찬가지로 논의하는 것은 이상하다」라고 응하지 않겠다고 밝혔다[497].

북일 포괄병행협의는 마지막 날인 8일, 베이징 시내의 호텔에서 일본측의 하라구치 대사 등과 북한의 송일호 대사 등 두 정부대표단 전원이 출석해, 오전 9시(일본시간 같은날 10시)부터 약 40분, 전체 회합을 열어 이번 협의를 종료했다. 양측은 (1) 납치, (2) 안전보장, (3) 국교정상화의 3분야를 관련시켜 논의하는 협의방식을 이후에도 계속하는 것을 확인했지만, 다음 협의 일정은 정하지 않았다. 일본대표인 하라쿠치 고이치 대사는 회합에서 "일본 국내여론의 태도가 경화되고 있다"고 말해, 납치문제에서 진전이 없다면 경제제재를 포함해 엄격한 대응을 취할 수밖에 없다고 밝혔다[498].

3) 교섭패턴

제1회 포괄병행협의는 제12회 북일교섭 이후 3년 3개월 만에 열려 납치문제, 안전보장문제, 국교정상화교섭이란 3가지의 협의를 병행했지만, 실패로 끝났다. 제1회 포괄병형협의에서 일본측은 모든 협의에서 「납치, 핵, 미사일 등 현안들의 해결 없이는 국교정상화도 없다」라는 기본방침을 명확히 전했지만, 어느 분야에서도 구체적 진전은 없었다.

일본이 납치문제에 대해 「생존자의 조기귀국, 진상규명, 용의자 인도」 등 기존 주장을 반복하자, 북한은 「유골반환, 탈북자지원의 일본인 인도」라는 공세를 취한 것으로 「제로 회답」을 받았다. 또한, 과거청산의 경우 일본측이 경제협력방식에 의한 일괄 해결을 주장했지만, 북한의 공감을 얻지 못했다. 반대로 북한측은 경제협력과는 별개로 「식민지시대의 강제연행, 위안부」에 대한 보상을 강하게 요구했다. 그리고 핵 등의 안전보장문제, 특히 6자회담에의 조기 복귀와 BDA 문제에 대해서는 일본의 우려를 전하는 정도의 소극적 대응에 그쳤다.

물론 하라구치 대사는 종료 후 기자회견에서 “쌍방의 관심사항에 대해 서로의 입장을 확인한 것은 일정한 의미가 있었다”라고 협의 자체는 평가했다. 다만, 하라구치 대사는 “납치문제에서 북한은 같은 설명을 반복했을 뿐 우려는 전혀 해소되지 않았다”라고 불만을 표명했다. 하라구치 대사는 “압력을 어떤 방식으로 어느 타이밍에 가하면 가장 효과를 얻을 수 있을지 파악하는 것이 중요하다”라고 말해, 경제제재 가능성도 언급했다499.

아베 관방장관도 8일 기자회견에서 폐회한 북일 포괄병행협의에 대해 “대화를 한 것은 하나의 성과였지만, 납치문제에서 상대방이 우리의 요구에 대해 응하지 않은 것은 대단히 유감이다”라고 말했다. 또한, 납치와 정상화문제를 동시에 이야기 하는 형식에 대해서 “기본적으로는 대화를 하는 스타일로서 이것밖에 없었다”라고 하는 한편, 앞으로는 「대화와 압력」을 어떻게 조합할지에 대해서도 검토하겠다고 밝혔다500.

북한대표인 송일호 대사는 협의 후 기자회견에서 “지금까지는 본론으로 들어가기 전 납치와 핵문제에서 의견이 대립했지만, 이번에는 전문적으로 이야기하고, 구체적으로 협의할 수 있었다”라고 평가했다. 또한, 송일호 대사는 “쌍방의 입장이 나타난 만큼 쌍방 사이에는 큰 거리가 있는 것도 함께 인식했다”라고 말했지만, 「북일관계를 진전시키려면 이런 교섭이 필요하지 않을까」라고 말해, 협의를 계속할 의향을 나타냈다. 안보협의에서도 마카오은행을 무대로 한 미국의 「제재」를 해제하도록 일본에서 움직여 달라고 요청했다. 송 대사는 회견에서 “미일은 친한 동맹국이다. 금융제재를 해제하라고 친한 사람이 말하면 듣겠죠”라고 말했다501.

북한의 『조선중앙통신』도 2월 9일, 베이징에서 열린 북일 포괄병행협의 내용을 처음으로 보도하고, 『노동신문』에서도 게재해 북한이 제기한 주장을 분명히 했다502.

과거청산문제에서 북한은 「840만여 명의 조선인 강제연행, 백여만 명의 학살, 20만 명의 일본군 『위안부』에 대해, 경제협력과는 별도로 계산해야 한다」라고 주장했다. 한편으로 재일조선인 지위문제를 「과거청산문제」로 위치 짓는 조치를 요구했다. 또한, 안전보장문제에서는 「미사일 발사는 우리의 자주권에 속하는 문제」라고 강조하는 한편, 일본에서 헌법개정 논의와 스파이위성 발사를 통한 우주 군사화를 비판하고 「지역 평화와 안정에 심각한 우려를 초래하는 행동을 취하지 않도록 지적했다」라고 표명했다. 마지막으로 납치문제와 관련해서 「일본측이 새로 제기하고 있는 생존자의 귀국, 진상규명, 범인인도 등의 부당성을 지적」하는 한편, 「일본이 최근 우리공민을 유괴, 납치한 일본인 범죄자들을 인도할 것을 강하게 요구했다」라고 보도했다[503].

결국, 제1회 포괄병행협의는 고이즈미 총리 등 정치지도자의 교섭 추진 및 타결 의욕에도 불구하고 기본적 인식의 차이만 벌린 채 끝났다. 이 결과를 두고 정부·여당 내에서 북한에 대한 압력을 요구하는 소리가 높아진 가운데, 일본정부는 재일조선인총연합회의 시설에 대한 고정자산세 감면의 재검토 등, 현행법의 틀 안에서 가능한 「압력」을 검토했다[504]. 그래서 고이즈미 총리의 바램대로 북일간 대화전략을 추진할 시간은 얼마 남지 않게 되고 말았다.

제1회 포괄병행협의에서 일본이 성과 없이 교섭을 교착한 배경에는, 미국 주도로 BDA금융제재를 본격화하는 등 긴장관계가 격화되어 6자회담이 재개되지 않는 국제공간의 교섭교착적 상태가 있었다고 할 수 있다. 북한이 이 BDA문제에 대해 일본의 움직임도 요구했지만, 일본정부가 BDA문제 해결에 영향을 미치지는 못했다. 이 교섭이 결렬되면서 국내공간에 있어서도 납치문제를 필두로 교섭교착적 상태가 보다 깊어졌지만, 고이즈미 총리의 정치적 리더십도 그 상태를 해소할 수 없었다.

요컨대, 제1회 포괄병행협의는 BDA라는 이슈에 의해 국제공간의 교섭교착적 상태가 조성됐음에도 불구하고 국내공간의 교섭교착적 상태를 해소하기 위해 2회에 걸친 정부간협의를 통해 교섭상대국공간에 대해 적극적으로 대응한 결과의 산물이다. 그러나 이 교섭에서 일본은 대북교섭에서 약간의 양보를 이끌지도 못하고 BDA문제에 대해서는 6자회담에의 복귀를 압박했지만, 국제공간의 교섭교착적 상태의 극복에도 이르지 못했다.

제1회 포괄병행협의에서 일본의 교섭패턴은 자원배분 측면에서 보면 CⅣ의 $P(R_1)$-$D(R_1)$-$D(R_1)$와 같은 「상대국 · 국내 · 국제공간 지향의 자원분산형(DT-ODF)」이었다. 일본은 3개 교섭공간 중에서 과거청산문제의 교섭촉진적 상대국공간에는 경제협력방식의 안을 제시하고, 납치문제의 교섭교착적 국내공간에는 생존자의 귀국과 납치용의자의 인도를 강하게 강요했다. 또한, BDA문제가 아직 해결되지 않은 채 북미간 긴장이 높아지고 있던 교섭교착적 국제공간에도 6자회담 복귀를 압박하는 등, 자원을 균등하게 배분했다.

제3절 소결 평양선언국면과 일본의 교섭패턴

2000년 6월 남북 정상회담과 북미간의 급속한 관계 개선 등 북일교섭의 촉진에 유리한 국제공간의 상태 아래, 같은 해 10월 열린 제11회 북일교섭은 양국의 납치문제를 둘러싼 대립에 의해 교착됐다. 또한, 2001년 1월, 북미관계 정상화로 이어질 가능성이 있었던 클린턴 미국대통령의 방북이 실현되지 못하고 정권이 바뀌어, 후임인 부시정권은 핵과 미사일문제로 북한에 압력을 가하기 시작했다. 이 때문에 북일교섭의 국제공간은 교섭교착적 조건이 강해졌다. 물론, 미 부시정권도 2001년 6월, 대북 신정책을 발표했을 때에는 핵, 미사일, 재래식전력의 일괄교섭을 목표로 압력을 가하면서도 대화를 병행했다.

그러나 2001년 9.11 테러 이후, 미국의 북한 핵문제를 둘러싼 압력은 보다 강화되어, 북한도 부시정권이 「한반도에서 전쟁을 부추긴다」라고 정면에서 반발했다. 특히 부시 미국대통령이 2002년 1월 연두교서에서 북한을 「악의 축」이라고 비난한 이후, 파월 미국무장관을 비롯해 미국정부 고위관료들은 IAEA에 의한 핵사찰을 전면적으로 받아들이지 않으면 경수로형 원전을 건설하는 사업 전체 프로그램을 중단한다고 압력을 가했다.

한편, 북미관계의 악화라는 국제공간의 교섭교착적 상태는 반대로 북한에게 남북 및 북일관계 개선에 나서도록 압박했다. 특히 북한은 2001년 9.11 테러사건 이후 같은 해 가을부터 일본과 비밀외교를 추진하는 한편, 김정일 총서기가 납치문제에 대해 「행방불명자는 논의의 대상이 될 수 있다」라며 일본에 교섭재개 메시지를 보냈다. 또한, 북한은 이 시기 심각한 경제위기에 처했으며, 이를 극복하기 위해 북일교섭의 재개에 임할 수밖에 없었다. 이런 교섭상대국공간의 교섭촉진적 상태는 2002년 7월 북일 외무장관회담으로 이어져 국내적으로도 납치문제 해결에 대한 기대가 높아짐으로써 국내공간의 교섭촉진적 조건이 늘었다.

이러한 상황에서 일본의 고이즈미 총리는 북일교섭의 극적인 타결을 위해 교섭공간에 대해 적극적 행동을 단행했다. 고이즈미 총리는 외무성 국장급간의 2회에 걸친 사전절충(북일 국장급협의, 2002.8)을 거쳐 2002

년 9월 방북해 김정일 총서기와의 정상회담에 임했다. 고이즈미의 방북은 부시정권의 대북 강경책과 9.11 테러사건 이후, 북미관계가 심하게 대립하는 상황 속에서 이루어졌다. 북한은 부시정권의 「악의 축」 「HEU 생산문제」 등의 적대적 대응에 직면해, 클린턴정권 말기까지 취했던 북미교섭 우선을 북일교섭 우선전략으로 바꾸고 있었다. 고이즈미 총리도 납치문제 해결 없이 북일 국교정상화는 불가능하고, 이를 위해서는 최고 리더와 만나 교섭을 타결해야 한다고 판단했다. 더불어 고이즈미 총리는 2002년 9월 전격적으로 평양을 방문해서 김정일 총서기와 「평양공동선언」에 합의한 것이다. 이 평양선언은 12년여의 북일간 교섭의 모든 현안에 대한 양국 최고 지도자간의 솔직한 합의였다. 특히 납치문제에 대해 김정일은 관계 외교관뿐만 아니라 세계까지 놀랄 정도로 대폭 양보했다. 이는 교섭상대국공간의 상태가 매우 교섭촉진적 상태로 전환했음을 말해준다.

요컨대, 평양선언 자체는 국제공간이 교섭교착적 상태임에도 불구하고, 교섭상대국·국내공간이 교섭촉진적이라는 북일교섭의 타결에서 전략적 기회를 만들어냈다. 그러나 평양선언 이후 일본 국내에서는 평양방문을 계기로 납치문제에서 「5명 생존-8명 사망」이라는 충격적 사실이 공공연하게 알려져 반북여론이 들끓었고, 납치피해자 5명이 귀국했음에도 불구하고 피해자 가족의 귀국까지 요구하게 되었다. 따라서 평양선언에서 획득한 외교적 성과에 따라 확보된 국내공간의 교섭촉진적 상태가 위협받게 되었다. 한편, 같은 해 10월 미 국무부 켈리 차관보의 북한방문과 미 국무부의 북한 고농축우라늄(HEU) 프로그램에 대한 성명 이후, 미국을 중심으로 움직이기 시작했던 제2차 북한 핵위기로 국제공간은 교섭교착적 상태가 보다 강화되었다.

그래서 평양선언 이후 조성된 전략적 국면은 선언 당시의 CⅢ(P-P-D)의 상태가 CⅣ(P-D-D)로 바뀌었다.

이와 같은 새로운 상황에서 평양선언의 합의에 의해 2002년 10월 재개된 제12회 북일교섭은 성과 없이 결렬됐다. 양국간의 납치피해자 가족 5명의 귀국 등 납치문제를 둘러싼 대립이 매우 높아진 한편, 미 국무부의 북한 핵개발 성명을 계기로 국제공간도 다시 교섭교착적으로 되어 있었기 때문이었다. 평양방문 직전에 교섭공간을 적극적으로 이끌어온 고이즈미 총리도 납치문제로 비등한 반북여론을 극복하지 못했다. 또한, 일본측은 북한 핵문제를 둘러싼 교섭교착적 국제공간을 극복하지 못한 채 북일 국교정상화교섭은 벽에 부딪쳤다.

제12회 북일교섭은 교섭상대국공간이 극히 교섭촉진적 상태였던 것을 생각하면, 일본에게 교섭타결의 가능성이 매우 높은 전략적 기회였다. 그러나 일본은 북한 핵문제라는 교섭교착적 국제공간에서 미국의 요구를 적극적으로 수용하고, 납치문제로 인한 국내공간의 교섭교착적 조건 아래 교섭촉진적 교섭상대국공간으로부터 이탈했다.

한편, 부시정권의 미국으로서는 이라크와의 전쟁수행 준비와 함께 제2차 북한 핵위기에 대처해야 한다는 2개 전선에서의 정면충돌은 어떻게든 피하고 싶은 것이었다. 이 때문에 미국은 중국에 적극적인 외교노력을 요청했다. 중국도 2003년 3월 후진타오 주석의 취임 이후, 한국, 미국, 북한, 일본, 러시아에 대해 외교적 노력을 기울였다. 이들 움직임의 결과, 2003년 4월 북중미 3자회담이 개최되고, 미국은 대화에 적극적 자세로 임했다.

그러나 이 3자회담에서 북한측대표가 사용 후 핵연료 재처리 개시 및 핵무기 보유를 밝힌 것이 다시 국제공간의 긴장을 높이게 되고, 북일교섭의 교섭교착적 조건은 강화됐다. 다만, 이와 같은 북한 핵문제를 둘러싼 동북아시아의 긴장 격화는, 중국이 적극적으로 주도하는 화해노력에 의해, 2003년 8월에는 북한 핵문제를 해결하기 위해 다국간 틀인 한국, 북한, 중국, 미국, 일본, 러시아에 의한 6자회담의 제1회 회담이 개시되게 되었다.

북한 핵문제는 일본의 독자능력으로는 해결하기 어려운 다국간 문제였지만, 한편으로 납치문제는 양국간에서 해결이 가능한 문제였다. 그러나 제6자회담에서 일본이 납치문제를 돌출시킨 것도 있고 해서, 북한으로서는 6자회담에서 핵문제에 집중해서 미국과 교섭을 유리하게 추진하고 싶다는 것이었다. 그래서 6자회담에서 납치문제의 돌출은 원하지 않았다. 또한, 일본으로서는 6자회담에서 납치문제의 진전을 이루기 위해서도 6자회담과 별도로 북한과의 교섭이 필요했다. 그러므로 북한 핵위기가 지속되는 상황에서도 북일교섭 타결의 결정적 장해물인 납치문제 해결을 위한 양국간 회합이 2004년 2월과 3월 각각 제1, 2회 북일 하이레벨협의라는 형태로 열렸다.

제1회 북일간 하이레벨협의는 일본이 협의 직전의 외환거래법 개정과 직후의 북한국적 선박을 상정한 특정선박 입항금지법안 등으로 북한에 압력을 가하는 상황 하에서 열렸다. 그럼에도 불구하고 북한은 「마중안」이라는 절충안으로 교섭에 적극적 자세를 보였다. 그러나 일본은 이에 대한 대응방침 없이 납치피해자 가족 「8명의 신속한 귀국」을 거듭 반복해 교섭은 교착됐다. 일본이 취한 일련의 대북 강경책은 교섭상대국공간의 교섭촉진적 조건을 축소시킬 뿐만 아니라 평양선언 후에 변한 국내공간의 교섭교착적 상태를 제12회 교섭 이후 다시 악화시켰다.

제2회 북일간 하이레벨협의에서는 제1회 하이레벨협의 실패를 거울삼아 사실상 고이즈미 총리의 특사인 야마자키 다쿠 등 정치가들의 교섭타결을 위한 노력이 성과를 거두어 「납치피해자 8명의 귀국 −국교정상화교섭의 재개」에 합의할 수 있었다. 또한, 평양선언에 포함된 「제문제의 포괄적 해결」 및 고이즈미의 재방북 요구에까지 이르렀다는 의의 깊은 교섭이기도 했다. 또한, 이 합의는 6자회담에서 납치문제가 북한 핵문제 해결에 장애가 되고 있는 상황에서 6자회담을 통해 이루어진 국제공간의 교섭교착적 상태 해소에도 도움이 되었다. 일본은 국내공간의 문제 해결을 위해 상대국공간으로의 「자원집중패턴(CT−O)」으로 임했다. 이는 일본에 있어서 납치문제가 북일교섭 전체를 좌우하는 열쇠가 된다고 한 인식과 이 문제에 대한 외교적 자원의 집중 배분이 북일교섭을 촉진시킨다는 전략적 판단 하에서 이루어졌고 고이즈미 총리의 재방북으로도 이어졌다. 이에 따라 상대국공간에 자원배분을 통해 국내공간의 교섭교착적 조건이 해소되고 교섭을 촉진하는 상태로 바뀌었다. 그래서 제2회 하이레벨협의 이후 제2차 북일 정상회담은 CⅣ(D−P−D)가 CⅢ(P−P−D)로 바뀐 상태에서 열리게 되었다.

2004년 5월 단행된 고이즈미의 재방북은 제2회 북일간 하이레벨협의의 「평양선언의 포괄적 해결」이라는 합의에 따라 국내공간의 교섭교착적 상태를 해소하는 계기를 만들기 위해 상대국공간에도 자원을 배분한 것이었다. 그 결과, 고이즈미 총리는 납치피해자 가족 5명과 귀국했고, 김정일 총서기에게 10명의 안부불명자의 조사 약속을 이끌어 내는 등 큰 성과를 거두었다. 그러나 제2차 북일 정상회담에 이어 8월부터 11월까지 3회에 걸쳐 열린 납치문제를 둘러싼 북일 실무자협의는 납치문제를 쟁점으로 진상과 물증, 특히 요코타 메구미의 유골감정을 둘러싼 대립으로 중단되었다. 그래서 납치문제을 둘러싸고 반북여론 속에서 일본은 북일 정상회담에서 합의한 대북 식량지원을 동결하는 등 국내공간의 상태는 다시 교섭교착적으로 바뀌어 CⅣ(P-D-D)가 되었다. 다만, 2005년 9월 임기만료를 맞이하는 고이즈미 총리의 대화재개 의사는 일관돼 있어 경제제재는 발동하지 않고 대화를 지속하기로 결정했다.

그러나 2005년 1월 제2기 부시정권의 발족과 함께, 부시정권이 북한에 대해 「압정」 등으로 비난하면서, 북한은 2월, 제3회까지 열렸던 6자회담을 중단하기로 결정했다. 이 상황에서 다시 중국의 압력과 설득, 2005년 6월 김정일—정동영 회담, 남북 각료급회담에서 6자회담으로의 복귀 요청 등의 결과, 2005년 7월 제4회 1단계 6자회담이 열리게 되었다. 이 6자회담은 2005년 9월 제4회 2단계 6자회담으로 이어져, 6자는 9월 19일 북한 핵포기와 그에 대한 대가로서 5개국은 대북 에너지지원을 공동합의해 일단 북한 핵위기는 피할 수 있게 되었다. 이 9.19 공동성명은 북미 및 북일 간 국교정상화 조치의 약속을 명기함으로써 북일 국교정상화교섭을 국제적 틀로 구조화시킨 터닝포인트였다.

이렇게 고이즈미 총리의 재방북 이후, 납치문제 해결을 위한 북일 교섭은 6자회담의 합의라는 조건하에 교섭 재개와 타결을 위해 진행한 것이다. 그 결과 9.19 공동합의에 따라 제1, 2회 북일 정부간협의가 2005년 11월과 12월에 열리고, 제2회 북일 정부간협의에서의 합의에 의해 제1회 북일 포괄병행협의(제13회 교섭)가 2006년 2월에 열렸다.

이와 같은 일련의 북일교섭은 2005년 9월, 미국에 의한 북한 BDA 계좌 동결에 의해 초래된 북미간 대립과 6자회담의 장기간 교착이라는 상황에서 열렸다. 일본측은 미국의 견제가 강해지고 있는 상황에서도 납치문제 해결을 위해 교섭공간에 적극적으로 대응했다.

제1회 북일 정부간협의에서 납치문제와 기본문제, 그리고 안전보장문제를 둘러싼 대립에도 불구하고 양자는 이후 북일관계 전반을 진전시킬 방법에 대해서 의견을 교환했다. 그 결과 양자는 (1) 현안사항, (2) 안전보장협의, (3) 국교정상화교섭이라는 3가지 협의를 병행해 나가는 것에 합의했다. 이것은 다음 교섭에 있어서 일본이 중시하는 납치문제, 안전보장문제, 그리고 북한이 중시하는 과거청산 등 기본문제 중 어느 것에도 치우치지 않고 병행해서 협의하려는 합의였다. 나아가 제2회 북일 정부간협의에서 북한은 납치문제에 대해 「해결종료」라는 입장을 반복하면서도 「구체적 조치를 강구한다」라고 약속했다. 또한, 양국은 3가지 테마별 포괄병행협의에도 합의했다.

그 후, 양국간 교섭은 2006년 2월 제13회에 해당하는 공식적인 정부대표 간 교섭으로 이어졌다. 제13회 북일교섭은 양국이 합의한 포괄병행협의 방식에 따라 진행되었고, 제1회 북일 포괄병행협의가 되었다. 그러나 이는 BDA문제를 둘러싼 북미간에 긴장과 대립이 높아진 상황에서 이루어진 협의였다. 그래서 제1회 북일 포괄병행협의는 성과 없이 끝나 정부·여당 내에서 대북 압력을 요구하는 소리가 높아지는 결과를 초래했다. 제1회 북일 포괄병행협의에서 납치문제에서의 「성과 제로」를 접하고 일본정부는 조총련 시설에 고정자산세 감면을 재검토하는 등, 현행법 틀 안에서 가능한 「압력」을 검토했다.

이와 같이 제1회 북일 포괄병행협의는 정치지도자의 교섭 추진 의욕에도 불구하고 기본적 인식의 차이만 벌어진 채 끝났다. BDA금융제재의 본격화에 따른 국제공간의 교섭교착적 상황에서 일본정부는 북일교섭 재개에 따라 국제공간의 교섭교착적 상태를 극복하고 교섭을 진전시킬 수 없었다. 이 교섭의 교착은 고이즈미 총리의 정치적 리더십의 한계를 드러내면서 국내공간에서는 납치문제를 부각시켜 교섭교착적 상태를 보다 깊어지게 만들었다.

제13회 북일교섭의 교착 후 북일교섭은 다시 중단되었다. 무엇보다도 북한은 BDA문제가 해결되지 않은 상태에서 6자회담에 응하지 않고 미국과의 관계도 악화되고 있었다. 게다가 2006년 7월과 10월 미사일 발사와 핵실험을 단행함에 따라 북일교섭에서 상대국공간은 매우 교섭교착적으로 바뀌었다. 이러한 북한의 강경대응은 국제공간도 교섭교착적 조건을 극한까지 높였을 뿐만 아니라 북일교섭의 국내공간에도 대북 제재조치와 반북여론이 높아짐에 따라 교섭교착적 상태가 강화되었다. 이 와중에 9월 고이즈미 총리가 퇴진, 아베정권이 발족하면서 납치문제를 둘러싼 북일관계는 더욱 악화되었다. 이러한 상황에서 북한은 북일교섭에도 소극적으로 나서 상대국공간의 교섭교착적 상태가 악화된 것이다.

이에 따라 평양선언국면도 3개 교섭공간 모두가 교섭교착적 CⅥ(D-D-D)로 끝나고 새로운 국면으로의 전환을 위해 결정적 사건을 요하게 되었다.

결국, 평양선언국면에서 일본의 교섭공간 대응패턴은 제12회 북일교섭에서는 CⅣ의 $P(R_0)-D(R_{1+})-D(R_{1+})$처럼 「국내 · 국제공간 지향의 자원분산형(DT-DF)」이었다. 일본은 납치 · 북한 핵문제의 교섭교착적 국내 · 국제공간 중심으로 자원을 균등하게 분배하고 북일 정상회담 이후 북일 국교정상화를 절실히 원해 교섭촉진적으로 되어 있던 상대국공간에는 자원을 배분하지 않았다. 그러나 제1, 2회 북일 하이레벨협의를 거쳐 실현된 제2차 북일 정상회담에서 일본은 CⅢ의 $P(R_{1+})-P(R_{1+})-D(R_0)$와 같이 「상대국 · 국내공간 지향의 자원분산형(DT-OD)」 패턴으로 임했다. 교섭촉진적 국내공간에 자원을 배분하면서 그 해결을 위해 상대국공간에도 자원을 균등하게 배분한 패턴이었다. 또한, 제1회 포괄병행협의에서 일본의 교섭패턴은 자원배분 측면에서 보면 CⅣ의 $P(R_1)-D(R_1)-D(R_1)$와 같이 「상대국 · 국내 · 국제공간 지향의 자원분산형(DT-ODF)」이었다. 일본은 3개의 교섭공간 중에서 과거청산문제의 교섭촉진적 상대국공간에는 경제협력방식에 의한 해결안을 제시하고 납치문제의 교섭교착적 국내공간에는 생존자의 귀국과 납치용의자 인도를 강하게 강요했다. 동시에 BDA문제가 아직 해결되지 않은 채 북미간 긴장이 높아지고 있던 교섭교착적 국제공간에도 6자회담 복귀를 압박하는 것으로 자원을 배분했다.

이상의 대응패턴을 정리하면 다음의 **그림5-2**와 같이 된다.

그림5-2 평양선언국면에서 교섭공간에 대한 대응패턴

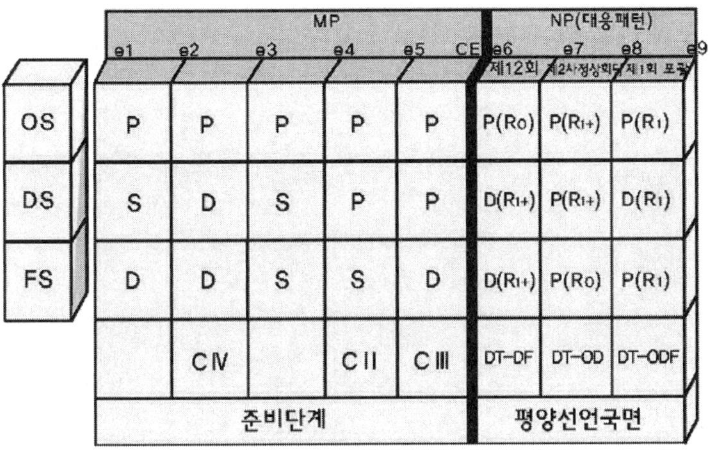

1. OS; Opponent Space DS; Domestic Space FS; Foreign Space
2. MP; Main Phase NP; Negotiation Phase CE; Critical Event
3. P ; Promotive D ; Deadlock S ; Static
4. CⅠ ~ CⅥ ; 교섭공간의 상태
5. DT; 자원분산형(Dispersion Type), CT; 자원집중형(Concentration Type), RT; 자원억제형 (Restraint Type)
6. e1; 부시 행정권 발족과 9.11 테러(01.1~12)/e2; 북일 비밀교섭(02.1~7)/e3; ARF 북미 · 북일 외무장관회담(02.7)/e4; 국장급협의와 고이즈미 방북발표(02.8)/e5; 미국의 견제(02.9)/CE; 평양선언(02.9, CⅢ; P-P-D/e6~e9; 북일교섭(2002.10~2006.2)

제6장 6자회담국면의 교섭패턴

제 6 장
6자회담국면과 일본의 교섭패턴

1절 6자회담국면

6자회담국면은 북한 핵실험(2006.10) 이후 악화된 북미 · 북일관계 속에서 북한 핵위기가 수습된, 제5회 3단계 6자회담의 공동합의(2007.2)라는 결정적 사건을 계기로 한 전략적 국면이다. 그것은 제1회 북일 작업부회(2007.3)가 시작되고 나서 제2회 북일 작업부회(2007.9)까지 이어지는 1년여 간의 시간의 시기구분이라고 할 수 있다. 또한, 본 서에서는 다음 제3회 북일 작업부회를 위해 2008년 6, 8월에 열린 북일 실무자협의 등이 이어진 2년여 간의 시기도 6자회담국면에 포함시키려 한다.

본 절에서는 이와 같은 6자회담국면에 대해 교섭상대국, 국내, 국제 공간의 상태(CⅠ∼CⅦ)를 실증적으로 분석하고 이 국면의 성격을 밝히려 한다.

1. 북한의 미사일 발사와 핵실험; 3개 공간의 교섭교착적 상태

1) 북한의 미사일 발사

북미 양국이 BDA금융제재를 둘러싸고 좀처럼 합의에 이르지 못한 채, 제5회 6자회담도 2005년 11월에 개최된 이래 중단되었다. 2006년이 되어서 열린 BDA를 둘러싼 북미의 접촉도 성과 없이 끝났다. 북미간 접촉은 3월 7일 뉴욕의 미국 유엔대표부에서 열렸지만, 미국의 대항조치(BDA를 자금세탁 우려대상으로 지정하고 북한계좌를 동결한 것)를 「금융제재」로 보는 북한측은 「이러한 압력 하에서는 (핵문제를 둘러싼) 6자회담에 복귀할 수 없다」라고 주장해 양자의 양보는 없었다[1]. 다만 북한외무성의 이근 미주국장은 7일 한국의 『한겨레신문』과 단독 회견하고, 뉴욕에서 같은 날 열린 북한의 불법 금융활동 등에 관한 북미회담에서 금융범죄에 관한 정보 교환과 대책을 논의할 비상설협의체를 설치하도록 제안했다고 밝혔다[2].

그러나 미국의 라이스 국무장관은 3월 10일, 북한이 제안한 새로운 협의체의 설치에 대해 「미국의 대항조치가 어떻게 하면 해제되는지에 대해 긴 대화가 필요하다고 생각하지 않는다」라고 말해, 수용에 부정적 생각을 나타냈다[3].

더욱이 2006년에는 (북미)교섭의 길에서 벗어나 북한은 악의 국가이며, 악행은 보상 받아서는 안 된다는 제1기 부시정권의 입장이 되살아났다. 2006년 3월 10일, 부시 대통령은 오랜만에 북한을 이란과 함께 「악의 축」이라며 다시 비판했다[4].

그리고 부시 미국대통령은 3월 16일, 외교군사정책의 지침이 되는 정책문서 「2006년 국가안전보장전략」을 발표했다. 이 문서에서 미국은 「북한정권은 또 심각한 핵확산 우려를 보여 주고 있다…(중략)…북한은 달러를 위조하고 마약밀매와 그 외 다른 불법활동에 관여하고, 군사력으로 한국을, 미사일로 일본을 위협하고, 주민은 잔인하게 다루면서 굶주림에 떨게 했다[5]」라고 언급했다.

한편, 2006년 3월말 한국측의 6자회담 수석대표 천영우는 4월 10일이 있는 주에 도쿄에서 열릴 예정인 민간회의 「동북아시아 협력대화(NEACD)」를 통해 6자회담 대표들의 회합을 준비하려고 했다[6].

실제로 4월 9일부터 도쿄에서 개최된 「동북아시아 협력대화」에서는 북한의 핵문제에 관한 6자회담을 둘러싸고 미중, 미일, 북중, 북일 등의 수석대표가 11일, 각각 회담하고 협의재개를 위한 조정을 계속했다[7].

6자회담의 의장직을 맡은 우다웨이 차관은 11일 오전, 중국대사관에서 힐 차관보와 회담하고 「북미회담을 보고 싶다」라며 북미간의 직접대화를 요구했다. 같은 날 저녁에는 일본대표 사사에 겐이치로 아시아대양주국장, 우다웨이 차관이 각각 북한대표 김계관 외무차관과 회담하고, 북한에게도 회담 복귀를 촉구했다. 북미의 직접대화 실현을 위해 중일 양국이 적극적 중재를 계속했다[8].

그러나 일련의 회담 종료 후, 우 차관은 "이제 (각 국가간 회담은) 없을 것으로 생각한다. 북미간에도 더 이상 없을 것이라고 생각한다"라며, 자신도 12일 귀국한다고 밝혔다. 또한, 북한이 타협할 수 없었던 이유로서 "(미국에 의한 금융제재가) 북한의 주장에서 보면 가장 중요하지 않은가"라고 말했다. 사사에 국장도 김 차관과의 회담 후 "현 시점에서 6자회담 재개를 위한 전망은 상당히 어려운 상황이다"라고 기자단에게 말했다[9].

또한, 힐 차관보와 김 차관은 11일 「동북아시아 협력대화」에 맞추어 참석하고, 힐 차관보는 회의장 내에서 김 차관에 대해 "6자회담에 복귀해야 한다. 베이징에서 만나자"라고 설득했다. 이에 대해 김 차관은 "그 전에 미국이 장해물을 제거할 필요가 있다"라며, 북한에 대한 미국의 금융제재를 해제하도록 재차 요구했다. 힐 차관보는 11일 밤 기자단에게 "북한과 만날 예정은 없다"라고 거듭 말했다[10]. 실제 「힐은 김계관이 도쿄에 도착하기 전 그에게, 그와 어떠한 접촉도 피하려고 한다는 의도를 전했다. 힐은 자신의 태도를, 워싱턴 관리들의 번거로운 훈령에 의해 좌절을 경험한 전임자인 제임스 · A · 켈리의 태도와 완전히 동일하게 바꿔[11]」, 북한과의 외교활동에서 제약이 있는 것을 알 수 있었다.

이와 같이 민간 국제회의를 활용한 6자 대표간의 조정은 구체적 성과를 올리지 못한 채 끝난 한편, 이 무렵 「미 재무부가 외국자산관리규칙을 개정하여, 북한국적의 선박을 미국의 국민과 기업이 소유 또는 임대하거나, 운영 및 보험업무에 관계하는 것을 금지하는 것이 밝혀졌다[12]」라고 한다.

김계관 외무차관은 4월 13일, 도쿄 도내의 호텔에서 기자회견을 갖고, "우리의 요구는 (금융제재에 의해) 마카오은행에 동결된 자금을 우리의 손으로 되돌리는 것이다. 자금을 손에 넣은 순간 돌아간다"라고 말했다[13].

4월 20일, 부시 미국대통령과 후진타오 중국국가주석과의 정상회담에서, 북한 핵문제에 대해 양국 정상은 「한반도의 비핵화」라는 목표에서는 일치했다. 단, 후 주석은 좌초되고 있는 6자회담 재개에서 각국이 「유연성」을 보일 필요를 강조하며, 북한의 자금세탁 의혹을 둘러싼 미국의 금융제재문제에서 은근히 양보를 촉구했다. 이에 대해 부시 대통령은 북한에 「상당한 영향력」을 가진 중국이 압력을 강화하는 것에 대한 기대를 표명해[14], 진전은 없었다. 그러나 부시 대통령이 미국은 북한 핵문제를 해결할 준비가 갖추어져 있기 때문에 후진타오 주석에게 북한이 6자회담에 참가하도록 해줄 필요성이 있다고 말했다. 이에 대해 후진타오 주석은 탕자쉬안 국무위원을 평양에 파견해 김정일 총서기와 회담했다고 한다[15]. 그러나 이 회담에서 김 총서기는 「자신은 선의를 가지고 (북한)외교관(김계관)을 도쿄(NEACD)에 보냈지만, 미국은 6자 형식으로 조차 만나는 것을 거부했다」며 불만을 토로했다고 한다[16].

이와 같이 북미간의 BDA를 둘러싼 대립이 계속되고 6자회담도 재개할 수 없게 되어있던 상황에서 북한은 미일 정상회담(6.29) 직후이자 주요국 정상회의(G8정상회담, 7.15) 직전인 7월 5일, 스커드 및 대포동미사일을 다시 공해상에 발사해 일본과 미국을 경악시켰다.

북한의 미사일 발사에 대해 미국정부는 7월 4일 오후(워싱턴 D.C. 시간), 북한에서 발사된 대포동2를 포함한 복수의 미사일에 대해 「미국은 이들 미사일 발사와 북한이 국제사회에서의 자제를 요구하는 목소리에 주의를 기울이지 않는 것을 강하게 비난」한데다가 「우리는 국제적 파트너와 다음 단계에 협조하겠다」라며 국제사회에 보조를 호소했다[17].

부시 미국대통령은 7월 5일 사아카슈빌리 그루지아대통령과의 회담 후, 기자단에게 북한의 미사일 발사와 관련해 "이것(미사일 발사)은 국제사회가 협력하여 북한의 지도자가 모든 무기계획을 단념시키기 위해 진지하고 지속적으로 추진해야 할 것을 재확인하는 기회로 본다"고 지적하며 15일부터 러시아 상트페테르 부르크에서 열리는 주요국가 정상회의(G8정상회담)에서도 논의하겠다는 것을 보여 주었다. 또한 "중국은 6자회담에서 매우 중요한 역할을 해 왔고, 앞으로도 할 것"이라며 유엔 안전보장이사회에서 제재결의 채택에 소극적인 중국에게 북한에의 영향력 강화를 기대했다[18].

또한, 일본정부도 앞장서서 대북 제재에 임했다. 일본외무성은 7월 5일 오전, 북한 미사일 발사에 대해 베이징의 북한대사관을 통해 「엄중히 항의하고 유감을 표명한다」라며 제기했다. 또한 일본정부는 5일, 안전보장회의를 열어 제재조치로 만경봉호의 입항금지 외, 일본 국가공무원의 북한에의 도항을 보류하고, 북한당국 직원의 입국이나 북일간의 전세기편 출입도 인정하지 않았으며, 일본국민에게는 여행 자숙을 요청하는 등 9가지 항목의 방침을 결정하고 신속하게 응했다. 다만, 당시 니가타 서쪽항구 앞바다에 정박 중인 만경봉호에 타고 있는 수학여행단의 입국은 인정하는 방향이었다. 만경봉호의 입항금지는 특정선박 입항금지법에 의한 것으로 동법의 적용은 이번이 처음이었다[19].

북한의 송일호 대사는 7월 7일 오전, 방북중인 일본인 기자단과 회견하고 미사일 발사와 북일관계에 대해 "북일관계는 최악의 관계를 넘어, 대결국면에 진입하고 있다. 북미관계보다 더 악화되고 있다. 우리가 미사일을 발사한 것에 대해, 미국과 일본은 앞장서서 도발과 제재 등을 주장하고 있다. 일본은 선수를 쳐 제재를 발표했다. 일본은 조선을 총검으로 점령한 나라다. 그 청산을 하고 있지 않다. 우리가 제재를 가하는 것은 정상적인 것이다. 그러나 (일본이) 제재를 결정한 것은 언어도단으로, 파국적 결과를 초래할 수밖에 없다. 6일에 있었던 (북한)외무성 대변인의 발언은 일본을 염두에 둔 것이다. 정상적 훈련으로서 실시한 미사일 발사를 비난하는 일본에게는 더 강하고 다른 형태의 물리적 대응을 하지 않을 수 없다[20]"라고 경고했다.

이어서 송 대사는 미사일 발사가 평양선언에 위반된다는 지적에 대해서는 "미사일 발사는 북일 평양선언에 위반되지 않는다. 선언의 정신은「양국의 불행한 과거를 청산한다」라는 것이다. 그 조건 하에, 미사일 발사를 보류하는 조치가 유효하지만, 일본은 선언에 위반되는 행위를 조금씩 실시해 왔다. 스파이위성을 발사하고, 외환법 개정, 특정선박입항금지법, 인권법을 채택했다. 이것이 선언을 이행하는 행동인가. 그러나 선언은 과거에도 현재에도 미래에도 양국관계를 개선하는 데 훌륭한 길이라고 생각한다. 고이즈미 총리가 서명한 것은 평가하지만, 그렇다고 (선언의 효력이) 특정 개인에 한정되는 것은 아니다[21]"라며 평양선언에 위반되지 않는다고 말했다.

마지막으로 송대사는 납치문제 · 북일교섭 내용에 대해서는 "가장 큰 문제는 유골을 반환하는 것이다. 이것이 없으면 전혀 움직일 수 없다. 유골을 가짜라고 감정한 그 원인이 해명되어야 한다. 반환한다면 이야기에 응할 수도 있다. 북일회담은 준비가 되면 언제든지 응할 입장이다. 조건에는 구애되지 않는다. 하지만 일본의 제재항목 중에서, 일본의 국가공무원의 공화국 방문을 금지하는 항목이 있었다. 양국 정부의 회담과 접촉을 가질 수 없다[22]"라고 지적하면서 은근히 북일교섭에는 응할 자세를 나타냈다.

당시 아베 신조 관방장관은 북한의 반응에 대해 7월 7일 오전 기자회견에서 "매우 유감으로 분노를 느낀다. 누가 이런 관계가 되는 원인을 만들었는지 잘 생각하기 바란다. 납치, 핵, 미사일문제 모두 북한이 일으켰다"라며 북한의 송일호 대사의 발언에 대해 강하게 반론했다. 또한 "이러한 문제를 해결하지 않으면 북한이 안고 있는 경제, 식량, 에너지문제 등은 해결되지 않는다. 그렇게 인식하도록 국제적 연계를 강화해 북한에 강하게 압력을 가해야 한다"라고 강조했다. 미사일 발사는 북일 평양선언에 위반하지 않는다는 대사의 발언에 대해서는 "위반은 명백하다. 평양선언의 정신을 존중한다면 미사일 발사의 일시중지 동결을 재확인하도록 요구하고 싶다"라고 말했다. 이와 관련하여 아베 장관은 7일 오전 각료간담회에서 "북한에 대해 단호하고 엄격한 대응을 취할 필요가 있다. 북한의 대응을 포함한 향후의 동향을 보면서, 추가 제재조치를 검토하겠다"라고 말했다[23].

더욱이 일본정부는 7월 5일 오후(일본시간 6일 새벽)에는 북한의 미사일 발사를 접하고 유엔 안전보장이사회 회원국에게 북한을 강하게 비난하고 제재를 포함한 강제행동의 근거가 되는 유엔헌장 제7장에 근거한 결의안을 제시했다. 일본이 제시한 결의안은 유엔헌장 제7장을 근거로 다음 행동을 취하는 것으로 북한의 탄도미사일 발사를 비난하며, 북한에 대해 즉각 탄도미사일의 개발, 실험, 배포, 확산 중지, 미사일 발사 동결을 의무화하며, 회원국에게 북한의 미사일과 대량살상무기 계획에 기여할 수 있는 자금, 물자, 기술 등의 이전을 금지하고, 북한에게 6자회담에의 무조건 즉시 복귀, 핵 관련 모든 작업 중지를 강력히 요청한다 등 이었다[24].

한편, 북한의 한성렬 유엔차석대사는 7월 6일, 북한에 대한 제재결의가 유엔 안보리에서 채택될 경우 "더 강력한 (미사일과) 다른 형태의 물리적 조치를 취한다", "제재는 전쟁행위와 같다고 본다. 발동되면 강력하고 전면적인 대응 조치를 취한다"라며 강하게 견제했다[25].

그러나 일본과 미국 등의 대북 제재를 향한 움직임에 대해 중국과 러시아가 제재결의보다 구속력이 약한 의장성명을 요구했다. 북한의 미사일 발사문제에서 중국의 왕광야王光亜 유엔대사는 7월 10일 "결의안의 수정이 필요하다"라고 말해 결의안를 둘러싸고 교섭에 응할 자세를 처음으로 보였다. 왕 대사는 기자단에 대해 강제력을 갖는 결의가 아닌 의장성명이 바람직하다는 입장을 끝까지 주장하면서도 "무슨 일이 있어도 결의를 요구한다면 (결의내용을) 수정할 필요가 있다"라고 말했다[26]. 또한, 중국은 6자회담의 의장을 맡은 중국의 우다웨이 외교부차관을 10일, 평양에 파견하여 미사일 발사문제와 핵문제에서 북한에 대한 설득공작을 벌였다. 또한 중국은 11일 오후 베이징에 도착하는 힐 미 국무차관보에게 북미회담과 미국에 의한 사실상의 금융제재문제의 해제를 요구하는 북한측의 입장을 설명하며 위기를 회피하기 위해 미국측에게 양보하며 접근하라고 했다[27].

이러한 중국의 움직임에 대해 라이스 장관은 7월 11일, 기자단에게 "일정한 희망이 있고, 움직임을 지켜보기로 했다"고 기대감을 표명했다[28].

유엔 안전보장이사회는 14일 오후 7시 30분(일본시간 15일 오전 8시 30분)부터 비공식협의를 열고 북한의 미사일 발사문제로 미일 등 제재 결의를 공동제안한 8개국의 수정안을 정식으로 제출했다. 유엔헌장 제7장을 제40조에 한정해 그때까지 보여진 수정초안보다 제재 색깔은 옅었지만, 중국은 「유엔헌장 제7장」의 문구 삭제를 요구하며 여전히 거부권 행사를 분명히 밝혔다[29].

이러한 중국·러시아와의 조정을 거쳐 유엔 안전보장이사회는 15일 오후(일본시간 16일 새벽), 일본과 미국 등이 제안한 북한의 미사일 발사를 비난하는 결의 1695를 만장일치로 채택했다. 미일이 강제행동으로 이어질 「유엔헌장 제7장」의 문구 삭제에 동의했기 때문에 중국과 러시아가 찬성으로 돌아섰다[30]. 안보리에서 채택한 북한 비난 결의의 요점은, 국제평화와 안전의 유지를 위해 특별한 책임 아래 행동한다고 한 뒤 북한의 탄도미사일 발사를 비난하며, 북한에게 탄도미사일 계획의 활동정지와 발사 동결의 약속 부활을 요구, 회원국에게 북한의 미사일과 대량살상무기 계획에 대한 미사일 관련 물자, 기술 등의 이전 방지를 요구하며, 회원국에게 북한에서의 미사일 관련 물자, 기술 등의 조달 방지를 요구하고, 북한에게 6자회담에의 무조건 즉시 복귀, 핵무기와 핵계획 포기를 강력히 요청한다 등 이었다[31].

15일 러시아에서 열리고 있는 주요국 정상회담(G8정상회담)도 유엔의 대북 비난결의의 채택을 지지한다고 평가하고 국제사회의 일치를 얻어 북한에 강력한 경고를 발하는 형태가 되었다[32].

북한외무성은 16일, 안보리 결의채택에 대해 「미국의 대조선 적대시정책의 산물인 유엔 안보리 『결의』를 강력히 규탄하고 전면 배격하며, 이에 추호도 구애되지 않을 것이다」라는 성명을 내고 수용 거부를 표명했다. 또한 「모든 수단과 방법을 다하여 자위적 전쟁억제력을 백방으로 강화해나갈 것」이라고 대항조치를 취할 자세를 시사했다고 『조선중앙통신』이 전했다[33]. 또한, 15일 유엔 안보리에서 반론연설한 북한의 박길연 유엔대사는 미사일 발사는 북일 평양선언과 6자회담 공동성명에도 얽매이지 않을 것이라고 말했다[34].

유엔 안보리의 비난결의 이후, 미국의 금융제재가 강화되고 미 재무부의 레비 차관(테러 · 금융정보 담당)은 8월 28일 『AP통신』과의 인터뷰에서 북한과의 금융 거래를 싱가포르, 베트남, 중국, 홍콩, 몽골의 금융기관이 자숙하고 있다고 지적했다. 레비 차관은 "북한과의 거래를 더 이상 하고 싶지 않다는 금융기관의 자발적 연합 같은 것이 나타나고 있으며, 금융면에서 북한의 고립화를 초래하고 있다"고 평가했다[35].

일본재무성이 8월 31일 공표한 무역통계에 따르면, 7월 일본에서 북한으로의 수출액은 전년 동월 대비 36.0% 감소한 4억 2,022만 엔으로 북한의 미사일 발사에 따른 경제제재의 영향이 큰 것으로 보이며, 제재 발동 전인 6월과 비교하면 17.9% 감소했다[36].

2) 북한의 핵실험

북한 미사일 발사에 대한 유엔 안보리의 비난결의 이후, 북한에 대해 6자회담 재개 등 대화의 필요성도 부상했다. 이 움직임은 북한의 미사일 발사에 의해 대화노선의 재검토를 압박받았지만 북한에 군사제재를 반대하고 있던 한국에서 시작되었다.

한국의 노무현 대통령은 9월 14일 워싱턴에서 부시 대통령과 회담했다. 노 대통령은 회담 후 기자회견에서 교착하고 있는 6자회담 재개를 위한 「공동 포괄어프로치」를 모색하고 있음을 밝혔지만, 더 자세한 내용에 대해서는 언급을 피했다. 부시 대통령은 북한의 김정일 총서기를 경칭 생략하면서도 회담의 조기 복귀를 촉구했다. 공동 포괄어프로치 방식에 대해 한국정부 고위당국자는 「6자회담 참가국들이 취해야 할 조치를 조합한 것」이라고만 말했다. 노 대통령도 회견에서 "내용은 복잡하다"라고 말했다. 한미 실무자수준에서 협의를 진행하고 있으며, 한국측의 설명에 따르면, 조만간 참가국에 전달하는 방향으로 두 정상이 이해했다고 한다. 부시 대통령도 회견에서, 김총서기에 대해 "고립보다 자국민의 생활 향상에 좋은 길이 있음을 이해시켜야 한다"고 하면서 "그가 무기계획을 폐기하면 분명히 앞길이 열린다"라고도 지적, 2005년 9월 6자회담에서 채택된 공동성명의 이행을 재차 요구했다[37].

그러나 이러한 노력에도 불구하고 북미간의 대립은 해소하지 못하고 6자회담도 개최할 수 없게 되었다.

그 와중에 북한외무성은 10월 3일, 시기와 장소, 방법은 얘기하지 않고 「앞으로 안전성이 철저히 보증된 핵실험을 하게 된다」라고 성명을 냈다. 또한 대화를 통해 문제를 해결하는 자세에 변화가 없다는 것도 강조했다[38]. 이 성명을 접하고 유엔 안전보장이사회는 3일, 이 문제에 관한 협의에 들어갔다[39].

라이스 미 국무장관은 10월 3일 방문지인 카이로에서 기자회견을 열고, 북한이 핵실험을 단행할 경우에는 "지역의 많은 국가들이 북한과의 관계를 재검토할 필요가 생길 것이다"라고 말했다. 라이스 장관은 핵실험을 실시하면 "매우 도발적 행동이 된다"라고 경고했다. 또한, 지난달 14일 워싱턴에서 있었던 한미 정상회담에서 "북한이 핵실험을 하면 「질적인 변화」가 발생한다"라는 인식에 일치했다고 소개하고, 문제의 국면이 달라진다 라는 인식을 나타냈다[40].

북한의 핵실험 성명에 대해, 유엔 안전보장이사회는 10월 4일 아침 (일본시간 4일 밤)부터 비공개협의를 열고, 미일은 의장성명을 채택하는 것에 일치했다[41]. 그리고 일본은 그 비공식협의에서 북한이 핵실험을 단행할 경우, 유엔헌장에 따라 행동을 취할 것을 담은 비난

성명안을 제시했다[42].

이에 대해 중국과 러시아는 신중한 자세를 보였다. 중국외교부의 류젠차오劉建超 보도국장은 10월 4일, 북한의 핵실험 성명과 관련하여 북한에게 "냉정과 자제를 유지하기를 희망한다"라는 성명을 발표했다. 성명은 관계각국에 대해 "대화를 통한 평화적 해결에 노력하고, 긴장을 높이는 행동을 취하지 않도록" 요구하고 있으며, 미국과 일본의 움직임을 견제했다. 또한 중국 왕광야 유엔대사도 "북한문제는 (작년 11월 이후 열리지 않고 있는) 6자회담에서 논의해야 한다"라는 생각을 거듭 밝히고, "안보리가 대응한다면 6자회담 재개에 이바지하는 것이기를 바란다"라며 어디까지나 「외교적 수단」에 의한 해결을 주장하고, 장래에는 제재까지 단행하려는 미국 등을 견제했다. 러시아의 츄르킨 대사도 신중한 논의의 필요성을 강조했다[43].

따라서 유엔 안전보장이사회는 10월 5일에도 계속 실무자협의를 열어, 성명의 종류와 내용을 논의하고 유엔 안전보장이사회는 6일 오후(일본시간 7일 새벽) 북한의 핵실험 성명에 「심각한 우려」를 표명하고, 비난하는 의장성명을 만장일치로 채택했다[44]. 성명은 군사행동으로 이어질 수 있는 강제조치를 규정한 「유엔헌장 제7장」이 명시되지 않았지만, 동 장의 표현을 덧쓰는 형태로 핵실험이 「국제평화와 안전에의 명확한 위협」을 의미하는 것을 강조하고 있다[45].

유엔의 강력한 경고에도 불구하고 북한의 『조선중앙통신』은 10월 9일 오전, 북한이 핵실험을 성공적으로 실시했다고 발표했다[46]. 이에 따라 유엔 안전보장이사회는 9일 긴급회의를 열고 북한에 대한 제재결의 검토를 시작했다. 미국은 강제조치를 규정한 유엔헌장 제 7장에 근거한 경제제재를 담은 결의초안을 제시했다. 제재에 신중했던 중국도 지금까지보다 유연한 자세를 보였다. 북한을 제외한 6자회담 참가국 정상들은 전화로 대응을 협의했다[47]. 그래서 북한의 핵실험을 계기로 북한 핵문제를 둘러싼 6자회담은 붕괴위기에 직면하고 동북아시아의 안전보장을 흔드는 사태가 되었다고 말할 수 있다.

부시 대통령은 10월 9일 오전 긴급회견에서 "북한은 또다시 국제사회의 의사에 반하였다. 국제사회는 이에 대처하겠다"라며 강력한 태도로 임하겠다는 자세를 강조했다. 일본이나 한국에 대해 "억지, 안전에 대한 약속을 충족한다"라고 언급했지만, "외교로 계속 노력한다"라고도 말했다[48].

북한에 대한 압력 강화를 위한 유엔 안보리에서의 결의채택에는 북미간 공조뿐만 아니라 경제와 에너지공급 등에서 상당한 영향력을 갖고 있는 중국의 협력이 필수적이었다.

중국의 류젠차오 외무성 보도국장은 10월 10일 기자회견에서 유엔 안전보장이사회에서의 대북 제재결의와 관련해, 6자회담을 재개시키는 이외의 선택지를 "중국은 반드시 배제하지 않는다", "안보리가 적절한 조치를 취해야 한다"라며 제재결의의 용인을 시사하는 이례적으로 엄격한 자세를 보여 주었다. 나아가 "국제사회의 보편적 반대를 무시하고, 핵실험을 강행했다"라고 비난하고 실험은 "의심할 여지없이 북중관계에 악영향을 주었다"라고 단언했다. 한국의 한명숙 총리도 10일 군사제재의 배제를 전제로 결의의 필요성을 인정했다. 일본에서는 10일, 중의원 본회의에서 핵실험에 항의하는 결의가 만장일치로 채택되었다. 유엔 안보리는 10일 아침 (일본시간 같은 날 밤) 협의를 재개했다[49].

또한, 북한의 핵실험 발표에 대한 유엔 안전보장이사회의 결의를 둘러싸고 일본과 상임이사국은 10월 11일 오전(일본시간 12일 새벽), 대사급협의를 시작했다. 미국은 9일 제시한 동국의 제재결의 수정안을 각국에 제시했다. 일본의 추가 제안을 비롯해 각국에서 나온 의견을 포함한 내용으로 안보리는 실무자수준의 검토 작업을 가속시켰다[50].

미국은 12일 오전 11시(일본시간 13일 오전 0시)를 지나, 북한의 핵실험 발표에 대한 제재결의안을 유엔 안전보장이사회에 제시했다. 안보리는 이 결의안을 검토하는 비공개 공식협의에 들어갔다[51].

그리고 유엔 안전보장이사회는 13일 오후(일본시간 14일 오전) 상임이사국과 일본 등 6개국에 의한 협의를 계속했다. 전날의 대사급협의에서 기본합의 후 중국과 러시아가 각각 결의안의 재수정을 요구했기 때문이었다. 북한에 출입하는 선박 등의 화물검사 방법과 수출입 금지대상이 되는 대량살상무기 관련 품목의 정의가 문제시 되었다[52].

이와 같은 조정을 거쳐 결의안의 줄거리는 유지한 채 일부 표현이 수정되어, 유엔 안전보장이사회는 14일 오후(일본시간 15일 새벽), 핵실험 실시를 발표한 북한에 대해 유엔헌장 제7장에 근거한 제재를 정한 결의 1718을 만장일치로 채택했다[53]. 안보리에서의 북한에 대한 제재결의는 처음이었다.

이 제재[54]에는 (1) 북한의 핵실험 발표에 가장 중대한 우려를 표명, (2) 유엔헌장 제7장에 따라 행동하고 제7장 41조에 따른 조치[55]를 취한다, (3) 북한에 전차 등의 재래식 무기, 핵·탄도미사일·기타 대량살상무기 관련 물자, 사치품의 공급, 매각, 이전 저지, (4) 북한의 핵·미사일 계획에 관여한 개인·단체의 재외 금융자산의 동결, (5) 북한에 출입하는 화물 검사를 포함한 협조 행동, (6) 안보리 전체이사국에 의한 위원회를 설치하고 이행 상황을 검토, (7) 필요하다면 추가적 조치 등이 포함됐다.

아베 총리와 부시 대통령은 결의채택을 환영하는 뜻을 표명했다. 한편, 북한의 유엔대사는 「대항조치」를 언급하고, 추가 핵실험 실시를 시사했다[56].

요컨대, 북한의 핵실험은 BDA문제를 둘러싼 북미간의 첨예한 대립 속에서, 6자회담도 할 수 없는 상황이었고, 양국간의 대립이 가장 격렬하던 때에 예상외의 형태로 강행되었다. 북한에 있어서 BDA에 동결된 2,400만 달러의 반환은 북미대화와 6자회담 재개의 전제로 되어 있었다. 그에 따라 국제공간의 교섭교착적 상태는 더욱 심각해졌다. 나아가 일본의 유엔 안보리 제재결의를 향한 적극적 행동으로 상대국공간의 교섭교착적 상태는 한층 악화되었다. 또한 일본의 반북여론도 높아져 국내공간의 교섭교착적 상태도 절정에 달했다. 즉, 북일교섭의 3개 교섭공간 모두가 교섭교착적 상태인 CⅥ(D-D-D)가 된 최악의 상황이었다.

2. 위기의 수습과 제5회 2단계 6자회담; 국제공간의 교섭촉진적 조건

북한 핵실험을 계기로 교섭상대국, 국내, 국제의 전체 교섭공간이 교섭교착적 상태가 된 상황은 반대로 북한과의 새로운 타협과 교섭의 필요성을 더 높였다. 그래서 유엔 제재결의 이전인 10월 12일부터 중국을 중심으로 6자회담에 참가하는 각국간의 활발한 외교교섭이 이루어져, 14일 유엔 안보리의 제재결의 이후에는 새로운 전기(국면)가 만들어졌다.

중국의 탕자쉬안 국무위원은 10월 12일, 후진타오 국가주석의 특사로 미국을 방문해 부시 미국대통령과 백악관에서 회담했다. 탕자쉬안은 이에 앞서 라이스 국무장관, 해들리 대통령보좌관(국가안전보장담당)과도 약 30분간 회담했다. 미중 쌍방은 일련의 회담에서 북한에 「강한 조치」가 필요하다는 생각에서 일치하는 한편, 외교적 해결의 중요성도 확인했다. 탕 위원은 회담 후 이날 저녁 기자단과 만나 "미중간에는 매우 많은 공통된 인식이 있다"고 강조했다. 북한의 핵실험에 대해 "안보리를 포함해 국제사회는 엄중한 메시지를 내야한다"고 엄격한 어조로 비판했다. 또한 탕 위원은 "6자회담을 재개하는 것은 현재로서는 매우 어렵다"라고 인정하면서도, "다시한번 가동시킬 필요가 있다"라고 호소하면서 "중국에 있어서 핵심이 되는 것은 어떤 상황에서도 대화를 견지하고 평화적으로 해결한다는 것이다"라고 해, 외교적 해결을 강조했다[57].

이어서, 10월 13일 탕자쉬안 국무위원이 러시아를 방문해, 이고르 이바노프 안보회의서기, 세르게이 라브로프 외무장관과 회담함과 동시에 10월 14일에는 푸틴 대통령, 세르게이 이바노프 부총리겸 국방장관과 회담했다. 한국의 노무현 대통령도 10월 13일 중국을 방문해 원자바오 총리와 후진타오 주석과 회담하고 10월 16일 푸틴 대통령과 전화회담했다.

이와 같은 중국 · 한국의 노력으로 10월 17일 미하일 프랏코프 러시아총리가 방한해 노무현 대통령과 한명숙 국무총리와 회담했다. 그리고 라이스 국무장관이 10월 18일 방일해 아소 외무장관과 미일 외무장관회담을 하고 같은 날 라이스 국무장관이 아베 총리와 회담했다. 그 후, 아소 외무장관과 함께 한국을 방문해 10월 19일 서울 시내에서 반기문 외교통상부장관과 한미일 외교장관회담을 가졌다. 이 외무장관회담에서 북한에게 핵포기와 핵실험의 즉시 중지, 6자회담 복귀를 요구해 갈 것을 확인하고, 유엔 안전보장이사회의 제재결의의 착실한 이행을 위해 3국이 긴밀하게 연계해 나갈 방침에 동의했다. 회담에서 라이스 장관은 한일 양국에 대한 미군의 「모든 수단」을 포함한 억제력을 확인했다[58].

마지막으로, 중국의 탕자쉬안 국무위원이 10월 18일, 후진타오 국가주석의 특사로 방북해 19일 오전 북한의 김정일 총서기와 회담했다. 중국으로서는 핵실험에 반대하는 입장을 분명하게 전달하는 것과 함께, 6자회담 조기 복귀를 호소했다. 중국외교부의 류젠차오 보도국장은 19일 기자회견에서 탕 국무위원이 18일부터 평양을 방문해 19일 오전 김 총서기와 회담했다고 발표하면서 외교부의 다이빙궈 제1차관과 6자회담의 중국대표를 맡고 있는 우다웨이 차관 등이 동행한 것도 확인했다[59].

이 회담에 대해 『조선중앙통신』도 19일 밤, 김 총서기가 탕자쉬안 위원 등과 회담했다고 전했다. 북한외무성으로부터 김 총서기의 측근인 강석주 제1외무차관, 6자회담 대표를 맡고 있는 김계관 차관과 김영일 차관이 동석했다. 『조선중앙통신』에 따르면, 회담에서는 양국의 친선관계를 발전시켜, 조선반도의 평화와 안전을 보장하는 문제와 쌍방이 관심을 갖는 일련의 국제문제가 논의 되었다고 한다[60].

그리고 10월 19일에는 APEC정상회의 참석을 위해 하노이를 방문한 한국의 노무현 대통령이 러시아의 푸틴 대통령과 회담했다. 두 정상은 북한 핵문제에 대해 「북한의 핵보유를 용인하지 않는다」는 방침을 확인하고 이 문제 해결을 위해 「압력과 대화를 동시에 추진하는 것이 중요하다」는 인식을 같이했다[61].

10월 20일에는 라이스 국무장관이 중국을 방문해서 리자오싱 외교부장관, 탕자쉬안 국무위원, 원자바오 총리, 후진타오 주석과 회담했다. 회담에서는 북한에 의한 핵실험 발표로 채택된 안보리의 제재 결의를 이행하는 것의 중요성에 일치하고, 북한에 대해 6자회담 재개를 호소했다. 회담에서는 중국의 탕자쉬안 국무위원이 19일 평양에서 북한의 김정일 총서기와 회담한 결과에 대해서도 의견을 교환했다고 한다[62]. 또한, 10월 21일 라이스 국무장관이 러시아를 방문해서 세르게이 라브로프 외무장관, 세르게이 이바노프 부총리겸 국방장관, 푸틴 대통령과 회담했다. 아소 외무장관도 10월 20일 서울에서 노무현 대통령, 반기문 외교통상부장관과 회담했다.

이와 같이 위기를 수습하기 위한 노력을 활발하게 진행했지만, 미국의 입장에서는 북한에 대해 강한 유엔제재를 목표로 하고 있었기 때문에, 제재보다는 대화를 목표로 한 중국, 한국과는 입장이 달랐다. 미국은 북한의 핵실험문제를 둘러싼 라이스 국무장관의 한·중·일·러 순방을 통해, 각국에서 유엔의 북한 제재결의실행을 위해 일정한 협력을 확보했다. 특히, 북한에 영향력을 가진 중국의 대응을 "방침 전환을 단행했다" (라이스 장관)고 평가하고, 유엔 안전보장이사회의 대북 제재결의의 이행을 추진할 태세였다[63].

요컨대, 10월 14일, 북한의 핵실험을 둘러싼 유엔 안보리의 대북 제재가 결의 되었음에도 불구하고, 중국을 중심으로 한 관련국의 위기수습을 위한 대화노력은 국제공간의 교섭교착적 상태의 심화를 억제하게 되었다.

유엔의 대북 제재 논란 속에서도 이미 중국을 중심으로 사태를 외교적으로 해결하기 위한 일련의 노력의 결과로, 2006년 11월 이후 BDA와 북한 핵실험을 배경으로 중단한 제5회 6자회담 재개의 조짐이 보였다.

중국외교부는 10월 31일, 중국, 미국, 북한 3개국이 북한의 핵문제를 둘러싼 6자회담을 조만간 재개하기로 합의했다고 발표했다. 힐 미 국무차관보도 같은 날 밤 베이징에서 기자회견을 하고, 이르면 11월 중이라도 재개할 수 있다는 전망을 밝혔다. 미국은 북한이 해제를 요구하고 있는 금융제재문제에 대해 6자회담에 「작업부회」를 설치하자고 표명하고, 북한은 「한반도 비핵화」를 담은 2005년 9월의 6자회담 공동성명을 이행할 의사가 있음을 확인했다고 한다[64].

더욱이 이때쯤인 11월 7일 투개표된 미국 중간선거에서 민주당이 하원(정수 435)에서 231석으로 1994년 이후 12년 만에 과반수를 탈환하고, 상원(정수 100)에서도 51석으로 압승하여 부시정권은 이라크와 대북정책의 전환을 압박받았다. 특히, 중간 선거의 결과에 따라 미 의회는 강경책이 중심이 된 부시정권에게 북한과의 대화를 요구하는 압력을 강화하게 되었다.

이와 같이 중간선거에서 부시정권 공화당의 패배에 이어, 중국을 방문 중인 번즈 미 국무차관(정치 담당)은 11월 8일, 베이징의 중국 외교부에서 양제츠楊潔篪 차관과 협의했다. 번즈 차관은 리자오싱 외교부장관, 다이빙궈 제1외교부차관과도 회견을 갖고, 북한 핵문제를 둘러싼 6자회담의 재개를 위한 의견을 조정했다. 일련의 회담 후, 번즈 차관은 『아사히신문』 등에 "북한 핵문제에 좋은 논의가 됐다"라고 말했다. 또한, 11월 9일 베이징에서 6자회담의 러시아 대표 알렉세예프 외무차관과 회담하는 것도 밝혔다[65]. 북한의 김정일 총서기의 측근인 강석주 제1외무차관도 12월 7일 모스크바에 들어갔기 때문에, 미러간의 회담에서 북한의 의중도 논의된 것으로 생각된다.

그 후 중국외교부의 친강秦剛 부보도국장은 12월 11일 "각국과의 조정을 거쳐 제5회 6자회담의 2단계 회의를 18일부터 베이징에서 개최한다"라고 발표했다[66].

이렇게 하여, 2005년 11월에 제5회 6자회담이 휴회한 이후 13개월만인 2006년 12월 18일, 북한의 핵실험 이후 처음으로 베이징에서 제5회 2단계 6자회담이 열렸다. 제5회 2단계 6자회담에는 중국 우다웨이 외교부차관, 북한 김계관 외무차관, 미국 크리스토퍼 힐 국무차관보, 일본 사사에 겐이치로 외무성 아시아대양주국장, 한국 천영우 외교통상부 한반도평화교섭본부장, 러시아 세르게이 라조프 주 중국대사가 참석했다. 이 회담에서는 러시아 대표만이 전회 대표인 알렉세예프 외무차관 대신 처음으로 참가했다[67].

12월 18일 열린 6자회담 전체 회의에서는 각국 수석대표의 연설이 이루어졌지만, 중국이 처음으로 회담의 성공을 요구하고, 북한은 금융제재문제 해결 및 대체에너지 공급을 요구한 반면 미국은 한반도 비핵화 실현을 전제로 했다[68].

이어서 힐 미 국무차관보와 김계관 북한 외무차관도 2국간 회담에 임했다. 또한 의장국인 중국은 수석대표회의에서 작업부회의 설치를 포함한 독자적 방안을 공식적으로 제안했다.

북한은 12월 19일, 미국을 비롯해 일본을 제외한 모든 참가국과 2국간 회담을 가졌다. 특히 19일, 이 6자회담에서 초점이 되는 북한 금융제재협의를 위해 정식 회담과 별도로 북미 양국의 재정담당자가, 미국에 의한 사실상의 금융제재를 둘러싸고 처음으로 회담했다. 이 회담이 북미간 금융제재를 둘러싼 제1회 회담이었다. 금융제재문제로 회담한 것은 6자회담의 미국대표단에 동행하고 있는 글레이저 재무차관보대리(테러자금 · 금융범죄담당)와 북한의 오광철 조선무역은행총재(국가재정금융위원회 부위원장)였다. 오 총재는 2006년 12월 19일 베이징에 들어가 미국 대사관에서 글레이저와 약 3시간의 대화를 가졌지만, 평행선을 달리고 있었다. 글레이저는 그날 밤 "결실을 맺는 협의를 하기 위해서는 장기간의 노력을 할 필요가 있다"라며 의견 일치에는 시간이 걸릴 것임을 시사했다. 20일 북한대사관으로 장소를 옮겨 협의를 계속할 것이라고 밝혔다. 힐 차관보는 19일 밤, 북한측과의 협의에 대해 "많은 실질적인 의견교환이 있었지만 진전은 없었다"고 취재진에게 설명했다[69].

이 금융제재협의 이외에도 다양한 레벨의 회담과 논의가 이어져 12월 21일, 중국과 미국이 핵포기를 위한 구체적 행동을 북한에 요구했지만, 김계관 외무차관은 금융제재 해제 없이는 응할 수 없다고 강경하게 거부했다. 힐 국무차관보는 이날 밤, 보도진에게 "23일 아침에 귀국한다"고 선언하고, 중국이 일단 목표로 하는 22일 중의 협의종료를 요구했다. 작업부회 설치 및 합의사항의 문서화 등 중국이 목표로 한 작업은 거의 진전이 없는 상태에서 마지막 날을 맞이했다[70].

결국 6자회담의 의장국 중국은 12월 22일, 다음 일정도 결정하지 못한 채 어쩔 수 없이 「휴회」를 선언할 수밖에 없었다. 5회 2단계 6자회담은 북한을 핵포기를 위한 교섭테이블로 불러내는 데는 성공했지만, 북한의 양보는 없었다. 그러나 핵실험까지 실시한 북한에게는 금융제재를 둘러싼 북미회담의 재개라는 성과를 거두었다.

제5회 2단계 6자회담의 휴회 사정으로 봐도, 그 때 북한에 있어 가장 중요한 문제는 미국의 대북 금융제재였다. 이 문제가 해결되지 않으면 북 핵문제는 진전될 수 없었다.

따라서 금융제재의 당사자인 북미 양국은 2007년 1월 16일～18일 베를린에서 북미 수석대표에 의한 회담을 열었다. 힐 차관보는 17일에 강연을 위해 베를린을 방문하고 김 차관도 같은 시기에 유럽을 방문하고 있어 회담이 실현되었다. 미 국무부도 16일, 6자회담의 미국 수석대표인 힐 국무차관보가 베를린에서 북한 수석대표인 김계관 외무차관과 회담했다고 발표했다. 케이시 미 국무부 부대변인은 회담 목적을 "다음 6자회담을 위한 기초를 세우기 위해"라고 말했다[71].

힐 차관보는 금융제재협의에 대해 "북한에게는 중요한 문제일 것이다. 우리는 해결을 위한 메커니즘을 만들고, 이를 토대로 다음 주 회담을 열기로 합의했다"고 말했다. 협의 장소에 대해서는 "다음 주중 결정될 것"이라고 말했다. 한국 외교통상부에 따르면 힐 차관보는 북한의 김계관 외무차관과 베를린회담에 대해 "실질적이고 구체적 문제에 대해 매우 유익한 대화를 가졌다"라고 설명했다[72]. 힐 차관보는 또 "북한은 6자회담에 참여하고 있으며, 다음 (6자)회담에 올 준비가 되어 있다"라고 설명했다. "긴밀한 협의가 앞으로 있다. 설날(2월 18일) 전에 열릴 것을 믿는다"라고 말했다.

나중에 제5회 3단계 6자회담에서 김 차관이 확인한 것에 따르면, 이 베를린 북미회담에서는 북한이 몇 주 내에 원자로를 정지시키는 대가로 북한에 에너지와 인도적 지원을 동시에 시작하는 것으로 대체적으로 합의하고, 「각서」를 작성했다고 한다[73]. 또한 복수의 6자회담 관계자에 의하면 미국 수석대표인 힐 국무차관보는 1월 베를린회담 종료 후, 한일 양국 정부 등에게 1,100만 달러 분의 북한계좌에 위법성이 없는 것을 확인했다고 전한 다음에, 최대한 빨리 조사결과를 마카오당국에 전달해, 처리를 맡기고 싶은 생각을 나타냈다고 한다[74].

따라서 북한의 『조선중앙통신』은 1월 19일 베를린회담에 대해 「일정한 합의에 도달했다」라고 보도했다[75]. 이 보도에 관해 힐 차관보는 기자단에게 "6자회담을 계속해 나갈 것에 합의했다는 의미라고 생각한다. 중앙통신이 긍정적 평가를 한 것에 만족한다"라고 말했다[76].

북미 6자회담 대표의 베를린회담에 따라, 2007년 1월 30일~31일 북한에 대한 미국의 금융제재를 둘러싸고 제2회 북미 실무자협의가 이루어져[77], 12월 19일 6자회담과 병행하여 2일간 열린 제1회 회담과 마찬가지로 미국은 글레이저, 북한은 오광철이 대표를 맡았다.

미국대표인 글레이저는 협의를 마치고 폐회한 후, BDA에서 북한 관련 계좌가 동결되어 있는 문제에 대해 "해결로 이끌기 위한 이해를 깊이 있게 했다"라고 평가했지만, 구체적 해결 방법에 대해서는 언급하지 없었다. 글레이저는 협의 후 기자단에게 "매우 생산적이었다. 유용한 정보를 얻었다"라고 말했다. 동결계좌 중 합법적 부분이 해제될 것이라는 관측도 나왔지만, 글레이저는 "우리의 정보와 이번에 얻은 정보를 맞춰, 어떤 방법이 적절한지 파악하겠다"라고 말하는데 그쳤다[78].

이 회담을 전후로 마카오의 BDA에서 계좌를 압류당하고 있던 북한은행 관계자들 사이에서는 「제재의 일부해제 임박」이라는 기대감이 강해졌다. 북미 금융회담 재개와 미국 조사의 진전 등 상황 타개를 위한 대응을 감지하고 있는 것 같았다. 북한은행 관계자에 따르면, BDA에서 자금이 동결된 북한은행은 적어도 다섯 개 은행이었다. 북미 금융협의에서 북한측 대표를 맡은 오광철이 총재를 맡고 있는 조선무역은행과 미국이 대량살상무기 확산에 관여했다고 지적했던 단천상업은행 등이 포함되어 있었다[79].

이러한 북미간 BDA문제해결을 위한 노력이 진전을 보인 것을 배경으로 2007년 1월 30일, 중국외교부는 2월 8일부터 베이징에서 6자회담이 열린다고 발표했다. 따라서 북일교섭의 결정적 사건으로서 「제5회 3단계 6자회담」이 개최되었다.

요컨대, 제5회 2단계 6자회담의 재개를 위해 중국 등의 대화와 교섭을 촉진하는 국제공간에의 개입이 성과를 거두고, BDA문제가 해결되는 방향으로 향해 국제공간이 교섭촉진적 상태가 되고 있는 가운데, 제5회 3단계 6자회담이 열렸다.

3. 아베정권과 북일관계; 국내공간의 교섭교착적 상태

아베내각[80]은 북한이 미사일을 발사하고부터 국제사회의 우려가 확산되고, 북한 핵실험이 예고된 10월 3일 직전인 9월 26일 발족했다. 아베정권은 26일 밤 첫 각의에서 결정된 「기본방침」 속에서 북한 납치문제에 대해 「대책본부를 설치하고 전담 사무국을 두고 종합적 대책을 추진한다[81]」라고 해 납치문제를 둘러싼 북일관계는 점점 더 긴박해졌다.

아베 총리는 29일, 총리관저에서 요코타 시게루 대표 등 납치피해자 가족회 회원들과 면담에서 "납치문제대책본부의 본부장에 내가, 그리고 모든 대신이 본부를 구성해서 전 부처적인 태세가 되었다[82]"라며 대책본부에 의욕을 보였다.

또한, 아베정권은 10월 4일, 3일 핵실험 실시를 밝힌 북한의 성명에 심각한 우려를 표명한 후 「대량살상무기와 그 운반수단의 확산이 국제평화와 안전에 위협이 된다고 재확인했다. 북한의 핵실험은 지역의 평화와 안정, 안전을 위협하는 것으로 간주한다」라고 비난했다[83].

이어서 일본정부는 북한이 10월 9일 핵실험 실시를 발표한 후 미국 중심의 유엔 안보리의 제재결의 이전인 10월 11일 총리관저에서 안전보장회의를 열고, 북한 핵실험 실시 발표에 대해 일본의 독자적 추가 제재를 결정했다. 이 북한에 대한 독자적 제재는 「모든 북한선적의 입항금지(14일부터), 북한에서의 모든 품목의 수입금지(14일부터), 북한국적을 가진 사람의 입국은 특별한 사정이 없는 한 인정하지 않는다(11일부터). 단, 북한당국 직원 이외의 재일조선인의 재입국은 가능, 향후 북한의 대응·국제사회의 동향 등을 고려하면서 추가 대응을 검토한다[84]」 등이었다.

일본정부는 이와 같은 북한에 대한 일본의 독자적인 추가 제재조치 내용을 13일 오전 각의에서 정식으로 결정했다[85].

일본의 신속하고 강력한 대응은 당시 북일관계의 혼전과 난항에 비추어 보면, 쉽게 예상되었다. 특히 아베정권의 대북 강경정책은 납치문제를 주도해 온 아베 장관의 경력에서 보면 이해할 수 있다.

더욱이 아베 총리는 10월 12일 참의원 예산위원회에서 북한에 출입하는 선박을 검사할 수 있는 근거법으로 현 시점에서 예상되는 「선박검사활동법」에 근거한 검사에 강제력이 없는 것에 대해 "앞으로 이러한 국제사회에서 일어나는 사태에 대해 어떻게 대응해 나갈지는 큰 과제이다"라는 인식을 나타냈다[86]. 그 후, 아소 외무장관은 15일 이번 북한의 핵실험 발표가 "(주변사태의) 범주에 들어간다"라며 주변사태법에 근거한 「주변사태」로 인정하는 것이 가능하다고 생각을 보여주었다. 특별조치법의 제정에 시간이 걸리기 때문에 주변사태로 인정함으로써 가능해지는 선박검사와 검사를 실시하는 미군에의 지원을 선행시킬 생각이었다고 한다[87].

또한 아베 총리는 10월 15일, 도내에서 기자단에게 유엔 안보리의 대북 제재결의 채택에 대해 "유엔헌장 7장에 언급한 엄격한 조치를 취하는 내용의 결의가 채택되었다. 북한에 대해 국제사회는 핵보유를 결코 용납할 수 없다는 강력한 메시지를 보낼 수 있었다[88]"라고 대답하고 환영했다.

계속해서, 일본정부는 16일 총리관저에서 아베 총리를 본부장으로 하는 납치문제대책본부 첫 회의를 열고 「납치문제 해결 없이 국교정상화는 있을 수 없다」라는 대응방침을 확인했다. 모든 납치피해자의 귀국을 북한에 강력히 촉구함과 동시에, 한층 더 강한 제재조치의 검토와 납치 가능성이 있는 실종사안의 조사 추진, 국제협력 강화 등의 정책을 내걸었다. 아베 총리는 첫 회의에서 "북한에 납치된 피해자 전원의 탈환을 목표로 노력을 해 나간다. 각 각료는 최선의 노력을 다해야 한다"라고 말했다[89].

북한 『노동신문』은 10월 16일, 이 같은 아베정권의 강경한 자세에 대해 「납치문제대책본부」를 설치한 것을 비난하면서, 「아베는 총리가 되기 전부터 『평화헌법』을 완전히 허물고 『새로운 헌법』을 작성하여 현 지도부체제 대신 미국과 유사한 정책조정기관인 『안전보장회의』와 미 중앙정보국과 같은 대외정보기관도 새로 창설해야 한다고 했다. 그는 자신이 총리가 되면 올해 안으로 방위청을 『방위성』으로 승격시키겠다느니 뭐니하며 방위청의 『성』 승격 의욕을 강하게 내비쳤다. 침략국가, 전쟁국가로서의 헌법과 국가구조를 갖추고 군국화와 재침략의 길에 맹렬하게 줄달음쳐 나아가려는 것이 일본의 속심이다. 오늘 일본의 군사대국화, 해외침략 책동은 위험 계선을 넘어서고 있다[90]」라며 처음으로 아베 총리를 지명해서 비판했다.

아베 총리도 17일 밤, 북한외무성이 유엔 안보리 제재결의에 대해 「선전포고」라고 하는 대변인성명을 발표한 것에 대해 "이번 만장일치의 유엔 결의, 국제사회의 강한 메시지를 진지하게 받아들여야 한다"라며 북한의 자세를 강하게 비판했다[91].

한편, 아베 총리는 중국을 중심으로 6자회담 관계국이 그 재개를 위한 활발한 외교노력을 하고 있던 11월 1일, 6자회담 재개와 관련해 "유엔결의는 북한의 핵폐기를 요구하고 있다. 그것이 이루어지지 않으면, 유엔결의에 따른 제재가 완화되지는 않는다[92]"라며, 6자회담이 재개해도 유엔결의에 근거한 제재를 계속해야 한다는 자세를 보여 주었다.

11월 18일 베트남 하노이에서 열린 아베 총리와 부시 미국대통령의 정상회담에서 총리는, 북한에 납치된 요코타 메구미의 어머니 사키에早紀江와 대통령과의 만남이 실현된 것에 감사의 뜻을 표명했다. 사키에와의 면회를 "가장 감동한 회담 중 하나"라고 한 부시 대통령은,

이날도 "납치문제에 대해서는 일본의 입장을 지지한다"라고 전했다. 그리고 두 정상은 북한의 핵보유는 결코 용납할 수 없다는 것을 확인했다. 6자회담에 대해서도 「(한미일중러) 5자가 협력하여 북한의 비핵화를 위해 구체적으로 움직이는 것이 중요하다」라는 인식에서 일치했다. 또한, 「중국의 역할이 계속 중요하다」라고 강조하는 것도 잊지 않았다[93].

아베 총리는 12월 9일 마닐라 시내의 호텔에서 기자회견을 하고, (18일에라도) 재개하는 북한의 핵문제를 둘러싼 6자회담에 대해 "미국을 비롯한 관계국과 연계하여, 조기의 구체적 성과를 요구한다. 북한은 모든 핵무기와 기존 핵계획의 포기를 위한 구체적 행동을 보여줄 필요가 있다"라고 강조했다. 또한, 총리는 납치문제에 대해 "내 정권에서 가장 중요한 과제이다"라고 한 뒤, "6자회담에서라도 납치문제를 거론해, 조기해결의 중요성을 호소해 나갈 것"이라고 말했다[94].

그리고 아베정권은 12월 14일, 북한 인권침해문제 계발주간(10~16일)의 관련 행사로 최초의 정부주최가 되는 계발집회인 「납치문제를 생각하는 국민모임」을 열고 납치피해자가족회 외에 특정 행방불명자의 가족도 참석, 약 850명이 참가했다. 이 집회에서 아베 총리는 "납치문제 해결 없이 국교정상화는 없다는 원칙은 내가 총리로 있는 한 반드시 지킨다"라고 대북 교섭에서 납치문제 해결을 최우선 과제로 해 나갈 자세를 강조했다[95].

아베정권의 납치문제와 관련된 예산도 크게 늘었다. 2007년도 정부예산 편성에서 12월 20일 제시된 재무성 원안에, 납치문제대책본부가 실시하는 정보발신, 납치피해자의 안부정보 수집 등의 경비 4억 7,300만 엔이 포함되었다. 아베정권 발족 후 실시한 요구의 거의 전액이 인정되어, 전년도의 5100만 엔의 10배 가까운 규모가 되었다. 2006년도 보정예산 안에도 2억 2,600만 엔이 계상되었다[96].

아베 총리는 자민당 야마자키 다쿠 안전보장조사회 회장이 2007년 1월 9일 베이징을 거쳐 평양에 들어가 "대화와 압력이라고 하지만, 오로지 압력을 강화하고 있다. 대화와 설득 노력도 필요하다"라고 기자단에게 말했던 것에 대해 9일, "일본의 기본방침, 국제사회의 인식을 따라 주었으면 한다"고 기자단에게 말하며 불쾌감을 감추지 않았다[97].

또한, 북한 핵실험 위기를 수습하고 차기 6자회담 재개가 결정된 후인 2월 5일 밤에도 아베 총리는 총리관저에서 기자단에게 "납치문제에 대해 북한이 성의 있는 대응을 취하지 않으면 일본이 뭔가 (지원책을) 낸다는 것은 기본적으로 없다"라고 강조해 납치문제를 가장 중요시하는 자세를 보여 주었다. 일본외무성도 2월 5일 북한이 핵 동결을 받아들여도 일본인 납치문제 해결을 위해 진전되지 않는 한 에너지 공급 등의 대가 지원에 응하지 않을 방침을 굳혔다[98].

이어 아베 총리는 2월 9일 오전 시작된 중의원 예산위원회의 기본적 질의에서 북한의 핵개발을 둘러싼 6자회담에 대해 "북한이 핵폐기에 있어서 조기에 구체적 행동을 취하도록 촉구해 나가는 것은 중요하다. 일본도 협력해 나갈 것이다"라고 말하는 한편, "북일간의 문제는 핵만이 아니다. 납치문제의 해결은 내 내각의 가장 중요한 과제"라고 강조했다[99].

이와 같이 1월 베를린에서 북미 6자회담 대표회담 이후 미국의 금융제재를 둘러싸고 제2회 북미 실무자협의를 거쳐 1월 30일, 차기 6자회담이 2월 8일부터 베이징에서 재개되는 것이 정해져, 북미 등이 핵에 집중하고 있는 상황에서도 납치문제에 대해 강력한 자세를 보여 주었다.

더욱이, 아베 총리는 3월 1일 「고노 담화[100]」에 대해 기자단과의 대화에서, 총리는 「강제성」에 대해, 여성을 모은 업자들이 사실상 강요한 것과 같은 「광의広義의 강제성」은 있었지만, 당국이 유괴하는 것처럼 연행한다는 「협의狭義의 강제성」은 없었다고 설명했다. 총리가 1일 기자단과의 대화에서 「당초 (고노 담화에서) 정의돼 있던 강제성」에 대해 "뒷받침하는 것은 없었다"고 말했다. 이 때문에 이 발언에 대해 한국의 외교통상부장관이 불쾌감을 표시하고 미국의 주요 언론도 고노 담화 재검토와 연관시켜 보도했다. 총리가 강제성 자체를 부인했다고 파악되었기 때문이었다[101].

또한, 아베 총리는 5일 참의원 예산위원회에서 종군위안부문제에 관한 답변에서 "고노 담화는 기본적으로 계승하고 있다. 협의의 의미에서 강제성을 뒷받침하는 증언은 없었다. 말하자면 관헌이 집에 침입해 데려간다라는 강제성은 없었다는 것이다. 원래 이 문제의 발단은『아사히신문』이었다고 생각하는데 요시다 세이지吉田清治라는 사람이 위안부 사냥을 했다는 증언을 했지만, 완전한 조작이었음이 후에 드러났다. 위안부 사냥과 같은 것이 있었다는 것을 증명하는 증언은 없다. 뒷받침하는 증언은 없다는 것이다[102]"라며 협의의 강제성을 부인했다.

요컨대, 북한은 핵문제와 6자회담의 재개를 담보로 북미간의 회담을 통해 금융제재를 해결하는 데 집중하고 있을 때, 일본의 아베정권은 미국과 함께 대북 포위망 만들기를 목표로 하면서 북한에 납치문제의 전면적 해결을 강경한 자세로 요구한 반면, 위안부 문제라는 과거청산에 대해 소극적 입장을 보여 주었다.

4. 제5회 3단계 6자회담의 공동합의; 결정적 사건

제5회 3단계 6자회담은 2007년 2월 8일부터 13일까지 베이징 댜오위다오 영빈관에서 개최되었다. 각국 참가대표는 러시아 이외에 전회와 마찬가지였다. 러시아는 세르게이 라조프 주중국대사를 대신해 로슈코후 외무차관이 참석했다. 회합 당초, 미국 및 북한 수석대표는 신중하면서도 낙관적 전망을 표명했다[103].

6자회담 첫날인 8일, 회담은 오후 수석대표회합부터 시작해 개막식 이후 각국이 모두발언을 했다. 북한의 김계관 외무차관은 이날 전체회합에서 「초기단계의 조치」로 각국이 추구하는 영변원자로 가동정지와 IAEA사찰단 복귀 수용에 대해 논의할 용의가 있다고 말했다. 1월 북미 베를린협의에서는 북한이 몇 주 내에 원자로를 정지시키는 대가로, 북한에 에너지·인도적 지원을 동시에 개시하는 데 대체적으로 합의해 「각서」를 작성했다고 말했다. 8일 발언은 북한이 6자회담 자리에서 다시 이런 조치에 응하는 자세를 보였던 것이었다[104].

힐 미 국무차관보는 2월 8일 밤 "오늘은 실제로 진전이 있었다"라며 북한의 대응을 평가한 위에 "의장국인 중국이 9일 아침까지 합의문서의 초안을 각국에 제시할 전망이다. 최종적 문서에는 작업부회 내용도 다뤄질 것이다"라고 말했다[105].

제5회 3단계 6자회담은 2일째인 9일, 북한이 핵시설을 가동정지하는 대신 관련국이 북한에 지원하는 것 등, 핵포기를 위한 「초기단계의 조치」를 담은 의장국 중국이 작성한 합의문서 초안 [106]을 바탕으로 각국별로 조정작업에 들어갔다

9일 오전 남북한 수석대표회의에서 북한은 「본국의 훈령에 따라 자신의 입장을 보였다」(한국 외교당국자)라고 한다. 북한은 한미합동군사 훈련을 비판하고 미국의 금융제재 해제문제 등에 대해서도 언급했다[107]. 그리고 북한이 영변핵시설의 가동정지 등의 대가로 「연간 200만 톤의 중유제공」을 요구해 논의는 난항을 겪었다[108].

북미 수석대표는 베이징의 호텔에서 점심식사를 하면서 협의하고 미국의 힐 국무차관보는 협의 후 기자단에게 "우리는 신중하면서도 낙관적이다"라고 발언했다. 그날 밤에도 "한두 가지 차이가 남아있지만 큰 문제는 없다"라고 말했다. 북한의 김계관 외무차관도 "일치하는 부분도 있고, 전반적으로는 여전히 대립점도 있지만, 좀 더 노력해서 타개하려는 것이다"라고 말했다[109].

힐 차관보는 9일 밤 기자단에게 5개의 작업부회 설치가 상정되는 것을 밝혔다. 중국이 2006년 12월 제5회 2단계 6자회담에서 (1) 비핵화, (2) 북미관계, (3) 북일관계, (4) 대북 에너지지원, (5) 동북아시아의 안전보장 등의 5개의 부회 설치를 제안했다고 말해[110], 작업부회 설치 논의가 있었다는 것을 엿볼 수 있다.

아베 총리는 9일 밤, 총리관저에서 기자단의 질문에 대해, 6자회담이 합의문서를 정리하는 조정에 들어간 것을 접하고, "핵문제가 해결되면 북한에 관련된 모든 것이 해결되는 것은 아니다. 일본에게 매우 중요한 문제는 납치"라고 강조하고, "6자회담의 자리에서도 충분한

노력, 충분한 논의가 이루어지도록, 전진하도록, 일본의 대표단에게는 노력하도록 지시를 하고 있다"라며 납치문제를 「방치」하지 않겠다는 입장을 거듭 나타내 보였다[111].

제5회 3단계 6자회담 3일째인 10일, 북한이 전날 핵시설 가동중지에 대한 보답으로 「연간 200만 톤의 중유제공」을 요구한데 대해, 한국은 의장국인 중국과 미국에 전했다. 따라서 10일, 양국간 협의 등 각국과의 협의에서 논의되었다. 한국은 수용 가능한 것은 50만 톤 정도라고 판단하며 각국과의 협의로 부담의 조정에 들어갔지만, 지원 규모 및 기간을 둘러싸고 의견이 정리되지 않아 협의는 난항을 겪었다. 한국측은 50만 톤을 상한으로 5개국이 균등하게 분담하는 방안을 제안했지만, 미일러 3개국은 난색을 표했다. 200만 톤의 양에 대해서는 한국정부도 너무 많다고 판단했다[112].

제5회 3단계 6자회담은 4일째인 11일, 영변핵시설 가동정지 등의 대가로 북한이 요구하고 있는 에너지지원문제를 집중 논의했다. 그러나 중유 등 상당량의 지원을 요청한 북한과의 골은 컸다고 한다[113].

미국 수석대표인 힐 국무차관보는 11일 밤, 기자단에게 "중국으로부터 내일(12일)이 마지막 날로 알려져 있다. 문제는 에너지의 양이다. 북한이 핵포기에서 벗어나려고 하는 방법은 생각하지 않는다"라며 에너지지원 규모 및 기간에 관해 북한과 5개국의 인식의 차이가 걸림돌이 되고 있다는 견해를 나타냈다. 힐 차관보는 이어 "합의를 하지 못하면 상당한 문제가 외교적으로 좌절될 것"이라고 말했다. 2월 11일은 북미 등 양국간 및 다국간 협의 후 오후에 수석대표회합이 열렸지만, 이견은 좁혀지지 않았다고 한다[114].

그러던 중, 조총련 기관지인 『조선신보』는 1월 30일에 베를린에서 열린 북미 수석대표회합에서 미국이 금융제재를 30일 이내에 해제하기로 약속했다고, 미국이 배신행위를 한다며 비난했다. 이것은 협의가 난항을 겪고 있던 기회를 잡아 보도되었기 때문에, 국내외 신문사와 통신사 등에 널리 알려졌다[115]. 이것은 1월의 베를린 협의에서 「일정한 합의에 도달했다」(2007년 1월 19일자 『조선중앙통신』)라는 북미 양국간 가로놓인 뿌리 깊은 불신이 있었다는 것을 배경으로 하고 있었다.

6자회담 5일째인 12일, 베이징 댜오위다오 영빈관에서 중국과 북한, 미국 등 각국과의 2국간 회합이 열렸다[116].

12일 아침, 북한의 김계관 외무차관은 "본국의 답변은 역시 100만 톤이다. (미국 제안으로는) 군도 인민도 납득하지 않는다"라고 관계국에 전했다. 미국은 전날 「더 낮은 숫자」를 최종안으로 제시했다. 북한은 양보하지 않았다. 대표단에서 「댜오위다오도 당분간 올 수 없다. 기념사진이라도」라는 농담이 나오기 시작한 오후 5시가 넘어, 「미국이 100만 톤으로 절충했다」라는 정보가 각국 대표단에 들어갔다[117].

지원국의 틀 등이 겨우 정해진 13일 새벽 「100만 톤」이 명기된 수정안을 손에 넣은 김 차관은 그래도 "저 혼자만의 생각으로, 이를 받아들이란 말인가"라고 낙담하고 있었다. 날이 밝고 평양에서 「OK」가 나왔다고 한다[118].

제5회 3단계 6자회담은 이러한 교섭과정을 거쳐 6일 만인 13일 오전부터 북중 2개국간 협의에 이어, 수석대표 회합을 개최하여 최종적인 문안조정을 진행했다[119].

수정안은 북한이 초기단계의 조치로 60일 이내에 영변 원자로 외에 핵재처리시설 가동을 중지하고, IAEA사찰관 복귀에 응하는 대가로 각국은 중유 5만 톤을 공급하며, 북한이 핵포기를 위한 다음 조치로 옮긴 단계에서 추가 95만 톤을 지원하는 「5만 톤 플러스 95만 톤」이라는 2단계로 나누는 형식의 내용이었다[120].

힐 국무차관보는 13일 아침, 수정안에 대해 "미국은 문제없다. 찬성한다. 라이스 국무장관과도 여러 번 얘기했다"라며 수용 가능하다는 입장을 표명했다. 한국 수석대표 천영우 본부장도 핵포기에 대한 구체적 행동과 대가 지원 등 "핵심적 쟁점에 의견의 차이는 해소했다"라고 말했다.

대북 지원의 비용부담에 대해 한국의 천 본부장은 13일 아침, "합의문서에는 명시되어 있지 않지만, (5개국은) 평등하게 분담하는 원칙에 합의할 것"이라고 말했다. 하지만 일본은 납치문제 해결 등을 지원의 전제조건으로 하고 있으며, 일본 수석대표 사사에 겐이치로 국장은 이날 아침, 기자단에게 "우리는 우리의 원칙을 유지하고, 관철한다"라고 말했다.

결국, 제5회 3단계 6자회담은 13일, 한반도 비핵화를 위해 각국이 취해야 할 초기단계조치를 결정한 합의문서[121]를 채택하고 폐막했다. 북한이 60일 이내에 영변핵시설 가동을 중단하는 등의 대가로, 중유 5만 톤 상당의 에너지지원을 하는 것이 포함되었지만, 당면해서는 일본을 제외한 4개국이 부담하게 되었다.

2월 13일 오후 제5회 3단계 6자회담 전체 회합에서 채택된 공동문서의 내용은 외무성의 설명[122]에 따르면 다음의 **표 6-1**과 같다.

표 6-1 제5회 3단계 6자회담의 공동합의 내용

1. 60일 이내에 실시하는 「초기단계의 조치」

1) 북한

(1) 영변핵시설(재처리시설을 포함한다)을 최종적으로 포기하는 것을 목적으로 활동정지shut down 및 봉인seal한다.

(2) 모든 필요한 감시 및 검증을 수행하기 위해 IAEA요원의 복귀를 요구한다.

(3) 모든 핵계획(추출 플루토늄을 포함한다)의 일람표에 대해서, 5자와 협의한다.

2) 긴급 에너지지원

중유 5만 톤에 상당하는 긴급 에너지지원을 개시한다. (주: 한미중러가 실시. 납치문제를 포함한 북일관계의 현상을 고려해 일본은 참여하지 않는다)

3) 북일

북일 평양선언에 따라 불행한 과거를 청산하고 현안사항을 해결하는 것을 기초로, 국교를 정상화하기 위한 협의를 개시한다. (「현안사항」에는 납치도 포함된다)

4) 북미

완전한 외교관계를 목표로 하기 위한 협의, 테러지원국가 지정해제를 위한 작업 등을 개시한다.

2. 작업부회 설치

초기단계 조치의 실시 및 6자회담 공동성명의 완전한 실시를 위해 공동성명의 요소에 대응하는 다음의 작업부회를 설치하고, 30일 이내에 회의를 개최한다.

1) 한반도 비핵화(의장; 중국)
2) 북미 국교정상화(의장; 북한 · 미국)
3) 북일 국교정상화(의장; 북한 · 일본)
4) 경제 및 에너지 협력(의장; 한국)
5) 동북아시아의 평화 및 안전 메커니즘(의장; 러시아)

3. 초기단계의 다음단계의 조치

1) 북한

모든 핵계획의 완전한 신고의 제출 및 기존의 모든 핵시설의 무능력화 등을 행한다.

2) 경제 · 에너지 · 인도적 지원

중유 95만 톤에 상당하는 규모 (상기 1. (2)의 5만 톤과 함께 총 100만 톤)을 한도로 하는 경제, 에너지 및 인도적 지원을 공여한다. (주: 한미중러가 실시하며, 납치문제를 포함한 북일관계에 진전이 될 때까지 일본은 참여하지 않는 것에 대해 관련국은 양해한다)

4. 6자 각료회의

「초기단계 조치」가 실시된 후, 6자 각료회의(외무장관을 상정)를 개최한다.

5. 다음 6자회담

제6회 6자회담은 3월 19일에 개최한다.

출처) 외무성 「제5회 6자회담 제3세션의 개요」, 2007년 2월

이상과 같이 합의문서는 북한이 60일 이내에 핵재처리시설을 포함한 영변핵시설을 가동정지shut down 및 봉인seal하는 것과 함께, 2002년 12월에 추방한 IAEA사찰관을 복귀시키는 것이 포함되었다. 보유한 플루토늄을 포함한 모든 핵계획에 대해 한미일중러 5개국과 협

의할 것도 요구했다. 단, 합의문서에는 「핵무기」라는 직접적 표현은 사용되지 않았다[123].

또한 미국이 북한에 대한 테러지원국가 지정을 해제하는 작업에 착수, 과거 제재의 근거가 된 대적성국통상법의 적용을 종료하는 작업을 시작하는 것을 담았다. 아시아개발은행 등의 융자에 길을 여는 것으로 북한을 배려한 형태였다[124].

힐 미 국무차관보는 13일 밤, 북미가 대립해 온 금융제재문제에 대해 "30일 이내에 해결한다고 중국 등에 표명했다"라고 밝혔다. 북미 국교정상화의 작업부회를 위해 북한 수석대표인 김계관 외무차관을 뉴욕에 초대한다는 것도 밝혔다. 일련의 핵위기 발단이 된 우라늄 농축 계획문제에 대해서는 "비핵화 작업부회에 분과회를 설치하는 것을 상정하고 있다"라며, 계획의 존재를 부정하는 북한을 추궁하는 자세도 보였다[125].

작업부회는 「비핵화」, 「북미 국교정상화」, 「북일 국교정상화」, 「경제 및 에너지 협력」, 「동북아시아의 평화 및 안전 메커니즘」의 5개가 설치되고, 30일 이내에 첫 회의가 개최된다. 순조롭게 진행되면 4월에도 6자 외무장관회의가 개최된다. 다음단계 조치를 논의하기 위해 차기 6자회담을 3월 19일에 개최하는 것도 정했다[126].

『조선중앙통신』은 13일 「각측은 조선의 핵시설 가동 임시중지와 관련하여 중유 100만 톤에 해당하는 경제, 에너지지원을 제공하기로 하였다[127]」라고 보도했고, 앞으로 「임시중지」등 인식의 차이가 합의 이행에 영향을 미칠 우려도 있었다.

요컨대, 제5회 3단계 6자회담은 위기를 반복한 북한 핵문제를 해결하려는 획기적 진전의 합의였다. 특히, 이 합의는 6자회담이 북일교섭에서 차지하는 비중을 느끼게 하는 부분으로, 향후 북일교섭의 틀에 절대적 영향을 미치는 「북일교섭과 6자회담은 수레의 양 바퀴」임을 국제사회가 약속한 것이었다.

제5회 3단계 6자회담 합의에 따라, 북일교섭공간에서 당사자의 반응을 보면 관련 교섭공간의 상태를 잘 이해할 수 있다.

6자회담에서의 합의에 따라, 납치피해자가족회의 요코타 시게루 대표는 2월 13일, “미국이 테러지원국가 지정의 해제를 검토할 때, 납치문제 해결을 북한에 촉구할 것인가 여부는? 북일 국교정상화 작업부회에서도 북한이 「납치는 해결됐으니까 경제협력만 협의하고 싶다」고 말하기 시작하는 것은 아닌가”라고 우려했다[128].

한편 부시 미국대통령은 2월 13일, 6자회담이 비핵화를 향한 초기단계 조치에서 합의한 것에 대해 “나는 만족한다”라는 성명을 냈다. 라이스 국무장관도 회견에서 “올바른 방향으로 희망을 가질 수 있는 중요한 첫 걸음이다”라고 말해, 북한이 합의한 대로 의무를 이행할 필요성을 강조하면서도 일단 평가하는 자세를 보였다[129].

그리고 재일본조선인총연합회는 2월 13일, 이번 합의를 「환영한다」며, 일본정부에 대해 「우리나라에의 적대시정책과 조총련에의 정치탄압의 즉각 중지」와 「북일 평양선언에 따라 불행한 과거청산과 국교정상화를 위한 조치」를 요구한다, 라는 코멘트를 발표했다[130].

이렇게 제5회 3단계 6자회담의 합의에 따라 국제공간은 북일 국교정상화교섭을 촉구하는 교섭촉진적 상태가 되었다. 그러나 교섭상대국공간은 2006년 핵실험과는 그 성격은 다르지만, 북미교섭 우선전략에 의한 일본의 고립을 강화하는 교섭교착적 상태가 이어졌다. 또한, 국내공간에서는 제5회 3단계 6자회담 합의에 대한 납치가족의 반응에서 볼 수 있듯이 상당히 교섭교착적 상태의 연속이었다.

이 상황에서 제1회 북일 국교정상화를 위한 작업부회는 제5회 3단계 6자회담에서의 공동합의 문에 명시한대로 열렸다.

5. 소결

제5장에서 언급한 바와 같이, 북일교섭의 국제공간은 제4회 2단계 6자회담에서의 합의에도 불구하고, 이 합의에 대한 북미간 해석의 차이와 미국에서 제기된 BDA문제에 의해 다시 교섭교착적 상태로 전환됐다. 물론 미국의 대북 금융제재가 아직 전면화되지 않았기 때

문에, 제5회 6자회담은 제4회 합의에 따라 2005년 11월 9일, 전회의 공동성명의 실현을 위해 베이징에서 시작되었지만, 북한의 미국 금융제재에 대한 강한 반발 속에서 성과 없이 끝났다.

이와 같은 상황에서 북한은 BDA문제에서 상호불신이 풀리지 않는 북미간에 다리 역할을 일본이 담당해 주었으면 하는 기대에서 일본과의 교섭에 적극적으로 임했다. 일본과의 대화를 계속함으로써 미일의 보조에 미묘한 혼란을 초래해, 미국의 고립을 두드러지게 하려는 생각에서였다. 북한는 북일 국교정상화교섭의 재개를 통해 미국정부의 강경자세에 우회적으로 대응할 필요성이 강했다.

그러나 BDA를 둘러싸고 북미가 대립하고 있는 동안 2006년 9월 이후, 아베정권의 발족부터 납치문제를 둘러싸고 대북 공세가 강화되어, 북일교섭의 국내공간도 교섭교착적 상태가 구조화되었다. 이 상황에 낀 북한은 2006년 7월 미사일 발사와 10월 핵실험을 단행하고, 그것을 계기로 상대국공간도 교섭교착적 상태가 최고조에 이르렀다.

이와 같이 모든 교섭공간이 교섭교착적 상태에 있는 가운데에서도 파국을 피하기 위해 중국 등 국제사회의 대화노력에 의해 국제공간은 급속하게 교섭촉진적 조건을 늘려갔다. 그것이 제5회 2단계 6자회담 재개(2006.12.18)와 이어 베를린에서 북미 수석대표회담(2007.1.16~18), 북미 실무자협의(1.30~31)로 BDA문제도 해결의 전기가 만들어져, 「제5회 3단계 6자회담」의 공동합의(2007.2.13)까지 진행되었다. 이 6자회담의 공동합의는 국제공간의 교섭촉진적 상태라는 좋은 조건으로 북일교섭 재개에 결정적 사건으로서 북일교섭의 6자회담국면이라는 전략적 국면을 열었다. 특히, 이 국면에서 국제공간은 북미를 포함해 북일 양국의 국교정상화를 위한 노력을 다시한번 강조하고, 구체적으로는 북일 국교정상화 작업부회까지 구성하는 것을 국제적 틀에서 합의한다는, 어떤 시기보다 훨씬 교섭촉진적 상태가 되었다.

그리고 북한의 입장으로써는 핵문제를 매개로 한 6자회담의 당면타결은, 북미간 국교정상화를 포함해 북일간 국교정상화에까지 이르는 유리한 상황으로 이어진다. 그러나 북미관계가 개선되고 있는 상황에서 일본이 납치문제를 중심으로 대북 공세를 더해 갔기 때문에, 북한은 북일교섭에 대해 적극적으로 응할 이유가 없었다. 따라서 교섭상대국공간은 교섭교착적 상태가 더 강해지고 있었고, 일본은 북한의 대일 패싱전략에 의해 불리한 상황에 빠졌다고 할 수 있다.

국내공간을 보면 납치문제 해결에서 국제공간의 교섭촉진적 상태를 충분히 살릴 수 없었다. 국내공간은 고이즈미 재방북 이후 열린 납치문제를 둘러싼 북일 실무자협의 이후, 여전히 교섭교착적 상태는 계속되었다. 그러나 납치문제로 인한 국내공간의 교섭교착적 상태는, 국제공간이 교섭촉진적 상태로 변화해 간 것을 고려하면, 상대적으로 약한 상황이었다고 할 수 있다. 특히, 납치문제도 이미 2005년 12월 유엔에서 공식 논의돼 국제공간의 틀로 들어갔기 때문에, 국제공간의 교섭촉진적 상태는 그 문제 해결에 유리하게 작용하게 되었다.

6자회담국면에서 북일교섭의 공간은 제5회 3단계 6자회담의 공동합의를 결정적 사건으로 북한이 「대미우선-대일패싱 전략」에 따라 북일교섭에 소극적으로 임하고, 납치문제 미해결이란 명분으로 취하고 있던 일본지도자의 강경자세 등, 교섭상대국·국내공간은 상당히 교섭교착적 상태였다.

그러나 국제공간은 북한 핵문제가 당면 해결돼 교섭촉진적 상태가 된 것을 배경으로 북일교섭은 한 걸음 더 진전하게 되었다. 국제공간은 그만큼 핵문제라는 이슈의 측면에서도 국제적 합의의 영향력이라는 측면에서도 북일교섭에 큰 영향을 미쳤다. 따라서 국제공간의 교섭촉진적 상태는 다른 교섭공간의 교섭교착적 상태를 상쇄할 만한 힘을 가지고 있었다. 이 시기의 북일교섭은 이전의 교섭국면과는 달리 다국간 합의의 국제적 틀 내에서 추진돼, 국제공간의 교섭촉진적 상태의 절대적 중요성이 부상한 것이다.

결국, 6자회담국면은 북한 핵실험(2006.10) 이후 악화된 북미·북일관계 속에서 북한 핵위기가 수습된 제5회 3단계 6자회담의 공동합의(2007. 2)라는 결정적 사건을 계기로 하는 전략적 국면이다. 그리고 그 교섭공간의 상태가 CⅠ∽CⅥ 중, 교섭상대국·국내공간의 2개가 교섭교착적이고 국제공간 1개가 결정적으로 교섭촉진적인 CⅣ(D-D-P)에 속한다.

6자회담국면에서 공동합의 이전의 주요국면에서부터 공동합의 직후에 걸친 교섭 공간의 상태 변화를 정리하면 다음의 **그림6-1**과 같다.

그림 6-1 6자회담국면의 교섭공간의 상태 변화

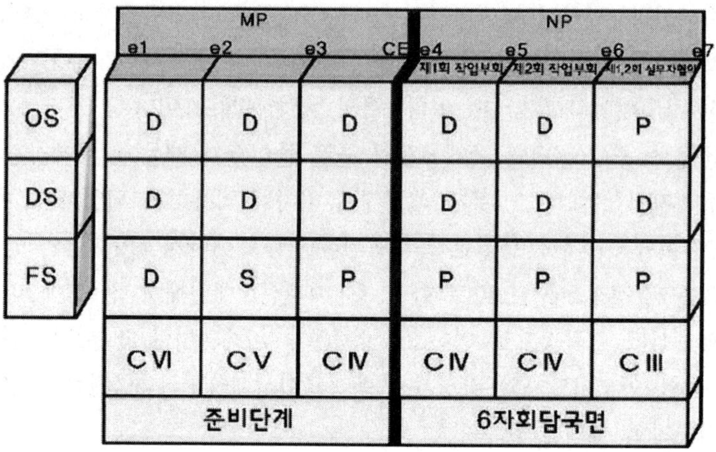

1. OS; Opponent Space DS; Domestic Space FS; Foreign Space
2. MP; Main Phase NP; Negotiation Phase CE; Critical Event
3. P; Promotive D; Deadlock S; Static
4. CⅠ∽CⅣ; 교섭공간의 상태
5. e1; 북한 미사일 발사·핵실험(06.7~10)/e2; 위기수습과 제5회 2단계 6자회담(06.10~06.12)/e3 아베내각의 납치문제 공세와 북미 베를린 수석대표회담(06.10~07.1)/CE; 제5회 3단계 6자회담의 공동합의(07.2, CⅣ; D-D-P)/e4~e7; 북일교섭(2007.3∽2008.8).

제2절 6자회담국면의 교섭패턴

앞 절에서 정리한 대로 6자회담국면은 북한 핵실험(2006.10) 이후 악화된 미일·북일관계 속에서 북한 핵위기가 수습된 제5회 3단계 6자회담 공동합의(2007.2)라는 결정적 사건을 계기로 하는 전략적 국면이다. 그리고 그 교섭공간의 상태는 CⅠ~CⅥ 중, 교섭상대국·국내공간의 2개가 교섭교착적이고 국제공간의 1개가 결정적으로 교섭촉진적인 CⅣ(D-D-P)에 해당한다.

CⅣ상태에 해당하는 6자회담국면에서 북일교섭은 6자회담의 공동합의를 계기로 제1회 북일 국교정상화 작업부회(2007.3)로 재개되어, 제2회 북일 국교정상화 작업부회(2007.9)까지 이어졌다. 하지만 그 후 제3회 북일 국교정상화 작업부회를 위해 열린 2008년 6, 8월 북일 실무자협의 등이 계속되고 있는 지금도 진행 중이다.

본 절에서는 이 6자회담국면의 제교섭에서 3개의 교섭상대국, 국내, 국제공간에 대한 일본의 교섭 대응패턴을 보여준다.

1. 제1회 북일 국교정상화 작업부회(2007.3.7~8, 하노이)

1) 교섭공간

제5회 3단계 6자회담의 합의는 BDA문제 해결과 6자회담 재개를 위해 조성된 북미대화 분위기 속에서 진행되었다. 그럼에도, 아베정권은 북미대화 조류에 거스르는 듯 북한에 대해 엄격한 자세를 취해왔고, 일본은 납치문제의 진전이 없으면 북한에의 에너지지원에 참가하지 않는다고 하고 있었다. 그러나 각국이 「초기단계 조치」에 합의함으로써 일본만 독자노선을 계속하기 어려운 상황에 몰렸다.

아베 총리는 2월 13일의 중의원 예산위원회에서 6자회담에 대해 "일본은 납치문제가 있기 때문에 에너지지원과 원조는 할 수 없다"라는 정부방침을 거듭 강조했다. 게다가 "그러나 그러한 틀을 만드는 중에 북한(의 핵폐기)을 각국이 촉구하는 것에 대해서는 일본도 협력해 나가자는 것이다. 일본의 입장은 다른 나라들도 이해하고 있다"라고 간 나오토 의원(민주)의 질문에 대답했다. 또한, 총리는 북일 수석대표의 양국간 협의에 대해 "일본에서 납치문제 해결을 강하게 북한에 요구했지만, 구체적 진전은 없었다"라고 설명했다[131].

아베 총리는 6자회담의 합의를 접하고, 2월 15일자 「아베내각 메일매거진」에서 「일본은 국제사회와 협력하여 북한에 압력을 가해 왔습니다. 이것이 대화로 이행 해가는 것을 나는 바라고 있습니다」라고 적었다[132]. 총리가 납치문제에 대해서는 「안이한 타협은 하지 않습니다」라고도 강조하고 있었지만[133], 지금까지의 대북 정책에서 취했던 「압력」중시 자세의 변화를 나타낸 것이었다. 즉, 아베 총리가 국제사회와 협력하여 북한에 압력을 가해 온 「대북 포위망」에서 대화노선으로의 전환을 모색하고 있는 것을 나타났다.

또한, 북일간 대화를 요구하고 있던 야마자키 다쿠 회장은 2월 18일, 북한에 의한 납치문제에 대해 "6자회담 작업부회에서 대화하는 것에는 한계가 있다. 아베 총리라도 누구라도 책임 있는 사람이 (북한에) 책임지고 교섭을 하지 않으면 안 된다"라고 총리 등 정부요인의 방북도 포함한 직접대화의 필요성을 호소했다[134].

북한외무성은 2월 19일 조총련에 대한 수색이 계속되고 있는 것에 대해 아베 총리를 지명해 비난하는 대변인성명을 발표했다. 『조선중앙통신』에 따르면, 성명은 경찰에 의한 총련 시설에 대한 수색 등을 「우리나라의 주권에 대한 참을 수 없는 침해행위」라고 비판한 후, 아베 총리를 「전범자의 후손으로서 그 책임당사자의 한사람인 아베가 조상대대로 조선사람들에게 저지른 죄과에 대해 누구보다 철저히 사죄하고, 응당한 보상을 하는 대신 자기 집권기간에 감히 총련을 없애 보려는 야욕을 품고 이 모든 범죄소동의 앞장에 서서 날뛰고 있는 데 대하여 우리는 특별히 주목하지 않을 수 없다」라고 비난했다[135].

아베 총리는 2월 21일, 방일중인 체니 미국부통령과 총리관저에서 회담했다. 북한의 핵문제를 둘러싼 6자회담에서 향후 미일이 협력하는 것을 확인한 것에 대해, 부통령은 "일본의 납치피해자의 비극의 해결도 공통의 과제이다"라며, 납치문제에서 일본에 협력하겠다는 자세도 강조했다[136].

아베 총리는 2월 25일, 니가타 시를 방문해 북한에 납치되어 2002년에 귀국한 하스이케 가오루·유키코祐木子 부부, 지무라 야스시·후키에富貴恵 부부, 소가 히토미 등 5명 전원과 면담하고, 총리는 "(6자회담의 북일) 작업부회에서 어떻게든 조금이라도 진전이 있게 노력해 나가고 싶다"고 강조했다. 또한, 총리는 면담 후 작업부회에서 다루는 주제에 대해 "실행범의 인도를 요구하는 것은 당연하다. 특정실종자는 정부로서 납치피해자로 인정하고 있는 것은 아니지만, 조회를 요구하고 싶다"라고 기자단에게 말했다[137].

아베 총리는 3월 1일, 총리관저에서 아소 외무장관 등과 6자회담의 북일 국교정상화에 관한 작업부회를 위한 대응을 협의하고, 납치문제의 진전이 없으면 에너지지원에 참가하지 않겠다는 기본방침을 확인했다. 시오자키 야스히사塩崎恭久 관방장관은 1일 오전 기자회견에서, 지원 참가의 조건에 대해 "북한측의 실제 대응을 본 후에 우리나라가 개별적 구체적으로 판단한다. (납치문제의) 조사 계속과 정보제공을 약속한 것만으로 진전이 있었다고는 생각하지 않는다"라고 말했다[138].

요컨대, 6자회담의 공동합의에 명시된 바와 같이 북미회담이 북한의 테러지원국가 지정해제까지 진행되면, 납치문제의 해결은 멀어질 것이라는 우려가 확산되고 있는 교섭교착적 상황에서, 아베정권은 제1회 북일 국교정상화 작업부회에서 강한 자세를 취해 임하게 되었다. 북한의 상대국공간도 아베정권의 공세에 강경한 자세를 보여 교섭교착적 상태였다. 반면, 북미관계를 포함한 국제공간은 북일관계의 진전을 촉구하는 교섭촉진적 상태였다.

2) 교섭의 진행

제1회 북일 국교정상화를 위한 작업부회는 2007년 3월 7일 및 8 일, 베트남 하노이에서 개최되었고, 일본측대표는 하라구치 고이치 북일 국교정상화교섭 담당대사, 북한측대표는 송일호 외무성 북일회담담당 대사가 참석했다. 일본과 북한의 공식적 정부간교섭은 2006년 2월 제1회 북일 포괄병행협의 이후 약 1년 1개월만으로, 아베정권에서는 처음이었다. 이 작업부회는 제5회 3단계 6자회담의 성공 분위기에 힘입어, 이에 앞서 북일 양국대표단은 3월 6일 비공식 사전협의[139] 및 만찬을 갖고, 첫날인 7일은 납치문제를 8일은 「과거청산」을 포함한 국교정상화를 의제로 하는 것에 합의했다[140].

제1회 북일 작업부회는 하노이 시내의 일본대사관에서 7일 오전 9시반 (일본시간 같은 날 오전 11시반)에 시작해 정오까지 이어졌지만, 납치피해자의 조기 송환 등을 호소한 일본에 대해, 북한대표단이 「납치문제는 해결됐다」라는 기존의 주장을 바꾸지 않고, 태도를 경화시켜 오후협의를 거부했다. 일본대표단이 설득한 결과, 북한은 마지막날인 8일에 회담에 복귀하는 것에 응해 다시 납치문제를 논의하고 국교정상화도 의제로 하게 되었다[141].

하라구치 대사는 협의의 모두에서 "(2002년의) 북일 평양선언에 입각해 납치, 핵, 미사일의 현안사항을 포괄적으로 해결한다는 방침하에, 적극적으로 작업부회에 임한다. 송 대사와 함께 노력하고 싶다"며 납치문제의 진전에 기대감을 나타냈다. 이에 대해 송 대사는 "(북한의 핵문제를 둘러싼) 6자회담의 합의 이행에 도움 되기를 기대한다"라고 답했다[142].

이 작업부회에서 일본정부는 이번 협의에서 북한이 「납치는 미해결의 문제」라고 인정하면 납치문제 진전의 판단재료로 6자회담에서 보류하고 있는 에너지지원에 참가할 수 있다고 했지만, 사태가 변화할 가능성은 매우 낮아졌다[143]. 미국과의 관계정상화를 우선하고 있는 북한이 일본에 대해 서둘러 양보할 이유가 없었기 때문이었다.

작업부회에서 일본측은 (1) 모든 납치피해자·가족의 조기 귀환, (2) 납치사건의 진상규명, (3) 용의자의 인도를 강하게 주장했다. 또한, 특정실종자의 정보를 추가 제공하고 조사를 요구했다. 북한이 요코타 메구미의 유골이라고 주장하고 일본이 다른 사람의 유골이라고 감정해 엇갈린 문제도 거론했지만 평행선을 그었다[144].

이에 대해, 북한측은 (1) 일본측이 다른 사람이라고 하는 납치피해자 요코타 메구미의 「유골」의 반환, (2) 식민지시대의 840만 명 이상의 조선인 강제연행, 100만 명 이상의 학살, 20만 명의 「종군위안부」에의 개인보상, (3) 탈북자를 지원하는 일본인의 인도, 등을 거듭 요구했다[145].

점심 휴식시간까지 약 2시간 반의 토론에서 송일호 대사는 "일본의 문제제기에 대해서는 최대한의 것을 해왔다. 이 이상 논의할 의의에는 회의가 든다"라고 주장하면서 "오후의 회의는 개최하지 않기로 하겠다"라며 협의거부를 통보했다. 하라구치 고이치 대사는 7일 밤, 기자단에 북한측의 주장에 변화가 없었다는 것을 설명했다. 또한, 북한측이 일본의 설득에 따라 8일 오전 10시부터 북한대사관에서 회담을 재개하기로 했다는 것을 밝혔다[146].

재일본조선인총연합회 기관지 『조선신보』 전자판은 3월 7일, 하노이 발 기사에서 「일본측의 무분별한 강경자세에 의해 중단상태에 빠졌다. 일본대표단은 회의장에서 납치문제에 대한 황당무계한 억지논리를 주장하고, 북일 평양선언의 정신을 왜곡하는 언동을 서슴지 않았다」며 일본을 비난했다[147].

『조선신보』는 일본측의 태도를 비난하면서, 「일본측은 이번 회의에서 납치문제의 진전을 최우선과제로 하고 있는 일본정부의 방침에 대해 언급하면서 『납치문제 해결 없이 국교정상화는 있을 수 없다』라는 기존의 입장을 반복했다. 한편, 북한측은 요코타 메구미의 유골 제공 등 지난 기간 조사과정에 자신이 기울인 노력에 대해 다시금 언급했다. 이에 대해 일본측도 모르지 않은 사실이다. 과거에는 평양을 방문한 일본정부대표단 단장이 북한측의 노력에 사의를 표명한 적도 있다」라고 주장했다[148].

이어 『조선신보』는 「북한측은 납치문제와는 비교할 수 없는 과거 일본의 특대형 인권유린범죄에 대해 언급했다. 그리고 평양선언에서 과거청산을 약속한 일본이 이 문제의 해결을 위해 작은 움직임조차 보이지 않았다고 추궁했다. 일본측은 이에 대해 매우 부정적 태도를 취했다고 한다. 북일 관계자에 따르면 일본측은 1945년 이전의 조선인 강제연행, 학살만행, 조선일본군위안부문제 등은 재산 및 청구권을 포기한다는 평양선언의 내용에 의해 이미 해결된 것이라며 이에 대해 토론하는 것을 거부했다. 또한, 1945년 이전에 있었던 것에 대해 북한측이 요구해도 오늘의 시점에서 사실관계를 확인할 수 없다고 했다」며 보도했다[149].

아베 총리는 7일 밤 총리관저에서 기자단에게 "북한과의 교섭에서는 여러 가지 일이 있다. 우리는 납치문제를 진전시켜 해결한다는 그러한 방침으로 기본을 바꾸지 않고 끈질기게 교섭해 나가고 싶다"라고 말했다[150].

제1회 북일 작업부회는 8일 오전 10시(일본시간 같은 날 낮)부터, 북한대사관에서 이틀째 회담을 하고 전날 협의할 예정이었던 납치문제와 국교정상화가 의제가 되었다. 그러나 납치문제와 국교정상화를 놓고 양쪽 모두 원칙론의 응수로 시종해, 10시 45분에 끝났다. 양측은 다음 일정은 미정이지만 협의를 계속하기로 합의했다[151].

일본이 납북피해자·가족의 조기 귀환 등을 강하게 요구한 것에 대해 북한은 일본이 발동한 경제제재의 해제와 조총련에 대한 탄압중단, 일본이 요코타 메구미의 것과 다른 사람이라고 감정한 유골의 반환, 탈북자지원 NGO단체 관계자의 인도 등을 요구했다[152].

북한의 송일호 대사는 8일 오전회담 종료 직후 기자회견을 갖고 "일본측은 이미 해결된 납치문제에 집착했다. 우리는 이러한 일본측의 입장을 결코 받아들일 수 없다"라고 말했다. 또한 일본정부가 납치문제의 진전이 없으면 6자회담의 공동합의에 기초한 대북 에너지 원조에 참가하지 않겠다는 태도를 취하고 있는 것에 대해 "우리는 일본에 에너지원조를 요구할 생각도 수용할 의사도 없다"라고 말했다[153].

그리고 송일호 대사는 일본이 요구하는 안부불명자의 재조사에 대해 "(일본의) 제재철회와 (조선) 총련탄압 즉각중단, 「과거청산」의 개시과정을 보고 고려한다. 우리는 납치문제(에의 대응)는 모두 마쳤는데, 일본은 조금도 움직이지 않는다"고 말했다. 한편, 핵문제에서는 일본이 납치문제와 얽힌 대북 에너지지원에는 참가하지 않는다고 하는 것에 대해 "안보열차에 무임 승차했다"라고 비판했다[154].

한편, 외무성의 설명에 따르면 일본측이 국교정상화문제에 대해서는 국교정상화를 위해서는 납치문제를 포함한 현안사항의 해결과 「불행한 과거청산」의 쌍방이 달성되어야 한다는 것을 강조하면서, 「불행한 과거청산」에 대해서는 북일 평양선언에서 확인된 이른바 「일괄해결, 경제협력방식」이 유일한 현실적 해결책이라고 설명했다. 북한측에서는 이 「일괄해결, 경제협력방식」이 의미하는 바에 대해, 제대로 이해하고 있지 않다고 여겨지는 발언이 있었다[155].

이 국교정상화를 둘러싸고 북한은 종군위안부문제 등으로 보상이라는 별도의 「과거청산」을 요구했다. 송 대사는 회견에서 "강제연행 등 특대형 반인륜 범죄에 대해서는 경제협력과 별도로 계산되어야 한다"고 주장했다[156].

하라구치 고이치 대사는 8일, 현지 일본대사관에서 기자회견을 갖고 이틀간의 회담에 대해 "납치문제를 포함한 북일관계의 진전을 위한 구체적 성과를 얻지 못한 것은 유감스럽다"라며 실망감을 표명했다. 다음 일정이 정해지지 않았던 것도 밝히고, "어떻게든 접촉하여 결정할 것"이라고 말했다. 하라구치 고이치 대사는 납치문제로 북한이 「해결종료」라는 자세를 바꾸지 않은 것을 "성의 있는 대응을 보이지 않았다"라고 비판했다. 단지 "서로의 입장을 직접 확인한 것에는 일정한 의미가 있었다"라며 "작업부회는 6자회담의 일환으로 시작되어 그 결과가 다른 부분에도 영향을 미친다. 북한도 그것을 인식하면 입장을 재검토하게 되지 않을까"라고 지적했다[157].

제1회 북일 작업부회는 제5회 3단계 6자회담 공동합의에 따라 열린 첫 회합이었지만, 여전히 납치문제와 국교정상화문제가 아슬아슬하게 맞섰다. 3월 7일 회합은 오전 9시 30분부터 정오까지 열리고 오후에는 비공식적 의견교환 (약 2시간) 이외에 중단되었다. 3월 8일에는 오전 10시부터 10시 45분까지 45분 미만으로 끝나고, 이틀 동안 3시간여 토의한 것에 그쳤다. 다음 작업부회 일정에 대한 합의는 얻지 못했다.

3) 교섭패턴

제1회 북일 국교정상화를 위한 작업부회는 6자회담의 합의에 따라 열린 아베정권의 첫 대화의 자리였다. 그러나 아베정권의 처음부터 강경한 자세에 대해 북한도 초강경 자세를 숨기지 않아, 교섭은 교착에 이르렀다.

일본정부는 6자회담의 합의에 대해서도 납치문제의 진전이 없으면 6자회담 합의에 근거한 대북 에너지원조에 참가하지 않겠다는 입장을 이미 표명했다. 그에 대해 송 대사는 일본의 에너지원조를 원하지 않는다고 말해, 북미교섭 우선의 입장에 따라 일본고립과 패싱전략을 보여 주었다. 정부와 외무성 내에서는 이 협의 전에 처음으로 미국을 축으로 한 6자회담의 틀 속에 북일관계 개선이 자리 잡았다는 이유로, 북한의 태도에 변화가 있을 수 있다는 견해가 있었다[158]. 그러나 북한은 북미관계를 우선하면서 일본을 지켜봤을 뿐이었기 때문에 교섭상대국공간은 교섭을 촉진하는 것은 아니었다.

그리고 종군위안부를 둘러싼 「강제성」에 의문을 제기하며 사죄를 요구하는 미 하원 외교위원회의 결의가 채택돼도 「사과할 것은 없다」라고 한 아베 신조 총리의 국회 등에서의 발언[159]도 있었다. 이에 대해서도 『조선중앙통신』에 의하면 북한외무성 대변인은 3월 7일, 아베 총리의 발언을 「망언」이라고 비난하는 담화를 발표했다. 아베 총리의 종군위안부문제에 관한 일련의 발언에 대해, 북한이 공식 입장을 표명한 것은 처음이었다. 담화는 「(구) 일본군 『위안부』 범죄는 반드시 결산되게 될 것이다」라고 주장했다[160].

제1회 북일 작업부회는 북한 핵문제 해결이라는 국제공간의 최고조의 교섭촉진적 상태에도 불구하고 아베정권의 강경책에 대한 북한의 불만이 높아지고 있는 상황에서 열렸다. 아베정권의 강경책은 납치문제를 둘러싸고 국내공간의 교섭교착적 요구를 받아들인 결과였다. 더욱이 일본측은 에너지 불지원이라는 입장에서 제5회 3단계 6자회담 합의에 보조를 맞추지 못한 채, 납치문제 해결에서 미국과 연계하여 해결하려고 했기 때문에, 북한의 초강경대응은 예상하지 못했다.

실제로 이 협의가 있기 반나절 정도 전에 종료한 북미 국교정상화 작업부회에서, 힐 미 국무차관보는 납치문제를 거론했다. 그리고 북한대표 김계관 외무차관이 납치문제에서도 유연한 자세를 보이고 있었다. 미국정부 고위관계자에 따르면 김 차관은 북일 작업부회를 통해 이 문제를 논의할 뜻을 전했다. 북일간에 좋은 관계를 구축하는 것이 중요하다는 호소에도 김 차관은 동의했다고 한다[161].

미 정부는 일본에 대해 극진한 배려를 보였다. 미 정부 고위관계자에 따르면, 미 정부가 북미 국교정상화 작업부회를 개최할 즈음, 일본과의 작업부회를 「같은 시기에 열도록」이라고 북한에 제의, 납치문제가 방치되지 않도록 했다. 힐 차관보는 『아사히신문』 등과의 인터뷰에서 "북일부회가 30일간의 기한 내에 열릴 것인지 정말 걱정했다"라고 하면서도 "(북미, 북일의) 어느 쪽이 먼저 진행하는 일이 없도록 하려고 했다"라고 명언해 일본과의 긴밀한 협의를 강조했다[162].

따라서 일본은 미국과 협력해 북한에 압력을 가함으로써 납치문제를 해결하는 데 낙관적이었다고 말할 수 있다.

그러나 일본교섭자의 납치문제에 대한 미일의 연계에 대해 지나치게 낙관적 전망과 아베정권의 대북 강경책 속에서 제1회 북일 작업부회의 교섭은 교착했다. 미 정부는 침체하고 있던 대북 핵외교의 실적 만들기를 목표로 이미 북한 핵실험 이후 고조되고 있던 6자회담 참가국의 대화노력을 배경으로 해 북한과의 대화노선으로 크게 방향을 바꾸었다. 따라서 미 정부는 북미 2국간 협의에 신중했던 자세를 바꿔 2007년 1월에는 베를린에서 힐 국무차관보와 김계관 외무차관이 직접 대화해서 6자회담 합의로 연결해 냈다.

6자 공동합의 이후 북한의 주요전략은 확실히 미국과의 관계정상화를 통해 일본과의 문제도 해결한다는 것이었다. 북한이 강경자세를 바꾸지 않았던 배경에는, 2월의 6자회담에서 설치가 결정된 작업부회 5개 중, 만약 북일 작업부회가 교착한다해도 현재로서는 「손실」이 없기 때문에 6자회담 전체의 흐름을 방해하는 것도 아니라는 것이 있었다. 즉, 6자회담을 통해 북미관계를 우선시하는 북한의 교섭공간 이동이 명확한 것이었다. 따라서 제1회 북일 작업부회는 양국의 전략이 교섭교착적 교섭공간의 상태에서 정면으로 충돌한 것이었다.

일본이 납치문제를 최우선과제로 삼고 그 해결에 집중해 북한의 강경책이 강해진 상황에서도 6자회담을 바탕으로 열린 다른 작업부회는 순조로웠으므로, 일본의 고립감은 깊어졌다.

북일에 앞서 3월 5, 6 이틀간 뉴욕에서 열린 북미 작업부회에서는 양국이 친밀한 관계를 연출하고 있었다. 북한의 김계관 외무차관이 브로드웨이에서 뮤지컬을 감상했다. 미국측은 「국가원수 수준」(북미관계자)의 엄중한 경비로 응하고 있었다[163]. 바로 몇 달 전까지 북한과의 직접교섭을 거부하고 있던 부시정권이었지만, 북미관계를 뒤엎는 공기는 클린턴 전 정권의 막판 해빙분위기를 닮아왔다. 구체적 내용은 밝히지 않았지만, 미 정부의 테러지원국가 지정목록에서 북한을 제외하는 문제 및 대적국통상법에 의한 제재해제 등 외에 미국측이 납치문제에 대해서도 언급한 것에 대해, 김 차관이 북일부회를 통해 논의한다고 답했다. 또한, 근간 해제가 예상되는 마카오은행 「BDA」의 북한관련 계좌의 동결문제도 의제가 될 전망이었다[164].

북미, 북일 작업부회 전부터 6자회담 관계자들 사이에서는 「북한은 일본정부의 요청을 받아 납치문제를 언급한 미국에게는 체면을 손상하지 않도록 배려를 하는 한편, 대북 강경자세를 계속 취하는 일본에 대해서는 경제제재의 해제, 조총련에 탄압중단 등을 반복하여 철저하게 타협하지 않는다」라는 지적이 나오고 있었다. 일본에 대한 냉대는 대표단의 얼굴에도 나타나고 있었다. 관계자에 따르면 송 대사 이외에 일본담당국의 직원은 없었다고 한다[165].

『라디오프레스』가 전한 『평양방송』 등에 따르면, 북일 작업부회에 맞춘 것처럼 북한외무성 대변인은 3월 7일 아베 총리의 위안부문제의 발언에 대해 「일국의 수상이라는 사람이 올바른 역사관을 가지고 과거 범죄에 대해 겸허하게 반성하는 대신 『좁은 뜻에서의 강제성』, 『넓은 뜻에서의 강제성』이니 하는 따위의 말재간을 피우면서, 엄연한 역사적 사실과 국제사회의 공정한 여론에 감히 도전해 나서는 것을 보면, 일본의 양심과 도덕의 저열성이 어느 정도인가 하는 것을 잘 알 수 있다[166]」라고 비난하는 담화를 발표했다.

『노동신문』도 「일본 자민당의 『일본의 전도와 역사교육을 생각하는 의원 모임』 회원들이 일본군 『위안부』 범죄와 관련하여 관권, 군권에 의한 강제 연행을 부정하면서, 1993년 고노 내각관방장관이 발표한 『담화』를 『수정』 할 것을 정식으로 요구해 나서고 있다[167]」라고 비난하는 논평을 게재했다.

이와 같은 북한의 제1회 북일 작업부회에 대한 태도는 「북미 양국의 국교정상화」를 위한 긍정적 논의를 진전시킴으로써 일본을 고립시켜, 양보를 압박하려는 대응전략이었다.

한편, 6자회담 합의에 담긴 중유 5만 톤 상당의 에너지지원을 담당하고 있는 한국과 북한간의 남북 장관급회담도 3월 2일 평양에서 열리고, 북한의 핵문제를 둘러싼 6자회담의 합의사항을 원활하게 이행하기 위해 남북이 노력하기로 일치, 합의사항을 담은 공동보도문을 발표하고 협의를 마쳤다. 초점이었던 쌀·비료지원 재개는 보도문에서 언급하고 있지 않지만, 한국 수석대표인 이재정 통일부장관은 기자회견에서, 봄에 파종이 시작되는 것 등을 고려하여 비료지원을 선행해 실시하겠다는 생각을 시사했다. 미사일 발사와 핵실험을 이유로 동결해 온 인도적 지원 재개에 한 걸음 내디뎠다[168].

요컨대, 제1회 북일 국교정상화 작업부회는 납치문제 해결에 외교적 자원을 집중한 아베정권 발족 후의 첫 정부간교섭이었다. 북한 핵을 둘러싼 6자회담의 초기단계 조치의 합의에 따라 국제공간이 교섭촉진적 상태가 되어 교섭타결의 기회였다. 평양선언 이후 북일교섭을 교착시켜 온 북한 핵문제가 일단 해결되었기 때문이다. 그러나 일본은 6자회담의 합의인 에너지지원에 참여하지 않고, 납치문제에 몰두하면서 미국과의 협력에 자신감을 가지고 있었지만, 예상치 못한 북한의 강경책에 직면했다. 제1회 북일 작업부회에서 일본은 다른 작업부회의 진전과 다른 에너지의 불지원 등으로 6자회담의 틀에서 벗어나 교섭촉진적 국제공간에서 이탈해, 납치문제의 교섭교착적 국내공간에 전력을 쏟은 패턴으로 임했다.

제1회 북일 국교정상화 작업부회의 일본의 교섭패턴은 자원배분 측면에서 보면 CⅣ의 $D(R_0)-D(R_3)-P(R_0)$와 같이, 3개 교섭공간 중 특정 교섭공간에 자원을 집중배분한 「국내공간 지향의 자원집중형(CT-D)」이었다. 자원을 집중한 교섭공간은 오로지 납치문제를 둘러싼 교섭교착적 국내공간이며, 북일관계의 진전을 촉구하는 교섭촉진적 국제공간에도, 경제제재의 해제를 요구한 교섭교착적 상대국공간에도 자원을 배분하지 않았다.

2. 제2회 북일 국교정상화 작업부회(2007.9.5~6, 울란바토르)

1) 교섭공간

제1회 북일 작업부회가 북일 양국의 강경한 자세에 의해 교착되었지만, 미 재무부는 3월 14일 오후(일본시간 15일 새벽) 마카오은행 BDA에 대한 최종적인 조사결과를 발표하고, 약 1년 반 동안 북한관련 계좌의 동결해제를 (마카오당국에) 사실상 인정했다. 미 재무부는 BDA에 대해 「자금세탁 혐의가 강한」 금융기관으로서의 지정을 확정시키는 한편, 미국 금융기관과 BDA의 거래도 금지했다[169]. 따라서 실제 해제조치는 마카오당국에 맡겨지게 되었다.

그리고 마카오정부의 재정부문 최고위급인 탐팍엔譚伯源 경제재정장관은 15일 『아사히신문』 등의 취재에 대해 "동결계좌에 대한 마카오 측의 조사결과에서는 불법행위의 증거는 찾지 못했다"라며, 북한이 요구하는 전반적인 동결해제의 가능성을 남겼다. 또한, BDA를 「자금세탁 혐의가 강한」 금융기관이라고 결론을 내린 미 재무부의 14일 결정 판단에 대해 「유감스럽다」라고 말했다[170].

이와 같은 미국의 대북 금융제재의 완화 움직임에 대해, 아베 총리는 15일 총리관저에서 기자단에게 "미국의 법 집행의 일환일 것이라고 생각한다. 일본에의 영향은 없다"라고 냉정히 받아들여, 납치문제의 진전이 없으면 북한에 에너지지원을 하지 않겠다는 일본정부의 기본방침은 바꾸지 않을 생각을 나타냈다[171].

일본이 납치문제에 집중하고 있던 중, 6자회담의 「동북아시아 평화 및 안전 메커니즘 작업부회」가 3월 16일 베이징의 러시아대사관에서, 그리고 「한반도 비핵화 작업부회」의 첫 회의가 17일 베이징 댜오위다오 영빈관에서 열려, 관계자들이 참석해 북한의 탄도미사일 문제와 북한 핵시설의 가동정지 「준비」 등에 대해 논의했다.

이어서, 제6회 6자회담도 3월 19일부터 베이징에서 열렸다. 북한의 김계관 외무차관은 개막 직전에 마카오은행 BDA문제로 북미가 합의한 것을 받아, "BDA가 전면 해제되면 영변의 핵활동을 중단한다"라고 말했다. 북미는 북한관련 계좌의 동결을 전면 해제하기로 하고, 미국이 크게 양보했다고 한다[172]. 전체회합에서는 5개의 작업부회의 진전 상황보고를 중심으로 협의됐지만, 일본의 사사에 겐이치로 아시아대양주국장은 납치문제에 대해 "북일간의 문제 해결에 정면으로 대처해야 할 시기가 왔으며, 북한에도 마찬가지로 성의 있는 대응을 요구하고 싶다"라고 북한의 대응을 촉구했다. 미국의 힐 국무차관보도 "회담 도중에 퇴장하는 것은 성의 있는 자세가 아니다"라며 북일 작업부회에서 북한의 태도를 비판했다. 김 차관은 "일본이 (에너지지원) 의무를 이행할 의사가 없다면, 6자회담에 참여할 권리를 잃을 수도 있다"라고 견제했다[173].

미국의 힐은 6자회담이 열리는 3월 20일 아침, 북일 국교정상화 작업부회에 대해 “북한은 부회를 충분히 활용하고 있지 않다고 느끼고 있다. 특히 북한이 제대로 활용해야 했던 부회이다”라며, 다른 4개의 작업부회에 비해 진전이 충분하지 않다는 생각을 내비쳤다[174].

베이징에서 개최중인 6자회담에서 일본과 북한의 대립이 과열되어 있었다. 북미간 최대의 장벽이었던 마카오은행 BDA문제에 일정한 전망이 섰지만, 납치문제에서 북일의 주장이 변하지 않았다. 북일 국교정상화 작업부회의 지연이 북한의 핵문제를 주제로 하는 6자회담 자체에 악영향을 미칠 수 있기 때문에, 의장국 중국과 미러는 북한측에 대화를 촉구했다[175].

한편, 6자회담은 3월 22일 「주역」을 마카오은행의 북한계좌 동결문제로 대체하여, 실질적 토의에 들어가지 않은 채 휴회에 몰려 끝났다[176]. 일본외무성의 설명에 따르면, 「미국은 전회 6자회담 종료 시(2월 13일)에, BDA문제를 『30일 이내에 해결한다』라는 취지를 표명했다. 그 후 29일째에 해당하는 3월 14일, 미 재무부는 BDA가 미국 금융시스템에 어프로치하는 것을 차단하는 규칙을 확정했다. 또한 이번 6자회담 첫날 아침, 미국은 BDA에 동결되어 있는 자금 전액을 북한측에 반환되게 됐다는 취지를 발표했다. 그러나 북한은 단순한 결정의 발표로는 불충분하고, 실제로 송금이 확인되지 않는 한 비핵화에 대한 논의에 응하지 않는다고 주장했다. 북중미 간에 조기 송금을 실현할 수 있도록 조정을 실시했지만, 기술적 절차적 문제가 해결되지 않아, 이번 회합 중에는 실제 송금은 실현되지 않는다[177]」라는 것이었다.

그 후 3월초 총리의 「협의의 강제성」부정 발언을 계기로 미국 내에서 비판이 강해졌다. 미국신문 『워싱턴포스트』가 3월 24일자로 「아베 신조의 더블 토크」라는 제목의 사설을 싣고, 납치문제에 열중한 아베 총리가 종군위안부문제에는 눈을 감고 있다고 비판했다. 총리에게 「납치문제로 국제적 도움을 요청한다면, 그는 일본이 저지른 죄의 책임을 솔직히 인정하고, 그가 명예를 훼손한 피해자에게 사죄해야 한다」라고 요구했다. 그리고 이 신문은 6자회담에서 납치문제의 진전을 가장 중요한 과제로 하는 일본의 자세에 대해 「국내에서 떨어진 지지의 회복을 위해 납치피해자를 이용하는 아베 총리에 의해, 높은 도덕성을 가진 문제로 묘사되고 있다」라고 꼬집었다[178].

방미중인 아베 총리는 4월 27일 오전(일본시간 27일 밤), 워싱턴 근교 캠프 데이비드에서 부시 대통령과 회담했다. 납치를 포함한 북한문제에 대해, 양국이 강한 자세로 임하는 것에 합의하고, 양국 정상은 북한이 6자회담에서 핵폐기에 관한 합의의 이행을 지연시킬 경우, 추가 제재조치를 취할 가능성을 시사해 북한을 견제했다. 또한 종군위안부문제에 대해 아베 총리는 "인간으로서 총리로서 진심으로 동정하고 죄송스런 마음이다. 21세기를 인권침해가 없는 세기로 하기 위해 노력하겠다"라고 말했고, 대통령은 사죄를 받아들였다[179].

그러나 이날 미일 정상회담에서 미 정부가 북한을 테러지원국가 지정에서 제외하는 문제로 납치문제의 해결을 「전제조건으로 하지 않는다」라는 라이스 미 국무장관의 발언은, 납치문제를 둘러싸고 일본이 가장 중시하는 미일 동맹관계가 반드시 굳건하지 않다는 현실을 아베정권에게 내밀었다. 부시 대통령에게 「납치문제를 고려한다」라는 발언을 이끌어 낸 반면, 찬물을 뒤집어 쓴 일본정부는 당혹감과 의구심이 확산되고 있었다고 한다[180].

이와 같이 미국정부가 북한의 테러지원국가 지정을 둘러싸고, 표면상 「납치문제에 대한 입장에 전혀 변화가 없다」(국무부) 라고 하고 있지만, 납치문제에서 거리를 두기 시작한 미국정부의 자세가 선명해졌다[181].

더욱이 아베정권이 납치문제와 위안부문제에서 국제적으로 고립되어 있던 상황에서 허술한 연금기록문제와 마쓰오카 도시카쓰松岡利勝 전 농림수산장관의 자살 등으로 아베정권의 지지율이 급락했다.

7월의 참의원선거를 위한 『아사히신문』 제4회 연속 여론조사 (6월 2, 3일 전화)에서는 내각 지지율은 30%로 이전(5월 26, 27일)의 36%에서 더 하락, 정권 발족 이후 최저치를 갱신했다. 불지지율은 이전 42%에서 49%로 상승했다. 허술한 연금기록문제에 대한 정부의 대응이나, 자살한 마쓰오카 도시카쓰 전 농림수산장관을 둘러싼 「정치와 돈」 문제에의 비판이 쏟아졌다. 정부 · 여당은 연금문제에 신속한 대책을 취하는 것으로 정권을 다시 세우려는 자세이지만, 참의원 선거 공시를 약 한 달 앞두고, 총리의 정권운영에는 속수무책감도 나타나기 시작하고 있었다[182].

비핵화 초기단계 조치의 기한인 4월 14일까지도, BDA문제를 둘러싸고 북미대립이 이어졌지만 미국 힐 국무차관보는 6월 19일, 도쿄에 도착, 마카오은행 BDA의 북한자금문제에 대해 "내가 아는 바로는 오늘 북한계좌에 들어갔다"라며 러시아 은행에 송금된 것을 확인하고, 자금문제가 거의 완전하게 해결된 것을 밝혔다[183].

계속해서 힐 국무차관보는 6월 21일, 평양에서 김계관 차관과 박의춘 외무장관 등과 회담하고 이날 밤은 백화원 영빈관에 머물렀다. 21일 밤, 미 『CNN』 방송과 인터뷰를 한 힐은 영변원자로의 정지시기에 대해 "IAEA 대표단이 방북해서 협의한 후, 1~2주 이내가 될 것"이라고 말했다. 북한측은 난항이 예상되는 「다음단계 조치」도 준비하고 있다고 전했다[184].

그리고 미 하원 외교위원회가 6월 26일, 종군위안부문제로 일본정부에 대해 명확하게 역사적 책임을 인정하고, 일본총리가 공식 사죄하도록 요구하는 결의안을 통과시켰다. 결의안은 「일본정부는 세계에 『위안부』로 알려진, 구일본군이 젊은 여성에게 성적 노예상태를 강요한 역사적 책임을 명확한 형태로 공식적으로 인정하고, 사죄하고 받아들여야 한다」라고 지적했다. 총리에 의한 공식사죄 성명과 일본의 젊은 세대에의 교육 등을 요구하고 있다[185].

미 하원 외교위원회의 위안부 결의안 통과에 대해, 일본정부는 「계속 이해를 구할 수 있도록 노력하는 수밖에 없다」(시오자키 관방장관) 라고 했다. 종군위안부문제를 둘러싼 결의가 미 하원 외교위원회에서 통과되게 된 직접적 원인은 6월 14일, 『워싱턴포스트』 지에 게재된 의견광고이다. 여기에 일본의 여야 국회의원 40여명이 이름을 올려렸는데, 결의안은 이에 대해 「현실의 의도적 왜곡」이라고 정면으로 반박했다[186].

한편, 6월 12일에 재일본 조선인총연합회는 중앙본부가 있는 도쿄도 지요다千代田구 후지미富士見 2번지의 「조선중앙회관」(지상 10층 지하 2층 건물)의 토지와 건물을 5월 31일자로 「하베스트투자자문」(대표이사; 전 공안조사청장관 오가타 시게타케緒方重威 변호사)에 매각한 사실이 드러났다[187]. 이에 대해 거래대금 35억 엔이 미지급되는 등 정리회수기구(RCC)로부터 채무변제를 강요당하고 있는 조총련이 상징적 존재인 이 건물의 명도를 저지하려는 가장매매라는 의혹이 생겼다.

또한, 아베 총리는 13일 밤, "조총련은 구성원들이 납치를 비롯한 범죄에 관여한 사실이 밝혀지고 있다. 파괴활동방지법의 조사대상이기도 하다. 지금은 민간인이라고 하지만 과거의 입장을 충분히 생각해주지 않으면 안 된다"라며 (오가타 시게타케)전 장관에게 불쾌감을 나타냈다[188].

북한외무성 대변인은 7월 1일, 『조선중앙통신』을 통해 재일본조선인총연합회 중앙본부의 토지와 건물을 둘러싼 문제에서, 「최근 아베 일당의 총련탄압책동은 도저히 용납할 수 없는 가장 무모하고 악착한 지경에 이르고 있다」, 「아베 일당의 횡포무도한 총련탄압책동을 절대로 수수방관하지 않을 것이며 우리 해당부문에서는 필요한 조치를 취하게 될 것이다」라고 비난하는 성명을 발표했다. 성명은 북한의 핵문제를 둘러싼 6자회담에 대해 「조선반도 비핵화를 위한 6자회담의 진전에 찬물을 끼얹고 있는 일본의 본심은 결국 문제 해결을 끌어 저들의 군국화를 실현할 때까지 그 구실을 유지해 보려는 데 있다」며 「일본이 과연 6자회담에 계속 참가해야 하겠는가에 대해 우리는 심중히 우려하지 않을 수 없다」라고 비판했다[189].

이어서 『노동신문』[190]도 7월 6일자에서 김정일 총서기의 말을 인용하는 형태로 조총련에 대한 수사를 「우리나라의 자주권에 대한 침해」라고 단정했다. 이 말은 경제제재와 납치문제보다도 김 총서기가 총련문제를 중요시하고 있음을 보여줌으로써, 교섭상대국공간의 교섭교착적 상태는 강화되었다.

6월에 열린 힐의 방북 이후, 6자회담 수석대표 회합이 7월 18일, 베이징 댜오위다오 영빈관에서 시작되고, 북한의 김계관 외무차관은 첫날 수석대표회의에서, 시기의 명시를 피하면서도 다음단계의 조치를 이행할 의사를 표명했다. 미국과의 관계 진전에 힘입어 북한은 비핵화를 위한 긍정적 태도를 강조했다. 하지만 신고에 HEU의 핵개발 계획이 포함될지 여부와 불능화를 구체적으로 어떻게 정의하는지 등의 마무리는 남아 있었다[191].

또한 이 회의에서 사사에 겐이치로 아시아대양주국장은 7월 19일, 김계관 외무차관과 베이징 댜오위다오 영빈관에서 만나, 납치문제에 대해 의견을 교환하고 일본측은 납치문제에 대한 기존의 정부방침을 재차 전달했다고 한다. 회담은 일본측에서 제의해 실현되고 약 1시간 10분에 이르렀다. 일본측의 설명 등에 따르면 김 차관은 조총련 중앙본부의 토지 · 건물을 둘러싼 문제에 대한 일본정부의 자세를 비판하자, 사사에는 그 정당성을 설명했다고 한다[192].

이와 같이 북한의 아베정권에 대한 비난이 거세지고 있던 중 헌법 개정을 목표로 「전후 체제로부터의 탈각」을 내건 아베정권은, 7월 29일 첫 본격적 국정 선거에서 여당참패라는 가혹한 심판을 받았다. 아베 총리는 연임할 의향을 표명했지만, 유권자들은 사실상 불신임을 내밀었다. 총리는 29일 밤 TV 프로그램에서 "참패의 책임은 나에게 있다"라고 하면서 "기본노선에 대해서는 많은 국민들이 이해하고 있다"라고 강조했다[193].

아베정권이 7월 참의원선거에서의 여당참패의 꼬리를 이어 북일교섭이 더욱 침체되는 것은 아니냐는 우려가 일본정부 내에서 높아지고 있었다. 그래서 아베정권은 「납치문제 해결」을 가장 중요한 과제로 자리 매김하는 강경한 방침을 바꿀 생각은 없지만, 추진력의 감소는 불가피했다[194].

북한은 김양건이 한미일 등의 공작을 담당하는 당 통일전선부장에 취임[195]하고, 김 총서기의 직접 지휘 아래 외무성에 북일교섭을 담당하게 함과 동시에, 향후 통일전선부에 의한 정치공작에 주력하는 등의 준비를 진행해 왔다. 이러한 적극적 자세를 취하면서 북한은 「약화된 아베정권의 약점을 보고 일본을 무시한다. 북일관계에는 움직이지 않을 것이다」(외무성 관계자)라는 견해가 강해졌다. 이번 참의원 선거 직후인 8월 2일 마닐라에서 열린 ARF에서는 북한대표단이 조선총련 문제에 대한 일본정부의 대응을 일방적으로 격렬하게 비난했다[196].

이와 같은 상황에서 북한은 8월 중순, 다시 큰 수해가 발생하여 대규모의 도움이 필요하게 되었다.

미 정부의 대외원조 총괄기관인 국제개발국(USAID)은 8월 17일 북한에 10만 달러(약 1,140만 엔)의 인도적 지원을 실시한다고 발표하고, NGO를 통해 담요 등 긴급원조물자를 제공했다. 한국도 이날, 음식과 물 등 약 8억 5000만 엔 상당의 긴급지원을 발표했다. 빠르면 20일에 지원물자수송을 시작한다고 밝혔다. 유엔 각 기관도 지원준비를 하고 있었다. 한편, 일본정부는 「재해라면 인도적 문제라는 것으로 (북한에서) 요청이 있으면 지원도 불가능하지 않다」(정부 관계자)라는 입장을 취했다. 단, 납치문제의 진전 없이는 북한에 대한 에너지지원을 하지 않겠다는 기본방침을 견지하는 가운데 국내외의 여론을 보면서 신중하게 처리할 생각이었다[197].

아베 총리는 제2회 북일 작업부회 개최를 발표[198]한 8월 28일, 납치, 핵과 함께 「불행한 과거의 청산」을 굳이 언급해서 북한에 성의를 보였다. 북한의 홍수 피해에 대한 지원도 일본정부는 9월 4일이 되어서 검토를 시사했다. 아베 총리는 기자단에게 "우선은 작업부회다"라며, 지원을 명확하게 납치 외교카드로 자리 매김했지만, 북한측의 기본자세에 변화는 없었다[199].

그리고 미국과 북한의 국교정상화 작업부회가 9월 1일부터 2일까지 제네바에서 열리고, 북한은 북미 작업부회에서 핵시설 불능화와 비핵화의 신고에 대해 8월의 비핵화 작업부회 때보다 더욱 깊은 제안을 했다. 북미가 함께 북한의 핵시설 「연내 불능화」에 합의했음을 인정했다. 6자회담 합의 속에 마련된 5개의 작업부회 중 북일 작업부회의 지연이 두드러지고 있었다. 6자회담의 다른 참가국에서는 「일본만이 자신의 주장을 고집하는 것은 어렵다」라는 목소리도 나왔다. 물론 한중미는 북일 쌍방에 대해, 물밑에서 타협점을 모색할 것을 촉구하기 시작했다. 6자회담의 진전에는 일본도 참가한 대규모 경제지원이 불가결하다는 입장이었다[200].

더욱이 『조선중앙통신』에 의하면, 제2회 북일 작업부회를 2일 앞둔 9월 3일, 기한을 명시하지 않았지만, 북한외무성 대변인은 비핵화가 진전되면 미국은 테러국가 지정을 해제할 것이라는 전망을 일방적으로 말해[201], 북미관계 개선에 자신감을 보이면서 납치문제를 테러지원국가 지정해제와 연계하는 일본을 견제했다.

그러나 일본정부는 「5개의 6자회담 작업부회에서 합의가 된 것은 북미뿐이다. 북일만 남겨져 있는 것은 아니다」(교섭 관계자)라며, 일본의 고립을 강하게 부정 했다[202]. 그러나 북일 작업부회가 북미회담의 진전에 끌려가, 대북 압력을 최우선시 해온 아베정권의 외교노선은 현실에서 힘을 잃고 있었다.

이와 같이 북일 작업부회가 납치문제를 둘러싸고 진전이 없는 상황에서, 미국은 북한에 「납치피해자에 대한 조사재개」를 타진했다. 한국은 최근 일본정부에 「제3자에 의한 유골감정 등 구체적 제안을 북한에 제의하면 어떨까」라고 비공식적으로 제의했다. 중국도 「이대로는 일본만 버스를 놓친다」라고 일본측에 전했다[203].

미국정부는 납치문제의 조사를 북한이 재개하는 것이 일본정부가 요구하는 「진전」의 열쇠가 될 것으로 보아왔다. 미국 수석대표인 힐 국무차관보는 9월 2일, 북미 작업부회 종료 후 북한의 핵시설의 연내 불능화에 합의했다고 밝힌 후, "북일도 성공할 것이라고 믿는 이유가 있다"라고 까지 말했다. 북미 작업부회에서 힐 차관보는 "납치문제를 포함한 북일관계를 중시하고 있다"라고 말했다. 미국으로서도 일본의 반대를 무릅쓰고 테러지원국가 지정해제를 단행하는 상황은 피하고 싶다. 그러나 힐은 일본이 추구하는 「납치문제 해결이 지정해제의 전제」라는 생각까지 북한에 전달하지 않았다고 한다[204].

따라서 제2회 북일 작업부회를 앞두고 만약 북한이 실제로 납치피해자의 재조사에 움직이기 시작하면, 미국정부는 납치문제 해결 전의 테러지원국가 지정해제를 우려하고 있는 일본측을 배려할 수 있게 되는 상황이었다.

이와 같이, 제2회 북일 작업부회가 열리기 전은 북미간 관계 진전에 의해 북일교섭에서 국제공간은 교섭촉진적 상태였다. 하지만 일본이 6자회담의 틀 안에서 진행되는 일련의 교섭에서 고립되어 있으며, 참의원선거에서 여당의 대참패 등으로 국내공간은 상당히 교섭교착적 상태였다. 또한, 북한은 일본의 강경책에 강한 자세로 임해 상대국공간도 여전히 교섭교착적 상태였다.

2) 교섭의 진행

제2회 국교정상화 작업부회는 제1회 작업부회 이후 6 개월의 오랜 교착상태가 계속된 후, 9월 5일 및 6일 몽골의 울란바토르[205]에서 개최되었다. 일본측대표는 미네 요시키美根慶樹 북일국교정상화교섭담당대사[206], 북한측대표는 제1회와 동일한 송일호 북일회담담당대사가 참석했다[207].

제2회 북일 작업부회 첫날인 9월 5일에는 북한이 원하는 「불행한 과거」 청산을 포함한 국교정상화문제에 대해 논의할 수밖에 없었다. 「과거청산」에 대해 미네 대사는 "양국 정상간 경제협력방식으로 해결한다는 합의가 있다. 이 원칙에 따라 해결을 도모하는 것이 중요하다"라며, 2002년 북일 평양선언에 따라, 북한이 배상 청구권 등을 포기하는 대신 일본이 경제를 지원하는 「일괄해결, 경제협력방식」으로의 해결을 주장했다. 송 대사는 이에 대해 "인적·물적·정신적 피해"를 언급하고, 전시 하의 강제연행과 이른바 종군위안부 등에 대한 보상을 재차 요구해 논의는 평행선을 달렸다[208].

북일 양 정부는 첫날 「과거청산」 문제를 우선적으로 논의하고 납치문제는 6일 본격 협의할 것을 확인했다. 미네 요시키 대사는 "과거 청산을 한다 해도 납치문제의 해결이 필요하다"라며 납치문제와 「과거청산」을 병행해서 해결하는 것을 목표로 한다는 생각을 나타냈다[209].

이어서 이틀째인 6일, 작업부회는 「납치」와 「과거청산」이라는 북일 쌍방의 관심사항에 대해 협의를 계속하기로 합의하고, 폐회했다[210]. 북한측에서 납북피해자의 조사를 재개할 의사 표명은 없었고, 일본측도 북한에 수해지원에 나서지 않았다. 미국이 북한과의 관계 개선으로 달려가는 가운데, 일본측도 대화의 지속을 중시하지 않을 수 없는 상황이 부각되었다[211].

6일 회담에서는, 일본대표인 미네 요시키 대사가 북일 국교정상화를 위해서는 납치문제의 해결이 필수적임을 다시한번 명확히 한 후, (1) 모든 납치피해자 및 그 가족의 안전 확보와 조속한 귀국, (2) 진상규명, (3) 피의자의 인도 등을 요구했다[212].

송일호 대사는 이에 대해, 납치피해자 5명과 그 가족의 귀국 등을 거론하며 "북일관계가 악화되고 있고 지금까지 일정한 조치를 취해 왔다, 추가적 조치를 취할 분위기는 아니다"라고 주장하고, 납치문제 해결을 위한 북한의 「노력」을 강조했다. 다만, 송 대사는 「납치문제는 해결종료」라는 종래의 표현은 쓰지 않았다. 따라서 미네 대사는 회담 후 "차분히 논의할 수 있었다"라고 기자단에게 말해, 북한의 자세에 변화가 생긴 것을 강조했다[213].

첫날의 「과거청산」에 이어 납치문제를 의제로 한 이틀째 협의는 3시간 15분에 이르렀다. 일본정부에 의하면, 북한은 종래 반복해 온 「해결종료」라는 표현은 사용하지 않았고, 이것이 유일한 변화라는 정도였다. 요도호 납치사건의 실행범의 취급에 대해 북한측은 「일본정부와 관계자가 협의하는 자리를 준비하겠다」라고 밝혔지만, 립 서비스라는 견해가 강했다. 이러한 북한측의 자세에 미네 요시키 대사는 회담 후 "전체적으로 봐야한다"라며 평가를 피했다. 시드니에 체류 중인 마치무라 노부타카町村信孝 외무장관은 6일 밤 "이번에는 (납치문제에서) 전진은 없었지만, 미래로 이어졌다고는 할 수 있다"라고 말했다[214].

일본측은 첫날 협의가 한참 진행되는 중에, 송일호 대사 등을 저녁식사에 초대했다. 만찬은 예정 시간을 크게 초과해 3시간 가까이에 걸쳐서 북일 양국대사는 외교관으로서의 경험을 선보이는 등 깊은 교류를 했다. 제대로 된 협의를 못했던 3월 하노이에서의 첫 모임에 비하면, 대화를 지속할 수 있는 토대는 생겼다. 그러나 피해자의 귀국 등 일본이 생각하는 납치문제의 「진전」과는 거리가 멀었다[215].

북한외무성의 김철호 아시아국부국장은 9월 6일 저녁, 몽골외무성에서 협의 후 기자회견에서 "이전보다 진전했다. 평가할 수 있는 것은 과거문제에 성실하게 임하려고 하는 일본의 자세다"라고 만족스럽게 말했다[216]. 관계자에 따르면, 북한측은 이번 작업부회에 「납치문제로 좌지우지되는 구도를 수정할 방침」으로 임했다. 협의종료 후, 송 대사는 기자단에게 "분위기는 지금까지의 북일접촉에서 가장 좋았다"라고 평가해, 서로의 현안 해소를 위한 논의를 계속하기 위해서라도 일본의 제재해제를 요구했던 것 등을 밝혔다. 북한대표단은 시종 편안한 분위기였다고 한다[217]. 그리고 김철호 부국장은 북한에 체류하는 일항기 「요도호」 납치사건 멤버 4명 등의 취급에 대해 "요도호범인과 일본정부가 협의할 문제이다. 따라서 장소를 제공할 준비가 돼 있다"라고 표명하면서, "(일본의 식민지지배에 대한) 「과거청산」에 대해 진전이 있었다"라고도 말했다[218].

송 대사는 6일 밤 몽골외무성에서의 만찬 후, 기자단의 질문에 이날까지의 작업부회에 대해 "회담 자체는 성실하게 진행됐다"라고 소감을 말했다. 또한, 송 대사는 "차이점은 있었지만 전반적으로 일치했다"며 작업부회를 총괄한 뒤 "북일관계는 최악의 상태이다. 그러나 과거청산을 성실하게 진행해야 한다는 것에 양자가 일치했다"라고 강조했다[219].

북한측은 이번에 2006년 2월의 제1회 북일 포괄병행협의에서 납치문제를 담당한 김철호 부국장 외에도, 2006년 7월 일본인 기자단에게 납치문제의 경위를 설명한 이병덕 연구원 등도 참석해 본격적으로 협의에 임하는 자세를 보여 주었다. 그러나 북한 관계자는 납치문제 재조사에 대해 「어설프게 응해 결과가 같다면 일본 여론에서 비판을 받는다」며 협의 전부터 양보할 생각은 없었다고 견해를 밝혔다. 「북미관계가 좋아지면 일본은 따라온다」라는 것이 북한의 기본적 생각이었지만, 그렇다고 해서 납치문제를 해결할 묘안이 있는 것도 아니었다. 순조로운 북미대화를 고려하면서, 일본과도 당분간은 대화를 계속하는 자세를 나타냈다[220].

북한외무성은 당시 일본의 내각개편 등 아베정권의 행방에 강한 관심을 갖고 북한의 내각기관지 『민주조선』은 9월 6일, 「전망이 밝지 못한 아베의 2차내각」이라는 논평을 게재하고, 북한 적대시정책을 비난했다[221]. 따라서 일본정부 관계자는 「아베 총리가 방침을 바꾸거나, 그만두는 것을 북한은 기다리고 있는 시점節에 있다[222]」라고도 지적했다.

3) 교섭패턴

제2회 북일 작업부회에서는 납치문제를 비롯해 북일간의 제현안의 해결을 위한 구체적 합의 등은 얻을 수 없었다. 그러나 북일 쌍방은 서로의 관심사항에 대해 성의를 가지고 협의해 나갈 것을 확인함과 동시에 향후 북일 평양선언에 근거하여 북일간의 불행한 과거를 청산하고, 현안사항을 해결하고 국교정상화를 조기에 실현하기 위해 쌍방이 성실히 노력하기로 했다. 또한, 이후 이를 위한 구체적 행동에 대해 협의하고 실시하기로 일치했다[223]. 제1회 북일 작업부회에 비하면 북한이 납치문제에 대해 「해결종료」라는 말을 사용하지 않는 등 매우 성과가 큰 교섭이었다.

마치무라 외상은 9월 6일, 기자회견에서 "북한은 이후 납치문제를 포함, 구체적 행동을 취해 나갈 것으로 이해하고 있습니다"와 "이후 협의해 나가는 것으로, 『해결종료』라는 말은 사용하지 않는 것 같습니다. 그런 의미에서 중요한 것은 현안사항에 납치문제도 포함되어 있는 것은 당연한 일이므로 그것에 대해 이후 진지하게 협의하여 실행하겠다고 말하고 있기 때문에 이후의 협의에 맡긴다[224]"며 일정한 진전이 있었다고 평가했다.

외무성 설명에 따르면 제2회 북일 작업부회에서는 이틀간에 걸쳐 쌍방의 관심 사항에 대해 시간을 두고 천천히 의견을 교환하고 각각의 입장에 대해 이해를 높일 수 있었다[225]. 전체적으로 「해결종료」라는 말은 사용하고 있지 않는 것 등, 제1회 북일 작업부회보다는 2회 작업부회가 우호적이었던 것은, 양국의 납치문제를 둘러싼 국내공간의 교섭교착적 상태의 축소에 좋은 조건을 늘렸기 때문이었다.

북한은 2일간 대화 분위기를 적극적으로 내세웠다. 3월의 제1회 작업부회에는 5명이었던 대표단을 9명으로 거의 배로 늘려, 납치문제를 담당한 대일 외교전문가인 김철호 부국장을 차석대표에 추가했다. 불과 3시간 만에 사실상 자리에서 일어난 전회와는 달리, 진지하게 대응하는 자세를 연출했다[226]. 북한은 미국으로부터 테러지원국가 지정해제를 얻기 위해서는 북일회담에도 긍정적 모습을 보일 필요가 있었기 때문이었다.

제2회 북일 작업부회에서는 일본은 제1회와 같은 강경책으로 대응했다. 미 정권은 대화노선으로 전환해, 북한의 테러지원국가 지정해제를 위해 움직이기 시작했고, 일본이 목표한 미국·한국 등 국제사회에 의한 「북한 포위망」을 지렛대로 한 납치문제의 해결은 막혔기 때문이었다. 또한 미국의 조사재개의 타진 등의 영향으로 이번 북일교섭에는 적극적으로 된 북한에 대해 강경자세만으로는 북한을 움직일 수 없었고, 일본의 고립이 진행되었기 때문이었다.

따라서 납치문제를 최우선시 해온 일본도 이번에는 굳이 북한의 최대관심사인 「과거청산」 협의의 선행을 인정하는 등 논의 순서에서도 북한에 대한 배려를 보였다. 첫날인 9월 5일, 북한대표단을 급거 일본대사관으로 초청해 만찬을 열었던 것도 그 배려의 하나였다. 그 결과, 북한으로부터 「납치문제 해결종료」라는 말의 불사용과 「요도호」

관계자 문제 해결을 위한 준비 등의 양보를 이끌었다. 더욱이 아베 총리 자신이 내각개조에서 정권 부양을 겨냥했지만, 각료들의 잇따른 문제발각으로 정권 유지조차 어려움을 더하고 있었다. 북한에 대한 강경자세가 「아베 인기」를 지지하는 구도는 크게 변했다고는 해도, 「납치문제에 일정한 성과를 올리지 않으면 정권은 점점 곤경에 빠지게 된다」(정부 관계자)라는 것이 현실이었다[227].

그런 약점을 간파했듯이, 조총련은 기관지 『조선신보』에서 「일본 측에도 변화가 엿보인다. 예를 들어, 회담을 앞두고 아베 총리는 조선과의 관계에서 처음으로 과거청산문제에 대해 언급했다. 6자회담의 진전 속도가 올라가고 있는 가운데 일본은 종래의 정책적 기조를 더 이상 유지하는 것이 어려워지고 있다[228]」라고 보도했다. 이번에, 일본이 보여준 「변화」는 상대국공간의 교섭교착적 상태 해결을 위한 새로운 어프로치라고도 말할 수 있을 것이었다.

다만, 이번에도 실질적 성과에는 이르지 못하고, 아베 총리는 6일 밤 제2회 북일 작업부회에 대해 총리관저에서 기자단에게 "보고를 듣고 판단하고 싶다. 납치문제는 중요한 문제이기 때문에, 이 문제가 전진하지 않으면, 단지 논의해도 그것은 성과라고는 말할 수 없다[229]"라고 말했다. 아베정권의 전략은 강경노선으로는 나가지 않고, 유연노선도 간단히 통하지 않는 가운데 여전히 흔들려 전형적으로 국내공간에 표류를 보였다.

제2회 북일 작업부회에서 일본의 교섭공간에의 대응은, 확실한 방침에 기초를 두고 있지는 않았지만, 국제공간에서 이탈하는 것이 아니라 그것을 이용하여 납치문제 해결을 위해 교섭상대국에 보다 유연하게 대응한다는 것이었다. 제1회 북일 작업부회를 전후로 외교적 고립이 강해진 제2회 작업부회는, 6자회담의 합의와 북미 작업부회의 진전, 그리고 미국의 납치피해자 재조사 타진 등 국제공간의 교섭촉진적 상태가 최고조에 이른 상황에서 열렸다. 그래서 일본의 교섭대표는 납치문제를 둘러싼 국내공간의 교섭교착적 상태에 순응하면서도, 그것이 외교적 고립으로 연결되지 않도록 교섭상대국에 대해 양보하는 노력으로 교섭공간에 대응했다.

제2회 북일 작업부회에서 일본의 교섭패턴은 자원배분 측면에서 보면 CⅣ의 $D(R_{1+})-D(R_{1+})-P(R_0)$와 같은 「상대국·국내공간 지향의 자원분산형(DT-OD)」이었다. 일본은 납치문제를 둘러싸고 교섭교착적 국내공간에 자원을 배분하면서도, 미국이 납치문제 재조사를 북한에 촉구한 국제공간의 상황을 활용하여, 상대국공간에도 자원배분을 배려했다. 이 상대국공간 지향의 자원배분은 제1회 북일 작업부회와는 전혀 다른 점이다.

3. 후속교섭과 북일교섭의 현재; 제1, 2회 북일 실무자협의(2008.6 베이징, 2006.8 선양)

1) 후속교섭; 제1, 2회 북일 실무자협의

제2회 북일 작업부회에서 일본교섭자의 외교적 고립을 회피하기 위한 교섭공간에의 적극적 대응이 북한의 양보를 이끌어 진전을 보인 결과, 제3회 북일 작업부회 준비 때문에 비공식 실무자협의를 거쳐 다음의 제 1, 2회 북일 실무자협의로 이어졌다. 특히 아베정권의 퇴진과 후쿠다정권[230]의 발족을 계기로 북일교섭은 새로운 국면을 맞이했다[231].

제2회 북일 작업부회가 2007년 9월에 끝난 후, 북일 국교정상화교섭 재개를 위해 실무자에 의한 비공식협의가 2007년 10월 15일, 11월 10일 2회에 걸쳐 중국 선양에서 이루어졌다. 이것은 「대화중시」를 내건 후쿠다정권의 납치문제의 해결을 위한 북일외교의 시동이었다. 비공식협의에는 일본외무성의 야마다 시게오山田重夫 동북아시아과장과 북한의 송일호 대사가 참석했다. 이것은 형식적으로는 다음 북일 작업부회의 준비 조정이었지만, 일정은 정해지지 않았다. 그러나 북일 교섭 관계자는 「빈번한 접촉이 필요하다」라고 지적하고 다음 작업부회 개최까지 비공식협의를 더욱 거듭할 가능성을 시사했다[232].

후쿠다 총리도 10월 16일 참의원 예산위원회에서 "대화하지 않으면 해결되지 않는 문제이다"라며 대화중시의 생각을 거듭 보여주지만, 진전의 재료는 많지 않은 상황이었다. 따라서 후쿠다 총리도 북한에의 중유지원에 대해 일본은 납치문제를 이유로 당분간 참여하지 않을 방침이었다[233].

그리고 후쿠다 총리는 2007년 12월 26일, 그 동안 아베정권의 강경책을 이끈 외무성 야치 쇼타로谷内正太郎 사무차관을 1월 중순에 용퇴시키고, 후임에 야부나카 미토지 외무심의관(정무담당)을 기용하는 방침을 굳혔다. 외무심의관에는 사사에 겐이치로 아시아대양주국장을 승격하고, 그 후임으로는 사이키 아키타카 주미공사가 취임했다. 야부나카와 사사에는 모두 북한의 핵문제를 둘러싼 6자회담과 납치문제에 관한 북일교섭에서 중심적 역할을 해왔다. 사이키도 북일교섭의 일본측대표를 맡은 경험이 있다. 주요 포스트에 북한문제에 정통한 인재를 배치함으로써, 납치문제를 비롯한 현안의 해결에 본격적으로 임하자는 목적이 있었다[234].

한편, 이 시기는 한미와의 관계에서 순풍이 부는 북한에게는 「당면, 일본과 마주해야할 이유가 없다」는 상황이었고, 김정일 총서기도 2007년 10월 3일 남북 정상회담에서 "후쿠다정권의 향방을 지켜보겠다"라고 전하고 있어[235], 일본의 반응을 지켜보는 상황이 이어졌다.

그 중, 송일호 북일교섭담당대사는 2007년 11월 11일에 방영된 보도 프로그램 「선데이 프로젝트」에서 평론가 다하라 소이치로田原総一朗와 인터뷰를 가졌다. 여기서 다하라의 "(2002년 9월 북일 정상회담에서 북한측이 안부에 대해 답변한 일본인 납치피해자들) 이외의 사람에 대해 조건이 갖추어지면 (재조사)하는가?"라는 질문에, 송 대사는 "그렇습니다. 나머지 사람들이 납치피해자인지 스스로 입국했는지는 확인하지 않았다", "우리가 움직일 수 있도록 환경이 만들어지면 (재조사를) 생각해보겠다. 그렇게 되면 우리들도 행동할 용의가 있다"라고 답했다. 이와 같이 일본언론의 취재에 북한당국자가 공식적으로, 납치되었는지 자신의 의사로 북한에 들어갔는지가 불명확하다면서도 「북한에 있는 납치된 것으로 의심되는 일본인」의 존재를 은근히 인정한 것은 이례적이라고 할 수 있다[236].

송 대사의 인터뷰는, 후쿠다 총리의 대화중시 노선을 지켜보면서 그것에 실린 교섭의 진전을 도모하려는 적극적 행동으로 보여진다. 이것은 제2회 북일 작업부회에서 납치문제에 대해 기존의 「해결종료」라고 언급하지 않았던 것의 연장선에서, 교섭상대국공간의 교섭교착적 상태를 약화시키는 조짐이었다. 그리고 이 시기 북한은 미국의 테러지원국가 지정해제를 위해 진행된 핵계획의 신고[237]를 앞두고 있던 상황이었기 때문에, 북일교섭에 유연한 자세가 필요했다.

요컨대, 후쿠다정권의 발족 이후의 대화중시 노선과 북한의 적극적 교섭자세에 따라 두 번째 비공식협의가 열리고, 드디어 공식적으로 6자회담의 북일 국교정상화 작업부회 재개를 위한 북일 공식실무자협의로 이어졌다. 제1회 북일 실무자협의는 2008년 6월 11일, 베이징의 중국주재 북한대사관에서 시작되어, 일본측 대표는 사이키 아키타카 아시아대양주국장, 북한측대표는 송일호 대사가 참석했다. 이날은 약 2시간 반 협의를 하고, 2002년 북일 평양선언에 따라 현안을 해결하고, 북일관계의 진전을 도모해야 한다는 인식을 같이했다. 북일간의 공식회담은 9개월 만이었다[238].

일본외무성의 설명에 의하면, 이번 제1회 북일 실무자협의에서 납치문제에 대해 일본측이 (1) 모든 납치피해자의 귀국, (2) 진상규명, (3) 피의자 인도 등을 재차 요구하고, 일본측의 입장을 상세히 설명했다. 납치문제의 최종적 해결을 위한 북한측의 구체적 행동 없이 북일관계를 진전시킬 수 없다며, 미해결 현안인 납치문제의 최종적 해결을 위해, 북한측이 다시 결단해 구체적 조치를 취할 것을 강력히 요구했다. 동시에 「요도호」 관계자의 문제도 쟁점이 되어, 일본측은 「요도호」 납치범 5명 및 그 아내 두명의 인도를 재차 요구했다. 그리고 일본측은 핵문제, 미사일문제 등 현안사항을 들어 북한측에 해결을 위한 행동을 요구했다[239].

이어서, 이틀째 협의는 12일 오전 중은 베이징의 일본대사관, 오후는 북한대사관에서 열려 일정을 마쳤다. 협의는 2일간 총 7시간 반에 이르렀다. 12일 오전은 북한이 납치문제에 대한 입장을 표명했다. 12일 오후는 식민지지배 등 「과거청산」문제에 대해 논의하며 국교정상화 후의 일본으로부터의 경제협력, 문화재반환문제 등에 대해 논의했다[240].

오전협의에서 북한측은 「납치는 해결종료」라는 지금까지의 주장을 발언하지 않았다. 교섭 관계자는 「다음 일정은 미정이지만, 재교섭하지 않을 수 없을 것」이라고 말해, 새로운 제안을 둘러싸고 양국이 의견을 가지고 모이는 협의가 이뤄질 것이라고 전망했다. 북한측이 중시하는 「불행한 과거청산」에 대해서는 북한측에서 (1) 국교정상화 후의 경제협력, (2) 문화재, (3) 재일조선인의 지위문제를 거론, 불행한 과거청산에는 이런 문제의 해결이 필요하다는 주장이 있었고, 일본측에서 기존의 입장(「일괄해결, 경제협력방식」 등)을 정중히 설명했다[241].

사이키 아키타카 국장은 종료 후, 기자단에게 "건설적 분위기로 납치문제도 포함한 매우 중요한 문제에 대해 심도 있는 논의를 했다. 쌍방이 북일관계의 진행 방식의 기본인식을 일치시킨 생산적 논의였다"라며, 납치문제의 진전에 북한측으로부터 새로운 제안이 있었음을 시사했다. 사이키 국장은 13일 오후에 귀국하지만 "내용을 후쿠다 야스오 총리 등에게 보고하고, 판단, 평가, 지침을 청하고 싶다"라고 말하고 제안의 구체적 내용은 밝히지 않았다. 또한 그는 북일회담 후 6자회담 의장국인 중국의 우다웨이 외무차관과 회담했다[242].

제1회 북일 실무자협의에서 전술한 「납치문제의 최종 해결을 위한 행동」에 관한 양국간 큰 진전이 있었다.

일본측은 2008년 4월의 대북 제재조치의 지속을 발표했을 때의 마치무라 노부타카 관방장관이 발표[243]를 인용하면서, 북한측이 납치문제를 포함한 현안 해결을 위한 구체적 행동을 취할 경우에는, 우리나라로서도 현재 북한에 대해 취하고 있는 조치의 일부를 해제할 용의가 있는 취지를 재차 설명하고, 북한측의 구체적 행동을 요구했다[244].

북한측은 당초 일본측 요구를 본국에 전달하는 등의 대응에 그쳤지만, 일본측이 거듭 북한측의 구체적 행동을 엄격하게 요구한 결과, 「납치문제는 해결종료」라는 입장을 변경하고, 「(1) 납치문제 해결을 위한 구체적 행동을 이후 취하기 위해 재조사를 실시할 것, (2) 요도호 관계자(납치범 및 아내 2명)의 문제 해결을 위해 협력할 용의를 표명했다. 용의자의 인도를 위한 구체적 진행방식에 대해서는 이후 북한측과 협의해 나갈 생각[245]」 등 구체적 행동을 취할 것을 약속했다.

북한측이 상기와 같이 구체적 행동을 취할 것을 밝힘에 따라, 일본측도 (1) 인적 왕래의 규제 해제, (2) 항공 전세기편의 규제 해제를 포함한 다양한 조치를 취할 것을 표명했다. 또한 북한에서의 수입금지조치와 북한국적 선박의 입항금지조치는 유지하지만, 인도적 관점에서 민간의 인도적 지원물자수송을 위해 북한국적 선박(만경봉 92)을 우리나라 항구에 입항시키고 싶다는 희망을 표명한 경우에 인도적 지원물자의 선적에 한해 인정한다고 했다[246].

또한, 이러한 조치의 실시에 대해서는 이후 북한측이 약속한 것에 대해 진지하게 대응하는지도 지켜보고 싶다고 생각하고 있어 그 시점에서 실시의 구체적 시기가 정해져 있는 것은 아니었다.

제2회 북일 작업부회에서 상대국공간에 조금씩 자원을 배분한 일본의 교섭대표와 정부지도자는, 제1회 북일 실무자협의에서는 후쿠다 정권 발족과 함께 「대화노선」을 내걸고 북한에 대해 잘 아는 공무원을 포진시키고 교섭촉진을 위해서 제재조치의 일부 해제를 제시하는 등 적극적으로 자원을 배분했다. 그 결과 북한과 납치문제 재조사를 포함한 다양한 합의에 이르렀고, 교섭교착적 상대국공간의 상태도 점차 교섭촉진적으로 바뀌어, CⅢ(P－D－P)가 되었다.

이와 같은 일본의 조치를 포함한 합의에 대해, 국내의 납치문제 관련 단체를 포함한 여론의 반발은 매우 심했다. 6월 13일 밤, 내각부에서 외무성측으로부터 설명을 받은 후, 도내에서 기자회견 한 「납치피해자 가족연락회」 이즈카 시게오飯塚繁雄 대표는 모두발언에서 "만족은 하고 있지 않습니다"라며 실망한다고 말했다. 멤버들의 표

정도 험했다. 가고시마 현에서 78년에 누나 루미코(불명당시 24)가 납치된 마스모토 데루아키 사무국장은 "정부는 정책을 전환했다. (경제제재를 해제하는 전제로 해 왔던) 『납치문제의 진전』이란 정의의 문턱을 낮춰 버렸다"고 말했다. 니가타 현에서 납치된 요코타 메구미의 동생 데쓰야哲也는 "일본은 실컷 북한에 속아왔기 때문에 「지금까지와는 다른 재조사」라고 해도 이행될지 어떨지 불안하다. 미국의 테러지원국가 지정해제가 북한의 최대 목적으로 이용되고 있지 않을까"라고 걱정했다. 요도호그룹의 우오모토 기미히로 용의자에게 유럽에서 납치되었다고 하는 아리모토 게이코의 어머니 가요코嘉代子는 (요도호)멤버의 인도에 대해, "모두가 돌아오면 납치도 조금은 명확해지는 것은 아닐까하는 기대는 있습니다"라고 말했다[247].

그럼에도 불구하고 일본에게 있어서 이번 제1회 북일 실무자협의에서의 합의는, 국제공간이 북일 국교정상화에 상당히 교섭촉진적이었던 당시 교섭에서, 납치문제를 최대한 빨리 해결해야만 한다는 입장에서 취한 것이었다. 후쿠다 총리도 6월 23일 기자회견에서 북일 실무자협의에 대해 "정체하고 있는 북일관계에도 진전의 조짐이 보이기 시작하고 있다. 중요한 시기에 있는 것 아닌가. 미일간의 연계를 더욱 긴밀히 해야한다고 생각하고 있다[248]"라고 말했다.

특히 제1회 실무자협의가 열린 전후는 5월부터 핵계획의 신고를 둘러싸고 북미간 협의를 잘 추진함으로써, 북한의 핵시설 신고와 미국의 테러지원국가 지정해제가 예고되고 있던 상황이었다. 따라서 이 협의에서 납치문제의 합의는 외교적 고립에 직면한 일본이 「대화노선」에 따라 국내공간의 교섭교착적 상태의 해소를 단행한 것이었다.

그러한 일본의 교섭공간에의 적극적 대응은 테러지원국가 지정의 해제 등 북미간의 제관계의 근본적 전환을 앞두고 납치문제의 해결에 내몰린 북한의 양보를 이끌었다. 일본은 미국에 납치문제 해결을 위해 북한에 압력을 가하라고 요구하고, 미국은 북한에 제2회 북일 작업부회 직전부터「납치피해자의 재조사」를 타진하고 요구했다. 이에 대해 북한은 핵신고와 테러지원국가 지정의 해제를 맞이해 북일관계에 유연하게 대응했다.

한편, 북한은 제1회 북일 실무자협의가 막 끝난 6월 26일에 핵계획 신고를 6자회담의 의장국인 중국에 제출하고, 미국은 테러지원국가 지정을 해제한다고 발표 했다[249]. 6자회담에서 합의한 「완전하고 정확한 신고」에는 걸맞지 않는 내용이지만, 정권의 실적 쌓기를 서두르는 미국이 양보했다. 물론 6월 26일, 교토에 들어간 라이스 미국무장관은 "북한은 HEU에 의한 핵개발과 핵확산에 대해 이후에도 계속 논의한다. 북한에는 대답할 책임이 있다"라며, 신고 후에도 HEU 등의 의혹을 추궁해 나갈 것을 강조했다[250].

그럼에도 불구하고 납치문제를 안고 있는 일본에는 곤란한 내용이라고 할 수 있지만, 관계국은 북한의 「완전한 비핵화」를 목표로 새로운 단계에 들어갔다. 또한, 이 테러지원국가 지정해제를 둘러싼 미일간의 균열에까지 이르렀기 때문에 미국의 테러지원국가 지정해제의 발표 다음날 열린 6월 27일 미일 외무장관회담에서, 양국 외무장관은 「동맹의 균열」을 수습하듯이 「협조」를 어필했다[251].

북한의 테러지원국가 지정해제에 있어서 미국정부는 납치문제를 진전시키는 중요한 카드가 손실될 것이라는 일본측의 우려를 없애려고 배려를 거듭해왔다. 부시 대통령은 미 의회에 해제통보 전날 밤인 6월 25일, 후쿠다 총리에게 전화해 "자신은 납치문제를 결코 잊지 않는다", 26일 지정해제를 발표했을 때도 "납치문제를 방치하는 것은 아니다"라고 강조했다. 지정해제가 미일동맹에 주는 충격을 최소화하고 싶다는 생각은 일본측도 마찬가지였다. 일본정부는 지정해제가 확실시 됐을 때부터 북한문제의 비중을 「납치」에서 「납치도 핵도」로 옮겨왔다. 후쿠다 총리가 북한의 핵계획 신고가 이뤄진 6월 26일 저녁 "미국과 일본이 이후에도 긴밀한 연계를 해 가는 것이 비핵화 실현에 필요하다. 동시에 납치문제에 대해 해결할 수 있는 길을 연다. 그 이외에 없지 않습니까"라며 강한 어조로 기자단에게 말했던[252]것도 그런 맥락에서였다. 후쿠다 총리는 27일에도, 기자단에게 "납치만 해결해도 곤란합니다. 핵문제도 해결해야 한다"고 말했다[253].

이에 따라, 북한은 6월 27일 영변에 있는 핵시설의 냉각탑을 폭파하고, 6자회담 참가국의 방송국에 취재를 인정했다. 폭파영상을 전세계로 내보내 「플루토늄 생산능력을 제거했다」라는 인상을 주려는 것이었다.

그러나 제2회 북일 실무자협의 직전인 8월 11일 오전, 라이스 미국무장관은 고무라 마사히코 외무장관과 전화로 회담[254]하고, 11일 중에 북한의 테러지원국가 지정은 해제하지 않을 방침을 확인했다. 북한이 신고한 핵계획 검증의 구체적 절차에 대해, 북한이 합의하지 않았기 때문이다. 갑자기 미국의 북한에 대한 테러지원국가 지정의 해제 문제가 어려워졌다. 물론 후술하겠지만, 10월 11일에 미국은 의회의 승인까지 얻어 북한 테러지원국가 지정을 해제했다. 따라서 이 상황은 매우 일시적이었지만, 어쨌든 일본은 8월 11일부터 열리는 제2회 북일 실무자협의에서 이 상황을 활용하려고 했다.

이와 같은 상황에서 제2회 북일 실무자협의는 미국의 테러지원국가 지정의 해제 발표 직전인 6월의 제1회 북일 실무자협의 이후, 2개월 후인 8월 11일 및 12일 중국 선양에서 개최되었고, 제1회와 마찬가지로 일본측은 사이키 아키타카 국장, 북한측은 송일호 대사가 대표로 회합에 임했다[255].

일본측은 11일 협의에서 최대의 초점인 6월 제1회 북일 실무자협의에서 합의한 납치문제 재조사에 대해 「방법 · 주체 · 대상 · 기간」 등의 구체안을 보여주며 조사의 신빙성을 검증하는 틀의 설치도 요구했다. 북측은 일단 돌아가 답변하겠다며 결론은 12일로 미뤄졌다[256].

일본측의 사이키 아키타카 국장은 회담종료 후 기자단에게 "매우 밀도 높은 논의를 했다"라며 "재조사에 대해 재차 확인하고, 어떤 방법으로, 누가 주체가 되어, 무엇을 대상으로, 어느 정도 기간으로 할지 일본의 생각을 자세히 전했다"라고 말했다. 북한측은 "내일 자세히 자신들의 생각을 말하고 싶다"라고 답하는 데 그쳤다. 또한, 사이키 국장은 북한에 대한 제재의 일부해제에 대해서는 "북한이 큰 걸음을 내디디면, 이쪽도 큰 걸음을 내딛는다. 작은 한 걸음이라면 이쪽도 작다는 원칙을 거듭 상대방에 전달했다"라고 설명했다. 북한의 대응에 따라 단계적인 제재해제가 있을 수 있다고 전했음을 시사했다[257].

그리고 북한이 신변인도에 응할 뜻을 보였던 「요도호」 납치범 사건의 실행범들의 귀국에 대해서는, 일본측에서 다시 인도를 요구했지만 구체적 진전은 없었다[258].

오전협의를 마친 송일호 대사는 기자단에게 "이번에 2개월 만에 만났는데 그동안 북일간에서 일어난 전반적 문제에 대해 논의가 있었다. 회담은 내일까지 계속될 것"이라고 말했다[259].

이어서, 북일 실무자협의는 2일째인 12일, 중국 선양시내의 호텔에서 열려 납치피해자 재조사를 조기에 시작하기로 합의했다. 「대가」로서 이루어지는 북한에 제재 일부해제는 재조사 개시와 동시에 실시한다고 했다. 회담은 일본측의 호텔에서 오전 9시(일본시간 오전 10시)에 시작하여 오후 2시까지 약 5시간 이어지고 중단했다. 쌍방 모두 당일의 합의를 위해 본국에 지시를 따르면서 심야까지 조정했지만, 「쌍방에 현안이 있기」(외무성수뇌) 때문에 난항했고, 합의 확인을 위한 회담 재개는 13일 새벽을 넘어가는 이례적 전개였다[260].

북측은 12일 회담에서 11일에 일본이 제기한 납치문제 재조사에 대한 이론도 말했지만, 13일 새벽 회담에서는 기본적으로 받아들였다. 제재해제에 대해서도 재조사에 따라 단계적으로 실시하자는 일본측과 즉시해제를 요구하는 북한측과의 사이에 격차가 있어 난항했다. 「요도호」 납치사건 실행범들의 귀국에 대해서도 구체적 인도 방법을 좁혔다[261].

마침내, 북일 양국은 13일 북한이 납치피해자의 재조사를 위한 위원회를 조기에 만들어 이번 가을 조사완료를 목표로 하는 것에 합의했다. 위원회 발족을 접해 일본정부는 인적 왕래와 항공 전세기편의 이착륙의 제재를 해제하기로 했다[262].

일본외무성의 설명에 따르면, 이번 제2회 북일 실무자협의에서는 6월 제1회 북일 실무자협의에서 쌍방이 표명한 조치, 특히 북한에 의한 납치문제 재조사의 구체적 양태에 대해 깊이 논의했다. 그 결과 북한이 실시하는 납치문제 조사의 구체적 양태와 일본측이 실시하는 조치 및 쌍방의 조치 실시의 타이밍에 합의했다[263].

먼저 외무성에 따르면 북한측이 실시하는 납치문제에 관한 조사는 「(1) 북한이 행하는 조사는 납치문제 해결을 위한 구체적 행동을 취하기 위해, 즉 생존자를 발견하고 귀국시키기 위한 납치피해자에 대한 전면적 조사가 될 것, (2) 조사 대상에는 정부가 인정한 피해자나 그 외 제기된 행방불명자 등이 포함되는, 즉 모든 납치피해자가 대상이 될 것, (3) 조사는 권한이 부여된 북한의 조사위원회에 의해 신속하게 이루어져 가능한 가을에는 종료할 것, (4) 북한측은 조사의 진행과정에 대해 일본측에 수시로 통보하고 협의할 것. 조사과정에서 생존자가 발견되는 경우에는 일본측에 전달하고, 그 후의 절차에 대해서는 일본측과 협의하며 합의할 것, (5) 북한측은 일본측이 관계자와의 면담, 관련 자료의 공유, 관계 장소에의 방문 등을 통해 조사결과를 직접 확인할 수 있도록 협력할 것, (6) 조사에 관련한 기타사항에 대해서는 계속 협의할 것[264]」이다.

북한측이 이후 상기 조사를 시작함과 동시에 일본측도 (1) 인적 왕래의 규제해제 및, (2) 항공 전세기편의 규제해제를 실시할 뜻이 있다고 표명했다. 또한, 쌍방이 조치를 취할 구체적 시기에 대해서는 이후 북일간에 조정해 나가기로 했다. 그리고 그 외 북일 쌍방의 조치에 대해서는, 6월 제1회 북일 실무자협의에서 쌍방이 표명한 조치 중, 「요도호」 관계자의 문제 해결을 위한 협력, 인도지원물자 수송 목적의 북한국적 선박의 입항에 대해서는 이후 다시 협의하기[265]로 되었다.

물론 일본측은 이번 협의에서는 북일 평양선언에 따라 납치, 핵, 미사일이라는 제현안을 포괄적으로 해결하고 불행한 과거를 청산하고 국교정상화를 실현한다는 기본적 입장을 설명하고, 핵, 미사일 등의 현안에 대해서도 북한측에 해결을 위한 행동을 요구했다. 북한측에서는 조총련의 「탄압」과 일본의 대북 조치에 대한 비판 등이 있었다[266].

또한, 제1회 북일 실무자협의 때 합의한 「북한국적 선박의 인도지원물자 선적에 한정해 입항허용」이 이번 합의사항에서 사라졌다. 이것은 제1회 북일 실무자협의의 합의에 대해 국내여론의 강한 반발이 있었다는 것을 일정하게 수용했다고 할 수 있다.

제2회 북일 실무자협의는 협의 중인 8월 11일 중에는 북한의 테러지원국가 지정을 해제하지 않을 방침을 확인한 상황에서 열렸다. 일본은 제1회 실무자협의에서는 외교적 고립에 몰려 여론의 반감에도 불구하고, 북한의 「재조사」에 「제재해제」로 적극적으로 대응했다. 이어서, 제2회 북일 실무자협의는 일시적으로 교섭대표 간에 납치문제 재조사와 제재의 일부해제를 동시에 실시할 것을 합의했다. 그러나 북일 양국대표는 본국에서 지시를 받은 후, 타이밍에 대해 일본은 단계적인 제재해제를 북한은 즉시해제를 주장해서 대립이 이어졌다. 그 후, 조정은 있었지만 합의에 이르지 못하고 교섭은 교착했다. 또한, 제2회 북일 실무자협의는 제1회 실무자협의의 합의에서 일부 내용을 삭제하는 등 전체적으로 교섭은 후퇴했다. 이 점에 대해 북한의 송일호 대사는 11일, 일본과의 실무자협의 종료 후 "6월의 협의 이후 북일관계는 더욱 악화됐다는 인식을 일본측에 전했다"라고 말했다[267].

이와 같이 교섭에서 합의내용의 후퇴는 일본 내에서 북한의 재조사에 대한 불신 여론이 높아지고 있었기 때문이었다. 북한에게 제2회 북일 실무자협의는 제1회 협의보다 후퇴했음에도 불구하고 납치피해자 가족의 반발은 강했다.

합의내용에 대해 「소가 모녀를 구하는 모임」의 와다 쓰기노리和田二則 회장(사도佐渡시)은 "북한은 소가의 어머니 미요시ミヨシ가 입국한 것도 인정하지 않는다. 일본정부는 조사의 진전 상황을 확인하고 결과에 대해서도 제대로 증거를 취하는 노력을 해 달라"고 호소했다. 사도 시의 다카노 고이치로高野宏一郎 시장도 합의에 대해 일정한 평가를 한 후, "결과를 수반하지 않는 경제제재 해제에 신중해야 한다. 특정실종자를 포함해 납치피해자 전원의 귀국을 실현하는 것을 강하게 요청한다"고 말했다. 이즈미다 히로히코泉田裕彦 니가타 지사도

"해결을 위해 움직이기 시작했다고 일정한 평가를 하고 있다. 북한이 실시할 재조사가 실효성이 있는 것인지, 신중하게 지켜보는 것이 필요하다. (일본정부에는) 당분간 만경봉호의 입항을 허용하지 않도록 강력히 요구한다"고 했다[268].

이에 대해 사이키 아키타카 국장을 비롯한 일본의 교섭관계자들은 "일본 국내에는 제재해제는 조사에 의한 결과가 나온 다음이라는 의견도 있지만, 실제 외교에서는 그건 좀 어렵다", "행동대 행동의 원칙", "북한도 경제적으로 내몰리고 있어, 이전과 같은 조사 결과로 적당히 얼버무리는 것과 같은 것은 통용되지 않을 것은 알고 있다"고 강조했다[269]. 이것은 각 교섭주체의 국내공간의 교섭교착적 상태를 통감시키는 장면이며, 그 교섭교착적 상태에 순응해가는 과정을 나타내면서도 외교교섭자로서 교섭의 촉진을 위한 적극적 자세도 엿볼 수 있다.

요컨대, 제2회 북일 실무자협의는 북한 핵계획의 구체적 검증절차를 둘러싸고 미국의 테러지원국가 지정의 해제가 일시 연기되는 등, 국제공간의 교섭촉진적 조건이 조금 줄었고 국내에서의 납치문제 재조사에 대한 북한에의 불신감이 높아진 상황에서 열렸다. 따라서 제2회 북일 실무자협의에서 일본은 제1회보다 조금 후퇴해 국제공간의 교섭교착적 조건이 일시적으로 발생할 징조에 이끌리면서 제1회 실무자협의의 합의에 반발하는 교섭교착적 국내공간을 배려하는 패턴으로 임함으로써, 교섭은 교착했다. 한편, 북한은 미국에 의한 테러지원국가 지정해제를 연기한 상황에도 불구하고 북일교섭에 있어서는 전회와 같이 적극적 태도로 임했다.

제1, 2회 북일 실무자협의에서 일본의 교섭패턴은 제2회 북일 작업부회 시의 CⅣ가 CⅢ로 바뀐 상태에서, 자원배분 측면에서 보면 CⅢ의 $P(R_{1+})-D(R_{1+})-P(R_0)$와 같은 「상대국 · 국내공간 지향의 자원분산형(DT-OD)」이였다. 일본은 납치문제 해결을 위해 교섭교착적 국내공간에 자원을 배분하면서도, 동시에 상대국공간에도 자원배분을 고려하여 일정한 성과를 거두었다.

결국 2007년 9월 제2회 북일 작업부회 이후 제3회 북일 작업부회를 위해 후속 교섭이 두 차례에 걸쳐 열렸다. 이 회담에서 납치문제 재조사 및 제재해제를 포함 다양한 합의에 도달했지만, 그 합의는 일본 국내의 반북여론의 영향으로 후퇴를 거쳐 실현되지 않았다. 그 상황에서 지금도 납치문제의 재조사는 물론 북일간 국교정상화를 위한 다음 작업부회가 열리고 있지 않다.

2) 북일 국교정상화교섭의 현재

본 서가 취급대상으로 하고 있는 2008년 8월까지의 후속교섭 이후에도 북일교섭의 여러 상황과 일본측의 대응은 크게 진전되지 않았다. 특히, 2013년 3월 현재도 공식교섭 자체도 재개되고 있지 않은 상황이라는 점에서 3당공동선언, 평양선언, 6자회담합의 등의 큰 모멘텀조차 살려내는 리더십이 나타나고 있지 않다. 하지만 본 서는 2008년 후속교섭 이후의 북일교섭을 둘러싼 여러 상황과 일본측의 대응 과정에 대해 정리하여, 향후 연구의 재료로 사용되게 하려고 한다.

2008년 8월 제2회 북일 실무자협의에서 북일간에 납치문제 조사위원회 결성 등의 합의가 이뤄져 북일교섭은 진전을 이루게 되었다. 당시 8월 실무자협의에서 「가능한 한 가을에 종료하는 것」이라고 합의했기 때문에, 가을까지 일정 정도의 성과가 나올 것이라는 예상도 나왔다. 그러나 9월 1일 후쿠다 야스오 총리의 갑작스런 사임 표명 후, 북한은 그 후 4일 일본에 「일본의 사정에 비추어, 납치피해자의 재조사를 위한 위원회 설립을 중단한다」라고 통보했다. 북측은 후쿠다 총리의 사의 표명을 접하고 「새 정권의 생각을 지켜본다」라고 설명했다고 한다[270].

그리고 북미간에도 북한의 핵신고 검증문제를 둘러싼 대립도 이어졌다. 일본은 후쿠다 총리에 이어 2008년 9월 24일 아소 다로[271] 자민당총재가 총리로 취임했지만, 북일관계의 진전은 없었다. 오히려 일본정부는 10월 10일 각의에서, 13일로 기간이 만료되는 2006년 10

월 북한 핵실험으로 취한 북한의 제재조치를 이번에 4번째로 반년간 연장하기로 결정했다.

한편, 미국의 힐 차관보는 10월 1일부터 3일간 북한을 방문해서 핵신고 검증을 둘러싼 일정한 합의에 도달했다. 그 결과 미국이 북한의 테러지원국가 지정을 해제할 전망이 높아졌다. 실제로 미국에서는 10월 11일 북한을 테러지원국가 지정에서 해제하고, 이를 해제하기 30분 전 미국대통령이 아소 총리의 비서관 휴대전화로 통보했다. 이에 따라 일본은 북일교섭에서 납치문제 해결을 위한 하나의 압력카드를 잃어 버렸다. 북한은 북미관계가 진전되고 있는 상황에서 일본과의 교섭에 서두를 이유가 없어졌다. 물론 미국과의 관계에서도 핵검증을 둘러싼 문제가 해결된 것은 아니었다.

이와 같은 상황에서 2009년 1월 미국은 정권이 바뀌어 오바마 대통령이 취임하고 「핵무기 없는 세계」를 내걸었다. 그러나 북한은 오바마정권의 바람과는 달리 4월 5일 장거리 탄도미사일을 발사했다. 이 때문에 북미, 북일관계는 악화되고, 유엔 안전보장이사회는 13일 오후(일본시간 14일 새벽)부터 공식회의를 열고 미사일 발사를 비난하는 의장성명을 채택했다. 이에 대해 북한은 14일 외무성성명을 내고 핵문제를 둘러싼 6자회담에 「다시는 절대로 참가하지 않을 것이다」라고 탈퇴를 표명하면서 「자위적 핵억제력을 백방으로 강화하겠다」고 선언하고 「6자회담 합의에 따라 무력화되었던 핵시설들을 원상복귀 하여 정상가동 하는 조치가 취해질 것이다」라고 해[272] 핵개발 재개를 경고했다.

이어 북한은 5월 25일에는 2006년 10월 이후 2번째 핵실험을 단행했다. 북한의 핵실험과 북미관계의 악화로 인해, 6자회담의 붕괴와 핵문제의 위기상황이 강해졌다. 이것은 핵무기 없는 세계를 내건 오바마정권의 외교정책으로 해결해야 할 큰 과제로 떠올랐다. 북한도 이 무렵 김정일 총서기의 건강 악화에 따른 후계체제의 정비 등의 필요성이 대두됐다. 그 때문에 북한은 체제안정에 필요한 경제지원을 위해 북미 및 북일관계 회복을 위한 전방위 대화노력을 했다.

김정일 총서기는 8월 상순, 클린턴 미 전대통령과 한국 현대그룹의 현정은 회장과 회담하고 「비핵화」와 관계 개선의 의지를 강조했다. 또한 김 총서기는 9월 18일, 후진타오 국가주석의 특사로 방북한 다이빙궈 국무위원(외교담당)과 회담했다. 그리고 김 총서기는 10월 5일에는 원자바오 총리와도 10시간 이상 회담하고, 「북미교섭의 결과에 따라」라는 조건을 붙이면서도 6자회담 복귀도 언급했다. 미국도 클린턴 방북 이후 북미대화를 위한 움직임을 가속화했다. 10월 11일부터는 캠벨 국무차관보가 도쿄, 베이징을 방문해 양국 정부당국자와 대응을 협의했다. 북한도 박길연 외무차관이 유엔총회에서 오바마정권에게 「변화를 실천해야 한다」라고 요구하며 북미대화에 의욕을 보였다.

한편, 일본의 민주당은 2009년 8월 30일 총선거에서 대승하며 하토야마 유키오鳩山由紀夫 총리[273]로 정권교체가 이루어졌다. 하토야마 총리는 9월 25일 이 시기의 북미, 북중 접촉 등의 흐름을 타고 대북 대화분위기 조성을 위해, 유엔연설에서 "북일관계에 대해서는 북일 평양선언에 의거해 납치, 핵, 미사일 등의 현안들을 포괄적으로 해결하고, 불행한 과거를 성의 있게 청산해 국교정상화를 도모해 가고 있습니다. 특히, 납치문제에 대해서는 작년에 합의한 대로 신속하게 전면적 조사를 시작하는 등 북한의 긍정적 행동이 북일관계 진전의 실마리가 될 것이고, 그러한 북한의 긍정적이고 성의 있는 행동이 있으면 일본도 적극적으로 대응하고자 합니다[274]"라며 북일 평양선언에 포함되어 있는 국교정상화교섭에 대한 의욕을 표명했다.

그리고 원자바오 중국총리는 10월 10일 열린 한중일 정상회담에서, 10월 5일 김정일과의 회담을 설명하면서, 김정일이 6자회담 참여를 밝혔고, 미국뿐만 아니라 일본, 한국과도 대화에 의사가 있음을 전달했다[275].

이어서, 12월 8일 미국의 보스워즈 대북정책특별대표가 북한을 방문하여 오바마정권에서는 처음으로 북미회담을 가졌다. 이 회담에서 북한은 일본과의 대화에서 열린 자세임을 시사했다[276]. 그럼에도 불구하고 북한의 북미대화라는 대미 우선정책에 따라 북일교섭은 장기간 열리지 않았다.

또한, 해가 바뀐 2010년 3월 26일, 북한의 어뢰공격으로 한국 초계함 「천안」이 침몰해, 46명이 행방불명된 사건이 발생하면서 남북관계는 최악으로 치달았다. 이 사건으로 한국의 이명박정부는 6자회담도 어렵다는 강경한 자세를 보였다. 그러나 북한의 김정일 총서기는 어뢰공격을 인정하지 않은 채, 5월 3일부터 7일까지 중국을 비공식 방문해 베이징에서 후진타오 국가주석과 회담했다. 김 총서기는 북한의 핵문제를 둘러싼 6자회담에 대해 "다른 참가국과 함께 재개를 위한 환경조성을 진행하겠다"라고 명언하고, 긍정적 태도를 보였다고 한다[277].

이 와중에 일본은 6월 8일 간 나오토 총리[278]로 다시 정권이 바뀌고 북한은 1995년 방북한 경험이 있는 간 총리에게 북일관계 개선을 기대하고 있었다. 클린턴 미 국무장관도 7월 23일 열린 ARF 폐막후 "북한과의 (대화의) 문은 열려 있다"라며, 2005년 6자회담의 공동성명 이행을 확약하는 것을 조건으로 "우리는 기꺼이 회담에 응해, 국교정상화와 경제지원을 위해 교섭한다"라고 말했다[279].

그러나 북미간 대화는 북한의 권력승계와 남북관계의 악화로 부진했다. 북한에서 9월 27일 김정일의 셋째 아들인 김정은이 대장이 되고, 28일 조선노동당 대표자회의 개최 등 김정일 총서기에서 김정은으로 권력이양을 목표로 한 프로세스가 시작됐다. 그리고 한국의 이명박정권은 천안함 침몰사건 이후 「원칙을 굽히지 않는다」는 대북정책을 내세워 북한이 핵을 포기하는 자세를 보인 후부터 모든 문제가 시작된다고 계속 주장했다. 일본은 북한의 권력이양에 맞춰 북한의 핵문제와 북일 정부간교섭이 어떻게 진행될지, 정부측도 예측하지 못했다. 마에하라 세이지 외무장관은 "우리의 궁극적 목표인 핵, 미사일, 납치의 모든 문제를 해결한다는 방침은 미동도 하지 않는다"고 강조했다. 미 정부 내에서는 북한의 권력승계 과정에서, 북한이 추가로 도발적 행동으로 나설 우려도 커지고 있었다. 게이츠 국방장관은 8월, 한국 초계함 침몰사건의 배경으로 김정은에게 군의 계급장이 필요했을 가능성을 지적하며, 새로운 도발적 행동에 우려를 표시했다[280].

이와 같이 초계함 침몰사건을 둘러싼 남북간의 대립과 북한의 권력이양 등을 둘러싸고 심각한 환경 아래, 북미, 북일, 남북관계는 오랜 기간 진행되지 않았다. 또한 북미, 북일관계는 진전되지 않은 상황에서 북한이 11월 23일 또다시 한국의 연평도를 포격하면서 남북관계는 최악의 상태가 되었다.

따라서 한국정부는 2011년에 들어 일본정부가 진행하고 있는 북일관계의 진전에 대해 강하게 견제했다. 일본의 마에하라 세이지 외무장관은 1월 4일, 연두 기자회견에서 "올해 하나의 큰 테마는 북일간의 대화이다. 6자회담과 다국간의 장에서만으로 북한문제를 다루는 것이 아니라 납치, 미사일, 핵문제를 직접 제대로 양국간에 대화할 수 있도록 상황을 만들어내는 것이 중요하다[281]"라고 말해, 미국을 제외하고 북한과 양국간 협의도 있을 수 있다고 시사했다. 북한은 이 발언에 대해 「시대의 흐름과 국가간의 관계 발전에 합치하는 긍정적 움직임에 틀림없다[282]」라고 평가하고 환영했다.

이에 대해 한국정부는 1월 15일 열린 한일 외무장관회담에서, 대북관계에서 긴밀한 연계유지를 확인하고, 남북대화를 최우선하여 북일회담을 선행시키지 않을 것을 확인하고 북일교섭의 진전을 견제했다. 또한, 일본측은 2011년 3.11 동일본대지진이 발생한 이후 그 부흥에 집중했기 때문에 북일관계의 진전을 추진할 환경이 되지 않았다.

한편 북한측은 동일본대지진 이후에도 일본과 다양한 접촉을 시도하고 북일간에 비공식접촉이 이루어졌다. 북한의 송일호 북일국교정상화교섭담당대사는 2011년 7월 21, 22 양일간 중국 길림성 장춘시에서 민주당의 나카이 히로시中井洽洽 전납치문제장관과 회담했다. 이 회담을 통해 간 나오토정권이 납치문제 등을 진전시키기 위해, 6자회담 전에 북일 정부간협의 재개를 추진하는 것인가라고 생각되었다. 그러나 에다노 유키오枝野幸男 관방장관은 27일 기자회견에서, 내각관방·납치문제 대책본부 직원이 휴가를 받고 나카이와 동행한 것은 인정했지만, "정부로서의 외교와 전혀 관계없는 사적인 여행"이라며,

일본정부의 관여를 부정했다[283].

이와 같은 북일 정치인간 접촉이 이루어지고 있던 9월 2일, 일본은 다시 노다 요시히코野田佳彦 총리[284]로 정권이 바뀌고 새로운 환경을 맞았다.

한편, 북미간에도 핵문제를 둘러싼 북미회담이 2011년 7월 28, 29일 뉴욕에서 약 1년 7개월 만에 재개했지만, 북한은 미국이 요구해 온 우라늄농축활동의 즉시 중지를 포함한 6자회담 재개조건의 수용을 거부했다. 오히려 북한은 우라늄농축에 의한 핵개발을 폐기하는 확약을 하지 않은 채, 6자회담을 조속히 재개할 것을 요구했다[285].

또한 10월 24, 25 양일간 제네바에서 핵문제를 둘러싼 북미회담이 다시 열렸다. 이 회담에서, 북미 쌍방은 다시 협의할 생각에서는 일치했지만, 6자회담 재개를 향해 초점이 되고 있는 북한의 우라늄농축활동의 즉각 정지문제에서는 결론이 나지 않았다[286]. 한편, 로버트 킹 미 북한인권담당특사와 북한외무성의 이근 미주국장은 12월 15, 16 양일간 베이징의 북한대사관에서 식량지원의 재개를 둘러싸고 약 2시간 협의했다. 식량지원을 둘러싼 협의는 물자의 유출을 방지하는 감시태세가 최대의 초점이 되고 있었지만, 협의의 개최를 요구한 북한측이 일정정도 유연한 자세를 나타냈다고 보여졌다. 6자회담 관계자에 따르면, 미국측은 영양보조식품을 매월 2만 톤, 1년간 총 24만 톤을 지급할 것을 상정했지만, 북측은 곡물을 포함하도록 요구했다고 한다[287].

그러나 이러한 북미회담이 성과를 거두지 못한 채 12월 19일 김정일 총서기가 사망함으로써 교섭은 중단되었다.

김 총서기가 사망 이후 북한은 김 총서기의 셋째 아들인 김정은이 권력을 승계하고 2012년에는 새로운 체제로의 전환이 이루어졌다. 김정은체제는 김정일정권때부터 2012년을 강성대국의 원년으로 강조해 온 결과, 「강성대국의 대문을 연다」로 주민 경제생활의 향상을 위한 체제안정과 식량지원이 필요하게 되었다. 그 때문에 북한은 더 적극적으로 일본과 미국과의 대화에 나서게 되었다.

따라서 북한의 송일호 대사는 2012년 1월 9일, 2011년 7월의 접촉에 이어 나카이 히로시 전납치문제장관과 중국 선양에서 다시 만났다. 이는 김정은의 새로운 체제에서는 처음으로 노다정권의 정부간 교섭으로 이어질 것으로도 기대되었다.

북한은 앞서 언급한 2011년 7월과 2012년 1월의 나카이 히로시와 협의로, 일본인배우자 외에도 북한에 잠든 일본인 유골수집, 일항기 「요도호」사건 관계자의 귀국문제로 좁혀 협의를 요청했다. 나카이는 납치문제 해결을 요구했지만, 송은 2008년 8월 북일합의 등의 불이행을 비판하고 "납치문제 해결에 필요한 신뢰관계가 없다"고 주장했다고 한다[288].

노다 총리도 2012년 1월 24일, 시정방침연설에서 "납치문제는 우리나라의 주권에 관련된 중대한 문제이며, 기본적 인권의 침해라는 보편적 문제입니다. 피해자 전원의 한시라도 빠른 귀국을 실현하기 위해 정부가 하나가 되어 노력합니다. 북일관계에 대해서는, 계속해서 북일평양선언에 따라 핵, 미사일을 포함한 여러 현안을 포괄적으로 해결하고, 불행한 과거를 청산해 국교정상화를 위해 노력하겠습니다[289]"라며 북일간 대화의사를 표명했다.

그리고 북한은 미국과도 2월 23, 24 양일간 베이징의 미국대사관에서 북미대화를 재개했다. 이번 북한 핵문제를 둘러싼 북미회담은, 초점인 북한 우라늄농축활동 정지와 식량지원으로 착지점을 찾았다. 그러나 데이비스 미 대북정책특별대표는 "다소 진전이 있었다"고 평가했지만, 3년 이상이나 중단상태가 계속되는 6자회담 재개로의 "타개라는 말과는 거리가 멀다"라고 말했다[290]. 이 회담에서 김정은체제의 안정을 겨냥한 북한에 대해, 교섭을 가속화시키고 싶은 미국은 식량지원에 적극적 자세를 제시해, 쌍방의 기대가 얽히기 시작했다. 미국이 6자회담 재개를 위해 요구했던 우라늄농축 정지를 토대로 하는 「사전조치」에 대해, 북한의 신체제는 2011년 12월 김정일 총서기의 사망 이전보다 전향적 대응을 제안했다. 우라늄농축 중단과 IAEA 감시요원 복귀를 둘러싼 조건 등에서, 미국측에 다가갈 가능성이 있다고 했다. 미국도 「대가」로서 식량지원의 증량을 검토하는 자세를 보였다[291].

그 후 일본의 나카이 히로시 전납치문제장관은 2012년 3월 16일 전후, 몽골 울란바토르에서 북한의 송일호 대사와 비공식회담을 진행했지만, 현직이 아닌 그들의 접촉에 자민당 등의 견제가 있어 이루어지지 않았다[292]. 대신 북한의 송일호 대사는 17일 몽골의 수도 울란바토르에서, 나카이 히로시와 납치문제에 임해 온 마나베 사다키眞鍋貞樹 다쿠쇼쿠拓殖대학 대학원 교수와 만났다[293].

이상과 같이 북미, 북일 간의 공식, 비공식접촉이 이루어졌음에도 불구하고 북한은 2012년 4월 13일 오전, 북서부의 평안북도 동창리의 「서해위성발사장」에서 장거리 탄도미사일을 발사했다. 북한은 이를 「인공위성 발사」라고 주장하고 그 실패도 공식적으로 인정했지만, 이에 대해 유엔 안전보장이사회는 16일 「강하게 비난한다」며 재발사와 핵실험을 단행한다면 「안보리로서 상응하는 행동을 취할 것」이라고 경고하는 의장성명을 만장일치로 채택했다[294].

따라서 북미관계와 북일관계는 다시 악화되었다.

그 와중에, 북한은 2012년 1월과 3월 나카이 히로시 및 관계자와 협의해 온 일본의 유골 수집을 둘러싸고, 북일간 협의를 계속 진행했다. 북한의 송일호는 4월에는 전 사민당 참의원인 시미즈 스미코 등에게 유족의 성묘를 "무조건 받아들인다"라고 설명했다. 또한, 6월에는 일본의 일부 언론에 일본인 묘지를 공개하는 등 적극적 자세를 보이기 시작했다[295]. 그러나 캄보디아의 ARF에서 7월 12일 이루어진 일본의 겐바 고이치로玄葉光一郎 외무장관과 북한의 박의춘 외무장관간의 접촉에서는 유골문제에 관해 협의하지 않았다. 북한측은 유골 수집을 제의했지만, 겐바 외무장관은 "납치문제는 우리나라 국민의 생명, 안전에 관한 문제이다. 적극적 대응을 요구한다"며 납치문제 해결을 요구했다. 박 장관은 겐바 외무장관이 퇴장한 후 "납치문제는 해결종료"라고 반론하고 양국 외무장관은 맞물린 논의가 없는 상태에서 일련의 일정을 마쳤다[296].

그럼에도 불구하고 일본적십자사는 7월 25일 유골 수집을 둘러싸고 북한의 적극적 자세를 토대로 조선적십자회에 의견교환을 신청하는 서한을 송부하고, 31일 조선적십자회에서 수락한다는 답변이 왔기 때문에, 일본외무성에도 연락을 넣었다. 그 결과 납치문제는 진전없는 그대로, 공식적인 북일간 적십자회담이 8월 9, 10 양일간 베이징의 호텔에서 열리고, 북한에서 전몰한 일본인 유골 반환과 성묘를 의제로 논의했다.

그 후 8월 29일부터 31일까지 북일 외무성 과장급협의가 이루어졌다. 이러한 공식적인 북일 정부간협의는 4년만으로 일본측은 오노게이이치小野啓一 동북아시아과장, 북한측은 유성일 과장이 대표를 맡았다. 이 협의는 본회담에서 다룰 의제를 결정하기 위한 예비회담으로 위치짓고 3일 동안 총 7시간 협의했다.

이어서, 11월 15, 16 양일간 일본과 북한의 외무성 국장급협의가 몽골의 울란바토르에서 열렸다. 8월말 베이징에서 과장급으로 열린 이래 국장급으로 격상된 이번 협의는 2008년 이후 4년만에 김정은체제와 노다정권으로는 첫 공식협의였다. 일본측은 스기야마 신스케杉山晋輔 아시아대양주국장, 북한측은 송일호 북일국교정상화교섭담당대사 등이 참석했다. 북일은 2002년 북일 평양선언에 의거해, 국교정상화로 양국간 현안을 해결하는 방침을 확인했다. 또 북한이 납치문제를 의제로 인정할지가 초점이었지만, 북한이 재조사를 표명한 2008년의 국장급(실무자)협의에 입각해 「한층 더 검토」를 하기로 일치했다[297].

그러나 북한은 12월 12일 오전 9시 49분쯤, 평안북도 동창리 「서해위성발사장」에서 장거리 탄도미사일을 남쪽을 향해 발사했다. 이는 2012년 4월에 실패한 미사일 발사를 다시 단행한 것이다. 북한의 미사일 발사후 12월 26일 일본은 북일교섭에서 납치문제 해결을 최우선시 한 아베 신조 총리[298]로 정권이 바뀌고, 북일관계의 진전은 더 어려워졌다. 또한, 2013년 들어 북한은 1월에 오바마가 제2기 정권의 미국대통령으로 취임한 후, 2월 12일에는 3번째 핵실험을 단행해 북일, 북미, 남북관계를 매우 악화시켰다.

이상과 같이 2008년 8월 후속교섭 이후 북일간에는 몇 번의 정치인간의 접촉, 적십자회담 1회, 과장, 국장급 협의 각각 1회가 개최되었지만, 공식적인 북일 국교정상화교섭의 재개는 이루어지지 않았다. 2013년 3월 현재까지 진행된 일련의 회담도 국내공간의 유골문제, 납치문제를 둘러싼 대립에 의해 큰 성과는 없었다. 특히 북한이 2008년 이후 2009년 4월 및 2012년 4월과 12월의 미사일 발사와 2009년 5월과 2013년 2월 핵실험을 단행함으로써, 북미관계를 비롯한 동북아시아의 긴장이 상당히 높아졌다.

제3절 소결 6자회담국면과 일본의 교섭패턴

2005년 9월 제4회 2단계 6자회담에서의 9.1공동성명에도 불구하고 미국에서 제기한 BDA문제는 2006년 7월 북한의 두 번째 대포동 미사일 발사와 10월 핵실험에 의해 더 심각한 갈등과 위기를 가져왔다. 일본은 이 과정에서 유엔 안보리의 대북 제재결의에 앞서 독자의 제재조치를 단행하고 교섭상대국인 북한에 압력을 가했다. 미국 등 국제사회도 중국의 동의하에 유엔 안보리는 대북 제재결의 1718호를 채택했다.

이 상황에서 중국의 탕자쉬안 국무위원을 중심으로 신속하고 다각적으로 외교적 노력도 이루어졌다. 그 결과, 2005년 11월 이후 중단됐던 제5회 2단계 6자회담이 2006년 12월 재개했다. 6자회담 재개는, 북미간 BDA라는 금융제재문제 해결을 위한 실마리 역할을 하고 북미는 6자회담의 프레임워크와 별도의 양자교섭을 통해 2007년 1월, 베를린에서 BDA문제의 해결을 모색하고 대북 에너지 · 인도적 지원을 동시에 시작하는 「각서」까지 체결했다.

이후, 미국대표는 2007년 2월 제5회 3단계 6자회담에서 30일 이내에 대북 금융제재문제를 해결하는 것을 표명했다. 그리고 6개국이 회담에서 북핵 관련 「초기단계 조치」를 포함한 「공동합의」에 이른 것으로, 북한 핵위기와 BDA문제를 둘러싼 국제공간의 교섭교착적 상태는 일단 해결되었다. 따라서 북핵 6자회담국면은 국제공간이 북일교섭에 있어서 가장 교섭촉진적 상태가 되었다.

북한에게 핵문제를 매개로 한 6자회담의 당면한 타결은 북미 국교정상화를 포함한 북일 국교정상화에까지 이르는 유리한 상황으로 이어진다. 그러나 북미관계가 개선되고 있는 상황에서 일본이 납치문제를 중심으로 대북공세를 더해 갔기 때문에, 북한은 북미접촉 우선의 입장에서 북일교섭에 적극적으로 응할 이유가 없었다. 따라서 교섭상대국공간은 교섭교착적 상태가 더 강해지고 있어 일본은 북한의 대일본 패싱전략을 통해 불리한 상황에 빠졌다고 할 수 있다.

또한, 국내공간에서는 납치문제로 국제공간의 교섭촉진적 상태를 충분히 살릴 수 없었다. 따라서 국내공간은 여전히 교섭교착적 상태가 계속되었다.

제5회 3단계 6자회담의 공동합의는 재삼 위기에 빠진 북한 핵문제를 당면 해결의 방향으로 이끄는 기대를 갖게 한 역사적 합의였다. 이 합의는 북일간 국교정상화를 위한 작업부회를 명시함으로써, 6자회담이 북일교섭에서 차지하는 비중을 더욱 높이고, 이후의 북일교섭의 틀에 절대적 영향을 미쳤다. 그러나 일본은 「납치문제가 진전될 때까지 대가인 에너지지원에 참여하지 않기로 한다」라고 표명하고 이 흐름에 충분히 동참하지 않았다. 「제1, 2회 북일간 국교정상화를 위한 작업부회」는 이러한 상황 하에서 열렸다.

6자회담의 제1회 북일 국교정상화 작업부회는 2007년 3월에 열렸고, 납치문제를 이유로 6자회담의 공동합의 이행에 소극적이었던 아베정권 발족 후 첫 공식 회담이었다. 따라서 작업부회에서도 납치문제가 우선돼, 양국간의 원칙적 대응 이상으로 진전을 보지 못한 채 3시간여 만에 끝났다. 일본은 이때, 대북 교섭에서 부시정권의 미국을 통해 납치문제 해결을 위해 북한에 압력을 가하려 했다. 즉, 동맹국의 외압을 활용한 우회의 교섭전략이었다. 이러한 전략은 북미 국교정상화 작업부회가 좋은 분위기에서 열리고, 북미관계는 북핵 초기단계의 이행조치로 급속하게 진전하고 있던 국제적 상황 하에서 일본을 더 고립시켰다. 또한, 아베정권은 2007년 9월 제2회 북일 작업부회를 앞두고 7월의 참의원선거에서 여당이 대패했지만, 미국은 북한과의 핵교섭이 진전된 이후 테러지원국가 지정에서 해제를 준비하고 있었다.

따라서 아베정권과 교섭대표는 2007년 9월에 열린 제2회 북일 국교정상화 작업부회에서는 보다 유연한 자세로 북일교섭에 적극적으로 임할 수밖에 없었다. 북일교섭 의제도 북한이 중시하는 「과거청산」 문제를 우선 논의하고, 납치문제를 후에 채택하는 방식으로 진행되었다. 일본은 국제공간의 상황변화에 따른 새로운 교섭공간에 대해 적극적으로 대응하지 않을 수 없었다. 북한은 일본의 교섭에 대한 적극적 자세에 대해 납치문제에 대한 원칙적 입장을 견지하면서도 「해결종료」라는 말은 사용하지 않는 등 유연한 자세로 임했다. 이것은 미국과의 관계가 순조롭게 진행되고 있는 상황 속에서 일본과의 무리한 관계를 만들어갈 필요가 없다는 판단을 배경으로 하고 있었다.

제2회 북일 작업부회에서 교섭의 진전은 그 이후 아베정권의 퇴진과 후쿠다정권의 발족을 계기로 대북 대화노선에 입각해 납치문제에 대해 본격적 해결로 이어졌다. 먼저 제2회 북일 작업부회 이후 2007년 10월과 11월의 비공식적 실무자협의가 열렸다. 그리고 제2회 북일 작업부회 「후속교섭」으로 제3회 북일 작업부회를 향해 제1회 북일 실무자협의가 2008년 6월에 공식적으로 개최되게 되었다. 북측이 회담에서 일본측의 납치문제 등의 요청에 대해 납치문제 해결의 구체적 행동을 위한 재조사 실시 및 「요도호」 관계자문제의 해결에 협력하기로 약속했다. 이는 북한이 핵신고와 테러지원국가 지정해제를 앞두고 미국이 제2회 북일 작업부회 직전부터 납치문제의 재조사를 요청해 온 것을 받아들인 것이었다. 일본측도 이러한 북한의 약속에 부응해 인적왕래 규제해제, 항공전세기 규제해제 등의 양보조치를 취하기로 합의했다. 특히, 인도적 차원에서 북한선박의 인도지원물자의 선적에 관한 것은 허용하는 것을 포함했다. 이 합의에서 일본은 상대국공간에 제재조치의 일부해제라는 양보를 통해 국내공간의 문제를 해결하려고 했고, 그 결과 교섭공간의 상태도 상대국공간이 교섭촉진적으로 되어 CⅣ(D-D-P)에서 CⅢ(P-D-P)로 바뀌었다. 그러나 이 합의는 납치피해자 가족을 포함한 관련단체와 미디어 등 국내의 반발을 초래했다.

이와 같은 일본 국내상황과는 달리, 북한은 2008년 6월, 6자회담의 공동합의에 따라 핵계획을 신고하고, 이어서 영변핵시설 냉각탑을 폭파시켜 미국의 테러지원국가 지정해제를 눈앞에 두고 있었다. 따라서 일본측은 제2회 북일 실무자협의가 열린 2008년 8월에는 국내여론의 반발을 의식하면서 국제공간의 상황 진전을 동시에 고려해야만 했다.

라이스 국무장관이, 마침 북일 실무자협의의 본교섭이 열리는 8월 11일, 핵계획 검증절차의 미합의를 이유로 당일에는 테러지원국가 지정해제는 하지 않는다는 입장을 일본에 전했다. 일본측은 이를 배경으로 납치문제 재조사 방법에 대한 구체적 논의와 함께, 제재의 단계적 해제, 또한 인도적 차원의 북한선박 입항금지의 해금조치를 취소하는 등 제1회 북일 실무자협의의 합의에서 부분적으로 후퇴했다.

요컨대, 6자회담국면에서 동북아시아에의 긴장을 높인 북한 핵문제와 BDA문제는 제5회 3단계 6자회담의 공동합의에 의해 막판에는 해소됐다. 따라서 국제공간은 북일교섭역사 상 결정적으로 교섭촉진적 상태가 되었다. 그만큼 이 국면은 북일교섭을 통한 국교정상화 실현에 있어 기회였다. 평양선언 직후부터 북일교섭의 진전을 저해해온 북한 핵문제라는 장해물이 없어졌기 때문이다.

그러나 이처럼 북한 핵문제는 국제적 위기가 당면 해소된 상황 속에서, 일본은 납치문제의 진전이 없는 것을 이유로 6자회담 당사국의 에너지지원에도 불참했다. 따라서 북일교섭은 국제공간을 활용하는 형태로는 한걸음도 나아가지 않았다. 또한 북한의 일본에 대한 의존도가 매우 약해진 상태였기 때문에, 교섭상대국공간은 상당히 교섭교착적 상태였다.

이와 같은 상황에 대해 일본측 교섭당국은 납치문제 해결 등에 관하여 북한이 움직이도록 미국에 지원요청을 하는, 국제공간으로 이동했다. 그리고 북일교섭이 국교정상화에 이르기까지 북미간의 국교정상화에 의해 좌우되는 입장에 놓였다. 또한, 후쿠다 총리는 2008년 7월 9일 홋카이도北海道 도야호洞爺湖 정상회담을 위해 일본을 방문한 중국 후진타오 국가주석과 회담하고, 납치문제에 관해 북한의 지도자를 움직여 달라고 중국측에 요구했다[299].

이러한 일본의 대응은 교섭교착적 국내공간에 집중하여 그것을 극복하기 위해 국제공간의 관계제국의 지원과 대북 압력정책에 의존하는 상황에 빠진 모습이었다. 그러나 납치문제는 본질적으로 상대국과 양국간의 것이기 때문에 상대국공간에 자원을 배분하고 해결해야만 했다. 일본이 교섭상대국공간인 북한보다 국제공간의 관계제국에 의존한 대응의 결과, 북한은 미국과 핵문제 해결에 적극적으로 나서 자신의 목표인 테러지원국가 지정으로부터의 해제도 얻게 되었다. 반대로 일본외교에 「납치문제 이외에는 보이지 않는다」라는 인식을 국제사회에 강화한 결과가 되었다.

본 서가 다루고 있는 제2회 실무자협의 이후 북한은 2008년 9월 후쿠다정권의 퇴진을 계기로 일본의 정세를 지켜보고, 2011년 12월 김정일 사망과 김정은으로의 정권교체 이후 북일교섭보다 국내의 체제안정과 북미관계 개선에 집중하고 북일교섭에 임할 상황이 아니었다. 또한, 이미 2009년 4월부터 세 차례의 미사일 발사와 2009년 5월부터 두 차례의 핵실험을 단행하여 상대국공간은 상당히 교섭교착적이었다. 일본도 2009년 8월 민주당으로 정권이 바뀌었지만, 새로운 전략은 취하지 않고 「북일 평양선언에 의거하여 국교정상화교섭 추진」이라는 일반론적 대응을 했다. 미국도 오바마정권의 발족 이후 북한의 반복된 미사일 발사와 핵실험을 둘러싼 북미간 대립 속에서 세 차례 핵문제를 둘러싼 공식협의를 가졌으나 성과는 없이 북미관계의 개선은 어려웠다.

이렇게 6자회담국면에서 교섭공간의 상태는 다시 CⅥ(D-D-D)로 끝나 교섭은 새로운 국면을 여는 결정적 사건이 일어날 때까지 결렬됐다.

요컨대, 6자회담국면에서 교섭공간은 기본적으로 CⅣ(D-D-P)의 상태이며, 제5회 3단계 6자회담의 공동합의로 열린 제1회 북일 국교정상화 작업부회에서 일본은 CⅣ의 C(R_0)-D(R_3)-P(R_0)와 같은 「국내공간 지향의 자원집중형(CT-D)」으로 임했다. 일본은 교섭교착적 국내공간에 자원을 집중하면서 교섭교착적 상대국공간과 교섭촉진적 국제공간에 자원을 배분하지 않았다. 그리고 제2회 북일 국교정상화 작업부회에서는 일본은 CⅣ의 D(R_{1+})-D(R_{1+})-P(R_0)와 같은 「상대국·국내공간 지향의 자원분산형(DT-OD)」으로 대응했다. 일본은 제1회 북일 작업부회와는 달리 교섭교착적 국내공간뿐만 아니라 상대국공간에도 자원을 배분했다. 제3회 북일 국교정상화 작업부회를 향한 제1, 2회 북일 실무자협의에서 일본의 교섭패턴은 제2회 북일 작업부회 시의 CⅣ(D-D-P)가 CⅢ(P-D-P)로 바뀐 상태에서, CⅢ의 P(R_{1+})-D(R_{1+})-P(R_0)와 같은 「상대국 · 국내공간 지향의 자원분산형(DT-OD)」이었다. 일본은 납치문제 해결을 위해 교섭교착적 국내공간에 자원을 배분하면서, 동시에 상대국공간도 자원배분을 고려하여 일정한 성과를 거두었다.

이상의 대응패턴을 정리하면 다음의 **그림6-2**와 같다.

그림6-2 6자회담국면에서 교섭공간에 대한 대응패턴

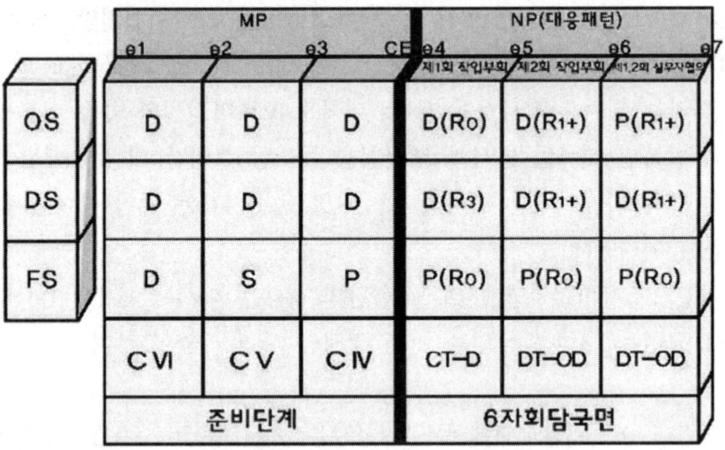

1. OS; Opponent Space DS; Domestic Space FS; Foreign Space
2. MP; Main Phase NP; Negotiation Phase CE; Critical Event
3. P ; Promotive D; Deadlock S ; Static
4. CⅠ∽CⅣ ; 교섭공간의 상태
5. DT; 자원분산형(Dispersion Type), CT; 자원집중형(Concentration Type), RT; 자원억제형(Restraint Type)
6. e1; 북한 미사일 발사 · 핵실험(06.7~10)/e2; 위기수습과 제5회 2단계 6자회담(06.10~12)/e3; 아베내각의 납치문제 공세와 북미 베를린 수석대표회담(06.10~07.1)/CE; 제5회 3단계 6자회담 공동합의(07.2, CⅣ; D-D-P) /e4~e7; 북일교섭(2007.3∽2008.8).

제7장 결 론; 일본의 북일 국교정상화교섭패턴

1. 3개 교섭공간 어프로치와 이론적 과제
2. 북일교섭에서 교섭공간의 상태
3. 일본의 대북 교섭패턴
4. 북일 국교정상화교섭의 과제

제 7 장

결론; 일본의 북일 국교정상화교섭패턴

본 서는 앞서 「일본이 평양선언, 6자회담 공동합의 등 북일교섭을 유리하게 타결시킬 수 있는 상황이 많았음에도 불구하고 북일교섭이 타결되지 않은 원인은 무엇인가」라는 문제의식을 제기했다. 즉, 북일교섭 과정에서 평양선언, 6자회담 공동합의 등 교섭을 결정적으로 촉진시키는 상황이 만들어져 북일 양 당사국에게 바람직한 가치분배가 존재했음에도 불구하고 왜 교섭타결에 실패했는가? 본 서는 이에 대한 답으로 북일교섭에 있어 일본의 교섭패턴의 특징과 배경을 분석하고 향후 북일교섭에 대한 시사점을 밝히려고 한다.

본 서는 「3개 교섭공간 어프로치」에 따라 북일교섭에서 현재까지의 경위로부터 결정적 사건을 포함한 전략적 국면으로 3당공동선언국면, 정당외교국면, 평양선언국면, 6자회담국면 4가지를 꼽았다. 그리고 북일 국교정상화교섭은 이 4개 전략적 국면의 연속과정이며 각각의 국면에 대한 교섭당사자의 대응결과로서, 현재에 이르기까지 국교정상화교섭이 타결되지 않았다는 점도 분명히 했다. 더욱이 4개 전략적 국면에서 교섭공간의 상태와 각각 일본의 교섭공간에 대한 자원배분의 대응패턴을 분석했다.

1. 3개 교섭공간 어프로치와 이론적 과제

본 서는 북일교섭에서 일본의 대북 교섭패턴을 분석하는 것을 목적으로 하는 것이다. 일본의 대북 교섭패턴 분석은 제1장에서 검토한 것처럼 북일교섭에 관해 지금까지의 선행연구에서는 거의 다뤄지지 않았다. 선행연구는 전체적으로 평양선언을 포함해 역사적 사건과 쟁점 등을 분석대상으로 하여 한미일관계 또는 국내정치 등을 중심으로 북일교섭을 분석한 연구와 북일교섭사 그 자체 및 주요쟁점의 분석을 통해 양국의 목표와 의도·정책을 고찰한 연구, 그리고 북일교섭에 대한 이론적 어프로치를 이용한 연구 등 크게 3가지로 나뉜다. 그러나 이들 선행연구는 모두 통일적·중층적·종합적 관점에서 북일교섭의 전모를 밝힌 것은 아니다. 그 때문에, 본 서는 북일 국교정상화교섭에서 일본의 대북 교섭패턴을 분석하기 위해 교섭에 관한 새로운 어프로치를 시도했다.

국제정치에서 교섭에 관한 대표적 이론으로는 국제정치와 국내정치간의 상호작용을 종합적으로 규명하려한 퍼트남의 2레벨 게임론이 있다. 퍼트남의 「2레벨 게임」은 교섭자가 국내적 차원(levelⅡ)과 국제적 차원(levelⅠ) 2개 레벨에서 교섭의 타결을 통해 타국과 국내비준자를 동시에 만족시키려 한다고 파악하는 어프로치이다. 이는 국제교섭에서 국내(정치)부문의 영향을 보다 체계적으로 규명해 국내-국제정치간의 상호관계를 정형화하려는 시도였다. 퍼트남은 2레벨 게임론에서의 교섭과정에서 윈-세트라는 개념을 이용해 교섭자가 비준이라는 국내정치의 제약하에 국제교섭에서 이익을 얻는다고 말했다.

2레벨 게임이론은 상호의존관계에 있는 2국가가 경제적 이슈와 같은 쟁점을 놓고 상대국에 대해 정보가 불완전한 상황을 활용해, 교섭자가 교섭상대의 윈-세트를 확대하려고 시도하고, 그것이 교차하면 교섭은 합의에 이른다고 주장했다.

이 이론은 리얼리스트의 「국가중심적 단일 교섭모델」이 국가정책의 일치성을 전제로 하고 있어 복합적인 사회적·정치적 현실의 중요성에 눈을 돌리지 못했던 한계를 극복했다고 할 수 있다.

그러나 2레벨 게임이론도 교섭에서의 국제정치와 국내정치간의 관계에 초점을 맞춘 점에서는 획기적이지만, 경제적 상호의존도가 높은 두 국가간의 단일이슈를 둘러싼 교섭에서만 충분히 분석력을 발휘한다는 문제를 안고 있었다. 이에 대해 본 서의 분석사례인 북일 국교정상화교섭은, 3개 영역 등의 다양한 이슈를 둘러싸고 교섭상대국뿐만 아니라 국내의 관계제세력과 국외의 관계제국 등 3당사자 및 관계자와의 대립·투쟁이 전개되는 3레벨로 구성된 게임이다. 게다가 교섭상대국과의 상호의존관계는 높지 않고, 상대국의 윈-세트와 정책선호에 대한 정보가 불확실해 교섭상대국은 국내 비준제도의 제약을 활용하지 못하는 특수한 사회정치제도를 가진 국가와의 교섭이다. 그래서 2레벨 게임이론 그대로는 다이슈·다국가간 교섭인 북일 국교정상화교섭에 적용하기 어려운 것이다.

따라서 본 서는 북일교섭의 특징인 다이슈·다국가간의 중층적 상호행위의 교섭에 새로운 분석 틀로서 「3개 교섭공간 어프로치」를 시도했다. 이 어프로치는 「교섭공간」과 「전략적 국면」이라는 개념을 활용해 일본이 북일 국교정상화교섭의 몇 개의 전략적 국면에서 각 교섭공간에 대해 어떻게 외교적 자원을 배분하는 대응을 했는지에 대해 역사적 사실로 검증하려는 것이다.

교섭공간이란 「어느 국가 또는 교섭자가 한 외교사안(해당쟁점)에 관해 전략적 목표를 추구할 때 다양한 상대(당사자 및 관계자)와의 중층적 상호행위의 교섭과정에서 직면할 수밖에 없는 대립·조정이 이루어지는 대치의 장」이다. 교섭에서 대치하는 상대는 교섭상대국·국내제세력·국외관계제국이며 이 3가지의 상대의 쟁점을 둘러싼 상호행위에 따라 교섭상대국공간·국내공간·국제공간이 형성된다. 교섭에서 만들어지는 3개 교섭공간의 상태의 사정이 교섭 전체의 특징을 드러낸다. 이 때문에 교섭타결은 이 3개의 교섭공간의 상태가 교섭을 촉진하거나 또는 교섭을 교착시킬 것인지 아니면 정체상태로 유지할지 여부에 따라 영향을 받는다. 따라서 교섭공간의 상태가 교섭촉진적, 교섭교착적 또는 교섭정체적 인지를 알아내는 것이 중요하다.

또 이 교섭공간의 상태는 국면 또는 전략적 국면에 의해 구획되어 변화한다. 「국면」은 사건과 사건으로 구획되고 「사건」은 교섭의 전 과정에서 다양한 쟁점을 둘러싸고 많은 당사자 및 관계자간의 대립·충돌하는 이해관계의 조정과 타협과정에서 생기는 일이다. 「국면」은 이 사건과 사건 사이에서 일정한 특징을 갖는 시기구분이며, 교섭은 이들의 여러 국면의 연속과정인 것이다. 그리고 여러 국면의 연속적 변화과정에서 교섭을 직접적으로 개시 또는 재개시킬 「결정적 사건」이 발생한다. 그 사건 이후 교섭의 개시와 종결의 사이에 「교섭국면」이 이어진다. 「전략적 국면」이란 공식교섭(개시 및 재개)의 지렛대·계기가 될 결정적 사건을 중심으로 삼고 그 결정적 사건에 이어지는 여러 교섭국면을 포함한 시기구분이다.

「3개 교섭공간 어프로치」는 이 전략적 국면에서 조성되는 교섭상대국, 국내, 국제라는 3개 교섭공간의 상태에 대한 대응패턴, 즉 교섭패턴을 분석하는 것이다. 전략적 국면에서 대응패턴은 3개 교섭공간에 대한 외교적 자원의 배분행위이며, 이는 3가지의 「자원집중형」, 4가지의 「자원분산형」, 1가지의 「자원억제형」 등 3가지 계열 8개 교섭패턴으로 추상화된다. 자원집중형 계열은 「3개 교섭공간 중에서 특정 교섭공간에 자원을 집중 배분하는 패턴」이고, 자원분산형 계열은 「교섭공간에 자원배분을 균등하게 배분하는 패턴」이며, 자원억제형 계열은 「교섭공간에 자원배분을 억제 또는 하지 않는 패턴」이다.

본 서는 2레벨 게임론을 참고 하면서도 새로운 시도를 했다. 「3개 교섭공간 어프로치」를 통해 일본의 대북 교섭패턴의 도출을 시도한 연구이다. 본 서가 도출한 일본의 교섭패턴은 다이슈·다국가가 관여하는 교섭에서 북한 핵문제와 납치문제 등 심각한 대립을 둘러싼 중층적인 북일 국교정상화교섭의 전개를 분석적으로 표현하는 것이다. 또한 교섭패턴 분석의 과정에서 1990년부터 2008년까지의 북일 국교정상화교섭사를 실증적으로 검증하기도 했다. 「3개 교섭공간 어프로치」는 북일교섭에서 일본의 교섭패턴을 도식화하고 표현하는 동시에 북일교섭의 실증연구의 틀을 제공하게 됐다.

그리고 본 서의 분석범위는 북일간 교섭뿐만 아니라 한반도 위기와 긴장을 끊임없이 유발하는 북미관계와 남북관계의 교섭에도 적용할 수 있는 가능성을 열었다고 생각한다. 북미관계와 남북관계도 그 쟁점의 다양성은 물론 정치군사적 성격을 갖고 외교관계 정상화문제를 포함한 외교사안의 중대성을 특징으로 하고 있다. 또 교섭당사국뿐만 아니라 동맹관계인 제3국도 양국관계에 끊임없이 영향을 주고받는 교섭관계자이다. 즉 북미, 남북간의 교섭은 북일 국교정상화와 같이 다이슈 · 다국가간의 교섭일 뿐 아니라 상호의존관계가 그다지 강하지 않은 교섭이다. 이와 같은 점을 고려하면 북미, 남북관계의 교섭패턴을 분석하는 것에 있어서도 북일 국교정상화교섭에 분석 틀로 사용한 「3개 교섭공간 어프로치」의 시사하는 바가 크다고 말할 수 있다.

물론 본 서의 「3개 교섭공간 어프로치」는 1이슈 · 2국가간에 잘 적용되는 2레벨 게임론이 안고 있는 한계를 모두 극복하는 것은 아니다. 본 서는 3개 교섭공간의 구조적 관계를 둘러싼 과학적 명제의 정립에까지 진행된 것이 아니라, 북일교섭의 이슈를 당사자의 행위간의 연계에 의해 만들어지는 교섭공간의 기술적 분석에 그쳤다. 또한 교섭패턴 분석에서 외교적 자원배분의 행위와 배분의 양에 대해서는 실증적 분석을 바탕으로 한 필자의 판단에 따르는 것에 그쳤다.

따라서 「3개 교섭공간 어프로치」는 일반이론으로 정립된 것이 아니라 단지 북일교섭의 특징과 원동력을 밝히기 위해 그 교섭에 한정해 공식교섭에서 교섭패턴을 분석한 시도에 불과하다. 그러나 이를 일반화해 교섭분석 틀로서 이용할 수 있으며, 북미관계, 남북관계 등의 교섭에도 적용될 수도 있을 것이다. 본 서 이후 많은 연구자가 본 서의 여러 한계를 극복하고 다양한 특징의 교섭을 분석할 수 있는 교섭이론을 정립하기를 기대한다.

2. 북일교섭에서 교섭공간의 상태

북일교섭에서 교섭공간의 상태는 교섭국면의 개시를 기준으로 하면 4개의 전략적 국면 중 3당공동선언국면은 CⅣ(P-D-D; 상대국-국내-국제공간 순)로 2개의 교섭공간이 교섭교착적이고 하나가 교섭촉진적인 경우였다. 반면 정당외교국면은 CⅢ(P-D-P)로 2개의 교섭공간이 교섭촉진적이고 하나가 교섭교착적인 경우였다. 그리고 평양선언국면은 CⅣ(P-D-D)로 2개의 교섭공간이 교섭교착적이고 하나가 교섭촉진적인 경우에 해당했다. 마지막 6자회담국면도 CⅣ(D-D-P)로 2개의 교섭공간이 교섭교착적이고 하나가 교섭촉진적인 경우에 해당하는 것을 밝혔다.

1) 3당공동선언국면

3당공동선언국면에서 상대국공간은 다음 그림과 같이 제8회 교섭을 제외하고 교섭촉진적 상태임에도 불구하고 국내·국제공간이 교섭교착적인 CⅣ(P-D-D)였다. 이 국면에서 교섭촉진적 공간을 중심으로 자원을 집중 배분하면, 교섭교착적 공간의 상태가 더욱 나빠진다. 또 교섭교착적 국내·국제공간에 자원을 배분하면 교섭촉진적 상대국공간조차 교섭교착적 상태로 바뀌는 사태가 발생할 가능성이 있었다. 이와 같이 3당공동선언국면은 전략적으로 딜레마 상황이었다.

3당공동선언은 국제공간에서 북일관계 개선을 촉진하는 냉전의 와해 이후, 국내공간의 기대가 높고 북한도 한소 국교정상화 등에 대응하기 위해 북일관계 개선에 적극적으로 임한 CⅠ(P-P-P)의 상황에서 열린 북일간 최초의 정당간 합의였다. 그러나 한국, 미국의 북일관계 개선에 대한 견제와 국내 관료의 3당합의에 대한 반발에 의해, 국제·국내공간은 교섭교착적으로 바뀌어 역사적 제1회 북일교섭은 CⅣ(P-D-D)의 상태에서 개시되었다.

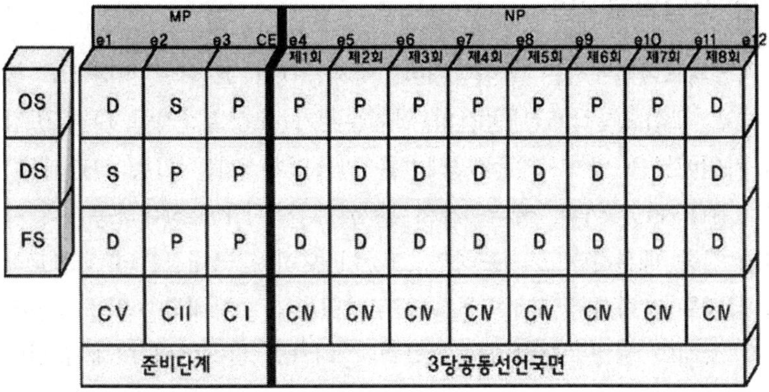

e1 ; 크로스승인의 쟁점화(75∼88년)/e2; 7.7선언(88.7)/e3; 냉전의 종언 (89.12) 및 한소 국교정상화의 움직임(90.6)/CE; 3당공동선언(90.9, CⅠ; P-P-P) / e4∼e12; 북일교섭(91.1∼92.11)

이와 같은 CⅣ의 상태에서 이루어진 북일 국교정상화교섭은 북한의 적극적 교섭태도에 의해 상대국공간의 교섭촉진적 상태가 제7회 교섭(1992.5)까지 유지됐다. 북한은 국교정상화문제와 관련해 관할권을 북쪽 절반으로 한정하고, 과거청산 등에서 전쟁 배상이 아닌 인도적 보상을 요구하는 양보를 했다. 또한, 일본이 강하게 요구해 온 핵사찰문제에 대해서도 북한은 제6회 교섭(1992.1) 시작과 거의 같이 IAEA와의 핵보장협정을 조인하는 등 적극적으로 문제를 해결해 갔다. 그러나 일본은 이러한 북한의 양보와 새로운 국제환경에의 대응이 아니라, 북한의 핵사찰문제를 보다 강력히 주장하고 이은혜문제 등 국내공간의 교섭교착적 요구의 해결을 거듭 강요했다.

특히 한중 국교정상화의 움직임이 현실화된 상황에서 제8회 북일교섭(1992.11)에서는, 일본의 교섭자가 교섭교착적 국내공간에 자원을 집중 배분함으로써 상대국공간을 교섭교착적 상태로 변화시켜 CⅥ(D-D-D)의 전략적 위기가 되어 교섭은 장기간 결렬됐다.

2) 정당외교국면

정당외교국면에서는 교섭상대국·국제공간이 교섭촉진적임에도 불구하고, 교섭교착적 국내공간의 납치문제가 교섭촉진적인 다른 공간에 자원배분을 억제시키는 딜레마를 만들었다. 이는 다음 그림과 같이 CⅢ(P-D-P)이며, 국내공간의 문제 해결을 위해 상대국공간에 자원을 집중 배분하려고 시도하면 그것이 오히려 국내공간의 교섭교착적 상태를 악화시켜 교섭타결을 가로막았다. 즉 상대국공간의 교섭촉진적 상태와 국내공간의 교섭교착적 상태간의 딜레마에 의해 교섭타결이 어렵게 되었다.

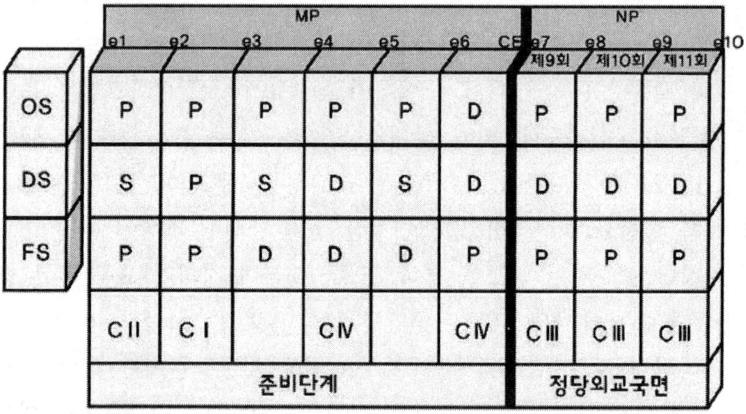

e1 ; 북미 포괄합의(94.10)/e 2 ; 1차 연립여당방북(95.3)/e3; 미·한의 견제(95.3~96)/e4; 납치문제의 표면화(97.2)/e5; 예비회담(97.8) 및 2차 연립여당방북(97.11)/e6; 대포동미사일과 페리 어프로치(98.8~9)/CE; 초당파의원단 방북(99.12, CⅢ;P-D-P)/e7~e10; 북일교섭(2000.4~10)

그럼에도 불구하고 이 국면은 CⅣ(D-D-P, P-D-D)보다는 교섭타결에 상대적으로 유리한 CⅢ(P-D-P) 상태였다는 점에서 주목할 만한 가치가 있다. 이 국면에서는 북한 핵문제가 1994년 북미 포괄합의에 따라 당분간 해소되면서, 국제공간에서 교섭교착적 조건은 없어졌다. 또한, 2000년에는 남북 정상회담, 북일, 북미 외무장관회담, 또한, 북미 고위급 상호방문과 정상회담마저 시야에 들어온 국면이었다.

상대국공간에 대해서도 일본은 1995년 2회, 2000년 2회 등 4차례의 쌀 지원을 단행했다. 또한, 일본은 납치용의자인 신광수의 북한송환을 계기로 납치문제가 다시 떠올랐으나 2000년 8, 10월 제10, 11회 북일교섭 때 보상문제에 대해 「한일방식에 의한 경제협력으로서의 해결방안」을, 1992년 4월 제7회 북일교섭을 앞두고 와타나베 외무장관이 언급한 이후 공식교섭에서는 처음 제안했다. 이는 모리 총리의 의사에 의해 뒷받침한 것으로 북한 강석주 외무차관은 2001년 1월 북일간 비밀접촉에서 이를 받아들이게 됐다.

따라서 이 전략적 국면에서 경제협력에 의한 보상금액 등 구체적 방안이 제시되었다면 북일교섭이 타결될 수 있을 정도의 결정적 기회였다고도 생각할 수 있다.

그러나 이러한 노력은 CⅢ의 상태를 교섭타결에 결정적으로 유리한 CⅠ, CⅡ로 변경하는 것에는 이르지 못했다. 그리고 2001년 1월 미국 부시정권 출범부터 취한 대북 강경책에 따라 국제공간은 교섭교착적 상태로 바뀌고, 국내공간도 2001년 4월에 모리 총리의 실각으로 그 동안 추진해 온 북일간 비밀접촉 등은 중단되어, 납치문제 해결은 어려워지고 교섭교착적 상태는 해소되지 않았다. 또한 북한은 이러한 국내외 상황변화에 대해 적극적으로 북일교섭에 파고드는 입장에서 후퇴해 상대국공간의 상태도 교섭교착적이 되었다.

이와 같이 하여 북일교섭의 교섭공간 상태는 CⅦ(D-D-D) 전략적 위기가 되어, 북일교섭은 중단됐다.

3) 평양선언국면

평양선언이 이루어져 북한의 적극적 양보와 국내의 높은 지지 속에서 북일교섭에 있어 교섭공간은 CⅢ(P-P-D)의 상태가 조성됐다. 그러나 평양선언국면은 선언 직후, 국제공간에서 제2차 북한 핵위기의 돌발(2002년 10월)에 의해 이전보다 더 교섭교착적 상황이 되고 국내공간에서 납치문제의 비판여론이 조성돼 다음 그림과 같이 CⅣ(P-D-D)가 되었다. 즉 일본에게 있어서 국제공간의 교섭교착적 상황에서 국내공간의 납치문제라는 교섭교착적 조건을 해결해야 하는 상황이었다. 그 문제 해결을 위해 교섭촉진적 상태의 상대국공간을 활용해야 했지만, 그 공간에 자원을 집중 배분할 경우, 국내·국제공간의 교섭교착적 상태를 악화시키게도 된 딜레마였다.

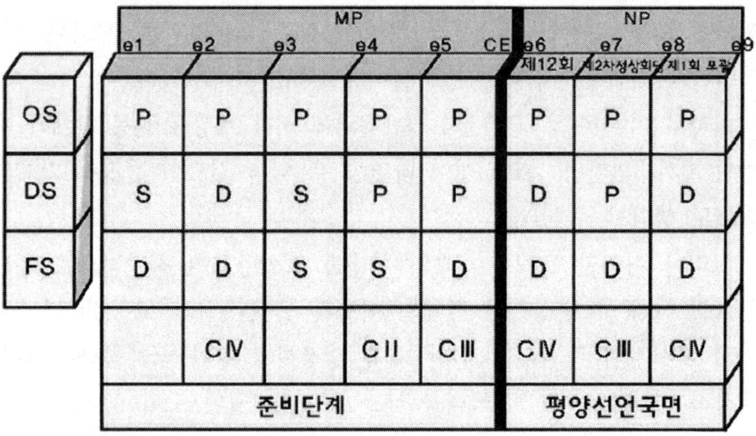

e1; 부시정권 발족과 9.11테러(01.1~12)/e2; 북일 비밀교섭(02.1~7)/e3;ARF북미·북일외무장관회담(02.7)/e4; 국장급협의와 고이즈미의 방북발표(02.8)/e5; 미국의 견제(02.9)CE; 평양선언(02.9, CⅢ;P-P-D)/e6~e9; 북일교섭(2002.10~2006.2)

따라서 평양선언 직후 열린 제12회 북일교섭(2002.10)에서 일본은 납치문제와 북한 핵문제의 국내·국제공간의 교섭교착적인 CⅣ의 상황을 변화시키지 못했다. 그러나 이 국면에서도 제2회 북일 정상회담에 이르는 제1,2회 북일 하이레벨협의(2004.2, 5)와 같이 일본은 「평양선언에 담긴 여러 과제의 포괄적 해결 제안」 등, 상대국공간에 적극적으로 자원을 배분했다. 그 결과 납치피해자 가족 8명의 귀국 합의를 이끌어냈다. 이 합의를 통해 국내공간의 교섭교착적 상태가 일단 해소돼 CⅣ(P-D-D)의 상태가 CⅢ(P-P-D)로 바뀌고 제2차 북일 정상회담이 이 상태에서 열린 것은 주목할만하다. 이어 제2회 북일 정상회담(2004.5)에서 고이즈미 총리는 평양선언의 준수와 경제제재의 불발동, 그리고 인도적 지원을 약속해 납치피해자 가족 5명의 귀국과 안부불명자의 조사 약속을 이끌어냈다.

그러나 2004년 8월부터 3회에 걸쳐 열린 납치문제를 둘러싼 실무자협의에 의해 반북여론이 악화돼 국내공간이 교섭교착적으로 바뀌면서 CⅢ(P-P-D)이 다시 CⅣ(P-D-D)가 됐다. 이 상태에서 제1회 포괄병행협의(제13회, 2006.2)가 BDA를 둘러싼 북미간 대립이 계속돼 국제공간의 교섭교착적 상태 속에서 열렸으나, 북한이 2006년 7월과 10월에 미사일 발사와 핵실험을 실시해 상대국공간도 매우 교섭교착적으로 바뀌었다.

이와 같이 해서 평양선언국면에서 교섭공간의 상태는 CⅦ(D-D-D)로 끝나고, 북일교섭은 새로운 국면을 여는 결정적 사건이 일어날 때까지 결렬됐다.

4) 6자회담국면

6자회담국면도 제5회 3단계 6자회담 공동합의(2007년 2월)에 따라 국제공간의 교섭교착적 상태가 당분간 해소된 상태임에도 불구하고, 납치문제에 대한 국내공간의 교섭교착적 상태가 교섭타결을 억제하는 딜레마 상황이었다. 또한 북한은 초기단계 조치에 관한 핵계획신고를 하고, 미국이 테러지원국 지정을 해제한 상황에서 대일본 패싱전략으로 임했다. 이것이 국제공간의 교섭촉진적 상태를 활용해 교섭을 타결하는 데 딜레마로 작용했다. 즉, 이 국면은 다음 그림과 같이 CⅣ(D-D-P)로 상대국·국내공간이 교섭교착적이고 국제공간은 교섭촉진적 상태였다.

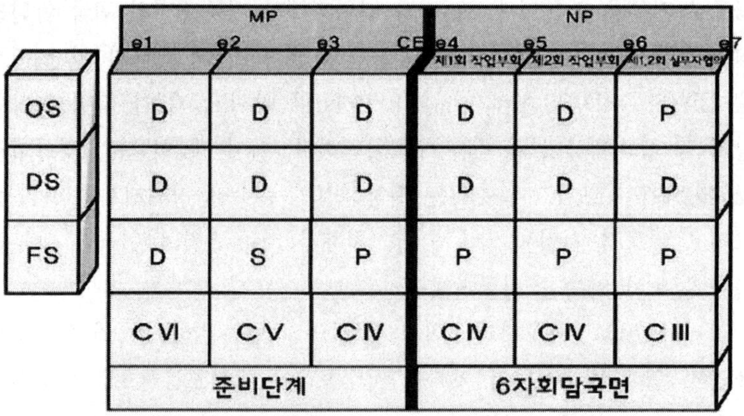

e1 ; 북한 미사일 발사 · 핵실험(06.7~10)/e2; 위기수습과 제5회 2단계 6자회담(06.10~12) /e3; 아베내각의 납치문제 공세와 북미 베를린 수석대표회담(06.10~07.1)/CE; 제5회 3단계 6자회담의 공동합의(07.2, CⅣ; D-D-P)/e4~e7; 북일교섭(2007.3~2008.8)

이 국면의 전반부인 아베정권의 제1회 북일 작업부회(2007년 3월)에서는 국내공간을 중심으로 자원을 집중 배분하여 상대국공간의 교섭교착적 상태는 더욱 심해져 갔다. 그러나 제2회 북일 작업부회(2007년 9월)에서 제1회 때와는 달리, 「과거청산」문제를 우선적으로 논의하고 납치문제를 나중에 거론하는 등 상대국공간에도 자원을 배분했다. 또한, 후쿠다 총리로 정권이 바뀌고 이 국면의 후반에 해당하는 제3회 북일 작업부회를 향한 제1, 2회 북일 실무자협의(후속교섭, 2008년 6월, 8월)에서는 북한에 대한 제재조치를 일부해제하는 등 상대국공간에 대해서 적극적 자원배분이 이뤄져, 국내공간의 납치문제에 대해 재조사 등 양보를 이끌어 냈다. 그 결과 상대국공간의 상태가 교섭촉진적으로 바뀌어 이 국면에서 교섭공간의 상태는 CⅣ(D-D-P)에서 CⅢ(P-D-P)으로 바뀌었다는 점도 주목할 만하다.

본 서가 다루고 있는 제2회 실무자협의 이후, 북한은 2008년 9월 후쿠다정권의 퇴진을 계기로 일본정세를 지켜본 뒤, 2011년 12월 김정일 사망과 김정은으로의 정권교체 이후 북일교섭보다 국내 체제안정과 북미관계 개선에 집중해 북일교섭에 임할 여유가 없었다. 더욱이 이미 2009년 4월부터 3차례의 미사일 발사와 2009년 5월부터 2차례 핵실험을 단행해 상대국공간은 상당히 교섭교착적이었다. 일본도 2009년 8월 민주당으로 정권이 바뀌었지만, 새로운 전략은 취하지 않고 「북일 평양선언에 따라 국교정상화교섭의 추진」이라는 일반론적으로 대응했다. 미국도 오바마정부 출범 이후 북한의 거듭된 미사일 발사나 핵실험을 둘러싼 북미간 대립 속에서, 3차례의 핵문제를 둘러싼 공식협의를 가졌지만 성과는 없고 북미관계 개선은 어려웠다.

이와 같이 6자회담국면에서의 교섭공간 상태는 다시 CⅥ(D-D-D)로 끝나고 교섭은 새로운 국면을 여는 결정적 사건이 일어날 때까지 결렬됐다.

이상과 같이 북일교섭에서 4개 전략적 국면의 교섭공간 상태는 기본적으로 CⅢ, CⅣ의 전략적 딜레마였고, 해당국면이 끝나는 시점에서는 모두 CⅥ의 상태로 교섭이 교착 또는 결렬됐다. 전략적 국면이 CⅢ, CⅣ의 경우는 3개의 교섭공간 모두가 교섭촉진적 상태가 아니라, 1개 이상의 교섭공간의 쟁점에서 교섭촉진적인 반면 다른 교섭공간의 쟁점에서 교섭교착적으로 된 상태이다. 그 경우는 교섭공간 사이의 가치와 교섭목표에 혼란을 초래하는 「전략적 딜레마」라는 특징을 갖는다. 그 때문에 어떻게 가치배분을 할지, 이해조정의 우선순위를 어떻게 결정할지가 어려워지는 것이었다.

따라서 일본의 교섭자가 자신의 전략적 목표대로 교섭을 타결하기 위해서는 그 전략적 딜레마를 전략적 기회로 전환시키기 위한 자원배분을 해야 했다. 전략적 국면의 딜레마와 기회 혹은 위기의 전환은 전술한 제2장의 「교섭공간의 상태 변화」(그림2-3)와 같이 가능할 뿐만 아니라, 교섭타결을 위해 매우 중요한 것이다.

그 때문에 위에서 말한 것과 같이 4가지의 전략적 국면에서 일본의 정치지도자와 교섭자는 CⅢ, CⅣ의 전략적 딜레마 상태를 교섭타결에 유리한 CⅠ, CⅡ의 전략적 기회의 상태로 바꾸기 위한 노력을 계속했다. 그 결과 CⅠ, CⅡ에는 이르지 못했지만, CⅣ가 CⅢ로 향하는 교섭촉진적 상태로의 변화도 있었다. 여기에서 주목해야 하는 것은 교섭공간의 상태가 교섭촉진적으로 개선된 경우는 대부분 상대국공간에 대한 적극적 자원배분의 결과였다는 점이다.

3. 일본의 대북 교섭패턴

본 서가 제3장에서 제6장에 걸쳐 「3개 교섭공간 어프로치」에 기초한 역사적 실증을 통해 북일 국교정상화교섭의 4개 전략적 국면과 3개 교섭공간의 상태를 분석해 도출한 교섭공간에서의 대응패턴을 정리하면 다음 **표7-1**과 같다.

표7-1 북일 국교정상화교섭에 있어 일본의 교섭패턴

국면	교섭명	날짜	장소	대표(북·일)	교섭공간 상태	교섭패턴
3당공동선언국면	3당 공동선언	1990.9.28	평양	김용순/가네마루 신/다나베 마코토	CⅠ	결정적 사건
	제1회 북일교섭	1991.1.30~31	평양	전인철/나카히라 노보루	CⅣ	자원분산형/DT-ODF $P(R_1)-D(R_1)-D(R_1)$
	제2회 북일교섭	1991.3.11~12	도쿄	전인철/나카히라 노보루	CⅣ	자원분산형/DT-DF $P(R_0)-D(R_{1+})-D(R_{1+})$
	제3회 북일교섭	1991.5.20~22	베이징	전인철/나카히라 노보루	CⅣ	자원분산형/DT-DF $P(R_0)-D(R_{1+})-D(R_{1+})$
	제4회 북일교섭	1991.8.30.~9.2	베이징	전인철/나카히라 노보루	CⅣ	자원분산형/DT-DF $P(R_0)-D(R_{1+})-D(R_{1+})$
	제5회 북일교섭	1991.11.18~20	베이징	전인철/나카히라 노보루	CⅣ	자원분산형/DT-DF $P(R_0)-D(R_{1+})-D(R_{1+})$
	제6회 북일교섭	1992.1.30.~2. 1	베이징	전인철/나카히라 노보루	CⅣ	자원집중형/CT-D $P(R_0)-D(R_3)-D(R_0)$
	제7회 북일교섭	1992.5.13~15	베이징	전인철/나카히라 노보루	CⅣ	자원집중형/CT-D $P(R_0)-D(R_3)-D(R_0)$
	제8회 북일교섭	1992.11.5~6	베이징	전인철/나카히라 노보루	CⅥ	자원집중형/CT-D $P(R_0)-D(R_3)-D(R_0)$

국면	교섭명	날짜	장소	대표(북·일)	교섭공간 상태	교섭패턴
정당외교국면	초당파 의원단 방북	1999.12.5~6	평양	김용순/무라야마 도미이치	CⅢ	결정적 사건
	제9회 북일교섭	2000.4.4~6	평양	정태화/ 다카노 고지로	CⅢ	자원집중형/CT-D $P(R_0)-D(R_3)-D(R_0)$
	제10회 북일교섭	2000.8.22~24	도쿄	정태화/다카노 고지로	CⅢ	자원집중형/CT-O $P(R_2)-D(R_1)-P(R_0)$
	제11회 북일교섭	2000.10.30~31	베이징	정태화/ 다카노 고지로	CⅢ	자원집중형/CT-O $P(R_2)-D(R_1)-P(R_0)$
평양선언국면	평양선언 (제1차 정상회담)	2002.9.17	평양	김정일/고이즈미 준이치로	CⅢ	결정적 사건
	제12회 북일교섭	2000.10.29~30	쿠알라룸푸르	정태화/스즈키 가쓰나리	CⅣ	자원분산형/DT-DF $P(R_0)-D(R_{1+})-D(R_{1+})$
	제2차 정상회담	2004.5.22	평양	김정일/고이즈미 준이치로	CⅢ	자원분산형/DT-OD $P(R_{1+})-P(R_{1+})-D(R_0)$
	제13회 (제1회포괄병행협의)	2006.2.4~8	베이징	송일호/하라구치 고이치	CⅣ	자원분산형/DT-ODF $P(R_1)-D(R_1)-D(R_1)$
6자회담국면	6 자회담 공동합의	2007.2.13	베이징	6개국 대표	CⅣ	결정적 사건
	제1회 북일 작업부회	2007.3.7~8	하노이	송일호/하라구치 고이치	CⅣ	자원집중형/CT-D $D(R_0)-D(R_3)-P(R_0)$
	제2회 북일 작업부회	2007.9.5~6	울란바토르	송일호/미네 요시키	CⅣ	자원분산형/DT-OD $D(R_{1+})-D(R_{1+})-P(R_0)$
	제1, 2회 북일실무자협의	2008.6/8	베이징, 선양	송일호/사이키 아키타카	CⅢ	자원분산형/DT-OD $P(R_{1+})-D(R_{1+})-P(R_0)$

이상의 내용을 정리하면 북일교섭에서 일본은 3당공동선언국면에서 3가지의 「국내공간 지향의 자원집중형(CT-D)」과 함께 4가지의 「국내·국제공간 지향의 자원분산형(DT-DF)」, 1가지의 「상대국·국내·국제공간 지향의 자원분산형(DT-ODF)」 패턴으로, 정당외교국면에서 1가지의 「국내공간 지향의 자원집중형(CT-D)」과 2가지의 「상대국공간 지향의 자원집중형(CT-O)」 패턴으로 평양선언국면에서 1가지의 「국내·국제공간 지향의 자원분산형(DT-DF)」, 1가지의 「상대국·국내공간 지향의 자원분산형(DT-OD)」, 그리고 1가지의 「상대국·국내·국제공간 지향의 자원분산형(DT-ODF)」 패턴으로, 6자회담국면에서 1가지의 「국내공간 지향의 자원집중형(CT-D)」과 2가지의 「상대국·국내공간 지향의 자원분산형(DT-OD)」 패턴으로 대응한 것으로 나타났다.

따라서 일본은 교섭공간의 상태가 CⅢ, CⅣ에 해당하는 북일교섭의 전략적 국면에 대해 자원분산형 계열의 DT-DF, DT-ODF, DT-OD와 자원집중형 계열의 CT-D, CT-O 등 5개 교섭패턴으로 대응했다고 결론지을 수 있다.

앞으로 이와 같은 5개 타입으로 나타난 일본의 교섭패턴의 특징을 분석하려 한다.

1) 국내·국제공간 지향의 자원분산형; DT-DF

「국내·국제공간 지향의 자원분산형」은 「$P(R_0)-D(R_{1+})-D(R_{1+})$」이라는 대응으로 북일교섭에서 일본이 가장 빈번(5회)하게 사용한 교섭패턴이며, 2개의 공간에 게다가 교섭교착적인 2개의 공간에 자원을 균등하게 배분한 패턴이었다. 구체적으로 일본은 북일교섭에서 국내·국제라고 하는 2개의 교섭교착적 교섭공간을 중심으로 자원을 균등하게 배분했다. 국내공간의 주요쟁점은 납치문제이고, 국제공간의 주요쟁점은 북한 핵 등 안전보장문제였다.

이는 3당공동선언국면 중 $P(R_0)-D(R_{1+})-D(R_{1+})$의 제2회부터 제5

회까지 북일교섭 또는 평양선언국면 중 $P(R_0)-D(R_{1+})-D(R_{1+})$의 제12회 북일교섭에서 나타난 교섭패턴이었다. 정당외교국면과 6자회담국면에서는 북한 핵문제가 각각 북미 제네바 포괄합의와 제5회 3단계 6자회담 공동합의에 따라 일단 해소되었기 때문에, 이러한 2개의 국면을 제외하면 일본은 대부분의 교섭에서 납치·핵문제의 교섭교착적인 국내·국제공간에 자원을 거의 균등하게 배분했다.

교섭공간에 자원을 분산적으로 배분하는 것은 우선 교섭목표의 달성을 위해 가치가 우선하는 공간이 1개 이상 있고 가치배분이나 이해조정의 우선순위 결정이 어려운 경우 취하는 전략이다. 일본에게 있어서도 경제협력을 수반하는 북일 국교정상화라는 가치도 중요하지만, 납치문제와 미일동맹의 가치도 그것 이상 중요한 상황에서, 교섭의 전략적 국면은 CⅢ, CⅣ 등 전략적 딜레마 상태가 조성된 것이다. 일본은 이 상태에서는 3가지 공간에서 다뤄야 하는 복수의 교섭목표와 전략적 가치에서 자원분배 및 이해조정의 우선순위를 결정하기 힘들었다고 할 수 있다. 따라서 자원배분의 우선순위를 명확히 결정해서 자원을 배분하는 것이 아니라 일반적으로 중시해 온 국내 및 국제공간의 가치를 우선해서, 두 공간에 자원을 균등하게 배분한 것이다.

다음으로 교섭공간에 자원을 분산적으로 배분하는 것은, 교섭목표가 교섭공간의 당사자 및 관계자와 관련이 있기 때문에, 당사자 및 관계자의 교섭교착적 요구나 외압이 강해 이에 추수적으로 응하는 경우도 있었다. 즉 일본의 교섭교착적 공간 지향의 자원배분 패턴은 그 교섭공간에서 발생하는 교섭관계자의 압력과 요구를 우선시 한 행위로 생각할 수 있다. 일본은 미일동맹에서 제기되는 안전보장문제에 관한 압력과 요구를 회피하면서까지, 북일 국교정상화를 실현할 의도를 갖지 않았다. 또한 정부지도자와 교섭자의 정책선호가 이은혜문제와 납치문제 등 국내공간에서의 요구와 반발에 대한 대처에 놓여 있었기 때문에, 국내공간에 자원을 배분할 수밖에 없었다.

요컨대, 이런 교섭교착적 공간 중심의 자원배분 패턴은 전략적 딜레마 상태에서 교섭가치의 우선순위가 결정되지 못하고, 국내 관계제세력과 국외 관계제국의 요구를 수동적으로 받아들인 결과라고 할 수 있다. 만약 일본이 교섭타결에 보다 높은 가치를 두고 있었다면 같은 자원분산형 계열에 있어도, 상대국공간에 대한 자원배분도 함께 해야 했다. 교섭목표의 실현을 위한 교섭타결은 교섭상대국과 이루어지는 것이기 때문이다.

그러나 일본은 북일교섭에서 교섭교착적 국내·국제공간에 자원을 배분하면서도 상대국공간에 대한 자원배분을 억제했다. 그 결과 교섭은 타결이 아니라 장기간의 결렬로 이어지거나 교착했다. 특히 북한이 요구해온 「과거청산」에 대한 어떤 양보도 없이 이은혜 및 납치문제와 북한 핵문제에서 자신의 목표를 강요하는 자원배분으로 일관했다.

2) 상대국·국내공간 지향의 자원분산형; DT-OD

「상대국·국내공간 지향의 자원분산형」은 「P·D(R_{1+})-P·D(R_{1+})-P·D(R_0)」이라는 대응으로 국제공간에는 자원을 배분하지 않고 상대국공간과 국내공간에 자원을 균등하게 배분한 것이 특징이다. 이것은 3가지 사례가 있고, 평양선언국면 중 P(R_{1+})-P(R_{1+})-D(R_0)의 제2차 북일 정상회담, 6자회담국면 중 D(R_{1+})-D(R_{1+})-P(R_0)의 제2회 북일 작업부회, P(R_{1+})-D(R_{1+})-P(R_0)의 제1, 2회 북일 실무자협의의 경우였다.

제2회 북일 정상회담은 평양선언 직후 열린 제12회 북일교섭 결렬 후, 제1, 2회 하이레벨협의에서의 「포괄적 제안」을 통해 북한을 북일교섭에 적극 응하도록 한 노력의 연장선으로 북한과의 국교정상화교섭의 재개, 북한 제재법의 발동중지와 인도적 지원을 제안한 것이었다. 또한, 제2회 북일 작업부회의 이 패턴도 제1회 북일 작업부회에서 북한이 납치문제에 집중했던 일본을 고립시키려고 해 교섭이 교착된 후에 취한 교섭태도였다. 그리고 제1, 2회 북일 실무자협의는 제1, 2회 북일 작업부회의 교착 이후, 대북 제재조치의 일부완화 등의 양보조치로 상대국공간에 자원을 배분해 납치문제의 재조사를 이끌어 낸 교섭이었다.

이와 같이 일본 자신이 우선하는 교섭목표에 따라 유리하게 교섭을 타결하려 했다면, 국내공간의 교섭교착적 쟁점 해결에 자원을 배분하면서도 상대국공간에도 자원을 배분해야 했다. 일본의 교섭목표는 북한과의 국교정상화를 통해 비로써 달성할 수 있기 때문이다.

3) 상대국 · 국내 · 국제공간 지향의 자원분산형; DT-ODF

「상대국 · 국내 · 국제공간 지향의 자원분산형」은 「$P(R_1)-D(R_1)-D(R_1)$」이라는 대응으로 외교적 자원을 3개 공간에 균등하게 배분한 패턴이다. 이는 2개의 사례가 있고, 3당 공동선언국면 중 $P(R_1)-D(R_1)-D(R_1)$의 제1회 북일교섭, 평양선언국면 중 $P(R_1)-D(R_1)-D(R_1)$의 제13회 북일교섭의 경우이다.

이 패턴은 상대국공간이 교섭촉진적이었지만, 교섭의 유지 또는 촉진을 위해 그 공간에 최소한의 자원배분을 해야 하는 상황에서 이루어졌다. 제1회 북일교섭은 첫 교섭이었기 때문에 3가지 공간 모두에 자원배분이 이루어졌다. 그러나 제13회 북일교섭의 교섭패턴은 평양선언 이후 제12회 교섭에서 납치와 핵문제의 교섭교착적 교섭공간에의 자원배분에 따라 상대국과의 교섭이 교착한 뒤, 제2회 북일정상회담을 거쳐 상대국공간에 자원을 배분해 교섭을 유지하려는 대응이었다. 이는 교섭교착적 국내 · 국제공간에 자원을 균등하게 배분하면서도 상대국공간에도 자원을 배분해, 북한을 북일교섭에 적극적으로 응하게 하는 데도 도움이 되었다.

이와 같이 납치와 핵문제에 관한 공간에 자원을 집중 배분한 결과, 상대국과의 교섭이 교착 또는 결렬한 경험에서, 일본은 상대국공간에도 최소한의 자원배분을 통해 교섭을 유지하려고 노력해 왔던 것이다.

4) 국내공간 지향의 자원집중형; CT-D

「국내공간 지향의 자원집중형」은 「P · $D(R_0)$-$D(R_3)$-$D(R_0)$」이라는 대응이고, 북일교섭에서 일본이 납치문제의 국내공간을 제일 중시한 것으로 드러난 패턴이다.

일본의 자원배분 패턴에서 집중적인 경우도 분산적인 경우도, 납치문제의 국내공간에 항상 자원을 배분했다는 것으로 나타났다. 이는 상대국공간은 말할 필요도 없이 종종 국제공간에 대해서도 자원배분을 억제한 다수의 경우와 대비되는 북일교섭의 두드러진 특징이다. 공공연히 일컬어지고 있지만, 일본이 북일교섭에서 가장 결정적 쟁점으로 취급한 것이 납치문제였다. 그 점은 일본의 교섭패턴에도 반영되어 일본은 북일교섭에서 납치문제를 주요쟁점으로 교섭교착적 국내공간을 중심으로 자원을 집중 배분한 「국내공간 지향의 자원집중형」으로 임했다.

이는 3당공동선언국면 중 $P(R_0)$-$D(R_3)$-$D(R_0)$의 제6, 7회 북일교섭과 $D(R_0)$-$D(R_3)$-$D(R_0)$의 제8회 북일교섭, 정당외교국면 중 $P(R_0)$-$D(R_3)$-$P(R_0)$의 제9회 북일교섭, 6자회담국면 중 $D(R_0)$-$D(R_3)$-$P(R_0)$의 제1회 북일 작업부회와 같이 5개의 교섭에서 나타났다. 수적으로 말하면 북일교섭에서 앞의 「국내 · 국제공간 지향의 자원분산형(DT-DF)」과 함께 가장 빈번하게 나타난 패턴이었다. 이는 납치문제의 국내공간에 외교적 자원을 집중 배분했지만, 국제공간에는 자원배분을 하지 않은 패턴이었다. 특히 6자회담국면의 경우는 교섭교착적 국내공간에 자원을 집중 배분하면서 국제공간이 교섭촉진적이었음에도 불구하고 자원을 배분하지 않았다. 또 일본은 국제공간에는 국내공간과 함께 자원을 균등하게 분산하는 경우는 있었지만, 국제공간에만 자원을 집중 배분하지는 않았다. 이와 같은 「국내공간 지향의 자원집중형」은 일본의 동원 가능한 외교적 자원과 관련되어 있다고 생각할 수 있다.

일본은 패전 이후 동남아시아를 비롯해 한국과의 외교, 이어 미국 및 사회주의권과의 외교에서 이른바 요시다노선으로 불리는 미일 기축에 입각한 경제 제일주의 외교를 우선시 해 왔다. 일본은 1951년 9월 샌프란시스코 강화조약 이후 패전국에서 정상국가로서 재출발했지만, 보통국가와 달리 군사적 무장이 해제되고 자국방위를 미국과의 동맹에 절대적으로 의존할 수밖에 없었다. 군사적 자원의 부재는 결국, 국제정치 무대에서 정치적 자원의 부재로 이어진다. 특히 냉전시대에 군사력의 부재로 인해 정치적 힘의 발휘를 제한받는 경우도 생긴다. 따라서 일본의 전후외교는 전후처리 및 국교정상화 외교는 물론 대 구미외교와 대 아시아외교에서도 군사적, 정치적 자원배분이 아니라 경제적 자원배분을 중심으로 이뤄져 왔다.

이와 같은 사정을 감안하면 북일교섭에서 국제공간의 북한 핵문제는 군사·정치적 자원을 배분해야 할 이슈이기 때문에 일본은 국제공간에 자원을 집중적으로 배분하는 것이 제한되어 있었다고 생각할 수 있다. 그러면 일본이 북일교섭에서 자원을 집중할 수 있는 2개 공간은 경제적 자원을 집중적으로 배분해야 하는 상대국공간이든가 또는 국내적 압력을 교섭의 제약으로 활용할 수 있는 납치문제의 국내공간이다. 그 가운데 일본은 북일교섭에서 납치문제의 국내공간에 자원을 집중 배분했다.

국제공간에 대해서 자원배분이 제약되었으며 국내공간의 요구가 거센 상황에서 국내공간에 자원을 집중 배분하는 것 자체는 문제가 되지 않는다. 문제는 상대국공간에 대한 자원배분 패턴이다. 일본은 앞의 자원분산형 계열의 평가에서 말한 것처럼 국내공간에 자원을 배분하면서도 궁극적으로 그 문제를 해결하기 위해 상대국공간에 대한 양보 등의 자원분배도 실시해 일정한 성과도 거두었다. 그러나 납치문제가 국내문제를 독점하게 된 뒤로는 국내공간에 자원을 집중 배분(자원집중형)하면서 상대국공간에도 자원을 배분한, 예를 들면 P(R_1)-D(R_2)-D(R_0)의 경우는 전혀 없었다.

5) 상대국공간 지향의 자원집중형; CT-O

「상대국공간 지향의 자원집중형」은 「$P(R_2)-D(R_1)-P(R_0)$」이라는 대응으로 이는 국내공간이 아니라 상대국공간에 자원을 집중 배분한 극히 예외적 패턴이었다. 이는 2개 사례가 있으며 $P(R_2)-D(R_1)-P(R_0)$의 제10, 11회 북일교섭의 경우이다.

제10회 북일교섭에서 일본은 「과거청산」의 방법으로 「한일방식에 의한 경제협력 방안」을 처음으로 공식 제시하고, 북한이 국교정상화 교섭에 보다 적극적으로 임하도록 정치적 환경을 조성했다. 또한, 북미관계가 정상회담까지 시야에 들어 온 제 11회 북일교섭에서 일본은 「한일방식에 의한 경제협력」과 「사죄의 문서화」도 제안했다.

이것은, 모리 총리 등 정치지도자가 중심이 되어, 남북 정상회담 이후 남북관계와 북미관계의 개선이라는 국제공간의 교섭촉진적 상태를 적극적으로 활용한 자원집중 패턴이다. 또한, 이 패턴은 납치문제라는 국내공간의 교섭교착적 상태를 해소하기 위해서도 상대국공간의 「과거청산」 등의 국교정상화문제를 해결하는 데 있어서 양보와 타협을 해야 했던 자원배분 전략이었다.

6) 일본의 자원배분전략

일본의 북일 교섭패턴은 총 17회의 공식 교섭 중에서 10회의 교섭에서, 주로 교섭교착적 「국내 · 국제공간 지향의 자원분산형(DT-DF)」과 납치문제를 중심으로 하는 「국내공간 지향의 자원집중형(CT-D)」을 반복해서 드러냈다. 이들 패턴은 모두 교섭의 교착 또는 결렬로 이어졌다. 반면, 일본은 이것들 이외에 상대국공간에 자원을 집중하거나 또는 그 공간에 국내공간과 함께 균등 배분하는 패턴으로 7회의 교섭에 임했다. 이 패턴에 따라 교착되고 있던 교섭을 재개 또는 유지하고 종종 일정한 성과를 거두었다.

이와 같은 패턴에서 추론하면, 일본이 스스로에게 유리하게 국교정상화 교섭을 타결하기 위해 상대국공간에도 자원을 배분하고 있었다면 특히 3당공동선언국면과 평양선언국면, 그리고 6자회담국면에서 국내공간에 자원을 배분하면서 상대국공간에도 자원을 배분했더라면 교섭타결에 결정적 기회가 만들어졌는지도 모른다.

그러나 상대국공간을 제외하고 이루어진 교섭교착적인 「국내·국제공간 지향의 자원분산형」과 「국내공간 지향의 자원집중형」이 수많이 나타났다는 것은 일본교섭자에게 일본의 교섭목표를 둘러싸고 북일관계 정상화라는 외교사안의 해결 과정에서 혼란이 일어났음을 보여주고 있는지도 모른다. 이 패턴은 일본이 복수의 교섭목표에 대한 자원배분의 우선순위를 결정하지 못한 채, 북일 국교정상화교섭에서 국교정상화 자체가 아니라, 일반적으로 이루어진 국내정치와 미일 동맹관계의 강화, 특히 국내정치를 우선시 하는 경향을 보였다.

또한, 북일교섭에서 교섭패턴이 어느 정도 성과를 거둔 경우는, 상대국공간에 자원을 집중 배분하는(CT-O), 혹은 최소한 국내공간과 함께 균등하게 배분하는(DT-OD) 경우였다. 이는 북일교섭에서 납치문제라는 쟁점은 국교정상화를 쟁점으로 하는 상대국공간을 통해서만 해결할 수 있다는 점을 보여 준다. 그러나 일본교섭자는 정치, 군사적 자원의 제약에 따라 대응 가능한 범위가 제약된 상황에서, 거의 교섭교착적 요구가 매우 높은 국내공간의 반발과 주장을 추수하는 수밖에 없었다.

그러면 북일교섭이 교착하고 아직 타결되지 않는 이유는 일본의 북일교섭에 대한 대응패턴이 「상대국공간에 자원을 집중적으로 또는 분산적으로 배분한다」는 것이 적었다는 데 기인한다고 할 수 있을지도 모른다.

물론 당시의 교섭자는 해당 교섭공간의 상태에 대해 교섭자의 이해관계에서 보면 최적의 대응을 했다고도 생각할 수 있다. 또 북일교섭에서 드러난 교섭패턴 그 자체도 일본이 북일교섭에 성과를 거두지 못하고, 아직 북일교섭이 교착되고 있는 배경의 모든 것을 설명할 수는 없다. 그리고 앞에서 말한 외교적 자원의 정치·군사적 측면에서의 제약성이라는 것만으로도 교섭의 교착을 설명할 수 없다. 또한 교섭교착의 이유를 상대국공간에 일본이 자원배분을 하지 않았던 점만으로 설명할 수 있는 것도 아니다.

그럼에도 불구하고 본 서는 일본의 북일교섭에서 나타난 몇 가지의 자원배분전략의 특징을 기술하고 향후 북일교섭에서 시사점을 밝히려고 한다.

첫째, 일본은 북일교섭 초기부터 풍부한 경제적 자원을 활용하지 못하고, 미일 동맹의 목표를 훼손하지 않도록 독자능력으로는 해결하기 어려운 안전보장문제의 대응을 최우선시 했다. 다시 말하면, 일본은 보상문제로 대두된 경제협력문제에 적극적으로 대응하지 않고, 핵문제 등 안전보장문제를 선결과제로 하는 교섭전략을 어쩔 수 없이 취하게 됐다. 그 결과, 북일 국교정상화교섭에서 교착과 결렬을 반복하고, 교섭의 국제공간에서는 외교적 자원의 제약에 의한 외교적 고립을 강요당하는 구조에 빠졌다.

둘째, 일본은 상대국공간에 자원배분을 억제하면서, 납치문제의 국내공간에 자원을 집중한 것도 교섭의 교착, 결렬로 이어졌다. 그 결과 납치문제를 매개로 정치적 성공과 실패 등의 흥망을 거듭한 아베정권이 결국 퇴진하기도 했다. 그 후 매년 반복되는 정권교체 등, 일본정치의 급변속에서 어떤 지도자나 정당 · 정파도 납치문제를 북일 국교정상화교섭의 틀에서 적절히 자리매김해서 해결할 수 없었다.

셋째, 북일교섭이 6자회담이라는 국제적 틀 속에 완전히 편입된 뒤에도 일본은 납치문제 미해결을 이유로 6자회담에서 에너지지원을 거부하는 등 그 교섭공간 구조에서 벗어나려는 무리한 행동을 취했다. 일본은 풍부한 경제적 자원을 교섭타결에 있어서 결정적으로 교섭촉진적인 국제공간에 에너지지원의 형태로 배분함으로써 주도하지 못하고, 납치문제 해결을 위해 미국, 중국마저 활용하는 등 교섭교착적 국내공간에 외교적 자원을 지나치게 배분했다.

넷째, 북일교섭의 교섭자가 확고한 자원배분전략에 기초한 교섭을 이끌지 않은 점도 들 수 있다. 19년간의 북일교섭 과정을 본 결과 모리, 고이즈미, 후쿠다 총리처럼 교섭공간의 상태를 교섭타결을 위해서 유리하게 이끌어간 자원배분전략이 보인 경우가 없었던 것은 아니다. 그러나 교섭공간을 지도하는 자원배분전략이 교섭타결로 이어지기 위해서는 정치지도자의 자원배분전략뿐만 아니라 그 후 교섭에 임하는 교섭자의 교섭목표와 교섭공간의 가치배분 등에 대해 확고한 자원배분 전략이 중요하다. 그럼에도 불구하고 일본의 교섭자는 3당공동선언, 초당파 의원단의 방북, 그리고 1, 2차 북일 정상회담 등 교섭재개와 타결에 결정적으로 유리한 계기를 교섭타결로 이어내지 못했다.

4. 북일 국교정상화교섭의 과제

본 서는 다이슈·다국가간의 중층적 상호행위의 교섭인 북일 국교정상화 교섭에서 일본의 교섭패턴을 분석하기 위해 「3개 교섭공간 어프로치」를 이용했다. 또한 그 분석 틀에 근거해 북일교섭을 4가지의 전략적 국면으로 파악하고, 일본의 4가지 전략적 국면에 있어 교섭공간에 대한 자원배분의 대응으로서 5가지 교섭패턴을 도출했다. 3개 교섭공간 어프로치는 이와 같이 북일교섭에서 일본의 대북 교섭패턴을 도출할 수 있었지만 일반 교섭이론으로서는 여전히 한계를 가지고 있으며 향후 이론적 과제를 남겼다.

또한, 일본의 북일 국교정상화교섭에서 나타난 「자원분산형」 「자원집중형」 계열의 5개 교섭패턴에서 일본교섭자의 교섭공간에서 자원배분의 방향과 교섭전략도 밝힐 수 있었다.

물론 일본의 5가지 교섭패턴 자체가 문제가 아니다. 19년간 북일교섭 전체가 무의미했거나 시도해 볼 가치가 없었다는 것은 아니다. 실제 4가지의 전략적 국면에서 교섭타결의 기회가 몇 번인가 도래한 것도 일본의 교섭지도자의 리더십 발휘의 결과라 할 수 있다.

요점은 어느 패턴이든 자원을 배분할 때 교섭상대국공간을 중심으로 배분하거나 적어도 상대국공간과 함께 균등하게 배분되지 않을 때는, 교섭은 교착 또는 결렬해 왔다는 점이다. 그리고 그 방향으로 자원을 배분하는 것이 일본이 풍부한 경제적 자원을 기반으로 하는 외교적 자원의 상황에도 합치할지 모른다. 특히, 납치문제 국내공간의 교섭교착적 상태를 해소하기 위해서도 이해관계자의 요구에 추수할 뿐인 자원집중형은 교섭의 교착과 결렬로 이어지는 것도 알았다. 또한, 정치지도자의 교섭교착적 교섭공간에 대한 적극적 노력의 성과가 교섭국면에서 교섭자에게까지 이르지 않았던 점이 몇 차례 반복됐던 것도 밝혀졌다.

일본이 마지막 전후처리인 북일 국교정상화교섭 타결을 통해 패전 후 세계 강국으로 부상하는 풍요로운 선진국으로서 재정립하기 위해서는 향후 대북교섭에서 확고한 전략적 로드맵에 따라 상대국공간에 대해서 경제적 자원을 중심으로 하는 외교적 자원을 배분하는 전략을 취해야 한다. 또한, 북일 국교정상화교섭을 타결하기 위해서는 국내공간과 국제공간의 문제를 균형 있게 해결할 수 있는 신뢰받는 리더십을 발휘할 필요가 있다. 일본은 그러한 자원배분 전략과 리더십에 따라 가이후 총리가 언급한 대로 북한과 마지막 전후처리를 마치고, 동북아 평화와 번영에 영향을 미칠 수 있는 외교력을 발휘해야 한다.

제1장 서론

1_ 『아사히신문』 1991년 03월 12일 조간.
제2회 북일교섭에서, 나카히라 노보루中平 立 일본대표는 모두발언에서 "국교정상화교섭에는 전후의 비정상을 바로잡자는 두 나라 사이의 문제와 동아시아, 국제사회의 안정에 이바지한다는 국제문제라는 두 가지 측면이 있다"고 말했다.

2_ 이즈미 하지메伊豆見 元, 「북한정부 대일 성명이 시사하는 것(北朝鮮政府対日声明の示唆するもの)」 『동아(東亜)』 (1999.9).

3_ 오코노기 마사오小此木政夫, 「북한문제의 신 단계와 일본외교(北朝鮮問題の新段階と日本外交)」, 『국제문제(国際問題)』 제518호(2003.5).

4_ 스키타 요네유키杉田米行 편, 『어떻게 하나 북일관계(どうする日朝関係)』, 리베르타(リベルタ) 출판, 2004.

5_ 이시마루 지로石丸次郎, 「외교의 리얼리즘이 북한의 변화를 촉구한다(外交のリアリズムが北朝鮮の変化を促す)」, 『논좌』 통권110호(2004.7).

6_ 오코노기 마사오(2003), 전게논문.

7_ 스기타 요네유키 편(2004), 전게서.

8_ 신도 에이이치進藤栄一, 「자주외교가 개척하는 동아시아 공동체로의 길(自主外交が拓く東アジア共同体への道)」 『논좌』 통권110호 (2004.7).

9_ 강상중姜尚中, 『북일관계의 극복(日朝関係の克服)』 슈에이샤(集英社), 2005.

10_ 신도 에이이치(2004), 전게논문.

11_ 강상중(2005), 전게서.

12_ 김광욱, 「일본정부의 대북한 국교교섭에서의 진보측 압력에 관한 연구 『통일문제연구』 제3권 3호(1991 가을).

13_ 한영구, 「북일 수교문제의 현재와 미래」 『국제문제』 (1995.8).

14_ 신정화, 『일본의 대북정책1945~1992년』 오름, 2004.

15_ 김광욱(1991), 전게논문.

16_ 이 연구에서 분석하고 있는 진보 · 보수 양측의 관련 연구와 입장은 대표적으로 다음과 같다.

진보측 야마모토 다케시山本剛士 「북일교섭의 현상과 문제점」『제언·일본의 북한정책』, 이와나미 소책자(岩波ブックレット) No.129(이와나미 서점, 1989); 「북한정책의 개선을 요구하는 요망서(朝鮮政策の改善を求める要望書)」『세계(世界)』(1988.11); 다카사키 소우지高崎宗司 「한일회담의 경과와 식민지화 책임(日韓会談の経過と植民地化責任)」『역사학 연구(歴史学研究)』 제545호.

보수측 다나카 아키라田中 明 「북한이 누려 온 조건」『해외정보』(1990.5).

17_ 신정화(2004), 전게서.

18_ 시노다 도모히토信田智人, 『관저외교(官邸外交)』, 아사히신문사(朝日新聞社), 2004.

19_ 이이지마 이사오飯島 勲, 『고이즈미 관저 비록(小泉官邸秘録)』, 니혼케이자이신문사(日本経済新聞社), 2006.

20_ 요미우리신문 정치부読売新聞政治部, 『외교를 싸움으로 한 남자: 고이즈미 외교 2000일의 진실(外交を喧嘩にした男：小泉外交2000日の真実)』, 신쵸샤(新潮社), 2006.

21_ 시노다 도모히토(2004), 전게서.

22_ 기타가와 히로카즈北川広和, 「북일 국교정상화교섭의 경위와 현상(日朝国交正常化交渉の経緯と現状)」『계간 전쟁책임연구(季刊 戦争責任研究)』 31호(2001년 춘계호).

23_ 마쓰모토 히데키松本英樹, 「북일 국교정상화교섭의 경위와 한반도를 둘러싼 최근 동향(日朝国交正常化交渉の経緯と朝鮮半島をめぐる最近動向)」『레퍼런스(レファレンス)』(2003.9)

24_ 하시즈메 다이사부로橋爪大三郎, 「국교정상화를 목적으로 해서는 안 된다(国交正常化を目的にしてはならない)」『논좌』 통권 110호(2004.7)

25_ 다카사키 소우지, 『검증 북일교섭(検証日朝交渉)』, 헤이본샤(平凡社), 2004.

26_ 양기웅, 김준동, 「북일 수교협상(1990-2006)의 결렬과 재개 조건」, 『일본연구논총』 제23호, 현대일본학회 2006 여름.

27_ 마츠모토 히데키(2003), 전게논문.

28_ 다카사키 소우지(2004), 전게서.

29_ 양기웅, 김준동(2006), 전게논문.

30_ 김봉진, 「북일 국교정상화교섭과 일본의 대응」『통일연구논총』 제2권 2호(1993).

31_ 양기호, 「북일 수교교섭과 경제협력」『통일경제 26』(현대경제사회연구원 1997.2)

32_ 서동만, 「북일 수교전망과 정치·경제적 대응과제」『통일경제 63』(현대경제연구원 2000.3)

33_ 이원덕, 「북일 국교정상화 전망과 주요현안」, 『역사비평』 통권 61호(2002.12. 겨울).

34_ 김태운, 「북한의 대일정책 변천과 그 특징에 관한 연구」『정치정보연구』 제7권 제12호(2004.12).

35_ 주봉호, 「북일관계 정상화의 현황과 전망」『동북문화연구』 제10집(동북아시아 문화학회 2006).

36_ 서동만(2000), 전게논문.

37_ 이 교섭은 1998년 8월, 북한의 대포동미사일 발사를 계기로 열린 1995년 5월 페리의 방북, 6월, 9월의 북미 고위급회담 등 북한 미사일과 관련된 일련의 교섭이다.

38_ 이원덕(2002), 전게논문.

39_ 김태운(2004), 전게논문.

40_ 양기호(1997), 전게논문.

41_ 홍익표, 「북일교섭 핵심변수는 북미관계, 남북관계」『민족21』 제60호(2006.3).

42_ 주봉호(2006), 전게논문.

43_ 한일기본조약 2, 3조는 각각 「1910년 8월 22일 이전에 일본제국과 대한제국과의 사이에서 체결된 모든 조약 및 협정은, 이미 무효인 것이 확인된다」와 「대한민국정부는 유엔총회 결의 제195호(Ⅲ)에 명확히 나타나 있듯이 조선에 있는 유일의 합법적인 정부인 것이 확인된다」라는 조항이다. 이 조항의 변경이 필요하다는 한국측의 연구는 북일교섭을 계기로 2조의 「이미 무효이다」에 대한 한일 양국의 해석의 차이를 해결하는 것과 북한과의 관계정상화에 따라 3조의 「유일의 합법적인 정부」로 내용이 바뀌는 것과 관계가 있다.

44_ 양기웅, 『일본의 외교협상; 2레벨적 시각』(서울: 소화, 1998).

45_ 하리모토 히로시張本 浩, 「북일교섭의 현상과 약간의 전망-게임이론에 의한 분석(日朝交渉の現状と若干の展望—ゲーム理論による分析)」『도쿄국제대학논총, 상학부편(東京国際大学論叢、商学部編)』(70호), 2004.

46_ 양기웅(1998), 전게서.

47_ 하리모토 히로시(2004), 전게서.

48_ 이찬우, 「북일 경제협력의 방안」 『ERINA REPORT』 Vol.47 (2002년 8월), p.74.

49_ 상동.

제2장 연구방법; 3개 교섭공간 어프로치

1_ Fearon,James D., "Bargainning, Enforcement, and *International Cooperation,*" *International Organization,*Vol.52,No.2(Spring,1998), p.274. 페론은 이 논문에서, 교섭문제는 제안과 반대제안 혹은 상대방이 양보한다는 희망에 기초한 관망의 연속과정에서(in sequences of offers and counteroffers or with one or both parties a holding out in hope that the other make concessions) 해결된다고 말하고 있다.

2_ Ibid., p.271.

3_ Lehman, Howard P. and Jennifer L. McCoy, "The Dynamics of the Two-level Bargaining Game: The 1988 Brazilian Debt Negotiations," *World Politics,* Vol.44, No.4 (Jul., 1992), pp.600~603. 이 연구는 「1988년 브라질 채무교섭」에 대한 분석에서, 국가중심적인 단일교섭모델의 한계를 지적하면서 2레벨 게임론을 채용한다. 그리고 이 연구는 국제정치와 국내정치의 상호작용 행위를 규명한 Robert D. Putnam(1988)의 2레벨 게임을 들며 그 이전에 James N. Rosenau가"Theorizing across System: Linkage Politics Revisited,"in Jonathan Wilkenfeld,ed., *Conflict Behavior and Linkage Politics* (New York; David McKay,1973)에서 외교정책에 대한 국내정치의 초기 이론적 학설을 제공했다고 인용하고 있다.

4_ Putnam, Robert D.,"Diplomacy and Domestic Politics: The Logic of Two-Level Game," International Organization, Vol.42, No.3(Summer,1988), p.435. 퍼트남은 2레벨 게임론을 전개할 때 2레벨 게임을 메타포metaphor로써 다루면서, 메타포는 이론은 아니지만 모든 과학은 메타포에서 시작해 대수학algebra으로 마쳐야 한다는 Max Black을 언급하고 있었다.

5_ Lehman and Jennifer, op. cit., p.603.

6_ Moravcsik, Andrew, "Taking Preferences Seriously: A Liberal Theory of International Politics," *International Organization,*Vol.51,No.4(Autumn,1997), p.523. 모라비치크는 파워에 대한 자유주의적 개념이 리얼리즘보다 더 협조와 교섭의 기본이론과 일치한다는 가정에 근거하고 있다고 주장했다.

7_ Mayer, Frederick W.,"Managing Domestic Differences in International

Negotiation: The Strategic Use of Side-Payments," *International Organization* 46(Autumn1992),p.795.

8_ Putnam, op.cit., p.437.
주어진 레벨 II에서 비준자(Level II the constituency)의 「윈-세트win-set」는 국내에서 비준자 중에서 필요한 다수를 획득해 승리win를 거둘 수 있는 레벨 I에서의 모든 가능한 합의의 집합the set of all possible Level I agreements 이다. 레벨 I의 합의를 이해하기 위해서는 레벨 II 윈-세트의 윤곽contours 이 어떤 것인지가 중요하다.

9_ Mayer, op.cit., pp.797-798.
Mayer는 이 윈-세트를 바게닝 세트bargaining set라고 표현하며 2레벨 게임과 달리 작은 윈-세트를 가질 경우에 교섭의 빠른 합의에 이른다고 주장했다. 그는 바게닝 세트를 일종의 교섭상 서로 합의에 이르기 위해 제시할 수 있는 집합으로서 파악했다. 여기서 그는 퍼트남이 윈-세트라는 단어가, 그것이 처한 조건보다는 그 크기에 지나치게 집중함으로써 교섭에서 합의 가능성에 대해 잘못된 명제를 제시했다고 비판하고 있다. 그는 바게닝 세트의 크기가 커도, 만약 양국이 큰 세트 내의 가장 좋은 결과를 추구하면 합의에 이르는 것에 대해 도움이 되기 보다는 방해물이 될 수 있고, 반대로 작은 바게닝 세트는 추가로 교섭하는 이점이 전혀 없으니 빠른 합의를 촉진시킬 수 있다고 주장한다.

10_ Putnam, op.cit., p.453.
이 윈-세트에 대한 불확실한 정보, 말하자면 「빠듯한 윈-세트kinky win-set」의 특별한 활용에 대해 자세한 것은 본 서 32쪽에서 서술한다.

11_ Ibid., pp.445-448.

12_ Ibid., pp.454-456.

13_ Ibid., p.446.

14_ Hug, Simon and Thomas König, "In View of Ratification: Governmental Preference and Domestic Constraints at the Amsterdam Intergovernmental Conference," *International Organization*, Vol.56,No.2(Spring,2002), pp.449-471.
Hug 등은 2레벨 게임의 1이슈 · 2교섭자라는 분석의 전제 아래 그것을 암스테르담Amsterdam 조약이라는 70개 이슈 · 15개국 교섭에 적용하려고 했다. 그래서 이 연구는 2레벨 게임의 비준이라는 제약이란 관점에서 여러 이슈 · 여러 국가간 교섭을 분석했다. 그 결과 「Issue Subtraction and Domestic Constraints」(이슈 제감과 국내적 제약)이라는 어프로치로 비준주체가 다수의 이슈를 없애고 자신의 이슈에서 비준가능한 결과를 취한다는 모델을 제시한다. 그들의 분석에 따르면, 암스테르담 조약의 교섭에서 모든 주체들은 70개 이슈 중 39개, 다른 주체는 그 이상을 없애고 교섭에서 비준가능한 결과를 취했다. 이 연구 결과도 2레벨 게임 그 자체가 1이슈·2교섭자를 분석의 전제로 한다는 측면에서 비롯됐다.

15_ Katzenstein, Peter J., Robert O.Keohane, and Stephen D. Krasner, "International Organization and the Study of World Politics," *International Organization,* Vol.52, No.4 (Autumn,1998), p.668.
이 논문은 Moravcsik(1997),op.cit.을 인용해 2레벨 게임에 대한 모라비치크의 공헌을 얘기하고 있다.

16_ Evans, Peter B., Harold K.Jacobson, and Robert D.Putnam, *Double-Edged Diplomacy: International Bargaining and Domestic Politics* (University of California Press,1993),p.29. 모라비치크는 이 책의 서문에서 이 점을 정리하고 있다.

17_ Schoppa, Leonard J.,"Two-level Games and Bargaining Outcomes: Why Gaiatsu Succeeds in Japan in Some Cases but Not Others," *International Organization,* Vol.47,No.3(Summer,1993), p.354.
쇼파가 이 연구에서 제시한 2가지 한계 중 첫째는 퍼트남의 반향과 상승작용적 연계라는 2개의 전략은 국내정치 게임에 변화를 가져올 중요한 방법 즉, 주임교섭자에 의한 정책결정과정에서의 참가자 레벨의 확장, 국내정책 결정과정 내에서 생각할 수 있는 대안의 특정화를 파악할 수 없다는 점이다. 그리고 둘째는 퍼트남은 관련 국가가 동맹자이며 그 이슈가 경제적이며 국가간 관계가 상호의존적일 때 더 긍정적 결과를 낳을 것이라는 지적 외에 이 전술(전략)이 성공할(작동하는) 경우(조건)를 특정화하는 시도를 하지 않았다는 것이다.

18_ Schoppa(1993), op.cit., pp.370-374, Schoppa, Leonard J., *Bargaining with Japan-What American Pressure Can and Cannot do*(Columbia University Press,1997), pp.40-43.

19_ Schoppa (1993), op.cit., pp.373-386. 스도 스에오須藤季夫, 『국가의 대외행동(国家の対外行動)』 (도쿄대학 출판회, 2007), pp.175-176에서 재인용.

20_ 오노 나오키小野直樹, 『전후 미일관계의 국제정치경제 분석(戦後日米関係の国際政治経済分析)』 (게이오기주쿠대학 출판회, 2002), p.21,160,413. 스도 스에오, 전게서,p.177에서 재인용.

21_ Knopf, Jeffrey W., "Beyond two-level games: domestic-international interaction in the intermediate-range nuclear forces negotiations," *International Organization,*Vol.47,No.4 (Autumn,1993), pp.599-600.

22_ Knopf, op.cit., pp.602-603.
더욱이 노프는 퍼트남 전략을 거론하며, 손 묶기tying hands는 많은 분석가들이 미국의 파나마운하교섭 때 미국대통령이 상원과 행한 경위를 분석했고, 반향과 타겟팅reverberation and targeting은 1960년대 군축교섭에서 Franklyn Griffiths에 의한 가설과 매우 유사한 것이고, 정부지도자chief of government 결탁(COG collusion)은 국가지도자가 각각 국내적 지위를 높이기 위해서 국제적 합의를 이용하는 것으로, 이미 Michael Mastanduno, David A. Lake, and G.John Ikenberry등 많은 다른 연구에 의해 입증된 것이라고 그다지 높은 평가를 하지 않았다.

23_ Ibid.,pp.612-613,p.627.

24_ Mo, Jongryn, "Domestic Institutions and International Bargaining: The Role of Agent Veto in two-Level Games," *The American Political Science Review, Vol.*89,No.4(Dec.,1995).
Mo는 이 논문에서 교섭자의 선호에 대해 불완전한 정보가 교섭에 미치는 영향에 대해 분석하고 있다.

25_ Putnam,op.cit., pp.452-453.

26_ Moravcsik, op.cit.,p.52.

27_ Putnam, op.cit., p.457.

28_ Iida, Keisuke, "When and How Do Domestic Constraints Matter? Two Level Games with Uncertainty," *The Journal of Conflict Resolution,*Vol.37, No.3(September 1993),p.405.

29_ Ibid., pp.418-419.

30_ 이이다 게이스케飯田敬輔, 『국제정치경제(国際政治経済)』(도쿄대학 출판회 2007),p.53.

31_ 이 연구는 Evans,Peter B., Harold K.Jacobson,and Robert D.Putnam,op.cit.이다. 이는 스탠퍼드의「행동과학 선진연구센터」의 프로젝트로 퍼트남의 2레벨 게임을 실제 교섭 사안에 적용해 분석·서술한 성과이다.

32_ 와타나베 아키오渡辺昭夫「Peter B. Evans,Harold K.Jacobson,Robert D.Putnam, *Double-Edged Diplomacy: International Bargaining and Domestic Politics* (University of California Press,1993)의 서평」,『국제정치(国際政治)』제113호(1996.12), pp.190-194.
와타나베 아키오는 이 서평에서 그 이론의 의의와 한계를 지적하고 있다.

33_ 북일 양국은 1990년 12월 17일 북일 국교정상화교섭을 위한 예비회담에서 4개의 교섭의제를 합의했다. 북일 양국이 합의한 4개의 이슈, 즉 기본문제,

경제적 문제, 국제문제, 기타 양국간 현안 등은 경제적 문제가 실제 교섭에서 기본문제에 포괄되므로 북일교섭 이슈는 3개가 됐다. 실제로 2006년 6월 제13회 북일교섭에서는 관계정상화, 납치, 안전보장의 3개 이슈의 포괄협의가 이뤄졌다.

34_ 대표적 논문은 Mo, Jongryn(1995), Hug, Simon and Thomas König(2002) 이다.

35_ 북일수교 교섭과정에서 교섭촉진적 상태는 북일관계 개선 및 교섭에서는 정부대표와 주임교섭자 등 당사자로부터 「기회」로 언급돼 왔다. 예를 들면, 다케시타 총리는 1988년 「7.7선언」이후 조성된 상황에 대해 1989년 3월 30일의 중의원 예산위원회에서 "한반도를 둘러싼 정세가 새로운 국면은 맞고 있습니다. 이 기회에…"(『아사히신문』 1989년 03월 30일 석간)이라고 평가하고 북일관계 개선을 표명했다. 그리고 제10회 본회담의 일본대표인 다카노 고지로高野幸二郎 대사는 2000년 6월 남북 정상회담이후 "남북대화, 교류 진전을 크게 환영한다…(중략)…북일관계를 진행하는데 좋은 기회이다."(『아사히신문』 2000년 08월 23일 조간)라고 판단하고 있다고 북일교섭의 교섭촉진적인 상태에 대해 다른 말로 표현했다.

제3장 3당공동선언국면과 일본의 교섭패턴

1_ 『아사히신문』 2007년 10월 25일 조간.
동 신문에 따르면 김대중납치사건은 「1973년 8월 8일, 당시 박정희 대통령의 정적, 김대중(당시 47세, 후에 대통령)이 도쿄도 지요다 구의 호텔 그랜드팔래스 2212호에서 대낮에 끌려가, 5일후에 서울의 자택 근처에서 해방되었다. 한국대사관의 중앙정보부(KCIA)요원, 김동운 1등서기관의 지문이 현장에서 발견되어, 일본에서는 주권침해로서 한국에 대한 비난이 높아졌다. 두 번의 한일 두정부에 의한 『정치적 타결』로 진상은 흐지부지됐지만, 한국 국가정보원의 진상규명위원회는 2007년 10월 24일, KCIA의 조직적 범행이라는 보고서를 발표했다. 박 대통령의 암묵적 승인이 있었다고 판단했지만, 살해의도도 포함해서 구체적 지시는 증명하지 못했다」고 한다.

2_ 『아사히신문』 1987년 12월 03일 조간.
동 신문에 따르면 문세광 사건은 「1974년 8월 15일, 서울시에서 열린 한국독립기념일(광복절) 식전에서 연설중인 박정희 대통령이 객석에 있던 재일한국인 문세광에게 총격을 당했다. 대통령은 무사했지만, 연단 옆에 있던 육영수 영부인 등 2명이 사망했다. 문세광은 그 자리에서 체포(후에 사형)되었지만, 문이 사용한 여권은 지인인 일본인 명의로 그 아내가 입수에 협력했고, 권총은 오사카 시내의 파출소에서 도난당한 것이었다. 한국정부는 사건의 배후에 북한의 의사가 개입됐다고 보고, 일본정보에 대해 조선총련의 단속을 강하게 요구했다」고 한다.

3_「역사의 파노라마」, 『조선일보』
(http://focus.history.chosun.com/history/read_body.jsp?id=19990802_0258).
버마 랑군 폭파테러사건은 1983년 10월 9일 전두환 대통령의 동남아시아와 대양주 6개국 순방의 첫 방문지인 버마 랑군의 아웅산 기지에서 폭발사건이 일어나 대통령을 수행한 서석준 부총리, 이범석 외무부장관, 김동휘 통산산업부장관, 여상철 동력자원부장관, 함병춘 대통령 비서실장 등 17명이 순직하고 15명이 다쳤다. 현장에 늦게 도착해 화를 면한 전두환 대통령은 남은 순방계획을 모두 취소하고, 바로 귀국해 전군 비상태세를 지시했다. 이 사건은 김정일의 친필지령을 받은 북한군 정찰국 특공대 소속 진모 소령, 강민철 대령, 신기철 대위 등에 의한 암살기도였다. 버마정부는 11월 4일 북한과의 외교관계를 단절하고 랑군에 있는 북한대사관 직원들을 국외로 추방하고, 랑군 지방인민법원 제8 특별재판소는 12월 9일 이들 테러범들에 대해 사형을 선고했다. 이 사건으로 코스타리카, 코로모, 서사모아 등 3개국이 북한과 외교를 단절하고, 미국, 일본 등 세계 69개국이 대북 규탄 성명을 발표했다. 상동.

4_ 외무성, 외교자료관 일본외교사 사전편찬위원회 『신판 일본외교사사전』 야마카와(山川) 출판사, 1992.5, pp.887-888.
제18후지산마루第18富士山丸 사건은 일본의 화물선 선장과 기관장이 북한에 간첩 혐의로 구속된 사건이다. 1983년 11월 1일, 북한의 남포항에서 일본으로 향하고 있던 화물선 제18후진산마루의 배안에서, 망명을 위해 숨어 있던 북한군 병사 민홍구가 발견되어 일본 도착 후, 모지門司 해상보안부에 밀항혐의로 체포되었다. 그 직후, 11월 11일 다시 남포항에 입항한 제18후지산마루의 승무원 5명이 억류되어, 그중 일본인 선장 베니코 이사무紅粉 勇와 기관장 구리우라 요시오栗浦好雄 2명이, 민 병사의 불법 출국을 지원했다는 간첩죄로 고발돼 억류된 사건이다. 이들은 1987년 11월 일본측이 민 병사를 석방시킨 직후(12월)에 재판에 회부돼, 1988년에 북한의 법정은 교화노동 15년의 형벌을 선고하고, 2년 5개월의 옥중생활을 강요당하게 되었다.
제18후지산마루 사건은, 북일관계 개선의 장애 중 하나로 되어왔지만, 자민·사회 양당대표단의 북한방문 후 1990년 10월, 두 선원은 귀국 후에 「북일 우호관계의 발전에 지장을 줄 수 있는」 언동을 하지 않는 것을 조건으로 석방되었다. 상동.

5_『아사히신문』 1990년 06월 20일 조간 해설.

동 신문에 따르면, 「한국의 노태우 대통령은 1988년 『7.7특별선언』과 같은 해 10월 유엔연설에서, 크로스승인에 긍정적인 생각을 나타냈다. 『북방외교』를 추진하는 중, 1990년 6월 4일에는 미국 샌프란시스코에서 첫 한소 정상회담을 실현시켜 국교 수립에 원칙적으로 합의하는 등, 구상의 이른바 『구체화』가 진행됐다. 또한, 한국을 승인하고 있는 것은(1990년 6월) 현재 139개국, 북한 승인은 105개국으로 그 중 81개국이 남북승인이다」라고 한다.

6_ 상동.

7_ 『아사히신문』 1985년 05월 23일 조간.

8_ 나카소네 야스히로中曽根康弘 총리는 제71~73대 내각총리대신으로, 1982년 11월 27일~1983년 12월 27일, 1983년 12월 17일~1984년 11월 1일, 1984년 11월 1일~1985년 12월 28일, 1985년 12월 28일~1986년 7월 22일, 1986년 7월 22일~1987년 11월 6일까지 내각수반을 지냈다.

9_ 『아사히신문』 1986년 09월 22일 조간.

10_ 『아사히신문』 1991년 05월 16일 조간.
서울올림픽 전년인 1987년 11월 29일, 바그다드발 서울행인 대한항공 보잉 707기(858편)가 승무원과 승객 등 115명을 태운 채 미얀마(당시 버마) 해상에서 행방불명됐다. 이 비행기에는 일본인 명의의 위조여권을 가진 수상한 남녀 2명이 경유지인 아부다비까지 타고 있었지만, 바레인에서 당국의 사정청취를 받고 있는 사이에 남자는 음독자살했다. 「마유미真由美」라고 밝힌 김현희 전 사형수는 그 후 한국으로 보내져, 수사 당국의 조사에 대해 "2명은 북한의 공작원으로, 대한항공기를 폭파했다"고 자백했다. 상동.

11_ 『아사히신문』 1988년 01월 26일 석간.

12_ 다케시타 노보루竹下 登 총리는 제74대 내각총리대신으로, 1987년 11월 6일~1988년 12월 27일, 1988년 12월 27일~1989년 6월 3일까지 내각수반을 지냈다.

13_ 『아사히신문』 1989년 12월 04일 조간.
부시 대통령과 고르바초프 소련최고회의의장(공산당 서기장)은 12월 3일 오후(일본시간 같은 날 밤), 2일에 걸친 정상회담을 통해 (1) 1990년 내에 빈에서 유럽통상전력교섭(CFE) 관계국의 정상회담을 열어 이 전력 감축 조약의 체결을 목표로 한다, (2) 1990년 6월 후반에 워싱턴에서 미소 정상회담을 열어 현안인 START 합의를 달성, 동시에 각종 미소 무역협정도 합의한다는 등의 인식에서 기본적으로 일치했다. 두 정상은 또

START 합의에 장애가 되는 공중발사순항미사일(ALCM)과 이동식 대륙간탄도미사일(ICBM)의 수량제한 문제, 나아가 탄도탄요격미사일(ABM) 제한조약을 둘러싼 미소대립을 해소하기 위해 이듬해(1990년) 1월 이후 베이커 국무장관과 세바르드나제 외무장관의 실무회담을 서두르는 것에도 일치했다. 제3세계로의 미사일 확산문제도 포함한, 군사 기술관리까지 논의하기로 합의했다. 두 정상은 회담을 끝내고 회담장이였던 몰타섬 마샤슈로크만의 소련 여객선 막심고키리에서 공동 기자회견했다. 회견에서 두 정상은 미소 양국관계가 새로운 시대에 접어들었다고 지적하며 전쟁 후 동서관계를 형성해온 냉전구조의 청산과 새로운 세계질서 구축에, 세계 전체가 본격적으로 추진해야 하는 시대가 도래했다고 강조했다. 상동.

14_ 『아사히신문』 1988년 11월 18일 조간, 『아사히신문』 1990년 03월 12일 조간, 『아사히신문』 1990년 05월 05일 조간.
에스토니아가 1988년 11월에 「소련의 법률 · 법령의 적용을 특정의 경우, 정지 또는 제한하는 것」으로 사실상 주권을 선언(상동의 11월 18일 조간)했다. 또한, 1990년 3월 11일에는 리투아니아 공화국의 최고의회가 1940년 6월 소련병합을 무효로 하고, 리투아니아 국가의 재건을 표명하는 「독립선언」을 찬성 126, 기권 2, 반대 0으로 채택했다(상동의 03월 12일 조간). 라트비아 공화국 최고의회도 1990년 5월 4일, 「국가의 독립을 명기한 1922년 헌법의 부활을 기둥으로 한 『라트비아 공화국의 독립 회복에 관한 선언』 안의 토의를 실시, 같은 날 밤(일본시간 5일 새벽), 대의원수 3분의 2를 넘는 찬성 138표로 채택했다」 (상동의 05월 05일 조간).

15_ 『아사히신문』 1991년 12월 09일 석간.

16_ 1988년 7월 7일 발표한 7.7선언의 정식명칭은 「민족자존과 번영을 위한 대통령 특별선언」이다.
그 주요 내용은 1. 남북 동포간의 상호 교류 및 해외동포의 자유로운 남북왕래를 위한 문호개방, 2. 이산가족의 서신왕래 및 상호방문 적극 지원, 3. 남북간 교역을 위한 문호개방, 4. 비군사물자에 대한 한국의 우방과 북한간의 교역 찬성, 5. 남북간의 소모적인 경쟁대결 외교의 지양 및 남북 대표간의 상호협력, 6. 북한과 한국 우방과의 관계 개선 및 사회주의 국가와 한국과의 관계 개선을 위한 상호협력을 할 의사가 있다, 등이다. 특히 이 선언의 6항은 미국, 일본 등 우방이 북한과의 관계를 개선하는 것에 대해 적극 지원할 의사가 있다는 것을 표명한 것으로, 북일교섭 재개에 큰 의미를 갖는다.

17_ 『요미우리신문』 1988년 9월 18일 조간, 오코노기 마사오 편 「북일 국교교섭과 일본의 역할(日朝国交交渉と日本の役割)」 『포스트 냉전의 한반도(ポスト冷戦の朝鮮半島)』 (일본 국제문제연구소, 1994년), pp.255-256에서

재인용.

18_ 『아사히신문』 1988년 07월 07일 석간.
오부치 관방장관은 7월 7일 발표한 노태우 한국대통령의 특별선언에 대해 「일본정부 견해」를 발표했는데, 그 중에서 "우리나라로서도 북한측이 건설적인 자세를 나타낼 경우에는 관계국과도 밀접하게 협조해 한국과 중국·소련의 교류의 균형에 배려하면서, 북일관계 개선을 적극적으로 진행하고 싶지만, 그를 위해서도 제18후지산마루 문제 해결은 전제가 될 수밖에 없다. 정부는 이들 북일간의 현안의 모든 측면에 대해서 북한측과 논의할 용의가 있다"(상동)고 했다.

19_ 『아사히신문』 1988년 09월 13일 석간.

20_ 『아사히신문』 1988년 10월 27일 조간.

21_ 『아사히신문』 1989년 01월 14일 조간.

22_ 『아사히신문』 1989년 03월 29일 조간.

23_ 『아사히신문』 1989년 01월 26일 석간.

24_ 『아사히신문』 1989년 01월 27일 조간.

25_ 『아사히신문』 1989년 02월 10일 석간.

26_ 『아사히신문』 1989년 03월 10일 조간.

27_ 국회속기록, 중의원 예산위원회 9호, 1989년 03월 30일.

28_ 상동.

29_ 『아사히신문』 1989년 03월 31일 조간.

30_ 『아사히신문』 1989년 04월 01일 조간.

31_ 『아사히신문』 1989년 03월 30일 석간.

32_ 가이후 도시키海部俊樹 총리는 제76, 77대 내각총리대신으로, 1989년 8월 10일~90년 2월 28일, 1990년 2월 28일~91년 11월 5일까지 내각수반을 지냈다. 이 내각은 다케시타를 계승한 우노 소스케宇野宗佑 총리가 1989년 6월 3일 내각을 발족시켰지만, 곧바로 여성 스캔들이 표면화돼 2개월 여만에 사임한 후 발족됐다.

33_ 『아사히신문』 1990년 06월 15일 석간, 국회속기록, 중의원 외무위원회-10호 1990년06월15일.

34_ 조선문제연구소, 『움직이기 시작한 북·일 정부간교섭』 (1991.2), p.72.

35_ 『아사히신문』 1990년 06월 18일 석간.

36_ 『아사히신문』 1991년 01월 01일 조간.

동 신문에 따르면, 김영남 외무장관이 소련측에 메모랜덤(각서)을 건냈다. 그 각서는 일본과 국교정상화문제와 북방영토 문제에는 언급하지 않았지만, 무기 개발에 대해 「소련이 남조선과 『외교관계』를 맺는다면, 북소 동맹조약을 스스로 유명무실한 것으로 하게 될 것이다. 그러면 우리는 지금까지 동맹관계에 의거했던 약간의 무기도 우리를 위해 조달하기 위한 대책을 세울 수밖에 없다. 그것은 한반도 정세를 극도로 첨예화시킨다」고 한 부분이 있었다고 한다. 상동.

『민주조선』 1990년 9월 19일.

북소 외무장관 회담 후, 북한은 『민주조선』을 통해 「소련이 남조선과 외교관계를 맺는 것은 『두개의 조선』 조작 책동에 말려드는 것으로, 우리 인민에 민족분열의 고통과 불행을 지우는 행위가 된다」고 비난했다. 상동.

37_ 『아사히신문』 1990년 09월 08일 석간.

38_ 남북 총리회담은 1990년 9월 6일 첫 회를 시작으로 10월 17일 평양에서 제2회 회담을 개최해 불가침 선언을 둘러싸고 응수했고, 12월 12일 서울에서 제3회 회담을 해 남북대화의 지속을 확인했다. 1991년 10월 23일 평양에서 제4회 회담을 하고 채택문서의 명칭을 「남북 사이의 화해와 불가침 및 교류협력에 관한 합의서」라는 것에 일치했고, 북측은 「한반도의 비핵지대화에 관한 선언」을 제안했다. 12월 12일 서울에서 제5회 회담을 하고 「남북간의 화해와 불가침 및 교류협력에 관한 합의서」안의 내용으로 합의했다. 1992년 2월 7일 판문점과 평양에서 제6회 회담을 하고 제5회 회담에서 서명한 「화해와 불가침 및 교류협력에 관한 합의서」와 「비핵화 공동선언」, 「분과위원회에 관한 합의서」가 발효됐다. 1992년 5월 6일 서울에서 제7회 남북 총리회담을 개최해 상호핵사찰문제 등을 논의했지만, 평행선을 걸었다.

39_ 『아사히신문』 1990년 09월 07일 조간.

동 신문에 따르면 「이 회담에서 양측은 (1) 북한이 주장하는 『남북 단일의석에 의한 유엔가입』에 대해, 북한이 현실적인 실현안을 제시하고 이를 양측에서 협의해 간다, (2) 남북 이산가족, 특히 60세 이상인 사람의 육친 재회를 위해 남북 두 적십자에 적십자회담의 재회를 촉구한다, (3) 남북 경제협력공동기구 등 경제분야를 비롯한 남북간 협력, 교류문제는 다음 회담에서 협의한다, 라는 세가지를 합의했다」고 한다. 상동.

40_ 상동.

41_ 김찬훈, 「북한의 정보화 전략과 개방화에 관한 고찰」(석사논문, 2003년), p.53.

1984년 9월 최고인민회의 상설회의의 제10호 결정에서 공포된 「합영법」도 대외 경제교류 형태에서 단순한 물자교역 형태 이외에 합작경영, 기술

협력 등 새로운 범주를 포함시켜서, 외국인 투자유치 정책에 한걸음 나아간 획기적 정책이었다. 당시 북한은 1972년 다가온 석유위기로 북한이 수입하는 원재료 가격은 상승하는 한편, 북한의 주요 수출품목인 비철금속 등 수출가격은 감소함에 따라 1975년부터 무역대금을 결제하지 못했다. 그래서 1976년 25억 달러라는 누적채무 문제와 동시에, 채무불이행(Default)이라는 사태에 들어가게 됨으로써, 1980년대에 들어오면서 1970년대 차관도입 형태의 대외 경제개방정책이 「합영형태」로 전면적인 변화를 한 것이다. 상동.

42_ 상동, pp.54-67.

43_ 상동.

44_ 상동, pp.14-20.

45_ 『주간 아에라』 1990년 10월 09일.
『주간 아에라』에 의하면, 북한의 일본과의 국교정상화 목적이 경제면에 있다는 것을 알 수 있다. 「조선노동당과 일본의 자민, 사회 3당공동선언 작성에 있어서, 노동당측이 (보상으로) 일본에서 지급할 금액의 일부를 앞당겨 지급한다』라는 취지를 담도록 주장한 데에서도 엿보이지만, 북한이 일본과의 『국교정상화』를 제안한 당면, 최대의 목표는 70억 달러(약 1조원)라고 불리는 보상금과 경제 원조이다」. 상동.

46_ 『아사히신문』 1990년 06월 06일 조간, 『아사히신문』 1990년 06월 08일 조간.

47_ 『아사히신문』 1990년 07월 04일 조간.

48_ 『아사히신문』 1990년 07월 16일 석간.

49_ 『아사히신문』 1990년 07월 22일 조간, 『아사히신문』 1990년 07월 24일 조간.

50_ 『아사히신문』 1990년 07월 25일 조간.

51_ 『아사히신문』 1990년 09월 03일 석간.

52_ 상동의 『아사히신문』 09월 08일 석간.

53_ 『아사히신문』 1991년 01월 10일 조간.
1월 9일 열린 가이후 총리와 노태우 대통령의 정상회담에서 「노태우 대통령이 "북일 국교정상화교섭의 향후 진전이 남북대화에 플러스가 되도록 염두에 두길 바란다"고 하자, 가이후 총리는 "북한과 (일본과의) 새로운 프로세스의 전개는 북한이 대일정책을 바꿨기 때문에 일어난 것이다. 솔직히 말해 우리는 (국교정상화의 제안을) 예상못했다"고 답했다」고 한다. 상동.

54_ 상동의 『아에라 주간』 10월 09일.

55_ 상동.

56_ 다나카 아키히코(田中明彦), 『아시아 속의 일본(アジアのなかの日本)』(NTT출판, 2007), pp.63-64.
동 책에 의하면, 「만약 북한이 크로스승인을 받아들이지 않는다면, 국교정상화까지 이야기할 리는 없다. 그리고 국교정상화까지 이야기가 가지 않는다면, 일본으로부터 북한에 무언가 『대가』를 주는 것은 있을 수 없다. 이것이 외무성의 입장이었다」고 한다. 상동.

57_ 『아사히신문』 1990년 09월 28일 조간.

58_ 『아사히신문』 1990년 10월 10일 조간.
동 신문에 의하면, 「김일성 주석은 3당공동선언 후인 1990년 10월 09일 도이 다카코土井たか子 사회당 위원장과의 회담에서, 남북통일문제에 대해 "조선인민이 분열된 지 50주년이 되기 전에 통일해야 한다"고 말해, 1995년까지 통일을 목표로 하는 생각을 강조했다. 그러나 그 방법으로는 『조선은 하나』라는 생각에 서서, 종래의 고려민주연방공화국 구상을 유지하는 입장을 나타내는 등, 종래의 자세를 바꾸지 않았다」고 한다. 상동.
『아사히신문』 1991년 02월 02일 조간.
동 신문에 의하면, 「북한의 김영남 부총리겸 외무장관은 1991년 2월 1일, 제1회 정부간교섭(1월 30~31일)이 끝난 후, 평양시내의 만수대 의사당에서 열린 기자회견에서도 북일간의 주장 차이에 대해 "서로 협의를 착실히 하면, 차이를 좁혀 합의할 수 있다"고 정상화에 대한 의욕을 표명하고, 교섭 개시는 북한에게 『하나의 조선』을 내건 기본정책의 변화를 의미하는 것이 아님을 강조했다」고 한다. 상동.

59_ 『아사히신문』 1990년0 9월 28일 조간.

60_ 이 문제는 1995년 3월 연립여당 방북단과의 합의에 따라 공식적으로 삭제되었다. 이 방북단에 관해서는 나중에 기술하겠지만, 1995년 3월 28일 당시의 연립여당(자민 · 사회 · 신당 사키가케)의 방북단(와다나베 미치오 단장)은 조선노동당과 「북일교섭 재개를 위한 합의서」에 서명했다.

61_ 『아사히신문』 1990년 09월 27일 조간.
『조선일보』는 1면 톱에서 「북한-일본, 새로운 우호관계에 합의」라고 보도했다. 『한국일보』도 「북한, 식민지지배에 대한 사죄와 배상으로 명분. 일본은 전쟁 후 처리를 완결, 무역에서 실리」라고 해설했다. 한국정부는 북일관계의 개선이 「남북관계의 전진과 동북아시아의 평화정착에 기여한다」라고 환영하면서도 북일관계의 급진전에는 불안을 감추지 않았다. 따라서, 이번 회담의 결과에 따라, 한국으로서는 일본의 북한에 대한 배상, 경제지원의 규모, 북일개선이 남북대화와 경제협력에 어떤 영향을 미칠지를 판단하고, 이에 어떻게 대응할지가 당면한 과제가 될 것 같다. 상동.

62_ 『아사히신문』 1990년 09월 28일 조간.

63_ 『아사히신문』 1990년 09월 29일 석간.

64_ 『아사히신문』 1990년 10월 08일 석간.

65_ 『아사히신문』 1990년 10월 09일 조간.

이 회담에서 노 대통령이 요망한 5항목은 「(1) 한일 정부간에 충분한 사전협의를 해 달라, (2) 남북간의 교류와 대화의 의미 있는 진전으로 연결될 수 있도록 해 달라, (3) 북한이 (핵사찰 수용을 위해) 국제원자력기구(IAEA)의 보장협정을 체결하는 것이 전제되어야 한다, (4) 북한에의 경제협력은 국교정상화 때에 하고, 또한 북한의 군사력 강화로 이어지지 않도록 바란다, (5) 북한이 책임 있는 국제사회의 일원이 되도록 움직여 달라"(상동), 라는 것이었다.

이것은 최호중 외무장관이 『조선일보』에서 제기한 것과는 조금 다른 것이지만, 남북대화 중심, IAEA 사찰, 경제협력 · 배상금의 군사력 강화에 이용 경계 등 본질적으로는 같은 것이다.

66_ 상동.

67_ 『아사히신문』 1991년 01월 10일 조간.

68_ 상동.

69_ 『아사히신문』 1990년 09월 28일 조간.

70_ 상동의 조선문제연구소(1991), p.42.

71_ 『요미우리신문』 1990년 10월 05일 도쿄 석간.

72_ 『아사히신문』 1990년 09월 30일 조간.

73_ 『아사히신문』 1990년 09월 30일 조간.

27일 밤, 나카야마 다로中山太郎 외무장관이 뉴욕 시내의 호텔에 머물고 있었으므로, 이 「외무성수뇌」는 외무성의 관료라고 생각된다.

74_ 『아사히신문』 1990년 09월 28일 조간.

75_ 상동.

76_ 『마이니치신문』 1990년0 9월 28일 도쿄 조간.

77_ 『마이니치신문』 1990년 09월 29일 도쿄 조간.

78_ 상동.

79_ 『아사히신문』 1990년 10월 02일 조간.

80_ 『아사히신문』 1990년 10월 03일 조간.

81_ 예비회담은 『아사히신문』 1990년 11월 04일 조간, 『아사히신문』 1990년 11월 05일 조간, 『아사히신문』 1990년 11월 17일 석간, 『마이니치신문』 1990년 12월 7일 도쿄 석간, 상동의 조선문제연구소(1991), p.12을 참조해서 재정리했다.

82_ 조선문제연구소(1991), 전게서, p.12.
동 책에서는 「제1의제는 북일 국교정상화에 관한 기본문제(관할권, 합병의 합법성), 제2의제는 북일 국교정상화에 따른 경제적 문제들(보상문제, 청구권), 제3의제는 북일 국교정상화와 관련된 국제문제(남북대화 등 안전보장 문제), 제4의제는 기타 양측이 관심을 갖는 문제들(재일조선인의 법적지위문제, 일본인배우자 귀국문제 등」이라고 쓰여 있다. 상동.

83_ 김일성, 「신년사」, 『노동신문』 1991년 01월 01일.

84_ 상동.

85_ 『아사히신문』 1991년 03월 09일 조간.

86_ 제1회 북일교섭은 『아사히신문』 1991년 01월 30일 석간, 상동의 조선문제연구소(1991), pp.11-25를 참조해서 재정리했다.

87_ 상동의 『아사히신문』 01월 30일 석간.

88_ 상동.

89_ 「북 · 일 국교정상화를 위한 정부간 제1회 본회담」 『월간 조선자료』 제359호(1991년 4월), p.20.

90_ 상동의 조선문제연구소(1991), p.18.

91_ 상동.

92_ 『아사히신문』 1991년 01월 31일 조간.
「청구권과 배상」에 대한 동 신문의 설명에 따르면, 「청구권은 식민지 지배를 한 나라와 지배당한 측과의 사이에서 생기는 권리로 청구의 대상은 재산이다. 식민지 지배를 행한 측은 식민지에 세운 건물 등의 부동산과 동산, 채권 등에 대해 청구권을 갖고, 반대로 식민지 지배를 받은 측은 미지급 급여, 예금 등의 청구권을 갖는다. 배상은 교전상태였던 나라간에 생기고 입은 피해를 대상으로 한다. 일본의 경우 청구권은 한국과의 사이에도 생겼지만 한일교섭에서 양측이 청구권을 포기, 일본이 무상 3억 달러, 유상 2억 달러의 경제협력을 하는 것으로 합의했다. 배상에 대해서는 필리핀과 버마에 하고 있다. 중국, 소련은 모두 배상의 청구를 포기하고 있다」는 것이었다. 상동.

93_ 상동의 조선문제연구소(1991), p.18, 상동의 『월간 조선자료』, pp.22-23.

94_ 『아사히신문』 1991년 01월 31일 조간.

95_ 상동.

96_ 『아사히신문』 1991년 02월 01일 조간.

97_ 상동.

98_ 상동.

99_ 상동.

100_ 상동.

101_ 상동.

102_ 『아사히신문』 1991년 02월 02일 조간.

103_ 상동.

104_ 『아사히신문』 1991년 02월 06일 조간.

105_ 『아사히신문』 1991년 02월 16일 조간.

106_ 『아사히신문』 1991년 02월 21일 조간.

107_ 『아사히신문』 1991년 02월 18일 석간.
동 신문은 「북한이 18일, 한미합동군사훈련 『팀스피리트 91』의 실시를 이유로, 이번달 하순에 예정되어 있던 남북 총리회담의 연기를 발표했다」고 전했다. 상동.

108_ 『아사히신문』 1991년 02월 22일 조간.

109_ 『아사히신문』 1991년 02월 22일 석간.

110_ 『아사히신문』 1991년 02월 25일 조간.

111_ 「북 · 일 국교정상화를 위한 정부간 제2회 본회담」 『월간 조선자료』 제360호(1991년 5월) p.3.

112_ 『아사히신문』 1991년 02월 27일 조간.

113_ 『아사히신문』 1991년 02월 26일 조간.

114_ 『아사히신문』 1991년 02월 27일 석간.

115_ 『아사히신문』 1991년 02월 28일 조간.

116_ 『아사히신문』 1991년 03월 05일 조간.

117_ 상동의 『아사히신문』 02월 27일 석간.

118_ 상동.

119_ 『아사히신문』 1991년 03월 08일 조간.

120_ 제2회 북일교섭 1, 2회 협의는 상동의 『아사히신문』 03월 12일 조간, 『아사히신문』 1991년 03월 13일 조간, 상동의 『월간 조선자료』 제360호, pp.6-18를 참조해서 재정리했다.

121_ 이 국제법상의 견해는 구체적으로 나타나지는 않았지만, 이후의 교섭을 보면 북한이 보상에 대해 교전국으로서 배상을 요구하는 것을 가리킨다고 생각된다.

122_ 상동의 『아사히신문』 03월 12일 조간.

123_ 상동.

124_ 상동.

125_ 상동의 『월간 조선자료』 제360호, pp.11-12.

126_ 상동의 『아사히신문』 03월 12일 조간.

127_ 상동의 『월간 조선자료』 제360호, p.7.

128_ 상동의 『월간 조선자료』 제360호, p.14.

129_ 상동.

130_ 상동.

131_ 상동의 『월간 조선자료』 제360호, p.27.
동 책에 의하면, 「팀스피리트 91에 대응하기 위해, 북한인민군 최고사령부는 1991년 2월 26일, 전투동원 태세를 명령할 정도로 긴장감이 높아졌다」라고 한다. 상동.

132_ 상동의 『아사히신문』 03월 12일 조간.

133_ 상동.

134_ 『아사히신문』 1991년 03월 12일 석간.

135_ 상동의 『아사히신문』 03월 13일 조간.

136_ 『아사히신문』 1991년 03월 14일 조간.

137_ 상동의 『아사히신문』 03월 13일 조간.
동 신문은 외무성간부의 말을 인용해서 「북일 쌍방의 정상화에의 결의와 성의가 확인되었다」고 전했다. 상동.

138_ 상동의 『월간 조선자료』, p.8.
동 책이 『조선중앙통신』의 보도를 인용해서 전한 것에 따르면, 「전 단장은 이날 회담이 총체적으로 상호존중의 우호적인 분위기 속에서 이뤄졌다고 하고, 제3회 본회담에서는 보다 큰 전진이 있을 것이라는 확신을 표명했다」고 한다. 상동.

139_ 상동의 『월간 조선자료』, p.14.

『노동신문』 1991년 3월 27일 수행기자단의 기고에 따르면, 「핵보증(보장)협정 체결문제를 제기한 것은 회담에서 지금 하나의 중요한 난관이 되었다. 일본측은 이 문제가 해결되지 않으면 국교수립이 곤란하다고 제기했다」고 한다. 상동.

140_ 『아사히신문』 1991년 03월 14일 조간.

141_ 『아사히신문』 1991년 03월 20일 조간.

142_ 『아사히신문』 1991년 03월 22일 석간.

143_ 『아사히신문』 1991년 04월 05일 석간.

144_ 『아사히신문』 1991년 04월 07일 조간.

145_ 『아사히신문』 1991년 04월 12일 조간.

146_ 『아사히신문』 1991년 04월 13일 조간.

147_ 『아사히신문』 1991년 04월 18일 조간.

148_ 『아사히신문』 1991년 04월 30일 조간.

149_ 상동.

150_ 『아사히신문』 1991년 05월 02일 조간.

151_ 『아사히신문』 1991년 05월 02일 석간.

152_ 『아사히신문』 1991년 05월 01일 석간.

153_ 『아사히신문』 1991년 05월 03일 조간.

154_ 『아사히신문』 1991년 04월 25일 석간.

155_ 『아사히신문』 1991년 05월 02일 석간.

156_ 상동.

157_ 『아사히신문』 1991년 05월 03일 조간.

158_ 상동의 『아사히신문』 05월 03일 조간.

159_ 『아사히신문』 1991년 05월 05일 조간.

160_ 『아사히신문』 1991년 05월 14일 조간.

161_ 『아사히신문』 1991년 05월 16일 조간.

162_ 상동.

163_ 『아사히신문』 1991년 05월 16일 석간.

164_ 제3회 북일교섭은 『아사히신문』 1991년 05월 20일 석간, 『아사히신문』

1991년 05월 21일 석간, 『아사히신문』 1991년 05월 22일 조간, 『아사히신문』 1991년 05월 23일 조간, 「북일 정부간 제3회 본회담에 관한 북한측 단장의 기자회견」 『월간 조선자료』 제362호(1991년 7월) pp.99-108을 참조해서 재정리했다.

165_ 상동의 『아사히신문』 05월 20일 석간.

166_ 상동.

167_ 상동.

168_ 상동.

169_ 상동의 『월간 조선자료』 제362호, p.100.

170_ 상동의 『아사히신문』 05월 21일 조간.

171_ 상동의 『월간 조선자료』 제362호, p.104.

172_ 상동.

173_ 상동, p.103.

174_ 상동의 『아사히신문』 05월 21일 석간.

175_ 상동의 『아사히신문』 05월 22일 조간.

176_ 『아사히신문』 1991년05월 23일 조간.

177_ 상동.

178_ 상동의 『월간 조선자료』 제362호, pp.105-106.

179_ 상동.

180_ 상동.

181_ 상동의 『아사히신문』 05월 23일 조간.

182_ 상동.

183_ 상동.

184_ 조선외무성 대변인, 「유엔에 가입하는 길을 선택한 것은 남조선 당국자에 의해 조성된 일시적인 난국을 타개하는 조치이다」, 『노동신문』 1991년 05월 29일.

185_ 『아사히신문』 1991년 07월 11일 석간.
이 제4회 남북한 총리회담은 북한의 요청에 의해 10월로 연기되었다. 『아사히신문』 (1991년 8월 24일 조간)에 따르면, 「북한은 8월 23일, 제4회 남북한 총리회담을 10월로 연기해, 같은 달 22일부터 25일에 걸쳐 평양에서 열기로 합의했다. 20일이 되어 북한이 한국 내에서 콜레라가 발행한 것을 이유로, 한국대표단의 평양 입성에 난색을 나타내 개최지를 판문점으로의 변경을 주장했다. 이에 대해 한국은 평양개최를 양보하지 않고, 책임연락관끼리 얘기해 왔다」고 한다. 상동.

186_ 『아사히신문』 1991년 07월 16일 조간.

187_ 『아사히신문』 1991년 07월 20일 석간.

188_ 조선외무성 대변인, 「조선반도 비핵지대화는 핵전쟁 위험을 근본적으로 제거하기 위한 현실적 방도」, 『노동신문』 1991년 07월 30일.

189_ 『아사히신문』 1991년 07월 30일 석간.

190_ 『아사히신문』 1991년 08월 07일 조간.

191_ 『아사히신문』 1991년 08월 29일 조간.

192_ 제4회 북일교섭은 『아사히신문』 1991년 08월 31일 조간, 『아사히신문』 1991년 08월 30일 석간, 『아사히신문』 1991년 09월 01일 조간, 『아사히신문』 1991년 09월 02일 조간, 「북일 국교정상화를 위한 정부간 제4회 회담」 『월간 조선자료』 제366호(1991년 11월) pp.13-21을 참조해 재정리했다.

193_ 상동의 『월간 조선자료』 제366호, p.13.

194_ 상동의 『아사히신문』 08월 31일 조간.

195_ 상동.
동 신문은 일본측 대표단 관계자의 설명을 인용해, 「『양해』는 제3회 교섭이 끝난 뒤 외무성 동북아시아과 수석사무관이 평양을 방문하고, 또한 베이징의 양측 대사관을 통해 접촉한 결과 7월에 합의에 도달한 것으로, 구두 양해에 그쳐 쌍방의 발언 내용을 문서로서 확인하는 것은 하지 않았다」고 한다. 상동.

196_ 상동.

197_ 상동의 『월간 조선자료』 제366호, p.14.

198_ 상동의 『아사히신문』 08월 30일 석간.

199_ 상동의 『아사히신문』 08월 31일 석간.

200_ 상동의 『월간 조선자료』 제366호, p.14.

201_ 상동의 『아사히신문』 09월 01일 조간.

202_ 상동.
동 신문은 일본측 설명을 인용해서 「이은혜문제에 대한 합의는 (이후) 일본측이 원하는 때 언제든지 이 문제의 논의에 북한측이 응한다」고 했다. 상동.

203_ 상동의 『월간 조선자료』 제366호, p.15.

204_ 상동.

205_ 상동의 『아사히신문』 09월 01일 조간.

206_ 상동의 『아사히신문』 09월 02일 조간.

207_ 상동.

208_ 상동의 『월간 조선자료』 제366호, pp.17-18.

209_ 상동, p.18.

210_ 상동.

211_ 상동.

212_ 상동.

213_ 제4일째 본회담에 대해서는 『아사히신문』 1991년 09월 02일 석간, 상동의 『월간 조선자료』 제366호, p.19를 참조해서 재정리했다.

214_ 상동의 『아사히신문』 09월 02일 석간.

215_ 상동.

216_ 상동.

217_ 『아사히신문』 1991년 09월 03일 조간.

218_ 상동.
동 신문은 관할권에 대한 북한의 절충안에 대해 「표현 내용에 대해서는 일본측과의 약속으로 밝히지 않겠다고 했지만, 군사경계선(휴전선)의 북쪽을 나타내는 것에는 거의 합의가 된 것으로 보인다」고 한다. 상동.

219_ 상동.

220_ 상동의 『월간 조선자료』 제366호, p.21.

221_ 『아사히신문』 1992년 01월 31일 조간.
동 신문에 따르면, 「제6회 교섭에서 북한 관계자가 1992년 1월 30일, (6회 교섭에서의) 이 조약안 마련도 이 교섭 이전의 제4회 북일교섭에서 이루어진 것이라고 밝혔다」고 한다. 상동.

222_ 『아사히신문』 1991년 09월 03일 조간.

223_ 상동의 『월간 조선자료』 제366호, p.17.

224_ 상동의 『아사히신문』 09월 03일 조간.

225_ 상동.

226_ 상동.

227_ 상동.

228_ 『아사히신문』 1991년 09월 11일 석간.

229_ 『아사히신문』 1991년 09월 13일 조간.

230_ 『아사히신문』 1991년 09월 12일 조간.

231_ The Washington Post, "U.S. Decides to Withdraw A-Weapons From S. Korea," October 19, 1991.

232_ 『아사히신문』 1991년 10월 19일 석간.

233_ 『아사히신문』 1991년 10월 22일 조간.

234_ 『아사히신문』 1991년 09월 18일 석간.

235_ 『아사히신문』 1991년 10월 23일 석간.

236_ 상동.

237_ 『아사히신문』 1991년 11월 08일 석간.

238_ 미야자와 기이치宮澤喜一 총리는 제78대 내각총리대신으로서 1991년 11월 5일부터 1992년 12월 12일까지 계속된 일본의 내각수반을 지냈다.

239_ 『아사히신문』 1991년 11월 07일 조간.

240_ 『아사히신문』 1991년 11월 16일 조간.

241_ 『아사히신문』 1991년 09월 27일 석간.

242_ 『아사히신문』 1991년 11월 04일 조간.

243_ 제5회 북일교섭은 『아사히신문』 1991년 11월 18일 석간, 『아사히신문』 1991년 11월 19일 조간, 「북・일 국교정상화를 위한 정부간 제5회 본회담」 『월간 조선자료』 제368호(1992년 1월) pp.19-25을 참조해서 재정리했다.

244_ 상동의 『월간 조선자료』 제368호, p.19.

245_ 상동의 『아사히신문』 11월 18일 석간.

246_ 상동.

247_ 상동의 『아사히신문』 11월 19일 조간.

248_ 상동의 『월간 조선자료』 제368호, p.20.

249_ 상동의 『아사히신문』 11월 19일 조간.

250_ 상동의 『월간 조선자료』 제368호, p.20.

251_ 제5회 북일교섭 2일째인 11월 19일 회담은 『아사히신문』 1991년 11월 19일 석간, 상동의 『월간 조선자료』 제368호 p.21을 참조해서 재정리했다.

252_ 상동의 『아사히신문』 11월 19일 석간.

253_ 상동의 『아사히신문』, 상동의 『월간 조선자료』 제368호, pp.21-22.
이 책에 따르면, 북한의 반론은 보다 구체적이다. 이 책에 쓰여 있는 북한 반론의 전문은 다음과 같다.
「먼저, 북한은 일본측은 입으로는 사죄한다고 말하면서 실제 행동으로는 보상을 부정하고 있다. 당신(일본측 대표 나카히라 대사)은 북일간 재산·청구권만 존재한다고 (당초) 주장해서, 우리의 추궁을 받자 인적·물적 피해에 대한 보상을 청구권의 범위 내에서 고려하고 싶다고 말했지만, 구체적 설명에 들어가자 이번에는 몇 번이나 지불할 수 없다는 태도를 취했다. 당신은 일본의 잔인한 식민지지배를, 일본의 『실정법』에 따른 행위이고, 보상해야 할 법률적 근거는 없다고 말했다. 전 조선인민은 분노를 참지 못하고 있다. 일본측의 주장은 일본군국주의의 죄상을 은폐하고, 미화분식하는 것이다.
『카이로선언』 과 『포츠담선언』은 『조선인민의 노예상태에 유의하고, 적당한 시기에 조선이 해방되어 독립하는 것』을 확실히 확인했다. 일본이 무조건 항복서에서 포츠담선언을 수락한 이상, 왜 『실정법』에 의거한 정당행위라고 할 수 있는가. 과거 나치 독일에도 나름의 『실정법』이 존재했다. 그러나 (서)독일은 『독일민족의 이름에서 필설로 다하기 어려운 범죄가 강행되었다』는 것을 인정, 과거의 『실정법』을 부정하고, 나치범죄에 대해 도덕적·윤리적인 보상의무가 있다는 것을 확인했다. 과거, 일본이 조선인민에게 가한 행위는 도저히 정당화될 수 없다」.
또한, 인적, 물적 피해에 대한 객관성과 구체성이 있는 법률적 근거의 제시를 요구하는 일본측의 주장에 대해, 북한은 「조선인을 닥치는 대로 대량학살한 것은 일본측인데, 그 법적 근거 문서를 우리에게 요구하는 것은 대체 무슨 일인가. 사상범이라는 이름으로 수많은 애국자를 검거, 투옥, 학살한 것도 수백만의 청년을 징용과 징병, 정신대로 강제 연행해 침략전쟁터와 광산, 군용기지공사장 등에 내몰고는 비참한 죽음을 강요한 것도 일본당국이다. 우리는 당신네들이 강요한 인적 피해에 대해 모두 알고 있다고 확신하고 있다. 당신이 자료를 전부 제출해야, 우리로서도 과거 일본당국이 남긴 자료에 근거해 얻은 자료를 제출하고, 함께 협의할 수 있다」는 것이다. 상동의 『월간 조선자료』.

254_ 『아사히신문』 1991년 11월 20일 조간.

255_ 상동.

256_ 상동.

257_ 상동의 『월간 조선자료』 제368호, pp.22-23.

258_ 상동.

259_ 상동의 『아사히신문』 11월 20일 조간.

260_ 상동의 『월간 조선자료』 제368호, pp.24-25.

261_ 상동.

262_ 상동.

263_ 『아사히신문』 1992년 02월 03일 조간.

264_ 『아사히신문』 1991년 11월 19일 석간.

265_ 『아사히신문』 1991년 12월 13일 조간, 『아사히신문』 1991년 12월 13일 석간. 동 신문은 「남북 사이의 화해와 불가침 및 교류협력에 관한 합의서」의 골자를 다음과 같이 전했다.

1, 상대의 체제(제도)를 존중한다.
2, 상대의 내부문제에 간섭하지 않는다.
3, 파괴 · 전복행위는 하지 않는다.
4, 판문점에 연락사무소를 설치한다.
5, 상대방에 무력을 사용하지 않고, 무력으로 침략하지 않는다.
6, 불가침경계선은 1953년 7월의 휴전협정에 따른 군사경계선으로 한다.
7, 우발적 충돌을 방지하기 위해 군사당국자간에 직통전화를 설치한다.
8, 군사분과위원회를 설치한다.
9, 교육, 문화예술, 기술 등 여러분야에서 교류, 협력한다.
10, 이산가족들의 자유로운 왕래, 편지 교환 등의 대책을 실현한다.
11, 철도, 도로, 해로, 항로를 개설한다.
12, 우편, 통신에 필요한 시설을 설치하고, 비밀을 보증한다.
13, 자원의 공동개발, 합작투자 등 경제협력, 교류를 실현한다.
14, 협력교류분과위원회를 설치한다. 상동.

266_ 『아사히신문』 1992년 01월 01일 조간.

동 신문이 전한 「한반도 비핵화에 관한 공동선언」의 골자는 다음과 같다.

1, 핵무기의 실험, 제조, 생산, 수용, 보유, 저장, 배포, 사용을 하지 않는다.
2, 핵 에너지를 평화적인 목적으로만 사용한다.
3, 핵재처리시설과 우라늄 고농축시설을 보유하지 않는다.
4, 검증은 상대방이 선정하는 모든 군사시설과 민간시설에 대해 양측이 합의하는 방법으로 사찰을 실시한다.
5, 공동선언 발효 후 1개월 내에 남북핵통제 공동위원회를 구성 · 운영한

다. 상동.

267_『아사히신문』 1992년 01월 31일 조간.

268_「대한민국 대통령 노태우 각하내외 주최 만찬회에서 미야자와 내각총리대신의 스피치」, 『세계와 일본』「미야자와 기이치 내각총리대신의 대한민국 방문에서의 정책연설」 1992년 1월 17일.
http://www.ioc.u-tokyo.ac.jp/~worldjpn/documents/texts/exdpm/19920117.S1J.html

269_ 제6회 북일교섭은『아사히신문』 1992년 01월 30일 석간, 『아사히신문』 1992년 01월 31일 조간, 「북일 국교정상화를 위한 정부간 제6회 본회담」『월간 조선자료』 제370호(1992년 3월) pp.13-23을 참조해서 재정리했다.

270_ 상동의 『아사히신문』 01월 30일 석간.

271_ 상동.

272_ 상동.

273_ 상동의 『아사히신문』 01월 31일 조간.

274_ 상동.

275_ 상동의 『월간 조선자료』 제370호 pp.14-15.

276_ 상동의 『아사히신문』 01월 31일 조간.

277_ 상동.

278_ 상동.

279_ 상동.

280_ 제6회 북일교섭 2일째인 1월 31일 교섭은『아사히신문』 1992년 01월 31일 석간, 『아사히신문』 1992년 02월 01일 조간, 상동의 『월간 조선자료』 제370호 pp.17-19을 참조해서 재정리했다.

281_ 상동의 『아사히신문』 01월 31일 석간.

282_ 상동의 『아사히신문』 02월 01일 조간.

283_ 상동.

284_ 제6회 북일교섭 3일째인 2월 1일 교섭은『아사히신문』 1992년 02월 02일 조간, 상동의 『월간 조선자료』 제370호 pp.19-23를 참조해 재정리했다.

285_ 상동의 『아사히신문』 02월 02일 조간.

286_ 상동.

287_ 북한은 이 시기, 미국의 「핵통제연구소(NCI, Nuclear Control Institute)」의 폴 레벤탈Paul Leventhal 소장이 일본이 100톤의 플루토늄을 구입하려고 한다고 경고(미국 상원 외교위원회 아시아태평양소위원회 청문회, 1992년 1월 16일)한 이후, 일본의 핵무장에 대해 강한 어조로 비판하고 있다. 『노동신문』 (1992년 1월 18일)은 「일본의 핵위협을 막기 위해 아시아 인민들과 세계인민들이 행동을 함께 해야하는 필요성이 절실히 제기되고 있다」고 주장했다. 또한, 『노동신문』 (1992년 2월 2일)은 북일 국교정상화교섭 제6회 회담이 끝난 것을 보도하면서, 「일본이 그렇게까지 우리의 핵사찰문제를 살피고 있고…(중략)…철저히 감시해야 한다고 말하는 것은, 결국 일본 자신의 핵무장화의 구실을 마련하는 것에 그 목적이 있다」고 비판했다. 그리고, 북한이 1992년 1월 30일, IAEA와 핵보장협정을 체결한 후 『노동신문』 (1992년 2월 1일)은 「일본의 핵무장화에 경각심을 높인다」 「일본이 핵대국의 야망을 추구」등 비난기사를 게재했다.

288_ 상동의 『아사히신문』 02월 02일 조간.

289_ 『아사히신문』 1992년 02월 03일 조간.

290_ 『아사히신문』 1992년 02월 01일 조간.
전인철 외무차관은 북일간에 「합의해야 할 문서」에 「지배권」 포기를 포함할지 여부도 논의되고, 일본측은 북일 모두 유엔회원국으로서 행동하고 있는 것을 이유로 「그 원칙을 확인할 필요는 없다」고 했다. 북한측은 「(일본의 경우는) 역사적 경위가 있다. 지배권을 독립적 조항으로 포함할 필요가 있다」고 주장하고, 일본이 다시 침략하지 않을 것을 명기할 필요가 있다는 뜻을 시사했다. 상동.

291_ Fearon, James D.(1998), op.cit., p.298.
Fearon는 GATT교섭에서 지연효과는 어느 국가에 대해 교섭실패가 일어날 가능성이 있는 것으로 정치적인 코스트를 증가시키는 것이라고, Evans(1971, pp.276-77)을 인용했다.

292_ 『아사히신문』 1992년 02월 03일 조간.

293_ 『아사히신문』 1992년 02월 19일 석간.

294_ 『아사히신문』 1992년 02월 21일 조간.

295_ 『아사히신문』 1992년 02월 24일 석간.

296_ 『아사히신문』 1992년 02월 26일 조간.

297_ 『아사히신문』 1992년 04월 02일 조간.

298_ 『아사히신문』 1992년 04월 09일 조간.

299_ 『노동신문』 1992년 04월 09일, 동 신문 04월 10일.

300_ 『아사히신문』 1992년 04월 10일 조간.

301_ 『아사히신문』 1992년 04월 11일 조간.

302_ 상동의 『아사히신문』 04월 10일 조간.
북한정부는 10일, 빈 주재 대표부를 통해 IAEA에 NPT에 따라 포괄적 보장조치협정을 비준한 것을 정식으로 통보했기 때문에, 9일 일본정부의 비준에 대한 평가는 9일 열린 북한 최고인민회의 제2차 회의에서 보장조치협정 비준건의 의제 채택을 비준으로 인정하고 낸 것으로 생각된다.

303_ 『아사히신문』 1992년 04월 16일 조간.

304_ 상동.

305_ 『아사히신문』 1992년 04월 11일 석간.

306_ 『아사히신문』 1992년 04월 16일 조간.

307_ 『아사히신문』 1992년 03월 28일 조간.
북한정부는 3월초 병사한 북일 국교정상화교섭의 북한 대표단장 전인철 외무차관의 후임으로 부단장인 이삼로 대사(51)를 승격시켰다. 이 대사는 제1회 교섭부터 부단장으로서 참가해 본회담에서 분리해 이루어진 「이은혜」문제에 관한 실무자협의에서는 북한측 대표를 맡고 있었다. 북한의 국제관계대학 졸업 후 소련주재 대표부, 대외문화연락협회, 적십자 중앙위원회 등을 거쳐, 80년대 후반부터 외무성에 근무하고 있다. 상동.

308_ 『아사히신문』 1992년 04월 17일 석간.

309_ 『아사히신문』 1992년 04월 22일 석간.

310_ 『아사히신문』 1992년 04월 30일 석간.

311_ 『아사히신문』 1992년 05월 05일 조간.

312_ 『아사히신문』 1992년 05월 07일 조간.

313_ 『아사히신문』 1992년 05월 12일 조간.

314_ 『아사히신문』 1992년 04월 19일 조간.

315_ 『아사히신문』 1992년 05월 06일 석간.

316_ 『아사히신문』 1992년 02월 04일 조간.

317_ 『아사히신문』 1992년 04월 16일 석간.

318_ 제7회 북일교섭은 『아사히신문』 1992년 05월 14일 조간, 「북일 국교정상화를 위한 정부간 제7회 본회담」 『월간 조선자료』 제374호(1992년 7월)

pp.43-53, 『마이니치신문』 1992년 05월 13일 오사카 석간을 참조해서 재정리했다.

319_ 상동의 『마이니치신문』 05월 13일 오사카 석간.

320_ 상동.

321_ 상동의 『월간 조선자료』 제374호, pp.43-45.
동 책은 주도적 조치의 내용에 대해 「IAEA에 핵물질의 보유상황과 핵시설을 신고하는 모두보고를 한 것, 브릭스 동 사무국장이 평양방문 중에 원자력시설이 있는 영변도 포함해서 시찰하고 있는 것을 지적하고, 『근간 사찰팀이 들어온다』고 말했다」고 한다. 상동.

322_ 상동.

323_ 상동.

324_ 상동.

325_ 상동.

326_ 상동, p.45.

327_ 상동.

328_ 상동, p.46.

329_ 상동.

330_ 상동.

331_ 『마이니치신문』 1992년 05월 14일 도쿄 조간.

332_ 제7회 북일교섭 2일째인 5월 14일 교섭은 『아사히신문』 1992년 05월 16일 조간, 상동의 『월간 조선자료』 제374호 pp.46-53를 참조해서 재정리했다.

333_ 상동의 『월간 조선자료』 제374호, pp.46-47.
동 책에 따르면 「황군 내에서 통용된 『니쿠이치』(29대 1)이라는 은어가 나타내는 것처럼, 일본군부는 위안부 1명이 하루에 황군 29명을 상대하는 것을 기본으로 했지만, 그 수요의 대부분은 식민지 통치하에서 무권리 상태에 놓여있던 조선의 10대 어린 소녀에서 젊은 유부녀까지 강제연행하는 방법으로 충당한 것은 이미 공공연한 비밀이다」고 한다. 상동.

334_ 상동.

335_ 『마이니치신문』 1992년 05월 15일 오사카 조간.
동 신문에 의하면 「14일 북일교섭에서 북한측에서 위안부의 증언이 처음으로 소개된 여성은 올해 74세가 된 이경생씨(평안남도 대동군). 이씨는 1929년 12살 때 함경북도 어랑군의 마을에 살고 있었지만, 일본경찰에 의해 4명의 소녀와 함께 돌연 연행되어 경상남도 창원군에 모아졌다. 20명의 소녀가 있었는데 그중 9명이 철조망에 둘러싸인 군수공장의 위안소에 끌려갔다. 첫날, 독실을 배정받고 음식이 나온 것에 놀라자, 일본인 감독들이 방에 들어와 폭행했다. 출입구에는 일본군의 보초가 서서 평일에는 7-8명, 일요일은 15-20명의 일본인 감독, 경비의 일본병에 의해 성노예화 되었다」고 한다. 상동.

336_ 상동.

337_ 상동의 『아사히신문』 05월 16일 조간.

338_ 상동의 『월간 조선자료』 제374호, pp.49-53.

339_ 상동.

340_ 상동의 『아사히신문』 05월 16일 조간.

341_ 제7회 교섭 3일째인 5월 15일 교섭은 『아사히신문』 1992년 05월 15일 석간, 1992년 05월 16일 조간, 상동의 『월간 조선자료』 제374호 p.53을 참조해서 재정리했다.

342_ 상동의 『아사히신문』 05월 15일 석간.

343_ 상동의 『월간 조선자료』 제374호.

344_ 상동.

345_ 『마이니치신문』 1992년 05월 16일 오사카 조간.

346_ 『아사히신문』 1992년 05월 26일 조간.

347_ 『아사히신문』 1992년 05월 28일 조간.

348_ 『아사히신문』 1992년 06월 03일 조간.

349_ 『아사히신문』 1992년 06월 11일 석간.

350_ 『아사히신문』 1992년 06월 17일 조간.

351_ 『아사히신문』 1992년 07월 02일 석간.

352_ 『아사히신문』 1992년 07월 03일 석간.

353_ 『아사히신문』 1992년 07월 09일 석간.

354_ 『아사히신문』 1992년 08월 24일 조간.

355_ 『아사히신문』 1992년 08월 24일 석간.

356_ 『아사히신문』 1992년 08월 30일 조간.

357_『아사히신문』 1992년 08월 25일 조간.

358_『아사히신문』 1992년 08월 13일 조간.

359_『아사히신문』 1992년 09월 16일 조간.

360_『아사히신문』 1992년 09월 19일 조간.

361_『아사히신문』 1992년 07월 07일 조간.

362_『아사히신문』 1992년 08월 13일 석간.

363_『아사히신문』 1992년 08월 15일 조간.

364_『아사히신문』 1992년 08월 15일 석간.

365_『아사히신문』 1992년 08월 16일 조간.

366_『아사히신문』 1992년 08월 19일 조간.

367_『아사히신문』 1992년 08월 26일 조간.

368_『아사히신문』 1992년 09월 16일 석간.

369_『아사히신문』 1992년 09월 18일 조간.

370_『아사히신문』 1992년 08월 08일 조간.

371_『아사히신문』 1992년 10월 28일 조간.

372_ 제8회 북일교섭은, 『아사히신문』 1992년 11월 05일 석간, 『아사히신문』 1992년 11월 06일 조간, 『아사히신문』 1992년 11월 06일 석간, 『아사히신문』 1992년 11월 07일 조간, 「북일 국교정상화를 위한 정부간 제8회 회담」 『월간 조선자료』 제380호(1993년 1월) pp.44-50를 참조해 재정리했다.

373_ 상동의 『월간 조선자료』 제380호, p.47.

374_ 상동.

375_ 상동.

376_ 상동의 『아사히신문』 11월 06일 조간.

377_ 상동.

378_ 상동의 『아사히신문』 11월 05일 석간.
동 신문은 「한일보호조약」에 대해 「한일합병조약에 의한 조선의 식민지화에 앞서 일본의 보호권을 인정한 제2차 한일협약(1905년)이다. 올해 5월, 한국 서울대학교의 이태진 교수가 제3차 협약(1907년)에 대해 『황제가 비준, 재가하지 않아 무효이며, 법적인 효력은 없다』 라는 논문을 발표했다. 같은 해 7월, 북한의 역사학자 그룹도 같은 견해를 발표했다」

고 설명했다. 그러나 동 신문은 「일본측은 (1) 두 협정은 대외적으로 조선을 대표하는 총리, 외무장관이 서명했다, (2) 두 협정은 비준절차를 정한 조항이 없고, 황제의 추인은 불필요하다 등이라고 하며, 협정은 유효했다는 입장을 취하고 있다」고 전했다. 상동.

379_ 상동.
동 신문에 따르면 「구조약 조작설은 북한의 역사학자 그룹이 올해 7월에 발표한 것이었다. 북일교섭 자리에서는 이번에 처음 전개되었다. 북한 학자그룹의 발표는 구 조선의 대한제국 당시의 법제에 의하면 조약체결에는 황제의 서명과 옥세의 날인이 필요하다, 한일보호조약 등에서는 이것이 빠져있다고 지적, 일본과 친일파 대신이 일방적으로 만들어냈다는 황제의 선언 등의 자료를 들고 있다」고 한다. 상동.

380_ 상동의 『아사히신문』 11월 06일 조간.

381_ 상동의 『아사히신문』 11월 05일 석간.

382_ 상동의 『월간 조선자료』 제380호.

383_ 『아사히신문』 1992년 10월 28일 조간.

384_ 상동의 『아사히신문』 11월 06일 석간.

385_ 상동의 『아사히신문』 11월 06일 조간.

386_ 상동.

387_ 상동의 『아사히신문』 11월 07일 조간.

388_ 상동.

389_ 상동의 『아사히신문』 11월 08일 조간.

390_ 상동.

391_ 상동의 『월간 조선자료』 제380호, p.50.
동 책에 의하면 「조선측은 일본측이 집요하게 떠들고 있는 정체불명의 일본여성문제에 대해 말하고, 그것은 조선측과 아무런 관련이 없는 것이 현재까지의 비공식 접촉을 통해 명백해졌고, 특히 이번 제8회 회담 개최 일시 교섭과정에서 이 문제를 더 이상 꺼내지 않을 것, 이 때문에라도 다시 제기할 경우는 단호히 일축한다는 것을 일본측에 밝혔다고 지적했다」고 한다. 상동.

392_ 상동의 『아사히신문』 11월 07일 조간.

393_ 상동의 『아사히신문』 08월 25일 조간.

394_ 『아사히신문』 1992년 11월 03일 조간.

395_ 상동.

제4장 정당외교국면과 일본의 대응패턴

1_ 「민족의 자주권과 나라의 최고 이익을 수호하기 위해 자위적 조치를 선포한다」, 『조선중앙통신』 1993년 3월 12일.
북한정부는 「미국과 그 추종세력들의 분별없는 책동으로 우리가 기구의 사찰을 받으면 받을수록 우리에 대한 핵위협은 더 증대되고 있으며, 한반도의 평화와 안전은 보장되지 않고 오히려 파괴되는 사태가 일어나고 있다…(중략)…. 지금 조성된 이와 같은 비정상적인 사태하에 우리는 핵확산금지조약상의 의무를 더 이상 이행할 수 없게 되었다. 조선민주주의인민공화국정부는 나라의 최고 이익을 수호하기 위한 조치로서 할 수 없이 핵확산금지조약에서 탈퇴하는 것을 선포한다. 핵확산금지조약에서의 탈퇴는 우리 공화국에 대한 미국의 핵전쟁 책동과 국제원자력기구 서기국 중 일부 계층의 부당한 처사에 대한 당연한 자위적 조치다」라는 성명을 발표했다. 상동.

2_ 『아사히신문』 1993년 03월 13일 석간.

3_ IAEA The Board of Governors/GOV/2645, Resolution adopted by the Board on 1 April 1993.
http://www.iaea.org/Publications/Documents/Infcircs/Others/inf419.shtml.

4_ 『아사히신문』 1993년 03월 18일 조간.

5_ 『아사히신문』 1993년 06월 03일 석간.

6_ 『아사히신문』 1993년 06월 12일 석간.

7_ 상동의 『아사히신문』 06월 12일 석간.

8_ 『아사히신문』 1993년 06월 13일 조간.

9_ 『아사히신문』 1993년 06월 12일 조간.

10_ 『아사히신문』 1993년 07월 15일 조간, 『아사히신문』 1993년 07월 18일 조간, 『아사히신문』 1993년 07월 20일 석간.

11_ 『아사히신문』 1993년 07월 20일 석간.

12_ 상동의 『아사히신문』 07월 18일 조간.
동 신문에 의하면 「북한측은 17일까지도, 핵무기 개발 의혹이 있는 핵시설의 IAEA에 의한 사찰에 관해 수용을 확약할 수 없다는 태도를 보였다」고 한다.

13_ 『아사히신문』 1993년 09월 28일 조간.

14_ IAEA General Conference(XXXVII)/RES/624,"Implementation of the Agreement Between the Agency and the Democratic People's Republic of Korea for the Application of Safeguards in Connection With the Treaty on the Non-Proliferation of Nuclear Weapons,"1 October 1993.
http://www.iaea.org/About/Policy/GC/GC37/GC37Resolutions/English/gc37res-624_en.pdf.

15_ 『아사히신문』 1993년 10월 14일 조간.

16_ 『아사히신문』 1993년 10월 24일 조간.

17_ 『아사히신문』 1993년 10월 28일 조간.

18_ 『아사히신문』 1993년 11월 13일 석간.

19_ 『아사히신문』 1993년 11월 13일 석간.

20_ Office of the Press Secretary, "Remarks by the President Clinton and President Kim Yong-Sam of South Korea in Press Availability," 23 November 1993. http://clinton6.nara.gov/1993/11/1993-11-23-press-availability-withs-korean-pres-kim.html.

21_ Ibid.

22_ 『아사히신문』 1994년 02월 16일 석간.

23_ 『아사히신문』 1994년 03월 17일 석간.

24_ 『주간 아에라』 1994년 04월 04일.

25_ 『아사히신문』 1994년 03월 22일 석간.

26_ 상동.

27_ 호소카와 모리히로細川護熙 총리는 제79대 내각총리대신으로 1993년 8월 9일부터 1994년 4월 28일 내각수반을 지냈다.

28_ 『아사히신문』 1994년 03월 25일 조간.

29_ "Perry Sharply Warns North Korea,"The Washington Post, 31 March 1994.

30_ Oberdorfer, Don, *The Two Koreas: A Contemporary History, Massachusetts*: Addison-Wesley(1997), p.369.

31_ 다카사키 소우지(2004), 전게서, pp.81-82, pp.85-86; 『마이니치신문』 2003년 01월 09일 도쿄 석간.
동 신문이 당시 내각관방 부장관이였던 이시하라 노부오石原信雄와 가진 인터뷰에 의하면, 「미국은 당연히 일본에 협력을 요청할 것이다. 논의한 것은 (1) 해상봉쇄에 종사하는 미군함정에 일본은 보급면에서 어디까지 협력할 수 있는가. 일반 항만까지 사용하게 할 것인가, (2) 민간항공을 사용할 수 있는가. 해상봉쇄가 되면 항공기 이용이 활발해진다. 미군기지 만으로는 모자랄 것이다, (3) 한국에서 대량 난민이 유출해 일본의 항구로 왔을 경우의 수용태세, (4) 원자력발전소 등에 테러가 있으면 어디까지 대응해야 하는가. 경찰력으로 맞설 것인가, 자위대법에 제약이 있어 자위대가 출동할 수 있는지, 라는 것이었다. 이와 같은 문제를 관계부처의 책임자가 논의를 계속했다. 그 와중에 카터 전 미국대통령이 방북하여 일단락되었다. 될대로 대라는 마음이 되어버려 논의를 중단해 버린 것에 대해서는 반성하고 있다. 국민을 지키기 위한 매뉴얼은 필요해 논의는 계속해야 한다」고 한다. 상동의 『마이니치신문』

32_ 『아사히신문』 1994년 05월 14일 석간.

33_ 상동.

34_ 『아사히신문』 1994 년05월 21일 조간.

35_ 『아사히신문』 1994년 05월 29일 조간.

36_ 조선외무성 대변인, 「우리는 앞으로도 우리의 핵 활동의 투명성을 보장하고, 조미회담을 통해 핵문제의 최종적인 해결을 위해 모든 것을 실시한다」, 『조선중앙통신』 1994년 05월 28일.

37_ 『아사히신문』 1994년 06월 08일 석간.
브릭스 사무국장은 이번 IAEA의 거듭된 경고에도 불구하고 북한이 연료봉 추출을 실시함으로써, 실험용 원자로의 연료봉의 사찰은 불가능하게 되었다고 말해, 북한의 핵문제의 전모 해명이 어려워진 경위를 설명했다. 연료봉의 「역사」를 잃어버린 지금, 보장조치(핵사찰)협정의 완전이행 가능 여부는 "현시점에서는 아무것도 말할 수 없다"고 하면서도, 향후 완전한 검증에 얼마나 가까워질지는 북한이 (3)의 특별사찰을 수용하고 나아가 필요한 추가정보를 IAEA측에 제출하는 등, 북한측의 협력에 달려있다는 인식을 나타냈다. 상동.

38_ 『아사히신문』 1994년 06월 11일 조간; IAEA The Board of Governors/GOV/2742, Resolution adopted by the Board on the Implementation of the Agreement Between the Agency and the Democratic People's Republic of Korea for the Application of Safeguard in Connection with the Treaty on the Non-Proliferation of Nuclear Weapons on 10 June 1994.
http://www.fas.org/news/un/dprk/gov2742.htm.

39_ 조선외무성 대변인, 「우리는 국제원자력기관의 오만 무례한 책동을 결코

허용하지 않겠다」, 『노동신문』 1994년 06월 14일.
이 성명은 IAEA가 정례이사회에서 북한의 핵문제에 관해서 북한에 대해 「기관협력을 정지한다」는 결의를 채택한 것과 관련해서 발표되었다. 성명은 (1) IAEA에서 즉각 탈퇴한다, (2) 북한이 (핵확산금지조약 탈퇴를 유보하고 있는) 특수한 지위 아래 받아온 보장조치의 계속성 보증을 위한 사찰을 더 이상 할 수 없게 되었다고 선언한다. 핵확산금지조약에 복귀할지 완전히 탈퇴할지를 정할 때까지 어떤 부당한 사찰도 절대 허용하지 않는다, (3) 유엔 「제재」는 곧 북한에 대한 선전포고로 간주하겠다는 입장을 재확인한다고 하고 있다. 상동.

40_ 『아사히신문』 1994년 06월 16일 조간.

41_ 상동.

42_ 하타 쓰토무羽田 孜 총리는 제80대 내각총리대신으로 1994년 4월 28일부터 같은 해 6월 30일까지 내각수반을 지냈다.

43_ 『아사히신문』 1994년 06월 15일 조간.

44_ 『아사히신문』 1994년 06월 15일 석간.

45_ 『아사히신문』 1994년 06월 18일 조간.
동 신문에 의하면 「클린턴 미국대통령은 17일, 방문지인 시카고에서 기자단에 대해 카터 전 미국대통령이 북한의 김일성 주석과의 제2회 회담에서 미국이 유엔 안전보장이사회에서 북한에 대해 제재협의를 정지한다고 전한 것에 대해 "그(카터)가 무엇을 말했는지 모른다. 내가 말한 것이 미국의 정책이다"라고 말해, 북한의 진의를 파악하는 동안 제재결의안의 협의를 계속할 방침을 재확인했다」고 한다. 상동.

46_ 『아사히신문』 1994년 06월 17일 석간.

47_ 상동.

48_ 상동.

49_ 『아사히신문』 1994년 07월 09일 조간, 『아사히신문』 1994년 07월 09일 석간.

50_ 『아사히신문』 1994년 07월 08일 조간.

51_ 『아사히신문』 1994년 07월 10일 조간.

52_ 『아사히신문』 1994년 08월 07일 조간, 『아사히신문』 1994년 08월 09일 조간.

53_ 『아사히신문』 1994년 08월 11일 석간.

54_ 『아사히신문』 1994년 08월 12일 조간, 『아사히신문』 1994년 08월 13일 석간.

55_ 『아사히신문』 1994년 08월 13일 석간.

56_ 『아사히신문』 1994년 08월 13일 석간.

57_ 『아사히신문』 1994년 09월 25일 조간.

58_ 『아사히신문』 1994년 09월 27일 석간.

59_ 『아사히신문』 1994년 09월 29일 조간.

60_ 『아사히신문』 1994년 09월 30일 석간.

61_ 『아사히신문』 1994년 10월 13일 석간.

62_ 『아사히신문』 1994년 10월 15일 조간.
회담 관계자에 따르면, 미국이 내놓은 최종안은 (1) 반년 이내에 연락사무소를 설치하고, 북한은 그 시점까지 NPT에 머무르는 것을 명확히 한다, (2) 북한은 흑연로를 경수로로 전환한다, (3) 그 대신 미국은 다국간 조직을 만들고 경수로 건설을 실시한다, (4) 경수로 완성까지 대체에너지를 제공한다, (5) 경수로 주요설비가 선적된 후에 북한은 핵의 투명성을 보증한다, (6) 남북 비핵화공동선언을 이행하기 위한 남북대화를 재개한다, 등이 주요 내용이라고 한다. 상동.

63_ 『아사히신문』 1994년 10월 22일 조간.

64_ 상동.

65_ 『아사히신문』 1994년10월 22일 조간.

66_ 상동.

67_ 무라야마 도미이치村山富市 총리는 제81대 내각총리대신으로 1994년 6월 30일부터 1996년 1월 11일 내각수반을 지냈다.

68_ 『아사히신문』 1994년 10월 19일 석간.

69_ 『아사히신문』 1994년 10월 21일 조간.

70_ 『아사히신문』 1993년 12월 29일 조간.

71_ 『아사히신문』 1994년 10월 24일 조간.

72_ 『아사히신문』 1994년 10월 26일 조간.

73_ 『아사히신문』 1994년 10월 27일 조간.
여기서 외무성수뇌는 위쪽 문맥으로부터 볼 때 사이토 구니히코斉藤邦彦 사무차관이라 생각된다.

74_ 『아사히신문』 1994년 11월 26일 조간.

75_ 『아사히신문』 1994년 11월 30일 조간.

76_ 상동.

77_ 『아사히신문』 1995년 03월 10일 조간.

78_ 상동.

79_ 상동.

80_ 『아사히신문』 1995년 03월 11일 조간.

81_ 상동.

82_ 상동.

83_ 『아사히신문』 1995년 03월 16일 조간.

84_ 『아사히신문』 1995년 03월 13일 석간.

85_ 『아사히신문』 1995년 03월 14일 조간.

86_ 『아사히신문』 1995년 03월 17일 조간.

87_ 『아사히신문』 1995년 03월 23일 조간.

88_ 『아사히신문』 1995년 03월 24일 조간.

89_ 연립여당 방북은 『아사히신문』 1995년 03월 28일 조간, 『아사히신문』 1995년 03월 29일 조간, 『아사히신문』 1995년 03월 30일 석간, 『아사히신문』 1995년 03월 31일 조간, 『아사히신문』 1995년 03월 31일 석간을 참조해 재정리했다.

90_ 상동의 『아사히신문』 03월 29일 조간.

91_ 상동의 『아사히신문』 03월 28일 조간.
동 신문에 의하면 「일본의 여당 3당은 방북전인 27일, 북한 방북단이 김용순 조선노동당비서 등과 협의할 때, 북일간 현안이 되고 있는 대한항공기 폭파사건 관련 일본인여성 『이은혜』문제는 언급하지 않을 방침을 확인했다」고 한다.

92_ 상동의 『아사히신문』 03월 30일 조간.

93_ 상동의 『아사히신문』 03월 30일 석간.

94_ 상동.

95_ 상동의 『아사히신문』 03월 31일 조간.

96_ 상동.

97_ 『아사히신문』 1995년 03월 12일 조간.

98_ 『아사히신문』 1995년 03월 26일 조간.

99_ 『아사히신문』 1995년 03월 28일 조간.

100_ 『아사히신문』 1995년 03월 29일 조간.

101_ 『아사히신문』 1995년 04월 01일 조간.
동 신문이 전한 것처럼 「김영삼 대통령이 3월 31일, 북한에 제공한 경수로에 대해 『한국형이 아니면 한푼도 낼 수 없다』고 말했다」라는 것으로도 경수로에 대한 한국의 강경한 자세를 엿볼 수 있다. 상동.

102_ 상동.

103_ 『아사히신문』 1995년 04월 04일 조간.

104_ 『아사히신문』 1995년 08월 15일 석간.
50번째 종전기념일인 15일, 일본정부는 「종전 50년을 맞는 총리담화」를 각의에서 결정하고, 무라야마 도미이치 총리가 기자회견에서 발표했다. 담화는 일본이 연루된 「앞의 대전」에 대해 「멀지 않은 과거의 한 시기, 국책을 잘못해 전쟁의 길을 걸어 국민을 존망의 위기에 빠뜨리고, 식민지지배와 침략에 의해 많은 나라, 특히 아시아 각국의 사람들에 대해 막대한 손해와 고통을 주었다」고 해, 당시의 정책 결정에 잘못이 있었다는 역사적 인식을 나타냈다. 그 다음 「다시한번 통절한 반성의 뜻과 진심으로 사죄의 뜻을 표명한다」고 하고, 일본의 식민지지배와 침략의 피해를 받은 모든 사람들에 대해, 솔직한 반성과 사죄의 뜻을 밝혔다. 상동.

105_ 『아사히신문』 1995년 09월 15일 조간.

106_ 『아사히신문』 1995년 08월 25일 조간.

107_ 『아사히신문』 1995년 08월 12일 조간.

108_ 『아사히신문』 1995년 08월 30일 조간.

109_ 『아사히신문』 1995년 10월 04일 조간.

110_ 상동.

111_ 『아사히신문』 1995년10월 01일 조간.

112_ 상동의 『아사히신문』 10월 04일 조간.

113_ 상동.

114_ 상동.

115_ 상동.

116_ 상동.
김영삼 대통령은 "일본은 역사를 왜곡하는 망언을 반복해서는 안 된다. 일본은 한국을 제치고 쌀교섭을 실시, 통일을 방해하는 자세를 취하고 있다"고 말했다. 상동.

117_ 『아사히신문』 1996년 02월 21일 조간.

118_ 『아사히신문』 1996년 04월 03일 석간.

119_ 하시모토 류타로橋本龍太郎 총리는 제82대 내각총리대신으로 1996년 1월 11일부터 1998년 7월 30일까지 내각수반을 지냈다. 이 내각은 자유민주당, 일본사회당(연립출범 직후, 사회민주당으로 당명 변경), 신당 사키가케 3당에 의한 연립내각(지샤사, 自社さ 연립정권)이다.

120_ 『아사히신문』 1996년 04월 18일 조간.

121_ 『아사히신문』 1996년 04월 17일 조간.

122_ 상동.

123_ 『아사히신문』 1996년 05월 06일 조간.
동 신문에 의하면 「방북한 재미 통신사인 US아시아 · 뉴스의 문명자 주필이 김 외무장관과 4월 27일 단독 회견한 내용을 밝힌 것으로, 동사는 (5월)5일 이것을 보도했다」고 한다. 상동.

124_ 『아사히신문』 1996년 05월 21일 조간.

125_ 상동.

126_ 『아사히신문』 1996년 07월 08일 조간.

127_ 상동.

128_ 『아사히신문』 1996년 08월 09일 조간.

129_ 『아사히신문』 1996년 08월 29일 조간.

130_ 『아사히신문』 1996년 08월 03일 조간.
동 신문에 의하면 「7월 29일 『조선중앙통신』에 따르면, 강우량은 황해남 · 북도에서 475~730㎜. 특히 해주지방(황해남도)에서는 7월의 연평균 강우량의 1.5배에 이른다. 많은 인명을 앗아갔고, 주택, 공공건물, 탄광, 공장, 도로, 농작물 등 막대한 피해가 생겼다고 구체적으로 전했다. 특히 걱정되는 것은 농작물 피해다. 유엔 식량농업기구(FAO) 산정으로는 홍수피해가 난 작년 여름, 북한의 식량 생산량은 4백 7만 7천 톤으로 구조적인 부족분과 합하면 배급량을 절약해도 수요총량에 약 170만 톤이 부족하다, 라고 호소하고 있다. 이를 바탕으로, 유엔 각기구는 6월 지원을 호소하는 중에, 금년 식량생산 가능성에 대해 『가장 낙관적 시나리오로 500만~550만 톤이고, 최악의 시나리오로는 작년과 같은 수준인 약 400만 톤』이라는 북한정부의 견해를 소개했다. 하지만, 이 전망은 이번 수해를 포함한 것은 아니다. 또, 작년 여름 피해가 평안남 · 북도와 자강도 등 주로 북부에 집중된 것에 비해, 이번 수해는 황해남도, 강원도 등

남부를 강타하고 있다. 북한은 2년 동안 곡창지대 대부분의 지역이 홍수 피해를 받았다」고 한다. 상동.

131_ 조선외무성 대변인, 「현단계에서 미국이 우리의 잠정협정 체결안에 응하는 것이 미국의 이해관계에도 부합된다고 간주한다」, 『민주조선』 1996년 09월 03일.

조선외무성은 「조선민주주의인민공화국정부는…(중략)…금년 2월에는 북미간 완전한 평화협정이 체결될 때까지 정전협정을 대신할 잠정협정을 체결하고 그것을 이행 감독하기 위해 군사공동기구를 만드는 것에 대해 보다 진전된 평화보장안을 내놓았다…(중략)…미국은 지난 4월 16일 발표한 『제주도선언』에서 『4개국회담』의 목적은 "항구적 평화협정을 마련하기 위한 과정에 착수하는 데 있다"고 말했다. 이것이 사실이라면 이 회담에서 주 의제는 미군철퇴문제가 되어야 할 것이다…(중략)…만약 미국측이 『4개국회담』에서 남조선 주둔 미군의 즉각적 철퇴문제를 논의할 뜻이 없다면 그런 형식의 회담은 어디에도 도움이 되지 않는다는 것이 너무 자명하다. 우리들은 현단계에서 미국이 우리들의 잠정협정 체결안에 응하는 것이 미국의 이해관계에도 부합된다고 간주한다」며 담화를 발표했다. 상동.

132_ 상동의 『아사히신문』 08월 03일 조간.

133_ 『아사히신문』 1996년 09월 05일 조간.

134_ 『아사히신문』 1996년 09월 19일 조간.

135_ 『아사히신문』 1996년 09월 25일 석간.

136_ 『아사히신문』 1996년 12월 18일 석간.

137_ 『아사히신문』 1996년 12월 21일 조간.

138_ 『아사히신문』 1996년 12월 30일 조간.

139_ 상동.

140_ 『아사히신문』 1997년 02월 05일 조간.

141_ 『아사히신문』 1997년 02월 04일 조간.

142_ 『아사히신문』 1997년 02월 07일 석간.

143_ 『아사히신문』 1997년 02월 13일 조간.

144_ 『아사히신문』 1997년 02월 20일 조간.

145_ 『아사히신문』 1997년 04월 06일 조간.

146_ 『아사히신문』 1997년 03월 27일 조간.

147_『아사히신문』 1997년 05월 01일 석간.

148_『아사히신문』 1997년 06월 17일 조간.

149_『아사히신문』 1997년 05월 17일 조간.

150_『아사히신문』 1997년 05월 13일 조간.

151_『아사히신문』 1997년 05월 23일 조간.

152_『아사히신문』 1997년 05월 30일 조간.

153_ 상동.

154_『아사히신문』 1997년 06월 12일 조간.

155_ 상동.

156_『아사히신문』 1997년 06월 17일 조간.

157_『아사히신문』 1997년 06월 24일 조간.

158_『아사히신문』 1997년 07월 02일 석간.

159_『조선중앙통신』 1997년 07월 17일,『조선신보』 1997년 07월 22일. 동 통신에 따르면「조선아시아태평양평화위원회는 조선노동당과 공화국정부의 인도적 조치에 따라, 고령의 재북한 일본인여성이 자신의 가족, 친척과 만나고 싶다는 희망과 최근 일본정치가와 당국자가 여러 루트를 통해 재차 제기해 온 점을 고려해, 재북 일본인여성이 일본의 고향을 방문하는 데 필요한 대책을 취하기로 했다. 이와 관련한 실무적 문제를 토의하기 위해, 공화국의 해당기관이 일본측과 필요한 접촉을 가질 것을 예견하고 있다. 우리는 조선노동당과 공화국정부의 인도적 조치와 관련해, 일본측이 성실한 자세로 임할 것이라는 기대를 표명한다」고 발표했다. 상동.

160_『아사히신문』 1997년 07월 17일 석간.

161_『아사히신문』 1997년 07월 23일 조간.

162_『아사히신문』 1997년 07월 24일 석간.

163_ 상동.

164_『아사히신문』 1997년 07월 17일 조간.

165_『아사히신문』 1997년 08월 06일 조간.

166_『아사히신문』 1997년 08월 06일 석간.

167_『아사히신문』 1997년 08월 09일 조간.

168_『아사히신문』 1997년 08월 12일 조간.

169_ 『아사히신문』 1997년 08월 16일 조간.

170_ 『아사히신문』 1997년 08월 21일 석간.

171_ 『아사히신문』 1997년 08월 21일 석간.

172_ 상동의 『아사히신문』 08월 23일 조간.

173_ 상동.

이 회담에서 일본측은 「납치의혹」이란 말을 사용하고, 북한측은 이것에 반발했다. 한편, 『아사히신문』 (1997년 11월 15일 조간)에 따르면, 이 회담 후인 11월 14일, 무라카미 마사쿠니村上正邦 참의원 자민당 간사장은 이 회담에서 북한이 처음으로 「행방불명자」라는 말을 사용했다고 한다. 상동.

174_ 『아사히신문』 1997년 08월 23일 석간.

175_ 『아사히신문』 1997년 09월 10일 조간.

176_ 상동.

177_ 『아사히신문』 1997년 09월 17일 조간.

178_ 『아사히신문』 1997년 10월 08일 석간.

179_ 『아사히신문』 1997년 10월 04일 조간.

180_ 『아사히신문』 1997년 10월 08일 조간.

181_ 『아사히신문』 1997년 10월 20일 석간.

182_ 『아사히신문』 1997년 11월 09일 조간.

183_ 상동.

184_ 『아사히신문』 1997년 11월 13일 조간.

185_ 『아사히신문』 1997년 11월 14일 조간.

186_ 상동의 『아사히신문』 11월 13일 조간.

187_ 『아사히신문』 1997년 11월 14일 석간.

188_ 상동의 『아사히신문』 11월 15일 조간.

189_ 상동.

190_ 『아사히신문』 2000년 10월 31일 조간.

191_ 상동.

192_ 『아사히신문』 1997년 12월 12일 석간.

193_ 『아사히신문』 1998년 01월 28일 조간.

194_ 『아사히신문』 1998년 02월 02일 석간.

195_ 다카사키 소우지(2004), 전게서, p.114.

196_ 「일본인 행방불명자 조사결과에 관한 조선적십자회의 발표」 『월간 조선자료』 제446호(1998년 7월) p.26, 『아사히신문』 1998년 06월 05일 석간.

197_ 오부치 게이조小渕恵三 총리는 제84대 내각총리대신으로 1998년 7월 30일~1999년 1월 14일, 1999년 1월 14일~1999년 10월 5일, 1999년 10월 5일~2000년 4월 5일 내각수반을 지냈다.

198_ 『아사히신문』 1998년 08월 07일 석간.

199_ 『아사히신문』 1998년 08월 18일 조간.

200_ 김찬훈, 전게논문, p.54.
동 논문은 대포동미사일 발사에 대해, 「북한은 8월 31일 『광명성 1호』를 발사하고, 이것을 김정일체제의 이념인 강성대국으로 진입하는 신호로서 의미를 부여했다」고, 북한이 대포동을 미사일이 아닌 위성이라고 주장한다고 밝혔다. 상동.

201_ 『아사히신문』 1998년 09월 03일 조간.

202_ 『아사히신문』 1998년 09월 04일 석간.

203_ 「우리나라에서 첫 인공지구위성 성과적으로 발사」, 『조선중앙통신』 1998년 09월 04일.

204_ 조선외무성 대변인, 「인공지구위성 발사를 성과적으로 진행한 데 언급」, 상동의 『조선중앙통신』.

205_ 『아사히신문』 1998년 09월 16일 조간.

206_ 『아사히신문』 1998년 10월 30일 석간.

207_ 『아사히신문』 1998년 09월 02일 조간.

208_ 『아사히신문』 1998년 10월 17일 조간.

209_ 『아사히신문』 1998년 11월 02일 석간.

210_ 『아사히신문』 1998년 11월 14일 조간.

211_ 『아사히신문』 1999년 02월 28일 조간.

212_ 『아사히신문』 1999년 02월 27일 조간.

213_ 『아사히신문』 1999년 03월 10일 조간.

214_ 상동.

215_『아사히신문』 1999년 03월 24일 조간.

216_『아사히신문』 1999년 03월 26일 석간.

217_ 페리의 방북 내용은 당시 밝혀지지 않았기 때문에,『아사히신문』 1999년 05월 29일 조간,『아사히신문』 1999년 05월 30일 조간,『아사히신문』 1999년 09월 08일 조간을 참조해 재정리했다.

218_『아사히신문』 1999년 05월 25일 조간.

219_『아사히신문』 1999년 06월 15일 석간.

220_『아사히신문』 1999년 06월 16일 조간.

221_ 상동의『아사히신문』 06월 16일 조간.

222_『아사히신문』 1999년 06월 16일 석간.

223_『아사히신문』 1999년 06월 19일 석간.

224_『아사히신문』 1999년 06월 25일 조간.

이 북미회담은 내용은 밝혀지지 않았지만, 동 신문에 의하면,「북한의 장거리미사일 발사를 우려하는 미국측은, 지난 회 평행선을 달린 채 끝난 북미간 미사일문제에 대한 협의의 본격적 재개를 요구한 모양이었다. 한편, 금창리의 핵의혹 시설의 최종 조사결과에 대해서는『북미 포괄합의에 입각한 상태이다』라는 결론을 확인했다」고 한다. 상동.

225_『아사히신문』 1999년 09월 13일 석간.

226_ 상동.

227_ 상동.

228_『아사히신문』 1999년 09월 18일 조간.

동 신문에 의하면「미국정부가 17일 발표한 대적성국통상법 등에 근거해 북한에 내렸던 제재 중 완화된 조치는 다음과 같다. (1) 북한산 물품, 원재료의 구입, (2) 미국기업의 소비재와 금융서비스 등 수출과 재수출, (3) 농업, 광업, 석유, 임업, 운수업, 관광업 등 분야에의 투자, (4) 미국주민으로부터 북한주민에의 송금, (5) 북한으로의 미국 상선, 항공기에 의한 화물수송, (6) 미국과 북한간의 상업항공편」이라고 한다. 상동.

229_『아사히신문』 1999년 09월 19일 조간.

230_『아사히신문』 1999년 09월 19일 조간.

231_ 조선외무성 대변인,「조미회담 진행기간에는 미사일 발사는 하지 않는다」,『조선중앙통신』 1999년 09월 24일.

232_『아사히신문』 1999년 09월 25일 석간.

233_ 『아사히신문』 1999년 09월 25일 조간.

234_ 상동.

동 신문에 의하면 「북한 대변인의 발언이 통신사 전(電)으로 전해진 것은 미국의 대북정책을 재검토해 단계적인 관계 개선책을 내놓았던 페리 정책조정관이, 오부치 게이조 총리와 노나카 히로무 관방장관과 총리관저에서 회담한 몇시간 후였다. 총리는 이 회담에서 북미협의가 진행되는 과정에서 북한이 재발사 동결을 표명하도록 강한 기대를 나타냈지만, 북일의 전세기 운항과 북일 국교정상화교섭 재개와 같은 구체적인 제재해제에 대해서는 언급하지 못한 채였다」고 한다. 상동.

235_ 『아사히신문』 1999년 09월 27일 석간.

236_ 『아사히신문』 1999년 11월 02일 조간.

237_ 『아사히신문』 1999년 09월 14일 조간.

238_ 강상중(2005), 전게서, p.231.

강상중은 "페리 보고서에서는 「있는 그대로의 북한」을 전제로, 북미 제네바 포괄합의의 대상인 핵무기뿐만 아니라, 미사일 등 대량살상무기문제를 포괄하는 통합적 어프로치를 채용하는 것을 주창하고 있다"고 설명하고 있다. 상동.

239_ 『아사히신문』 1999년 10월 13일 석간.

240_ 『아사히신문』 1999년 11월 10일 석간.

241_ 『아사히신문』 1999년 12월 03일 조간.

242_ 『아사히신문』 1999년 12월 03일 조간.

동 신문에 의하면 「1999년 12월 무라야마 도미이치 방북단 구상에 대해 『꼭 진행했으면 좋겠다』고 지지를 표명했다」고 한다. 상동.

243_ 『아사히신문』 1999년 10월 06일 조간.

244_ 『아사히신문』 1999년 04월 03일 조간.

245_ 『아사히신문』 1999년 04월 06일 조간.

246_ 상동.

247_ 『아사히신문』 1999년 05월 28일 조간.

248_ 『아사히신문』 1999년 06월 23일 석간.

249_ 조선정부, 「조일관계의 현사태와 관련된 3가지 원칙적 입장의 천명」, 『조선중앙통신』 1999년 08월 10일.

250_ 『아사히신문』 1999년 09월 25일 조간.

251_ 『아사히신문』 1999년 11월 16일 조간.

252_ 한국사사전편찬회 · 김용권 『조선한국근현대사사전』 일본평론사(2002.1), pp.668-669.
동 책에 의하면 「오부치 총리는 이 방북단에 대해 『사실상 정부의 특사』라고 말했다」고 한다. 상동.

253_ 『아사히신문』 1999년 11월 25일 석간.

254_ 『아사히신문』 1999년 12월 02일 조간.

255_ 『아사히신문』 1999년 12월 03일 조간.

256_ 상동.

257_ 상동.

258_ 상동의 『아사히신문』 12월 03일 조간.

259_ 상동.

260_ 상동.

261_ 상동.
동 신문에 의하면 「2일 회담에서는 『전후 45년간의 손실』의 논의는 나오지 않았다고 하지만, 북한이 8월에 발표한 정부성명에서는 『일본의 백년에 걸친 대조선 적대시정책』에의 반성과 총괄을 요구하고 있다. 북한은 남북분단과 조선전쟁 등의 『책임』을 묻는 태세를 보이고 있고, 재연될 가능성이 있다」고 전했다. 상동.

262_ 상동.

263_ 『아사히신문』 1999년 12월 03일 석간.

264_ 상동.

265_ 상동.

266_ 『아사히신문』 1999년 12월 21일 조간.

267_ 『아사히신문』 1999년 12월 21일 석간.

268_ 『아사히신문』 1999년 12월 22일 조간.

269_ 상동.

270_ 상동.

271_ 상동.

272_ 『아사히신문』 1999년 12월 23일 조간.

273_ 상동.

274_ 상동.

275_『아사히신문』 2000년 02월 21일 조간.

276_「관계를 개선하는 입장인가」,『노동신문』 1999년 12월 05일.
동 신문은「일본의 불순세력이 납치의혹문제를 또다시 들고 나와 못되게 노는 것은 조일관계 개선을 위한 움직임들에 찬물을 끼얹으려는 책동이다」라고 지적하면서,「조일관계가 개선되자면 일본이 지난 시기 조선인민에게 헤아릴 수 없는 불행과 재난을 들씌운 과거죄행에 대하여 진심으로 사죄하고 보상하여야 하며, 우리에 대한 적대시정책을 버려야 한다」고 주장했다. 또한, 동 신문은「한편으로는 관계를 개선하자고 하고, 다른 한편으로는 이에 제동을 걸고 있다. 일본이 과연 관계 개선을 하자는 것인지, 아니면 조일관계를 운운하면서 딴 볼장을 보자는 것인지 가늠할 수 없게 하고 있다. 조일관계가 개선되지 못하고 있는 책임은 전적으로 일본당국에 있다」라고 비판했다. 상동.

277_ 상동.

278_「조일관계 대화선이 끊어질 수 있다」,『노동신문』 2000년 1월 31일.

279_『아사히신문』 2000년 03월 03일 석간.

280_『아사히신문』 2000년 03월 08일 조간.

281_ 상동.

282_『아사히신문』 2000년 03월 14일 조간.

283_ 제9회 북일교섭은『아사히신문』 2000년 04월 05일 조간,『아사히신문』 2000년 04월 06일 조간,『아사히신문』 2000년 04월 07일 석간,『조선신보』 2000년 4월 7일,『아사히신문』 2000년 04월 08일 조간, 상동의『아사히신문』 04월 08일 조간 사설(북일교섭, 초초해하지 말고 성실히 대화를)을 참조해 재정리했다.

284_ 상동의『아사히신문』 04월 05일 조간.

285_ 상동의『조선신보』 04월 07일.

286_ 상동.

287_ 상동.

288_ 상동의『아사히신문』 04월 06일 조간.

289_「일본은 과거 범행에 대해 사죄하고 보상해야 한다-조일관계 문제타결을 위한 정당한 입장」,『노동신문』 2000년 4월 7일.

290_ 상동의『조선신보』.

291_ 상동의 『아사히신문』 04월 07일 석간.

292_ 상동의 『아사히신문』 04월 07일 석간.

293_ 『아사히신문』 2000년 10월 31일 조간.

294_ 외무성, 「북일 국교정상화교섭 제9회 본회담에 대해 공동성명 발표」, 2000년 4월 7일, 평양.

295_ 상동의 『노동신문』 4월 7일.
동 신문은 강철수의 논평을 통해 「조일관계의 기본은 과거청산을 해결한 것을 토대로 선린우호관계를 발전시키는 것이다. 그러니까 회담에서는 과거청산문제가 기본 중의 기본으로 토의되어 타결되어야 한다」고 주장했다. 상동.

296_ 상동.
동 신문은 「일본정부의 최고책임자가 하는 것으로 되어야 하며, 그것은 관계정상화와 관련하여 채택하게 될 최종문건에 명문화되어야 한다」고 주장했다. 상동.

297_ 상동의 『아사히신문』 04월 07일 조간.

298_ 상동의 『아사히신문』 04월 07일 석간.

299_ 상동.

300_ 『아사히신문』 2000년 05월 17일 조간.

301_ 2006년 6월 남북 공동선언은 『아사히신문』 2000년 06월 15일 석간, 『조선일보』 2000년 06월 15일, 『연합뉴스』 2000년 06월 15일을 참조해 재정리했다.

302_ 상동의 『조선일보』 06월 15일.

303_ 상동.

304_ 상동.

305_ 『아사히신문』 2000년 06월 20일 조간.

306_ 『아사히신문』 2000년 06월 21일 석간.

307_ 『아사히신문』 2000년 06월 20일 석간.

308_ 『아사히신문』 2000년 07월 08일 조간.
고노 외무장관의 북일 외무장관회담 의사표명은 이 이전에도 나타났다. 북한 백남순 외무장관은 5월 10일에 동남아국가연합지역포럼(ARF)에 회원으로서 참가하고 싶다며, 의장국인 태국정부에 정식으로 참가신청서를 보냈고, ARF의 고위급사무레벨회합(SOM)은 5월 19일, 전원 일치로 북한의 ARF 참가를 정식으로 승인했다. 이에 따라 고노 외무장관은 5월 19일, “북한이 ARF회의에 나온다면 당연히 접촉할 때가 있다. 찬스가 있으면 양국간 회담하고 싶다”고 말했다. 고노는 『아사히신문』 등의 취재에 “같은 테이블에 앉으면, 같은 관심사를 말하니까 공통점을 찾는다”고 말했다. 『아사히신문』 2000년 05월 20일 조간.

309_ 『아사히신문』 2000년 07월 14일 석간.

310_ 모리 요시로森 喜朗는 제85, 86대 총리로, 2000년 4월 5일~2000년 7월 4일, 2000년 7월 4일~2000년 12월 5일, 2000년 12월 5일~2001년 1월 6일, 2001년 1월 6일~2001년 4월 26일 내각수반을 지냈다.

311_ 상동의 『아사히신문』 07월 14일 석간.

312_ 『아사히신문』 2000년 08월 05일 조간.
고노 요헤이 외무장관은 4일 중의원 외무위원회에서 이마가와 마사미(今川正美, 사민)의 질문에 답하면서, 일본과 북한의 정상회담 가능성에 대해 “모리 요시로 총리 자신이 기회가 있다면, 정상회담이라는 생각을 갖고 계실 것”이라고 말해, 총리가 북일회담에 나서겠다는 뜻을 갖고 있는 것을 밝혔다. 외무장관은 총리가 출석하는 9월의 유엔 밀레니엄회담에 “(북한 넘버투인) 김영남 최고인민회의 상임위원장도 출석한다고 들었다”며, 빠르면 9월에라도 김 상임위원장과 회담이 실현될 가능성이 있다는 견해를 보였다. 상동.

313_ 『아사히신문』 2000년 07월 19일 조간.
동 신문은 「한국정부 관계자가 18일 밝힌 것에 의하면, 26일 방콕에서 열리는 첫 북일 외무장관회담에서 국교정상화교섭의 재개문제가 중심의제가 될 것으로 보이고, 이때 일본측에서 식량지원에 대해서도 제안할 가능성이 강하다고 한다. 이 관계자에 의하면, 일본정부는 북한측의 요청으로 연기되고 있는 북일 국교정상화교섭의 제10회 본회의가 8월에라도 열리기 전에, 유엔 세계식량계획을 통해 식량을 지원한다. 북한은 이미 북일교섭의 조기 재개에 적극적 자세를 일본측에 전해왔다」고 전했다. 상동.
이때, 굳혔다는 식량제공 방침은 제10회 북일교섭이 끝나고 10월 6일에 정식으로 결정된다.

314_ 『아사히신문』 2000년 07월 25일 조간.

315_ 북일 외무장관회담은 외무성 「북일 외무장관회담(개요)」 2000년 7월 26일 (http://www.mofa.go.jp/mofaj/area/n_korea/n_k/kaidan.html), 『아사히신문』 2000년 07월 26일 조간, 『아사히신문』 2000년 07월 27일 조간, 『아사히신문』 2000년 08월 03일 조간을 참조해 재정리했다.

316_ 상동의 외무성「북일 외무장관회담(개요)」.

317_ 상동.

318_ 상동.

319_ 상동.

320_ 외무성, 「북일 외무장관회담에 관한 공동발표」 2000년 7월 26일 (http://www.mofa.go.jp/mofaj/area/n_korea/n_k/kyodo.html), 『노동신문』 2000년 7월 28일.

321_ 「일본인 행방불명자 소식조사에 관한 보도」, 『조선중앙통신』 2000년 07월 28일.

322_ 『아사히신문』 2000년 07월 28일 석간.

323_ 『아사히신문』 2000년 07월 29일 조간.

324_ 상동.

325_ 상동.

326_ 제10회 북일교섭은 『아사히신문』 2000년 08월 22일 석간, 『아사히신문』 2000년 08월 23일 조간, 『아사히신문』 2000년 08월 24일 조간, 『아사히신문』 2000년 08월 24일 석간, 『아사히신문』 2000년 08월 25일 조간, 『민주조선』 2000년 8월 24일, 『민주조선』 2000년 8월 25일을 참조해 재정리했다.

327_ 상동의 『아사히신문』 08월 23일 조간.

328_ 상동.

329_ 상동의 『아사히신문』 08월 22일 석간.

330_ 상동의 『아사히신문』 08월 24일 조간.

331_ 『아사히신문』 2000년 08월 23일 조간.

332_ 상동의 『아사히신문』 08월 24일 조간.

333_ 상동.

334_ 상동.

335_ 상동의 『아사히신문』 08월 25일 조간.

336_ 상동의 『아사히신문』 08월 24일 석간.

337_ 「조일정부간 제10차 본회담이 끝났다」, 『조선중앙통신』 2000년 8월 24일, 『민주조선』 2000년 8월 25일.

338_「조선정부대표단 단장이 기자들과 회견」, 상동의 『민주조선』 08월 25일.

339_ 상동의 『아사히신문』 08월 25일 조간.

340_ 상동.

341_ 상동.

342_ 「조일정부간 제10회 본회담과 관련한 공동보도문」, 상동의 『민주조선』 08월 25일.

343_ 『아사히신문』 2000년 08월 24일 석간.

344_ 상동의 『아사히신문』 08월 24일 조간.

345_ 상동의 『아사히신문』 08월 25일 조간.

346_ 상동의 『아사히신문』 08월 24일 조간.

347_ 상동의 『민주조선』 08월 25일.

348_ 상동의 『아사히신문』 08월 25일 조간.

349_ 상동.

350_ 상동.

351_ 상동의 『아사히신문』 08월 25일 조간.

352_ 『아사히신문』 2000년 09월 01일 조간.

353_ 상동의 『아사히신문』 2000년 10월 31일 조간.

354_ 상동.

355_ 『아사히신문』 2000년 09월 13일 조간.

356_ 『아사히신문』 2000년 08월 29일 조간.

357_ 상동의 『아사히신문』 09월 13일 조간.

358_ 『아사히신문』 2000년 09월 15일 조간.

359_ 「일본인 『납치』란 우리와 인연이 없다」, 『노동신문』 2000년 09월 24일.

360_ 『아사히신문』 2000년 10월 21일 조간.
그러나 모리 요시로 총리는 제11회 북일교섭이 끝난 뒤인 11월 2일, 『아사히신문』 등 내각기자단과의 인터뷰에 응해, 북한에 의한 일본인 납치의혹에 관해, 총리가 영일 정상회담에서 밝힌 「제3국에서 발견」이라는 타개안에 대해 "이후 교섭에서 있을 수 있다"고 말해, 이후에도 해결책으로써 배제하지 않겠다고 밝혔다. 『아사히신문』 2000년 11월 03일 조간.

361_ 상동의 『아사히신문』 10월 21일 조간.

362_ 상동.

363_ 『아사히신문』 2000년 10월 25일 조간.

364_ 『아사히신문』 2000년 10월 30일 석간.

365_ 『아사히신문』 2000년 10월 13일 조간.

366_ 『아사히신문』 2000년 10월 12일 석간.

367_ 『아사히신문』 2000년 10월 17일 석간.

368_ 『아사히신문』 2000년 10월 04일 조간.

동 신문은 「친서는 8월 하순, 조선노동당 간부와 연관 있는 인물을 통해 보내졌다. 정상회담 개최를 요구하고 북일관계 개선에 의욕을 나타낸 내용으로 보여지지만, 현재 북한측에서 회신은 없다고 한다. 모리 총리는 3일, "친서를 보낸 사실은 있나"라는 기자단의 질문에 묵묵부답이었다. 고노 요헤이 외무장관은 3일 기자회견에서 친서에 대해 "알지 못 한다". 게다가 "우리는 외교루트를 사용해 국교정상화를 위한 작업을 열심히 하고 있다. 총리 자신의 판단인지 잘 모르겠지만, 총리 나름의 판단이 있었을지도 모른다"고 말했다. 정부 · 여당내에서는 북일교섭에서 『과거청산』과 일본인 납치의혹 등을 둘러싼 대립이 계속되고 있는 가운데, 모리 총리가 단숨에 정상회담으로 가져가겠다는 것에 우려가 있다」고 전했다. 상동.

결국, 모리의 친서는 「『친서』라고 해도, 그것은 『만나고 싶다』라는 내용으로, 편지지에 썼든 자신의 명함에 썼든 그 정도인 것 같다」라고 한다. 『주간 아에라』 2000년 11월 6일, p.16.

369_ 『아사히신문』 2002년 09월 12일 조간.

모리 요시로 전총리는 퇴임 후인 2002년 9월 11일, 『아사히신문』과의 인터뷰에서 2000년 6월 남북 정상회담 후, 모리 총리는 한국의 김대중 대통령으로부터 "역시 만나지 않으면 시작되지 않는다"고 (정상회담을) 권유받아, "김 총서기에게 연락이 있으면 「일본도 (정상회담을) 희망하고 있다」고 도와달라"고 의뢰했다. 러시아의 푸틴 대통령으로부터도 오키나와 정상회의 때 등 정상회담을 권유받았다고 한다. 총리였던 2001년 1월에 북한 외무성간부로부터 정상회담의 제안이 있었고, 일본인 납치문제를 포함한 현안을 일괄해 타결시키고 싶다는 제의가 있었음을 밝혔다. 상동.

370_ 『아사히신문』 2000년 10월 13일 조간.

371_ 상동.

372_ 『아사히신문』 2000년 10월 24일 조간.

373_ 『아사히신문』 2000년 10월 25일 조간.

374_ 상동.

375_ 상동.

376_ 「과거청산 용단부터 내려야 한다」, 『노동신문』 2000년 10월 24일; 「조일관계는 일반적인 관계와는 다르다」, 『조선중앙통신』 2000년 10월 24일.

377_ 제11회 북일교섭은 『아사히신문』 2000년 10월 31일 조간, 『아사히신문』 2000년 10월 31일 석간, 『아사히신문』 2000년 11월 01일 석간, 『아사히신문』 2000년 11월 02일 조간, 『아사히신문』 2000년 11월 03일 조간, 『아사히신문』 2000년 11월 04일 조간을 참조해 재정리했다.

378_ 상동의 『아사히신문』 10월 31일 조간.

379_ 상동.

380_ 『아사히신문』 2000년 11월 09일 조간.
다카노 대사는 7일 자민당 외교관계합동회의에서 출석의원의 질문에 대해 (공표하지 않은 것에 대해) 이해를 구했다. 상동.

381_ 상동의 『아사히신문』 10월 31일 조간.

382_ 상동.

383_ 상동.

384_ 상동.

385_ 상동.

386_ 『마이니치신문』 2000년 10월 31일 도쿄 조간, 『마이니치신문』 2000년 11월 01일 도쿄 조간.

387_ 아사히신문』 2000년 11월 01일 조간.

388_ 상동.

389_ 상동.

390_ 「일본 무책, 『조류』 놓친 북일교섭, 주체적 외교전략 결여」, 『아사히신문』 2000년 11월 01일 조간.

391_ 『아사히신문』 2000년 10월 29일 조간.

392_ 『아사히신문』 2000년 10월 31일 조간.

393_ 상동.

394_ 상동의 『아사히신문』 11월 01일 조간.

395_ 상동의 『아사히신문』 10월 31일 조간.

396_ 상동.

397_ 『아사히신문』 2000년 11월 04일 조간.

북한의 미사일 규제를 둘러싸고 11월 1일부터 쿠알라룸푸르의 미국대사관에서 열리고 있던 미국과 북한의 미사일협의는 3일, 종료했다. 미국측은 협의 후에 언론성명을 발표하고, 「대화는 건설적이었다」라고 하면서도, 「검토와 해결을 요구하는 중요한 문제가 남았다」고 해, 최종합의에는 이르지 못한 것을 밝혔다. 이 결과, 클린턴 대통령에 의한 방북을 현 시점에서 결정하는 것은 이르다는 의견이 강해질 것으로 예상되며, 최종 판단이 언제 내려질지는 미묘한 정세였다. 상동.

398_ 상동.

제5장 평양선언국면과 일본의 교섭패턴

1_ 『아사히신문』 2000년 12월 30일 조간.

2_ 『아사히신문』 2001년 01월 18일 석간.

3_ 『아사히신문』 2001년 01월 27일 석간.

4_ 『아사히신문』 2001년 02월 08일 석간.

5_ 『아사히신문』 2001년 02월 20일 조간.
이 사실은 한국 외교 관계자가 2월 19일 밝혔다. 상동.

6_ 조선외무성 대변인, 「미국의 그 어떤 대조선정책에도 준비되어 있다」, 『조선중앙통신』 2001년 02월 21일.

7_ 『아사히신문』 2001년 02월 27일 석간.

8_ 『아사히신문』 2001년 03월 01일 조간.
클린턴 전 정권은 2000년 6월, 「불량국가(rogue state)」에 대해 「여러 나라를 함께 『불량배』라고 취급하는 것은, 현실의 외교에 도움이 되지 않는다」라며, 「우려 있는 문제국가(state of concern)」로 바꿔 부르고 있다. 상동.

9_ 『아사히신문』 2001년 03월 08일 석간.

10_ 상동.

11_ 『아사히신문』 2001년 03월 15일 조간.

12_ 「미국은 함부로 경거망동하지 말라」, 『노동신문』 2001년 03월 14일.

13_ 「미국은 통일문제 해결에 긍정적 역할을 해야한다」, 『조선중앙통신』 2001년 03월 19일.

14_ 「미국은 상대를 똑바로 알아야 한다」, 상동의 『조선중앙통신』.

15_ 「미사일 위협은 미국의 자작극」, 『노동신문』 2001년 03월 19일.

16_ 상동.

17_ 『아사히신문』 2001년 03월 27일 조간.

18_ 『아사히신문』 2001년 06월 08일 조간.

19_ National Security Council, "Press Background Points,"June 6.2001. Pritchard, Charles L., *Failed Diplomacy: the tragic story of how North Korea got the bomb* (the Brookings Institution, 2007), p.6에서 재인용.

20_ 상동의 『아사히신문』 06월 08일 조간.

21_ 상동.

22_ 「비싼 대가를 치르게 될 것이다」, 『조선중앙통신』 2001년 06월 07일. 조선중앙통신은 같은 일자 노동신문을 보도하면서 동 신문의 논평은 「부시가 대통령으로 된 후, 조미 교전관계는 전례없이 악화되고 있다고 하면서 신문은 조미 사이의 적대관계가 폭발적 계선에 이른 때에 미국이 조선에 이지스함을 배치하려 하는 것은 무분별한 행동이라고 지적했다」라고 한다. 상동.

23_ 조선외무성 대변인, 「미행정부의 『대화재개 제안』에 대한 공화국의 입장천명」, 『조선중앙통신』 2001년 06월 18일.

24_ 『아사히신문』 2001년 07월 28일 조간.

25_ 『아사히신문』 2001년 10월 24일 조간.

26_ 「테러반대 입장 불변-미국에서의 대규모 테러공격사건 관련」, 『조선중앙통신』 2001년 09월 12일.

27_ 『아사히신문』 2001년 10월 20일 조간.

28_ 조선외무성 대변인, 「대통령의 체모에 어울리지 않는 부시의 경솔한 언동」, 『조선중앙통신』 2001년 10월 23일.

29_ Daily Press Briefing by Richard Boucher, Spokesman, "Annual Report on International Religious Freedom,"October 26, 2001. http://2001-2009.state.gov/r/pa/prs/dpb/2001/5764.htm.

30_ 『아사히신문』 2001년 11월 09일 조간.

31_ 『아사히신문』 2001년 11월 17일 조간.

32_ 『아사히신문』 2001년 11월 20일 조간.

33_ 『아사히신문』 2001년 11월 27일 석간.

34_ 조선외무성 대변인, 「미국의 『대량살륙무기 검증』 주장 비난」, 『조선중앙통신』 2001년 11월 28일.

35_ 『연합뉴스』 2001년 11월 29일.

36_ 『아사히신문』 2001년 12월 01일 조간.

37_ 『아사히신문』 2001년 12월 05일 조간.

38_ 『아사히신문』 2001년 12월 12일 석간.

39_ 『아사히신문』 2001년 12월 14일 조간.
동 신문은 「ABM 제한조약」에 대해 「미국과 구소련이 1972년, 전략핵무기를 격추한 탄도탄요격미사일(ABM)을 배치하면 『상호 파괴의 보증에 따른 핵억제가 붕괴하고, 핵의 선제 사용으로 이어진다』라며 맺어진 조약으로 1974년에 개정되었다. 국토 전체를 방위하는 시스템을 금지하고, ABM 배치는 쌍방의 국내에 한군데씩, 요격 미사일은 100발로 제한했다. 해상과 공중, 우주공간 등에의 배치, 이동형으로의 확장과 실험, 배치도 금지하고 있다」라고 했다. 상동.

40_ Office of the Press Secretary, "President Discusses National Missile Defense," December 13, 2001.
http://georgewbush-whitehouse.archives.gov/news/releases/2001/12/20011213-4.html.

41_ 『노동신문』 『조선인민군』 『청년전위』 공동사설, 「위대한 수령님 탄생 90돐을 맞는 올해를 강성대국 건설의 새로운 비약의 해로 빛내이자」, 『노동신문』 2002년 01월 01일.

42_ 「시대착오적인 대조선 고립압살기도를 버려야 한다」, 『노동신문』 2002년 01월 08일.

43_ 「핵 및 미사일 위협과 상용무력 축감을 떠드는 것은 강도적인 논리」 『노동신문』 2002년 01월 10일, 「새로운 국가테러로 공화국압살 위한 『테러지원국』 『불량배국가』 소동」 상동.

44_ Office of the Press Secretary, "President Delivers State of the Union Address," January 29,2002.
http://georgewbush-whitehouse.archives.gov/news/releases/2002/01/20020129-11.html.

45_ Ibid.

46_ Ibid.

47_ 조선외무성 대변인, 「부시의 『연두교서』는 우리에 대한 선전포고」,

『조선중앙통신』 2002년 01월 31일.

48_ 『아사히신문』 2002년 02월 08일 조간.
동 신문에 의하면, 미 정부 당국자가 2월 6일 이 접촉을 밝혔다.

49_ 상동.

50_ 『아사히신문』 2002년 02월 14일 석간.

51_ 「우리체제에 대한 부시의 망발은 우리와의 대화부정 선언」 『조선중앙통신』 2002년 02월 22일.

52_ Pritchard, op.cit., pp.25-27.

53_ 『아사히신문』 2001년 01월 26일 조간.

54_ 『노동신문』 『조선인민군』 『청년전위』 공동사설, 「고난의 행군에서 승리한 기세로 새 세기의 진격로를 열어나가자」, 『노동신문』 2001년 01월 01일.

55_ 『아사히신문』 2001년 05월 04일 조간.

56_ 스기타 요네유키(2004), 전게서, p.223.
2000년 6월 남북 (정상)회담 이후, EU가 「북한의 개방정책에 보답하고, 촉진한다」라는 의도가 있었지만, 그 배경에는, 북한 개방을 촉진하기 위해 한국의 김대중정권이 유럽의 북한 관여정책을 촉구했다는 지적도 있다. 스웨덴은 서구에서는 북한과의 국교를 오랫동안 유지해 온 몇 안 되는 나라 중 하나이며, 현재에도 EU의 대북정책을 리드하고 있다. 독일의 어느 아시아 전문가에 의하면, 김대중 대통령은 정치범 시절부터 받아온 지원과 노벨평화상에 대한 답례도 겸해서 스웨덴이 EU의장국이였던 시기에 EU정상의 평양방문을 마련했다는 해석도 있다. 상동.

57_ 『아사히신문』 2001년 01월 01일 조간.

58_ 『아사히신문』 2002년 09월 12일 조간.
모리 총리는 퇴임 후 2002년 9월 11일, 『아사히신문』과의 인터뷰에서, 당시 북일 정상회담 추진의사가 있었다고 밝혔다. 상동.

59_ 상동.

60_ 상동.

61_ 상동.

62_ 상동.

63_ 상동.

64_ 스기타 요네유키(2004), 전게서, p.19.

65_ 고이즈미 준이치로小泉純一郎 총리는 87, 88, 89대 내각총리대신으로서,

각각 1, 2, 3기로 2001년 4월 26일부터 2003년 11월 19일, 2003년 11월 19일부터 2005년 9월 21일, 2005년 9월 21일부터 2006년 9월 26일까지 내각수반을 지냈다.

66_ 후나바시 요우이치船橋洋一, 전게서, pp.14-16.

67_ 다나카 아키히코(2007), 전게서, p.274.

68_ 『아사히신문』 2001년 11월 08일 조간.

69_ 조선적십자회, 「일본인 『행불자』 소식조사사업의 전면 중지를 천명」, 『조선중앙통신』 2001년 12월 17일.

70_ 『아사히신문』 2001년 12월 19일 조간.

71_ 『아사히신문』 2001년 12월 19일 조간.

72_ 「총련에 대한 탄압은 곧 우리의 자주권에 대한 침해」, 『노동신문』 2001년 12월 18일.

73_ 후나바시 요우이치, 전게서, p.26.

74_ 「모략으로써는 아무것도 얻을 수 없다」, 『조선중앙통신』 2001년 12월 26일.

75_ 후나바시 요우이치, 전게서, p.20.

76_ 『아사히신문』 2002년 02월 14일 조간.

77_ 『아사히신문』 2002년 03월 12일 조간.

78_ 『아사히신문』 2002년 03월 13일 조간.

79_ 상동.

80_ 『아사히신문』 2002년 03월 15일 조간.

81_ 『아사히신문』 2002년 03월 19일 석간.

82_ 상동.

83_ 후나바시 요우이치, 전게서, p.22.

84_ 「조선적십자회, 일본적십자사와 회담할 용의 표명」, 『조선중앙통신』 2002년 03월 22일.

85_ 『아사히신문』 2002년 03월 30일 조간.

86_ 상동.

87_ 후나바시 요우이치, 전게서, p.23.

88_ 상동, p.26.

89_ 『아사히신문』 2002년 04월 06일 석간.

90_ 『아사히신문』 2002년 04월 07일 조간.

동 신문에 의하면, 「외무성간부가 『최근 일련의 흐름 속에서, 북일교섭에 대해 김 총서기가 구체적 발언을 한 것은 처음이어서, 그 자체에 주목해야 할 이야기다』라고 분석했다」라고 한다. 상동.

91_ 『아사히신문』 2002년 04월 17일 석간.

92_ 『아사히신문』 2002년 04월 30일 조간.

93_ 상동.

94_ 『아사히신문』 2002년 04월 30일 석간.

95_ 상동.

96_ 후나바시 요우이치, 전게서, pp.29-31.

97_ 상동.

98_ 상동. pp.31-32.

99_ 다나카 히토시, 『외교의 힘』, 니혼케이자이신문 출판사(2009), p.110.

100_ 상동.

101_ 상동. p.111.

102_ 요미우리신문정치부, 『외교를 싸움으로 한 남자: 고이즈미 외교 2000일의 진실』, 신쵸샤(新潮社, 2006), pp.21-22.

103_ 다나카 히토시, 전게서, p.111.

104_ 후나바시 요우이치, 전게서, p.34.

105_ 『아사히신문』 2002년 07월 27일 조간.

106_ 조선외무성 대변인, 「미국측이 다시 특사를 보내겠다면 일관된 입장에서 대할 것이다」, 『조선중앙통신』 2002년 07월 26일.

북한은 동 담화에서 「얼마 전에 미국이 조미대화 재개 입장을 설명하기 위해 특사를 평양에 보내겠다고 제기해 온 데 대하여 우리가 동의를 준 바 있다. 미국이 특사로 누구를 보내는가 하는 것은 그들 자신의 일이다. 서해사건 이후 특사 파견이 취소되었지만 앞으로 조건이 마련되어 미국측이 다시 특사를 보내겠다면 우리는 일관한 입장에서 대할 것이다」라고, 미국 특사 수용을 표명했다. 상동.

107_ 『아사히신문』 2002년 09월 20일 조간.

108_ 상동.

109_ 다나카 히토시, 전게서, p.111.

110_ 『아사히신문』 2002년 07월 12일 조간.

111_ 『조선일보 동북아연구소』, 『NKchosun』 (http://nk.chosun.com/bbs/list.html?table=bbs_24&idxno=3056&page=1&total=282&sc_area=&sc_word=).

112_ 『아사히신문』 2002년 07월 28일 조간.

113_ 『아사히신문』 2002년 08월 01일 조간.

114_ 『아사히신문』 2002년 07월 31일 석간.

115_ 『아사히신문』 2002년 08월 01일 조간 ; Pritchard, op.cit., pp.30-31. 찰스 프리처드에 따르면, 이는 "사실은 우연한 만남은 아니었다"라고 한다. 파월이 백 외무장관과 만나려고, 프리처드 자신에게 국무성 한국과장으로 있는 에드 동(ED Dong)을 유엔 북한대표부 이근 대표와 함께 이 만남이 성사되도록 준비시켰다고 한다. 동 책.

116_ 상동의 『아사히신문』 08월 01일 조간.

117_ 『아사히신문』 2002년 08월 01일 석간.

118_ 「백남순 외무상, 미 국무장관 파월과 만나 조미대화 재개 문제 논의」, 『조선중앙통신』 2002년 08월 01일.

119_ 상동의 『아사히신문』 08월 01일 조간.

120_ 상동.

121_ 상동.

122_ 상동.

123_ 상동.

124_ 『아사히신문』 2002년 08월 19일 석간.

125_ 『아사히신문』 2002년 08월 20일 조간.

126_ 상동.

127_ 상동.

128_ 상동.

129_ 『아사히신문』 2002년 08월 25일 조간.

130_ 『아사히신문』 2002년 08월 26일 조간.

131_ 『아사히신문』 2002년 08월 27일 조간.

132_ 후나바시 요우이치(2006), 전게서, p.35.

133_ 상동의 『아사히신문』 08월 27일 조간.

134_ 『아사히신문』 2002년 08월 26일 석간.

135_ 상동 『아사히신문』 08월 27일 조간.

136_ 상동 『아사히신문』 08월 31일 조간.

137_ 상동.

138_ 총리관저, 「미국 방문 및 제57회 유엔총회 출석 내외신 기자회견」, 2002년 9월 13일.
http://www.kantei.go.jp/jp/koizumispeech/2002/09/13press.html.

139_ 『아사히신문』 2002년 09월 01일 조간.

140_ 『아사히신문』 2002년 09월 06일 석간.

141_ 『아사히신문』 2002년 09월 08일 조간.

142_ 『아사히신문』 2002년 09월 20일 조간.

143_ 『아사히신문』 2002년 10월 13일 조간.

144_ 『아사히신문』 2002년 09월 13일 석간.

145_ 「제155회 국회 참의원외교방위위원회 회의록 2호」 2002년 11월 7일, p.8.

146_ 「제155회국회 중의원외무위원회 회의록 3호」 2002년 11월 6일, p.8.

147_ 『아사히신문』 2002년 09월 18일 조간.

148_ 상동.

149_ 상동.

150_ 상동.

151_ 상동.

152_ 상동.

153_ 상동.

154_ 나카히라 노보루, 고마키 데루오小牧輝夫, 이가라시 다케시五十嵐武士, 「고이즈미 총리 방북으로의 도정과 일본 외교」, 『국제문제』 No.512(2002.12), p.67. 이에 대해, 북일 국교정상화교섭 제1회에서 8회까지 일본측의 교섭 대사를 지낸 나카히라 노보루도 「북한이 이 정도까지 양보를 하게 됐나 생각할 정도였습니다」(상동), 라고 북한의 양보로 보고 있다.

155_ 상동.

156_ 상동.

157_ 강상중 편, 『미일관계에서 자립(日米関係からの自立)』, 후지와라 쇼텐(藤原書店, 2003), pp.197-198.
와다 하루키和田春樹는 "이것은 매우 중요한 합의였다. 북일관계가 바뀜에 따라 지역 전체의 형태가 변하는 것이다. 이것을 확실히 의식하고, 양국간 관계를 생각하는 것을 일본도 북한도 해 오지 않았다. 다국간의 관계에 새로운 지역주의를 향해 나가는 것이 필요했다. 나도 강상중도 그것을 『동북아시아 공동의 집』으로 구상했다"라고 말했다. 상동.
강상중, 전게서(2005), p.169.
강상중은 "평양선언 제4항은 「1(북)+1(남)=1(독립한 통일 코리아)」와 「2(남·북)+2(미·중)+2(일·러)」의 조합은 핵이나 미사일 등의 포괄적인 안전보장문제를 해결할 테두리가 되고, 안전보장체제를 구축하기 위한 돌파구가 될 것이다"라고 주장했다. 상동.

158_ 『국제문제』(2002.12), 전게서, p.68.
나카히라 노보루는 "교섭이라는 것은 알맞은 시기가 있고, 일본에게 북일 국교정상화는 기회가 있다면 이루어지지 않으면 안 될 역사적 문제이다"라고 한 후, "그 타이밍을 잡아 교섭하고 타당한 결론을 내는 것은 일본의 외교상 당연한 책무이다"라며, 평양선언이 외교적 「타이밍」이라고 주장했다. 인용은 상동.
이가라시 다케시도 "미국이 부시정권에서 강경노선을 취하고 있기 때문에 일본에 국교정상화교섭 재개의 기회가 돌아왔다고 느끼고 있다. 일본에게는 매우 유리한 조건이다"라고, 국제공간과 관련해 교섭에 있어서 교섭상대국공간이 교섭을 촉진하는 상태라고 평가했다. 인용은 상동.

159_ 『아사히신문』 2002년 09월 19일 석간.

160_ 『요미우리신문』 2002년 09월 25일 조간.

161_ 내각부 관방장관 정부홍보실, 『외교에 관한 여론조사』, 2002년 10월, pp.50-55.
http://www8.cao.go.jp/survey/h14/h14-gaikou/2-1.html.

162_ 기타오카 신이치北岡伸一, 「전쟁 후 일본 외교에 남을 성공이다(戦後日本外交史に残る成功である)」, 『중앙공론(中央公論)』 2002.11, pp.46-56.

163_ 「좌담회, 북한의 전환 어디까지」의 이종원, 『아사히신문』 2002년 09월 18일 조간.

164_ 상동 「좌담회」의 다나카 아키히코; 다나카 아키히코(2007), 전게서, p.280.
다나카 아키히코는 "고이즈미 방북은 그동안의 일본외교와 달리, 동맹국인 미국도 놀라게 할 정도의 비밀외교의 성과였다"(상동) 라고 외교 스타일을 평가했다.

165_ 『주간 아에라』 2002년 10월 21일.
북한 외교 전문가인 오코노기 마사오 게이오대학 교수가 "가능성으로서 가장 빨리 정상화가 급전개할 것으로 보이는 시기는 내년 초다"라고 말했다. 상동.

166_ Daily Press Briefing by Richard Boucher, Spokesman, September 18, 2002. http://2001-2009.state.gov/r/pa/prs/dpb/2002/13553.htm.
하지만, 미 국무성 바우처 대변인은 18일, "고이즈미 준이치로 총리의 노력을 환영하고 지지한다. 고이즈미 총리는 일본이 특히 우려하고 있는 (납치)문제를 많이 협의했지만, 미일이 우려를 공유하고 있는 넓은 국제적 관심사항인 안전보장문제에 대해서도 제기했다고 알고 있다. 일본은 그동안의 준비와 협의내용에 대해 우리와 긴밀하게 연락을 취해왔다. 북한이 납치된 일본인에 대한 책임을 인정하고 정보를 제공했다. 우리나라는 이 (납치)문제를 해결하고, 납치된 사람들의 안전한 귀환을 목표로 하는 일본의 노력을 지지한다. 또한, (납치 후에) 사망한 사람들의 가족에 대해 진심으로 위로를 드린다. 우리나라는 북한이 현재 계속하고 있는 장거리미사일 발사중지를 연장하고, 핵문제에 관련된 모든 합의를 준수하는 자세를 나타낸 것도 알고 있다. 우리나라는 동맹국인 일본, 한국과 긴밀한 협조를 계속해 나갈 것을 원하고 있고, 우려하는 문제들이 진전되는 방책을 우리 3국에서 찾고 있으며, 고이즈미 총리의 방북 결과를 음미해 가고 싶다"라고 브리핑했다. 상동.

167_ Ibid.

168_ 켈리 차관보의 방북은 『아사히신문』 2002년 10월 04일 조간, 『아사히신문』 2002년 10월 05일 조간, 『아사히신문』 2002년 10월 06일 조간, 『아사히신문』 2002년 10월 07일 조간, 『아사히신문』 2002년 10월 09일 조간, 『아사히신문』 2002년 10월 13일 조간을 참조해서 재정리했다.

169_ Pritchard, op.cit., p.35.

170_ Ibid., p.37.

171_ Ibid., pp.38-39.

172_ 상동 『아사히신문』 10월 06일 조간.

173_ 상동 『아사히신문』 10월 06일 조간.

174_ 상동 『아사히신문』 10월 06일 조간.

175_ 상동 『아사히신문』 10월 06일 조간.

176_ 상동의 『아사히신문』 10월 09일 조간.

177_ 「미국 대통령특사의 조선방문은 우리를 굴복시키려는 목적」, 『조선중앙통신』 2002년 10월 12일.
동 통신의 논평은 「켈리의 방문이 대화와는 성격이 전혀 다른 미국의 일방적 요구를, 우리에게 강압적으로 내려먹여 우리를 굴복시켜 보려는데 그 목적이 있었다는 것은 엄연한 사실이 실증해주고 있다. 원래 우리는 부시행정부가 대조선 정책과 대화 재개에 대한 입장을 설명하러 특사를 보내겠다고 하기에 그를 받아 들였으며 대화를 통하여 조미사이의 현안문제들을 해결할 수 있는 방도를 찾을 것을 기대하였다. 특사는 이번에 대화재개 문제에 대해서는 논의조차 하려 하지 않았고 대화라는 말을 입밖에도 내지 않았다. 물론 이번에 특사가 와서 우리를 무장해제시키기 위한 미국의 『우려사항』 들이라는 것들을 직선적으로 솔직하게 내놓았다」라고 비난했다. 상동.

178_ Press Statement by Richard Boucher, Spokesman, "North Korean Nuclear Program, " October 16, 2002.
http://2001-2009.state.gov/r/pa/prs/ps/2002/14432.htm.

179_ Ibid.

180_ Ibid.

181_ Ibid.

182_ Ibid.

183_ 『아사히신문』 2002년 10월 18일 조간.

184_ 『아사히신문』 2002년 10월 20일 조간.

185_ 「터무니 없는 날조행위」, 『노동신문』 2002년 10월 18일.

186_ 박문규, 「미국은 오만한 강권 정책을 버려야 한다」, 『노동신문』 2003년 10월 22일.
동 신문은 「얼마전 평양에 왔던 미국대통령 특사 켈리는 우리의 『핵 및 미사일문제』와 상용무력 축감문제에다가 『인권』문제까지 걸고 들면서 그 무슨 『우려사항』에 대한 미국의 요구를 받아들일 것을 강박했다」라고 비난했다. 상동.

187_ 『아사히신문』 2002년 10월 23일 조간.

188_ 『아사히신문』 2002년 10월 26일 조간.

189_ 『아사히신문』 2002년 10월 17일 석간.

190_ 『아사히신문』 2002년 10월 18일 조간.

191_ 『아사히신문』 2002년 09월 18일 조간.

192_ 『아사히신문』 2002년 09월 18일 조간.

193_ 상동.

194_ 『아사히신문』 2002년 09월 21일 석간.

195_ 『아사히신문』 2002년 09월 28일 조간.

196_ 상동.

197_ 『아사히신문』 2002년 10월 03일 조간.

198_ 『아사히신문』 2002년 10월 04일 석간.

199_ 상동 『주간 아에라』 2002년 10월 21일.

200_ 상동.

201_ 『아사히신문』 2002년 10월 16일 조간.

202_ 상동.

203_ 상동.

204_ 『아사히신문』 2002년 10월 22일 조간.

205_ 『아사히신문』 2002년 10월 22일 석간.

206_ 『아사히신문』 2002년 10월 24일 조간.

207_ 상동.

208_ 상동.

209_ 상동.

210_ 상동.

211_ 총리관저, 「북일 국교정상화교섭에 관한 기본방침」, 2002년 10월 9일, http://www.kantei.go.jp/jp/singi/nittyo/kettei/021009kihon.html.

212_ 『아사히신문』 2002년 10월 22일 조간.

213_ 제155회 국회 참의원 본회의록 3호, 2002년 10월 23일, p.13.

214_ Office of the Press Secretary,"Joint US-Japan-Rok Trilateral Statement," October 26, 2002.
http://georgewbush-whitehouse.archives.gov/news/releases/2002/10/20021026-1.html.

215_ 「조일 평양선언의 이행은 국교정상화 실현의 담보」, 『조선중앙통신』 2002년 10월 25일.

동 통신은 제12회 북일교섭과 관련해 「그러나 지난 한세기 동안 조일 관계는 대립으로 하여 비정상적인 상태에 있었으며 이것은 두 나라 인민의 이익에 적지 않은 부정적 영향을 미쳤다. 조일 양국이 가까운 이웃나라로 서로 의좋게 지내며 공존, 공영해 나가는 것은 두 나라 인민의 염원과 이익, 아시아와 세계의 평화를 위하여 미룰 수 없는 시대의 요구로 되고 있다. 조일 평양선언의 정신과 기본원칙의 존중과 성실한 이행은 조일회담의 성과와 국교정상화 실현의 중요한 담보로 된다」라며, 기대를 보였다. 상동.

216_ 『아사히신문』 2002년 10월 29일 조간.

동 신문은 「제12회 교섭 무대로 말레이시아의 수도 쿠알라룸푸르가 선택된 것은, 납치사건이 준 충격과 말레이시아와 긴밀한 우호관계가 있는 북한에게 『지리적 이점』이 관계하고 있다. 과거 북일교섭은 도쿄와 평양이 2회씩, 남은 7회는 베이징에서 열렸다. 이번 재교섭은 고이즈미 총리의 평양 방문을 받은 것이니만큼 외교 관례상으로도 도쿄 개최가 유력시 되고 있었다. 그 장애가 된 것이 경비상의 우려다. 일본 국내에서는 점차 드러나는 납치사건의 진상에 대북 감정이 악화되고 있다. 실제 과거 북일교섭에서도 우익단체가 가두선전 활동을 해, 북한측이 불쾌감을 표시한 적도 있었다」라고 한다. 상동.

217_ 제 12 회 북일교섭은 『아사히신문』 2002 년 10 월 29 일 석간, 『아사히신문』 2002 년 10 월 30 일 조간, 『아사히신문』 2002 년 10 월 31 일 조간, 『마이니치신문』 2002 년 10 월 30 일 오사카 조간, 외무성 「북일 국교정상화교섭 제 12 회 회담(평가와 개요)」 2002 년 10 월 31 일(http://www.mofa.go.jp/mofaj/area/n_korea/abd/nego12_gh.html)를 참조해서 재정리했다.

218_ 상동의 『아사히신문』 10월 30일 조간.

219_ 상동의 『아사히신문』 10월 29일 석간.

220_ 상동의 『마이니치신문』 10월 30일 오사카 조간.

221_ 상동의 『마이니치신문』 10월 30일 오사카 조간.

222_ 상동

223_ 상동의 『아사히신문』 10월 31일 조간.

224_ 상동의 외무성 「북일 국교정상화교섭 제12회 본회담(평가와 개요)」.

225_ 상동.

226_ 상동.

227_ 상동의 『마이니치신문』 10월 30일 오사카 조간.

228_ 상동의 『아사히신문』 10월 30일 석간.

229_ 제12회 북일교섭 둘째날인 10월 30일 교섭은 『아사히신문』 2002년 10월 30일 석간, 『아사히신문』 2002년 10월 31일 조간, 『아사히신문』 2002년 11월 01일 조간을 참조해서 재정리했다.

230_ 상동의 『아사히신문』 10월 30일 석간.

231_ 상동.

232_ 상동.

233_ 상동의 『아사히신문』 11월 01일 조간.

234_ 상동의 『아사히신문』 10월 31일 조간.

235_ 상동의 외무성 「북일 국교정상화교섭 제12회 본회담(평가와 개요)」.

236_ 상동.

237_ 상동.

238_ 『아사히신문』 2002년 10월 31일 조간.

239_ 『아사히신문』 2002년 11월 02일 조간.

240_ 상동.

241_ 상동.

242_ 조선외무성 대변인, 「우리나라는 조일 국교정상화회담과 관련하여 조성된 사태를 엄밀히 검토하고 있다」, 『조선중앙통신』 2002년 11월 05일. 조선외무성은 동 통신을 통해서 「이번 회담에서 실질적인 문제 토의는 진전을 보지 못하였다. 그것은 일본측이 국교정상화의 기본문제인 과거청산문제는 뒤로 미루고 핵문제, 납치문제와 같은 현안문제들을 먼저 토의하자고 고집함으로써 대화 쌍방 사이의 신뢰를 저하시킨 것과 관련된다…(중략)…이번 회담결과를 놓고 지금 우리 해당 기관들과 인민들은 조일 평양선언의 이행에 대한 일본의 언행이 일치하지 않고 있는 불투명한 조건에서 핵 및 미사일문제를 포함한 안전보장상의 여러 사항들을 심중히 고려해야 한다는 의견을 강하게 제기하고 있다. 특히 우리 해당 부문에서는 조일 국교정상화회담이 이번처럼 공회전만 거듭하면서 장기화될 경우 미사일 발사(중단) 연장조치를 재고려해야 한다는 의견까지 제기되고 있다」고 발표했다. 상동.

243_ 상동.

244_ 상동.

245_ 상동.

246_ 상동.

247_ 상동의 외무성 「북일 국교정상화교섭 제12회 본회의(평가와 개요)」.

248_ Council on Foreign Relations, North Korea, Background on the Crisis "What was the U.S.response?"
http://www.cfr.org/background/background_northkorea_bg.php.; 마쓰모토 히데키, 「북일 국교정상화의 경위와 한반도를 둘러싼 최근 동향」, 『레퍼런스』 2003년 8월호, p.44에서 재인용.

249_ 『아사히신문』 2002년 11월 14일 석간.

250_ 상동의 『마이니치신문』 10월 30일 오사카 조간.

251_ The Korean Peninsula Energy Development Organization "KEDO Executive Board Meeting Concludes"November 14, 2002.
http://kedo.org/news_detail.asp?NewsID=23.
한반도에너지개발기구(KEDO)는 2003년 11월 21일, 북한에의 경수로 공여사업을 12월 1일부터 1년간 동결한다고 발표했다. 그리고 2005년 11월 22일에는 KEDO는 뉴욕에서 이사회를 열고, 청산을 결정해 경수로 건설사업을 폐지하는 것에 합의했다. 상동.

252_ 조선외무성 대변인, 「미국의 중유제공 중단결정은 조미 기본합의문 위반」, 『조선중앙통신』 2002년 11월 21일.
조선외무성은 「미국은 자신의 국제적 공약 위반행위의 책임을 조금이라고 약화시켜 보려고 이 결정이 마치 KEDO 성원국들의 『집체적 의사』인 것처럼 감투를 씌웠지만, 실지에 있어서는 미 정부가 먼저 중유제공 중단을 결정하고 그것을 기본합의문의 당사자도 못되는 KEDO에 내리먹였다는 것을 감출 수가 없었다. 미국은 이 결정을 발표하면서 마치 우리가 기본합의문을 먼저 위반한 것처럼 걸고 들었다. 미국이 기본합의문에 남아 있던 마지막 이행의무까지 일방적으로 포기한 조건에서, 우리는 기본합의문이 완전히 깨여지게 된 책임 한계를 명백히 그어야 할 때가 왔다고 인정한다」라고 발표했다. 상동.

253_ The Washington Post, "U.S. Will Refer N.Korea Nuclear Effort to U.N.," December 28, 2002.

254_ 『아사히신문』 2003년 01월 07일 조간; IAEA The Board of Governors / GOV/2003/3, Resolution adopted by the Board on 6 January 2003, "Report By The Director General On The Implementation Of The NPT Safeguards Agreement Between The Agency And The Democratic

People 's Republic Of Korea", 6 January 2003.
http://www.iaea.org/newscenter/mediaadvisory/2003/gov2003-3.pdf.

255_ 조선정부 성명, 「핵무기전파방지조약에서 탈퇴」, 『노동신문』 2003년 01월 11일.
북한정부는 「미국은 2002년 1월 29일에 이어 1월 6일, 다시 IAEA를 부추겨 우리를 반대하는 『결의』를 채택하도록 했다…(중략)…조선민주주의인민공화국정부는 국제원자력기구의 이번 『결의』가 우리나라의 자주권과 민족의 존엄에 대한 엄중한 침해로 된다고 인정하면서 이를 단호히 단죄, 배격한다…(중략)…. 첫째, 미국이 1993년 6월 11일 조미 공동성명에 따라 핵위협 중지와 적대의사 포기의 의무를 일방적으로 포기한 조건에서, 공화국정부는 같은 성명에 따라 『필요하다고 인정하는 기간만큼 일방적으로 임시정지』시켜 놓았던 핵무기전파방지조약(NPT)에서 탈퇴 효력이 자동적으로 즉시 발생한다는 것을 선포한다. 둘째, 조선민주주의인민공화국이 NPT에서 탈퇴함에 따라 조약 제3조에 따른 IAEA와의 담보(핵보장조치)협정의 구속에서도 완전히 벗어난다는 것을 선포한다. NPT에서 탈퇴는 우리나라에 대한 미국의 압살 책동과 그에 추동한 IAEA의 부당한 처사에 대한 응당한 자위적 조치이다. 우리는 NPT에서 탈퇴하지만, 핵무기를 만들 의사는 없으며 현 단계에서 우리의 핵활동은 오직 전력생산을 비롯한 평화적 목적에 국한될 것이다. 미국이 적대시 압살정책을 그만두고 핵위협을 걷어치운다면, 우리는 핵무기를 만들지 않는다는 것을 조미 사이에 별도의 검증을 통해 증명해 보일 수도 있다. 미국과 IAEA는 협상의 방법으로 핵문제를 평화적으로 해결할 데에 대한 우리의 마지막 노력까지 외면하고 우리를 끝끝내 조약 탈퇴에로 떠민 책임에서 절대로 벗어날 수 없다」라는 성명을 발표했다. 상동.

256_ 『아사히신문』 2002년 10월 18일 조간.

257_ Press Statement by Richard Boucher, op.cit.

258_ 『아사히신문』 2003년 01월 08일 석간.

259_ Office of the Press Secretary, Press Briefing by Ari Fleischer, January 6, 2003.
http://georgewbush-whitehouse.archives.gov/news/releases/2003/01/20030106-1.html.

260_ 상동의 『마이니치신문』 10월 30일 오사카 조간.

261_ 구라타 히데야倉田秀也, 「북한의 핵문제와 노무현 정권」, 『국제문제』 제518호(2003.5), p.25.
북한의 NPT 탈퇴 표명 후 부시 대통령, 파월 국무장관이 「대담한 이니셔티브(bold initiative)」 아래에서 북한에의 식량, 에너지 지원책을 언급했다. 북한의 HEU계획의 존재를 공표한 바우처 대변인의 기자회견(2002.10.16)에 의하면, 부시정권 내부에서는 그 확증을 얻은 2002년 여름까지 대북 지원책을 중심으로 한 「대담한 어프로치(bold approach)」가 마련되었다고 한다. 「대담한 어프로치」는 북한의 HEU계획의 발각에 따라 「추구 불가능」이 되었다고 하지만, 「대담한 이니셔티브」와 「대담한 어프로치」를 북한의 NPT 탈퇴 표명이라는 사태를 맞아 다시 취급했던 것이다. 상동.

262_ U.S. Department of State, "President Bush Discusses North Korea ; Remarks by President Bush and Polish President Kwasniewski in Photo Opportunity, "January 14, 2003.
http://www.state.gov/p/eap/rls/rm/2003/16637.htm.

263_ 김혜성, 「핵 광신도 미제를 역사의 심판대에 내세워야 한다」, 『노동신문』 2003년 1월 14일.
동 신문은 「우리가 이번에 핵무기전파방지조약에서 대담하게 탈퇴하는 중대한 정치적 결단을 내린 것은 우리의 선택권을 실천에 옮긴 것이다…(중략)…선군은 우리의 혁명노선이고, 국방력 강화는 국사 중의 제일의 국사이다. 우리는 다른 사람들처럼 잘 먹지 못하고 잘 살지 못해도, 군사를 최우선으로 하고 국방력 강화에 최대한 힘을 집중시킨다」라며 군사우선을 강조했다. 상동.

264_ 『아사히신문』 2003년 1월 18일 석간.

265_ Council on Foreign Relations, "North Korea, Why the change?", http://www.cfr.org/background/background_northkorea.php. 마쓰모토 히데키, 전게논문, p.44에서 재인용.

266_ 조선외무성 대변인 「그 어떤 형태의 『다자회담』에도 절대로 참가하지 않는다」, 『노동신문』 2003년 1월 25일.
조선외무성은 「국제사회가 일치하게 공인하는 이 엄연한 사실을 외면하고 『다자회담』이라는 간판으로 자신의 책임을 회피하려 하다가는 문제를 해결하는 것이 아니라, 더 복잡하게 만든다는 것을 미국은 알아야 한다…(중략)…조선반도 핵문제를 평화적으로 가장 공정하게 해결할 수 있는 유일한 방도는 조미가 평등한 자세에서 직접 회담을 하는 것 외에 다른 길이란 있을 수 없다」라고, 북미간 대화를 요구했다. 상동.

267_ Office of the Press Secretary, "President Delivers State of the Union Address",January 28, 2003.
http://georgewbush-whitehouse.archives.gov/news/releases/2003/01/20030128-19.html.

268_ Ibid.

269_ 상동의 『마이니치신문』 10월 30일 오사카 조간.

270_ 조선인민군 판문점대표부, 「미국측이 제제를 가해 온다면 정전협정 의무 이행을 포기」, 『조선중앙통신』 2003년 2월 18일.
동 대표부는 「위임에 의하여 미국측이 조선반도와 그 주변 지역에 우리를 공격하기 위한 무력을 집결하고 그 어디에서든 우리에 대한 제재를 가해 온다면 이는 곧 정전협정이 금지하고 있는 우리에 대한 봉쇄행위로 간주해, 조선인민군측은 부득불 정전협정 조인 일방(당사자)으로서 협정에 의해 지닌 의무이행을 포기하며 정전협정의 모든 조항의 구속에서 벗어나는 단호한 조치를 취하지 않을 수 없게 될 것이라는 것을 선언한다」라는 담화를 발표했다. 상동.

271_ Pritchard, op.cit., p.62.

272_ 『아사히신문』 2003년 04월 05일 조간.

273_ 『아사히신문』 2003년 04월 10일 조간.

274_ Pritchard, op.cit., p.62.

275_ 조선외무성 대변인, 「미국이 대조선정책을 전환할 용의가 있다면 대화형식에 구애되지 않는다」, 『조선중앙통신』 2003년 4월 12일, 『조선통신』 2003년 4월 14일.
조선외무성은 「미국은 우리의 주변 나라들이 다함께 참가하는 『다국적 틀거리』를 주장하고 있지만, 우리 주변 나라들의 대조선정책과 핵문제의 평화적 해결을 원하는 그들의 입장은 대체로 명백하다. 문제는 미국이다. 만약 미국이 핵문제 해결을 위해 대조선정책을 대담하게 전환할 용의가 있다면 우리는 대화의 형식에 크게 구애되지 않을 것이다. 문제 해결의 열쇠는 미국의 본심이 무엇인가 하는 데 달려있다」라고 다국간 협의를 받아들였다. 상동.

276_ Chinoy, Mike, *Meltdown :the inside story of the North Korean nuclear crisis*(St.Martin's Press, 2008), p.167.

277_ 외무성, 「사무차관 회견기록」, 2003년 04월 28일.
http://www.mofa.go.jp/mofaj/press/kaiken/jikan/j_0304.html#4-A.

278_ Chinoy, op.cit., p.171.
필자는 이러한 이근의 주장을 평양이 "bold approach"라고 묘사했다고 말했다. 상동.

279_ 조선외무성 대변인, 「베이징회담에서 새롭고 대범한 해결방도 제시」, 『조선중앙통신』 2003년 04월 25일, 『조선통신』 2003년 04월 26일.

조선외무성은 「이번 회담에서 우리는 조선반도 핵문제의 당사자들인 조미 쌍방의 우려를 동시에 해소할 수 있는 새롭고 대범한 해결방도를 내놓았다. 그러나 미국은 아무런 새로운 방도도 내놓지 않고 구태의연한 종전의 『선핵포기』 주장만을 되풀이했다. 미국은 조미 쌍방 사이에 논의되어야 할 본질적인 문제들에 대한 토의도 한사코 회피했다. 우리는 조선반도에서 전쟁을 막고 공고한 평화와 안정을 이룩하려는 입장으로부터 출발하여 핵문제 해결을 위한 새로운 방도를 제시하였으므로 금후 그에 대한 미국의 태도를 지켜볼 것이다」라고 발표했다. 상동.

280_ 「우리는 핵을 보유하고 있다」, 『통일일보』 2003년 05월 01일.

281_ Chinoy, op.cit., p.171.

282_ Pritchard, op.cit., p.65.

283_ 『아사히신문』 2003년 04월 25일 석간.

284_ 전화회담 내용은 외무성 「미일 외무장관 전화회담에 대해」, 2003년 04월 25일.
http://www.mofa.go.jp/mofaj/press/release/15/rls_0425d.html.

285_ 상동.

286_ 「베이징 조미회담의 결과를 평함」, 『조선중앙통신』 2003년 04월 29일.
동 통신은 「조선반도 핵문제를 평화적 방법으로 해결할 것을 바라는 우리는 미국의 부당한 행위로 하여 이번 회담이 결실 없이 끝났지만, 그것이 완전히 결렬되었다고 보지 않는다. 앞으로 조미대화가 다시 재개되는가 안되는가 하는 것은 전적으로 미국이 금후 대조선 적대시정책을 포기하는가 하지 않는가 하는 데 달려 있다. 미국이 대조선 적대시정책을 포기하지 않고 기어코 우리의 핵문제를 유엔에 끌고 가 그 어떤 『제재』를 결정한다면, 우리는 그것을 우리에 대한 전쟁의 푸른신호등으로 간주하고 자위적 대책을 강구할 것이다」라고 경고했다. 상동.

287_ Pritchard, op.cit., p.65.

288_ 『아사히신문』 2003년 04월 26일 석간.

289_ 『아사히신문』 2003년 07월 03일 석간.

290_ 「핵문제 해결을 바라지 않는 미 국무장관 발언」, 『민주조선』 2003년 07월 12일.

291_ 『아사히신문』 2003년 07월 16일 조간.

292_ 「중국정부 특사 우리나라 방문 - 핵문제 등 의견 교환」, 『조선중앙통신』 2003년 07월 15일.

동 통신은 「회담에서 쌍방은 전통적인 조중 친선이 두 나라 영도자들의 깊은 관심 속에 날로 좋게 발전하고 있는데 대하여 높이 평가하고 조중 친선관계를 더욱 강화 발전시키기 위하여 적극 노력할 데 대하여 강조했다. 쌍방은 조미 사이의 핵문제와 상호 관심사로 되는 국제문제들에 대해 깊이 있는 의견을 교환하였다」라고 보도했다. 상동.

293_ 『아사히신문』 2003년 07월 19일 조간.

294_ 『아사히신문』 2003년 07월 22일 조간.

295_ 상동의 『마이니치신문』 10월 30일 오사카 조간.

296_ 『아사히신문』 2003년 08월 02일 조간.

297_ 조선외무성 대변인, 「6자회담이 베이징에서 곧 열리게 된다」, 『조선중앙통신』 2003년 08월 04일.
조선외무성은 「우리의 주동적이고 평화애호적인 노력에 의해 조미사이의 핵문제 해결을 위한 6자회담이 베이징에서 곧 열리게 된다…(중략)… 미국측이 주장해온 다자간 회담이 열리게 되는 만큼, 이번 회담에서 미국이 실지로 우리에 대한 정책 전환의 의지를 가지고 있는가 하는 것이 국제사회 앞에 명백히 밝혀지게 될 것이다」라고 담화를 발표했다. 상동.

298_ 『아사히신문』 2003년 08월 11일 석간.

299_ 『아사히신문』 2003년 08월 28일 조간.

300_ 『아사히신문』 2003년 08월 30일 조간.

301_ 상동.

302_ Pritchard, op.cit., p.102.

303_ 상동의 『아사히신문』 08월 30일 조간.

304_ Pritchard, op.cit., pp.102-103.

305_ 『마이니치신문』 2003년 05월 24일 오사카 석간.

306_ 『아사히신문』 2003년 08월 28일 조간.

307_ 『아사히신문』 2003년 08월 29일 조간.

308_ 『아사히신문』 2004년 02월 12일 조간.
「북한에 의한 납치피해자 가족연합회」(가족회)는 어디까지나 정부간의 협의를 요구하며 히라사와平沢의 제안은 「논평할 가치도 없다」라고 결론지었다. 「마중안」은 일본정부도 피해자 5명의 귀국 당초에 검토했지만, 피해자측이 「평양에서 아이들이 자유롭게 귀국 의사표명을 할 수 없다」라며 불신감을 나타내 실현되지 않았다. 상동.

309_ 상동.

310_ 상동.

311_ 『아사히신문』 2004년 02월 17일 석간.
다나카에 대한 불신은 상당히 깊어서 고이즈미 총리도 불신 해소에 노력했다. 동 신문에 따르면 「가족회가 『불신감을 갖고 있다』라는 것으로 다나카 히토시 외무심의관을 교섭담당에서 빼도록 요구하고 있는 것에 대해 총리는 "다나카를 포함해서 정부는 일체입니다. (가족회의 다나카에 대한 불신은) 오해 아닙니까"라고 말했다. 가와구치 외무장관도 같은 날 기자회견에서 "야부나카 미토지 아시아대양주국장은 이 문제의 책임자이고, 다나카 외무심의관은 고이즈미 총리 방북에 이르기까지의 과정을 다룬, 교섭에 대해 지식이 있다. 외무성으로서는 가장 강력한 포진이다"라고 말해, 담당에서 제외할 생각은 없다는 것을 나타냈다」라고 한다. 상동.

312_ 상동의 『아사히신문』 02월 12일 조간.

313_ 『아사히신문』 2004년 02월 13일 조간.

314_ 『아사히신문』 2004년 02월 14일 조간.
이와 같은 일본측의 주장은 이 북일 정부간교섭에서 일본정부의 기본적 대처방침에 따른 것이었다고 한다.
『아사히신문』 (상동의 『아사히신문』 02월 13일 조간)이 전한 이 대처방침은 「(1) 납치피해자 5명의 가족 8명의 귀국을 최우선으로 요구한다, (2) 8명의 귀국이 실현되면 국교정상화교섭을 재개한다, (3) 북한이 『사망』 또는 『입국사실이 없다』라고 한 10명의 안부확인을 요구하며, 정상화교섭 과정에서 북일 양측에 의한 조사기관의 설치도 검토한다라는 3단계였다. 구체적으로 어떻게 제기할지는 북한의 태도를 지켜보면서 신중하게 판단하고, 피해자가 평양으로 가는 『마중안』 등이 제시된 경우에는 조건에 따라 일본으로 가져가 판단한다」라는 것이었다. 상동.

315_ 『아사히신문』 2004년 02월 13일 조간.
나카야마 교코中山恭子 내각관방참여는 13일 강연에서, 마중안의 위험성을 "5명이 마중을 가면 돌려 보내겠다고 말하고 있는데 왜 가지 않는가 라는 비판이 많이 제기되었다. 그것은 오해다"라며 지적했다. 정부는 마중안이 정식 제안되었다고 해도 가족의 귀국에 「자유로운 뜻에 따라」라고 북한이 조건을 붙일 가능성이 높다고 보고 있다. "북한의 사람이라고 생각하고 생활해온 아이들이 북한에서 자유로운 의견을 말하는 것은 무리다. 「북한에 살 생각이다」라고 말해질 가능성은 매우 강하다. 위험하기 짝이 없다"(나카야마 참여). 정부 내에서는 "납치라는 범죄를 저지른 나라에 피해자를 돌려보내는 등, 국가로서 있을 수 없다"(외무성간부)라는 관점에서 마중안을 부정하는 소리가 강하다. 다만, 표면화된 소리는 적지만 "피해자와 가족이 전향적이면 무조건 거부할 필요는 없다"(외무성 관계자)라고 현실적 선택사항이 될 수 있다는 견해도 커지고 있다. 피해자와 가족의 생각도 복잡하다. "「데리러 오면 돌려 보낸다」 등 조건을 붙인다면 바로 자리를 떠라"(지무라 야스시地村保志의 아버지 다모쓰保)라는 의견이 대세였지만, 관계자들은 「꼭 돌려보낸다면 검토의 여지는 있다」라는 소리도 나오고 있다. 정부 · 여당 내에서는 피해자 본인 대신 정부와 여당간부가 마중나가면 좋다라는 안도 있다. 고이즈미 총리는 1월 21일 중의원 본회의에서 "현 시점에서 나와 관방장관, 아베 신조 자민당간사장이 방북하는 것은 생각하고 있지 않다"고 말해, 장래의 가능성은 부정하지 않았다. 다만, 이 안에 대해 정부 내에서는 「일본의 약속위반」을 비판하는 북한측이 받아들일 가능성은 없다는 시각도 강하다. 상동.

316_ 상동의 『아사히신문』 02월 14일 조간.

317_ 상동.

318_ 상동.

319_ 조선외무성 대변인, 「6자회담의 재개문제에 언급, 최소한 『말대 말』의 공약, 첫단계 행동조치의 합의 제안」, 『조선중앙통신』 2003년 12월 09일.
조선외무성은 핵문제를 둘러싼 다음 6자회담과 관련해 「미국이 우리의 일괄타결(방)안을 한 번에 다 받아들일 수 없다면 최소한 다음 6자회담에서 『말대 말』의 공약과 함께 첫단계의 행동조치라도 합의하자는 것이다」라고 한 뒤, 「그러한 조치로서 우리가 핵활동을 동결하는 대신 미국에 의한 『테러지원국 명단』에서 해제, 정치 · 경제 · 군사적 제재와 봉쇄 철회, 그리고 미국과 주변 나라들에 의한 중유, 전력 등 에너지지원 같은 대응조치가 취해져야 할 것이다」라고 언급했다. 상동.

320_ 『아사히신문』 2004년 02월 15일 조간.

321_ 조선외무성 대변인, 「일본외무성 대표단의 방북에 언급」, 『조선중앙통신』 2004년 02월 14일.
조선외무성은 북일교섭에 대해 언급하며 「일본측이 다음 6자회담에서 『납치문제』를 꺼내면 전체 우리군대와 인민의 요구대로 일본의 회담 참가 자체를 단호하게 거부하고 모든 것이 없어진다고 강조했다」라고 코멘트 했다. 상동.

322_ 『아사히신문』 2004년 02월 14일 조간.

323_ 상동.

324_ 『아사히신문』 2004년 02월 15일 조간.

325_ 외무성, 「외무 대신 회견 기록」, 2004년 2월 14일, http://www.mofa.go.jp/mofaj/press/kaiken/gaisho/g_0402.html#6.

326_ 『아사히신문』 2004년 02월 26일 조간.

327_ 『아사히신문』 2004년 02월 28일 조간.

328_ 『아사히신문』 2004년 02월 29일 조간.
동 신문에 따르면 의장성명의 골자는 「(1) 핵무기 없는 한반도를 실현한다, (2) 핵문제에 대처해야 하는 조정된 조치를 취한다, (3) 관련 현안에 대처한다, (4) 협의 과정을 계속한다. 다음 6자회담을 베이징에서 올해 6월말까지 개최한다, (5) 작업부회를 설치한다. 검토 테마는 외교 채널을 통해 결정한다」 등의 5항목이었다. 상동.

329_ 상동.

330_ Pritchard, op.cit., pp.104-105.

331_ 외무성, 「제2회 6자회담 (개요와 평가)」, 2004년 3월 1일, http://www.mofa.go.jp/mofaj/area/n_korea/6kaigo/6kaigo2_gh.html

332_ 『아사히신문』 2004년 02월 26일 조간.

333_ 상동의 『아사히신문』 02월 29일 조간.

334_ 『아사히신문』 2004년 03월 03일 조간.

335_ 『아사히신문』 2004년 04월 01일 조간.

336_ 『아사히신문』 2004년 05월 05일 조간.
실제 정태화 북일교섭담당대사는 4월 22일, 평양에서 『교도통신』 등에 대해 피해자 5명을 "정부간의 약속대로 (북한에) 일단 돌려 보내"(동 신문)도록 요구해 납치문제에 대한 입장은 바뀌지 않았다. 상동.

337_ 『아사히신문』 2004년 04월 03일 조간, 『마이니치신문』 2004년 05월 05일 도쿄 조간.
이 회담 후에 명백해졌지만, 송 부국장은 "피해자 5명이 평양으로 데리러 오면 가족을 귀국시킨다"라고 제안했다고 한다. 또한 정 대사도 가족의 무조건 귀국에 응할 뜻을 야마자키에게 전달한 것으로 알려져, 「정·송 콤비」가 일본에 치기 힘든 공을 던지는 장면이 뚜렷했다. 야마자키에 대해 정은 "가족을 무조건 귀국시켜도 좋다"라고 명언했다고 하지만, 정은 그 후 『마이니치신문』 등과의 회견에서 "그런 사실은 없다. 정부간에 논의할 일이다"라고 부정해 기존의 원칙론을 되풀이했다. 상동의 『마이니치신문』.

338_ 이 북중 정상회담에 관해서는 『아사히신문』 2004년 04월 19일 조간, 『아사히신문』 2004년 04월 22일 조간, 『아사히신문』 2004년 04월 20일 조간, 『아사히신문』 2004년 04월 23일 조간 등을 참조해서 재정리했다.

339_ 『아사히신문』 2004년 04월 30일 조간.
중국외교부의 쿵취안孔泉 보도국장은 29일 기자회견에서, 북한의 김정일 총서기가 19일 후진타오 국가주석과의 회담에서, 6자회담에 "적극적으로 참가하고 진전에 공헌하겠다"라고 표명한 것이 첫 회담 실현으로 이어졌다는 인식을 밝혔다. 상동.

340_ 스키타 요네유키 편(2004), 전게서, p.131.

341_ 『아사히신문』 2004년 04월 23일 조간.

342_ 『아사히신문』 2004년 04월 24일 조간.

343_ 『아사히신문』 2004년 04월 26일 석간.

344_ 상동의 『아사히신문』 05월 05일 조간.

345_ 『아사히신문』 2004년 05월 03일 조간.

346_ 『아사히신문』 2004년 05월 04일 조간.

347_ 상동의 『아사히신문』 05월 05일 조간.

348_ 상동의 『아사히신문』 05월 04일 조간.

349_ 『마이니치신문』 2004년 05월 05일 도쿄 조간.

350_ 상동의 『아사히신문』 05월 05일 조간.

351_ 상동.

352_ 상동.

353_ 상동.

354_ 『마이니치신문』 2004년 05월 20일 도쿄 조간.

355_ 상동.

356_ 상동.

357_ 『아사히신문』 2004년 05월 06일 석간.

358_ 상동.

359_ 『아사히신문』 2004년 05월 07일 조간.

360_ 상동.

361_ 『아사히신문』 2004년 05월 10일 석간.

362_『아사히신문』 2004년 05월 11일 조간.

363_『아사히신문』 2004년 05월 14일 석간.

364_ 상동의 『아사히신문』 05월 11일 조간.

365_ 고이즈미 총리의 재방북에 관해서는 『아사히신문』 2004년 05월 22일 석간, 『아사히신문』 2004년 05월 23일 조간, 『마이니치신문』 2004년 05월 23일 도쿄 조간 등을 참조해서 재정리했다.

366_ 상동의 『마이니치신문』 05월 23일 도쿄 조간.

367_ 상동.

368_ 상동.

369_ 상동.

370_ 상동.

371_ 상동.

372_ 상동.

373_ 상동.

374_ 상동.

375_ 상동.

376_ 상동.

377_ 상동.

378_ 상동.

379_ 상동.

380_『아사히신문』 2004년 05월 23일 조간.

381_「김정일 총비서와 고이즈미 총리 재회와 회담」, 『노동신문』 2004년 05월 23일, 『조선중앙통신』 2004년 05월 22일.

동 신문은 1면에서 고이즈미의 방북과 정상회담에 대해 「재회와 회담에서는 지난 2002년 9월에 채택된 『북일 평양선언』을 재확인하고 그 이행과 관련된 문제를 토의했고, 전반적 국제문제와 쌍무관계의 개선에서 제기된 일련의 문제에 대해 의견을 교환했다…(중략)…김정일 동지는 비정상적 조일관계를 정상화하는 것은 오늘 우리 정치가에게 주어진 역사적 사명이고, 양국 인민의 염원과 이익을 위해 서로 대국적 입장에서 결심해 합의하면 해결 못할 문제는 없다고 했다…(중략)…고이즈미 총리는 지금까지 공화국과의 관계에서 불미스러운 일이 있었음에 유감을 표명하면서 『조일 평양선언』을 중시해서 그것을 성실히 이행하는 과정을 통해 적대관계를 협력관계로 하고 양국관계를 정상화해 갈 의지를 표명했다. 그는 이후 일본은 대공화국 『제재법』의 발동을 중지하며, 재일조선인을 차별하지 않고 우호적으로 대할 것을 언급한 것과 양국간 신뢰관계 회복을 위해 공화국에 대한 인도적 지원을 즉시 재개해 쌀 25만톤과 1,000만 달러 상당의 의약품을 제공한다고 명언했다」고 보도했다. 상동.

382_ 상동.

383_ 상동.

384_ 상동.

385_ 상동.

386_ 상동의 『아사히신문』 05월 23일 조간.

387_ 『아사히신문』 2004년 05월 24일 조간.

388_ 신도 에이이치, 「자주 외교가 개척하는 동아시아 공동체로의 길」, 『논좌』 통권110호(2004.7), p.21.

389_ 하시즈메 다이사부로, 「국교정상화를 목적해서는 안 된다」, 『논좌』 통권110호(2004.7), p.35. ; 「고이즈미 준이치로의 『거짓말』, 전격 재방북 뒤에 『연금문제 숨기기』의 은폐」, 『주간 아사히』, 2004년 05월 28일.
「관저에도 자민당에게도 납치가족에게도 총리 방북에는 신중론이 강했다. 외무성간부는 『이루어질 공산은 없다』라며 입을 모았다. 과연, 맹렬한 반대를 뿌리치고 『위험한 도박』을 할 필요가 있었는가. 납치문제보다, 미일동맹 보다, 자신의 (연금) 미가입문제의 여파를 어떻게 누를지로 머리가 복잡했던 것은 아닌가」(상동의 『주간 아사히』), 라고 연금정국과의 관련성을 지적했다.

390_ 상동의 『마이니치신문』 05월 23일 도쿄 조간.

391_ 『아사히신문』 2004년 06월 16일 조간.

392_ 『아사히신문』 2004년 06월 26일 조간.

393_ 『아사히신문』 2004년 06월 26일 석간.
의장성명의 주요내용은 「(1) 각국은 건설적, 실무적, 실질적 논의를 벌였다. 각국은 한반도 비핵화라는 목표를 향한 약속을 재확인하고, 그 목표를 향한 제1단계 조치를 가능한 빨리 취할 필요성을 강조했다, (2) 각국은 『말대 말』 『행동대 행동』이라는 단계적 프로세스의 필요성을 강조했다, (3) 각국은 2004년 9월까지 제4회 회담을 베이징에서 여는 것에 원칙적으로 합의했다, (4) 작업부회를 빨리 열어, 비핵화의 제1단계조치의 범위, 기간, 검증, 제1단계 대응조치를 정해, 적당한 경우에는 제4회 회담에 제언한다」(상동)라는 것이었다.

394_ 조선외무성 대변인, 「제3차 6자회담 진행 정형에 언급」, 『조선중앙통신』 2004년 6월 28일, 『노동신문』 2004년 6월 29일.
동 대변인은 「미국이 이번에 CVID 표현 자체를 들고 나오지 못하고, 우리의 요구대로 『말대 말』 『행동대 행동』 원칙을 받아들인 것은 다행스러운 일이다. 그러나 미국의 『제안』을 해부해 보면 유감스럽게도 그것은 우리를 무장해제 하기 위한 저들의 요구사항만을 단계적으로 열거한 것으로서, 우리의 일방적 핵폐기가 완료된 다음에야 저들이 할 바를 논의나 하겠다는 정도에 머물고 있다…(중략)…우리는 외부의 침략위협에 대처한 자위력을 다지기 위한 사업을 계획대로 추진하면서 미국의 금후 태도를 지켜볼 것이다」라는 담화를 발표했다. 상동.

395_ Pritchard, op.cit., p.105.

396_ 『아사히신문』 2004년 06월 25일 조간.

397_ 제1회 북일 실무자협의는 『아사히신문』 2004년 08월 06일 석간, 『아사히신문』 2004년 08월 11일 조간, 『아사히신문』 2004년 08월 13일 조간, 『아사히신문』 2004년 08월 14일 석간을 참조해서 재정리했다.

398_ 제2회 북일 실무자협의는 『아사히신문』 2004년 09월 24일 조간, 『아사히신문』 2004년 09월 27일 조간, 『아사히신문』 2004년 09월 27일 석간을 참조해 재정리했다.

399_ 상동의 『아사히신문』 09월 27일 조간.

400_ 상동의 『아사히신문』 09월 27일 석간.

401_ 『아사히신문』 2004년 11월 02일 석간.

402_ 제3회 북일 실무자협의는 『아사히신문』 2004년 11월 02일 석간, 『아사히신문』 2004년 11월 07일 조간, 『아사히신문』 2004년 11월 10일 조간, 『아사히신문』 2004년 11월 10일 석간, 『아사히신문』 2004년 11월 15일 석간, 『아사히신문』 2004년 11월 16일 조간, 『아사히신문』 2004년 11월 10일 석간을 참조해 재정리했다.

403_ 상동.

404_ 상동의 『아사히신문』 11월 16일 조간.

405_ 상동.

406_ 『아사히신문』 2004년 12월 09일 조간.

407_ 상동.

408_ 상동.

409_ 상동.

410_ 『아사히신문』 2004년 12월 24일 석간.

411_ 『아사히신문』 2004년 12월 25일 조간.

412_ "President Sworn-In to Second Term," January 20, 2005. http://georgewbush-whitehouse.archives.gov/news/releases/2005/01/20050120-1.html.

413_ 『아사히신문』 2005년 01월 19일 조간, 구라타 히데야(2003) 전게논문, p.46.

414_ PSI란 미국이 2003년 5월 31일에 대량살상무기 및 탄도미사일의 각국으로 확산을 방지하기 위해 동맹 각국의 제휴의 하나로서 제창한 것이다.

415_ Office of the Press Secretary, "President Delivers State of the Union Address, " February 2, 2005. http://georgewbush-whitehouse.archives.gov/news/releases/2005/02/20050202-11.html.

416_ 조선외무성 대변인, 「2기 부시행정부의 대조선 적대시정책에 대처한 입장천명-6자회담 참가를 무기한 중단」, 『조선중앙통신』 2005년 2월 10일. 조선외무성은 「첫째, 우리는 6자회담을 원했지만 회담 참가명분이 마련되고 회담결과를 기대할 수 있는 충분한 조건과 분위기가 조성되었다고 인정될 때까지 불가피하게 6자회담 참가를 무기한 중단할 것이다…(중략)…부시행정부가 이번에 적대시정책을 초과하여 회담상대방을 『폭정의 전초기지』로 낙인하면서 우리를 전면부정한 조건에서 6자회담에 다시 나갈 그 어떤 명분도 없다…(중략)…둘째, 선의에는 선의로, 힘에는 힘으로 대응하는 것이 선군정치를 따르고 있는 우리의 기질이다. 우리는 이미 부시행정부의 증대되는 대조선 고립압살정책에 맞서 핵무기전파방지조약에서 단호히 탈퇴하였고 자위를 위해 핵무기를 만들었다. 우리의 핵무기는 어디까지나 자위적 핵억제력으로 남아 있을 것이다」라며 담화를 발표했다. 상동.

417_ 히라이와 슌지平岩俊司, 「제2장 중국·러시아의 대북정책(第2章 中国·ロシアの対北朝鮮政策)」, 『한반도를 둘러싼 향후 국제관계의 전망(朝鮮半島をめぐる今後の国際関係の展望)』, 2005년도 재무성 위촉연구회, pp.8-9.

418_ Pritchard, op.cit., pp.111-112.

419_ 『아사히신문』 2005년 06월 18일 조간.

420_ Pritchard, op.cit., p.108.

프리처드는 이 「중대한 제안」과 관련해서 「북한이 (6자)회담에 복귀하도록 유도한 또 다른 것은 한국이 잠재적인 북한 핵해결의 일환(as part of a potential nuclear settlement)으로 200만kw의 전력을 공급하겠다고 결정한 것이다」라고 말했다. 상동.

『마이니치신문』 2005년 07월 13일 도쿄 조간.

사실, 한국정부의 정 통일부장관은 2005년 7월 12일, 핵문제의 일괄 해결을 위해 북한에 대해 전력 200만kw의 직접 지원이라는 「중대한 제안」을 발표했다.

421_ 상동의 『아사히신문』 06월 18일 조간.

422_ 『아사히신문』 2005년 06월 23일 조간.

423_ Pritchard, op.cit., pp.108.

424_ 『아사히신문』 2005년 07월 27일 석간.

이 양국간 협의에서 미국대표인 힐 국무차관보가 북한대표인 김계관 외무차관에 대해 일본과의 양국간 협의에 응하도록 설득했던 것으로 알려졌다. 북한은 일본이 납치문제 해결에 대해 개별 협의를 요구하고 있는 것에 대해, 아직 수용할 자세는 보이지 않았지만, 김 차관은 힐 차관보에게 "조언에 감사한다"라고 답했지만, 실제로 일본과의 회의에 응할지는 즉답을 피했다. 이 관계자는 "김 차관의 대답은 긍정적이였다는 것이 미국측의 해석이다"라며 "빠르면 27일에도 북일 양국간 협의가 실현되는 것은 아닌지"라고 말했다. 상동.

425_ 『아사히신문』 2005년 08월 03일 석간.

426_ 『아사히신문』 2005년 08월 05일 조간.

427_ 『아사히신문』 2005년 08월 08일 석간.

428_ 『아사히신문』 2005년 09월 14일 조간.

429_ 『아사히신문』 2005년 09월 17일 조간.

러시아대표 알렉세이에프 외무차관이 『인테르팍스(Interfax) 통신』 등에 말한 것에 의하면, 제5차 안은 북한에 「모든 핵계획 포기」를 요구하는 한편 NPT로의 복귀를 조건으로 「평화적 핵이용 권리」를 처음으로 용인했다. 또한 「장래의 적당한 시기의 경수로건설 가능성」도 언급했다. 휴회전에 중국이 제시한 제4차 안과 비교하면 경수로를 언급한 점이 최대 특징으로 북한의 유연한 대응을 이끌어 내자는 뜻이었다. 이 초안에 대한 쟁점은 북미를 포함한 각국이 이 방안을 수용할지 여부였다. 미국대표 힐 국무부차관보는 북한에 모든 핵계획 포기를 요구한 제4차 안을 지지해, 큰폭의 수정을 요구한 북한을 비판해왔다. 대표단 중에서는 「경수로를 담은 문서는 받아들일 수 없다」라는 의견도 있었다. 다만, 제5차안을 거부해 협의가 결렬되면 미국 내에서의 부시행정부 비판을 초래하게 될 수도 있어 어떻게 대응할지가 미묘한 상태이다. 미 차석대표인 디트라니 6자회담담당대사는 16일 밤, 기자단에게 "북한측이 문서안을 받아들이길 바란다"고 말해, 긍정적으로 검토할 자세를 사사했다. 상동.

430_『아사히신문』 2005년 09월 19일 조간.

431_『아사히신문』 2005년 09월 20일 조간.

432_『아사히신문』 2005년 08월 08일 석간.

433_『아사히신문』 2005년 09월 15일 조간.

434_ 상동.

435_『아사히신문』 2005년 10월 17일 조간.

436_ 상동.

437_『아사히신문』 2005년 10월 22일 석간.

438_『아사히신문』 2005년 11월 09일 석간.

439_ 조선외무성 대변인, 「경수로제공 즉시 NPT복귀」, 『조선중앙통신』 2005년 09월 20일.

조선외무성은 「우리는 이번 공동성명에 천명된 대로 미국과 우리에게 신뢰 조성의 기초가 되는 경수로 제공 없이는 우리가 이미 보유하고 있는 핵억제력을 포기하는 문제에 대해 꿈도 꾸지 말라는 것이 지심깊이 뿌리박힌 천연바위처럼 굳어진 우리의 정정당당하고 일관한 입장이다」라는 담화를 발표했다. 상동.

440_『아사히신문』 2005년 09월 20일 석간.

441_『아사히신문』 2005년 11월 10일 조간.

442_『아사히신문』 2005년 11월 09일 석간.

443_『아사히신문』 2005년 11월 12일 조간.

444_ 상동.

445_『아사히신문』 2005년 12월 03일 조간.

446_ 조선외무성 대변인 「미국측 금융제재회담 회피 비난」, 『조선중앙통신』 2005년 12월 02일, 『노동신문』 2005년 12월 03일.

동 대변인은 「미국은 『화폐위조』와 『마약밀매』 등이라고 말하면서 신성한 우리공화국에 『불법국가』라는 꼬리표를 붙이고 6자회담 도중에도 금융제재를 가하는 등 고립과 압박을 증가시키고 있다…(중략)…만약 미국이 마침내 6자가 합의한 공동성명을 뒤집으며 계속 제재와 압박을 한다면, 우리도 그에 대응해 모든 자위적 조치를 취할 것이다. 우리에 대한 미국의 압박 공세는 공동성명의 정신에 위반될 뿐만 아니라 우리가 한 공약도 이행하지 못하게 하고 있다…(중략)…이에 따라 북미 쌍방은 6자회담 단장급으로 회담을 열어 금융제재문제를 토의 해결하는 것에 합의했던 것이다. 그러나 미국측은 자신의 약속을 다시 뒤집어 회담 자체를 회피해 신의 없는 행동을 하고 있다. 그들은 합의한 대로 문제 해결을 위한 회담이 아닌, 재무부와 비밀경찰국의 실무자들을 내세워 미국법에 대한 설명을 한다고 말했다. 미국측이 6자회담 진전을 진실로 원한다면 5자가 앞에서 약속한 대로 자신이 해야할 일을 해야한다」라고 기자에게 말했다. 상동.

447_ 제1회 북일 정부간협의는 외무성 「북일 정부간협의의 개요」 2005년 11월 7일 (http://www.mofa.go.jp/mofaj/area/n_korea/abd/seifukan_0511.html), 『아사히신문』 2005년 11월 07일 조간, 2005년 11월 13일 조간, 『아사히신문』 2005년 11월 15일 조간을 참조해 재정리했다.

448_ 『아사히신문』 2004년 12월 24일 석간, 『아사히신문』 2004년 12월 25일 조간. 일본정부는 24일 11월 제3회 납치문제 북일 실무자협의에서 북한이 제공한 안부불명의 납치피해자 10명에 관한 물증과 증언을 정밀 조사한 결과, 북한이 주장해 온 「8명 사망, 2명 미입국」을 입증하는 것은 아니다 라고 판단했다. 이에 대해 일본은 북한에 25일 재조사와 의문점에 대한 회답을 요구했다. 상동의 『아사히신문』 12월 25일 조간.

449_ 상동의 외무성 「북일 정부간협의의 개요」.

450_ 상동.

451_ 상동.

452_ 상동.

453_ 외무성, 「북일회담 관련 외무장관 기자회견」, 2005년 12월 20일, http://www.mofa.go.jp/mofaj/press/kaiken/gaisho/g_0512.html#4-I.

454_ 상동의 『아사히신문』 11월 07일 조간.

455_ 『아사히신문』 2005년 11월 13일 조간.

456_ 『아사히신문』 2005년 12월 15일 조간.

457_ 제2회 북일 정부간협의는 외무성 「북일 정부간협의(12월 24~25일, 장소: 베이징)의 개요」, 2005년 12월 26일 (http://www.mofa.go.jp/mofaj/area/n_korea/abd/seifukan_0512.html),

『아사히신문』 2005년 12월 25일 조간, 『아사히신문』 2005년 12월 26일 조간, 『아사히신문』 2005년 12월 26일 석간, 『아사히신문』 2005년 12월 27일 조간을 참조해서 재정리했다.

458_ 상동의 『아사히신문』 12월 25일 조간.

459_ 상동

460_ 상동

461_ 상동

462_ 상동의 『아사히신문』 12월 26일 조간.

463_ 상동의 외무성 「북일 정부간협의(12월 24~25일, 장소: 베이징)의 개요」.

464_ 상동

465_ 외무성 「북일회담관련 외무장관 기자회견」, 2005년 12월 22일. http://www.mofa.go.jp/mofaj/press/kaiken/gaisho/g_0512.html#5-B. 아소 다로麻生太郎 외무장관은 이 기자회견에서 「사전의 북한측과의 협의에서는 그 3가지의 협의를 설치하는 것 자체에 대해 수용하겠다는 생각은 상대편에서 나타내고 있는 것 아닌가」라는 질문에 대해 「수용하는 것을 조건으로 이쪽은 제안하고 있으므로 저쪽에서 개최한다는 것은 상식적으로는 그 3가지의 부회를 만들겠다는 것처럼 생각하는 것이 상식이라고 생각하는데요」라고 답했다. 상동.

466_ 상동의 『아사히신문』 12월 26일 조간.

467_ 상동의 외무성 「북일 정부간협의(12월 24~25일, 장소; 베이징)의 개요」.

468_ 상동.

469_ 상동.

470_ 상동의 『아사히신문』 12월 26일 조간.

471_ 상동의 『아사히신문』 12월 27일 조간.

472_ 상동.

473_ 외무성 「6자회담 · 북일관계 관련 기자회견」, 2005년 11월 8일. http://www.mofa.go.jp/mofaj/press/kaiken/gaisho/g_0511.html#3-C

474_ 외무성 「북일회담 관련 외무장관 기자회견」, 2005년 12월 13일. http://www.mofa.go.jp/mofaj/press/kaiken/gaisho/g_0512.html#2-D

475_ 상동.

476_ 『아사히신문』 2005년 11월 18일 석간. 유럽연합(EU)을 중심으로 미일 등이 제안한 북한의 인권상황을 비난하

는 유엔총회 결의안이 11월 17일, 총회 제3위원회(인권)에서 찬성84, 반대22, 기권62로 채택되었다. 결의안은 「강제적 실종이라는 형태의 외국인 납치문제」라는 표현으로 일본인 납치문제에도 언급했다. 상동.

477_ 『아사히신문』 2005년 12월 17일 석간.

478_ 상동.

479_ 외무성 「북일회담 관련 외무장관 기자회견」, 2005년 12월 16일. http://www.mofa.go.jp/mofaj/press/kaiken/gaisho/g_0512.html#3-C

480_ 사이키 아키타카斎木昭隆는 2006년 2월 23일자로 미국 특명 전권 공사로 발령났다.

481_ 제1회 북일 포괄병행협의는 외무성 「제1회 북일 포괄병행협의(개요)」 2006년 2월(http://www.mofa.go.jp/mofaj/area/n_korea/abd/hokatsu.html), 『아사히신문』 2006년 02월 05일 조간, 『아사히신문』 2006년 02월 06일 조간, 『마이니치신문』 2006년 02월 06일 도쿄 조간, 『아사히신문』 2006년 02월 06일 석간, 『아사히신문』 2006년 02월 07일 조간, 『아사히신문』 2006년 02월 07일 석간, 『아사히신문』 2006년 02월 08일 조간, 『마이니치신문』 2006년 02월 08일 도쿄 조간, 『아사히신문』 2006년 02월 08일 석간, 『아사히신문』 2006년 02월 15일 조간, 『아사히신문』 2006년 02월 15일 석간, 『아사히신문』 2006년 02월 16일 조간을 참조로 재정리했다.

482_ 상동의 『아사히신문』 02월 05일 조간.

483_ 상동.

484_ 상동의 『아사히신문』 02월 06일 조간.

485_ 상동

486_ 상동.

487_ 상동.

488_ 상동의 『아사히신문』 02월 06일 석간.

489_ 상동.

490_ 상동의 『아사히신문』 02월 07일 조간.

491_ 「조일 정부간회담, 과거청산 등 3가지 현안 논의」, 『조선신보』 2006년 02월 10일.

492_ 이와 같은 『아사히신문』 02월 07일 석간.

493_ 상동의 『아사히신문』 02월 08일 조간.

494_ 「조일 정부간회담 진행」, 『노동신문』 2006년 02월 10일; 『조선중앙통신』 2006년 02월 09일.

495_ 상동.

496_ 상동.

497_ 상동.

498_ 상동의 『아사히신문』 02월 08일 석간.

499_ 상동의 『아사히신문』 02월 08일 석간.

500_ 상동.

501_ 상동의 『아사히신문』 02월 09일 조간.

502_ 상동의 『노동신문』 02월 10일, 『조선중앙통신』 02월 09일.

503_ 상동.

504_ 상동의 『아사히신문』 02월 15일 조간.

제6장 6자회담국면과 일본의 교섭패턴

1_ 『아사히신문』 2006년 03월 08일 석간.

2_ 『아사히신문』 2006년 03월 09일 조간.

3_ 『아사히신문』 2006년 03월 11일 석간.

4_ Pritchard, op.cit., pp.136-137.

5_ Ibid.

6_ Ibid.

7_ 『아사히신문』 2006년 04월 12일 조간.

8_ 상동.

9_ 상동.

10_ 상동.

11_ Pritchard, op.cit., p.138.

12_ 『아사히신문』 2006년 04월 12일 조간.

13_ 『아사히신문』 2006년 04월 13일 석간.

14_ 『아사히신문』 2006년 04월 21일 석간.

15_ Pritchard, op.cit., p.160.

동 책에서 프리처드는 "내가 가지고 있던 정보에 의하면 김정일 위원장은 중국의 억지식 전술에 화를 내어 10월에 핵실험을 감행했다"라고 주장했다

16_ Ibid, p.162.

17_ Office of the Press Secretary, 「Statement on North Korea Missile Launches,」 July 4, 2006.
http://georgewbush-whitehouse.archives.gov/news/releases/2006/07/20060704-2.html.

18_ Office of the Press Secretary,「President Bush Welcomes President Saaka shvili of Georgia to the White House,」 July 5, 2006. http://georgewbush-whitehouse.archives.gov/news/releases/2006/07/20060705-4.html.

19_ 『아사히신문』 2006년 07월 05일 석간.
동 신문에 따르면 정부가 5일 안전보장회의에서 결정한 대응 조치(골자)는 다음과 같다.
【대북 조치】
(1) 북한측에 엄중 항의. 미사일의 개발중지, 폐기, 수출정지와 6자회담에 조기 무조건 복귀를 요구, (2) 만경봉호 입항금지, (3) 북한당국 직원의 입국은 원칙적으로 인정하지 않는다. 북한으로부터의 입국에 대해서도 심사를 더욱 엄격화, (4) 재일 북한당국 직원에 의한 북한을 여행지로 한 재입국은 원칙적으로 인정하지 않는다, (5) 일본의 국가공무원의 도항을 원칙적으로 보류한다. 일본에서 북한으로의 여행 자제를 요청, (6) 일본과 북한 간의 항공 전세기편 출입을 인정하지 않는다, (7) 북한에 관한 미사일, 핵무기 등의 비확산을 위한 수출관리조치를 엄격히 한다, (8) 북한의 불법행위에 엄격한 법 집행을 계속 실시, (9) 북한의 향후 동향을 보면서 추가 조치를 검토한다, 등이다.
【국제사회에서의 연계】
(1) 미일의 모든 차원에서 긴밀한 연계를 취한다, (2) 유엔 안전보장이사회 등에서 대처하도록 필요한 압박을 실시, (3) 6자회담 관계국, G8정상회의 등의 기회를 통해 정보를 교환한다 등이다. 상동.

20_ 『아사히신문』 2006년 07월 08일 조간.

21_ 상동.

22_ 상동.

23_ 『요미우리신문』 2006년 07월 07일 석간.

24_ 상동의 『아사히신문』 07월 06일 석간.

25_ 『아사히신문』 2006년 07월 08일 석간.

26_ 『아사히신문』 2006년 07월 11일 조간.

27_ 상동.

28_ 『아사히신문』 2006년 07월 11일 석간.

29_ 『아사히신문』 2006년 07월 15일 석간.

30_ 『아사히신문』 2006년 07월 17일 조간, Security Council Condemns Democratic People's Republic of Korea's Missile Launches, Unanimously Adopting Resolution 1695,「Demands Suspension of All Related Ballistic Missile Activity; Urges Country to Return Immediately to Six-Party Talks Without Precondition,」 July 15, 2006.
http://www.un.org/News/Press/docs/2006/sc8778.doc.htm.

31_ 상동의 『아사히신문』 07월 17일 조간.

32_ 『아사히신문』 2006년 07월 18일 조간.
15일 러시아에서 열린 주요국 정상회의(G8정상회담)는 17일 오후(일본시간 같은날 밤), 러시아의 푸틴 대통령이 의장총괄을 발표하며 폐막했다. 총괄은 북한의 미사일 발사에 「깊은 우려」를 나타내면서 핵개발 포기와 납치문제의 조기 해결을 촉구했다. 의장총괄의 골자는 북한; 미사일 발사에 대한 유엔 안전보장이사회의 비난 결의를 지지. 신속하게 조건없이 6자회담에 복귀해 납치문제의 조속한 해결 등에 대응을, 이란; 포괄 제시안을 지지해 이란의 전향적 대응을 요망, 중동; 레바논과 가자에서의 위기적 상황의 해결과 지속적 평화에 공헌, 에너지; 세계 에너지 안전보장 강화, 경제 · 무역; 세계의 성장은 계속 꾸준하다. 도하라운드의 연내합의에 필요한 지도력과 행동을 요구한다 등이었다. 상동.

33_ 조선외무성, 「유엔 안보리 『결의』를 전면배격」, 『조선중앙통신』 2006년 07월 16일.
동 성명은 「한반도에 생긴 중대한 사태에 대처해 조선민주주의인민공화국 외무성은 위임에 따라 다음과 같이 천명한다.
첫째, 우리공화국은 미국의 대조선 적대시정책의 산물인 유엔 안보리 『결의』를 강력히 규탄하고 전면 배격하며, 이에 조금도 구애되지 않을 것이다.
둘째, 우리공화국은 미국의 극단적 적대행위로 인해 최악의 정세가 도래하고 있는 상황에서 모든 수단과 방법을 다해 자위적 전쟁억제력을 백방으로 강화해 나갈 것이다.
우리는 필승의 보검인 선군정치를 받들고 우리인민이 선택한 사상과 제도를 우리 식대로 굳건히 지켜나갈 것」이라며 안보리 결의를 비난했다. 상동.

34_ 상동의 『아사히신문』 07월 17일 조간.

35_ 『아사히신문』 2006년 08월 29일 석간.

36_ 『아사히신문』 2006년 08월 31일 석간.

37_ 『아사히신문』 2006년 09월 15일 석간.

38_ 조선외무성 대변인, 「자위적 전쟁억제력 새 조치, 앞으로 핵실험을 하게 된다」, 『조선중앙통신』 2006년 10월 03일.

동 성명은 「조선민주주의인민공화국 외무성은 위임에 따라 자위적 전쟁억제력을 강화하는 새로운 조치를 취하게 되는 것과 관련하여 다음과 같이 엄숙하고 천명한다.

첫째, 조선민주주의인민공화국 과학연구 부문에서는 앞으로 안전성이 철저히 담보된 핵시험을 하게 된다…(중략)…미국의 극단적인 핵전쟁 위협과 제재 압력 책동은 우리로 하여금 상응한 방어적 대응 조치로서 핵억제력 확보의 필수적인 공정상 요구인 핵실험을 진행하지 않을 수 없게 만들었다.

둘째, 조선민주주의인민공화국은 절대로 핵무기를 먼저 사용하지 않을 것이며 핵무기를 통한 위협과 핵이전을 철저히 불허할 것이다…(중략)…우리의 핵무기는 철두철미 미국의 침략위협에 맞서 우리국가 최고이익과 우리민족의 안전을 지키며 조선반도에서 새 전쟁을 막고 평화와 안정을 수호하는 믿음직한 전쟁억제력으로 될 것이다.

셋째, 조선민주주의인민공화국은 조선반도의 비핵화를 실현하고 세계적인 핵군축과 종국적인 핵무기 철폐를 추동하기 위하여 백방으로 노력할 것이다…(중략)…대화와 협상을 통하여 조선반도의 비핵화를 실현하려는 우리의 원칙적 입장에 변함이 없다.

우리는 온갖 도전과 난관을 과감하게 뚫고 우리 식대로 조선반도 비핵화를 반드시 실현하기 위하여 적극 노력할 것이다」라고 발표했다. 상동.

39_ 『아사히신문』 2006년 10월 04일 조간.

40_ 『아사히신문』 2006년 10월 04일 석간.

41_ 상동.

42_ 『아사히신문』 2006년 10월 05일 석간.

43_ 상동의 10월 04일 석간.

44_ Security Council of United Nations, 「Statement by the President of the Security Council」, October 6, 2006. http://daccess-dds-ny.un.org/doc/UNDOC/GEN/N06/557/05/PDF/N0655705.pdf?OpenElement.

45_ 『아사히신문』 2006년 10월 07일 석간.
의장성명의 골자는 (1) 북한의 핵실험 성명에 심각한 우려, (2) 북한의 핵확산금지조약 탈퇴는 유감, (3) 실험중지와 7월의 대북결의 준수를 요구, (4) 6자회담 조기 재개를 요청, (5) 북한의 6자회담에 즉각 무조건 복귀, 모든 핵무기와 핵계획의 포기를 요구, (6) 핵실험을 실시하면 안보리는 유엔헌장에 따라 행동한다는 것이었다. 상동.

46_ 「지하 핵실험 성공」, 『조선중앙통신』 2006년 10월 09일.
동 통신은 「온나라 전체인민이 사회주의 강성대국 건설에서 일대 비약을 창조해가는 벅찬 시기에 우리 과학연구 부문에서는 10월 9일 지하 핵실험을 안전하게 성공적으로 진행하였다. 과학적 타산과 면밀한 계산에 의하여 진행된 이번 핵실험은 방사능 유출과 같은 위험은 전혀 없었다는 것이 확인됐다. 핵실험은 100% 우리 지혜와 기술에 의거하여 진행된 것으로서, 강위력한 자위적 국방력을 갈망해 온 우리 군대와 인민에게 커다란 고무와 기쁨을 안겨준 역사적 사변이다. 핵실험은 조선반도와 주변지역의 평화와 안정을 수호하는 데 이바지하게 될 것이다」라고, 핵실험 성공을 발표했다. 상동.

47_ 『아사히신문』 2006년 10월 10일 석간.

48_ 상동.

49_ 『아사히신문』 2006년 10월 11일 조간.

50_ 『아사히신문』 2006년 10월 12일 조간.

51_ 『아사히신문』 2006년 10월 13일 조간.

52_ 『아사히신문』 2006년 10월 14일 석간.

53_ Security Council Condemns Nuclear Test by Democratic People's Republic of Korea, Unanimously Adopting Resolution 1718, 「Action Prevents Provision of Nuclear Technology, Large-Scale Weapons, Luxury Goods to Country; Permits Inspection of Cargo to Ensure Compliance,」 October 14, 2006.
http://www.un.org/News/Press/docs/2006/sc8853.doc.htm.

54_ 『아사히신문』 2006년 10월 16일 조간.

55_ 유엔헌장 7장은 「평화에 대한 위협, 평화의 파괴 및 침략 행위에 관한 행동」을 정해, 제41조에서는 「안전보장이사회는 그 결정을 실시하기 위해 병력 사용을 수반하지 않는 어떠한 조치를 사용해야 하는지 결정할 수 있고 또한, 이 조치를 적용하도록 유엔 회원국에 요청할 수 있다. 이 조치는 경제관계 및 철도, 항해, 항공, 우편, 전신, 무선통신 기타 운수통신

의 수단 전부 또는 일부의 중단 및 외교관계 단절을 포함할 수 있다」로 제42조의 군사행동을 취하기 전의 조치라고 할 수 있다.

56_ 『아사히신문』 2006년 10월 16일 조간.

57_ 『아사히신문』 2006년 10월 13일 석간.

58_ 『아사히신문』 2006년 10월 20일 조간.

59_ 상동.

60_ 「김정일 총비서, 중국 후진타오 주석의 특별대표를 접견」, 『조선중앙통신』 2006년 10월 19일.

61_ 『아사히신문』 2006년 11월 20일 조간.

62_ 『아사히신문』 2006년 10월 20일 석간.

63_ 『아사히신문』 2006년 10월 25일 조간.

64_ 『아사히신문』 2006년 11월 01일 조간.

65_ 『아사히신문』 2006년 11월 09일 조간.

66_ 『아사히신문』 2006년 12월 12일 조간.

67_ 『아사히신문』 2006년 12월 19일 조간.

68_ 상동.

69_ 『아사히신문』 2006년 12월 20일 조간.

70_ 『아사히신문』 2006년 12월 22일 조간.

71_ Daily Press Briefing by Tom Casey, Deputy Spokesman, 「Readout of Assistant Secretary Hill's Meeting in Berlin,」 January 16, 2007. http://2001-2009.state.gov/r/pa/prs/dpb/2007/jan/78707.htm, 『아사히신문』 2007년 01월 17일 조간, 『연합 뉴스』 2007년 1월 18일.

72_ 『아사히신문』 2007년 01월 20일 조간.

73_ 『아사히신문』 2007년 02월 09일 조간.

74_ 『아사히신문』 2007년 02월 12일 조간.

75_ 조선외무성 대변인, 「조미회담 결과에 대해 언급」, 『조선중앙통신』 2007년 01월 19일. 조선외무성은 베를린에서 열린 6자회담 북미 수석대표회담에 대해 「긍정적 분위기 속에서 16일부터 18일까지 진지하게 진행되었고 일정한 합의가 이룩되었다」고 평가했다. 「일정한 합의」의 내용에 대해서는 언급하지 않았다. 상동.

76_ 상동의 『아사히신문』 01월 20일 조간.

77_ 『아사히신문』 2007년 01월 30일 석간.

78_ 『아사히신문』 2007년 02월 01일 조간.

79_ 『아사히신문』 2007년 01월 31일 조간.

80_ 당시 아베 신조安倍晋三 총리는 제90대 내각총리대신으로 2006년 9월 26일부터 2007년 8월27일, 2007년 8월 27일부터 9월 26일까지 내각수반을 지냈다.

81_ 『아사히신문』 2006년 09월 27일 조간.

82_ 『아사히신문』 2006년 09월 30일 조간.

83_ 『아사히신문』 2006년 10월 05일 석간.

84_ 『아사히신문』 2006년 10월 12일 조간.

85_ 『아사히신문』 2006년 10월 13일 석간.

86_ 『아사히신문』 2006년 10월 12일 석간.

87_ 『아사히신문』 2006년 10월 16일 조간.

88_ 상동.

89_ 『아사히신문』 2006년 10월 17일 조간.

90_ 「과거청산은 절대로 회피할 수 없다」, 『노동신문』 2006년 10월 16일.

91_ 『아사히신문』 2006년 10월 18일 조간.

92_ 『아사히신문』 2006년 11월 02일 조간.

93_ 『아사히신문』 2006년 11월 19일 조간.

94_ 『아사히신문』 2006년 12월 10일 조간.

95_ 『아사히신문』 2006년 12월 15일 조간.

96_ 『아사히신문』 2006년 12월 21일 조간.

97_ 『아사히신문』 2007년 01월 10일 조간.

98_ 『아사히신문』 2007년 02월 06일 조간.

99_ 『아사히신문』 2007년 02월 09일 석간.

100_ 『아사히신문』 2007년 03월 04일 조간.

동 신문에 의하면, 고노 관방장관 담화라는 것은 「한국인 종군위안부들이 1991년 말에 일본정부에 보상을 요구해 제소한 것을 받아, 미야자와 내각이 사실관계 확인차 조사를 개시했다. 그 결과를 토대로 93년 8월에 고노 요헤이 관방장관(현 중의원 의장)이 담화를 발표한 것」을 말한다. 또한, 담화에서 위안소의 설치와 관리 및 위안부 이송에 대한 군의 관여를 인정하고 종군위안부에 대한 「사죄와 반성의 마음」을 표명했다. 위안부에 대한 「강제성」에 대해서는 「위안소에서의 생활은 강제적 상황하에서의 참혹한 것 이었다」라고 표현하고 있다. 상동.

101_ 상동의 『아사히신문』 03월 04일 조간, 『아사히신문』 2007년 03월 06일 조간.

102_ 『아사히신문』 2007년 03월 05일 석간.

103_ 제5회 3단계 6자회담은 『아사히신문』 2007년 02월 09일 조간, 『마이니치신문』 2007년 02월 09일 조간, 『요미우리신문』 2007년 02월 09일 조간, 『아사히신문』 2007년 02월 09일 석간, 『아사히신문』 2007년 02월 10일 조간, 『요미우리신문』 2007년 2월 11일 조간, 『아사히신문』 2007년 02월 11일 조간, 『아사히신문』 2007년 02월 12일 조간, 『요미우리신문』 2007년 2월 12일 석간, 『아사히신문』 2007년 02월 13일 석간, 『아사히신문』 2007년 02월 14일 조간을 참조했다.

104_ 상동의 『아사히신문』 02월 09일 조간.

105_ 상동.

106_ 상동의 『아사히신문』 02월 09일 석간.
동 신문에 따르면 6자회담에서 의장국인 중국은 9일 새벽까지 합의문 초안을 참가국에게 제시했다. 초안의 주요내용은 「1. 북한은 2개월 이내에 영변의 핵관련 시설의 가동을 정지, 1. 북한은 정지에 대한 IAEA에 의한 검증 · 감시를 수용, 1. 북한에 경제 · 에너지 지원, 1. 2005년 9월 6자회담 공동성명에 포함되는 요소마다 작업부회를 설치한다」라는 것이다. 상동.

107_ 상동의 『아사히신문』 02월 10일 조간.

108_ 상동의 『아사히신문』 02월 11일 조간.

109_ 상동의 『아사히신문』 02월 10일 조간.

110_ 상동.

111_ 『아사히신문』 2007년 02월 10일 조간.

112_ 상동의 『아사히신문』 02월 11일 조간.

113_ 상동의 『아사히신문』 02월 12일 조간.

114_ 상동.

115_ 『조선신보(전자판) 2007년 2월 11일, 상동의 『아사히신문』 02월 12일 조간에서 재인용.

116_ 상동의 『요미우리신문』 2월 12일 석간

동 신문에 따르면 「러시아의 인타르팍스 통신은 북한이 이날 협의에서 에너지지원 요구를 더 끌어 올리려는 한편, 다른 5개국이 이를 받아들이면 핵시설의 『해체』에 응한다는 새로운 제안을 했다고 전했다. 사실이라면, 핵시설의 『해체』를 굳이 들고 나옴으로써, 에너지지원 요구의 정당성을 주장하면서 합의에 실패했을 경우의 책임을 회피하려는 의도로 보인다. 이 통신에 따르면 북한은 핵시설을 『동결』 할 경우는 연간 50만 톤의 중유와 동 200만kw의 전력, 『해체』 할 경우 동 200만 톤의 중유와 동 225만kw의 전력을 요구했다」라고 한다. 또한 「중국이 당초 제시한 합의문 초안에서는 북한은 『초기단계 조치』로 영변의 5000kw 원자로 등 핵시설의 가동 정지 · 봉인, IAEA의 감시 등을 받아들이는 것으로 되어 있었다」라고 한다. 상동.

117_ 상동의 『아사히신문』 02월 14일 조간.

118_ 상동.

119_ 상동의 『아사히신문』 02월 13일 석간.

120_ 상동.

121_ 「Initial Actions for the Implementation of the Joint Statement,」 Ministry of Foreign Affairs, the People's Republic of China, February 13th, 2007 (http://www.mofa.go.jp/region/asia-paci/n_korea/6party/action0702.html), 외무성 「공동성명 실시를 위한 초기단계의 초기」, 2007년 2월 13일 (http://www.mofa.go.jp/mofaj/area/n_korea/6kaigo/6kaigo5_3ks.html), 『아사히신문』 2007년 02월 14일 조간.

122_ 외무성, 「제5회 6자회합 제3세션의 개요」, 2007년 2월.
http://www.mofa.go.jp/mofaj/area/n_korea/6kaigo/6kaigo5_3g.html.

123_ 상동의 『아사히신문』 02월 14일 조간.

124_ 상동.

125_ 상동.

126_ 상동.

127_ 「3단계 5차 6자회담 진행」, 『조선중앙통신』 2007년 02월 13일.
동 통신은 「회담에서 각측은 조선의 핵시설 가동 임시 중지와 관련하여 중유 100만 톤에 상당한 경제, 에너지지원을 제공하기로 하였다. 또한 조선과 미국은 현안문제를 해결하고 완전한 외교관계로 나아가기 위한 쌍무회담을 시작하기로 하였다」라고 간단히 보도했다. 상동.

128_ 상동의 『아사히신문』 02월 14일 조간.

129_ 『아사히신문』 2007년 02월 14일 석간.

130_ 상동.

131_ 『아사히신문』 2007년 02월 13일 석간.

132_ 『아사히신문』 2007년 02월 15일 조간.

133_ 상동.

134_ 『아사히신문』 2007년 02월 19일 조간.

135_ 조선외무성 대변인, 「일본당국의 총련 탄압을 수수방관하지 않을 것이다」, 『조선중앙통신』 2007년 02월 19일.

136_ 『아사히신문』 2007년 02월 22일 조간.

137_ 『아사히신문』 2007년 02월 26일 조간.

138_ 『아사히신문』 2007년 03월 01일 석간.

139_ 『아사히신문』 2007년 03월 06일 석간.

140_ 제1회 북일 국교정상화 작업부회는 『아사히신문』 2007년 03월 08일 조간, 『아사히신문』 2007년 03월 09일 조간, 외무성 「제1회 북일 국교정상화 작업부회의 개요」 2007년 3월 08일
http://www.mofa.go.jp/mofaj/area/n_korea/seijyoka.html
『마이니치신문』 2007년 03월 07일 도쿄 석간, 『마이니치신문』 2007년 03월 08일 도쿄 석간, 『마이니치 신문』 2007년 03월 09일 도쿄 조간 등을 참조해서 재조사했다.

141_ 상동의 『아사히신문』 03월 08일 조간.

142_ 상동의 『마이니치신문』 03월 07일 도쿄 석간.

143_ 상동의 『아사히신문』 03월 08일 조간.

144_ 상동.

145_ 『신문 아카하타(赤旗)』 2007년 03월 09일,
http://www.jcp.or.jp/akahata/aik07/2007-03-09/2007030902_02_0.html.

146_ 상동의 『아사히신문』 03월 08일 조간.

147_ 「북일 작업부회, 일본의 억지로 토의 중단」, 『조선신보』 2007년 03월 07일,
http://www.korea-np.co.jp/news/ViewArticle.aspx?ArticleID=25665

148_ 상동.

149_ 상동.

150_ 상동의 『아사히신문』 03월 08일 조간.

151_ 상동의 『마이니치신문』 03월 08일 도쿄 석간.

152_ 상동의 『아사히신문』 03월 09일 조간.

153_ 상동의 『신문 아카하타』 03월 09일.

154_ 상동의 『마이니치신문』 03월 09일 도쿄 조간.

155_ 상동의 외무성, 「제1회 북일 국교정상화 작업부회 개요」.
동 「개요」에 따르면 북일 평양선언에서 제시한 「일괄해결, 경제협력방식」은 「1945년 8월 15일 이전에 생긴 사유에 근거해 양국 및 그 국민의 모든 재산 및 청구권을 상호 포기」하고 이를 통해 이른바 위안부 강제연행 등의 문제를 포함해 식민지지배에 기인하는 금전 지불을 포함한 모든 청구는 법적으로 완전히 그리고 최종적으로 해결됨과 동시에 이와 병행해 일본에서 북한에 대해 경제협력을 실시하는 것을 말한다. 상동.

156_ 상동의 『아사히신문』 03월 09일 조간.

157_ 상동의 『마이니치신문』 03월 09일 도쿄 조간.

158_ 상동의 『아사히신문』 03월 09일 조간.

159_ 『마이니치신문』 2007년 03월 08일 도쿄 조간.

160_ 조선외무성 대변인, 「아베 망언, 『위안부』 범죄 비호는 군국주의 부활을 추구」 『조선중앙 통신』 2007년 03월 08일.
동 대변인은 「아베는 지난 5일 참의원 소위원회라는 데서도 과거 일제의 문제를 범죄시 한 미국 의회 결의안에 대해 『일본정부의 대응이 무시되었다』고 하면서 설사 결의안이 채택되더라도 더 이상 공식사죄하는 일은 없을 것이라고 공공연히 망언하였다. 그러나 군국주의 부활은 결코 아베가 염불처럼 외우는 『아름다운 일본』이 아니라 파멸로 가는 길이다. 역사는 부정한다고 해서 없어지거나 왜곡한다고 해서 달라지는 것이 아니며, 일본군 『위안부』 범죄는 반드시 결산되게 될 것이다」라고 주장했다. 상동.

161_ 상동의 『아사히신문』 03월 08일 조간.

162_ 상동.

163_ 『아사히신문』 2007년 03월 06일 석간.
북미 작업부회를 위해 뉴욕에 온 김 차관을 경호하고 있는 것이, 국무부 외교경호국의 멤버다. 15명이 동원되고 그중 1명은 일부러 베이징에서 동행했다. 북미 관계자는 「이번 방문에서 가장 의미가 있는 것은 김 차관에 대한 대우였다. 이런 후대는 처음이다」라고 했다. 미 정부 고위관리도 「김 차관이 뉴욕에 온 것 자체에 의미가 있다」라고 했다. 상동.

164_ 상동.

165_ 상동의 『아사히신문』 03월 08일 조간.

166_ 조선외무성 대변인, 상동의 『조선중앙통신』 03월 07일.

167_ 「범죄 역사를 가리워 보려는 어리석은 망동－아베 『위안부』 억지 주장」, 『노동신문』 2007년 03월 07일.

168_ 상동의 『아사히신문』 03월 03일 조간.

169_ 『아사히신문』 2007년 03월 15일 석간.

170_ 『아사히신문』 2007년 03월 16일 조간.

171_ 상동.

172_ 『아사히신문』 2007년 03월 20일 조간.

173_ 상동.

174_ 『아사히신문』 2007년 03월 20일 석간.

175_ 『아사히신문』 2007년 03월 21일 조간.

176_ 『아사히신문』 2007년 03월 23일 조간.
BDA에 있는 북한 자금 약 2,500만 달러의 전면 동결해제를 발표한 19일 북미합의에 대해 미 정부 관리는 「마지막은 워싱턴의 판단을 기다려야 했다」며 돌아봤다. 미 재무부는 14일 미국 금융기관에 BDA와의 거래를 금지하는 처분을 발표했으나 이 시점에서는 이런 형태의 타결은 그려지지 않았다. 재무성은 1,000만 달러 안팎의 합법 자금밖에 돌려줄 수 없다는 방침이었다. 하지만 힐은 1월 북미 베를린회담 이후 북한에 「만족할 수 있는 형태로 해결시킨다」는 생각을 전달했다. 관계자에 따르면 라이스 국무장관을 통해 백악관과 재무부에게 전액 해제를 받아들이도록 했다. 상동.

177_ 외무성, 「제6회 6자회담 제1세션」, 2007년 3월, http://www.mofa.go.jp/mofaj/area/n_korea/6kaigo/6kaigo6_g.html.

178_ 「Shinzo Abe's Double Talk; He's passionate about Japanese victims of North Korea－and blind to Japan's own war crimes,」 The Washington Post,24 March 2007; 『아사히신문』 2007년 03월 26일 조간.

179_ 『아사히신문』 2007년 04월 28일 조간.

180_ 『아사히신문』 2007년 05월 12일 조간.

181_ 『아사히신문』 2007년 05월 13일 조간.

182_ 『아사히신문』 2007년 06월 04일 조간.

183_ 『아사히신문』 2007년 06월 20일 조간.

184_ 『아사히신문』 2007년 06월 23일 조간.

185_ 『아사히신문』 2007년 06월 27일 조간.

186_ 『아사히신문』 2007년 06월 27일 조간(종합면).

187_ 『아사히신문』 2007년 06월 12일 조간(정치면).

188_ 『아사히신문』 2007년 06월 14일 조간.

189_ 조선외무성 대변인, 「아베 일당의 총련탄압에 필요한 조치를 취하게 된다」 『조선중앙통신』 2007년 07월 01일.

190_ 「일본 반동들의 반공화국 · 반총련 책동을 준열하게 단죄 규탄한다」 『노동신문』 2007년 07월 06일.
동 신문의 기자가 동 기사에서 인용한 김 총서기의 말은 「재일 조선공민들의 민족적 권리에 대한 침해는 바로 우리공화국의 자주권에 대한 침해입니다. 다른 민족, 다른 나라 공민의 자주적 권리를 억누르고 국제법에 공인된 규범을 짓밟는 이런 침해행위는 용납할 수 없는 것이고 당장 철저히 청산돼야 합니다」이다. 상동.

191_ 『아사히신문』 2007년 07월 19일 조간.

192_ 『아사히신문』 2007년 07월 20일 조간.

193_ 『아사히신문』 2007년0 7월 30일 조간.

194_ 『아사히신문』 2007년 08월 17일 조간.

195_ 『아사히신문』 2007년 04월 28일 조간.
이 부장직은 1990년 가네마루 방북단과 1999년의 무라야마 방북단의 교섭역할을 지낸 고 김용순 서기가 맡았던 중요한 포스트다. 상동.

196_ 상동의 『아사히신문』 08월 17일 조간.

197_ 『마이니치신문』 2007년 08월 19일 도쿄 조간.
동 신문이 인용한 8월 16일 『조선중앙방송』에 따르면 이 수해 상황은 다음과 같다.
○사망 · 행방불명 (13일 『조선중앙통신』), 12일 현재 수백명이 사망 및 실종, ○주택, 14일 현재, 평양시 등에서 4만 6,580여 동(8만 8,400여 가구)의 주택이 완전 또는 부분적으로 파괴되거나 침수. 30만여명의 주민이 피해, ○농업, 14일 현재 전국의 논과 옥수수 밭의 11% 이상이 침수, 매몰 또는 유실, ○공장 · 기업 (16일 『조선중앙통신』), 400여 공장 기업소가 침수, ○전력 공업 발전소, 4만여m의 전선이 진흙에 묻히거나 유실. 복수의 발전소가 침수되거나 수력 구조물이 파괴, ○석탄 · 채굴 공

업, 수십개의 갱도가 침수, 붕괴돼 생산에 막대한 차질, ○철도 운수, 수십곳에서 총 5만 5,000m의 철도 노반이 유실. 50여곳에서 총 1만 4,000㎥의 산사태와 많은 옹벽이 파괴. 3곳의 터널이 침수, ○강 제방, 800여곳에서 총 600km가 끊김 또는 파괴, ○해안 방조제, 10여곳에서 총 19km구간이 끊김 또는 파괴, ○양수장 200여곳이 침수. 상동.

198_ 『아사히신문』 2007년 08월 28일 석간.
외무성은 28일 6자회담 북일 국교정상화를 위한 실무그룹회담을 9월 5, 6일 몽골 울란바토르에서 개최한다고 발표했다. 상동.

199_ 『아사히신문』 2007년 09월 07일 조간.

200_ 『아사히신문』 2007년 09월 05일 조간.

201_ 조선외무성 대변인 「조미, 연내 핵시설 무력화, 테러지원국가 삭제 합의」, 『조선중앙통신 』 2007년 09월 03일.
조선외무성은 「조미 쌍방은 연내에 우리의 현존 핵시설을 무력화하기 위한 실무적 대책을 토의하고 합의하였다. 그에 따라 미국은 테러지원국 명단에서 우리나라를 삭제하고 적성국무역법에 따르는 제재를 전면 해제하는 것과 같은 정치 · 경제적 보상조치를 취하기로 하였다」고 발표했다. 상동.

202_ 상동의 『아사히신문』 09월 07일 조간.

203_ 상동의 『아사히신문』 09월 05일 조간.

204_ 상동의 『아사히신문』 09월 07일 조간.

205_ 『아사히신문』 2007년 09월 06일 조간.
북일 국교정상화 작업부회가 5일 시작된 울란바토르에서, 현지의 몽골정부가 봄 무렵부터 북일 부회의 「유치」에 의욕을 보이고 있었다. 몽골은 북한과 사증없이 왕래하고, 지난해 고이즈미 총리(당시)가 방문하는 등 대일관계도 양호하다. 국제적 위상을 알리는 절호의 기회로 비쳐진 모양이다. 상동.

206_ 『아사히신문』 2007년 03월 30일 석간.
6자회담 북일 국교정상화 작업부회에서 일본정부 대표를 지낸 하라구치 고이치 한반도에너지개발기구(KEDO) 북일 국교정상화교섭 담당대사(66)가 31일 퇴직하고, 후임에 이날 미네 요시키美根慶樹 아프가니스탄 지원조정 · NGO담당대사(63)를 임명하는 것이 30일 각의에서 승인되었다. 상동.

207_ 제2회 북일 작업부회는 『아사히신문』 2007년 09월 06일 조간, 『마이니치신문』 2007년 09월 06 도쿄 조간, 외무성 「제2회 북일 국교정상화를

위한 작업부회」 2007년 9월 6일(http://www.mofa.go.jp/mofaj/area/n_korea/seijyoka2.html)을 참조해서 재정리했다

208_ 상동의 『마이니치신문』 09월 06일 도쿄 조간.

209_ 상동.

210_ 제2회 북일 작업부회 2일째인 9월 6일 협의는 『아사히신문』 2007년 09월 07일 조간, 『마이니치신문』 2007년 09월 07일 도쿄 조간, 『마이니치신문』 2007년 09월07 도쿄 석간을 참조해 재정리했다.

211_ 상동의 『아사히신문』 09월 07일 조간.

212_ 상동의 외무성 「제2회 북일 국교정상화를 위한 작업부회」.

213_ 상동의 『마이니치신문』 09월 06일 도쿄 조간.

214_ 상동의 『아사히신문』 09월 07일 조간.

215_ 상동.

216_ 『조선신보』 2007년 09월 07일.
『조선신보』에 따르면 김철호 부국장은 「서로의 입장을 충분히 표시했다. 과거청산과 관련해서 방법상의 문제가 있지만, 지난 시기보다 전진이 있었다. 평가할 수 있는 점은 과거청산에 성실히 임하는 일본의 자세다」고 말했다. 상동.

217_ 상동의 『아사히신문』 09월 07일 조간.

218_ 상동의 『마이니치신문』 09월 07일 도쿄 조간.

219_ 상동의 『마이니치신문』 09월 07일 도쿄 석간.

220_ 상동의 『아사히신문』 09월 07일 조간.

221_ 「전망이 밝지 못한 아베의 2차내각」, 『민주조선』 2007년 9월 6일.
『민주조선』은 개인 필명의 동 기사에서 「아베는 『생활향상』을 바라는 국민의 의사와 요구를 외면하고 『아름다운 나라 건설』 구상과 『전후체제로부터의 탈피』, 『납치문제 해결』과 같은 것들을 자기 정권의 최고 중요과제로 제기하고 『평화 헌법』 개악, 대조선 적대시정책 같은 것 들에만 매달림으로써, 안으로 민심을 잃고, 밖으로는 주변 나라들과의 관계를 최대로 악화시켰다…(중략)…다른 분석가들도 이번 내각 개조의 여파로 내각에 대한 지지율이 얼마간 상승 추세를 보이고 있지만 그것은 일시적 현상에 지나지 않으며, 앞으로 아베내각 지지율은 계속 하강 추세를 보일 것이라는 것, 앞으로 중의원선거에서 다시 패배를 원치 않는 자민당 내에서 아베의 퇴진 요구가 더 강해질 것이라고 전망하고 있다」라고 분석했다. 상동.

222_ 상동의 『아사히신문』 09월 07일 조간.

223_ 상동의 외무성 「제2회 북일 국교정상화를 위한 작업부회」.

224_ 외무성, 「외무장관 회견기록」, 2007년 09월 06일,
http://www.mofa.go.jp/mofaj/press/kaiken/gaisho/g_0709.html#5.

225_ 상동의 외무성 「제2회 북일 국교정상화를 위한 작업부회」.

226_ 상동의 『마이니치신문』 09월 07일 도쿄 조간.

227_ 상동.

228_ 『조선신보』 2007년 09월 07일.
동 신문은 「납치문제, 확인된 쌍방 입장의 차이, 강경시위보다 논의계속을 우선하는 일본」, 「국교정상화를 향한 재출발, 6자회담의 진전, 동북아시아 정세의 발전과 일본의 궤도 수정」, 「조기 국교정상화를 위한 노력으로 일치, 구체적인 행동계획 협의, 가급적 회의를 자주 개최」 등 다수의 기사를 게재해 이번 작업부회에 대해 일본의 자세 변화를 언급하면서, 김철호 아시아국부국장의 9월 6일 기자회견을 포함해 우호적 진전이라고 평가했다. 상동.

229_ 상동.

230_ 후쿠다 야스오福田康夫 총리는 91대 내각총리대신으로 2007년 9월 26일부터 2008년 8월 2일까지, 2008년 8월 2일부터 2008년 9월 24일까지 내각수반을 지냈다.

231_ 『주간 아사히』 2007년 09월 28일.
북한문제에 깊숙이 관여해 온 자민당의 야마자키 다쿠 전 부총재는 (아베) 총리가 사퇴를 표명한 다음 날인 9월 13일 본지 인터뷰에서 「아베 정권은 납치문제에 얽매인 나머지, 6자회담에 적극적으로 힘써 오지 않았다. 새 정부는 궤도를 수정할 수밖에 없다」라고 단언했다. 상동.
야마자키는 그 2일전 인터뷰에서는 "(북일교섭은) 실무레벨에서 진행되지 않지만, 수면 밑의 정치레벨에서 진행되고 있다. 그것은 아베도 전혀 모르는 바입니다"라며 총리가 대북 외교에서도 「변방」에 놓여있음을 시사했다. 야마자키는 "임시국회 소신표명에서 아베는 납치문제 해결을 『철의 의지로 이룬다』라고 말했습니다. 확실히 납치문제는 인도상 용서되지 않는 문제지만 그것이 해결하지 않는다고 일본인 전원의 생명을 위태롭게 할 핵, 미사일문제를 방치하는 것은 용서받을 수 없습니다. 그런 생각을 가진 일본 정치지도자는 교체할 수밖에 없다"며 대북외교의 진전에는 아베 총리의 교체가 불가피하다고 「예언」한 것이다. 상동.
포스트 아베로는 자민당의 아소 간사장과 후쿠다 전 관방장관이 꼽히고

있다는 사실에 대해 야마자키는 "미국이 대화노선으로 전환한 이상, 일본의 차기정권도 대화노선으로 전환을 피할 수 없지만, 아소는 외무장관 시절, 아베와 마찬가지로 납치문제 중시를 명언하고 있었다. 아소로는 북일관계는 진행되지 않는다. 후쿠다는 북일 평양선언을 냈던 당시 관방장관이었으므로, 핵 미사일문제와 납치문제의 포괄적 해결을 도모한다고 믿고 있습니다"라고 밝혔다. 상동.

232_ 『아사히신문』 2007년 10월 17일 조간.

233_ 상동.

234_ 『아사히신문』 2007년 12월 27일 조간.

235_ 『아사히신문』 2007년 10월 05일 석간.
노무현 대통령이 10월 2일 방북해 열린 3일 정상회담에서 김정일 총서기가 북일관계에 대해 "후쿠다정권의 태도를 살펴볼 것"이라고 말했던 것으로 알려졌다고 복수의 관계자가 밝혔다. 노무현 대통령이 아시아외교를 중시하는 후쿠다 총리의 자세를 설명하며 관계 개선을 촉구한 것에 대해 답했던 것이다. 그러나 납치문제에 대해서는 김 총서기에게서 구체적 회답은 없었다고 한다. 상동.

236_ 「북한의 납치피해자 귀국설을 쫒는 『1명인지, 3명인지』 수면 밑에서 흐르는 정보」, 『주간 아에라』 2007년 11월 26일.

237_ 『아사히신문』 2008년 06월 27일 조간.
후술하겠지만, 북한은 2008년 6월 26일, 6자회담의 합의로 의무화되어 있던 있던 「핵계획의 신고」를 의장국인 중국에 제출했다. 핵무기의 상세한 정보 등은 포함되지 않은 모양이지만, 미국정부는 이날 부시 대통령이 북한에 대한 테러지원국가 지정해제를 미 의회에 통보했다고 발표했다. 상동.

238_ 제1회 북일 실무자협의는 『마이니치신문』 2008년 06월 12일 도쿄 조간, 외무성 「북일 실무자협의 개요」 2008년 06월
http://www.mofa.go.jp/mofaj/area/n_korea/abd/jitsumu_gai.html
『아사히신문』 2008년 06월 12일 석간, 『마이니치신문』 2008년 06월 13일 도쿄 조간을 참조해 재정리했다.

239_ 상동의 외무성 「북일 실무자협의의 개요」.

240_ 상동의 『마이니치신문』 06월 13일 도쿄 조간.

241_ 상동의 외무성 「북일 실무자협의의 개요」.

242_ 상동의 『마이니치신문』 06월 13일 도쿄 조간.

243_ 『아사히신문』 2008년 04월 11일 석간.

일본정부는 4월 11일 각의에서 13일에 기한이 지나는 대북 제재조치에 대해 반년간 연장하기로 했다. 2006년 10월 북한 핵실험으로 실시한 이래, 2007년 4월에 이어 세번째 연장을 했다. 아울러 정부는 「북한측이 납치, 핵, 미사일 같은 현안 해결을 위해 구체적 행동을 취하는 경우에는 언제든지 종합적으로 감안해 일부 또는 전부를 종료할 수 있다」라는 관방장관 담화를 발표했다. 마치무라 노부타카町村信孝 관방장관은 각의후 기자회견에서 "북한이 전향적 액션을 취하는 경우에는 제재의 일부를, 완전히 핵도 사라지고 모든 납치피해자가 귀국하면 완전히 없어지는 것도 당연하다"고 말했다. 상동.

244_ 상동의 『아사히신문』 06월 14일 조간.

245_ 상동의 외무성 「북일 실무자협의의 개요」.

일본측에서 「재조사」는 「생존자를 발견하고 귀국시키기 위한 조사일 필요가 있다」라는 취지를 명확히 지적하고, 상대방도 동의했다. 앞으로 조사의 구체적 형태 등을 북일간 조정하기로 하였지만, 신속한 조사가 이뤄져 납치피해자의 귀국을 포함해 납치문제의 최종적 해결을 위해 조기에 구체적 결과를 얻는 것이 중요하다. 상동.

246_ 상동의 「개요」에 따르면 「적재되는 물자는 민간의 인도적 지원물자에 한정되고, 현 시점에서 일본정부가 인도지원을 할 예정은 없다. 입항 시에 승객의 승하선, 화물의 하역, 인도지원물자 외의 화물 적재를 하는 것은 인정할 수 없고, 엄격하게 점검한다」라고 하고 있다.

247_ 『아사히신문』 2008년 06월 14일 조간.

248_ 『아사히신문』 2008년 06월 24일 조간.

249_ Office of the Press Secretary, 「Statement by the Press Secretary on North Korea,」 June 26, 2008.

http://georgewbush-whitehouse.archives.gov/news/releases/2008/06/20080626.html.

부시 대통령은 북한의 핵계획 신고에 대해 "오늘의 진전은 6자회담에서 정해진 과정의 한걸음으로서 환영한다"며, "6자회담은 『행동대 행동』의 원칙에 근거하고 있다. 나는 북한에 테러지원국가 지정을 45일 후에 해제할 의도를 의회에 통보하는 것뿐만 아니라, 대적성국통상법의 북한에 관한 조항을 해제함으로써 북한의 행동에 응한다"며 테러지원국가 지정해제를 발표했다. 또한, 부시는 "북한은 핵시설의 모든 것을 해체하고 그 분리 플루토늄을 포기하고 그 고농축우라늄과 핵확산 활동에 관한 현저한 의혹을 해결할 필요가 있다. 그것은 완전히 검증 가능한 방법으로 이들의 활동을 종료해야 한다"며 북한의 행동을 예의 주시하겠다고 했다. 인용은 동 성명문.

250_ 『아사히신문』 2008년 06월 27일 조간.

251_ 『아사히신문』 2008년 06월 28일 조간.

252_ 『아사히신문』 2008년 06월 27일 조간.

253_ 상동의 『아사히신문』 06월 28일 조간.

254_ 『아사히신문』 2008년 08월 11일 조간.

255_ 제2회 북일 실무자협의는 『아사히신문』 2008년 08월 11일 석간, 『아사히신문』 2008년 08월 13일 석간, 『마이니치신문』 2008년 08월 12일 도쿄 석간, 『마이니치신문』 2008년 08년 13일 도쿄 조간, 외무성 「북일 실무자협의 개요」 2008년 08월 (http://www.mofa.go.jp/mofaj/area/n_korea/abd/jitsumu0808_gai.html)을 참조해 재정리했다.

256_ 상동의 『마이니치신문』 08년 13일 도쿄 조간.

257_ 상동의 『마이니치신문』 08월 12일 도쿄 조간.

258_ 상동.

259_ 상동의 『아사히신문』 08월 11일 석간.

260_ 상동의 『마이니치신문』 08월 13일 도쿄 조간.

261_ 상동.

262_ 상동의 『아사히신문』 08월 13일 석간.

263_ 상동의 외무성 「북일 실무자협의의 개요」.

264_ 상동.

265_ 상동.

266_ 상동.

267_ 『마이니치신문』 2008년 08월 12일 도쿄조간.

268_ 『아사히신문』 2008년 08월 14일 조간.

269_ 상동의 『산케이신문』 08월 13일 조간.

270_ 『아사히신문』 2008년 09월 05일 석간.

271_ 『아사히신문』 2008년 09월 05일 석간.

272_ 조선외무성 대변인, 「6자회담은 필요 없게 되었다」, 『조선중앙통신』 2009년 04월 14일.

273_ 하토야마 유키오鳩山由紀夫 총리는 93대 내각총리대신으로 2009년 9월 16일부터 2010년 6월 8일까지 내각수반을 지냈다.

274_ 『아사히신문』 2009년 09월 25일 조간.

275_ 『아사히신문』 2009년 10월 11일 조간.

276_ 『아사히신문』 2009년 12월 14일 석간.

277_ 『아사히신문』 2010년 05월 07일 석간.

278_ 간 나오토管 直人 총리는 94대 내각총리대신으로, 2010년 9월 17일부터 2011년 1월 14일, 2011년 1월 14일부터 2011년 9월 2일까지 내각수반을 지냈다.

279_ 『아사히신문』 2010년 07월 24일 조간.

280_ 『아사히신문』 2010년 09월 29일 조간.

281_ 『아사히신문』 2011년 01월 05일 조간.

282_ 『아사히신문』 2011년 01월 11일 조간.

283_ 『아사히신문』 2011년 07월 28일 조간.

284_ 노다 요시히코野田佳彦 총리는 95대 내각총리대신으로 2012년 1월 13일부터 2012년 6월 4일까지, 2012년 6월 4일부터 2012년 10월 1일까지, 2012년 10월 1일부터 2012년 12월 26일까지 내각수반을 지냈다.

285_ 『아사히신문』 2011년 07월 31일 조간.

286_ 『아사히신문』 2011년 10월 26일 조간.

287_ 『아사히신문』 2011년 12월 17일 조간.

288_ 『아사히신문』 2012년 03월 16일 조간.

289_ 『아사히신문』 2012년 01월 25일 조간.

290_ 『아사히신문』 2012년 02월 25일 조간.

291_ 『아사히신문』 2012년 02월 27일 조간.

292_ 『아사히신문』 2012년 03월 16일 석간.

293_ 『아사히신문』 2012년 03월 18일 조간.

294_ 『아사히신문』 2012년 04월 17일 조간.

295_ 『아사히신문』 2012년 08월 08일 조간.

296_ 『아사히신문』 2012년 07월 14일 조간.

297_ 『아사히신문』 2012년 11월 17일 조간.

298_ 아베 신조 총리는 2006년 9월 26일부터 90대 내각총리대신으로 2007년 9월 26일까지 제1차 내각의 수반이었지만, 2012년 12월 26일에 다시 96대 내각총리대신이 되어 2013년 3월 현재 내각수반이다.

299_ 『아사히신문』 2008년 07월 10일 조간.

참고문헌

1. 이 론

일본어

飯田敬輔『国際政治経済』(東京大学出版会、2007)

________「第３章 ネオリベラル制度論—国連安保理改革に見る可能性と限界」『日本の国際政治学１』(有斐閣, 2009)

石田 淳 「国際政治理論の現在－対外対策の国内要因分析の復権(上・下)」『国際問題』第447/448 (1997.6~7)

________「コンストラクティビィズムの存在論とその分析射程」『国際政治』第124(2000.5)

________「国内秩序と国際秩序の《二重の再編》—政治的共存の秩序設計—」『国際法外交雑誌』 第105－4(2007.1)

________「序論 国際秩序と国内秩序の共振」『国際政治』 第147(2007.1)

________「第11章 人権と人道の時代における強制外交—権力政治の逆説」『日本の国際政治学２』(有斐閣, 2009)

石丸次郎 「外交のリアリズムが北朝鮮の変化を促す」『論座』 通巻 110号 (2004.7)

岩間陽子「第９章 冷戦後の国際政治」『日本の国際政治学４』(有斐閣, 2009)

大芝 亮 「序章 国境なき国際政治」『日本の国際政治学２』(有斐閣, 2009)

大矢根聡 「コンストラクティビィズムの視座と分析」『国際政治』 第143号 (2005.11)

久保文明「第11章 アメリカ—国内政治と国際政治の連動」『日本の国際政治学３』(有斐閣, 2009)

小島華津子 「第4章 中国と国際政治—交錯する中国像とグローバリゼーション」『日本の国際政治学3』(有斐閣, 2009)

小林英夫『北朝鮮と東北アジアの国際新秩序』(学文社, 2001)

信田智人『官邸外交』(朝日新聞社 2004)

________「小泉首相のリーダーシップと安全保障政策過程」『潮』 通巻 550号(2004.12)
________「第5章　対外政策決定―『小泉外交』における政治過程」『日本の国際政治学1』(有斐閣, 2009)
進藤栄一「自主外交が拓く東アジア共同体への道」『論座』通巻 110号(2004.7)
鈴木基史『国際関係』(東京大学出版会, 2000)
須藤季夫「『アイディア』と対外政策決定論―福田ドクトリンをめぐる日本の政策決定過程」『国際政治』第108号 (1995)
________『国家の対外行動』(東京大学出版会, 2007)
添谷芳秀「朝鮮半島をめぐる国際政治と日本外交」『国際問題』第528号(2004.3)
________「第11章 戦後日本外交史―自立をめぐる葛藤」『日本の国際政治学4』(有斐閣, 2009)
________『日本の「ミドルパワー」外交』(筑摩書房、2005)
田中明彦「序章 国際政治理論の再構築」『国際政治』第124号(2000.5)
________「現在の世界システムと安全保障」『国際問題』第511号(2002.10)
________『新しい中世―相互依存深まる世界システム』(日本経済新聞社, 2003)
中西　寛「第1章　国際政治理論―近代以後の歴史的展開」『日本の国際政治学1』(有斐閣, 2009)
張本　浩「日朝交渉の現状と若干の展望－ゲーム理論による分析」『東京国際大学論叢, 商学部編』(第70号, 2004)
藤原帰一・李鐘　元・古城佳子・石田　淳　編『国際政治講座3, 4』(東京大学出版会, 2004)
宮岡　勲「第4章 コンストラクティビズム―実証研究の方法論的課題」『日本の国際政治学1』(有斐閣, 2009)
村田晃嗣「第2章 リアリズム―その日本的特徴」『日本の国際政治学1』(有斐閣, 2009)

한국어

양기웅「일본의 2레벨 협상전략; 북일수교협상」『통일연구논총』 제5권 1호 (1996)
______『일본 외교협상; 2레벨적 관점』 (서울 : 소화, 1998)

영어

Axelrod, Robert, *The Evolution of Cooperation* (New York: Basic Books Inc., 1984)

Barron,E.N., *Game Theory-An Introduction* (New Jersey: John Wiley & Sons, Inc., 2007)

Baylis, John and Steve Smith, *The globalization of world politics* (Oxford publishing limited,2005). 한국어 번역본 하영선 외 역 『세계정치론』(을유문화사, 2006)

Binmore, Ken, *Does Game Theory Work?* (Massachusetts: The MIT Press, 2007)

Curtis, Gerald, *Japan's Foreign Policy after the Cold War: Coping with Change* (New York: M.E.Sharpe, 1993)

Evans, Peter B., Harold K.Jacobson, and Robert D.Putnam, *Double-Edged Diplomacy: International Bargaining and Domestic Politics* (University of California Press, 1993)

Fearon, James D., "Bargainning, Enforcement, and International Cooperation," *International Organization*, Vol.52, No.2 (Spring, 1998)

Green, Michael J., *Japan's Reluctant Realism* (New York: Palgrave, 2001)

Hug, Simon and Thomas König, "In View of Ratification: Governmental Preference and Domestic Constraints at the Amsterdam Intergovernmental Conference," *International Organization*, Vol.56, No.2 (Spring, 2002)

Iida, Keisuke, "When and How Do Domestic Constraints Matter? Two Level Games with Uncertainty," *Journal of Conflict Resolution*, Vol.37, no.3, 1993.

Katzenstein, Peter J., Robert O.Keohane, and Stephen D. Krasner, "International Organization and the Study of World Politics," *International Organization*, Vol.52, No.4 (Autumn, 1998)

Keohane, Robert O. and Joseph Nye, *Power and Interdependence*, 2nd ed., Harper Collins, 1989.

Keohane, Robert O., *After Hegemony: Cooperation and Discord in the World Political Economy* (Princeton: Princeton University Press, 1984)

Kimura, Hiroshi, *International Comparative Studies of Negotiating Behavi or* (Kyoto,International Rearch Center for Japanese Studies, 1998)

Knopf, Jeffrey W., "Beyond two-level games: domestic-international interaction in the intermediate-range nuclear forces negotiations," *International Organization,*Vol.47, No.4 (Autumn, 1993)

Kydd, Andrew H., *Trust and Mistrust in International Relations* (Princeton: Princeton University Press, 2005)

Lehman, Howard P. and Jennifer L. McCoy, "The Dynamics of the Two-level Bargaining Game: The 1988 Brazilian Debt Negotiations," *World Politics,* Vol.44, No.4 (Jul., 1992)

Mayer, Frederick W., "Managing Domestic Differences in International Negotiation: The Strategic Use of Side-Payments," *International Organization* 46,Autumn 1992.

Mendelson,Elliott, *Introducing Game Theory and Its Application* (Florida: CRC Press LLC, 2004)

Mo, Jongryn,"Domestic Institutions and International Bargaining: The Role of Agent Veto in Two-Level Games," *American Political Science Review,* Vol.89, 1995

Moravcsik, Andrew, "Introdution: Integrating International and Domesic Theories of International Bargaining," Peter B. Evans,Harold K.Jacobson,Robert D. Putnam, eds., *Double-Edged Diplomacy: International Bargaining and Domestic Politics* (University of California Press, 1993)

__________ "Taking Preferences Seriously: A Liberal Theory of International Politics," *International Organization,*Vol.51, No.4(Autumn, 1997)

Neumann, John von and Oscar Morgenstern,*Theory of Games and Economic Behavior,*60th ed.,Harold W.Kuhn and Ariel Rubinstein (Princeton: University Press, 2004)

Niou, Emerson M.S., Peter C.Ordeshook, and Gregory F. Rose, *The balance of power: stability in international systems* (Cambridge: Cambridge University Press, 1989)

Osborne, Martin J., *An Introduction to Game Theory* (New York: Oxford University Press, 2004)

Poundstone, William,*Prisoner's Dilemma* (New York: Oxford University Press, 1992)

Putnam, Robert D. and Nicholas Bayne, *Hanging Together: Cooperation a*

nd Conflict in the Seven-Power Summits (London: Sage Publication, 1987)
__________, "Diplomacy and Domestic Politics: The Logic of Two-Level Game,*International Organizaton*,Vol.42,3, 1988.
Schoppa, Leonard J., *Bargaining with Japan- What American Pressure Can and Cannot d* (Columbia University Press, 1997)
__________, "Two-level Games and Bargaining Outcomes: Why Gaiatsu Succeeds in Japan in Some Cases but Not Others,"*International Organizaton*,Vol.47,No.3,Summer 1993.
Schultz, Kenneth A., *Democracy and Coercive Diplomacy* (Cambridge: Cambridge University Press, 2001)
Singer, J.D., "The Level-of-Analsis Problem in International Relations," K. Knorr and S.Verba,eds.,*The International System* (Princeton: Princeton University Press, 1961)
Snyder, Scott, *Negotiating on the Edge: North Korean Negotiating Behavior* (United States Institute of Peace Press, 1999)

2. 실증

일본어

赤澤史朗・栗屋憲太郎・豊下楢彦・森　武麿・吉田裕編 『講和問題とアジア』(現代史料出版, 1999)
飯島 勲 『小泉官邸秘録』(日本経済新聞社, 2006)
五百旗頭真『戦後日本外交史』(有斐閣, 2004)
石井 明・朱 建栄・添谷芳秀・林曉光編『日中国交正常化 日中平和友好条約締結交涉』(岩波書店, 2003)
伊豆見元「北朝鮮政府対日声明の示唆するもの」『東亜』(1999.9)
________「第12回日朝正常化交渉後の北朝鮮」『東亜』(2003.1)
太田 修 『日韓交涉; 請求権問題の研究』(クレイン, 2003)
小此木政夫「北朝鮮問題の新段階と日本外交」『国際問題』 第518号(2003.5)
_________「南北朝鮮関係の推移と日本の対応」『国際政治』第92号(1989.10)

__________『日朝関係その歴史と現在』(日本国際問題研究所, 1994)
小此木 政夫編『危機の朝鮮半島』(慶應義塾大学出版会, 2006.12)
_____________「日朝国交交渉と日本の役割」『ポスト冷戦の朝鮮半島』(日本国際問題研究所, 1994)
小田川興「日朝交渉の歩みをたどる」『北朝鮮その実像と軌跡』 高文研(1998.9)
姜尚中『日朝関係の克服』(集英社 2005)
姜尚中 編『日米関係からの自立』(藤原書店, 2003)
環太平洋問題研究所『韓国・北朝鮮総覧1993』(原書房, 1993)
__________________『韓国・北朝鮮総覧2002』(原書房, 2002)
北岡 伸一 編『戦争・復興・発展』(東京大学出版会, 2000)
北川広和「日朝国交正常化交渉の経緯と現状」『季刊戦争責任研究』31号(2001年春季号)
木宮正史「ブッシュ政権の対北朝鮮政策」『国際問題』第526号(2004.1)
________『韓国：民主化と経済発展のダイナミズム』(筑摩書房, 2003)
________「朝鮮半島冷戦の展開」『アジア研究』Vol.52, No.2(2006.4)
倉田秀也「北朝鮮の核問題と盧武鉉政権」『国際問題』第518号(2003.5)
佐藤　優『国家の罠「外務省のラスプーチンと呼ばれて」』(新潮社, 2005)
重村智計『北朝鮮の外交戦略』(講談社, 2000)
杉田米行 編『どうする日朝関係』(リベルタ出版, 2004)
鈴木琢磨 『金正日と高英姫、平壌と大阪を結ぶ「隠された血脈」』(イースト・プレス, 2005)
隅谷 三喜男・和田 春樹 編『日朝国交交渉と緊張緩和』(岩波書店, 1999)
高崎宗司『検証日朝交渉』(平凡社, 2004)
武貞秀士「北朝鮮の政治 軍事体制の分析」『国際問題』第518号(2003.5)
辰巳由紀「大統領選控え動き鈍い米国」『論座』通巻 110号(2004.7)
田中明彦『アジアのなかの日本』(NTT出版, 2007)
田中 均 『外交の力』(日本経済新聞出版社, 2009)
________「北朝鮮との極秘交渉、私が見た小泉外交4年間の真実」『月刊現代』2005年11月号(2005.10)
朝鮮問題研究所「動きはじめた朝・日政府間交渉」創刊30周年記念『月刊朝鮮資料』 別冊(1991.2)
中平 立・小牧 輝夫・五十嵐 武士「小泉総理訪朝への道程と日本外交」『国際問題』第512号(2002.12)
長野信利『日本外交のすべて』(耕文社, 1986)
野村旗守『北朝鮮利権の真相2; 日朝交渉「敗因」の研究』(宝島社, 2004)

橋爪大三郎「国交正常化を目的にしてはならない」『論座』 通巻 110号(2004.7)
原田武夫『北朝鮮外交の真実』(筑摩書房, 2005)
平岩俊司「六者協議の中で日本の役割が増大」『論座』通巻 110号(2004.7)
船橋洋一『ザ・ペニンシュラ・クエスチョン』(朝日新聞社, 2006)
防衛庁防衛研究所『東アジア戦略概観』(国立印刷局, 2004)
_________________『東アジア戦略概観』(国立印刷局, 2005)
_________________『東アジア戦略概観』(国立印刷局, 2006)
_________________『東アジア戦略概観』(国立印刷局, 2007)
_________________『東アジア戦略概観』(国立印刷局, 2008)
_________________『東アジア戦略概観』(国立印刷局, 2009)
松本英樹「日朝国交正常化交渉の経緯と朝鮮半島をめぐる最近動向」『レファレンス』(2003.8)
吉澤文寿 『国交正常化交渉をめぐって戦後日韓関係』(クレイン, 2005)
読売新聞政治部 『外交を喧嘩にした男: 小泉外交2000日の真実』(新潮社, 2006)
李 燦雨「日朝経済協力の方案」『ERINA REPORT』Vol.47(2002. 8)
_______「北東アジアに置ける北朝鮮の位相と日朝経済関係の展望」『舞鶴の未来を拓く』資料集(2004.7)
李 鍾元「過去を溶かし、未来を築く」『論座』通巻 110号(2004.7)
渡辺昭夫 著『アジア・太平洋の国際関係と日本』(東京大学出版会, 1992)
渡辺昭夫 編『戦後日本の対外政策』(有斐閣, 1985)
和田春樹『北の友よ、南の友よ: 朝鮮半島の現状と日本人の課題』(御茶の水書房, 1987)
_______「朝鮮有事を防ぐ未知」『世界』第660号 (1994.4)

한국어

김태운「북한의 대일정책 변천과 그 특징에 관한 연구」『정치정보연구』 제7권 제12호(2004.12)
김광욱「일본정부의 대북 국교교섭에서의 진보측의 압력에 대한 연구」『통일문제연구』 제3권 3호(1991 가을)
김봉진「북일 국교정상화교섭과 일본의 대응」『통일연구논총』 제2권 2호(1993)
김찬훈「북한의 정보화 전략과 개방화에 관한 하나의 고찰」(석사논문, 2003년)
서동만「북일 수교전망과 정치·경제적 대응 과제」『통일경제 63』(2000.3)
신정화『일본의 대북정책 1945~1992년』 (서울: 오름, 2004)

양기웅, 김준동 「북일 수교협상(1990~2006)의 결렬과 재개의 조건」 『일본연구논총』 제23호(2006여름)
양기호 「북일 수교교섭과 경제협력」 『통일경제 26』 (1997.2)
외교안보연구원 『현대외교정책론』 (서울: 2007)
이원덕 『한일과거사 처리의 원점 - 일본의 전후처리 외교와 한일회담』 (서울: 서울대학교 출판부, 1996)
______ 「한일 국교정상화 전망과 주요 현안」 『역사비평』 통권 61호(2002.12 겨울)
이종훈 「북일수교와 경제협력 전망」 『통일경제 11』 (1995.11)
이종훈 「한일수교 전망과 정책과제」 『국제문제분석』 제14호(1993)
전진호 「2005총선거 이후의 북일관계: 북일 국교정상화교섭」 『이슈와 대안』 (서울: 미래전략 연구원, 2005.10)
주봉호 「북일관계 정상화의 현황과 전망」 『동북문화연구』 제10집(2006)
한영구 「북일수교문제의 현재와 미래」 『국제문제』 (1995.8)
홍익표 「북일교섭 핵심변수는 북미관계, 남북관계」 『민족 21』 제60호(2006.3)

영어

Cha, Victor D. and David C. Kang,*Nuclear North Korea: A Debate on Engagement Strategies* (New York: Columbia University Press, 2005)
Chinoy, Mike, *Meltdown: the inside story of the North Korean nuclear crisis*(St.Martin's Press, 2008)
Eberstadt, Nicholas and Richard J. Ellings, eds., *Korea's Future and the Great Powers* (Washington: National Bureau of Asian Research, 2001)
McCormack, Gavan, *Target North Korea: Pushing North Korea to the Brink of Nuclear Catastrophe* (Nations Books, 2004)
Oberdorfer, Don,*The Two Koreas: A Contemporary History* (Massachusetts: Addison-Wesley, 1997)
________ 한국어 번역본
중앙일보사 역 『두개의 코리아; 북한국과 남조선』(서울; 중앙일보사, 1998)
이종길 역 『두개의 코리아; 한국현대사비록』 (서울; 길산, 2002)
________ 日本語訳本
菱木一美 訳 『二つのコリア; 国際政治の中の朝鮮半島』 (共同通

信社, 2002)
Pritchard, Charles L., *Failed Diplomacy: the tragic story of how North Korea got the bomb* (the Brookings Institution,2007)
Sigal, Leon V., *Disarming Strangers: Nuclear Diplomacy with North Korea* (Princeton: Princeton University Press, 1998)

3. 신문 · 잡지 · 통신 · 전자자료

『국제문제』 제511호(2002.10)
『국제문제』 제518호(2003.5)
『국제문제』 제526호(2004.1)
『국제문제』 제528호(2004.3)
『노동신문』
『논좌』 통권110호(2004.7)
『니혼케이자이 신문』
『동아』 (1999.9)
『동아』 (2003.1)
『라디오프레스』
『마이니치신문』
『민족21』 제55호(2005.10)
『민족21』 창간호(2001.4)
『세계』 제521호(1988.11)
『세계』 제660호(1999.4)
『신문 아카하타』 (2007년 3월 9일)
『아사히신문』
『요미우리신문』
『우시오』 통권550호(2004.12), 우시오 출판사.
『월간 조선자료』 별책(1991.2)
『월간 조선자료』 제359호(1991.4)
『월간 조선자료』 제360호(1991.5)
『월간 조선자료』 제362호(1991.7)
『월간 조선자료』 제365호(1991.10)

『월간 조선자료』 제368호(1992.1)
『월간 조선자료』 제370호(1992.3)
『월간 조선자료』 제374호(1992.7)
『월간 조선자료』 제380호(1993.1)
『일본정치연구』 제1권 제2호(2004.7), 도쿄대학교 21세기 COE프로그램.
『일본과 세계 데이터베이스』 http://www.ioc.u-tokyo.ac.jo/~world,jpn/
『조선신보』
『조선중앙통신』
『조선통신』 (도쿄)
『조선일보』
『주간 아에라』 (2002년 10월 21일)
『주간 아사히』 (2004년 05월 28일)
『주간 아사히』 (2007년 09월 28일)
『The Washington Post』 "Perry Sharply Warns North Korea," March 31, 1994.
____________ "Shinzo Abe's Double Talk; He's passionate about Japanese victims of North Korea–and blind to Japan's own war crimes," March 24, 2007.
____________ "U.S. Decides to Withdraw A-Weapons From S. Korea," October 19, 1991.
____________ "U.S. Will Refer N.Korea Nuclear Effort to U.N.," December 28, 2002.

4. 일본 총리관저 · 외무성 · 국회의 주요 문서

고이즈미 총리대신 회견 요지 2002년 9월 17일
내각부대신 관방정부 홍보실, 『외교에 관한 여론조사』, 2002년 10월
북일 평양선언 2002년 9월 17일
제155회 국회참의원 외교방위위원회 회의록 2호 2002년 11월 7일
제155회 국회중의원 외무위원회 회의록 3호 2002년 11월 6일
외무성 「외무대신 회견기록」 2007년 9월 6일
외무성 「가와구치 외무대신 코멘트 납치문제에 관한 실증조사팀의 보고에 대해서」 2002년 10월 2일

외무성 「북한문제에 관한 한미일 3국조정 그룹 공동프레스 발표(가역)」 2000년 3월 30일
외무성 「공동성명의 실시를 위한 초기단계의 조치」 2007년 2월 13일
외무성 「제1회 북일 포괄병행협의(개요)」 2006년 2월
외무성 「제1회 북일 국교정상화를 위한 작업부회」 2007년 3월 8일
외무성 「제2회 북일 국교정상화를 위한 작업부회」 2007년 9월 6일
외무성 「제2회 6자회합(개요와 평가)」 2004년 3월 1일
외무성 「제5회 6자회합 제3세션의 개요」 2007년 2월
외무성 「제6회 6자회합 제1세션(3월 19일~22일) 개요」 2007년 3월
외무성 「한미일 정상회담(개요)」 2002년 10월 27일
외무성 「미일 외교장관 전화회담에 대해서」 2003년 04월 25일
외무성 「북일 국교정상화교섭 제9회 본회담에 대한 공동 프레스 발표」 2000년 4월 7일
외무성 「북일 외교장관회담에 관한 공동 발표」 2000년 7월 26일
외무성 「북일 국교정상화교섭 제10회 본회담에 대한 공동 발표문」 2000년 8월 24일
외무성 「북일 외교장관회담(개요)」 2000년 7월 26일
외무성 「북일 외교장관회담(개요)」 2002년 7월 31일
외무성 「북일 국교정상화교섭 제12회 본회담(평가와 개요)」 2002년 10월 31일
외무성 「북일 실무자협의의 개요」 2008년 6월
외무성 「북일 실무자협의의 개요」 2008년 08월
외무성 「북일 정부간협의(11월 3~4일, 장소: 베이징)의 개요」 2005년 11월 7일
외무성 「북일 정부간협의(12월 24~25일, 장소: 베이징)의 개요」 2005년 12월 26일
외무성 「북일 고위급협의의 개요」 2004년 2월 14일
총리관저 내각총리대신의 담화 「납치피해자들의 귀국」 2002년 10월 15일
총리관저 「북일 국교정상화교섭에 관한 기본방침」 2002년 10월 9일
총리관저 「납치피해자 5명 및 그 가족의 귀국문제에 대해서」 2002년 10월 24일

5. 주요 기자회견

미국에 의한 북한의 테러지원국가 지정해제에 대해서 2008년 10월 12일

사무차관 회견기록, 2003년 04월 28일
외상, 북일 정상회담의 기자회견 2004년 5월 22일
외상, 북일협의 2005년 11월 4일
외상, 6자회담 · 북일관계 2005년 11월 8일
외상, 북한의 인권문제 2005년 12월 6일
외상, 북일교섭 2005년 12월 13일
외상, 북일교섭 2005년 12월 16일
외상, 북일교섭 2005년 12월 20일
외상, 북일 정부간협의 2005년 12월 22일
총리관저 관방장관, 납치문제에의 대응에 대해서 2002년 9월 26일
총리관저, 미국 방문 및 제57회 유엔총회참석 내외 기자회견 2002년 9월 13일

6. IAEA, UN, White House, Department of State, etc.

Council on Foreign Relations, North Korea, Background on the Crisis "What was the U.S.response?" http://www.cfr.org/background/background_northkorea_bg.php

Council on Foreign Relations, "North Korea, Why the change?" http://www.cfr.org/background/background_northkorea.php.

Daily Press Briefing by Richard Boucher, Spokesman, September 18, 2002. http://2001-2009.state.gov/r/pa/prs/dpb/2002/13553.htm.

Daily Press Briefing by Tom Casey, Deputy Spokesman, "Readout of Assistant Secretary Hill's Meeting in Berlin," January 16, 2007. http://2001-2009.state.gov/r/pa/prs/dpb/2007/jan/78707.htm.

Daily Press Briefing by Richard Boucher, Spokesman, "Annual Report on International Religious Freedom," October 26, 2001. http://2001-2009.state.gov/r/pa/prs/dpb/2001/5764.htm.

IAEA General Conference(XXXVII)/RES/624, "Implementation of the Agreement Between the Agency and the Democratic People's Republic of Korea for the Application of Safeguards in Connection With the Treaty on the Non-Proliferation of Nuclear Weapons," 1 October 1993.

http://www.iaea.org/About/Policy/GC/GC37/GC37Resolutions/English/gc37res-624_en.pdf.

IAEA The Board of Governors GOV/2003/14, Resolution adopted by the Board on 12 February 2003, "Report By The Director General On The Implementation Of The NPT Safeguards Agreement Between The Agency And The Democratic People 's Republic Of Korea," 12 February 2003.
http://www.securitycouncilreport.org/atf/cf/%7B65BFCF9B-6D27-4E9C-8CD3-CF6E4FF96FF9%7D/Iran%20GOV200314.pdf.

IAEA The Board of Governors/GOV/2003/3, Resolution adopted by the Board on 6 January 2003, "Report By The Director General On The Implementation Of The NPT Safeguards Agreement Between The Agency And The Democratic People 's Republic Of Korea," 6 January 2003.
http://www.iaea.org/newscenter/mediaadvisory/2003/gov2003-3.pdf.

IAEA The Board of Governors/GOV/2645, Resolution adopted by the Board on 1 April 1993.
http://www.iaea.org/Publications/Documents/Infcircs/Others/inf419.shtml.

IAEA The Board of Governors/GOV/2742, Resolution adopted by the Board on the Implementation of the Agreement Between the Agency and the Democratic People's Republic of Korea for the Application of Safeguard in Connection with the Treaty on the Non-Proliferation of Nuclear Weapons on 10 June 1994.
http://www.fas.org/news/un/dprk/gov2742.htm.

National Security Council, "Press Background Points," June 6. 2001.

Office of the Press Secretary, Press Briefing by Ari Fleischer, January 6, 2003.
http://georgewbush-whitehouse.archives.gov/news/releases/2003/01/20030106-1.html.

Office of the Press Secretary, "President Bush Welcomes President Saakashvili of Georgia to the White House," July5, 2006
http://georgewbush-whitehouse.archives.gov/news/releases/2006/07/20060705-4.html.

Office of the Press Secretary, "President Delivers State of the Union Addr

ess," January 29, 2002.
http://georgewbush-whitehouse.archives.gov/news/releases/2002/01/20020129-11.html.
Office of the Press Secretary, "President Delivers State of the Union Address," January 28, 2003.
http://georgewbush-whitehouse.archives.gov/news/releases/2003/01/20030128-19.htm.
Office of the Press Secretary, "President Discusses National Missile Defense," December 13, 2001.
http://georgewbush-whitehouse.archives.gov/news/releases/2001/12/20011213-4.html.
Office of the Press Secretary, "Remarks by the President Clinton and President Kim Yong-Sam of South Korea in Press Availability," 23 November 1993.
http://clinton6.nara.gov/1993/11/1993-11-23-press-availability-withs-korean-pres-kim.html.
Office of the Press Secretary, "Statement by the Press Secretary on North Korea," June 26, 2008.
http://georgewbush-whitehouse.archives.gov/news/releases/2008/06/20080626.html.
Office of the Press Secretary, "Statement on North Korea Missile Launches," July 4, 2006.
http://georgewbush-whitehouse.archives.gov/news/releases/2006/07/20060704-2.html.
Office of the Press Secretary, "Joint US-Japan-Rok Trilateral Statement," October 26, 2002.
http://georgewbush-whitehouse.archives.gov/news/releases/2002/10/20021026-1.html.
Press Statement by Richard Boucher, Spokesman, "Joint Statement by the Trilateral Coordination and Oversight Group," January 7, 2003.
http://2001-2009.state.gov/r/pa/prs/ps/2003/16433.htm.
Press Statement by Richard Boucher, Spokesman, "North Korean Nuclear Program," October 16, 2002.
http://2001-2009.state.gov/r/pa/prs/ps/2002/14432.htm.
Security Council Condemns Democratic People's Republic of Korea's Miss

ile Launches, Unanimously Adopting Resolution 1695, "Demands Suspension of All Related Ballistic Missile Activity; Urges Country to Return Immediately to Six-Party Talks Without Precondition," July 15, 2006.
http://www.un.org/News/Press/docs/2006/sc8778.doc.htm.

Security Council Condemns Nuclear Test by Democratic People's Republic of Korea, Unanimously Adopting Resolution 1718, "Action Prevents Provision of Nuclear Technology, Large-Scale Weapons, Luxury Goods to Country; Permits Inspection of Cargo to Ensure Compliance," October 14, 2006.
http://www.un.org/News/Press/docs/2006/sc8853.doc.htm.

Security Council of United Nations, "Statement by the President of the Security Council," October 6, 2006.
http://daccess-dds-ny.un.org/doc/UNDOC/GEN/N06/557/05/PDF/ N0655705.pdf?OpenElement.

The Korean Peninsula Energy Development Organization "KEDO Executive Board Meeting Concludes" November 14,2002.
http://kedo.org/news_detail.asp?NewsID=23.

U.S. Department of State, "President Bush Discusses North Korea ; Remarks by President Bush and Polish President Kwasniewski in Photo Opportunity," January 14, 2003.
http://www.state.gov/p/eap/rls/rm/2003/16637.htm."President Sworn-In to Second Term," January 20, 2005.
http://georgewbush-whitehouse.archives.gov/news/releases/2005/01/20050120-1.html

표목차

그림목차

ㄱ

ㄷ

ㄹ

ㅁ

ㅂ

ㅅ

ㅇ

ㅈ

ㅊ

ㅎ

A

B

C

D

E

G

H

I

K

M

N

O

P

R

S

T

U

W

기타

북일외교의 교섭패턴과 역사

-3개 교섭공간과 북일 국교정상화교섭-

초판 1쇄 발행 | 2016년 7월 15일

글쓴이 | 김찬훈

발행인 | 김중수

발행처 | 한림대학교 출판부
(24252) 강원도 춘천시 한림대학길 1 (옥천동 1)
출판등록 제48호(1983. 3. 10)
전화번호 033) 248-2875~6 팩스 033) 248-2879
전자우편 press@hallym.ac.kr
홈페이지 press.hallym.ac.kr

인쇄처 | 프린아트

ISBN 978-89-6402-064-7 93340

정가 28,000원